石油工程学院院史

（1953 — 2023）

张　展　张乐勇 ◎ 主编

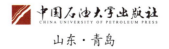

山东·青岛

图书在版编目（CIP）数据

石油工程学院院史：1953—2023 / 张展，张乐勇主
编 . -- 青岛：中国石油大学出版社，2023.10
ISBN 978-7-5636-8024-5

Ⅰ . ①石… Ⅱ . ①张… ②张… Ⅲ . ①中国石油大学
（华东）石油工程学院－校史－ 1953-2023 Ⅳ .
① G649.285.23

中国国家版本馆 CIP 数据核字（2023）第 187464 号

书　　名：石油工程学院院史（1953—2023）
　　　　　SHIYOU GONGCHENG XUEYUAN YUANSHI（1953—2023）

主　　编：张　展　张乐勇

责任编辑：朱纪寒（电话 0532－86981529）
封面设计：大渔设计

出 版 者：中国石油大学出版社
　　　　　（地址：山东省青岛市黄岛区长江西路 66 号　邮编：266580）
网　　址：http://cbs.upc.edu.cn
电子邮箱：zhujihan2023@ foxmail.com
排 版 者：青岛幔际信息有限公司
印 刷 者：山东顺心文化发展有限公司
发 行 者：中国石油大学出版社（电话 0532－86981536,86983437）
开　　本：787 mm ×1 092 mm　1/16
印　　张：34
字　　数：671 千字
版 印 次：2023 年 10 月第 1 版　2023 年 10 月第 1 次印刷
书　　号：ISBN 978-7-5636-8024-5
定　　价：158.00 元

石油工程学院院史编委会

◎ **顾　问**

陈月明　韩志勇　王瑞和　姚　军　管志川　孙宝江
张卫东　赵放辉　戴彩丽

◎ **编写委员会**

主　任: 张　展　侯　健

副主任: 张乐勇　王建升　黄维安　齐　宁　杨永飞
陈银吨

◎ **编写组**

主　编: 张　展　张乐勇

副主编: 张卫东　杜殿发　王卫阳

成　员: 李兆爱　周家豪　王　静

资料组: 王子振　李宾飞　李亚军　吕开河　李昌良
付光明　刘均荣　鲍丙生　贾　寒　汪龙梅
王方晴　张玉哲　魏　旭　赵晓燕　宋　爽
刘福云　于梦飞　单　珣

序　言

石油工程学院党委书记　张　展

院长　侯　健

2023 年，欣逢中国石油大学（华东）七秩华诞，石油工程学院也将迎来建院 70 周年。作为中国石油大学最早设立的主干院系之一，石油工程学院始终与祖国能源开发事业、石油高等教育事业和学校发展事业同呼吸、共命运。70 年沧桑巨变，石油工程学院历经石油钻采系、石油开发系、石油工程系，于 2001 年进行学院制改革，现已成长为我国石油工程高层次人才培养和科学研究的重要基地，为国家石油工业和社会主义经济建设作出重要贡献，孕育形成了深厚的历史传统和文化底蕴。编撰一部院史，以追思前贤、鉴往知今，对于保存学院发展的历史资料，研究和总结学院在发展建设方面的经验，推动新时期学院各项事业发展都具有重要意义。

在对院史相关档案资料进行长时间搜集、筛选、归纳等整理及编撰工作的基础上，《石油工程学院院史（1953—2023）》全书设 9 章 51 节和 7 个附录，共 60 多万字，以纪事本末体形式划分为北京石油学院时期（1953—1969）、华东石油学院时期（1969—1988）、石油大学时期（1988—2004）、中国石油大学时期（2005—2023）4 个阶段，以学院发展历程为主线，以学校发展和国家高等教育重大改革为背景，以教学与科研两个中心、教师与学生两大主体为主要内容，叙述 70 年来每个阶段主要事件发生、发展、变化的过程，又以附录形式详述组织机构沿革、教学科研与党政工作成就、师资队伍、学生信息、校友代表、历次党代会、学院大事记，为学院发展史提供不可或缺的重要补充和支撑，力求全程、全面、客观地展现一代代石工师生顺应历史潮流、肩负时代使命的壮美诗篇，发掘在实践中孕育形成、薪火相传又历久弥新的精神血脉。

七十年群英荟萃,众贤云集。作为学校初始的三大系之一,钻采系通过延揽周世尧、王荣、秦同洛等海内外学者与现场专家任教,汇聚清华大学、北洋大学(今天津大学)等名校青年精英,初步建立了结构合理、力量雄厚的师资队伍。教师们借鉴苏联经验,翻译、编写专业教材,开展实验室建设,研发钻机模型、一井多层开采等实验教学设备,满足了教学工作的急需,并结合我国石油工业特点初步建成较为完善的教学体系。作为学院办学的核心力量,艰难岁月中,他们深入厂矿一线"开门办学",为维护石油工程高等教育的薪火作出了巨大努力。改革开放后,一批青年教师留校任教,中外交流日趋广泛,教师们迅速掀起"知识更新"的热潮,为学院教学科研水平的提升以及"211工程"建设奠定基础。进入新世纪,沈忠厚教授当选中国工程院院士。资深教师厚积薄发,重大成果频繁产出,年轻教师快速成长为中坚力量。发展至今,学院现拥有教职工228人,其中教授77人、副教授98人,两院院士等国家级高层次人才32人次。"尊重学者"的理念深入人心,教师队伍稳健发展是学院长远未来的核心支撑。

七十年为国育才,桃李天下。北京石油学院时期,钻采系毕业生中就涌现出以中国工程院院士王德民、中国海洋石油总公司总经理王彦为代表的众多杰出科学家和优秀企业家。华东石油学院时期,开发系以德才兼备的教育理念,培养了两院院士袁士义、高德利、李根生、孙焕泉,"当代青年榜样"秦文贵等一批引领石油行业发展的领军人才和模范人物。70年来,学院为石油工业和祖国各项建设事业累计输送26 000余名毕业生,其中5人成为两院院士,19人成长为省部级以上领导干部,25人荣获"全国劳动模范""全国五一劳动奖章"等国家级重大荣誉称号,大批毕业生成长为科技专家和管理专家。他们大部分扎根基层,一生服务石油石化工业,用光辉的实践生动诠释了"我为祖国献石油"的铮铮誓言。

七十年科技创新,跨越发展。1956年,在向科学进军的热潮中,钻采系的科学研究工作全面展开,师生服务现场需要,研发出系列应用型、实验型成果。东营时期,众多教师克服恶劣的自然条件和艰苦的科研条件在油田现场开展研究和推广工作,在助力一线生产的同时,形成了较丰富的科研积累。恢复高考后,学校重新跻身国家重点院校。开发系抓住历史机遇,持续深化科研与生产融合发展,相继承担多项国家重大攻关项目,取得系列重要技术突破,累计获 27 项国家级奖励。目前,学院拥有 3 个教育部长江学者创新团队,建有国家级、省部级等各类科研平台 31 个。近 5 年来,学院承担国家自然科学基金重大项目、重点项目、国家油气重大专项、国家重点研发计划等高级别项目 123 项,国际合作项目 6 项。获国家级科技成果奖 2 项,省部级各类科技成果奖 120 余项,国家发明专利 1 000 余项,发表三大检索收录的高水平论文 1 600 余篇,出版专著和教材 60 余部,年均科研经费 2 亿元。

七十年脚踏实地、矢志奋斗。"家国同心　艰苦奋斗　惟真惟实　追求卓越"是学校的精神标志,也是石油工程学院师生 70 年来孜孜以求、默默耕耘的真实写照。建系之初,钻采系的教师们便带领学生整班级、成建制地参加了川中、大庆、胜利、中原等新中国组织的石油大会战,为国家"摘掉贫油的帽子"、基本实现石油自给作出了重要贡献。在四川、西安、东北等石油学院的建设中,学院大批教师前往支援,助力新生兄弟高校的系及专业建设,多位教师成长为科研骨干和学校领导。近 5 年来,学院与各大油田企业签订技术服务、转让与咨询等方面的成果转化合同 1 370 项,合同经费 5.6 亿元,支撑了胜利油田高含水油田提高采收率、延长油矿千万吨大油田上产稳产、南海深水 LS17-2 气田自主开发等重大工程项目的顺利开展,为祖国能源开发事业提供了强有力的科技支持。

七十年学科建设,枝繁叶茂。由建校之初钻采系的石油钻井专业、石油开采专业和石油钻井专修科开始,石油与天然气工程学科紧跟时代脉搏和国家需要,不断丰富学科发展方向,逐渐发展为由石油与天然气工程系、海洋油气工程系、船舶与海洋工程系、碳储科学与工程系组成的石油工程学院。时至今日,石油与天然气工程学科已成为国家一级重点学科、国家"双一流"建设学科,全国排名第一,并在全国第四轮学科评估中获 A+。学院建有 1 个博士后流动站,3 个博士学位授予权学科专业和 1 个工程博士学位学科专业,5 个硕士学位授予权学科专业,3 个本科专业跻身国家一流专业,其中石油工程专业全国排名第一,连续多年被评为 A++ 专业。人才培养模式和培养体系的内涵式发展,以及石油工程专业建设的深化改革,使学院始终引领着全国高校石油工程专业建设的发展方向。

七十年高举旗帜,党建领航。一路走来,学院始终"感党恩、听党话、跟党走",以党建引领学院发展建设，坚守"为党育人"的使命和责任。北京石油学院时期，朱德委员长曾亲自给钻采系钻井专业1954级2班学生复信，鼓励他们"以艰苦奋斗和不怕任何困难的精神承担起建设社会主义和共产主义的伟大任务"。70年来，众多教职工荣获"全国模范教师"、"全国五一巾帼标兵岗"、中国石油天然气总公司"铁人科技成就奖"、中国石油天然气总公司"首批石油工业有突出贡献的科技专家"、"山东省教书育人楷模"、"齐鲁先锋共产党员"等荣誉称号。学院师生多次受到党和国家领导人接见。2018年，学院被列为全国党建工作标杆院系、全国首批"三全育人"综合改革试点院系、全国高校"双带头人"教师党支部书记工作室建设单位。2019年，石油工程学院获评"全国教育系统先进集体""山东省教育系统先进基层党组织"。2021年，石油工程学院党委获评"全国先进基层党组织"这一党内集体获奖的最高荣誉。

盛世著书，大典修史。这是第一次对石油工程学院从无到有、从弱到强、与国家命运同沉浮的全景式记录，是对学院精神血脉的多维度发掘和传承，也是对学院继往开来、再创辉煌的历史期待。

今天，石油工程学院再次乘风扬帆，将始终牢记习近平总书记"能源的饭碗必须端在自己手里"的嘱托，以"育一流人才，创一流成果，建一流学院"为己任，秉承"关爱学生、尊重学者、崇尚学术"价值追求，坚持"学术立院、人才强院、文化兴院"治院方略，大力推进"双一流"建设，弘扬"深钻博采 厚积薄发"的石工精神，为学校早日建成"中国特色能源领域世界一流大学"贡献石工力量！

2023年9月30日

目　录

第四篇　中国石油大学时期（2005—2023）

北京石油学院时期

（1953—1969）

1953年，以清华大学石油工程系为基础建立的北京石油学院，开创了我国石油高等教育的新纪元。石油钻采系作为学校初始的三大系之一，始终是学校的主干院系，先后更名为石油开发系、石油工程系、石油工程学院。

北京石油学院时期，延揽海外学者与现场专家任教，荟聚清华大学、北洋大学等名校青年精英，建立了以老带新的师资队伍；借鉴苏联经验，结合我国石油工业特点初步形成较为完善的教学体系，翻译、编写专业教材，满足了教学急需；开展实验室建设，研发钻机模型、一井多层开采等实验教学设备；参加川中、大庆等石油大会战，为国家"摘掉贫油的帽子"，基本实现石油自给作出了重要贡献，培养了石油人的"三老四严"、创业求实的优良作风，在实践中提高了科学研究的能力；支援了四川、西安、东北等石油学院的系及专业建设。这一时期，坚持厂校合作，逐步形成了产教结合的办学特色，其办学模式对我国石油工程高等教育产生了深远影响。

北京办学时期，钻采系兼收并蓄、筑基铸魂，培养了数以千计的优秀毕业生，为新中国石油开发输送了一批骨干力量，涌现了以王德民院士为代表的杰出科学家和以王彦总经理为代表的优秀企业家，用光辉的实践生动诠释了"我为祖国献石油"的家国同心精神。

第一章

京郊建校　钻采肇始

（1953—1961）

1953 年 10 月 26 日，中央人民政府燃料工业部（以下简称燃料工业部）石油管理总局发布京办（53）字第 13472 号通知，宣布北京石油学院于 10 月 1 日正式成立，并经燃料工业部报请高等教育部备案。被誉为我国石油工业"黄埔军校"的中国第一所石油高等学府从此诞生。

石油钻采系作为建院初期的三大系之一，建立石油钻井、石油开采、水力学 3 个教研室，设立石油及天然气钻凿工程（简称钻井）、石油及天然气开采工程（简称采油）2 个专业。学院借鉴国外先进办学经验，积极开展师资队伍、教学体系、实验室建设，深入川中、玉门等油田包场包矿，开展实习实践教学；响应党的号召向科学进军，研发顿钻钻机，开展压裂酸化试验，形成一批科研成果；派出教师援建其他石油院校，重视文艺和体育活动，学生校园生活丰富多彩；培养了报效国家、献身石油的莘莘学子，初步建成我国石油工程领域高层次人才培养的重要基地。

第一节　石油钻采系应运而生

一、北京石油学院成立

1949 年中华人民共和国成立前夕，全国只有 8 台钻机，原油产量仅 12 万吨。全国只有一支不到 1.2 万人的石油职工队伍，其中具有一定科学文化知识的职员只有1 300 人，职员中又多是经营"洋油"买卖业务的，生产技术人员只有 700 人。在技术人员中，石油地质和地球物理的技术人员不到 30 人，钻井工程师仅 10 余人。在旧中国的大学里，没有石油系科的设置，石油教育几乎空白。

中华人民共和国成立伊始，百废待兴，万物更始。在国民经济恢复时期，国家成立了燃料工业部和石油管理总局，并采取一系列措施恢复和发展石油工业。随着国家第一个五年计划的提出和实施，石油工业发展的第一个五年计划也提上日程，然而作为新兴现代化工业的石油工业却不得不面对技术人才十分缺乏的困境。尽管中央也在相关高等院校开办了一些速成班和培训班来定向培养专业人才，但是完全不能满足石油工业对人才的迫切需求。于是，成立石油高等院校的事宜越来越紧迫地被提到了燃料工业部的议事日程上。

石油管理总局在兴办石油专科教育的同时，加紧创办石油高等教育，培养高级石油人才。石油管理总局先后与许多大学的教师乃至学生建立联系，动员他们从事石油教育，并与有关高校合作成立石油系（组），为石油工业培养高级技术人员。

清华大学石油系（组）成立：1950年1月，燃料工业部与清华大学联合建立了燃料研究室；1951年5月，根据石油管理总局的要求，清华大学化工系在燃料研究室的基础上，成立了石油炼制组；后来又设立了石油钻采组和石油地质组。

北洋大学（后改名天津大学）石油专业组成立：1951年秋季开学时，根据燃料工业部的要求，北洋大学成立了石油工业相关专业组，即石油地质组、石油钻采组、石油机械组及石油炼制组，为石油工业培养了许多技术干部。学校成立了我国最早的一个石油学术组织——石油学会。石油学会出版会刊《石油通讯》，举办了小型石油工业展览会。

北京大学开展石油教学工作：20世纪50年代初，石油管理总局与北京大学建立了联系。这时的北京大学有一部分教师对石油教育很热情，如傅鹰、陈廷蕤、杨光华、袁恩熙、刘璞、唐伟英、马杏垣等。许多学生积极学习石油相关学科知识，争取到石油厂矿实习，如王遒、王约翰等就是最早去玉门油矿实习的北大学生。在当时的形势下，该校部分系开展了石油教学工作。

西北工学院（后改名西北工业大学）石油工程系成立：1951年，中华人民共和国教育部（以下简称教育部）抄转燃料工业部（51）燃人字第1761号函至西北军政委员会教育部，西北军政委员会教育部专门致函西北工学院："石油管理总局建议在你院机械、化学、矿冶、土木、公管等五系内成立石油专业组，或进一步添设石油专业系。"在西北石油管理局的大力支持下，西北工学院采矿系、化工系成立了石油组，招收新生。后来该校从厂矿调来一些工程师从事专业教学，成立了石油工程系。

重庆大学石油系（组）成立：1950年底，石油管理总局与重庆大学签订合约，委托重庆大学地质系添设石油地质组；重庆大学先后成立了石油地质组、石油炼制组和石油钻井组。

1952 年至 1953 年的高等学校院系调整,对石油教育起到了很大的促进作用。教育部参照苏联的经验,以培养工业建设人才和师资为重点,以发展专门学院、整顿和加强综合性大学为方针,对华北、东北、西北、华东的高等学校进行院系调整。

1952 年 5 月 17 日,教育部制定的《全国高等学校院系调整计划(草案)》指出,1953 准备在北京成立石油学院,1952 年暂在清华大学成立石油工程系。

1952 年 9 月 24 日,以清华大学地质系、采矿系、化工系的石油组为基础,汇合了北洋大学 4 个系的石油组以及北京大学化工系、燕京大学数学系的师生力量,建立了清华大学石油工程系。开设专业有石油钻井专业、石油开采专业、石油储运专业、石油矿场机械专业、石油炼厂机械专业、石油炼制专业,当年各专业在北京招收了新生。此外,根据石油管理总局的要求,该系还举办了 2 年制的专修科,也在当年招生。加上合并过来的学生,当年全系学生达 400 多人。

1952 年 11 月,政务院中央文化教育委员会下达通知(文教企字 466 号),正式批复同意以清华大学石油工程系为基础建立北京石油学院的计划任务书。1953 年 1 月 15 日,燃料工业部和教育部联合发文,正式成立北京石油学院筹备委员会。1953 年 4 月开始建校工程。在有关单位的大力支援下,经过紧张的筹备和建设,到 9 月初学校已初具雏形。按照既定计划,9 月 23 日至 25 日,石油工程系全体教职工从清华大学搬到新校舍。同时,大连工学院液体燃料组四年级学生和部分教师到校。

10 月 1 日早上,北京石油学院师生按照计划参加国庆游行。由“北京石油学院”校旗和多面红旗组成的仪仗队指引着游行队伍走出简易校门,汇入首都高校国庆游行队伍行列,经东长安街步行到天安门,接受毛主席和中央领导人以及中外各界人士的检阅。

1953 年 10 月 1 日,新中国第一所石油高等学府——北京石油学院成立

国庆节以后，全校都忙着迎接前来报到的首届新生。新生报到日期从9月初推迟到10月初，有些新生提前报到入学，并加入迎新队伍中。10月20日，在劳动广场用木板搭起了一个简陋讲台，1 000多名师生员工汇集在半是田野、半是工地的校园里，由新到任的副院长张定一主持，举行了简朴而隆重的开学典礼，实现了"当年建校、当年招生、当年开学"的目标。

新成立的北京石油学院学生组成：清华大学转入476人，大连工学院转入59人，首批招收本专科生561人，招收研究生46人。学院第一学期设有石油钻采系、石油炼制系、石油机械系3个系，共有石油钻井、石油开采、石油矿场机械、石油炼厂机械、石油储运、石油炼制、人造石油等7个本科专业和石油钻井、石油炼厂机械2个专修科。第二学期，学院增设石油地质系，增加石油地质本科专业，从西北工学院转入28人，加上复学及新转入的研究生、进修生73人，第一学年在校生人数达1 243，其中本科生1 087人、专科生80人、研究生72人、进修生4人。本科学制为4年，专修科学制为2年。

第一学期北京石油学院共有教师207人，其中汇集了一批石油学科和其他学科的著名学者、专家。当时全校有正、副教授22人，讲师22人。

1953年，师生到北京石油学院报到

二、石油钻采系成立与发展

为了满足我国石油工业对钻井和采油领域专门技术人才的亟需，北京石油学院石油钻采系应运而生。石油钻采系成立之初设有3个专业：石油钻井专业、石油开采专业、石油钻井专修科。石油钻井专业：学习石油钻井的理论和设备、操作技术原理，目标是培养石油钻井工程师。石油开采专业：学习原油开采的理论和设备、操作技术原理，目标是培养采油工程师。石油钻井专修科：学习石油钻井的操作技术原理及技能，目标是培养现场亟须的石油钻井技术人员。

1. 教学行政机构

石油钻采系（简称钻采系）在北京石油学院成立之初便设立了教学机构，下设钻井教研组、采油教研组、地质教研组。燃料工业部从石油厂矿调来一批在现场有丰富生产经验的专家来为学校充实专业课师资，教育部同意学校在 1953 年春季从清华大学石油工程系提前毕业的学生中挑选足够数量的毕业生做教师。

钻井教研组最初的钻井专家周世尧从西北石油矿务局调入学校，受聘为教授，代系主任。钻井专家卢克君从石油管理总局调入学校，受聘为教授。清华大学毕业的张绍槐、尹宏锦、阮锦钿、陈庭根、黄荣樽，北洋大学毕业的刘希圣、郝俊芳、樊世忠、佫树基担任助教，共有 11 名教师。研究生有徐云英、陈元顿、胡湘炯、袁克勇、李自俊、曹晓声、王云佑、郑基英等 8 人。

采油教研组采油专家有来自石油管理总局的王檠教授，延长油矿主任工程师秦同洛副教授，来自清华大学的王鸿勋、洪世铎、韩大匡、林平一、胡晓山、彭克諒、潘久平、陈钟祥担任助教，共有 10 名教师。研究生有叶诗美、成芸心、葛家理、张朝琛、刘蔚宁、李鋆、胡靖邦、王元吉等 8 人。

地质教研组地质专家有张庚教授、沈乃青副教授、杨乂讲师，陈景达、冯增昭、黄醒汉、王光英、云川、安延恺、李汉瑜、张庚骥、郑树果、刘健伟担任助教，共有 13 名教师。研究生有信荃麟、韩耀文、石毓程、李茂林、张万选、贺定国、张厚福、廖思敬、胡文海、李如羽等 10 人。

1954 年 9 月，学院公布高等教育部任命的学院处级干部名单：钻井专家周世尧成为石油钻采系第一任系主任。在北京石油学院第十二次行政会议通过并实行的组织系统表中，钻采系设有 3 个教研室：石油钻井教研室、石油开采教研室、水力学教研室。

高世钧担任石油钻井教研室主任，秦同洛担任石油开采教研室主任，袁恩熙担任水力学教研室主任。樊世忠担任系主任助理。

由于中华人民共和国成立前从来没有设置过培养石油科技专门人才的系科，教研室的组建参照中华人民共和国成立后各高等院校教学组织形式，把原有的一部分从事化工、机械、地质和采矿的人员按承担的课程相同或相近组成"教研室"。教研室是教学组织的基本单位。教研室除进行教学工作、教学法研究及科学研究工作以外，还对青年教师进行培养和提高,对师资进行管理等。

在建设系组、专业及教研室的同时,为了满足教学需要,学校和钻采系十分重视实验室建设。1955 年 4 月 2 日,地质钻采大楼投入使用。该楼有 1 万多平方米,内有教室、实验室和教师办公室,教学条件得到很大改善。1955—1956 学年,学校已建成的实验室达 43 个。其中,钻采系有水力学、

1954 年,竣工后的北京石油学院地质钻采楼

地下水力学、油层物理、采油、采油仪表自动化、水泥、泥浆(现称为"钻井液")、岩石破碎力学、泵及压缩机等 9 个实验室,另有 1 个钻井场供教学实习使用。

1957 年 12 月 11 日,学校行政会议讨论通过教学体制上的二级制,主要是撤销教务处一级机构,由副院长分工直接领导各系、各教研室及有关教学和科学研究的各行政单位,加强对基层的领导。实行二级制以后,各教研室的组织和领导关系也有些变动。会上确定,电工教研室和仪表教研室由钻采系领导。

1959 年,钻采系常务委员会召开会议,系主任周世尧布置工作

到 1960 年，钻井教研室有周世尧教授，刘希圣、樊世忠、沈忠厚、尹宏锦、陈庭根、黄匡道 6 位讲师，王亚禧、胡湘炯、姜仁、郑基英、郭学增、郁善多、孟宪金、胡乃人、蔡镜仑、田明远、姚忠信 11 位助教，实验人员有闫懿华、庄锦江、宁振宪，钻井工人有刘继武、田德连、赵振英、龚绍如、许光宗、李忠贤。教职工人数总计 27 人。

到 1960 年，采油教研室有王檠教授，秦同洛副教授，王鸿勋、韩大匡、洪世铎、张朝琛、胡靖邦、叶诗美 6 位讲师，樊营、漆文远、张铁林、李昆三、张琪、王谦身、朱恩灵、董映民、崔桂英、陈月明、魏文杰 11 位助教，实验人员有孙士孝、巫星发、金青龙、赵长禄、许万全。教职工人数总计 24 人。

到 1960 年，水力学教研室有袁恩熙、陈家琅、黄宗鑫、陆永安讲师，刘蔚宁、曹晓声、许震芳助教，实验人员有陈孝盛、洪海荣。教职工人数总计 9 人。

2. 系党总支

1953 年 9 月 23 日，中共北京石油学院党总支建立，贾皞任党总支书记。下属 6 个党支部，党员 103 人，其中石油钻采系党支部书记为阮锦钿。随着党员队伍的发展，学院党总支于 1955 年 8 月改建为中共北京石油学院委员会，贾皞任党委书记。为了加强系党组织的工作，校党委会决定各系分别成立党总支委员会。自 1956 年 2 月，地质系、钻采系先后举行党员大会，通过选举产生系的党总支委员会。钻采系党员大会选出漆文远等 6 人组成党总支委员会。北京石油学院第一届（1955 年毕业）本科毕业生采油 1951 级 1 班漆文远担任了第一任钻采系党总支书记。

在党的八大精神指导下，中共北京石油学院第一次代表大会于 1956 年 12 月 18 日至 23 日举行。闫子元院长致开幕词，贾皞书记代表上届党委作报告，孙卓夫副书记作总结报告。大会总结了建校 3 年来党的工作成绩，依据党的八大对国内主要矛盾和主要任务变化进行分析，明确全校工作应以提高教学质量、推动科学研究工作为中心，提出了"三个加强"：加强党对学校各项工作的领导和监督，贯彻党的集体领导原则，克服工作中的主观主义、官僚主义和宗派主义；加强思想政治工作，克服一切不正确的思想倾向；加强团结，发扬民主，接受群众监督，密切和党外人士合作，调动一切积极因素，发扬艰苦朴素作风，勤俭办校。

第一次党代会正式确定了党委对学校的领导。自此以后，北京石油学院在领导体制方面发生了重大改变，由院长负责制改为党委领导下的院长分工负责制。各系相继召开了党员大会，进行了党总支的改选。系党总支对全系的工作发挥领导和监督作用。

1957 年 2 月，吴林祥调任钻采系党总支书记。1957 年 12 月，学校实行二级制管理，原有的人事安排做适当变动，加强了系一级的领导。系党总支书记吴林祥响应毛主席号召下放到昌平南邵镇南邵公社参加修建十三陵水库劳动,院党委调人事处处长刘永昌任钻采系党总支书记。

1960年3月,校党委常委会73次会议决定,刘永昌任自动化系党总支书记,不再担任钻采系书记,樊世忠任钻采系党总支书记。

漆文远,1932年生,教授级高级工程师。1951年进入北洋大学采矿专业学习,1953年转入北京石油学院采油工程专业学习,留校后任助教,先后担任中共北京石油学院第一届委员会监察委员会委员,石油钻采系首任党总支书记。1961年援建东北石油学院,20世纪80年代调往海洋石油总公司勘探开发部工作。

吴林祥,1932年生,1953年9月从清华大学转入北京石油学院钻井工程专业学习,留校后主要从事行政管理工作。教授级高级工程师。先后担任院团委副书记、地质系党总支书记、石油钻采系党总支书记、体委副主任、机械厂党总支书记、政治部副主任、党办主任、研究生部党委副书记等职,获得"全国优秀党务工作者"称号。1984年7月,由华东石油学院北京研究生部调西安石油学院任党委书记。1991至1995年任北京语言大学党委书记。

1960年,北京石油学院第三次党代表大会钻采系党代表小组讨论

3.师资队伍

建校初期参与学校建设的留学欧美的专家中,周世尧、王檠和罗蛰谭曾在钻采系执教,周世尧成为钻采系第一任系主任。教师队伍中有3位来自现场的专家,即卢克

君、高世钧和秦同洛,还有一位来自高校的讲师袁恩熙。

石油钻采系第一任系主任周世尧教授

周世尧(1915—1968),湖北黄陂人。1941 年毕业于重庆大学电机工程系,毕业后分配到四川油矿工作。1944 年到美国美孚爱迪可公司和杜兰大学学习钻井和采油。学习期间,为国家购进了一台深井钻机,这是我国石油钻井史上的第一台深井钻机。1948 年初学成回国到四川石油勘探处工作。1950 年任玉门矿务局钻井大队副大队长兼青草湾钻井中队长,具体负责青草湾的钻井工作。首创了玉门油田冬季打井成功的纪录,在我国石油钻井史上写下了光辉的一页。这一重大成绩受到了石油管理总局的通报表扬。

1951 年 11 月,玉门矿务局调整组织机构,周世尧调到西安西北石油管理局矿务处工作,负责西北石油管理局的年度生产、基建工程、器材、财务等项计划的编制工作。1953 年,他调到北京参与筹建北京石油学院,由井场走上了讲台,开始为石油工业培养专门人才。

筹建北京石油学院初期,没有校舍,大家就在清华大学办公,开始一边建校,一边学习苏联的办学经验。在人员少、任务重的情况下,周世尧同志身兼数职:钻采系主任、钻井教研室主任、实验室负责人和教师。他从不讲条件、问待遇,任劳任怨、勇挑重担,每天工作到深夜。为了把现场的经验写成教材,他经常跑现场搜集资料。钻井专业创立之初,由于有些教师受世界权威美国 *Zaba*(扎芭)手册 "Drilling is a art but not a technology(钻井是一门艺术,但不是一项技术)" 观点的影响,认为钻井只是一种技艺,没有高深理论,因此他们对专业建设和教材编写一筹莫展。周世尧坚持认为钻井理论与技术涉及多学科知识,把英美钻井技

1956 年,北京石油学院院内建起的教学实习井场

术与苏联钻井技术进行比较、综合，结合我国实际制定了钻井专业教学计划及课程体系。为做到理论联系实际，他还千方百计从玉门油田调来一整套有几百吨重的苏联（亦说是罗马尼亚）钻机，安装在学校西南角，聘请玉门油田八级司钻田连德师傅到校协助开展实践教学。数十米高的井架成为北京石油学院一道特殊的景观。

《人民日报》记者曾采访过周世尧，并在《人民日报》头版刊登过他的照片和事迹文章。周世尧虽然不是教师科班出身，但是以那种刻苦钻研、勇于探索和坚持实践的求学精神，严谨的治学态度和踏实的工作作风，深深感染和影响了我国第一批石油学子。

1956年评定教师职称时，周世尧晋升为教授（国家三级），成为我国石油钻井专业的第一位教授，受到了毛主席、周总理的热情接见。

一分耕耘，一分收获。周世尧教授的课不仅在石油院校赢得了赞誉，还在油田一线的现场，甚至在整个石油系统都享有盛誉。在北京石油学院工作期间，他曾兼任过现场工程师，先后到过云南、贵州、四川等钻井井场解决一些生产技术问题。根据需要，他把课堂设在井场，把钻井设备工具知识详细地介绍给学生。有时，学生的生产实习、毕业设计也由他亲自安排。1958年，他还带领北京石油学院的学生参加了四川南充石油会战。

周世尧教授除了本身的教学工作之外，还经常接受一些接待外宾的工作。在没有翻译的情况下，他操着一口流利的外语陪同外国专家参观学院，介绍学院的教学、生产、科研情况，回答他们提出的问题。周世尧教授在北京石油学院工作期间，先后培养了10余位研究生，编写了《油井工程》《钻井工程》及《英汉油矿辞典》等教材。同时，他还组织创办了《石油勘探与开发》《石油钻井》等刊物，是石油钻井专业杂志的奠基人之一，也是我国石油钻井教育事业的奠基人之一。

王檠（1901—1973），字调甫，浙江慈溪人。石油工程专家，1922年毕业于北京大学矿冶系，后留美，1932年获得美国伊利诺伊大学硕士学位，回国后先后担任河北大学教授、浙江长兴煤矿总工程师，1936年担任四川油矿勘探处处长，少将衔。中华人民共和国成立后，任清华大学石油工程系教授、钻采组组长，1953年转入北京石油学院任三级教授。

罗蛰潭（1919—2009），四川乐山人。1942年毕业于中央大学地质系，1944年毕业于重庆大学矿冶系，1948年至1950年留学美国科罗拉多矿业学院、俄克拉荷马大学石油学院。1950年回国后，先在重庆大学执教，开办了新中国高等院校中第一个石油地质组和石油开采组，在我国首次开出"石油地质""石油开采""地下地质""钻井泥浆"等课程，为新中国培养了第一批石油地质、石油工程专业的高级建设人才。1955年"五一"国际劳动节，罗蛰潭得到党中央、国务院的邀请，参加"五一"节观礼。

1957年调任支援成都地质勘探学院。

卢克君，1909年出生，河北定县（今定州市）人。1932年毕业于东北大学工学院采冶工程系，先后到河北开滦和安徽淮南煤矿工作，1940年到玉门油矿，担任钻井队主管工程师，成为油矿唯一的钻采工程师。1953年调入北京石油学院任教。1957年调任到石油工业出版社工作。

高世钧（1917—1977），江苏无锡人。1936年起先后在杭州之江大学、浙江大学、唐山交通大学求学，后从基层一步步做起，历任实习员、技术员、助理工程师、副工程师。中华人民共和国成立后，历任上海中国石油公司工程师、飞灵钻采队队长；为了国家需要，从钻采一线调回从事教育工作，先后在西北工学院、北京石油学院、四川石油学院任教，历任讲师、钻井教研室主任，地质系副主任、地质系主任等职。1958年调任援建四川石油学院。

袁恩熙，1917年生，北京市人。1943年毕业于北京大学工学院土木系。曾任北洋大学和北京大学助教、讲师，清华大学水利系讲师。自1954年3月起历任北京石油学院讲师、副教授、教授，水力学教研室主任等。长期从事工程流体力学教学，主编的《工程流体力学》一书享有盛誉。

秦同洛（1924—2000），江苏无锡人。石油开发专家，享受国务院政府特殊津贴。1944年毕业于交通大学贵州分校（今西南交通大学）矿冶系，毕业后在玉门油矿工作。中华人民共和国成立后，玉门油矿建成了我国第一个采油厂，秦同洛担任了第一任厂长。1952年，秦同洛调到延长油矿任主任工程师。1954年任北京石油学院钻采系采油教研室主任，1961年任石油开发系主任，1965年至1972年任学校科研处处长。秦同洛是我国石油开发工程专家、教育家，石油开发教育的创建人之一，我国第一个注水油田开发方案设计者之一，大庆油田开发方案编制者之一，华北石油勘探开发研究院、中国石油勘探开发研究院、《石油勘探与开发》的创办人之一。

4. 学生情况

石油钻采系在1953年到1960年期间，招收了1953—1960级共8届学生，合计1 635人，见表1-1。其中，石油钻井专业招生921人，石油开采专业招生714人。1953年建校时，从清华大学转入二、三年级及专修科学生109人。1954年3月，学院成立地质系，同时设立石油地质专业；抽出石油钻井专业1953级3班、4班2个班的58名学生，转入新组建的石油地质专业。1955年从西北工学院石油系三、四年级转入学生57人，1956年又从西北工学院石油系整体转入2个班的学生。总计从其他高校转入200余人，转出到新组建的石油地质专业58人。石油钻井、石油开采专业每年都有少量研究生在读。

表1-1　1953-1960 年本专科生入学、毕业人数统计

单位：人

年　份	入学人数			毕业人数		
	合计	石油钻井	石油开采	合计	石油钻井	石油开采
1953	238	177	61			
1954	178	120	58	32	32	
1955	155	93	62	87	63	24
1956	333	181	152	75	34	41
1957	73	49	24	166	94	72
1958	234	115	119	221	117	104
1959	285	126	159			
1960	139	60	79	227	121	106
总计	1 635	921	714	808	461	347

　　这一时期,石油钻井专业毕业 461 人,石油开采专业毕业 347 人,共有 808 名本专科毕业生,他们急祖国之所急,奔赴各大油田,成长为油田的技术骨干。其中,石油开采 1955 级王德民成长为中国工程院院士,石油钻井 1954 级王彦成长为部级领导,他们为石油工业的发展作出了卓越的贡献。

1956 年暑假,王德民(左一)和采 1955 级 1 班同学在唐山进行大地测量实习

王德民，1937年2月9日出生于河北省唐山市，油气田开发工程专家，中国油田分层开采和化学驱油技术的奠基人。1955年考入北京石油学院钻采系石油开采专业。他刻苦钻研，在学习上取得了优异成绩，获得了学校的通报表彰。课余时间，他酷爱体育锻炼，1956年参加了全校5千米自行车越野赛，获得了男子第三名。参加北京市田径优秀运动员选拔测验赛，获得了三级运动员称号。

　　1960年毕业后，他坚决要求到大庆油田工作，曾历任大庆油田采油厂技术员、大庆油田采油工艺研究所主任工程师、大庆石油管理局总工程师、大庆石油管理局副局长、大庆油田有限责任公司副总经理等。1979年，他主持研究的油井多用途偏心配产控制系统获国家发明二等奖。1986年，他主持完成的"大庆油田注水开发高产稳产技术研究"成果获国家科学技术进步特等奖。1989年，荣获"全国劳动模范"称号。1994年，当选中国工程院首批院士。2016年，经何梁何利基金评选委员会推荐，中国科学院紫金山天文台申请，国际小行星中心命名委员会批准，国际编号为210231号的小行星正式命名为"王德民星"，以褒奖他对石油开采技术的卓越贡献。

第二节　苏联经验的借鉴

　　1953年7月，高等教育部召开全国高等工业院校行政会议，确定高等教育改革的方针是：学习苏联先进经验并与中国实际情况相结合。一方面，要诚心诚意、踏踏实实地学习苏联经验；另一方面，更重要的是从中国当前实际出发，实事求是地运用苏联经验。

　　为了加快学校和石油教育事业的发展，学校非常重视向苏联学习。北京石油学院副院长张定一、教务长曹本熹先后于1955年10月、1956年11月赴苏联访问，学习苏联先进经验。学校从1954年起开始聘请苏联专家到校指导工作，至1956年，学校先后聘请了12名苏联专家。1956年以后又有1名苏联专家和1名民主德国专家到校工作。其中，3位苏联专家在钻采系进行过教学和现场指导。

一、苏联专家简介

1. 采油专家沙·卡·吉玛都金诺夫

　　1954年2月，采油专家沙·卡·吉玛都金诺夫副教授到校工作。吉玛都金诺夫在苏联莫斯科石油学院任教，并兼任苏联科学院石油研究所的工作。他来学院主要是帮助和指导采油教研室的工作。专家到校后,在教学工作中发挥了积极作用,开出了"油层物理"等专业课程,指导建立了油层物理、采油等实验室,负责指导了一定数量的研究生。在教学组织和教学方法方面,他向教师们介绍了苏联高校的组织管理经验,曾先后作了关于系主任工作、生产实习、答疑、考试与考查、课程设置和学生科学小组等专题报告,提出学校要和厂矿建立密切联系等建议。1954年暑假期间,吉玛都金诺夫亲自带领研究生和教师去西北石油厂实习,还负责编写了部分专业课讲义,指导教研室进行科学研究。吉玛都金诺夫为教师和研究生讲授了"采油工艺与技术"课程。此外,教研室还通过定期举办学习讨论会同苏联专家进行交流和讨论。

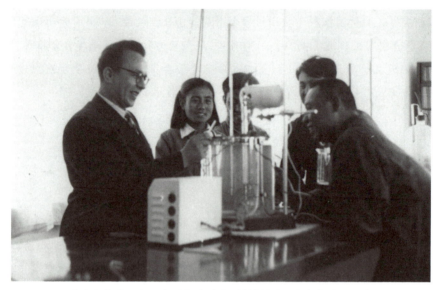

采油专家沙·卡·吉玛都金诺夫副教授(左一)在实验室工作

1956年6月,系主任周世尧撰文《感谢沙·卡·吉玛都金诺夫专家》。文中写道:

每次系和教研室制定工作计划时,专家都认真研究,提出许多宝贵意见,并一再强调指出系领导对全系计划的完成情况要进行检查和督促,因而使系对教研室的领导工作不断改进。

关于各个教学环节的教学法工作,专家都事无遗漏地和我们座谈,使我们在进行新的教学环节的工作时有了依据。当钻井教研室第一次指导毕业设计工作时,教师还无法掌握要领,在和专家座谈以后,才纠正了当时存在的不少缺点。

在历次教学计划的修订工作中,专家的指导起了决定性的作用。专家总是认真负责地检查我们提出的计划,既给了我们原则上的指示,又指出了具体的方法,使我们能更好地结合实际情况完成这项工作。

专家对于系的学生工作给了很多指导。为了鼓励学生提高学习质量，专家建议每学期召开一次全系学生大会，在会上总结上学期的学习成绩、学习态度和学习纪律，并进行表扬和批评。为了对学生进行热爱专业、热爱科学的教育，专家为学生们作了生动的报告，给了学生们深刻的教育。关于组织学生科学小组，开展科学活动的报告，专家鼓励许多学生坚持课余的科学活动。

专家本着国际主义的精神，认真负责、孜孜不倦、勤勤恳恳地帮助我们，不但使我们在科学技术水平上提高一步，而且在工作态度和工作方法方面为我们做了良好的示范。

1956 年 7 月，吉玛都金诺夫聘期满后回国。钻采系青年教师洪世铎在校报撰文谈《跟苏联专家吉玛都金诺夫学习建立油层物理实验室的体会》。采油教研室主任秦同洛在同期校报撰文《衷心感激苏联专家的帮助》，高度评价 8 个月以来吉玛都金诺夫在修订教学计划、制定教学大纲、建立实验室、培养研究生、指导课程设计及生产实习、培训教师等方面所作出的贡献。文中写道：

专家的一切工作中都贯穿着强烈的政治思想性，考虑问题时都是从国家的利益出发，如我们原定的教学计划中，没有关于天然气开采专业的部分，专家认为今天中国已经有了相当规模的气田，而石油与天然气同是国家和人民的财富，不能有所忽视。因此帮助我们拟定了天然气开采专业的教学计划，还建议应有部分学生在这方面偏重一些，以符合国家的需要。又如专家曾经说过一个油田的产量应当服从国家的需要，采油工程师要在满足祖国需要的条件下，更合理地采出油来，我们应教会学生以一个主人的身份来考虑油田上的一切措施。

专家在讲课中贯彻理论联系实际的精神，当讲到地下水时，由于当时未得到中国的资料，因此讲了苏联的情况，就强调说明我们在讲课时一定要换成中国的情况。在专家的讲课中，我们深深体会到苏联科学的先进性，苏联的科学家是以老老实实的态度对待科学，一切问题都从根本上来考虑解决。如讲到油田开采时，关于液体与岩石的弹性力作用问题，美国到现在还没有一套完整的理论，而苏联早在 10 年前就已基本上建立起来了，并创造了打多层油井的方法。这种方法大大节省了开发油田的费用。

专家讲课的系统性强，如在讲采油时，从油田的分类到各个油田的特征，再到同类型油田的开采方法，都是系统的讲述，每章每节之间不是生硬的变换，而是有机的联系。

在与专家的接触中，我们学习到的另一点是虚心的科学态度。专家在很多问题上常常谦虚地说自己在这方面研究得还不够，还要深入研究，如油井操作、油井完成、完善系数等问题，一方面给我们介绍在研究工作方面最新的成就，另一方面告诉我们哪些问题没有解决，并指出进一步解决的方向。对待科学，专家的这种实事求是的态度值得我们学习。

采油教研室葛家理 1957 年 10 月在校报撰文《怀念吉玛都金诺夫专家》。文中写道：

1954 年的春天，吉玛都金诺夫专家来到了我们的教研室。那时候，采油教研室刚成立不久，只能开出 1 门"采油工程"课，没有实验室，不知如何开展课程设计和毕业设计，没有人指导过研究生和学生的科学小组。

专家为教师和研究生开设了"油层物理学"和"采油工艺学"2 门课程，课程中融进了近年来科学上最新的成就。专家亲手帮助建起 3 个实验室：采油实验室、油层物理实验室和高压物性实验室，这些实验室是当时我国采油工业中最新、最完整的实验室，很多矿场和学校都派人来学习参观。

专家还亲自为采油教研室培养了全国第一批采油研究生，他们都已经完成了学习任务，留在学校里工作的研究生都已经负担起重要的教学任务，如毕业设计、讲课等工作，分配到设计部门的研究生也很快成了单位骨干。毕业设计从"毫无所知"达到目前教研室能带 20 多种类型的题目，有效提高了学生的培养质量。

专家不仅在科学上建设我们的教研室，还在思想上建设着我们每一个人的内心。专家曾经对我们说："要做一个科学家，首先要做一个真正的人。"专家在指导研究生的时候，就是按工人阶级的知识分子道路来培养我们的。这条道路首先是培养劳动观念，要求科学研究用的仪器和配件都要自己制作，其中包括木工、玻璃工、金工，而且从设计到安装施工都不准交给实验员和工人。他说："只有劳动才能使你的手灵巧，决不能像地主那样去支使别人而不动手。"他不仅这样教导我们，还用实践来影响我们。他从西安坐汽车去延长油矿途中，因为路坏了，所以很多工人在修路，他就下了车，脱了衣服和工人们一起修路。其次，他要求我们正确地解决个人和集体的关系。任何一个科学研究的成功都是承继着前人辛勤的劳动，即使自己不成功也会对后人有所帮助。

2. 钻井专家格·米·盖维年

1956 年 9 月，新聘的钻井专家格·米·盖维年到校工作。钻井教研室主任高世钧 1957 年 10 月撰文《向格·米·盖维年专家学习》。文中写道：

格·米·盖维年专家在过去一年中对我们工作的帮助是很大的。由于他的指导和建议,我们在教学上了解了许多过去不够明确的问题,获得了许多专业上的知识。

1957 年,钻井专家格·米·盖维年(左一)与校领导在一起

我们常会记得盖维年专家对待问题的原则性,由于他的注意和坚持,我们免于陷入错误。他教导我们对学生的教学必须是由浅入深,逐步学习,逐渐巩固的。回忆今年春天我们制定教学计划时,有一个生产实习与毕业实习需要进行合并,只做一个设计方案,这个方案是从工作简单、实习方便、节省时间的观点出发的。在研究这个问题时,盖维年专家就从学生学习的要求和教学原则上深入分析,并指出了不能只看目前的现场情况,也不能由于我们在教学法上不熟悉而把工作简单化。由于他的分析和启发,我们在根本大计上没有犯大的错误。同时专家不厌其烦地几次向我们反复说明课程设计与毕业设计在内容要求上和学习目的上的不同。通过他的检查,我们发现了在指导设计中的许多不妥善之处。这使我们在今后这两个环节的教学中有了改进的基础和方向。

今年春天,专家不辞劳苦地去四川指导我们怎样检查实习和同学怎样进行实习,在他的示范和启发下,我们初步地了解了毕业实习的做法,也知道了在实习中教师的作用。这个指导使我们上次的各地实习工作在后期有了改进。盖维年专家虽然从事教学多年,但是对钻井的实际技术问题和现场存在的问题感觉极其敏锐,观察极为深刻,同时对于教学实习更是非常熟悉,这昭示我们要做一个好的教师,就要做一个好的工人、好的工程师,理论是决不能脱离实际的。

不仅仅实习中如此,在专家的讲课中,在他对我们讲课的检查和建议中,他总是把实际放在第一步,然后再着重分析和验证。在专家对我们编写讲义的批示中,他指出稿中的具体问题，要求一定要把现场上所有的及实际使用的写入讲义。

盖维年专家富有高度的责任感和强烈的国际主义精神。他付出了大量的时间写讲稿，常常在星期日也不休息。今年夏天，他本来该休假2个月，可是他用了1个月时间写讲稿。专家对教研室委托他指导的3个研究生要求严格。在他的指导下，研究生们不仅打下了较稳固的基础，还可以初步进行研究工作。专家对已定的工作计划，执行得很严格，对我们工作中的缺点也不客气地进行批评，比如他指出我们实验室管理太乱，并且在很多工作中有拖拉的缺点。专家对我们现场的钻井工作也非常关切。今春，他去四川时正值巴九井大火，他一方面积极参加灭火方案的讨论，另一方面因我们对事故重视不够提出了批评。即使他离开了四川很久，也仍然随时询问这井的情况。这些不仅表现了他的国际主义精神，还表现了他对自己所从事的事业无比热爱的感情。

3. 采油专家维·伊·舒洛夫

1956年9月，新聘的采油专家维·伊·舒洛夫到校工作。

1957年，采油专家维·伊·舒洛夫（左二）在指导科研工作

1958年8月，采油教研室主任秦同洛撰文《我们的心永远连系在一起》。文中写道：

当我们送别油田开发专家——维·伊·舒洛夫同志的时候，不禁回忆起2年前怀着渴望和兴奋的心情在前门车站欢迎专家的情景。2年的时间实在太短促了，然而仅仅在这2年的相处中，专家给了我们很多可贵的教益和帮助，使我们在各方面获得丰收。

我们教研室绝大部分是初出茅庐的年轻同志，教学水平和工作能力都有待提高。针对这一情况，专家开出了2门课程——地下水力学和油田开发设计。在讲授的过程中，专家表现出了对教学工作的热情和认真负责的精神。无论是精选教材、严肃认真地修改教材、深入浅出地讲授方法，还是注重提高和普及并重，都给我们树立了学习的榜样，使我们在教学思想和教学法上得到了极大的提高。

专家在科学研究方面给了我们莫大的帮助。专家不但培养了研究生，使他们初步掌握了科学研究的方向和方法，而且还培养了数名教师。在教学设备和科学研究设备方面，专家也给了我们巨大的帮助，并为我们树立了勤俭办校的范例。例如在建立电网模型、电解模型、水力积分仪等的过程中，我们也是接受了专家宝贵的意见，采用了国产器材，并在专家的直接指导和帮助下建立起来的，这使我们节约了几十万元的外汇。专家的这些帮助给我们指出了一条自给自足的道路。

舒洛夫专家不仅指导采油教研室工作，兼任了系顾问工作，还对系的教学工作提供了不少宝贵的意见，并且对水力学教研室和钻井教研室都提供了很多帮助。

二、苏联专家的贡献

从1954年2月开始到1958年8月，接连有3位苏联专家到钻采系指导工作，作出了3个重要贡献：系统地开设了专业课；培养了青年教师和研究生；指导了系和专业的建设，传授了办学经验。

1956年6月，学校和各系举行欢送会，欢送1954年来校工作的苏联专家吉玛都金诺夫、扎巴林斯基、波波夫工作期满回国。欢送会上，学校领导代表国务院总理周恩来赠给3位专家每人1枚中苏友谊纪念章。吉玛都金诺夫1954年2月来到采油教研室工作，2年多时间，仅讲义就写了2 000多页。他指导建立的采油实验室比莫斯科石油学院的还要好，还要完备。

1991年10月20日，学校举行仪式授予苏联莫斯科石油学院教授吉玛都金诺夫博士为学校名誉教授，开发系张琪教授为其颁发聘书。在授予仪式上，副校长方华灿教授高度评价了吉玛都金诺夫教授为学校初期的建设所作出的贡献。吉玛都金诺夫博士此次应邀来学校作了题为《部分油田开发后期提高采收率》的专题报告。

1991年，张琪教授（右一）为吉玛都金诺夫（右三）博士颁发聘书

第三节　教学体系初步完善

1954年5月，学校行政会议通过了《北京石油学院系的工作条例》，通过并公布施行《北京石油学院学生请假办法》《北京石油学院学生休学办法》《北京石油学院学生复学办法》《北京石油学院学生退学办法》《北京石油学院学生奖惩办法》《北京石油学院学生学习纪律奖惩办法》《北京石油学院本学期成绩检查与升降级暂行办法》等学生学籍管理方面的规章制度。这些规章制度的实施为系教学工作的顺利开展奠定了坚实的基础。

一、"一五"时期的教学工作

1. 教学计划的审定

系主任周世尧曾留学美国，在参照莫斯科石油学院教学计划安排的基础上，结合自己在美国留学学习的情况进行适度调整，编写的教学计划比较好。大学4年共安排31门课程、3个课程设计、3次实习。新生入学后完全按照新的教学计划进行。

为了贯彻教学改革的方针，学校特别重视各专业教学计划的修订和完善。根据高等教育部的布置，学院广泛征求了石油管理总局、各石油厂矿对各专业教学计划的意见。1954年2月,学校召开了有关人员参加修订教学计划会议,会后学校发动广大教师深入讨论和研究,对教学计划进行了多次修订和审定。6月初,在高等教育部主持下,与天津大学、北京地质学院、西北工学院等取得密切联系,对教学计划做了最后的审定工作。审定后的教学计划,对培养目标、专业分工、课程设置及教学要求,以及教学方法及教学内容的改革等做了进一步明确。教学计划的审定,使广大教师感到了自己的责任重大,看到了工作的艰巨性,明确了努力的方向,鼓舞了干劲,提高了严格执行教学计划的自觉性。各专业的教学计划符合我国石油工业发展实际,是比较好的,但是从教学要求和分量上看,要做到专业范围不过窄、课程门数不减少,又要达到较高质量,导致学生的负担较重,学制4年难以达到计划要求。因此,学校建议把学制由4年改为5年。1954年12月,钻采系召开第三次系代会,听取钻井、采油专业的毕业设计和毕业实习准备工作汇报,研究设计、试做环节的改进措施,提出加强与外语教研室沟通和协作的意见。

1955年,从暑期入学的新生开始,高等教育部批准高等工业学校的学制由原来的4年改为5年,并要求各高等工业学校按最近制定的5年制统一教学计划进行教学。高等教育部要求更加重视基础课、技术基础课的教学工作,加强对政治课教学的指导,专业课教学必须贯彻全面、系统地学习苏联先进科学知识并与中国实际相结合的方针等。

1955年9月29日,钻采系召集一二年级任课教师座谈,讨论解决学生学习负担过重问题,系主任周世尧及教学秘书奚翔光参加座谈。会议针对学习负担重、完不成作业、学习吃力、加点现象普遍等问题,要求教师们积极改进教学,全面关心学生,并与班主任加强配合,端正学生的学习态度,指导学生改进学习方法。会后还按照严格控制每周不超过54小时的要求,对教学计划、作业量、学生自学时间等做了适当调整。

钻采系对教学计划做了相应的调整,加强了基础课,使基础课和技术基础课占62%～67%,专业课占25%～30%,政治理论课、体育课等占8%左右。几年来,广大教师创造条件、克服困难,基本上按照教学计划的要求完成了教学任务。在教学内容上,系一方面强调按照教学大纲规定的内容组织教学,另一方面强调根据科学技术的发展和石油工业生产的需要不断充实和革新教学内容。

钻采系不断采取措施,贯彻毛泽东主席提出的"学少一点,学好一点"和"身体好、学习好、工作好"的指示,保证学生全面发展。从1955年起,在一、二年级开始试设班主任,班主任对学生的学习和身心健康全面负责。1956年9月以后,根据高等教育部文件精神,院系2次采取若干措施,修改现行教学计划,减少上课时数,取消了大部分习题课,课程设计每门课不得超过1个,以增加学生自习时间,改变学生机械呆板的生活。适当调整作息制度，克服了过分强调集体、过分强调一律的倾向，增加了学生自由活动的时间。所有这些改革措施，都是为了减轻学生的学习负担，促进学生的全面发展。

1957 年，钻采系召开系代表会，讨论了采油专业修订后的教学计划草案，见表 1-2 和 1-3。修改后的教学计划草案，一是基础课得到了加强，数理化课程的比重从 18.3% 增加到 19.09%；二是总学时压缩；三是每学期上课周数增多，而考试周数减少；四是政治课和外国语得到加强，其比重从 19.1% 增至 22.33%。该计划还考虑开设一些加选课，使毕业学生更符合专业培养口径。

表 1-2　中国与苏联采油专业各类课程所占分量比较

国　别	数理化 /%	一般技术 /%	地质课 /%	专业课 /%	总学时 /个
中　国	18.3	31	10.8	20.8	3 724
苏　联	17.9	28.2	13	21.6	4 528

表 1-3　中国与苏联采油专业基础课讲课比重表

国　别	数　学			物　理			化　学		
	总学时 /个	讲课学时 /个	比重 /%	总学时 /个	讲课学时 /个	比重 /%	总学时 /个	讲课学时 /个	比重 /%
中　国	296	226	76	184	110	60	201	140	70
苏　联	360	188	52	232	116	50	220	130	59

钻采系将教学工作作为整改工作的中心，大力改进教学工作。采油教研室收到的意见中，有关教学方面的占 80% 以上，系里一次回复群众有关教学工作的意见达 50 余条。根据所提意见，在制定的教学计划中，将普通地质、矿物岩石、地史古生物合并为一门课程；将地质构造钻采、岩石破碎力学、地面钻井建筑合并到钻井工程课程中讲授；将采油工程和油

1957 年 6 月，钻采系党总支在研究教学工作计划

层物理合并,取消了起重运输机等课程,这些措施使学生学习负担大大减轻。

2. 课程教材建设

1952 年,在清华大学采矿系开设的"石油工程"课中,"钻井工程"是其主要内容之一,采用的教材是美国人 Uren(尤伦)编写的 *Petroleum Engineering*(《石油工程》)。1953 年北京石油学院成立时,石油钻井专业和该专业最主要的专业课"钻井工程"也同时诞生。我国第一本《钻井工程》教材(校内油印本),由周世尧教授编写,内容主要是钻井设备、工具和工艺技术,偏重现场实践。主讲教师在实际授课时还参考了许多英文文献资料,讲授有关钻井理论和技术。1955 年,学校聘请了苏联专家格·米·盖维年为当时的教师系统地讲授"钻井工程"课,后来盖维年的讲稿用中文出版成书——《钻井工艺和技术》。盖维年所讲内容部分引进到学生的授课中,教学内容主要体现了当时苏联的钻井技术水平,此外将钻井设备划归"钻井机械"另行开课。

1952 年 11 月 27 日,高等教育部发出《关于翻译苏联高等学校教材的暂行规定》。根据高等教育部指示,学校组织力量,积极翻译苏联有关教材。在专业教学上,主要参照苏联教材并吸收世界上其他国家有关材料编写讲义,组织教学,其中特别注意结合我国生产上的实际情况来吸收和介绍世界科学技术的最新成就。学校曾组织相当的人力翻译苏联教材,专业课中有 90% 的课程采用苏联教材。在以后的教学过程中,广大教师在不断消化和吸收国外先进技术的同时,还积极下到各石油厂矿学习,搜集技术资料,并根据我国石油工业生产和石油科技发展的实际情况,不断扩大自编专业课教材的比重。钻采系突击培养俄文翻译韩大匡等年轻老师,他们现学现卖,一边翻译教材,一边进行教学。

1955 年 8 月,燃料工业出版社出版了由石油管理总局钻探局翻译的苏联专家伏·斯·费多洛夫所著的《钻井科学原理》一书。该书阐明了钻井技术措施的科学原理,钻井各参数对于钻井进尺指标与质量指标的影响,制定转盘钻或涡轮钻钻井时技术措施的方法,以及在不同钻井条件下选定钻头类型和式样的方法。

1956 年 9 月,石油工业出版社出版了北京石油学院采油教研室翻译的《油田开采》一书。本书概括了有关油田开采的所有问题,包括采油地质、举升液体的理论和油井的自喷开采等。该书分上、下两册出版。

石油开采专业设置了"地下流体力学"专业基础课程。该课程主要研究流体在多孔介质中的运动形态和规律,所以称为"地下流体力学"。1956 年,聘请苏联专家为当时的教师系统地讲授"渗流力学"课,该阶段初步形成了"渗流力学"的课程建设体系,并建立了单向渗流、径向渗流实验装置。

3. 教学方法改革

学校和钻采系大力改进教学方法，积极培养学生独立思考和独立工作的能力。学校要求：教师在讲课前要特别重视教学进度的周历编制并认真备课；讲课中应重点突出，把要讲的主要内容和解决问题的途径与方法讲清楚；教学内容必须坚持向学生介绍本学科的最新科技成就和科技发展动向；习题课必须重视培养学生的计算能力、分析问题和解决问题的能力；实验课要重点培养学生的操作技能和探索精神；课程设计和毕业设计必须理论联系实际，训练学生的实际工作能力，增长生产和科研的实际知识。总的来说，教师要在各教学环节中，贯彻循序渐进的原则，采用诱导的方法，传授学生们解决问题的钥匙，而不仅仅是向他们灌输知识。

根据要求，钻采系广大教师在教学过程中非常重视教学法的研究。各教研室除经常组织讨论课程内容的安排、实验、实习和设计指导方法及各种教学方式的相互配合问题外，还组织了专门的教学法小组，总结经验，编成教学法指导书作为教学工作的参考。广大教师自觉按照教学法的要求，认真钻研教材，编写讲课提纲和讲稿，认真备好每一次课，并在教研室讨论或试讲。教师还经常到学生中去，细致地了解学生对课程的学习情况，以及学生在学习上存在的问题，并结合学生的知识水平和接受能力，及时对课程做必要的调整，不断改进授课质量。

采油教研室举行"培养学生独立工作能力"教学研讨会，从"什么是学生具有独立工作能力的标准？哪些因素妨碍了学生独立工作能力的培养？怎样培养学生独立工作能力？"3个方面进行热烈讨论，查找了许多在教学大纲、教学计划、基础课、习题课和实验实习课方面存在的值得重视的问题。《北京石油学院报》连续几期刊发了采油教研室的讨论文章，引起了广泛关注和讨论。

1956年10月，钻采系采油教研室党支部的同志在学习

4. 实践课程建设

从 1954 年开始建设的采油实验室于 1955 年基本完成,初步具有了气举、抽油机、地层模拟等模型,油层物理实验室也初具规模。在苏联专家的指导下,采油实验室购买和安装了现代化仪器。1957 年,采油教研室在苏联专家舒洛夫的具体指导下筹建了全国第一个油田开发电模型实验室,拥有电动积分仪等复杂设备。

1955 年,经过几个月的摸索实践,水力学实验室教师完成了雷诺实验装置的安装测试。试运行过程中经历过多次失败,测定的临界数值数据也与公认值相差甚大。通过分析原因、研究整改,并到北京地质学院参观学习了由苏联专家指导设计的雷诺实验设备,他们终于取得了令人满意的效果。

1955 年,陈庭根担任井场实验室主任,他和工人师傅一起奋战,把 6Y-40 型钻机安装在校园并投入教学使用。

学生在校内井场进行教学实习

钻井教研室资料室成为服务教学和研究的重要场所,资料室存有各种必要的教学文件——教学计划、教学大纲、实习大纲、苏联学生的课程设计和毕业设计作业等共 12 种,直观教材挂图 170 余幅,各种模型 6 套,钻头 3 种 65 个,钻具零件 13 种,管线部件 13 种,水压指重表 1 具,其他部件 20 余种。在设计资料方面,也收集到各种设备说明书、手册、图表及其他技术资料 40 多种,以及石油工业部留学苏联研究生回国时带回的一些教学参考书。教研室整理了校内苏联专家发表的有关教学的文件及其他院校的专刊、讲义，还搜集到西南某地区的各种深度的岩芯。

钻采系重视学生的技能训练，不断扩大实验室、实验课的数量，有水力学、地下水力学、油层物理、采油、采油仪表自动化、水泥、泥浆、岩石破碎力学、泵及压缩机等 9 个实验室，另有 1 个钻井场供教学实习用。为了加强讲课的直观性，广大教师普遍注意模型、图表等直观教具的制作和使用，有的课程还加了演示内容。

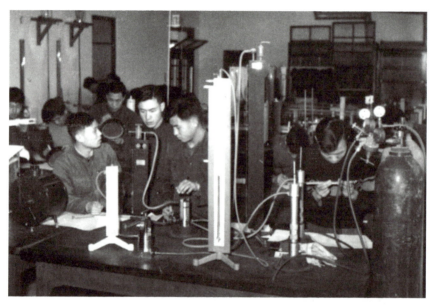

1959 年，学生在钻采系岩石孔隙度实验室做实验

为了培养学生具备生产技术的实际能力，规定学生要在二、三年级学年考试后，下到石油厂矿进行生产实习。在老师的指导下，学生在学习中搜集了大量技术资料和数据，然后根据这些资料拟定自己的课程设计和毕业设计题目。1954—1955 学年，在石油管理总局和各厂矿的大力支持和关怀下，钻采系成功组织了第一次毕业设计。指导教师做了大量的准备工作，并先进行试做和试答辩。有的毕业设计是邀请厂矿的科技工作者指导的，如新疆石油公司的专家为钻采系指导了 31 名毕业生的毕业设计。这次毕业设计有 182 名毕业生参加，178 人进行了答辩，绝大多数学生取得了优良成绩。1955—1956 学年，毕业设计的质量又有新提高。毕业设计内容大都是我国石油工业生产建设上的实际问题，在教师和厂矿工程师的指导下，许多毕业生出色地做出了先进而经济的设计，并被生产企业所采用，如石油开采专业毕业生王九松设计的"油矿清蜡方法"，被玉门油矿采纳并使用。

二、"二五"时期的教学工作

1. 钻采系整改工作

1957 年,鸣放及整改时期搜集到对钻采系的意见有 216 条,这些意见除一般性的答复与解释外,比较重大性的问题有以下 7 个方面:① 对系行政作风及其他行政工作的意见;② 教学计划及学习负担过重的问题;③ 实习设计工作问题;④ 教学质量及编写教材问题;⑤ 实验室工作及设备利用率问题;⑥ 专家工作科研与进修、长期教学规划问题;⑦ 精简机构、定员编制问题。

钻采系成立专门组织或责成专人研究解决以上重大性问题:① 成立整改工作系核心组,由系主任周世尧、党总支书记刘永昌、系主任助理樊世忠及工会主席刘希圣组成,领导全面整改工作及人事精简工作;② 系领导作风及其他行政工作由周世尧及刘永昌负责督促改进;③ 学生学习负担过重问题,由樊世忠及奚翔光负责调研提出初步解决办法;④ 教研室整改工作由教研室主任负责全面督促与领导,同时根据重大性问题分别成立钻井整改小组、采油整改小组、水力整改小组、电工整改小组等4 个整改小组。

1958 年,石油开采专业 1954 级 3 班、4 班毕业纪念

2. 教学计划的修订

1959 年 1 月 12 日至 3 月 1 日,中共中央在北京召开教育工作会议。会议提出:1959 年教育工作的方针主要是巩固、调整和提高,并在这个基础上有重点发展。全日制学校要贯彻教学为主的原则,正确处理学校教育中感性知识和理性知识的关系;在党的领导和教学相长的原则下,发挥教师在教学工作中的主导作用,建立正常的师生关系;正确地贯彻执行党的团结、教育、改造知识分子的政策,纠正在学校党员领导干部和部分师生中存在的宁"左"勿右的思想倾向和"资产阶级知识分子是革命对象"等

说法。会议还讨论、修订了《关于全日制学校的教学、劳动和生活安排的规定》。2月，北京市委召开教育工作会议，明确指出1958年高校安排体力劳动过多，理论学习过少，要纠正这一偏向。我们培养的劳动者，是有社会主义觉悟的有文化的劳动者，要加强基础理论的教学，提高教育质量。3月22日，中国共产主义青年团中央委员会第一书记

1959年，北京石油学院钻采系团总支开会研究学生学习问题

胡耀邦到北京石油学院作报告，提出大学生要取得读书、劳动、思想三丰收，要克服轻视学习书本知识的倾向，树立起良好的读书风气。

在这样的形势下，中共北京石油学院第二次代表大会于1959年3月14日至20日举行。院党委书记闫子元代表上届党委作了题为《关于进一步贯彻党的教育方针问题》的报告。报告总结了学院在贯彻党的教育方针方面取得的成绩，也指出了"有些学生要求教师过急，有些教师感到信心不足；还有部分学生产生某些重实际轻理论的倾向"等问题。报告重点强调了要"在党的领导下发挥教师、学生、职工三结合的力量，摸索出一套教学、生产、科研三结合的经验来，以达到贯彻党的教育方针、提高教学质量的目的"。闫子元在工作报告和总结报告中指出："在我们的学校中，特别是我们的全日制学校中，应当以教学为主。""在教学工作中应明确以教师为主。"建议教学部门加强基础课教学，减少劳动时间，增加理论课的教学时数等。

在院党委和院务委员会的领导下，学校教学科研等工作在纠正1958年某些过"左"的错误方面有较大的进展。1959年4月，学校按照党代会精神，修订了教学计划，重新加强基础课的教学，保证授课时数，减少劳动课，规定劳动必须结合专业。有些专业年级基本上恢复了原来的教学计划。5月以后，学校采取具体措施，开始为1955级、1956级学生补课，以补上因劳动耽误的功课。同时整顿教学秩序，制定考试、考查临时规定等管理制度。校和系主要领导力量也基本转向了教学工作。学校采取措施，加强了基础课和技术课程的教学，尽可能地增加这些课程的学时数，不轻易合并课程，不打乱课程的完整体系。学校恢复了中共党史、哲学、政治经济学和马列主义基础4门政治课，系统地讲解马克思主义理论知识。学校还强调发挥教师的主导作用和提高教师水平。下半年，钻采系师生认真按照学校年度教育工作计划组织教学工作，教学秩序良好，教学质量大幅度提高，师生的积极性得到了发挥，教学工作有了较大发展。

这时期的学制改为 5 年,专业实践教学时间较长。现场实习分为认识实习、生产实习和毕业实习,实习总时间五六个月。从 1958 年开始,专业实习被"参加石油会战"所代替。学生参加石油会战,既为会战作出了贡献,又在会战中得到了实践锻炼。

3. 教学建设

（1）教材建设取得进展。

1958 年,石油工业出版社翻译出版了《油层物理基础》和《油层物理实验》。1959 年,石油工业出版社出版了《钻井技术与工艺学》,本书系苏联专家格·米·盖维年副教授于 1956—1958 年在北京石油学院为钻采系教师及研究生讲授的钻井工程课程的讲义,也是钻井专业学生学习钻井工程课程的主要参考书。

1958 年以来,石油工业战线上的全体职工,坚决贯彻党中央所确定的社会主义建设的总路线和天然石油与人造石油并举、洋法生产与土法生产并举、大型企业与中小型企业并举等一整套"两条腿走路"的方针,1958 年和 1959 年两年都取得了辉煌成就,找到了数十个新的油气田,与此同时各省（自治区）新建成大量的中小型人造石油厂。为了普及石油工业的基本知识,使广大群众对石油的生产过程和生产技术有一个初步的、较系统的了解,从 1958 年底在苏联油矿地质专家司那尔斯基同志的帮助下,北京石油学院在闫子元院长的统筹下,开始编写《石油工业概论》。1960 年 6 月,《石油工业概论》在石油工业出版社正式出版。

该书分上、下两册出版,全面叙述了石油工业的基本知识。

上册包括石油地质及地球物理勘探、钻井、采油等三部分,系统地从岩石、地质、石油地质、石油的生成和油气藏的形成谈起,讲到了油气藏调查、勘探方法、钻井方法、采油和增产措施等。张更、沈乃菁、郝石生、李知羽、黄醒汉、秦政、郭荣坤、冯启宁、周世尧、秦同洛等同志参加了上册的编写。

下册共包括石油炼制、人造石油和储运三篇。在石油炼制一篇中讨论了石油的组成及其性质,原油的蒸馏、裂化及其产品精制;在人造石油一篇中先介绍了人造石油用的原料、人造石油的各种制造方法、水煤气和氢气的制造,又介绍了人造原油的加工、副产品的回收和固体燃料的综合利用;在储运方面介绍了输油输气用管子、管路中油气的输送、输油站和输气站的布置及其工艺流程,另外还讨论了各种类型油库的业务、装卸设备、水陆运输工具和油罐,最后还谈到了防止油品的损耗和防火措施等。朱亚杰、戴衡、林世雄、史济群、范耀华、顾伯锷、张英、汤楷孙、鲍冲、姚光镇、严大凡和郭光臣等同志参加了下册的编写。

（2）积极进行教学改革。

1960 年 3 月 2 日,全校召开跃进誓师大会后,钻采系 1957 级、1958 级在系党总支和行政领导下,在编写新教学大纲中开展群众运动。仅用 2 天时间,钻采 1957 级编出了"石油地质""机械零件"2 门课程的新教学大纲,钻采 1958 级编出了"材料力学""机械原理""理论力学"3 门课程的新教学大纲。改编过程中,他们翻阅了《采油机械》《油矿钻井机械》等二三十种参考书。2 个年级都分成了小组到校内外有关方面进行访问"取经",仅 2 月 24 日一天,钻采 1958 级同学就访问了 24 个单位,40 余人,其中有教师、工程师、工人、高年级学生,有"农机""矿院"等兄弟院校,有井场、教研室、工厂等单位,汇集了 713 条意见。

1960 年 3 月 23 日,据《北京石油学院报》消息,钻井 1955 级 56 位同学在党支部的领导和老师的指导下,经过 2 周的苦战,终于完成了"钻井工程"教学大纲的主要部分("泥浆""钻井技术""钻头""钻柱"等 4 章)的编写工作。在编写每章、每节时,同学们翻阅了数十本甚至上百本的参考书和现场的实际资料,并且经过反复的讨论和教师的审阅才最后定稿。

1960 年 5 月,钻采系师生员工投入"奋战红五月,迎接全国文教群英会"的热潮,在教学改革方面完成了 14 门课程新教学大纲的编写工作;结合生产实际,从教学内容和教学方法上对基础课和专业课进行改革;大力开展电化教学、直观教学、革新实验,并且以教学改革为重点,带动其他课程开展"百花齐放、百家争鸣、推陈出新"的鸣放运动,以推动教学改革深入、广泛地开展。

在这年召开的北京市文教群英会上,北京石油学院有 18 个先进集体和 31 名先进个人参加会议。钻采系电工教研室、油田开发实验室获评先进集体,数学教研室讲师方淑姝、采油教研室讲师洪世铎、钻井教研室助教胡湘炯、钻井实验工人田德连获评先进工作者。

1960 年初,北京石油学院先进集体、先进工作者参加北京市文教群英会

1960 年 5 月,闫子元院长、曹本熹副院长和青海石油管理局局长张定一同志参观检查采油实验室,给予高度评价。张悦仁、张琪在《北京石油学院报》发表《采油实验室直观教材搞得好》,文中写道:"跨入采油实验室,迎面是一个大沙盘模型,青山绿水,秀丽群峰,井架林立,抽油机、采油树密布,银白色的油气分离器、集油站、总站的油罐群闪闪发光,输油输气的各种管线密如蛛网……这是一个现代化的采油矿场。再往下看,目前采油工业上所用的自喷开采、压缩气举、抽油机三大方法采油的井口机械设备及其作用原理,通过模型直观观察讲解,使人一目了然。一个自动根据井内液面恢复情况,开动抽油机自行抽汲采油的间歇抽油井,使人赞美不绝。还有一套为目前矿场正大力推广的振动泵采油模型。这里还有科研最新成果——一井多层开采的设备装置。再看,还有油井干扰仪、深井水力活塞泵、砾石成拱、坑道开采等实验装置。难怪同学说:'采油实验室都快变成现代化的采油联合企业了。'在制作过程中,同学们坚持贯彻了'能洋的就洋,不能洋的就应该土法先上马'的原则。大展览室里的模型,地层是用石膏、塑料等宝贵材料和闪闪发光的漆精配成的,可是这些材料我们全没有,大家就用砂、木头、玻璃来做,要制作两台抽油机模型,可是学校金工厂不能加工,而自己又没有加工工具,有人提出用小刀雕刻。他们苦战了一昼夜,尽管手磨起了血泡,一台美观精致的木制抽油机还是终于成功了。这些直观教材的制成,大大地推动了教学,在提高教学质量上取得了显著效果。地 1955 级和经 1957 级的采油课进行直观教学,在教学时数缩短的情况下,同学们普遍反映学得深刻牢固,概念清晰完整。"

4. 毕业设计结合生产科研实际

钻采系要求毕业生的毕业设计紧密结合生产和科研实际。1960 年,石油钻井、石油开采 2 个专业 200 多名应届毕业生的毕业设计在紧密结合生产和科研方面,比上一年又有了新的改进。结合专业的特点,80％以上的毕业班学生将分派到新疆、青海、玉门、贵州等石油矿区,在生产单位指导下进行毕业设计,其余学生则参加教研室的科学研究工作。这些结合生产和科研的毕业设计题目,教研室都曾与有关生产单位交换过意见,而且大多是在中华人民共和国石油工业部(以下简称石油工业部)科研工作会议上决定的全国性科研题目。

毕业设计的组织方式,也与往年不同。在矿上设计的学生,在矿场党委统一领导下,参加矿上的三结合组织,在技术人员和老工人的直接指导和帮助下来完成设计。留校学生也分别成立有教师参加的专题小组,共同进行实验、分析、做出结论。在小组内,教师要起主导作用,并充分发挥集体力量,注意培养毕业班学生的独立工作能力。

三、研究生培养工作

学校重视研究生的培养工作，教务处成立了科研科，负责审查研究生的教学计划，负责研究生的教学安排和管理，检查研究生的学习情况，组织研究生鉴定，向有关部门报告研究生情况等。钻井和采油教研室制定了较完整的培养计划，每个研究生都有明确的指导教师，有明确的研究方向；注重发挥苏联专家在培养研究生工作中的作用，有些研究生是苏联专家作为导师直接指导的。

1954年，秦同洛与苏联专家合带研究生，2年后，他开始独自带研究生。他指导的研究生很快成为教育和科研机构的骨干，如曾任石油大学副校长的葛家理、曾任中国科学院地球物理所所长的王谦身、曾任大庆石油管理局总工程师的王德民等。

1955年11月，钻井、采油教研室对每个研究生进行了鉴定。在教研室会上，由科学导师或研究生本人报告了研究生在过去一二年内的全面学习情况，包括学习计划的完成、学习态度及政治活动等情况。随后，全体教研室成员展开讨论，对该研究生的工作提出意见，并对其是否继续学习做出决定。鉴定结果表明，研究生努力学习，具有一定的独立工作能力，多数研究生的成绩优秀。

第四节　向科学进军

一、建校初期的科学研究工作

在建校初期，由于师资力量薄弱，学校将主要力量集中在教学工作方面，保证教学任务的完成，因此科研工作开展得较少。1953—1954学年，只有采油教研室的几名研究生在苏联专家的指导下进行一些科学研究工作。1954年9月，学校召开校代会，对科学研究工作做了专题研究，并形成了决议。决议指出，在教学工作刚刚走向正轨、尚存在困难的情况下，有重点地开展科学研究工作是可能的，也是必要的。1955年前后，钻采系虽然还没能全面开展科学研究，但是要求教师把自己学术上的进步及时写成报告，在教研室范围内进行讨论和交流。

20世纪50年代中期，韩大匡参加了苏联专家特洛菲穆克指导下的玉门老君庙油田注水开发设计工作。由于他俄文较好，能看懂俄文参考资料，领导让他具体负责注水开发方案的编制计算工作。这个方案是我国油田开发史上第一个用注水方法开发油田的方案。这个方案的实施，不仅扭转了老君庙油田用溶解气驱开采时的压力下降、气油比上升、产油量递减的被动局面,更重要的是它揭开了我国注水开发油田的序幕,为今后注水开发的普遍应用提供了宝贵的经验。

1955 年 10 月,钻采系成立学生科学小组,成员 30 多人。系主任周世尧出席成立大会并讲话,苏联专家吉玛都金诺夫作学术报告。钻井教研室和采油教研室教师与科学小组的 6 个专题小组分别建立联系,负责活动的指导工作。

二、响应号召向科学进军

1956 年初,全国处在社会主义改造的高潮中,党的过渡时期总路线取得了伟大的胜利。中共中央在此大好形势下,为了纠正轻视、歧视知识分子的宗派主义倾向,充分调动知识分子的积极性,及时筹备和召开了关于知识分子问题的会议,周恩来总理在会上作了《关于知识分子问题的报告》。会议指出,为了实现社会主义工业化,"必须依靠体力劳动和脑力劳动的密切合作,依靠工人、农民、知识分子的兄弟联盟"。报告第一次指出我国知识分子"已经是工人阶级的一部分"。正确地解决知识分子问题,更充分地动员和发挥他们的力量,为伟大的社会主义建设服务,已成为我们努力完成过渡时期总路线的重要条件。会议最后一天,毛泽东主席讲话,号召全党努力学习科学和知识,同党外知识分子团结一致,为迅速赶上世界科学先进水平而奋斗。

1956 年 1 月 30 日,周恩来总理在全国政协二届二次会议上作政治报告,郭沫若作《在社会主义革命高潮中知识分子的使命》报告。这两个报告都非常突出地强调了重视知识分子的问题。全国政协二届二次会议决议提出:"全国知识分子进一步团结在中国共产党的周围,向现代科学进军……"2 月 22 日,中共中央发出了《关于知识分子问题的指示》,要求各地、各单位贯彻中央会议的精神。

1956 年,国家调集一大批专家,由陈毅副总理总负责,开展了制定国家 12 年科技发展规划的工作,明确提出要在 12 年内使我国落后的科学技术接近世界先进水平。石油工业部门由翁文波、侯祥麟负责,在北京石油学院钻采系任教的秦同洛协助。时年 32 岁的秦同洛是众多制定规划专家中最年轻的,他分担了钻井、采油、油气集输规划的起草工作。整个规划由国务院讨论通过,付诸实施。同时按照这个规划成立了石油科学研究院,推动了石油科技工作的发展。

1957 年,秦同洛作为"科学技术代表团"中石油组的顾问,赴苏联进行油田开发、生产管理、增产技术等方面的交流。早在 1953 年,秦同洛曾代表我国石油系统第一次与国外交流,参加在罗马尼亚召开的中罗科学技术合作会议。

1957 年，秦同洛教授率队赴苏联访问

1957 年 4 月，采油教研室举行科学讨论会，秦同洛作了《目前我国矿场采油技术上的一些问题》的报告。教研室决定在本学期再进行 4～5 次科学讨论会，并确定报告人及题目。

钻井 1953 级 1 班学生罗善兰设计了"二层平台小型机械化"设备。这套设备由中线猫头绳系统、信号电路系统、安全电铃系统 3 部分组成。设计这一设备，是为了改善井架工操作的条件，变重体力劳动为轻体力劳动；使推拉重钻柱的工作效率提高 200% 以上，同时缩短起下钻时间，提高时效。经钻采系主任同意，学校在校内井场对该设备进行了试验。

1958 年 4 月 30 日，为庆祝五一劳动节，钻采系队伍持钻井模型接受检阅

1958 年 8 月 1 日，由钻采系师生与延长油矿共同研究的土洋结合的全民牌一号顿钻钻机，经过不到半个月的昼夜奋战，终于制造完成，早上 7 点在延长油矿正式开钻，作为党中央在延安召开促进老区工农业发展的现场会议的献礼。钻具质量为 100 千克，冲程为 0.6 米，每分钟冲数为 42，机械钻速为每小时 2 米左右。钻机运转情况正常，操作简便，普通钻工不到 1 小时就能掌握。制造一台该钻机的成本只有八九百元。

1959 年 6 月至 8 月，钻采系召开科学报告会，展示了一批新的科研成果。钻采系对川中龙女寺地区地质勘探中存在问题的研究、该地区放射性测井的研究、钻井中问题的研究，以及采油方面酸化、压裂、热化学处理的试验等，都取得了重要成果，并得到了石油学界和生产部门的关注。这次分科报告会共提出学术论文 60 篇。

1959 年，北京石油学院和石油科学研究院联合举办科学报告会

1959 年 10 月 22 日，钻井教研室举行了科学报告会，樊世忠作《关于"泥浆处理方法"》的科学报告。报告中提出了从泥浆切力和黏度之间的关系曲线中寻找合理聚沉稳定范围的新概念，并提出了下阶段进一步对新疆、玉门地区黏土泥浆进行实验和研究，找出适用于我国现场泥浆使用规律的计划。

1959 年 11 月 6 日，钻采系党总支、系行政、工会联合召开了全系教职工跃进大会，深入贯彻八中全会精神和学院党委提出的"反右倾、鼓干劲，争取教学、科研、生产大跃进"的指示。各教研室代表先后热烈发言，一致表示坚决以八中全会文件学习为纲，力争教研室获得教学、科研双丰收。各教研室还根据具体情况提出了跃进规划，并相互提出了展开友谊竞赛的条件。采油教研室争作"政治学习好、教学质量好、科学研究好、劳动锻炼好、团结协作好、全面跃进好"六好教研室的倡议得到了兄弟教研室的热烈响应。

会上，很多同志提出，要在学习八中全会文件的同时，边学习，边鼓干劲，在提高教学质量的基础上，把科研工作大力开展起来。王谦身同志谈到，要复查 1960 年科研项目，有可能提前完成的项目争取当年完成，作为新年元旦的献礼。会后，各小组积极行动起来，1 个油层电模型分析小组修订计划，把原定下年度 2 月份完成的课题，提前到当年 11 月底得出初步结论。火烧油层小组在从事提高油田采收率的研究工作中，在年底前做好石英管实验的全部准备工作，同时把地层模型设计出来。

1960 年，钻采系"五一"献礼第一个战役旗开得胜，4 月 5 日，党总支召开全系科研评比大会，钻井、采油、电工、数学四路大军会师，献宝取经，夺红旗。会上，党总支全面总结了第一战役的成果，16 个先进集体、13 位教师和一批同学得到了表扬；政治挂帅、解放思想、顽强战斗的采油科研队伍被评为先进集体。

第一战役历时 13 天，各个战线捷报频传。钻井战线基本完成高温高压泥浆性能测量仪等项目的设计与制造，完成水泥凝固自动测定仪等项目的设计和绘图；组成几十个人的突击队，围攻"泥浆关"，成功研究无固相泥浆及适用于高温高压井的特种水泥，并配制成功多种高效泥浆处理剂。采油战线制成井底流量计，正在紧张地安装和调整水力积分仪，并完成了以全套"一井多层开采"及起下油管机械化设备为代表的 5 个重点项目的设计和绘图，完成尖端科研项目的全套试验模型。电工战线全部安装完毕 6 个重点项目，并开始全面调节。数学战线也已完成 4 个简化公式的计算。

这次献礼运动中，各战斗小组解放思想，勤俭搞科研，保证了高速度的跃进。被评为先进战斗小组的"一井多层"小组，深入发动群众，人人提方案，奋战一夜定大局，苦战 7 天完成全套设计及绘图；无固相泥浆小组紧抓主要矛盾，集中兵力猛攻关键，研究成功无固相泥浆；泥浆组用废料装备了 2 个实验室。水泥自动测量组用坏压力计改装成的自动计时计代替了在市场上用 1 000 元才能买到的自动计时计，为国家节约了资金。火烧油层组白手起家，只用 2 袋水泥和自己捡来的废砖砌成了大型二元试验模型，并自制土电炉及 40 多个热电偶。电工材料组成立了小仓库，材料保管得有条有理，保证了科研的顺利开展。

在 1960 年的科研计划中，钻采系大胆提出许多新项目。教师们通过学习八中全会文件，制定出 1960 年的科学研究计划，有的项目的试验工作已经开始。科研题目中，钻井教研室有 9 项，采油教研室有 11 项。如钻井教研室计划研究青海高温高压下的固井问题、贵州钻石英岩和钻溶洞的问题、高温高压下的泥浆处理、设计电钻等。

采油教研室把提高油田的开发速度作为主攻方向,开始用电模仪来研究玉门油田火烧油层多向渗滤和青海油田的试油、试采等问题。

三、在石油会战中开展科学研究

四川的天然气开发尽管有着悠久的历史,但直到 1949 年仍没有发现有工业价值的油田。1954 年召开的第五次全国石油勘探会议明确提出,四川盆地应以石油勘探为主要目的。1958 年 3 月 10 日,四川龙女寺 2 号井喷油,日产石油 60 多吨。

1958 年 6 月,钻采系主任周世尧和党总支书记刘永昌带领钻采系师生参加川中石油会战勘探工作。钻井专业 1954 级毕业班学生包下了川中的文昌寨,成立 2 个钻井队,用 2 部钻机分别钻一口 1 600 米和一口 1 800 米的井,井队技术员陈庭根和张绍槐都是钻井教研室的老师。这 2 个钻井队合在一起叫一个区队,称为川中石油矿务局直属文昌寨区队,区队长就是系主任周世尧,副区队长是沈忠厚。采油专业师生包下了龙女寺构造的一部分试油、采油及修井任务,组成三四个试油和采油队,在四川石油管理局领导下进行工作。

1958 年,钻井专业 1954 级学生在文昌寨打井

1958 年 9 月,1955 级采油班的部分同学开赴龙女寺开展试油工作。这对于年轻的同学们来说,是一场紧张的战斗。1958 年 11 月的一天,大家只用了半个小时就完

成了 400 多袋水泥（每袋 50 千克）的破袋、混装和压井工作。进行泥浆压井时,池子里的泥浆沉淀了,怎么办？采油 1955 级 1 班的王传禹同学不顾冰冷的泥浆,第一个跳下去做"人工搅拌",坚持了 40 分钟直到工作能够顺利进行为止,师生们个个都成了"洋灰人""泥浆人"。经过 2 天的射孔作业,油井出油了,大家总算舒了一口气。师生们这种不怕苦、不怕累、不管什么活都抢着干的精神,受到井场工人的赞扬。

1958 年 9 月,1955 级采油班的部分同学开赴龙女寺开展试油工作

1958 年 11 月 27 日,颇受瞩目的川中石油会战在四川拉开序幕。北京石油学院 12 月份组织了一支由 40 余名教师和 170 余名四年级学生组成的队伍,参加川中会战,同时在四川龙女寺构造上成立了"北京石油学院龙女寺科研站",秦同洛任站长,樊世忠任党支部书记兼副站长,下设地质、物探、试采、钻井、矿机等组,分别由信荃麟、王曰才、郭志新、刘希圣、陶景明等担任队长,另外还组成了一个综合实验室、一个采油队支援南充。

1959 年,"北京石油学院龙女寺科研站"副站长樊世忠在写给学院党委的工作总结中谈到围绕生产进行了 7 项科学研究：① 摸清油层规律的研究；② 龙女寺钻杆防断措施的研究；③ 酸化过程防腐剂的研究；④ 泥浆对油层的影响及预防措施的研究；⑤ 油井处理方法的研究；⑥ 运用测井资料解释龙女寺构造凉高山油层横向变化规律的研究；⑦ 超声处理原油降凝的研究。总结中还谈道：川中会战获得"红旗手"及"先进工作者"称号的有 63 人,电工教研室教师林凤举研制出钻杆磁力探访器,被评为"红旗手"。

生产实践给科研提供了广阔的天地。以四川的情况来说,油井生产普遍不正常,油层薄而疏松,夹层页岩极易崩塌,经常发现堵塞。针对这个问题,曾采用很多方法,最后才确定采用射孔法。为了研究黏土和页岩碎屑堵塞地层的问题及处理方法,要进一步研究它们的结构组成和特点,并寻找合适的处理剂。这只是开始,对于黏土的全面研究还是科学上的一项重要而没有完全解决的问题。这说明科学研究工作不仅要解决现场生产问题，反过来现场生产中的问题还会促进科学研究的进展。

四川石油的含蜡量极高，因而凝固点也很高，原油没有流出井口就成为半固体。为了解决这个问题，大家出了不少主意，制造了各种式样的电热器，也采用了不同的井口加热方法。当这些方法的效果不是很显著时，就要进一步考虑在地层内部结蜡的可能性和影响的问题，这就需要进一步研究结蜡的机理。这个问题在科学上还没有完全解决，这样的研究也促进了有关科学的发展。

此外，提高油井产量、管理和试验油井、全面开发这样的油藏等问题，都需要研究解决。对这个油田各项采油问题的研究，不仅全面地促进了采油工作，还带动了有关学科的发展。矿场所提供的问题是全面的，不仅要求解决采油各方面的问题，还对地质、钻井提出了类似的问题，而在解决这些问题时，又往往牵涉到石油化学、物理、物理化学、力学等各门学科，这也促进了其他学科的发展和提高。川中科研站为开展综合性科学研究提供了平台。

矿场提供的问题直接影响着生产，来得快、要求急，这样就使得研究工作要特别注意进度。由于研究的对象是实际生产问题，大家就要注意到研究结果应用到实际的可能性。在研究工作中出现了鼓足干劲、力争上游，各个组之间互相协作、开展友谊竞赛的热潮，打破了过去冷冷清清的局面。短短的几个月里，科研站共提出了 7 个研究报告，10 多个专题性总结报告和几十项合理化建议与技术革新，仅采油方面就有 1 个研究报告、5 个专题总结和 20 多件技术革新。

参加这次科研站的采油 1955 级、地质 1955 级、物探 1955 级和炼制系的一部分同学，大多数还没学过有关的专业课，但是他们实际上却充当了这次工作的主力。在老师的指导下，他们发挥了冲天干劲，克服了许多困难，不断提高工作效率。如在气体分析中，他们解决了干冰缺乏的问题并对仪器进行改革，使效率提高数倍。在教师的指导和启示下，同学们独立完成很多专题性的工作，他们敢想敢干的精神和实际行动推动了整个科研站的工作。

在矿场研究工作中突出的一点是各专业组之间的大协作。大家任务明确，行动步调一致，完全打破了专业界限，从而改善了关系，使科学研究上的大协作之风树立起来。

在 3 个月的时间里，学校的师生们围绕生产的需要，在科研站缺少装备和资料的情况下，白手起家，摸清了四川凉高山油层和沙溪庙油层的规律，提出了解决龙女寺钻杆防断的措施，研究出酸化过程防腐剂的问题，同时在掌握油层特定规律的基础上提出增产措施和油井处理方法，运用测井资料解释龙女寺构造凉高山油层横向变化规律,利用超声波处理原油降解的问题。师生们通过实践,实现了科研与生产、劳动与科研教学、师生与工人的三结合,得到了原试油队的同志们和局矿领导的一致称赞。

1959年1月,时任北京石油学院党委书记的贾皞同志和钻井教研室的沈忠厚同志到四川隆昌黄瓜山、石油沟、南充、龙女寺等主要的油区和探区调研,与探区的党政干部、技术人员召开了12次座谈会,并和自1954年以来毕业分配到这里工作的60位同学见面谈话,大家对学校如何更好地培养又红又专的技术干部、改进教学工作提出了许多建议。从1954年到1959年,学校各个专业分配到四川的毕业生有100多人,大多数成为矿场上的技术骨干力量。

第五节　活力多彩的校园生活

一、学生校园生活

开学的第一年,虽然条件很差,但是学生的校园生活是丰富多彩的。当时在北京"八大学院"中流传着"穷石油,富钢铁,了不起的大矿业"的说法,说明北京石油学院的物质条件很差。但是,全院师生员工有着很大的干劲,有着很好的革命乐观主义精神。物质生活条件虽然差,但是大家的校园生活是非常愉快的。开学不久,即1953年9月底,经选举成立第一届学生会。广大同学热爱石油工业,热爱自己的专业,开展向劳动模范王崇伦学习的活动。他们珍惜时间、争分夺秒、顽强地进行学习。不论在课上、课下、实验室,还是搞课程设计,他们都严格按照要求完成学习计划。他们不仅学习文化课,还认真地学习马列主义理论课,学习党的过渡时期总路线,并且联系自己的思想,联系实际问题,提高社会主义觉悟,树立辩证唯物主义的世界观和共产主义的理想,培养为人民服务的精神。同学们由于努力地学习,在2次期末考试中都取得了好成绩。

广大学生热爱自己的学校,亲手建设自己的学校。大家一搬到新校址,就开展了热火朝天的课余建校劳动。大家清除垃圾,修筑道路,平整运动场地,植树种花等,新校舍到处都洒满了同学们的汗水。大家把自己的劳动果实命名为"建校大道""劳动广场""先锋球场"等。经过大家的辛勤劳动,不到一年,北京石油学院就呈现出一种新的面貌。在工字楼的广场上,在通往教学楼的大道上,栽上了2万多株树,有白杨,有梧桐,还培育了几十个精致的花圃。当第一个春天到来的时候,道路两旁变得碧绿,夹竹桃开放着红色的花朵,整个北京石油学院洋溢着浓厚的春天气息。

学校领导重视体育锻炼,在建校初期就设法在工地上开辟出器械操场,如篮球场、排球场和足球场,并购置了体育设备。1954 年上半年又开辟了 10 条 400 米跑道的大操场和足球场,并于 1954 年 6 月 12 日举行了全院第一届师生员工运动会。全院学生积极报名参加竞赛,运动会开得紧张又热烈。在第一学年,全校学生共组织了 140 多个锻炼小组,广泛开展了各种体育活动,养成了锻炼的习惯。在进行"北京石油学院体育锻炼标准"第一次测验时,除了体弱的学生外,其他学生全部参加了测验,达到标准的占 93%,优秀的占 37%。

参加科学研究小组活动,也是学生课余活动的重要内容。三年级的学生已经组织了许多个科研小组。他们研究的题目中许多是生产建设中需要解决的问题。他们找文献、查资料、做实验,请老师、研究生和苏联专家做指导,学会了怎样阅读参考书,怎样写研究成果报告。科研小组的活动,不仅培养和锻炼了学生独立工作的能力,还增强了他们对专业的热爱,使他们对石油科学技术产生了兴趣,产生了感情,对发展石油工业增强了信心。

北京石油学院的学生是朝气蓬勃的,他们刻苦学习,并积极开展丰富的文化生活。学校创立了军乐、国乐、手风琴、舞蹈、口琴、合唱、曲艺、京剧 8 个社团,25% 的学生根据自己的爱好参加了社团活动,培养自己的文化素养。学校有社团活动日,每到这个日子,学校到处都是学生活跃的身影。周末除了有电影、舞会外,还经常举行文工团和社团的演出晚会。在短暂的假日里,学校组织郊游,请解放军和作家来校作报告等。1954 年 5 月初,学校举行了以"热爱祖国,热爱石油工业,热爱专业"为主题的全校文艺比赛大会,近40 个班级以自己的集体创作参加了比赛演出,钻井 1951 级 1 班仿照海军轮机舞的形式创造了钻井舞。各系的业余活动更是花样繁多,丰富而生动。班级之间、师生之间通过各种活动方式加强了联系,增进了友谊。

1959 年,钻采系学生在纪念"一二·九"运动晚会上演出《想工厂》小合唱

1956年1月，《北京石油学院》校报报道，钻采系学生到课率为全校第一，体育锻炼先进班采油1953级3班到课率为各班第一，全班整个学期只有1人因事请假。3月，学校召开"三好"积极分子表彰大会，采油1953级3班被授予全面发展先进班。钻采系张炳麟等22名学生被评为1955年度"三好"优秀学生，胡湘炯等85名学生被评为1956年度"三好"积极分子。石油工业部部长李聚奎和科学家茅以升亲临表彰大会并讲话。

1956年，钻采系学生冈秦麟代表"三好"积极分子从院长闫子元手中接受奖品

1959年5月，革命老人、著名教育家徐特立在他北京的寓所接受了钻采系学生的访问。徐老和青年学生一起座谈，一起联欢。1961年五四青年节时，徐老又亲自到北京石油学院，给应届毕业生作报告。他以自己的革命经历勉励大家服从祖国的需要，不要怕艰苦，不要怕困难，勇敢地担起建设祖国的重担。

1961年5月4日，钻采系井采1956级及各系毕业生代表同徐特立合影

二、群众文体活动

1954 年 10 月 31 日，学校组织召开第一届运动会，检阅大家一年来体育锻炼的成绩。钻采系教职工男子甲组、教职工男子乙组获得团体冠军，学生男子 400 米接力、1 600 米接力获得团体冠军。卢克君获得教工百米托球赛冠军，张绍槐获得教工急行跳高冠军。

1958 年 6 月 4 日，钻采系召开了全系田径运动员和体干会议，决定在体育上来一个群众性的"大跃进"。会上提出的口号是："鼓足干劲，力争上游，越机械，跨地质。"

系田径代表队杨文子表示，一定要在全校运动会上争得男子第一名。钻井 1956 级 3 班代表在会上表示要为系争取拿 20 分，并向全系各班挑战。采油 1955 级 2 班代表说，要在校运动会上取得 9 000 米和 1 万米的长跑冠军。钻井 1956 级 4 班代表发言：十三陵劳动中我们是英雄，在锻炼上我们也要做好汉。

党总支书记刘永昌在会上指出，健壮的体质是鼓起干劲的重要因素，党团都要十分重视体育工作。党总支特派石俊池同志担任军体委员，专门负责体育工作。会上，运动员被分成 4 个小组，每天早晚，他们都紧张地进行锻炼。

1958 年 6 月 7 日，钻采系全体教职工利用午饭和晚饭后的 2 小时，突击练习了 3 首红色革命歌曲。在当天全校文娱晚会上，他们演出了十分精彩动人的大合唱，博得了全场雷鸣般的掌声。整齐、雄壮和有力的革命歌声感人肺腑，听众情绪激昂。原来，除了全系的青年同志外，连年近 60 岁的王檠老教授、周世尧主任、刘永昌书记等年长同志也站在合唱队伍中，他们热情地引吭高歌，认真地参加了演出。

从这个学期起，钻采系加强对文体工作的领导，党总支指示工会要放手发动积极分子，党支部要给予大力支持。各个工会小组积极响应，互相挑战，很快就成立了 1 个合唱队和几个锻炼小组。合唱队不单会齐唱，还会独唱、领唱和轮唱等多种多样的形式。每到星期六的下午，在钻采楼旁，就能听到他们积极练歌的声音，合唱队员们都在争取更多地为全校演出。苏公望、彭克琮等编演话剧、相声和快板宣传总路线。

在体育锻炼方面，成立了钻井、电工、采油和水力学 3 个锻炼小组。年长教师、女同志和辅助员也分别成立了 3 个小组。每天早晨，大部分同志都参加早操和工间操，下午 5 点到 6 点则全体同志都参加体育锻炼，并坚持 1 小时。每个小组都制定了坚持天天锻炼、不迟到不早退、有事要请假等公约。

为了迎接全校运动会，电工小组倡议：人人至少参加运动会中的 1 个项目。这个倡议得到全系教职工的支持。王檠教授建议全系教职工在运动会上集体表演第三组广播操。他说："我现在还不会做，准备托人进城去买广播操的图例，把它挂在床头，每天比画着练习，一定要把它学会。"每天清早，在东操场上，他和年长组一起练习广播操,锻炼的劲头很足。周世尧主任和秦同洛、袁恩熙、高世钧等老教师,每天下午也都成为球场上的健将。

钻采系工会根据本系条件,成立男子篮球队,培养具备各种技巧的种子运动员,准备向兄弟系挑战,进行友谊比赛,提高全系的体育水平。

文体活动开展以后,钻采系的面貌有很大的变化,生活的内容也不再像以前那样刻板、缺乏生气。大家在一起歌唱和锻炼,跳跳蹦蹦,年老的也显得年轻了,集体的友爱和团结日益增长,生活中充满着蓬勃的朝气和青春的活力。

三、举办"贯彻党的教育方针展览会"

钻采系主办的"贯彻党的教育方针展览会"于1958年10月25日正式展出。展览会展示了党的教育方针结出的硕果。一群群参观的人们怀着激动的心情涌进了展览会,最后又怀着依依不舍的心情走出大门。

展览会共分为5部分,它以今昔对比的方法,令人信服地说明了党的教育方针是培养一支数以万计的工人阶级知识分子队伍的根本保证。一跨进展览会场的大门,一系列漫画图表就将人带回到1957年那个不平凡的春天,那时有不少人曾迷失了方向。在党的领导下,经过一系列政治运动,大学生的精神面貌发生了深刻的变化。人人要求到工农群众中去,到劳动生产的熔炉中去锻炼。

第二部分和第三部分展出了钻采1955级到四川包矿,1956级到昌平找矿,1957级在电工器材厂,1958级在建校劳动,以及全系师生在大搞技术革命、猛攻尖端中所获得的丰硕成果。这里有国内首创的钻机、电模拟等各式各样的新产品与图表模型。它们用生动的事实告诉了人们一个真理:"教育必须要由党领导,教育必须要为政治服务,教育必须与生产劳动相结合。"

1960年,采油1955级集体合影,左侧为中共龙女寺队委员会赠送的锦旗

第四部分和第五部分是用一系列事实证明，今天还必须进行教育革命，并畅想未来石油学院。一年多来，在党的领导下，贯彻了党的教育方针，但这也仅仅是开始。目前在教育上理论脱离实际、教学脱离生产的教学路线仍在多方面存在，这就要求全院师生员工"丢掉包袱，解放思想，全体总动员，献计策，定方案，大争大辩，为设计完美的共产主义石油学院蓝图而斗争"。这也是展览会最后留给人们值得深思的问题。

这个展览会是钻采系同学苦干了 10 个昼夜设计制作出来的，在筹备过程中得到了党总支的亲切关怀和大力支持。党总支书记刘永昌和全体总支委员、教师 2 次临场参观指导，并且提出了很多宝贵意见。

第六节　到祖国最需要的地方去

一、响应党和国家的召唤

北京石油学院地处首都，在党中央、国务院、高等教育部、石油工业部中央领导机关旁边办学，能够得到中央领导更多的关怀。几乎每个在北京石油学院工作或学习过的校友，都会在五一劳动节、十一国庆节和其他盛大节日里，或在中南海的怀仁堂，或在辽阔的天安门广场，或在美丽的北海公园、中山公园，或在清澈的昆明湖畔，或在迎宾的首都机场，学习中央领导同志的讲话，同他们狂欢、跳舞甚至亲切交谈与合影等，这些美好的回忆深深地烙印在他们的记忆里。

1956 年 10 月 6 日，党和国家领导人毛泽东、周恩来、朱德、宋庆龄、贺龙、聂荣臻、彭真等到首都机场欢送来访的贵宾，北京石油学院的许多学生也作为群众加入了欢送的行列。钻采系二年级女同学韩显卿等代表北京女青年向贵宾献花，因而有机会同中央领导同志亲切交谈与合影留念。周恩来总理亲切地询问大家是哪个单位的，然后把同学们介绍给毛泽东主席。韩显卿握住毛主席的手激动地报告说："我是北京石油学院的学生。"毛主席点头微笑着，并亲切招呼大家照相留念。照相后，同学们又偎依在中央领导的身旁，进行了亲切交谈。朱德副主席十分关心北京石油学院，他用四川口音询问韩显卿同学："是哪年到北京石油学院学习的？学的什么专业？"韩显卿一一做了回答。旁边的聂荣臻听说她是学石油开发的，这位负责国防建设的老帅马上说道："我们可少不了你们啊！"同学们向老帅们表示：毕业后要到基层厂矿去！到克拉玛依去开发石油！聂帅故意激姑娘们说："克拉玛依苦，又是沙漠，又没有好吃的，气候又不好。"同学们响亮地回答："我们不怕！"彭真市长在旁边笑着接话说："你别激人家了，人家早就做好思想准备了。"大家高兴地说："我们入学前就做好思想准备啦！"首长们满意地笑了起来。

1957年冬天，钻井专业1954级的学生将要毕业了，他们给敬爱的朱德副主席写了一封信，请他老人家在毕业前给予教导。过了几天，他们收到了朱德副主席亲自签名的一封回信。发信的日期是1957年12月27日。朱德在信中说："不久以后，你们将走上工作岗位，你们所从事的工作，对祖国的工业化事业有重大的意义。""祖国和人民的利益在期待着你们以高度的热情和毅力，把祖国的石油资源开发出来。"朱德在信中最后说："希望你们以艰苦奋斗和不怕任何困难的精神承担起建设社会主义和

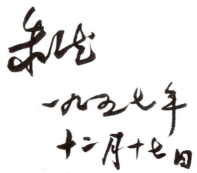

1957年12月17日，朱德给钻井专业四年级三班的回信

共产主义的伟大任务。"

朱德同志来信的喜讯像插上了翅膀，飞遍全校，极大地鼓舞着即将毕业的同学们。大家激动地说："朱德同志总是这样理解我们青年人的心情，我们一定要遵从他老人家的教导，决不辜负老一辈革命家的期望。"同学们纷纷表示，要到祖国最困难的地方去，到克拉玛依、到青海、到甘肃去，到祖国最需要的地方去，要像朱德副主席所要求的"以艰苦奋斗和不怕任何困难的精神"在祖国的油田上，用自己的双手竖起森林般的井架，钻穿那深厚的地层，让工业的血液——石油源源不断地流出，滋润祖国的各行各业。

二、祖国的需要就是我的志愿

1956 年 5 月初，《人民日报》刊登了克拉玛依发现大油田的消息，全院师生无比振奋。7 月 6 日，克拉玛依 1 号井开钻，正式拉开了克拉玛依石油大会战的序幕。

7 月 8 日，采油专业应届毕业生秦荣章同学在《北京石油学院》报发表的《我要亲手打开那深埋地下的石油宝库》在毕业生中引起较大反响。秦荣章在文章中向学校、向国家表达自己献身石油的强烈愿望："我是石油工业中的一个战士，我要亲手打开那深埋地下的石油宝库，我要将自己的毕生精力献给祖国的石油事业，让自己的青春在祖国石油事业上闪射光芒。"

钻井 1953 级 1 班罗善兰、钻井 1954 级 2 班陈近基、刘叔华、王永兴、冯启迪、张家荣、胡太和、徐明曦、张民愚、黎孔昭、唐昌旭、王大纪分别给院长闫子元同志写信，纷纷表示毕业后要到克拉玛依油田工作。

钻井 1954 级 2 班胡太和等同学还把志愿信写给了石油工业部办公厅。石油工业部办公厅在收到钻井 1954 级 2 班同学申请去克拉玛依油田工作的信后，立即写了回信。回信中，他赞扬同学们的爱国热情和不怕困难、愿意艰苦奋斗的精神，认为这是很可贵的，要不断巩固和发扬。

1957 年，克拉玛依进入大开发阶段，亟须大量石油科技人才。钻井 1953 级除曹玲同学因工作需要提前一年抽调到学校当力学教师外，其他人全部分到油田。分到新疆的同学共有 31 人，其中在新疆参加毕业实习和设计的 16 人自愿留在那里工作，不再回京参加毕业分配，从北京分到新疆的有 15 人。他们在祖国各地践行着"红色石油工程师"的初心和梦想。

在大庆，章升森参与了设计了"松基六井"，创造了我国 20 世纪 50 年代井深纪录；罗善兰在前往处理"高 6 井"的路上智斗野狼，为初期钻井工作提供了技术保障；严世才在王进喜的钻井二大队担任技术员，受到"铁人"的关心和指导。在克拉玛依，林道和成长为中国第一个女子钻井队队长；李妙兰成为矿区唯一带领男子井队的女队长。他们中间也涌现出孙振纯、严世才、崔仁义、肖希书等多名油田领导、教授级工程师、总工程师。孙振纯成长为国际知名油气井灭火专家，成功领导和指挥了中国灭火队扑灭海湾战争引发的科威特油田大火；肖希书参与"渤海一号"及后续系列海上钻井平台的设计运维工作，为我国海洋石油的起步作出重要贡献。

钻井专业 1953 级 3 班合影

据李妙兰回忆，她在毕业分配志愿表上只填了"祖国的需要就是我的志愿"。1957 年 9 月初，李妙兰和 3 位同学分到了克拉玛依外探区白碱滩钻井处，她坚持到井队一线工作，最终分配到能钻 1 200 米的罗马尼亚"贝乌"40 钻机的钻井队，成为当时钻井前线极少数的女同志之一。当时工作条件非常艰苦，"冬季严寒，气温最低达零下 30 摄氏度，还经常刮起 8 级以上的大风。风沙扑面而来，我们头戴厚厚的老羊皮帽，身穿重重的老羊皮大衣，脚穿厚厚的长筒毡靴，爬上卡车，大家紧缩一团坐在车厢板上。"

1958 年 6 月，李妙兰调到 3202 钻井队当技术员，使用能钻 3 200 米的苏联"乌得"钻机，打的是 201 号深探井。该队队员基本上都是维吾尔族工人，队长是个有俄罗斯族血统的维吾尔族大汉。双方配合得很好，分别带班上岗。但不久后，处领导让李妙兰做代理队长兼技术员。

克服洪水、坚持作业是李妙兰记忆最深刻的事情。当时乌尔河方向涌来洪水淹没了井场，且长期不退，井队被迫停钻。李妙兰带领全队以井台为中心，筑起 1 条宽 60 厘米左右、近似圆形的围坝，再把围坝里的水抽出去。等到井场晒干，他们就继续钻井。上下班途中，他们就来回蹚水，而常用的柴油、钻头等器材则用马拉船的办法运抵井场。

李妙兰带领队员用马拉船的方式运送柴油、钻头

当时石油工业部正在召开克拉玛依现场会,全国各油田及石油院校的领导都来参加。大会组织代表到201井参观,闫子元院长得知李妙兰是来自钻采系的毕业生时,长时间紧握她的双手,高度肯定了李妙兰的贡献。201号探井于1959年2月27日完钻,井深2765米。

1958年7月,新疆克拉玛依宣布成立"三八女子钻井队",8月7日,举行了成立仪式,配备1台贝乌钻机(苏联制)。这是中华人民共和国成立后第一支女子钻井队,可能也是世界上第一支女子钻井队。女子钻井队由汉族、回族、维吾尔族、哈尼族、蒙古族、俄罗斯族、乌孜别克族、达斡尔族8个民族的42名女工组成,队长是钻井1953级的林道和。

"三八女子钻井队"开钻典礼

从 1958 年 8 月 17 日下午 7 时的第一口井开钻起，林道和带领队员闯过家庭关、社会关、技术关、体力关、恶劣环境关，历经 3 年多的时间在黑油山、红山嘴、前山涝坝等地钻井 80 多口。当时，钻井队除个别师傅外，大部分都是零级工，可她们月月超额完成任务，成为当时为数不多的几个月进尺上千米的钻井队之一。

1958 年 9 月，时任中共中央副主席的朱德和夫人康克清视察克拉玛依油田时，参观了女子钻井队，给予了高度评价和殷切期望。此后，"三八女子钻井队"先后荣获中华全国总工会、中华全国妇女联合会、中国共产主义青年团中央委员会（以下简称团中央）、新疆维吾尔自治区、石油工业部等授予的多项光荣称号。1959 年，八一电影制片厂专门到克拉玛依拍摄了《三八女子钻井队》的纪录片。

第七节　援建石油高校

随着石油工业的发展，国家在西北、西南、东北进行石油勘探，因而石油工业部决定建立西安石油学院、四川石油学院和东北石油学院。对于这几所新成立的石油学院，石油工业部要求北京石油学院大力支持，主要是师资力量和管理干部的支援。1958 年 8 月 28 日，石油工业部向北京石油学院、陕西和四川省人民委员会致函：《关于解决新建两所石油学院师资问题的决定》。

作为中华人民共和国成立后第一所石油高校，北京石油学院急兄弟院校之所急，"成建制"抽调百余名教职工，"成龙配套"地为各地石油高校的建立提供办学思想和办学资源支持，成为石油高等教育发展壮大的重要渊源。

1958 年，北京石油学院教师总数为 548 人。北京石油学院一共援助派出 190 人（不含行政干部），占教师数量的 35%。这个数字仅仅是学校建校一年内一次性派出的人数，后期陆续派出的未统计在内。

一、支援西安石油学院

1958 年 6 月 28 日，西安石油学院成立。北京石油学院应石油工业部要求，派出72 名专业师资。石油钻采系采油教研室派出张绍槐、慕丽声、宋翱奇、魏如玫、刘世华、周春虎 6 人，钻井工程教研室派出胡晓叶、李怀书、马国兴、王秀荣、李发忠 5 人，水力学教研室派出李鐾，总计 12 人。

大批援建教师成为援建学校教学科研和管理建设方面的中坚力量。其中，张绍槐于 1990 年 12 月至 1994 年 6 月任西安石油学院院长,李瀅于 1984 年 7 月至 1994 年 3 月任西安石油学院副院长。

二、支援四川石油学院

1958 年,在四川石油会战的过程中,石油工业部和四川省人民委员会决定在南充建立一所石油高等学校,即四川石油学院(1970 年改称西南石油学院)。9 月 20 日,首届新生开始报到入学。30 日,四川省人民委员会正式下文,批准成立四川石油学院,11 月 1 日在南充机场举行了简朴而隆重的开学典礼。

在北京石油学院支援四川石油学院的 79 名教职工中,钻采系有 10 人:高世钧、葛家理、王祖尧、贾自强、黄汉仁、李自俊、彭克宗、王其林、杨继盛、林平一。

郝俊芳于 1963 年调到西南石油学院任教,是我国石油钻井工程学科主要创建人之一。张绍槐于 1964 年调入西南石油学院,1983 年 11 月至 1986 年 4 月任四川石油学院副院长,1986 年 4 月至 1990 年 11 月任院长。葛家理 1983 年 11 月至 1988 年 9 月任副院长。

张绍槐(1931—2019),江西九江人,1953 年毕业于清华大学石油工程系。研究生毕业后在北京石油学院任教,教授、博士生导师、国务院政府特殊津贴专家,人事部有突出贡献的中青年科技专家、石油工业有突出贡献的科技专家、陕西省优秀共产党员专家、三秦专家。他曾任西南石油学院副院长、院长,西安石油学院院长。张绍槐是我国保护油气层技术、喷射钻井技术、油气钻井智能信息技术和旋转导向闭环钻井技术的奠基人和开拓者之一。

郝俊芳,1927 年 12 月生,河北唐山人。1951 年毕业于北洋大学采矿工程系。1953 年在北京石油学院任教,1963 年调到西南石油学院任教,教授、博士生导师,国务院政府特殊津贴专家。曾任四川省人民代表、四川省政协委员。他是中国石油钻井工程学科主要创建人之一,发表论文 40 余篇,出版专著 4 本、译著 6 本。所承担的"六五"国家重点科研项目"平衡钻井与井控技术"获四川省科技进步一等奖及国家科学技术进步三等奖、"新疆充气钻井技术"获新疆石油管理局科技进步一等奖、"微机在平衡钻井及井控技术中的应用"获四川石油管理局科技进步一等奖。

三、支援东北石油学院

1959 年 9 月,发现大庆油田。石油工业部从石油工业发展的战略出发,决定在当时预计的油田中心安达县建立一所石油学院。1960 年 5 月,石油会战指挥部成立安达石油学院筹建组。8月，石油工业部决定在筹建组的基础上成立安达石油学院筹建处，负责人为陈骥（时任北京石油学院党委常委兼建校处主任、院长办公室主任）。1961年4月28日，安达石油学院更名为东北石油学院。

为解决师资问题，东北石油学院在北京设立建校工作组，任务是联系和组织北京石油学院等院校调来的教师，研究教学计划，安排教师备课，制定基建规划与招生计划，接受兄弟院校援助等。1961年6月29日，北京石油学院向石油工业部人事司报送了支援东北石油学院教师及行政干部名单，派出教师56人、行政人员21人，均超出石油工业部指示抽调教师53人、行政干部16人的要求。

钻井教研室抽调周世尧、黄匡道、田明远3人，采油教研室抽调漆文远、胡靖邦、樊营3人，水力学教研室抽调陈家琅1人。黄匡道于1984年1月至1989年10月任东北石油学院副院长。

周世尧教授离开首都参与东北石油学院的创建，历任东北石油学院开发系系主任、教职工代表大会副主席、大庆地区"九三学社"召集人，被授予"大庆石油会战红旗手"称号。

东北石油大学校园内周世尧教授的雕塑

四、支援其他高校

1. 支援成都地质勘探学院

1957 年，罗蛰潭从北京石油学院到成都地质勘探学院（现在的成都理工大学）任教，历任成都地质学院副院长、华北石油勘探开发设计研究院顾问、中国石油学会理事、石油工程学会副理事长、四川石油学会副理事长等职。

2. 支援江汉石油学院

1978 年 9 月，郑基英从华东石油学院调到新成立的江汉石油学院（现在的长江大学）工作，负责筹建钻井、采油及矿场机械等专业，历任江汉石油学院开发系主任、副院长、沙市市人民政府副市长、荆州市人民代表大会常务委员会副主任、全国政协委员等职。

　　1960 年 10 月 22 日,中共中央公布《关于增加全国重点高等学校的决定》,北京石油学院等 44 所院校为新增全国重点高校。1961 年 6 月 14 日,石油钻采系更名为石油开发系。

　　石油开发系在北京的 8 年,正是石油会战波澜壮阔、"文革"激烈动荡的时期。广大师生踊跃参加石油大会战,在艰难创业、艰苦奋斗的锻炼中,丰富了生产实践知识,提升了生产实践能力。石油开发系贯彻教学"八字方针"和"高校六十条"精神,加强"三基"教育和教材建设,改革考试制度,开展"讲好一堂课"的群众运动,教学工作得到了巩固和提高;贯彻"科研十四条"精神,教师深入石油生产第一线,进行技术革新和科学研究,在钻井提速技术与装备、提高原油采收率技术、采油配套工艺等方面取得重要成果。"文革"时期,在教学停滞、秩序无章的情况下,石油开发系师生坚持教育与石油生产相结合,持续开展教学改革,赴大庆、胜利油田等现场进行教学实践,维系了几近崩溃的教育教学秩序。

第一节　更名石油开发系

一、系机构设置

　　早在 1959 年,北京石油学院举行院务委员会扩大会议,要求组织好领导力量,成立石油开发、石油机械和液体燃料 3 个研究室。随着大庆石油会战的开展,石油大开发的序幕逐渐拉开。1961 年 6 月 14 日,根据石油开发形势的需要,石油钻采系更名为石油开发系(简称开发系)。

1961年9月，石油工业部任命北京石油学院各系领导班子，秦同洛任石油开发系主任，方淑姝、韩大匡为系副主任，刘永昌任石油开发系党总支书记。

1962年8月23日，石油工业部批准北京石油学院关于缩短战线、合并专业的决定，将石油工业经济与计划专业并入石油开发系。石油开发系包括石油钻井工程专业、石油开采工程专业、石油工业经济与计划专业。

1962年10月，校党委组织部通知，刘永昌任宣传部部长，免去其开发系党总支书记职务，刘怀杰任开发系党总支书记。

1963年1月，华泽澎任开发系副主任。

1963年6月，校党委会决定并报请北京市委大学部批准，免去刘怀杰石油开发系党总支书记职务，石俊池代理开发系党总支书记工作。

1964年3月，华泽澎任石油开发系党总支书记，不再任开发系副主任。樊世忠任开发系副主任。

1965年11月，石油工业部任命秦同洛为学校科研处处长，免去其石油开发系主任职务，任命黄荣樽、樊世忠为开发系副主任。

1965年12月，经石油工业部党委决定，任命张炳麟为开发系政治处主任，石俊池为开发系政治处副主任。

华泽澎（1929—2022），天津人，1955年加入中国共产党。1952年毕业于天津大学采矿系，1954年毕业于中国人民大学工业经济系研究生班。1952年至1953年在清华大学石油系任教，1953年起在北京石油学院任教，先后担任北京石油学院工业经济教研室代主任、工业经济系主任助理，油建系、开发系副主任、党总支副书记，开发系党总支书记；华东石油学院农场革委会副主任，炼油厂厂长、党总支副书记，教务处负责人，常务副院长，党委书记；石油大学（华东）校长、党委书记，石油大学（北京）党委书记等职务。华泽澎教授是中国石油大学发展改革的重要贡献者，教育家，新中国石油高等教育事业重要开拓者。

张炳麟（1932—2017），安徽安庆人，1956年7月毕业于北京石油学院钻井专业，后留校任教，研究员。曾任华东石油学院石油开发系副主任、党总支书记、教务处副处长、华东石油学院副院长，华东石油学院北京研究生部副主任、主任，石油大学（北京）校务委员会副主任，中国石油天然气总公司石油教育与人才研究所所长。

二、教研室机构设置

这一时期，刘希圣担任钻井教研室主任，叶诗美担任采油教研室主任，袁恩熙担任水力学教研室主任。

1962 年 12 月，采油教研室全体教师

1962 年 1 月，石油工业部批准成立油田开发研究室。12 月，油田开发研究室成立，任命洪世铎为副主任。1963 年 7 月，韩大匡任主任，陈钟祥任副主任。

1964 年 1 月，学校任命实验室干部，张朝琛任开发研究室实验室主任，宋均任副主任；杨汉熙任采油实验室主任，孙士孝任副主任；郭学增任钻井实验室主任，闫懿华任副主任；陈新民任水力学实验室副主任。

1966 年"文革"开始，教研室由专业连队取代，教师赴油田现场开展生产实践活动。

三、学生培养情况

石油开发系在 1961 年到 1969 年期间，招收了 1961 级、1962 级、1963 级、1964 级、1965 级共 5 届学生，共计 1 022 人，其中，钻井工程专业招生 309 人，采油工程专业招生 422 人，工业经济专业招生 291 人。1962 年春，陈定珊带领华东化工学院 1958 级、1959 级、1960 级采油工程专业各 1 个班共计 90 人，转入北京石油学院钻采系，插入相应年级进行专业学习。这一时期，钻采系石油钻井工程、采油工程专业有少量研究生在读。

陈定珊，1958 年毕业于北京石油学院钻采系石油开采专业，毕业后分配到华东化工学院（现华东理工大学），筹建采油工艺专业。1962年初专业调整，陈定珊老师带领该校采油工艺专业的学生转入北京石油学院。后一直在学校采油教研室任教，曾任开发系副主任。

从1966年开始，学校停止了招生。各专业无在校研究生。

这一时期，钻井工程专业毕业663人，采油工程专业毕业769人，工业经济专业毕业378人，共有1810名毕业生，他们成为国家石油工业重要的技术力量。采油1959级尹克升、钻井1962级孙晓群、采油1965级马富才等8位毕业生成长为省部级领导，为石油工业的发展和国家建设作出了重要贡献。

开发系钻井1962级（左）、工业经济1962级1班（右）合影

第二节　教学工作持续改进

一、教学工作贯彻"八字方针"

根据党的八届九中全会精神，贯彻"调整、巩固、充实、提高"的"八字方针"，在调查研究和充分发扬民主的基础上，学校制定了1961年年度工作计划，提出：继续贯彻党的教育方针，按照"八字方针"即提高教育质量的精神，安排教学工作，注意总结经验，巩固成绩。学校要加强教学第一线，把有经验的教师安排在重要的教学岗位上，同时动员学生努力学习，刻苦钻研，遵守学习纪律。学校对教学工作要全面地统筹安排，加强教学工作的统一指挥，严格教学管理制度，建立比较稳定、正常的教学秩序。学校有计划、有领导地进行教学和教材改革工作，改进教学方法。学校加强师资队伍的培养和提高，调整与巩固业余函授教育，合理布局；纠正和解决战线过长问题，强调领导干部深入教学第一线，把主要精力转向教学等。

经过一年的努力，学院在教学工作中贯彻了党的"八字方针"，加强了教学第一线，初步调整了系及专业设置，稳定了教学秩序，取得了一定的成效。在学习"高校六十条"草案以后，教师勤奋备课，学生刻苦钻研、努力学习的风气不断上升，教与学的积极性高涨起来，教学质量有了明显的提高。

为了更好地贯彻"八字方针"和"高校六十条"，北京石油学院于1961年12月举行了第四次党代表大会。这次大会的中心议题是如何更好地贯彻党的教育方针，提高教学质量。闫子元作了题为《巩固成绩，总结经验，为更好地贯彻党的教育方针，提高教学质量而奋斗》的报告。大会发扬民主，对1958年以来的教育工作，既肯定了成绩，又指出了缺点，提出了今后的工作任务。会议进一步明确了"试行'高校六十条'是学院今后的中心任务"。在学校中，"教学是中心，生活是基础，政治思想是统帅，是灵魂。因此，必须全面抓好教学、生活和思想政治工作，团结一切可以团结的力量，调动一切可以调动的积极因素，来完成学院的重大任务。"

根据第四次党代会精神，1962年1月，学校召开教育科学工作会议，研究关于调动党内外人士的积极性，政治上调整党与非党的关系；研究学院办得过大过快、劳动过多、教学秩序不稳定及发挥专家作用的问题；研究关于师资的培养，修订教学计划，提高教学质量的问题等。

在此基础上制定《1961—1962学年度第二学期教学工作要点》（以下简称《要点》），提出本学期的任务是：继续调整现有专业，巩固调整后的专业设置，提高毕业生的质量；调整教学计划，逐步修订教学大纲；建立健全教学上的各项规章制度，进一步稳定教学秩序；巩固与提高教学质量，加强各门课程课堂教学研究，密切各个教学环节的配合，进一步改进实验课和习题课的内容和方法；进行教学方法的研究工作；加强毕业设计的组织与指导，大力提高毕业设计质量；提高教材质量，完善与改进现有教材，建立教材管理制度等。关于教师工作问题，《要点》指出：要切实贯彻国务院关于教师工作时间的规定，执行中央关于劳逸结合的指示，保证教师六分之五的时间用于业务及教学；充分发挥老教师在教学和培养师资上的作用；加强青年教师的培训工作；提高基础理论课师资的水平，以及开展各项学术活动，活跃学术氛围，提高学术水平等。《要点》还对生产实习和生产劳动问题提出了调整意见。

2月，学校成立了由6人组成的规划起草组，贾皞任组长，下设教学、科研、生活、思想政治工作、师资培养等规划小组，制定贯彻"高校六十条"的48条规划意见。

7月，校务委员会做出决定，缩短战线，调整合并专业。调整合并后，全校设有4个系、16个专业，规模虽然缩小了，但是更充实了。

在教学方面，为加强基础理论、基础知识、基本技能这"三基"教育，学校开展了大量工作。基础课采用了统一的教学大纲,加强了课堂讲授、习题课、实验、作业等教学环节的配合,并强调老教师上第一线授课。学校严格要求学生完成作业,进行实验,训练操作技能。学校重视课程设计和毕业设计等实践性教学环节,大部分专业都有2～3个课程设计,强调毕业设计要与生产实际相结合。采油专业1958级参加的玉门油矿油田开发分析方面的设计和对松辽井下作业处修井设备改进的设计,在生产上得到使用。学生的毕业设计工作,得到石油工业部有关厂矿的大力支持,取得了可喜的效果。

学校在教材建设方面进展较快。自1961年起,逐步克服了前期存在的大搞群众运动编写教材的混乱局面,学院采取选、编、备的方法,不仅努力做到课课有教材,还使学生在课前就拿到教材,并保证人手1本。1962年,学院制定教材建设计划,提出用3～5年时间,编出179种教材。学院组织和选派了一批有经验的教师,决定了各教材的编者、审阅人和出版时间。

1961年,中国工业出版社出版了《钻井工程》一书。这本书为高等院校石油地质、物探、采油、矿机、经济等专业钻井工程教学用书,包括绪论、钻头、钻柱、钻井液、钻井技术、井底动力钻井、定向钻井、取心钻进、固井、油井完成、钻井地面装置与设备、钻井劳动组织与技术经济指标、地质构造钻探等12章,是在北京石油学院钻井教研室原有专业讲义的基础上修改编写的。周世尧、沈忠厚、陈庭根、胡湘炯、郑基英、胡乃人、孟宪金、张志韩、路建通及学生谢南屏、范克勤等11人共同参加了这次的编写工作,审查工作由周世尧、樊世忠、沈忠厚、孟宪金4位同志完成。

以钻井教研室刘希圣、王亚禧牵头的石油院校教材编写组编写了全面、系统的本科教材《油井工程》,分上、中、下3册,1962年1月由中国工业出版社公开出版。该教材内容包括3大部分:第一部分是钻井的对象(地层岩石)和工具(钻头、钻柱、钻井液及井下工具);第二部分是钻进技术,核心是如何快速、优质、安全地钻出设计要求的井眼等问题;第三部分是固井和完井技术。该书是在翻译俄文新教材的基础上编写而成的。

1964年,在"工业学大庆""走自己的路"的思想指导下,学院进行教学改革,制定了专业的"三基"要求。以钻井教研室周世尧、沈忠厚牵头组成石油院校教材编写组,重新编写了《油井工程》,1966年初完稿,校内胶印。由于"文革"原因,该教材未得到使用,但是该教材强调"三基",大大精简教学内容,并开始引进美国科学钻井的一些理论,例如喷射钻井理论、直井防斜理论、双向应力椭圆理论等,为后来的教学内容改革起到很好的引导作用。

1961年9月,中国工业出版社出版了《油田开发》一书。该书是为石油院校油气田开采、开发专业编写的油田开发理论基础及设计课程教材。全书共分 6 篇 26 章。第一篇主要阐述开发油田的总原则；第二篇阐述了油田开发的地质基础；第三篇主要是水动力学计算和各种模拟方法等；第四篇阐述的是油田开发的经济指标和有关的经济分析问题；第五篇是确定油田合理开发方案的综合方法，以及它的实施和动态分析等；第六篇是油田开发经验介绍。该书是各石油院校部分师生集体编写的。参加编写工作的有北京石油学院教师叶诗美、云川、刘蔚宁、樊营、王谦身，研究生李广元及采 1956 级部分同学，西安石油学院教师刘健伟，北京地质学院教师任继存，长春地质学院教师李福迎，由叶诗美、云川负责主编。北京石油学院教师韩大匡、洪世铎和西安石油学院教师周春虎负责校审，韩大匡负责主审。该教材于 1964 年重新编写，增减部分内容，使原来的体系更加完整。

《采油工程》是我国油田开发行业第一部正式出版的教科书，由当时的北京石油学院、西安石油学院及四川石油学院部分老师及研究生集体编写，并于 1961 年 9 月由中国工业出版社出版。韩大匡和周春虎担任主编，制定全书编写大纲、内容，统揽全书并最后定稿，他们还各自编写了有关章节。该书是当时石油高等院校石油开采专业和试行的油田开发专业的主要专业教材。

《采油工程》一书的特点是基本理论和我国具体实践密切结合。为了编写这部教科书，编写组既吸收了当时国外，主要是苏联关于油田开采的基本理论，又搜集了当时大量的工程实践材料，加以提炼和总结。该书比较系统、全面、详细地介绍了油气田开采的理论基础知识及开采工艺，在当时形成了一套比较完善的理论体系，为当时及今后的油气田开采打下了坚实的理论基础。在很长时期内，该书一直是石油院校采油工程专业主要专业课的主要教材，直至"文革"结束，各校教学逐步走上正轨，才陆续有其他新的教材问世。《采油工程》共分五篇，分四册出版。书中分别描述了油层的地质 - 物理性质、油田和油井开采的基本方法、油井的分析与管理、增产措施与修井工艺，以及油田注水、注气工艺和提高采收率的新方法等内容。

1962 年 3 月，中国工业出版社翻译出版了《天然气的开采》一书。本书主要介绍苏联各天然气田的含气层情况，阐述开发普通气田和凝析气田的气体动力学原理和现代开采技术。

1962 年 3 月，中国工业出版社出版《地下流体力学》，本书共分四篇。第一篇共三章，主要阐述流体渗滤的一些基本概念。第二篇叙述了刚性水压驱动方式下流体渗滤的规律。第三篇和第四篇分别叙述弹性驱动和溶解气驱动方式下流体渗滤规律。为了叙述方便，将含油边线推进的规律这一章放在第三篇的最后。本书的体系按驱动类型编排，便于学生在学习时更容易建立概念和联系实际，同时也可以更好地和油田开发课衔接。本书由采油、水力学和油矿地质教研室部分教师及采油专业 1956 级部分学生集体编写。参加编写的教师有袁恩熙、叶诗美、刘蔚宁、樊营、王谦身、研究生李广元及采 1956 级部分学生，由叶诗美、刘蔚宁主编，袁恩熙审查。在编写第二章的过程中，洪世铎给了很大帮助。

1963 年 8 月，出版《采油物理原理》一书。本书系根据俄译本（1953 年版）翻译，俄译本对原版本（1949 年版）做了某些删减、概括。王檠教授和秦同洛教授根据原著做了详细的校核。

1966 年 2 月，胶印出版《地下流体力学》，是石油高等院校石油开采专业的主要专业基础课——地下流体力学课程教学用书。内容重点讲述油、气、水在油层中的渗流规律。全书共分六章：第一章主要介绍地下油气水渗流特点及渗流的基本规律；第二章到第五章阐述水驱、弹性驱及溶气驱方式下流体向单井渗流问题；第六章介绍油井干扰的基本原理及解决方法。本教材是在石油工业部及学院党委领导下，组织教改专业队伍，深入大庆油田现场进行调研，并在师生对课程解剖分析的基础上编写的。本书第一至五章由刘蔚宁执笔，第六章及附录由袁恩熙执笔。各章节分别经过北京石油学院采油教研室叶诗美、郎兆新，水力学教研室张文芳、陈新民等审阅讨论。

二、教学工作贯彻毛泽东《春节谈话》

1964 年春节期间，毛泽东在人民大会堂召开教育工作座谈会，发表了著名的《春节谈话》。《春节谈话》的主要精神：一是课程太多、学生负担太重、劳动实践少又注入式教学，摧残人才；二是考试以学生为敌，突然袭击，出一些怪题、难题，让学生死记硬背；三是大学教育应当改造，上学时间不要那么长。高等教育部和石油工业部相继召开会议，强调以"思想积极，步骤稳妥"的精神开展教学改革，使学生生动活泼并得到发展。石油工业部余秋里部长在 2 月召开的石油工业部局、厂领导干部会议上提出：要用革命精神办好我们的学校，要求培养出来的学生个个都是又红又专的人才；要求学校发扬艰苦奋斗的精神，进行革命传统教育；要贯彻执行教育与生产劳动相结合的方针；学校领导要把主要精力放在搞好教学上。主管教育的周文龙副部长在报告中也提出，石油院校要"以教学为中心"，要"力争 1965 年毕业生百分之百地符合培养目标，百分之百地热爱专业，百分之百地服从组织分配。"1964 年至 1966 年，学校为改进教学和加强教学开展了一系列活动。

1. 检查教学中存在的问题

1964 年 5 月，学校成立了以朱亚杰副院长为首，抽调党委部门、行政部门干部，各系教师共 30 人的期中教学巡回检查团。检查共分 5 个阶段,分别检查了各系(基础处)的教研室、实验室及部分班级的学生情况。前后经历了 1 个月的时间,共计听课 99 次,个别谈话 242 次,座谈会 121 次。在检查中,学校始终贯彻两分法的精神,既检查存在的问题,又发现了不少好的经验。检查成为各系相互学习的大好机会。经检查,需要各级解决的问题共有 300 多个,最后检查团做了总结,对正确领会毛泽东《春节谈话》的精神、在教学内容方面贯彻少而精的原则、试行启发式教学、培养青年教师、减轻学生负担及劳逸结合、实验室管理等问题上提出了建设性的意见。

下半年,学校组织力量,就教学内容改革方面又进行了大量的调查研究。10 月,学校成立了教学改革领导小组,由副院长杨光华任组长。调查在校外和校内同时进行。在校外,先后组织了 50 多名专业课和基础课教师,分赴大庆、抚顺、九二三厂等厂矿及科研、设计单位,蹲点调研,访问现场技术人员、工人和毕业生,征求意见,实地考察;同时结合教师下厂矿指导毕业设计和劳动实习的机会,进行了调研工作。在校内,组织 1965 年即将毕业的 1 200 名学生,在 82 名教师的具体指导下,实行领导、教师、学生三结合,分析、解剖了 45 门课和 3 门实验课,开展了摆材料、摆观点,查原因、查危害,不追究个人责任的"两摆、两查、一不追"的调研活动。调查获取的大量材料表明,在教学上确实存在着脱离政治、脱离实际、脱离中国国情、内容陈旧、贪多求全、教学方法上的注入式等问题。针对这些问题,广大教师对教学内容的改革进行诸多有益的尝试,取得了一定成效。

2. 改革考试制度

学校党委认为,为了改进教学,打开局面,应以改革考试制度为突破点。1965 年 6 月,校党委做出了《关于改革考试工作的决定》,强调要改变过去那种"考考考,教师的法宝;分分分,学生的命根"的认识,要明确考试是教学过程的继续。教师怎样考学生,学生就怎样学习;同样教师怎样考学生,也应该怎样教学生。考试的目的和教学的目的是完全一致的。衡量学生学习成绩的实际标准应该是"懂、记、用、创"4 个字。《关于改革考试工作的决定》规定,考试的方法要改变过去"当堂发题,闭卷笔(口)试"的方法,也要采取"开卷"的新方法;考试的内容要改变过去"重理论、轻实际"的倾向,要把理论与实践、书本与实际、动脑和动手、教学和生产结合起来;取消考查,只实行考试,不考试的课只注明"已修"或"未修"等。该决定从 1965 年暑假前开始试行。采取这种新考试办法,在一定程度上减轻了学生的负担,促进了学生生动活泼地学习。

3. 开展"讲好一堂课"运动

1964 年、1965 年,解放军中开展的大比武、普及郭兴福教学法的运动,对北京石油学院的教学改革有很大启发。1965年4月，学校党委做出《关于大学解放军深入开展教育革命的决定》，在全校开展了"讲好一堂课"的运动。党委组织教师、实验员参观了解放军军训器材展览会，邀请解放军战士来校表演"200米硬功夫"，学习郭兴福教学法，还请了3名海军院校教员来校讲了3堂示范课。随之，全校很快兴起了以"五落实、一提高"为标准的"讲好一堂课"运动。所谓"五落实"，是指在课堂中落实用毛泽东思想指导教学、贯彻少而精原则、运用启发式、渗透思想教育和传带作风5个方面；"一提高"是指提高教学质量。各教师、各课堂之间以此为标准开展竞赛"比武"，气氛相当热烈。至6月，155名教师参加了"比武"，共比了328堂次，最后选出6名质量较好者在全院进行了示范讲课，其中开发系电工教研室林凤举主讲的"三相感应（异步）电动机的旋转原理"、水力学教研室刘蔚宁主讲的"非活塞式水驱油"入选。在"讲好一堂课"的运动中，全校还以解放军为榜样，展开了形象化教具的研究和制作工作，至5月底，已经制作出415件教具，大部分已在课堂上使用。8月10日至9月1日，石油工业部在北京石油学院召开石油院校教学观摩会，部领导和兄弟院校代表现场听课并参观了教具展览。此后，"讲好一堂课"的活动继续开展，并逐步由讲好一堂课扩大到讲好一章课、一门课。"讲好一堂课"的运动在推动教学内容、教学方法的改进方面发挥了积极作用，尤其是在帮助青年教师掌握课堂教学的基本功方面发挥了示范作用。

第三节　科研工作同生产结合

一、面向生产开展科研

1961年7月19日，中共中央批转《关于自然科学机构当前工作的十四条意见（草案）》（简称"科研十四条"）。"科研十四条"指出，在科研工作中，政治要落实到业务上来，鼓励个人可以冒尖，实行物质奖励制度，尊重知识分子；科研机构要定方向、定任务、定人员、定设备、定制度，保证科研机构的相对稳定；要坚持科学研究的严肃性和严密性，不能搞大轰大嗡；贯彻执行"百花齐放、百家争鸣"的方针，提倡自由讨论，对学术问题不戴政治帽子，不贴政治标签，不能以多压少。按照上述精神，开发系采取具体措施，如加强科研机构的实验装置建设，挑选一批能力较强的教师减免其教学工作量以从事科研工作，给老教师配上科研助手，确定和保证重点科研项目的顺利进行等，促进了科研工作的进展。经过努力，陈钟祥负责的多向渗流研究等项目，取得了重要的进展或阶段性成果。

1963 年 10 月 18 日，石油工业部部长余秋里来校作报告，肯定了学校这几年的工作成绩。他在讲到科研时指出："要选择人才，要有器材，要有教材，减轻科学工作者的杂事。参加政治活动要有一定限制。""提倡科技上埋头苦干，高度责任感，这是最大的政治。"部长的这些话，给学校科研工作者以很大的鼓舞。

1964 年 1 月，学校召开科研工作会议，进一步明确科研与教学、生产的关系，强调科研要与教学相结合，要面向生产。学校科研工作要有统筹的规划，要保证重点，要加强协作。在以后的几年里，学校每年都制定科研计划，并进行总结，科研管理工作有比较明显的改进。至"文革"前，开发系的"岩石孔隙分布仪"试制成功，"深井泥浆失水仪"也在实验室取得了较好的成果。

"科研要面向生产，科研必须同生产相结合"，变成广大教师和科研人员的自觉行动。许多教师深入石油生产第一线，从生产实际出发，结合生产任务，进行技术革新和科学研究，受到生产部门的欢迎和重视。

在这一时期进行的胜利油田会战中，钻井教研室教师蔡镜仑参加"千米刮刀钻头"的研制，取得了一个钻头钻井 1 731 米的好成绩。系主任秦同洛经常参加石油厂矿的生产实际问题的研究，在石油系统颇具声望。科学研究为石油生产解决了实际问题，取得了重要的经济效益；石油生产过程中的实际问题也为科研开辟了广阔的天地，为师生提供了"英雄用武之地"。

郭学增 1958 年至 1962 年在新疆克拉玛依油矿研制"DZ168 型电动钻具"，取得了阶段性成果，1964 年至 1966 年在四川石油管理局合作研制成功"高温高压黏度失水仪"。

在石油钻井工程中，钻头喷嘴是一个关键部件。为了寻求一种最高效的钻头喷嘴，刘希圣在 1961 年至 1964 年带领他的研究生在全国首次开展了喷射钻井理论和实验的研究，对钻井喷嘴合理结构及安装位置进行了深入研究，经过无数次的实验筛选，终于成功研制出了具有等速核长、流量系数高、射流密集性高等性能的"流线型高效喷嘴"。

二、油田开发研究室组建及发展

1962 年 1 月，石油工业部批准成立油田开发研究室。

韩大匡因连年参加会战，身体越来越差，得了周期性高烧的疾病，因为健康原因离开会战战场，回到了学校。在参加会战和生产实践中，他深感油田生产中存在着很多技术问题，亟待研究解决。回校后，他除了作为主编和其他教师一起编写了他的第一部著作《采油工程》教科书（1961 年由中国工业出版社出版）以外，还着手组建"油田开发研究室"，开始了研究工作。

1963 年 7 月，校党委会讨论干部任免事项，韩大匡任油田开发研究室主任，陈钟祥任油田开发研究室副主任。油田开发研究室在韩大匡领导下，进行了以下研究工作：

一是关于聚合物水溶液驱油提高原油采收率的研究。我国油田的主体开发方式是注水采油，但是由于水的黏度一般小于原油，驱油效果比较差，特别是我国陆相油田的原油黏度偏高，这是我国油田采收率偏低的主要原因之一。所以，他们当时就研究如何能通过在水中添加一种增黏剂的方法来提高采收率。为此，他们走遍了北京和上海的化工、纺织市场和企业，到处寻找各种水溶性增黏剂，一共找了好几十种，经过室内筛选实验，最后提出聚丙烯酰胺是一种增黏性能好，能够有效提高原油采收率的化学剂，并和新疆克拉玛依油田合作进行了现场试验，明显地提高了采收率。

二是在 20 世纪 60 年代初，开始了计算机技术应用于油田开发的研究。当时计算机技术还处于发展的初期，103 机的计算速度只有每秒 30 次，中国科学院计算所新建的 104 机也只有每秒 2 000 次，速度都非常低，不可能用来解决油田复杂的实际问题。当时韩大匡看到了传统的解析法在实际应用上有根本性的局限，这是由于实际油藏常常带有严重的非均质性，是实际计算中所不可忽略的因素。用解析法求解的前提是把复杂的油藏简化成均质油藏，这样就完全没有了在计算中考虑油藏非均质性的可能性；反过来，用计算机进行网格剖分走数值求解的路，就恰恰有可能解决考虑非均质性的渗流问题，由此看到了随着计算机技术的发展，必将带来非常好的应用前景。所以当时他和中国科学院计算所合作开展了用计算机求解油水两相渗流的研究工作，还带了一个研究生。这为我国利用计算机技术来研究油藏渗流问题奠定了基础。

三是研究了油井清蜡、防蜡的新工艺。由于我国原油中普遍高含石蜡，油管结蜡十分严重，对正常生产影响很大。无论在玉门还是大庆，采油工人用人工进行机械清蜡，体力劳动极为繁重。为了解决这个问题，从油管内结蜡机理出发，进行了很多种清蜡、防蜡方法的实验研究。结果认为，根据改变油管润湿性的原理，在油管里衬上亲水材料来改变油管表面的亲油性质，可以大大减轻油管的结蜡。最后，终于研制成功了内衬玻璃的专用防蜡油管，经大庆油田现场试验，取得了很好的防蜡效果。这种新工艺当时不仅在大庆油田得到应用，还推广到很多油田，获得了 1978 年全国科学大会奖。

第四节　参加石油大会战

一、参加大庆石油会战

20世纪60年代前半叶,是我国石油工业实现具有深远历史意义的重大转折时期。在党中央、国务院的领导下,石油工业部组织了2次战略性的重大行动:一是1960年到1963年进行的大庆石油勘探开发会战,3年多建成一个现代化的大油田,实现了石油基本自给;二是继大庆石油会战之后,1964年进行华北石油会战,拿下了山东胜利、天津大港2个油区,扩大了石油储量,奠定了中国石油资源基础。这些会战,尤其是大庆石油会战,是在我国经济困难时期,在困难地区、困难条件下进行的举世瞩目的会战。

北京石油学院召开石油大会战誓师大会

作为我国第一所石油高校的北京石油学院,义不容辞地积极参加了这些石油会战。石油会战,尤其是大庆石油会战促进了学院的教学和科研,也使师生在思想上得到了锻炼。

1. 师生参加大庆石油大会战

1959年5月,地质1955级学生和部分教师作为石油尖兵,先期开赴松辽大地,参加了勘探工作。1960年2月,中共中央批准石油工业部的报告,决定在大庆地区"集中石油系统一切可以集中的力量,用打歼灭战的方法,来一个声势浩大的会战。"北京石油学院党委当即响应号召,抽调精兵强将,开赴松辽参加会战。

1959 年,北京石油学院文昌寨区队全体同志转战松辽前合影

为了满足大会战的需要,院党委调整了教学计划,1960 年初组织了 9 个专业,613 名高年级学生(其中地质专业四年级 107 人,五年级 28 人;测井专业四年级 62 人,五年级 51 人;钻井专业五年级 39 人;储运专业四年级 52 人,五年级 10 人;炼机专业四年级 2 人;炼油专业五年级 23 人;经济专业四年级 45 人)及教师干部 43 人来到松辽战场。在这支队伍里有学生、助教、讲师、教授、行政干部和政治干部。

1960 年,学校欢送首批师生赴东北大庆参加石油会战

参加会战的先遣人员已于 1959 年 12 月到达松辽,大批人员从 1960 年 3 月陆续到达。师生们在会战中分布的地区十分广泛,南到长春、北到林甸,松花江南北,

凡是有石油的地方就有师生们在那里工作,而且绝大部分是战斗在大会战的主攻战场——大庆长垣萨尔图草原上。他们担任的工作多种多样,从指挥部到探区,从科室到井队,从队长、技术员到工人,一直到行政管理和文工团员等。特别是每个标杆队都有学校的学生参加,他们与大庆的干部和职工并肩工作,英勇奋战,忘我劳动,对会战作出了积极贡献。仅5～7月3个月的统计,即涌现出红旗手259名,占参加会战师生人数的42.3%。铁人战井喷的故事家喻户晓,但鲜为人知的是,当时和铁人一同勇跳泥浆池的另外6人中,有一位女性,她就是钻采系1955级在校学生段功武。

钻井1955级段功武(戴白色安全帽)和铁人一起战井喷

学校党委决定1955级学生的毕业分配工作可以不回学校进行,就地宣布分配方案。采取就地派遣办法时,大庆工委向石油工业部和学校提出,凡参加大庆石油会战的石油学院应届毕业生全部留在大庆。鉴于这批同学在会战中的实际锻炼和出色表现,石油工业部领导批准免去他们毕业后第一年的见习期。

北京石油学院1960年参加松辽大会战毕业生留念

1960 年 8 月到 1961 年 3 月，由辅导员王明贵带队，钻井专业 1957 级 2 个班与矿机专业 1957 级 2 个班参加大庆石油会战。1961 年，学院又派出地质系 1957 级、开发系 1958 级、机械系 1958 级学生和部分教师共 709 人继续参加大庆石油大会战。从生产现场到机关科室、技术攻关大队，都有师生们参加。参加会战人员的安排，贯彻执行了会战领导小组对学生使用的 3 个原则：按原建制集中使用；结合专业承包专题，搞出名堂；既要会战又要教学，会战与教学的比例为 3 ：7。师生们直接投入战区，以 10 大试验 14 项技术为中心的科研、生产劳动及科室工作，以高涨的干劲和艰苦奋斗的精神为油田开发贡献力量。

1962 年以后，每年都有数量不同的学生利用生产实习的机会到大庆参加生产劳动和科学实验，继续参加大庆石油会战的工作。学校的师生在大庆石油会战中，既经受了锻炼，施展了才干，又取得了许多收获，作出了重要的贡献。部分教师参加了会战指挥部门的领导工作，在前线指挥部的 6 个大队中，有 4 个大队的正副队长由北京石油学院教师担任。开发系教师秦同洛担任了测压大队长。韩大匡担任油井分析队队长，负责生产试验区油井的动态分析工作。根据油层压力动态变化的特点，通过计算，他们准确地预报了必须进行注水的时机。这对于大庆油田的早期注水、保持压力、稳定产量起到了很大的作用。许多学生在基层担任了负责工作，如采油五年级学生袁秀明担任了松辽第一女子采油队队长。由于这位女队长把生产、学习、生活等安排得很好，工作成绩突出，中央新闻纪录影片厂以她为原型拍摄了电影。

在技术革新和技术革命运动中，师生们更是大显身手，仅 1960 年上半年就提出合理化建议 1 100 条，取得成效项目 200 多项。在整个大庆石油会战中，北京石油学院师生被评为五好红旗手、五好共青团员共 441 人次，占参战师生总数的 67%。

通过会战，同学们学到了丰富的生产实际知识，大大提高了解决生产实际问题和科学研究的能力。在思想作风方面，大家增强了对劳动观点、群众观点、自力更生观点的认识；经受了艰苦创业、艰苦奋斗、勤俭朴素的锻炼，培养了大庆人的"三老四严"、实事求是的优良作风。参加大庆等石油会战，对学校"实事求是，艰苦奋斗"校风的形成和发扬，起到了重要作用。

2. 秦同洛参加大庆石油会战领导工作

1960 年，大庆石油会战开始后，秦同洛奉命赶赴大庆，担任大庆石油会战地质指挥所副指挥、采油指挥部总地质师。

石油工业部部长余秋里非常尊重科学，他强调，油层压力是油田的灵魂，没有压力的油田是死油田。他要求，油层压力每变化一个大气压，都要找出原因，压力资料必须取全、取准，不能有一点含糊。他把测压这项非常重要的工作交给了秦同洛。30

年后，余秋里仍清楚地记得："秦同洛把队伍集中起来，成立了试井队，迅速开展了测压工作。那时工作条件十分艰苦，阴雨天，汽车开不到井场，有时陷在泥塘里，没办法，只好在汽车上过夜。有一次，他们到喇72井测压，几个人冒着雨扛着压力计，背着钢丝绳一步一滑地走了20多里路。晚上没有地方睡觉，几个人就挤在一起，在不遮风、不挡雨的破牛棚里，顶着雨衣，坐了一夜。在西7-1井测压时，道路翻浆，绞车、防喷管都运不进井场，井队的工人们就抬着绞车和防喷管上井。下压力计时，每个人都被喷得满身满脸都是油。他们克服了各种困难，获得了压力资料。到了下半年，随着生产井的增加，每月都要组织一次测压会战，向地质部门提供一张油井等压图。"秦同洛建立了一整套油井分析制度，大庆油田饱和压力等一些重要参数都是由他精心确定的。

会战初期，余秋里部长就大庆油田能不能稳定高产、怎样才能稳定高产等问题，征求石油科技专家的意见，秦同洛发表了对油田优缺点的看法。他认为大庆油田有两个缺点可能影响高产、稳产：一是油层压力系数不高，接近1；二是气油比不高。这反映了油层天然自喷能力较弱，如果注水等工作跟不上，那么可能早期停喷。余部长觉得很有道理，高度重视油层能力较弱等问题。

如何才能使大庆油田保持长期稳产高产？开发大庆这样的大油田，当时还缺乏经验，面对大庆油田这样世界级油田的大场面，如何搞好油田开发的宏观决策是一个重大问题。余秋里等领导听取了李德生、秦同洛等专家的建议，开展了建立生产试验区的技术政策和措施。1960年4月24日，大庆石油会战领导小组正式决定，将萨尔图油田中部22平方千米作为油田开发的第一个生产试验区。秦同洛是这个试验区的主要组织者和参加者之一。通过开辟试验区，取得了油田开发的经验，避免了在大规模的开发建设中走弯路，为确定大庆油田开发方案发挥了重要作用。

为了解决油田开发中的问题，会战指挥部要求大搞地层对比，一口井一口井地进行对比，一个小层一个小层地进行对比，把各油层的特点搞得一清二楚。余秋里谈道："地质专家李德生、开发专家秦同洛、地质师闵豫和其他地质技术干部白天上井指导工作、收集资料，晚上在'干打垒'房子里整理资料，大搞油田地质研究工作，对油层进行逐井分小层的对比、分析。有的同志没有办公桌，就把行李一卷，在铺板上工作。没有电灯，就点着蜡烛干。不分节假日，经常工作到深夜。最紧张的时候，一天要对比300多层，计算3万多次。这么大的工作量，全靠算盘和拉计算尺。"

随着油田开发的逐步深入，秦同洛对油田的认识越来越清楚，见解越来越深刻。余秋里、康世恩、焦力人等大庆会战的领导经常与他讨论各种技术问题，并让他参加油田勘探开发重大决策会议。1960年，秦同洛按照康世恩的指示，参加大庆石油会战的勘探部署会议,重点讨论先上萨尔图还是先上葡萄花的问题。秦同洛依据他所掌握的大量资料,在会上郑重地发表了先上萨尔图的意见。领导们对专家们的意见反复进行研究,最终做出了先上萨尔图的决策。

接着,一个重要的战略问题摆在会战指挥部面前,就是制定萨尔图油田开发方案。这是油田长远发展的规划蓝图。方案正确与否,直接关系到油田开发的成败,所以指挥部慎之又慎。1961 年 4 月,石油工业部党组决定秦同洛与童宪章、李德生、谭文彬为萨尔图油田 146 平方千米面积开发方案的编制负责人。经过一年的紧张工作,他们完成了开发方案的草案。方案计算了开发区的地质储量和可采储量,对油田地质特征、油层分布规律、油层压力系统做了深入分析和评价,提出了开发层系的划分和井网安排的原则,对开发试验区两年来的试验成果做出了评价,指出横切割注水方法是成功的,早期注水的原则是正确的,同时提出了开发区的注水方案。1962 年 5 月 11 日至 7 月 8 日,在康世恩同志主持下,大庆油田开发技术座谈会讨论通过了这个方案,石油工业部党组很快审查、批准了萨尔图油田 146 平方千米面积的开发方案和大庆石油会战指挥部的审查意见。余秋里在评价这个方案时指出:“大庆油田第一个开发方案和一套开发方针、技术政策,是在没有外国人参加的情况下,依靠自己的力量制定出来的。在大庆油田的开发中,实施这套方案和方针政策,取得了很大的成功,创造了当时世界上的先进水平。”这套开发方案“走出了中国自己的路子”,“大长了中国石油工作者的志气,增强了搞好石油工业的信心”。1965 年,萨尔图油田 146平方千米面积的开发方案获得了国家级奖励。

康世恩认为,秦同洛提出的油田动态分析很重要。秦同洛借鉴苏联经验,把油藏中水驱油的“非均质、非活塞”的理论推广应用于大庆油田,具有普遍的指导作用。秦同洛在油田开发方面的独到见解,对大庆油田开发方案的确定,起到了重要的作用。秦同洛与童宪章、李德生、田在艺等一批高级专家为余秋里、康世恩等大庆石油会战工委领导出谋划策,在技术方面提供了极其重要的决策依据,充分发挥了参谋作用。

余秋里、康世恩同志对这些宝贵的专家人才非常关怀和照顾。当时大庆石油会战正赶上国家三年困难时期,吃饭是个大问题。他们看到秦同洛体格魁梧,饭量很大,为了保证秦同洛有充沛的精力从事技术工作,就特批他吃饭不定量、放开吃。余秋里说:“北京石油学院副教授秦同洛饭量大,我们规定,他吃饭可以不受定量限制,可以放开肚皮吃。”所以,当时秦同洛无论是在二号院食堂,还是在二级指挥部的食堂都能够敞开肚皮吃饱饭,这在当时可是很了不起的事情。这件事后来成为大庆石油会战领导关心知识分子的佳话,被广为流传。

二、参加胜利和大港石油大会战

1961 年 4 月 16 日，华八井出油，日产 8.1 吨，是华北地区第一口见油井，证明了华北地区地下有油气资源。1962 年 9 月 23 日，"营二井"获得重大突破，日产原油 555 吨，是当时国内最高日产量的出油井。1964 年 1 月 25 日，中央批准石油工业部进行胜利油田大会战，这是继大庆石油会战之后的又一次大会战。

1964 年，韩志勇带队钻井 1959 级学生用参加石油会战的方式完成毕业实习和毕业设计教学环节。春节前，他先到胜利油田（923 厂）安排学生，把学生"撒"到技术部门和指挥管理部门的各个岗位，历时约 5 个月，要求结束时每人写一份参加石油会战的报告。韩志勇留在钻井一大队队部参加一些具体工作，主要是做一口井的工程设计，根据地质部门给出的一口井地质设计，进行钻井工程设计。每口井设计完后，要在后面签名以示负责。那时的一大队领导和工程师们，都是白天跑井，晚上开会，非常忙碌。整个大队部只有一辆小吉普车，主要供大队领导使用，工程师们跑井主要靠摩托车或自行车。韩志勇啥车也没有，有机会就跟着大队领导下去跑井，主要目的在于学习，并在实践中得到锻炼。

1964 年 2 月，刚从苏联留学回国不久的郎兆新被采油教研室派到胜利油田会战指挥部地质指挥所油田开发室工作，参加会战一年，于 1965 年初回到学校。同年，陈月明带队采油 1959 级学生到胜利油田进行毕业设计。毕业设计结束后，他继续留在胜利油田地质指挥所试油室，负责新井试油、测井和高压物性取样工作，同时还负责每天早上把石油工业部领导召开的地质和采油专家会的精神和决议下达到各有关单位，于 1965 年初回到学校。采油 1959 级共 5 个班 150 人，一半去玉门油田，一半在胜利油田进行毕业设计。采油教研室先后有近 10 位教师参加了胜利油田会战。

1966 年，韩志勇带队钻井 1962 级学生以生产实习的方式参加大港石油会战。春节一过，韩志勇就到了大港油田打前站，做准备工作，然后迎接学生到来。学生的任务是生产实习。他把学生分到各个钻井队，并且下到小班参加生产劳动。这样既为石油会战作了贡献，同时又完成了生产实习教学环节。作为带队教师，他坚持跑井了解学生倒班参与实习情况，与现场人员讨论钻井进展情况。

第二篇

华东石油学院时期

（1969—1988）

1969年，学校整体从北京搬迁到东营，更名为华东石油学院。这一时期，石油开发系克服迁校造成的严重损失，在盐碱滩上艰苦建校，走出校园"开门办学"，培训了大批现场技术骨干。1971年，学校开始招收工农兵大学生，教学工作得以恢复，延续了石油工程高等教育的薪火，重新焕发出新的生机与活力。

1977年，国家恢复高考，学校重新跻身国家重点院校。石油开发系抓住改革开放的机遇，以教学科研为中心，强化师资队伍建设，加强教学改革与建设，新增油藏工程专业，深化科研与生产相结合，为后续发展奠定了坚实基础。这一时期，教学工作全面恢复和发展，科研工作蓬勃开展，承担多项国家重大攻关项目，取得系列技术突破，获7项国家级奖励。开发系聚焦德才兼备人才培养，坚持学生全面发展，培养了中国工程院院士袁士义、中国科学院院士高德利、"当代青年的榜样"秦文贵等一批引领石油行业发展的领军人才和模范人物。

第三章
迁校东营　凤凰涅槃

（1969—1977）

1969年11月，学校仓促整体迁校到胜利油田所在地山东东营。石油开发系广大师生员工在荒凉的盐碱滩上，克服了恶劣条件，解决了迁校过程中遇到的各种问题，艰苦奋斗、自力更生，积极参加建校劳动，开始了第二次艰难创业。

迁校初期，教师编成专业连队，开门办学，下到油田厂矿进行科研生产教学"三结合"，服务生产的同时，自觉进行科研攻关，完成了钻头、泥浆、深井泵等方面的多项攻关课题。学校积极筹备工农兵大学生招生及培养工作。1971年，学校开始招收工农兵大学生，逐步恢复教学，并针对学员特点因材施教，顺利完成6届工农兵大学生的培养，在特殊历史时期为国家培养了一批急需人才。

第一节　迁校东营与机构设置

一、仓促迁校

1969年10月21日，石油工业部军管会向北京石油学院下达迁校山东东营的命令。10月22日至23日，驻院"工军宣队"和"革委会"逐级向全院干部和教职工传达命令，紧急动员迁校，提出迁校是"战备的需要，斗批改的需要，教育革命的需要"，要求行动"突出一个'快'字"。

10月23日至28日，学院派出3批共352人到山东的辛店和东营接转行李和设备。同时，院内男女老少齐动员，夜以继日地拆装仪器设备，包装图书，整理家具行李，一边包装，一边搬运。在院支左的铁道兵某部，尽快安排了铁路运输，10月27日，第一批物资发往山东。10月31日、11月3日、11月7日全体师生员工及其家属分3批乘专用列车迁往山东。从动员到迁出，仅仅2个星期，共迁出人员4 200多人，迁出家具 5 400 多件，其他物资 11 000 多箱，共用 138 节火车皮。拆迁后的北京石油学院，除校舍以外，只剩下当时无法拆迁的大型、贵重设备和少量留守人员、危重病人。

1970 年 3 月 19 日，山东省革命委员会、石油工业部军管会联合发出关于北京石油学院下放问题

1969 年 10 月 22 日，学校举行迁校山东东营誓师大会

的通知，决定从 1970 年元月起将迁往山东东营的北京石油学院改名为"华东石油学院"，实行厂校结合办校，由山东省革命委员会领导。

二、迁校造成严重损失

迁校对学校造成了不可估量的损失，导致学校元气大伤。拆迁过程中，大量的仪器设备被拆毁报废；运输途中几经周折，家具、教具损坏丢失不计其数；迁到东营以后，因为新校址只有 4 万多平方米面积的"干打垒"土平房，所以大量物资和仪器设备无处安放，只好长期露天放置，经日晒雨淋，损坏丢失严重。据 1979 年全校清理资产时提供的资料表明，仅实验仪器设备，迁校前固定资产为 800 多万元，迁校后只剩下 400 多万元。其中除很少部分属于自然淘汰外，绝大多数是迁校造成的损失。家具丢失尤为惨重，在北京原校址丢弃一批，在铁路、公路运输途中丢失一批，运到后被盗一批、损坏一批，所剩者不多。

"文革"前，图书馆所藏的图书资料为 30 万册，由于途中无人照管，致使整箱的图书被盗或丢失。馆舍由北京石油学院 5 000 平方米楼房搬到不足 500 平方米的平房。学校面积太小，运到东营的图书因为无处放置而不能开箱，以致上万册图书遭水浸泡，受到重大损失。1983 年清点图书时提供的数字表明，建馆以来丢失图书 9 万多册，除少部分是因其他原因丢失的以外，绝大多数是迁校造成的损失。

最严重的是师资和人才流失。由于迁校，人为造成了教职工中许多新的"两地分居"问题和其他实际问题。许多在北京石油学院工作几十年的老教职工，不得不忍痛申请调离学校。据不完全统计，迁校后数年内调走的原北京石油学院老中青年教师达 300 多人，损失近半。石油开发系采油教研室师资流失最为严重，秦同洛、韩大匡、张朝琛等先后调到石油勘探开发研究院，叶诗美 1974 年调离华东石油学院。

韩大匡,1932年11月出生于上海市,原籍浙江省杭州市,油田开发工程专家,中国工程院院士。1950年1月就读于清华大学采矿系、石油工程系,1953年9月至1970年5月,在北京石油学院任教,曾任石油开发系副主任、油田开发研究室主任。1972年12月调离学校,历任石油勘探开发规划院开发室主任、石油勘探开发研究院副院长、总工程师等职。2001年,当选中国工程院院士。

叶诗美,1931年出生于法国巴黎,1934年随父母回国。1950年考入北洋大学采矿系,1952年院系调整后转入清华大学,1953年7月毕业于清华大学石油工程系。1953年至1956年在北京石油学院读研究生。1956至1974年在北京石油学院钻采系、华东石油学院开发系采油教研室任教,先后任教研室党支部书记、教研室副主任、主任等职,其间主讲油田开发课并从事科研工作。

学校从我国政治、文化、交通中心的首都北京迁到偏僻的鲁北油田矿区,其条件难以相比。这里虽然是油田,为专业教学与生产实际相结合提供了有利条件,但是也存在着诸多不利条件。这里交通不便、信息闭塞,来自外地的通知文件,有时接收到时,时效已过。给石油工业部汇报打长途电话,首先要接到惠民地区,其次接到济南,再次接到北京,最后接到石油工业部,一个长途电话要这么转接4次。要是打着电话时不知哪儿一断,重新再拨通,可能要一两个小时。这里只有一所高等学校,科技文化交流十分困难。这里地处黄河入海口,地碱人稀,农业、商业落后,不具备办大学的社会条件,因此不是"社会办大学,而是大学办社会"。

三、艰苦的建校劳动

迁校后,华东石油学院在各方面都遇到了极大困难。缺少教室、宿舍和食堂,没有实验室、图书馆和运动场地,后勤工作无保证。面对这种情况,广大教职工开始了艰苦而紧张的建校劳动。他们从烧石灰、脱土坯、烧砖到盖房、修马路,从挖沟、栽电杆到架电线、安装水管和天然气管道,从开荒、修水库到插秧、种田,样样活都干过。他们日日夜夜,加班加点,不仅为最起码的生存创造条件,还为积极筹备招生、开学、上课做准备。为了结合生产实践进行教学,在校内建立"三结合"基地,他们加紧建设仪表厂、机械厂、炼油厂、石油化工实验厂（人造羊毛厂）、测井仪器车间和"五七"农场。

刚到东营时,教职工住的是"干打垒"土坯房,条件非常艰苦。职工是两家住一套房子,3间的砖柱土坯房子,一家一间,中间是公用的。后边做饭的小厨房,也是后来才调整的。据张铁林、许震芳夫妇回忆,当时他们和沈忠厚老师两家住一套"干打垒",他们夫妇、老人、孩子一家6口人挤在一间房。房子里的床潮湿,孩子们受不了,于是就铺砖，但还是潮湿。在砖上走路以后，土粘在砖上就下不来，好像一层泥似的，于是把砖去掉，用油粘铺完以后再铺砖，中间撒上沙子。没有暖气就修火墙，靠炉子加热。艰苦的条件让职工学到了很多本事，因为家里面什么都没有，各种各样的东西都要靠自力更生解决。

华东石油学院建校初期的住房——干打垒

在建校过程中，广大教职工发扬自力更生、艰苦创业的革命精神，除少数工程项目外，多数工程都是自己设计、自己施工。广大干部、教师既当组织指挥者、工程技术人员，又是建校工地上的体力劳动者。大家节假日都顾不上休息，组织和参加各种建校义务劳动。建材和设备不足，就修旧利废，除了在校内清仓挖潜外，还动员职工到校外厂矿寻找废旧设备和建筑材料。

经过教职工的艰苦奋战，到1970年下半年，学校已建成一部分教室、实验室，图书馆内的一部分图书已上架并开始对教师开放，部分校办厂已投产和试生产。到1972年底，学校共有简易房屋84 000平方米，解决了教学、生活和生产急需。1973年，一些较大项目，如东教学楼、西教学楼、女生宿舍楼、运动场、家五区平房区、实验教学区等开始建设。在建校过程中，胜利油田在人力、物力上给予学校很大的支援和帮助。

四、机构设置

从1966年"文革"开始，学校成立"革委会"，系以下基层单位也相继成立了"革命领导小组"。

1970年，为迎接工农兵大学生招生，成立开发系工农兵大学生招生筹备小组，张炳麟任组长，张铁林任副组长。同年，全校打破教研室的界限，组成钻井、采油等11个"专业连队"。钻井连队任命黄荣樽为连长、沈忠厚为副连长、许光宗为指导员、陈立性为副指导员。采油连队任命孙士孝为连长、叶诗美为副连长、温玉堂为指导员、董映民为副指导员。

1972年11月，院"革委会"核心领导小组任命张炳麟、黄荣樽为开发系副主任。同月，院"革委会"核心领导小组决定，在全院成立政治理论、体育、数学、物理、外语、石油地质、地球物理勘探、测井、基础地质、采油、钻井、炼油工程、石油化工、化学、矿物机械、化工机械、储运、炼厂仪表自动化、工程画、力学、机械原理与零件、电工、金工、热工教研室等24个教研室。刘希圣任钻井教研室主任，叶诗美任采油教研室主任，林凤举任电工教研室主任。

1975年10月，系领导机构得到恢复。院"革委会"核心领导小组任命张铁林为开发系主任，黄荣樽、许光宗、王育瑞为系副主任；聂国栋任系临时党总支书记，袁国发（"军宣队"代表）、张铁林、卢国仪、赵洪章、焦福珍（"工宣队"代表）、石俊池为副书记。1976年4月，任命赵丛香（"军宣队"代表）、张铁林、卢国仪、赵洪章为副书记。

1975年11月，学校成立专业领导小组。钻井专业领导小组组长为胡湘炯，副组长为沈忠厚、刘希圣、陈立性、于秉华；采油专业领导小组组长为郎兆新，副组长为成绥民、王鸿勋、陈钦雷。

张铁林，1933年生，河北定州人，研究员。1956年7月毕业于北京石油学院采油工程专业，毕业后留校从事教学和管理工作。曾任石油钻采系代理副主任、开发系主任、系党总支副书记、学校研究生部教务处主任、石油大学（北京）开发系主任等职。长期从事石油开发领域的教学和管理工作，参与编写《采油技术手册》《石油技术辞典》和《英汉石油辞典》。1991年参加的"锦州9-3油田油藏评价若干问题研究"获科研成果优秀奖。

聂国栋（1938—2023），湖南邵东人，1964年7月毕业于北京石油学院采油专业，后留校工作。1975年任石油开发系党总支书记，1985年调石油工业部广州外语培训中心任党委书记兼主任，1990年任石油大学（广州）党委书记兼校长，后任海口经济学院副校长、终身教授。

五、专业设置和学生情况

从1971年开始至1976年，学校共招收并培养了6级工农兵大学生，招收并培养了 645 名学员,其中钻井专业招收 293 名,采油专业 323 名,油田生产自动化 29 名,见表 3-1。

表 3-1 1971—1976 年工农兵大学生入学人数统计
单位:人

年 份	入学人数			
	合 计	石油钻井	石油开采	石油矿场仪表与自动化
1971	121	61	60	
1972	111	55	56	
1973	120	60	60	
1974	116	58	58	
1975	60	30	30	
1976	117	29	59	29
合 计	645	293	323	29

工农兵大学生学制 3 年。其中,1975 级学员学习时间为 1 年。

在 1974 年的招生计划中,学校将钻井和采油改称为"石油钻采工程(钻井)"和"石油钻采工程(采油)"。

1975 年 10 月,开发系新增石油矿场仪表与自动化(即油田生产自动化)专业,并于 1976 年招生 29 人。

在这一特殊历史时期,学校共培养了 488 名毕业生,其中,钻井工程 229 名,采油工程 230 名,油田生产自动化 29 名,他们扎根石油厂矿一线,成为石油工业持续发展不可或缺的技术力量。

第二节 工农兵大学生招生与培养

一、工农兵大学生招生

1966 年至 1970 年,学校 5 年没有招生工农兵大学生。原在校的 1961 级、1962 级、1963 级、1964 级、1965 级学生,分别在 1967 年、1968 年和 1970 年办理毕业手续,然后分配完毕。1970 年 9 月以后,学院只有教职工没有学生。

1970 年 6 月 27 日,中共中央批转《北京大学、清华大学关于招生(试点)的请示报告》。报告认为,经过"文革",两校已具备了招生条件。为此,计划于本年下半年开始招生。文件下达以后,各地高校开始准备招生复课工作。文件还规定,高等学校录取学生时废除考试制度,实行群众推荐、领导批准和学校复审相结合的办法,招收有实践经验的工农兵大学生,工农兵大学生的任务是上大学、管大学、用毛泽东思想改造大学。学制缩短为 3 年。规定学习内容为:"以毛主席著作为基本教材的政治课;实行教学、科研、生产三结合的业务课;以战备为内容的军事体育课。"各专业学生都要参加生产劳动,课程比过去大量减少。分配原则是:学员学习期满后,原则上回原单位、原地区工作,部分根据国家需要统一分配。

1970 年 7 月 21 日,《红旗》杂志发表驻清华大学工人、解放军毛泽东思想宣传队的文章《为创办社会主义理工科大学而奋斗》。文章提出了创办"社会主义理工科大学"的 6 个方面的问题:革命大批判是创办社会主义大学的战略任务,是教育革命的一门主课;对原有教师坚持边改造,边使用;要建立"工农兵教员"队伍;实行开门办学、厂校挂钩、校办工厂、厂带专业,建立教学、科研、生产三结合的新体制,把大学办到社会上去,走"五七"指示指引的道路;坚持把政治教育作为一切教育的中心,坚持以阶级斗争为主课;打破旧的教材体系,编写新教材;实行新的教学方法,结合生产、科研任务中的典型工程、典型产品、典型工艺、技术革新等进行教学,打破基础课与专业课的界限,突出重点、急用先学,边干边学等。

文章发表以后,华东石油学院"革委会"于 7 月 29 日在《大众日报》发表了《必须坚持开门办学》的文章,对清华大学的经验表示赞同和支持。文章指出:华东石油学院在教育改革中"组织师生参加石油工业会战,参加农业劳动",接受工农兵"再教育",改变旧思想;"组织教师到石油厂矿进行社会调查,听取工人对办学的意见";"派出各种小分队,举办工人大学试点班",探索新路子;"从战备和教育革命的需要出发,把学校从大城市搬到厂矿,实行厂校结合",从体制上保证了"开门办学"。文章认为,华东石油学院当前的任务是学习"两校","坚持走政治建校的道路",紧密结合三大革命斗争实践,把华东石油学院"办成社会主义石油工业大学"。8 月 4 日至 20 日,驻华东石油学院"工军宣队"组织赴京"学习班",学习"两校"经验。返校后,在全校掀起了学"两校"热潮。中共九届二中全会召开以后,驻校"工军宣队"于 9 月 11 日在《大众日报》发表《把上层建筑领域的革命进行到底》的文章,认为华东石油学院"斗批改"工作取得了"很大成绩",已具备了招生条件,决定于 1970 年下半年招收首批工农兵大学生。随之向全校提出"反右倾,鼓干劲,苦干两个月,从思想上、组织上、物质上做好一切准备,迎接首批工农兵大学生进校。"

学校搬迁仅仅一年,正在进行艰苦的建校工作,提出招生任务以后,面临的困难更重了。教职工加班加点,尽量加快建校速度,保证招生复课的实现。广大教职工在被"边改造,边使用"的处境下,分别在"四条战线"为迎接工农兵大学生进校紧张地做准备。到 1970 年底,开发系钻井、采油 2 个专业连队在胜利油田落实了校外"三结合"教学基地,初步制定了适应工农兵大学生特点的教学方案,已经写出基础课教材尤其第一学期使用的多数教材的初稿。

1971年2月5—7日,首批430名工农兵大学生正式入学。他们来自山东省的4个市、9个地区、济南军区山东省建设兵团、石油化工指挥部和胜利油田。

学校热情迎接第一批工农兵学生进大学

学员是按照"自愿报名,群众推荐,各级'革委会'批准,学校复审"的办法选拔的。学生大都具有2年以上的生产实践经验,但文化程度参差不齐。新生分别在4个系8个专业学习,招生人数:石油地质专业32人、钻井专业61人、采油专业60人、炼油专业58人、石油化工专业59人、石油矿场机械专业64人、化工机械专业64人、仪表自动化专业32人。

1971年,首批工农兵大学生开学

1973 年 4 月，国务院科教组下达《关于高等学校一九七三年招生工作的意见》，提出要"重视文化考察，了解推荐对象掌握基础知识的状况和分析问题、解决问题的能力。保证入学学生有相当于初中毕业以上的实际文化程度"。在招生工作中，各省市根据国务院《关于高等学校一九七三年招生工作的意见》要求，对推荐对象进行了不同形式的文化考察。这些要求和做法深受广大教师、干部的欢迎和支持，也使广大教育工作者受到了鼓舞。暑假期间，学校派往各地的招生干部，在录取新生时普遍重视学员的文化考查成绩，在一定程度上提高了招生质量。在校内，也开始试行文化课的考试与测验，采取一些措施提高教学质量。

二、工农兵大学生培养

根据"教育改革"的要求，教学计划开设毛泽东思想教育课、学军课、劳动课和教学、科研、生产三结合的业务课。业务课要求打破原来的课程体系，贯彻"基础课与专业课紧密结合"和"精简"的原则，课程大量减少，由"文革"前的 30 多门减少到 10 多门。

根据周恩来总理的指示和中央报刊的精神，1972 年至 1973 年，学校强调要重视基础理论教学，把本来不准备独立设课的物理、化学和部分技术基础理论课独立开课，重新组织教学，加重了基础课的分量和学时数。学校还为基础较差的学员办了基础理论课补习班。

加紧建设校内实验室，建成了开发系实验教学区，保证了实验教学，也为在校内开展科研工作创造了一些条件。从 1973 年起，校内酝酿并开始开展一批科研项目。校内科研工作的开展，也在一定程度上促进了教学工作。

1. 承包制教学

钻井教研室从 1971 级开始分工承包制，由教师承包学生所有的专业课包括实习。沈忠厚包干 1971 级，陈立性包干 1972 级，韩志勇包干 1973 级和 1976 级，刘希圣包干 1974 级，姜仁包干 1975 级。

韩志勇包干 1973 级，负责制定 1973 级教学计划和培养方案，负责从学生迎新到毕业设计的所有业务

开发系采油 1973 级学生在胜利油田采油二大队 13 队进行毕业设计

工作。韩志勇老师于 1962 年毕业留校后,给胡湘炯和黄荣樽老师当过助教,上过集体答疑课和讲些实验课,但没有正式讲过课。包干 1973 级,他一下子要从头到尾讲一个年级的专业课,从地质认识一直到完井,什么时候讲课由教师自己安排。有一年暑假,韩志勇把整个年级学生拉到渤海油田去参观海上钻井,在那儿找了一个学校,住在学校的教室里。不参观的时候,就给学生讲课,定向钻井这一部分内容是在塘沽讲的。

当时 3287 队在学校东北方向,距离学校不太远。韩志勇跟这个井队联系,安排学生到井队实习。学生太多,井队提供不了住的地方,学生就住帐篷。从学校借来帐篷,在井场外平一块地方,搭上帐篷,每人一张行军床,老师也睡行军床。整个实习期间,他一直住在井队,在井队现场给学生讲课。

毕业设计的时候,钻井教研室老师先报各自带的人数,报完了人数剩下的学生都是包干老师带。当时,1973 级剩下了 19 人,韩志勇就把学生拉到胜利油田管子站,让每个学生研究一种打捞工具。当时正好有一本打捞工具英文手册,里面包含了很多打捞工具,有的学生学过英语,他就让他们去翻译。把打捞工具描成图,然后晒蓝图,晒好蓝图后装订起来作为毕业论文。教学相长既保证了毕业设计的质量,又积累了宝贵的教学资料。

采油教研室也实行了教学承包制。陈月明包干了采油 1974 级,制定了 4 年的教学计划。该计划的主要特点是,学生入学就参加 2 个月的修井作业队劳动。修井作业是采油专业中最苦、最脏、最累的工种,同时也是了解采油专业油水井最直接的工种。学生在毕业设计中,不仅参加油田的工作,有的学生还到青岛参加链条抽油机实习,到吉林通化参加作业机生产,到上海参加井口装置生产。但采油教研室没有采取专业课程包干制,而是按照正常教学计划安排不同教师授课,"油层物理"课程由洪世铎等主讲,"采油工程"课程由王鸿勋、张琪等主讲,"采气工程"课程由陈定珊等主讲,"油田开发设计"课程由叶诗美等主讲,"渗流力学"课程由刘蔚宁等主讲。教师认真负责,针对学生参差不齐的基础,精心设计教学方案,因材施教,千方百计为基础差的学员补习基础课,较好地保障了学生考试的通过率。

2. 教材编写

恢复招生前后,原有教材大都被作为"三脱离"的产物不允许使用,因此编写新教材的任务十分艰巨。许多教师参加了教材编写,他们从实际需要出发,照顾工农兵大学生的特点和文化程度,编出了试用教材。

刘希圣带领钻井教研室的教师,重新编写了 2 本教材:一本以钻井工艺过程和现场实践知识为主,称为《钻井概论》,主要在现场实习中讲授;一本以钻井基础理论和技术为主,称为《钻井专题教材》,主要在"钻井工程"课堂上讲授。这 2 本教材在 20 世纪 70 年代的教学中发挥了重要作用,而且被兄弟石油院校所认可和采用。

采油教研室洪世铎、孙士孝重新编写了《油层物理》,王鸿勋编写了《采油工程》,郎兆新、陈钦雷编写了《油田开发设计》等油印教材,成绪民将"油层物理"和"渗流力学"课程改造成"渗流物理"课程,编写出油印教材,并给 1976 级学员讲授了此课。这些针对性的教材,满足了工农兵大学生教学的需要。

1969 年,赵福麟由炼制系调到开发系,被派往胜利油田为职工开展培训,讲授油田运用的各种化学方法。后又被派去胜利油田井下攻关队化学队(胜利油田采油研究院的前身)工作了一年多的时间,当时主攻的是油田"砂、蜡、水、稠、低"5 大难点。当时油田专家都集中在攻关队讨论、分析,赵福麟善于倾听和分析,从中学到了很多现场内容,经过不断进行教学实践,编写了我国第一本《采油化学》教材。

3. 培养模式

学员的第一节课是阶级教育课。一入学,他们就进行了不忘本教育、活的现场教育。钻井 1971 级入学第一周,就步行 150 多里路,去平度县的石埠听一位抗战老兵的忆苦思甜报告。这位老兵是一位甲级残废军人,抗战期间,他父亲是八路军区中队指导员,母亲是村妇救会长,他是八路军,后来参加了淮海战役,身上多处受伤。1942 年,还乡团抓到了他的母亲,进行了凌迟酷刑,他 3 岁的弟弟被活埋了,10 岁的妹妹做了童养媳,是婆家人用钱从埋人坑里赎回来的。那一天,他的妹妹在台上一把鼻涕一把泪地控诉,整个会场群情激昂,口号阵阵。散会后,同学们也纷纷诉苦,痛说家史。这样的教育对于奠定人生观和价值观至关重要。

学员的第二课是专业认识课。1971 级钻井、采油专业各招了 2 个班学生。钻井 2 个班,一个侧重泥浆,一个侧重工艺方向;采油两个班,一个侧重开发,一个侧重工艺方向。泥浆班毕业后要从事钻井泥浆工作,因此一入学就应该对泥浆专业有个基础认识,大体上知道钻井泥浆是怎么一回事,工艺过程是怎么样进行的,先听听工人师傅对现场泥浆的意见和需求,还有些什么问题急需解决。为此,泥浆教研室的老师和 20 位同学一起去了 3209 钻井队,跟随工人师傅上了 2 个星期的班。这个钻井队刚好在坨庄打一口气井,也就是 3252 钻井队刚刚打井,井喷着火烧毁钻机的那口井旁边的一口井。这样的井更有现实意义。这样的课对今后 3 年的泥浆专业学习起到了打基础的作用。

学员的第三课是大学的专业基础课和专业课。钻井 1971 级是"文革"以后的第一届学生,使用的教材都是老师新编的,大部分内容是当时国际上的新技术。比如,用聚丙烯酰胺作絮凝剂,当时国内还没有人研究,没有人生产;用磺化沥青作润滑剂、防塌剂在国内也是首次。陈廷蕤老师快 60 岁了,每天晚上都在查资料,寻找国外最新的、最先进的泥浆技术和新材料、新工艺。陈老师每天晚上 12 点以前从来没有睡过觉，都是在图书馆里编教材，白天则照常上课。后来由燃料化学工业出版社出版的第一本《钻井泥浆》就是泥浆老师们给学员上课的讲稿，该书由陈廷蕤主编，讲的泥浆知识都是最先进、最新的。

学员的毕业设计课也是让人终生难忘的。据钻井 1971 级泥浆班纪春茂回忆，当时选的题目是"磺化沥青作润滑剂防塌剂"。当时在国外，磺化沥青已经有所应用了，而国内还没有人研究。陈廷蕤、朱墨、李健鹰 3 位老师带领 2 位同学研究这个题目。学员自己去炼油厂取沥青，在三口瓶内用发烟硫酸一步一步地作磺化处理，再做泥浆性能评价。毕业时，学员已经做出了一个比较理想的产品，应用在了钻井泥浆中。这个产品对于东营地区沙河街易塌地层起到了很好的井壁稳定作用。

第三节　走出校园开门办学

一、迁校初期开门办学

1970 年，学校多个教学单位改建成 11 个专业连队，约 250 名教师走出校门，在全国 9 个地区，12 个单位进行劳动锻炼，接受再教育，开展教育革命。其中，钻井、采油专业连队在"九二三厂"建立了"教学、科研、生产"校外三结合基地，积极参与现场的教学、科研、生产。

开发系师生赴油田实习，在东营校区北大门集合出发

钻井专业连队教师与胜利油田、四川石油管理局等单位协作，设计并试制成功70型超深井泥浆测试仪。这台仪器的流程方案和自动化程度达到了先进水平。它能够模拟在井深7 000米条件下不断循环的泥浆，自动测量其性能，还能在高温条件下对泥浆进行药物处理。它的设计和试制成功，对发展我国超深井钻井技术，尽快拿下深部含油气地层，具有重要意义。

钻井专业连队的教师还与胜利油田合作攻关试制"液压自动化大钳"，其中"液压摆线马达"的试制任务主要是由学校的教师完成的。这种马达功率大、扭矩大、重量轻，达到了先进技术水平，解决了"液压自动化大钳"的动力问题。

钻井专业连队还为胜利油田成功设计我国第一把"钻井工人计算尺"，提高了现场工作人员计算泥浆泵排量、钻柱重量、卡点计算和固井等15项数据的速度和准确性。交付工厂批量生产和推广后，受到燃料化学工业部和国家计委地质局的赞扬。

从1969年8月份开始，为响应毛主席关于"开门办学"的指示，采油教研室派陈月明和汤克亮到胜利油田胜利采油厂筹备举办采油训练班。近30名采油厂老工人参加了训练。教研室派出郎兆新、张琪、赵福麟、陈月明等近10名教师和采油1965级的部分学生参加，"军宣队"也派人参加。训练班到1970年4月结束。

1970年，胜利油田采油训练班结业留念

采油训练班结束后，陈月明和采油1956级学生何生厚编写了《采油工人技术手册》，陈月明任主编。该书40多万字，由燃料化学工业出版社于1971年11月出版，印刷3万册。该书为当时采油工人和技术干部提供了学习的材料。

钻井连队在石油厂矿举办了专业性工人技术训练班，提高了现场工作人员的技术水平，为生产培训了骨干力量，此外还组织编写了《钻井工人手册》《泥浆讲义》等，供一线职工使用，受到厂矿的好评。

二、"文革"后期开门办学

1974年底至1975年初，"四人帮"鼓吹"朝阳农学院经验"，要求学习"朝农经验"，支持"开门办学"。"朝阳农学院经验"主要强调大学要"越办越大，越办越向下"（指把农业大学办到农村去）。

1975年2月，根据中央有关文件精神和山东省教育厅通知要求，学校用10天时间学习有关文件，学习"朝农经验"，然后走出校门"开门办学"。到4月上旬，全校做出了"统统开出去"的决定。开发系全体师生全部走出校门，到厂矿现场"开门办学"。在厂矿基层，一无教室，二无实验室，甚至连吃住都很困难。师生在"大课堂"与学校之间"进进出出、上上下下"，达半年之久。

这一时期，教学活动是在极不正常的情况下进行的。在一系列批判和所谓"教育革命"运动中，教学计划无法执行，课程进度时常改变，教学工作越来越困难。但是广大教师还是想方设法，争取上好每一门课，讲好每一堂课，努力提高教学质量。专业课教师利用毕业实践过程开展教学活动，取得了明显的教学效果。

在韩志勇带着学生到胜利油田管子站进行毕业设计的过程中，师生共同研究英文打捞工具手册，在完成学生毕业设计的同时，也编出了汉译本的打捞工具手册，将西方的打捞工具介绍到了现场。在带毕业设计的过程中，韩志勇发现了一个"上击器下击器"问题，琢磨着朝下打或者往上打能打多大的力量。他在水力学教研室专家白鹏飞教授的指导下，推导出了这个公式并发表了文章。这是韩志勇第一次发表文章，就是关于"上击器下击器打击力计算"的文章。

1975年5月，采油专业1973级2班学生梁春廷在胜利油田采油指挥部井下作业大队工具队"开门办学"时，与工人相结合改革成功了井口工作台。他把新设计的工作台分为2大部分和6小部分，做到了搬运时化整为零，不用吊车，同时又保证了使用时的安全牢固，经检验、试用发现效果很好，并在其他作业队推广。

第四节 科研与生产相结合

一、钻井教研室厂校结合

1970年至1972年，郭学增与胜利油田合作，制成70型深井泥浆测试仪与自动化泥浆仪器和旋转黏度计,并获山东省科技进步奖。

1974 年,钻井教研室成立钻头小组。他们结合石油厂矿钻头攻关项目,先后完成了 7 个方面的 13 个攻关课题。1975 年,他们与上海第一石油机械厂等单位协作,制成了我国第一个牙轮钻头镶齿的导向工具。1976 年,钻头小组设计、试制的三合一牙轮钻头在华北油田 3 400 米深部硬地层中试验,掉齿率从过去的 30.5% 下降到1.6%,钻头平均寿命达 46 小时,超过了 1976 年的攻关指标,赶上了美国同类钻头的较优指标,钻头进尺也比国产普通牙轮钻头增加 1 倍以上。

1976 年,蔡镜仑带领学员用新工艺试制了 2 只金刚石取芯钻头,其中 1 只在四川深部地层石英砂岩中钻进 49 米,起出后尚有 70% 的新度,超过了日本进口价值 2 万余元的同类钻头的进尺指标。此后,他又设计、试制了新型的金刚石钻头,其中一只在井深 3 280 米以下的硬地层井段,先后 2 次下井,时间共计 473 小时 20 分钟,钻进 307 米,相当于 20 多只镶齿牙轮钻头的总进尺,创造了我国硬地层金刚石钻头的最高进尺纪录。

1976 年,牙轮钻头科研组攻克了提高小孔径盲孔加工精度、选定最优过盈量、改进固齿工艺、提高固齿强度等多项技术难题,使镶齿牙轮钻头的平均掉齿率大大降低,钻头的平均工作寿命延长到 46 小时,超过了本年度的攻关指标。

1977 年,开发系教师和钻井 1974 级学员组成的泥浆小组,到华北油田进行毕业实践,参加华北油田第一口 5 000 米深井的攻关工作。经过 10 昼夜的奋战,他们拿出了合理的泥浆配方,使泥浆的滤失量由 25.6 毫升降到 2.3 毫升,使该井的钻井工艺转危为安,保证了工程的顺利进行。

20 世纪 70 年代中后期,刘希圣为了将研究的喷射钻井理论成果推广到现场,以当年全国知名的“钢铁钻井队”胜利油田 3252 钻井队为基地,面向各个钻井队,以讲授喷射钻井为主,给学生、技术人员及现场工人上课,与石油工人同吃、同住、同劳动。他身背小黑板,步行到井队,露天开课堂。井队间距较远时,需步行 2 个小时,每到一队,他顾不上休息,就在井队的空场地,支上随身携带的小黑板,挂上他自制的教具,面对着一双双求知若渴的眼睛,开始传道授业。消息传到《大众日报》社,记者根据刘希圣的事迹发表了长篇通讯,一时传为佳话。

在 1971 级工农兵大学生中,学校招了一个泥浆班,由李健鹰给泥浆班讲课。1973 年年前,她带着学生去四川实习。春节后,她在川东矿搞深井研究,4 月到女基井参加固井工作。当时沈忠厚教授在井场坐镇,担心套管太大,上下浓度不同,固井可能出问题,所以要求不断采样测浓度。女基井在南充,离西南石油学院近,李健鹰和罗平亚就去那里做流变性实验,取得了满意的效果。回校后,她白手起家建立了泥浆实验室,在干打垒实验室作出了成绩,获得了国家科学技术进步二等奖,1978 年获国家科学技术大会奖,罗平亚排第一,李健鹰排第三。

李健鹰到四川女基一井(当时全国唯一的 7 000 米深井),一住就是半年多,吃住在井场,天天观察泥浆、分析泥浆、处理泥浆,观摩研究不同的黏土在泥浆里产生的反应现象和作用机理,得到了许多课本上得不到的知识,可谓实践出真理。在回校不到一年的时间里,她参考国外相关资料,结合实践中总结的宝贵知识,编写出了全国钻井泥浆化学的第一本教材,让泥浆班的 20 名工农兵大学生学到最新的知识,吸收到更丰富的营养。

1974 年,李健鹰参加了胜利油田新型聚丙烯酰胺泥浆现场试验,掌握了新型泥浆的使用规律。后来,她又继续参加了南海莺 1 号井、华北、大港、胜利等多次泥浆攻关会战。通过这些攻关会战和生产实践,她深深感到石油钻井泥浆是实用性很强又很年轻的一个学科,有很多新的研究课题,生产中有很多实际问题等待解决,钻进去大有可为。

二、采油教研室厂校结合

1973 年至 1974 年,采油专业参加了胜利油田双作用深井泵的研究试制工作。经过 2 年奋战,试制成功。1975 年,在油田 15 口井上改装双作用泵生产,生产能力增加 1 倍。

1976 年,学校"革委会"核心领导小组《关于拟办综合采油队的报告》指出,油田党委多次指示我校,把胜利采油指挥部所属的采油十三队接过来,办成既是生产队又是试验田,闯出教育革命的新路子。学校党的核心领导小组经过多次讨论,决定将采油十三队办成一个包括采油、井下作业和地面自动化的教学、生产、科研三结合的综合采油队,定名为"胜利油田华东石油学院综合采油队"。该综合采油队成为厂校结合的场所。

学校迁至东营时,赵福麟没回北京石油学院,他让同学把自己的衣服、被褥、书和一辆旧自行车给装车带过来。这时学校又派他去胜利油田井下攻关队化学队,井下攻关队就是油田采油研究院的前身。在那里,他工作了一年多的时间。当时主攻的是油田"砂、蜡、水、稠、低"5 大难点,这也成为他终生主攻的 5 大难点。当时油田专家都集中在攻关队讨论、分析,赵福麟也很受欢迎,其间,他也学到了很多东西。赵福麟于 1969 年开始研究调剖堵水工作,普查了国内外油田所使用的堵剂及其注入的工艺技术。1976 年,他研究了田菁粉的羟烷基化和羧甲基化的系列改性,其成果分别发表于 1977 年和 1978 年《华东石油学院学报》。

第四章
全面恢复　厚积薄发

（1977—1988）

1977年,国家恢复高考,迎来了科学的春天。石油开发系各项工作进入全面恢复和发展时期,办学条件得到了大幅改善,广大师生焕发出磅礴激情,勇攀高峰,在人才培养、科学研究等方面实现了快速发展。

石油开发系大力加强教学改革,完善实验室建设,试行学分制、导师制等培养模式,《钻井工艺原理》《采油工艺原理》《工程流体力学》等核心课程教材建设成效突出;加强研究室建设,瞄准国家重大攻关方向,开展团队式科研,参加中原石油科技大会战,获得了7项国家级科研奖励;筹建钻井培训中心,搭建了国际科技前沿交流的平台,培养了一大批现场技术骨干;研究生教育得到了恢复和发展;率先推行毕业生分配制度改革,形成毕业生踊跃赴边建功立业的热潮。

第一节　机构设置和系的建设

一、机构设置

1977年,“军宣队”撤离华东石油学院。同年11月,“工宣队”也撤离学校。学校行政领导机构从此由“革委会”恢复为院长制。10月,学校行政工作机构做出相应的调整,撤销“教革部”,恢复教务处、科学研究处、生产实验管理处。1978年1月,撤销专业领导小组,恢复教研室。

1979年11月,原石油开发系系主任张铁林调任学校科研处副处长。学校任命沈忠厚为开发系主任,聂国栋继续担任开发系党总支书记。1978年5月,胡湘炯任系副主任、系党总支副书记,王育瑞任系党总支副书记,不再任系副主任。黄荣樽继续任系副主任,陈定珊、韩志勇先后于 1981 年 11 月、1984 年 9 月任系副主任。宋洪海、陈维英先后于 1980 年 9 月、1983 年 4 月任系党总支副书记。1980 年 3 月胡湘炯升任学院副院长,不再任系副主任、系党总支副书记。

1984 年 9 月,系党总支书记聂国栋调出,学校任命李秀生任开发系党总支书记,杨秉钧任副书记。

1987 年 7 月,李秀生升任校党委副书记,杨秉钧接任开发系党总支书记,李玉平任副书记。

1978 年 1 月 27 日,学校经研究决定,撤销钻井、采油、炼油、基本有机化工、矿机、化机、储运、炼油化工仪表自动化专业领导小组,恢复钻井、采油、水力学、炼油工程、基本有机化工、化工原理、矿机、化机、储运、炼油化工仪表自动化、工程画、机械零件与机械原理、金工、热工教研室,新建钻采机械设计基础教研室及炼油化工设备研究室、力学研究室。

胡湘炯任钻井教研室主任,沈忠厚、刘希圣、陈立性任副主任;郎兆新任采油教研室主任,成绥民、王鸿勋、陈钦雷任副主任;袁恩熙任水力学教研室主任,罗伟任钻采机械设计教研室主任,张慧文任副主任。

其后,沈忠厚、陈庭根先后接任钻井教研室主任,成绥民、朱恩灵、陈月明先后接任采油教研室主任,许震芳接任水力学教研室主任。

这一时期,石油开发系设有钻井实验室、采油实验室、水力学实验室。

1978 年 1 月,郭学增任钻井实验室主任,孙士孝任采油实验室主任,贺礼清任水力学实验室主任。

1980 年 1 月,石油工业部正式批准,筹建钻井研究室和泥浆研究室。钻井研究室与钻井教研室是一套班子。朱墨任泥浆研究室主任,夏俭英任副主任。

1984 年,成立钻头研究室。蔡镜仑任主任,杨宝德任副主任。

二、专业设置与学位点

1975 年 10 月,石油开发系新增石油矿场仪表与自动化(即油田生产自动化)专业,1978 年 5 月,该专业划归新组建的自动化系。

1981 年,石油工业经济与计划专业改名为石油管理工程专业(简称管理工程),1982 年 12 月划归新成立的石油经济管理工程系。

石油钻井专业学制为 4 年,课程主要有数学、物理、化学、外语、工程力学、流体力学、计算机程序、机械设计、钻井工艺原理、钻井机械、钻井仪表及自动化等,为石油钻井培养高级的技术人才和科学研究人才。

采油工程专业学制为 4 年,课程主要有数学、物理、地质等基础课和工程力学、机械设计、油层物理、渗流力学、工程数学及计算机程序等技术基础课,专业课有采油工程、油田开发和采油机械等,肩负着培养开发和开采祖国油气田专门技术人才的任务。

石油管理工程专业学制为 4 年,课程主要有高等院校的基础课和石油工程技术、统计原理、石油工业统计、会计原理与石油工业会计、能源经济学、运筹学、系统工程、经济立法及电子计算机和程序设计等,为石油工业现代化培养既能通晓现代化的石油工程技术,又能掌握现代化的管理理论和方法的高级专门管理人才。

1987 年,石油开发系新设油藏工程专业并实现了当年招生,采油教研室负责油藏工程专业建设。油藏工程专业的建设具有相应的师资力量。

油藏工程专业的设立,适应了我国石油开发快速发展对油藏工程专业人才的需求。

1981 年 11 月,国务院学位委员会批准油气田开发工程学科为硕士学位授权学科。

1986 年 9 月 27—28 日,国务院学位委员会批准学校第三批博士和硕士学位授予专业点。油气田开发工程学科为博士学位授权学科,导师为刘希圣。刘希圣教授由此成为我国油气田工程学科第一位博士生导师。1988 年,葛家理教授被批准为该学科博士生导师。

三、师资队伍建设

改革开放初期,教师队伍状况令人忧心。当时的教师队伍组成有两部分:一部分是"文革"前留下来的教师,我们称这部分教师为"老教师"。由于"文革"和迁校的原因,这部分教师人数已经很少了。以钻井教研室为例,"文革"前还有 22 名教师,这时只剩下 11 名,损失了一半。采油教研室也是这种状况。另一部分是从 1971—1976 级六届工农兵大学生中留校的教师,我们称之为"新六届教师"。这部分教师的最大缺点是基础较差,很难适应改革开放后恢复招生后的教学工作。

随着改革开放,与美欧等西方国家接触增多,老教师们极其敏感地感觉到形势紧迫。因为"文革",学业和科研荒废,知识严重落后,他们难以适应新形势下的教学任务,亟待进行知识更新和提高自身素质。特别是那些原来没有学过英语的老教师,他们看不懂英文资料,更难以出国学习,感到极大的压力。即使那些原来懂英语的老教师,只看英文杂志是不够的,还需要出国考察进修,开阔眼界,学习西方先进技术。于是,当时在校内教师中出现了 2 个热潮:学习英语和出国进修。

那时，最年轻的老教师也都 40 岁开外，他们上有老下有小，还担负着沉重的教学和行政工作，致使学习英语困难很大。当时院系领导也都非常重视和支持教师更新知识，在校内校外举办了多次英语培训班，为这些老师创造学习英语的条件，并且提供多种形式的资助，让他们出国考察进修。韩志勇是从 1979 年开始学习英语的，他前后参加过 4 个培训班，最大的困难是记不住单词。当时他的确很担心，怕英语这关过不了会被淘汰，所以拼命也要学好英语，甚至做梦都在背单词。

正是在 20 世纪 70 年代末、80 年代初这段时间，开发系领导有计划地组织教师出国学习，先后派出陈月明、韩志勇、郎兆新等多人到国外大学访问进修，派出多批教师到国外短期考察学习，教师们拓宽了视野，及时更新了知识，把国外先进技术引进了课堂和教材，为 1977 级及以后各年级提高教学质量打下了良好的基础。

从 1982 年初，1977 级毕业开始，各教研室都不断让毕业生留校做教师。考虑到"新六届教师"很难适应新时代大学的教师职务，学校领导及时采取了果断措施，将绝大多数"新六届教师"调整到实验室或行政岗位上，实现了青年教师的更新换代。这个调整是非常必要的，但同时也使得教师队伍的"断代"更大了。最小的老教师是 1960 级毕业，与 1977 级之间相差 17 年，有的教研室差距可能更大。例如钻井教研室，因为"文革"，1958—1960 级留校的教师都已离开学校。韩志勇是 1957 级的，与 1977 级之间相差整整 20 年，可见当时"断代"是何等严重！

虽然这期间也引进了一些教师，但教师数量很少。"断代"是不可能添补的，在这样的情况下，学校只能对 1977 级及以后留校的年轻教师加紧培养。各个教研室均采取"一对一"配备老教师，进行传帮带，使他们尽快走上讲台。同时，学校还采取了一系列重要措施，提高教师的素质和水平。

老教师的知识更新，年轻教师的换代更新，这两个"更新"的完成，再加上其他各项举措，开发系的教师队伍终于走出了由"文革"和迁校造成的"低谷"，也为 20 世纪 90 年代进入"211 工程"建设，打下良好的基础。

系主任沈忠厚在 1985 年 5 月的校报上撰文《振奋精神 艰苦奋斗 开拓前进》，提出了开发系的 4 年奋斗目标是把钻井和采油 2 个专业办成在全国领先的专业。具体说来，一是把两个专业办成学校的重点专业，二是把两个专业办成具有海洋特色、深井钻井特色和采油方法优选特色的专业。4 年内从战略高度抓好师资的第二梯队，在抓好教改的同时，狠抓科研改革，要取得一批具有实际价值的科研成果，并且争取在二三年内，同国外有关大学建立长远的科研协作关系；坚持贯彻"面向油田，主攻'胜利'，狠抓重点，走向世界"的方针。

到 1988 年，石油开发系下设钻井工程、采油工程、油藏工程 3 个专业，具有硕士和博士学位授予权，当年在校生 800 人，教职工 128 名，其中教授 9 名，副教授 18 名，高级实验师 2 名。世界银行于 1986 年派专家对我国石油高等教育进行评估，认为钻井专业的教学科研水平达到了世界先进水平。石油开发系与美国得克萨斯大学的石油工程系和英国的赫瑞·瓦特大学的石油工程系建立了长期协作关系，共同培养博士和硕士研究生。

1. 钻井工程专家

刘希圣（1926—2022），河北保定人，教授，著名石油钻井专家，油气井工程学科奠基者和创始人之一，我国第一位油田开发工程学科博士生导师。1951 年毕业于天津北洋大学采矿系。1956 年任北京石油学院钻井工程教研室主任，历任学校钻井力学及工程研究室主任、中国石油工程委员会委员、石油天然气总公司科技委员会委员、石油大学学报编委会主任，享受国务院政府特殊津贴。刘希圣教授长期从事油气钻井工程的教学和研究工作，曾获国家科学技术进步奖一等奖。

沈忠厚（1928—2021），四川大竹人，1951 年毕业于重庆大学采矿系，教授，博士生导师，中国工程院院士，我国著名石油钻井和水射流技术专家，油气井工程学科奠基者和创始人之一。长期致力于石油钻井及高压水射流理论与技术的研究工作，先后获国家科学技术进步奖二等奖 1 项、国家发明三等奖 1 项、获中外专利 13 项，在中外刊物发表论文 70 余篇，荣获"全国能源工业特等劳动模范"等 6 项省部级以上荣誉称号和奖励。20 世纪 80 年代中期，沈忠厚率先提出在石油钻井中水射流结合机械破碎岩石的新概念，首次揭示了在钻井双向应力作用下岩石裂纹形成规律及主裂纹发展方向，并建立了联合钻头设计理论，发明了联合破岩钻头，对我国钻井工程作出了创造性贡献。

尹宏锦（1930—2019），湖南澧县人，1952 年毕业于清华大学采矿系，教授，我国著名石油钻井专家。山东省专业技术拔尖人才、中国石油天然气总公司有突出贡献科技专家，享受国务院政府特殊津贴。曾任中国石油学会会员、中国岩石力学与工程学会会员、《石油大学学报》编委、岩石可钻性研究组组长等职。1982—1985 年，先后赴河南、中原、大庆、长庆和四川 5 大油气田，结合生产推广地层可钻性统计分级科研成果，解决了传统方法不能评价非均质地层分级的难题，为科学钻井提供了可靠的依据。曾获全国科学大会科技进步奖 1 项、中国石油天然气总公司科技进步一等奖 1 项。

樊世忠（1929—2019），内蒙古集宁人，1952 年毕业于天津大学，教授，博士生导师，我国著名石油钻井专家，石油工业科技突出贡献专家，享受国务院政府特殊津贴。在学校钻井教研室执教多年，研究方向为钻井液、完井液及油层保护技术等。历任石油钻采系主任助理、党总支书记、石油开发系副主任。1979 年晋升为副教授，后调至北京石油勘探开发科学研究院。曾是国务院学位委员会博士生导师通讯评议组成员、《西部探矿工程》杂志名誉主编、石油大学兼职教授等。

黄荣樽（1930—2001），福州人，1953 年毕业于清华大学石油系，苏联副博士学位，教授，我国著名石油钻井专家。曾任中国石油工程学会理事、中国岩石力学与工程学会理事兼学报编委、国际岩石力学学会会员及中国国家小组成员、石油工业钻井标准委员会委员、国家自然科学基金委评审组成员等职。长期致力于石油钻井工艺和岩石力学的教学、科研和研究生培养工作。开设了"岩石力学"等加选课和硕士学位课。创建了能模拟深井温压条件的岩石三轴强度、流变和声波试验装置的实验室，在国内外享有盛誉。先后承担多项国家攻关课题和部级重点科研项目，其中"地层破裂压力预测新方法"的研究成果达到国际先进水平。

胡湘炯（1931—1996），上海人，1953 年毕业于清华大学石油工程系，教授，我国著名石油钻井专家。曾任钻井教研室副主任、主任，开发系副主任和华东石油学院副院长等职，兼任中国石油学会理事、《国外钻井技术》编委会副主任兼主编等。负责创办了由联合国援建的"钻井技术培训中心"，积极活动在北京建立研究生部。长期致力于石油钻井方面的教学与科研工作，获得全国科学大会科技成果奖 1 项，国家科学技术进步奖二等奖 1 项。在国内有关刊物发表论文 10 余篇，曾参与编著并翻译了多种教材和有关教学参考书。从事钻井系统工程的研究工作，把当代最新的科技成果引入到钻井工程领域，通过硬、软件技术的有机结合，对石油钻井工程作出了创造性贡献。

朱墨，1933 年生，河北人，1955 年毕业于北京石油学院钻井专业，苏联科技副博士，教授，我国著名钻井液化学专家。兼任《钻井液与完井液》《石油钻探技术》杂志编委会委员及石油钻井液标准审查分委员会委员等社会职务。主要从事钻井、井液方面的教学与科研以及研究生的指导工作。"钾盐防塌泥浆""深井磺化酚醛树脂泥浆"获国家科学技术进步奖二等奖。

郭学增，1934 年生，北京市人，教授，1953 年留学苏联莫斯科石油学院，获苏联油气田开发工程师称号，我国著名石油钻井专家。曾任校研究生部副主任，兼任石油天然气总公司钻井微机应用领导小组成员，《石油天然气文摘》《石油钻探技术》杂志编委等。长期从事石油钻井方面的教学与科研工作，国家重点攻关项目"优选参数钻井、平衡钻井与井控技术"的研究获国家科学技术进步奖；主持的"优化钻井开环控制系统"部级攻关项目在应用上取得显著的经济效益，被定为石油天然气总公司推广项目之一。

李健鹰,1935年生,山东文登人,1964年毕业于北京农业大学土化系研究生,教授,我国著名钻井液化学专家,石油天然气总公司首批石油工业有突出贡献的科技专家。曾任学校学报编委,石油大学专业建设与改革指导委员会委员兼任山东石油学会理事。长期从事石油钻井液化学的教学与研究工作,主攻页岩井壁稳定性研究与钻井液化学处理剂研究。主编《泥浆胶体化学》,参编《钻井泥浆》《钻井液》《胶体或表面化学》(译著)。"聚丙烯酰胺泥浆研究"获全国科学大会奖,"深井磺化树脂类泥浆(SLSP深井泥浆降失水剂)""深井磺化酚醛树脂泥浆"获国家科学技术进步奖二等奖。

蔡镜仑,1935年生,江苏省无锡人,1960年毕业于莫斯科石油学院采矿系钻井专业,教授,博士生导师,国家有突出贡献的中青年科技专家。曾任金刚石钻头研究室主任、中国岩石力学工程学会岩石破碎力学委员会委员等职。一直从事油气钻井工程的教学和科研工作,讲授钻井工艺原理、金刚石钻头设计原理和方法等课程,曾参编教材、专著5部,发表论文40余篇。在"七五""八五""九五"和"十五"期间承担过多项国家和公司重点科研项目,多次获得省部级科技成果奖,为金刚石钻头研究作出了创造性贡献。

夏俭英,1940年生,湖北省红安县人,1968年毕业于清华大学化工系,教授,我国著名钻井液化学专家。毕业后在四川长寿化工厂工作,1971年调入华东石油学院工作,曾任泥浆研究室副主任、系纪检委员。主要从事油田化学方面的教学与科研工作,获国家科学技术进步奖1项。

2. 油田开发工程专家

王鸿勋(1927—2012),山东潍坊市人,1950年毕业于北洋大学采矿系,教授,我国著名压裂专家。曾任校学位评定委员会委员、校学术委员会委员、中国石油总公司科技委员会委员、石油工程学会开发组成员、《石油钻采工艺》《油田化学》杂志编委、中国大百科全书矿冶卷石油开采编委会副主编等。从事采油工程方面的教学与科研工作,先后为本科生和研究生开设"采油工程""采气工程""气体运输""采油工艺原理""两相流理论"等多门课程。主持编写多种教材、专著、译著,其中《采油工艺原理》获石油工业部优秀教材奖。主持或指导多种有关水力压裂的软件编制,"七五"期间参加国家重点科技攻关项目中的"压裂设计及监测"软件包的研制工作,产生了重大的经济和社会效益。

郎兆新(1933—2016),四川成都人,1954年至1963年在莫斯科石油学院留学,副博士学位,教授、博士生导师,我国著名油气渗流力学专家,享受国务院政府特殊津贴。在地下油气渗流力学、水平井产能评价、油藏工程方面具有很高造诣。主攻油田开发理论,出版《油藏工程基础》《渗流力学》《油、气、水渗流力学》系列专著、译著和教材,发表研究论文 30 多篇,其中许多属于具有重大理论突破和普遍实用价值,如"双重介质系统参数识别"在国际领先,"油藏特征曲线"在国内普遍采用。曾作为访问学者在美国斯坦福大学与美国教授共同承担科研项目并在国际会议上宣读论文。获中国石油天然气总公司科学技术进步一等奖 5 项、三等奖 1 项,获北京市科学技术进步奖 2 项。

葛家理,1933 年生,北京人,1953 年毕业于清华大学石油工程系,博士生导师,享受国务院政府特殊津贴。曾任石油大学副校长、国家教委科技委员会学科组成员、国家教育委员会(以下简称"国家教委")留学生评审组成员等,主要致力于裂隙介质渗流力学、油藏系统工程学、油藏智能工程学等方向的研究。主编《油气层渗流力学》《系统协调论》《现代石油战略学》《复杂渗流系统的非线性流体力学》《复杂渗流系统的应用与实验流体力学》《智力资本论——新时期科技经济学》及译著《现代试井方法》等著作。获石油工业部科技进步二等奖、国家教委(自然科学)一等奖和三等奖。发表学术论文 80 多篇,进入国际检索 13 次。

成绥民,1935 年生,山西霍州人,研究生毕业于北京石油学院,教授、博士生导师,我国著名油藏工程专家,享受国务院政府特殊津贴。曾在北京大学、清华大学和美国得克萨斯 A&M 大学进修,参加四川、大庆、胜利、塔里木等十几个油田会战。曾任国家自然科学基金评审专家、中国石油工程及试井等专业委员、美国 SPE(美国石油工程师学院)会员、英国赫瑞·瓦特大学名誉教授等。主要研究领域是油气田开发工程,主讲"油层物理""渗流力学""油藏工程"等 10 门课,创办油藏工程专业、油藏管理中心,编著《渗流物理》《灰岩油田开发》《油气藏工程原理》。在 SPE、《石油学报》等杂志发表论文 70 多篇;主持储层孔隙结构、断块油田微相注水、复杂凝析油气藏开发和油藏管理等研究。获国家科学技术委员会(以下简称国家科委)、陕西省、石油工业部科技奖 6 项,承担 863 等攻关项目中将计算机及人工智能融入试井解释。

陈钦雷,1936 年生,安徽人,1964 年北京石油学院研究生毕业,教授,我国著名油藏工程专家。主要从事油藏工程方法和油藏数值模拟方面的教学和科研工作,主编出版石油高校统编教材《油田开发设计与分析基础》,编著出版《油藏数值模拟基础》《油藏数值模拟》。发表论文 13 篇,2 篇在 1988 年、1992 年国际 SPE 会议发表。承担"复杂油藏试井分析方法研究与软件系统""枣园油田开发设计与动态监测"等国家、部级项目 12 个,其中"矿岩油藏试井分析方法研究和软件系统"获山东省科技进步二等奖,"不稳定试井分析软件系统"获中国石油天然气总公司科技进步二等奖、国家科学技术进步奖二等奖。"CPWT 软件"获总公司银牌奖,该软件于 1989 年被中国石油天然气总公司推荐赴莫斯科和西德法兰克福参加"中国科技周"展览。

许震芳，1936年生，上海市人，1960年毕业于北京石油学院，教授，曾任华东石油学院水力学教研室主任。获中国石油天然气总公司"七五"期间石油教育先进工作者称号和"有突出贡献的教育专家"。先后为本科生和研究生开设"水力学与泵""工程流体力学""流体力学"等多门技术基础课，"改革'工程流体力学'——三步教学法研究"获山东省优秀教学成果二等奖。参加编写出版的《水力学》《工程流体力学》教材，均获石油工业部优秀教材奖。承担完成中国石油天然气总公司重点科研攻关项目"改善枣园油田开发效果"中的"枣园油田水驱油效率试验研究"课题等多项科研任务。

四、学生培养

从1977年到1988年这12年间，开发系累计为石油石化行业输送了1 264名优秀毕业生，他们的足迹遍布海内外各大油田。钻井1977级高德利成长为中国科学院院士，采油1977级袁士义、钻井1979级李根生、采油1983级孙焕泉3人成长为中国工程院院士，采油1978级杨华、钻井1978级汪东进和袁光宇等人成长为省部级领导干部，钻井1978级秦文贵当选"100位新中国成立以来感动中国人物"，他们为国家石油工业和国民经济建设作出了重要贡献。

1999年5月，首届"中国青年五四奖章"获得者秦文贵回母校受到师生热烈欢迎

秦文贵，中共党员，1961 年 9 月生。1982 年从华东石油学院钻井工程专业毕业后，他主动申请到我国海拔最高、条件最艰苦的青海油田工作，一直从事钻井技术管理工作，长年奔波在戈壁、荒漠，以强烈的事业心和责任感默默耕耘，为油田建设作出了突出贡献。2000 年 1 月赴美国得州农业和机械大学商学院攻读 MBA 学位，2002 年 6 月以优异成绩完成全部学业，按期回国报效祖国。20 年来，秦文贵在不平凡的人生经历中实践着自己"在为社会创造价值的奋斗中实现自身价值"和"越是艰苦，越要奋斗，越要奉献"的人生信条，走出了一条当代青年知识分子在苦干、实干中锻炼成长的闪光之路，集中体现了当代青年和青年知识分子的优秀品质。1997 年，获得首届"中国青年五四奖章""中国石油天然气集团公司特等劳动模范"，1999 年被中宣部和团中央及全国青联评选为"当代青年的榜样"。曾任第九届中华全国青年联合会副主席。秦文贵是江泽民同志在纪念中国共产主义青年团成立八十周年大会上表彰的先进人物之一。

第二节　教学工作的全面恢复和发展

一、恢复正常招生和教学活动

1977 年 10 月 12 日，国务院批转了教育部《关于一九七七年高等学校招生工作的意见》及《关于高等学校招收研究生的意见》。文件规定，通过自愿报名，统一考试，地、市初选，学校录取，省、市、自治区批准，招收新生。这标志着我国高等院校的招生、教学活动，在粉碎"四人帮"以后，开始走上正轨。

1978 年 3 月和 10 月，"文革"以后，华东石油学院第一次招收的 2 个年级（1977 级、1978 级）学生共 1 664 人相继入学。1978 年 3 月，恢复高考后招生的第一批新生（1977 级）共 783 人入学，其中 1977 级钻井、采油 2 个专业新生共 173 人，1978 级钻井、采油 2 个专业新生入学共 166 人。这两批学生中的许多人是由于"文革"中没有升学机会而"积累"下来的有志青年。他们基本素质好，文化程度较好，自学能力和自治能力较强，他们的到来使学校焕发了生机和活力。至此，除 1976 级工农兵大学生尚未毕业外，还有 1977 级、1978 级新招生的 4 年制本科生，同时在校学习。

为加强基础理论的教学，1977 年 10 月学校恢复了基础课教学处，下设体育、外语、数学、物理、电工 5 个教研室。在制定 1977 级、1978 级教学计划时，加强了主要基础课，如外语、数学、物理等课程的教学活动。1977 级、1978 级学生对主要基础课的学习,比"文革"前的 1962 级有所加强。

1978 年,全校 23 个实验室开了 277 种实验。物理、化学、电工、力学等实验室的设备得到了部分更新,开出的实验数量已接近教学大纲的要求。

教务处成立后,实行全校统一制定教学计划,统一安排课表,全校教学活动逐步走向正轨。

1978 年,学校恢复了中断多年的教师职称评审工作。

为了进一步加强高等学校的教学管理,1978 年 12 月和 1982 年 2 月教育部分别发出通知,在全国实行《高等学校学生学籍管理的暂行规定》及《高等学校学生守则(试行草案)》。按此精神,华东石油学院从 1982 年起,开始建立、完善学校各项规章制度及修订教学大纲。

1982 年 2 月,学校制定了《华东石油学院教务通则》,全校实行。《华东石油学院教务通则》是学校教学工作各种规章制度的综合性文件汇编,其中包括《学籍管理细则》《学生学习成绩考核办法》《关于稳定教学秩序的规定》《关于选修课的规定》《关于实验教学的规定》等 14 个文件。1983 年学校又制定了《关于学生学习成绩考核的几项规定》,对考试方法、考试命题、评分、考场纪律、成绩记载与补考等问题,进一步做了详细规定。为了适应教育发展,以及科学技术发展的需要,1983 年 3 月至 7 月,学校对现行的各专业各门课程的教学大纲、实习大纲、课程设计大纲等做了全面修订。

实现工作重点转移后,在逐步建立正常的教学秩序的同时,学校又面临着努力提高教学水平、教育质量的问题,越来越多的教师开始重视对学生能力的培养。教师在传授知识的同时注重培养学生的能力,使学生毕业以后,不仅具有基本的理论基础,还具有较强的工作能力,以适应科学技术发展的需要。在这方面,部分教师的实践已经取得了一定效果。系各教研室普遍注意加强基础理论和基本技能的训练,特别是注意提高学生的外语水平,增强学生从世界各国获得信息的能力和从事国际交往的能力。

为了提高外语教学水平,1980 年学校专门制定了《关于提高我院外语教学质量的几项决定》,提出:学生在校 4 年中,英语教学分 3 个阶段进行,做到外语教学 4 年不断线;从 1980 年下半年开始,每学期或每学年在适当时间,由外语教研室负责组织 1 次"第一外语——英语阅读通过"考试;创造学习外语的气氛和条件,鼓励学生学好外语。自 1981 年到 1983 年,学校聘请了 29 名外籍专家、教师来校讲学,提高师生的外语水平。学校还建立了语言实验室、听力室,定时放映外语教学片,为学生创造了学习外语的良好条件和环境。通过努力,毕业生的外语水平有了很大的提高。

1984 年山东省教育厅对全省 1982 级 4 200 多名在校学生进行英语统考,第一名和第二名均是华东石油学院的学生,前 50 名中华东石油学院的学生占 14 名。

为了提高教育质量,学校注意应用现代化的教学手段,大力加强实验室的建设。1979 年以来,学校先后引进了一批先进的教学科研设备,如数字地震仪、VAX11/780 电子计算机、MTS 材料静动态万能实验机、CADT 综合录井仪和多种谱仪等共 500 多台(件),价值 850 多万元。这些设备多数都发挥了较好的效用,使学校的实验教学条件有了较大的改善,电化教学手段也得到了广泛应用。由采油教研室张琪、陈定珊录制的《采油工程》电教片为新疆石油学院的人才培养起到了助力作用。

1982 年,学校对 1977 级和 1978 级本科毕业生的教育质量进行了调查。调查结果表明,在党的十一届三中全会路线指引下,学校各项工作逐步走上正轨,教学秩序稳定,实践了原定的教学计划,教育质量有了很大的提高。1977 级和 1978 级学生基础课的教学水平、教育质量已经达到"文革"前的水平,有的有所超过。至 1985 年,学校在教学方面的一些重要指标都已接近或超过了"文革"前的标准。

二、课程建设

1. 钻井教研室课程建设

1977 年恢复高考后,整个学校开始重建,钻井工程有关实验室也在极端困难的条件下开始重建。在重新制定了新的专业培养方案之后,教材编写被提到议事日程上。刘希圣教授任主编,他联合兄弟石油学院教师,集体讨论,统一大纲,分工执笔,主编审定。教学内容体系基本上与"文革"前相同。教材定名为《钻井工艺原理》,1981 年 8 月由石油工业出版社分上、下两册公开出版。此次编写的主导思想是系统讲述钻井过程各工艺环节的基本原理和基本技术,尽可能反映国内外钻井技术发展的新理论、新技术。不仅新增了"最优化钻井""油气井压力控制""海洋钻井"等内容,其他各章内容还比过去大大丰富。此后各石油院校均使用此教材。教学内容的另一个变化是将钻井液分离出去,另开"泥浆工艺原理"课。专业实习教材由姜仁教授修改,更名为《钻井概论》,1987 年由石油工业出版社出版,该教材也用于非钻井专业的"钻井工程"课教学。

在"加强基础"的教学思想指导下,该课程的学时数有所减少。1985 年,钻井专业教学指导委员会根据 5 年来的教学实践和教学大纲的要求,提出对《钻井工艺原理》教材进行修订。修订的主要原则是:精简内容,压缩篇幅;削枝强干,突出基本理论。内容上再次分离,将"海洋钻井"分离出来,另行开设选修课。修订之后,1988 年 9 月,分《破岩原理》(上)、《钻进技术》(中)、《完井工程》(下)三册出版。同样,教学内容也贯彻"少而精"和突出基本理论的原则。

这个时期,教学上的另一个特点是任课教师在基本遵循教材体系的原则下,不断地及时引进国内外钻井技术发展的新理论、新技术和教师自己的科研新成果。

1978 年 3 月,钻井教研室教师在编写教材

2. 采油教研室课程建设

20 世纪 80 年代中后期,采油教研室形成采油工程、油藏工程和采油化学 3 个分支方向,后来都属于油气田开发工程学科。张琪教授是学科负责人,与陈月明、赵福麟及其他同事共同推进学科发展和青年人才培育,他们倾注了大量的心血。

学科建设初期,合适的教材十分匮乏。王鸿勋、张琪负责编写了国内首部《采油工艺原理》教材,几易其稿,获得师生好评,1987 年获得石油工业部优秀教材奖。

1977 年恢复高考后,学院重新组织力量对"渗流力学"课程进行了全面建设。先后编写出版了《油气层渗流力学》《油田开发设计与动态分析基础》《油藏工程基础》等多本教材,之后逐渐形成了以张建国教授为首的渗流力学领域师资队伍,培养和锻炼了一批年轻教师,取得了多项教学研究成果。

油藏数值模拟课程的创始人陈月明教授于 1980—1982 年作为首批访问学者到美国得克萨斯大学进修,1983 年回国后开始开设油藏数值模拟课程。1987 年,油藏工程专业成立,油藏数值模拟成为油藏工程专业必修课和采油工程专业应用选修课,共 32 学时,包括上机 4 学时,并形成了以陈月明为代表的油藏数值模拟教师队伍。1989 年,陈月明教授主编的国内第一本数值模拟教材《油藏数值模拟基础》,由石油大学出版社出版，该教材被学校和其他石油院校广泛选用。

1984年，公开出版了洪世铎教授主编的国内第一本《油层物理》教材。

《油田开发》课程是采油专业的主干课程。1987年油藏工程专业成立，同年"油田开发"课程更名为"油藏工程"。课程组大力开展自主编写教材，先后编写并使用了《油田开发》《油田开发设计与分析基础》《油藏工程与采油工艺》《油气藏工程原理》《油藏工程原理》《油藏工程原理与方法》等系列教材。

赵福麟教授主持编写的《油田化学》教材是国内第一本涵盖钻井化学、采油化学和集输化学的系统著作，受到了校内外的好评。他编写的《EOR原理》也在石油院校和石油行业备受推崇。

3.《工程流体力学》教材建设

袁恩熙教授建校以来一直从事水力学的教学工作。他几十年如一日，坚持采用自己创造的卡片制作方法，先后查阅了大量文献、资料，摘录了近万张卡片，将最新、最广的内容尽快充实到课堂教学，纳入以后的讲稿。为了"把握重点"，他把学生的作业看作发现问题、解决问题的重要观测点，作为教学实践的重要成果。袁恩熙将从现场搜集并加工、分析过的管流卸油、收发油理论模型揉进书中，为钻井和矿机专业增加了非牛顿流体理论，为储运专业增加了泵站的水击、一元不稳定流理论，为化机专业增加了二元平面流动理论。

袁恩熙带领大家一起参与编写了《工程流体力学》。这本书的内容不仅有水，还包括了气体，原来书中仅有符合牛顿定律的牛顿流体，后面也增加了非牛顿流体。1986年，根据新的教学大纲对该书进行了全面的精心修订，涉及数据全部采用国际单位制，并于当年公开出版，1988年荣获石油大学优秀教材二等奖，1991年荣获总公司优秀教材奖。

三、实验室建设

这个时期，开发系建立了钻井、岩石力学、泥浆、采油、油田开发、油层物理、采油化学、水力学和渗流力学等实验室，共为学生开出将近40余项教学实验。

建立金刚石钻头中型试验架，对于钻井教学和科学研究，是一个十分重要的基建项目。基建工作中发扬自力更生的精神，大家白手起家，群策群力。从油田的废料堆里找来了3吨多废型钢做底座，从江汉油田求援了一台3N-650钻机作主机，从胜利油田的资产库求援了2台钻井泵，又从钻井固井大队求援了高压水龙带和阀门。为了缩短加工时间，一些零件由学校机械厂加工，其他的分别向油田机修厂、钻井修保厂、研究院加工车间、管子站等单位求助。蔡镜仑等教师不怕苦、不怕累，找材料，跑加工,在上级的关怀与兄弟单位的大力支援下,试验架终于组装起来并进行了试运转。老工人田德连年逾六旬,敢想敢干,尽管不太识字,却自己设计制作了1台能吊能拖的"土吊车",起重能力为1吨,解决了石料搬运的大难题。

许多实验室是在科研工作开展的基础上建设起来的。一方面利用科研经费更新了部分设备,也引进了一些国外的先进仪器,逐步改善着实验装备情况。另一方面,根据科研课题的需要,自己设计、加工并组装了一些设备,如钻井专业的钻头实验架、环空水力实验架、水力射流实验架、岩石三轴试验装置、岩石可钻性实验架等。

系实验室在建设的过程中,形成了艰苦创业的良好传统,老工人田德连师傅(我国第一代石油钻井工人,学院开发系钻井教研室技师)给大家树立了很好的榜样。第一个钻头试验架就是在他的带动下,从油田调来废旧设备加以整修,然后靠大家的双手竖立起来的。此外教师和实验室的技术人员还亲自动手制作各种模型、教具和小型实验仪器,提高了课堂和实验课的教学效果,充实了教学内容。这种艰苦创业、自力更生的精神已经渗透到开发系实验室建设的各个方面。

钻井实验室盖起来以后,老师们从土坯房里把所有的实验设备全部搬进去。搬钻井设备是相当困难的,1套钻井设备加起来一共四五吨重,老师们把它拆开,小的三四百千克,大的1吨多。那个时候没有车,全靠老师们用吊板车拉过去,再用导链装起来。

油层物理实验室经过几次搬迁,一些仪器设备遭到破坏,一些仪器也不完整,因此前几年实验一直开不出来。孙士孝老师急在心上,忙在手上,他和实验室的同志一起,积极改造实验条件,先后安装了"油水相渗透率装置"和从日本进口的"表面张力仪",对"气体孔隙仪与平馏法饱和度仪"进行了测绘工作,并试制了"吸入法测定岩石润湿仪"和多项实验急用的恒温箱。没有材料就到处去找,遇到难题就虚心向一些老师请教,经过努力,不仅恢复了"文革"前油层物理课开设的3个实验,还为科研增添了"润湿性""毛管力""相对渗透率"等3个新实验。

"文革"前,水力学实验室设备比较齐全,但多年未用失修,导致实验仪器设备损失殆尽。大家在党支部的带领下,一不等二不靠,自己动手,重建实验室。重建实验室,要先建一个小型水塔。教研室主任袁恩熙利用教学之余,和老师们一起亲自设计、画图、描图。水塔上的溢水管,校内解决不了,党支部副书记袁福学和实验员陈孝盛放弃暑假休息,到许多油田单位去找,后来找到了油田东辛输油首站一条旧管子。他们请同学用板车把直径8寸、长10多米的管子拉到学校来,又自己动手除锈刷漆,为国家节省了1 000余元。焊接水塔内的溢槽,需要从整块厚钢板上截料,一时联系不到气割,几位教师就自己用钢锯锯。当时正值炎夏,大家干一会儿就汗流浃背。但是为了尽快建好实验室,大家不顾天热疲累,坚持干,硬是靠手锯出了溢槽用料。后来在机械厂的帮助下焊接好,安装在水塔内。

实验室主任贺礼清一心扑在实验室建设上。没有料,他先跑校内;学校解决不了,他就骑着车子跑油田各单位求援。没有管工,他就到油田采油维修队请来2位师傅帮忙。按设计要求,水管线一律使用白铁管,没有白铁管,他们就用黑铁管代替。为了不影响实验效能,全实验室行动起来,他们先用盐酸将每根管子里里外外冲洗,然后用钢丝刷除锈,再涂防腐漆和保护漆。年近半百的女讲师陆永安在除锈时被铁锈崩到眼睛里,痛得难受,泪水加汗水一起从脸上淌下来。老师们劝她回去休息,但她不肯走,一直坚持到底。女讲师许震芳在本学期有编写教材和讲课任务,但她白天除上课、辅导时间之外就到实验室和大家一起参加劳动,备课、批改作业和编写教材的工作则留在晚上加班加点做。水力学教研室在兄弟单位的协助下,人拉肩扛搬运过数10吨钢材,除锈刷漆钢管表皮100多平方米,套大管扣200多个,套小丝扣数百个,终于建成了容量12立方米的小水塔,安装了600多米长的实验水管线和各种仪表。水塔建成后,可为储运、采油等专业增开4个基本实验。

水力学实验室是大水塔,又有大水池,工程很大,后来又进行了很大的改进。当时联合国派了许震芳一组去美国学习,参观了美国的加州大学、休斯敦大学的流体力学实验室后,得到的启发就是那么大型的实验,人家用一个很小的房子就都解决了。回国后,她又参观了当时全国有名的浙江大学的流体力学实验室,深受启发。浙江大学的这个实验室设计得非常好,不仅能做各种各样的实验,还设计得很小巧。后来他们就把浙江大学小巧的实验设备引进过来,不仅使实验更便捷省时了,除了做实验之外,而且还能直观教学,让学生自己动手、自己观看。

这一时期,一大批实验室建设成果获得学校奖励。如钻井教研室沈忠厚、徐依吉、王德新等人研制的"钻井射流实验装置",刘希圣、翟应虎等人研制的"全尺寸环空模拟井筒试验架"获1985年学校实验装置一等奖。

陈立性(1934—1987),四川省万县(今万州区)人。1950年参军,1952—1954年赴朝抗美任某医务连卫生员。1956年考入北京石油学院钻采系,1961年毕业留校任教,曾任钻井教研室副主任、钻井培训中心副主任、《油气钻井译丛》副主编等职,专长压力监测、井控和最优化钻井技术等。作为主要骨干参加了"六五"国家项目"优选参数钻井技术"的攻关研究,取得重要成果。在实验室建设方面,他是大型钻头综合实验架建设的主要负责人和重要贡献者。他讲授"破岩原理""完井工程""压力监测与井控"等多门课程,讲课风趣幽默,深受学生喜爱。

孙士孝(1936—1995),陕西省耀县(今耀州区)人,1956年毕业于西安石油学校,同年11月在北京石油学院参加工作。高级实验师、油层物理试验专家。曾任采油教研室和油藏教研室实验室主任，是石油大学油层物理实验室创建人之一。多次参加中国石油天然气总公司的重大科研项目的研究及实验仪器的研制工作，曾先后荣获中国石油天然气总公司"石油教育先进工作者"等多项荣誉称号，负责的"常规岩芯分析仪器研制"获得1996年国家科学技术进步奖三等奖。

贺礼清（1938—2013），湖南常宁人，1964年7月毕业于北京石油学院采油专业，后留校任教，教授。曾任水力学实验室主任、流体工程研究室主任。主编的《工程流体力学》获得校优秀教材三等奖。1987年被评为山东省优秀教师。"水力振荡解堵技术研究"获中国石油天然气总公司科技进步二等奖。

四、教学模式改革

1985年以前，学校教学计划基本上是照搬苏联的模式，专业面窄、适应性差、计划性强，不适应改革开放形势的要求。1984年8月10—16日，中国石油天然气总公司（原石油工业部）在河北承德召开了以修订教学计划为主要内容的石油高校教学改革研讨会。会议提出了"拓宽专业，加强基础，提高能力，办出特色"的"十六字方针"，并确定了教学计划修订的基本原则。这次会议对石油高等教育发展产生了深远的影响，被称为"承德会议"。

学校以"十六字方针"为指导，对教学模式进行改革。一是变学年制为学分制。从1985级开始，学校本科专业全面实行学分制、选课制、优秀生选拔制和淘汰制。专业培养方案规定总学分为150分，其中必修课超过105学分，选修课不低于25学分，实践教学环节为20学分。修订后的教学计划加强了基础课教学，基础课程占必修课的50%～60%，技术基础课占30%，专业课占10%。指导思想是"削枝强干，加强基础，增强适应性"，重点保证主干学科和主要课程，将部分适应性差的课程变为选修课。选修课由过去单一工科类课程扩展为包括人文、社科等多科类课程，文理渗透，扩大知识面。新教学计划规定必修课占80%左右，选修课占20%。由于增加了选修课，丰富了课程内容，增加了灵活性，以及学生的学习兴趣，因材施教原则得到一定程度的贯彻。二是改"二学期"制为"二长一短"三学期制。1987年，学校将传统的每学年两学期制改为"二长一短"三学期制。"二长"学期是指每学期开学起18周左右的时间用于理论教学（包括考试）；而"短"学期是和暑假连在一起，一般为6周左右，主要用于实践性教学。这种学期制有两大好处：一是使理论教学规范化，统一开学、统一考试，中间不安排其他教学环节，以利于学生跨系、跨专业选课，充分发挥学分制的优势；二是加强实践性教学环节，在时间上予以保证。

1985 年，学校在 1985 级学生中试行大学生导师制，每 2 个宿舍配备 1 名专业教师作为大学生导师。导师除了从事正常的教学科研外，还要对学生进行思想、学习、研究及心理等方面的教育和指导，承担起育人责任。导师要关注学生从入学到毕业的全过程和学生的学习、思想、生活等各个方面。钻井教研室王德新老师担任钻井 1985 级 3 班部分同学的导师，他经常深入学生宿舍了解情况，邀请学生到自己家里改善生活，资助家庭困难学生完成学业，与学生建立了深厚的感情。采油教研室洪世铎老师担任采油 1985 级 3 班部分同学的导师，他探索建立了"导师工作宏观机制"，用科学方法管理学生，把工作做在前头，成为典型经验。

王德新，1944 年 11 月生，山东青州人，享受国务院政府特殊津贴专家。1968 年大学毕业分配到青海石油管理局，1981 年华东石油学院首批硕士研究生毕业留校任教，曾任钻井教研室主任。他长期从事石油钻井技术及教育工作，研究方向为水力喷射钻井技术，曾获国家科学技术进步奖二等奖。

洪世铎（1930—2000），辽宁人，1953 年毕业于清华大学石油工程系，副教授，曾任华东石油学院学术委员会委员。他主要从事油藏岩石物性、油藏岩石润湿性的研究及采油方面的教学与研究工作，合著出版《采油工程》《油藏物理基础》。

第三节　科研工作蓬勃开展

系主任沈忠厚教授对大学的科学研究有着系统性的认识。他认为，工科大学的科学研究，要坚持三个原则：一是为生产服务，二是促进教学发展，三是努力提高应用基础的研究水平。这样才能不断地出成果，出人才，同时也会提高学校在社会上的影响力，或者叫知名度。石油大学的科研工作，要面向油田，为石油工业的发展服务；要从生产实际中找课题，定方向。钻井学科 80％的题目来自油田，得到油田强有力的支持，才能具有旺盛的生命力，也就比较容易取得成果。蔡镜仑同志研制钻头时指出，研究的目的性、实用性越强，经济效益也就越高。科研要和教学紧密结合，要促进教学，提高教学。尹宏锦教授坚持研究岩石可钻性，取得了成果，建起了新的实验室，开出了选修课，培养了研究生和本科生。

沈忠厚教授认为，综合性大学要十分重视基础科学的研究，这样才能提高科学研究的水平，提高学校的水平。应用技术的研究可以直接为国民经济发展服务，可是一切应用技术的研究都离不开基础科学的研究。钻井工程关于射流的研究，关于环空水力学的研究等就具有应用基础研究的性质。这方面研究水平越高,也会为应用技术的研究开辟更广阔的天地。

这期间,开发系的科学研究如雨后春笋般地蓬勃开展,厚积薄发,获得 8 项国家级科学技术奖励,取得了一系列突破性的进展。刘希圣教授的钻井环空水力学研究,沈忠厚教授的射流理论和应用技术的研究,胡湘炯教授的优选参数钻井技术的研究,尹宏锦教授的岩石可钻性的研究,蔡镜仑副教授的定向井金刚石钻头的研究,李健鹰等的聚丙烯酰胺（PAM）泥浆研究,朱墨等人的防塌钻井液研究,张琪等人的抽油机井诊断技术研究等,都走在了当时科学技术研究的前沿。

一、钻井教研室科研发展

1. 总体情况

20 世纪 70 年代末到 80 年代中期,刘希圣、沈忠厚、陈庭根、黄荣樽、郭学增等做的科研都是钻井方面最前沿的课题。当时钻井工程的研究方向比较多,主要有 4 个研究方向：一是岩石力学,二是钻头力学,三是钻井液,四是整个钻井工艺。“六五”技术攻关国家奖包括数据采集、钻井数据的优选、钻井自动化的探索等,整个都在一个大的钻井工艺体系里面。

科研内容融汇到教学教材中,使教材变得有体系,理论性更强。科研也为教研室带来比较多的科研经费,提升了整个实验室建设水平。钻井教研室获得 1979 年和 1980 年学校红旗单位,得到校内外的广泛认可。

2. 科研发展

1978 年,在全国科学大会上,华东石油学院有 9 个项目获奖,其中钻井教研室胡湘炯等完成的“硬地层牙轮钻头”、李健鹰等完成的“聚丙烯酰胺（PAM）泥浆”2 个项目获奖。在山东省召开的科学技术大会上,钻井教研室的“6 英寸天然金刚石钻头”“6 英寸天然金刚石取芯钻头”“泥浆用旋转黏度计”3 个项目和蔡镜仑个人获山东省科技奖励。学院建立了金刚石钻头中型试验架,完成了全国各油区岩石机械性质的测定和岩石可钻性的初步划分,进行了抗高温泥浆处理剂磺甲基酚醛树脂的中间放大生产等科研工作。

1981 年学校科学报告会上,尹宏锦作了《岩石可钻性数据的处理方法》的报告。

1982—1984 年度,李健鹰、朱墨、王好平完成的“SLSP 深井泥浆降失水剂”获校科技成果二等奖,黄荣樽、庄锦江完成的“地层破裂压力预测新方法的研究”获校科技成果三等奖,夏俭英、吴学诗完成的“油包水乳化剂 -YNC-1 的研制”获校科技成果三等奖。尹宏锦完成的《统计地层可钻性应用研究》获校优秀科研论文二等奖。

1985 年,石油工业部钻井司钻井公司在大港油田召开的地层压力预测和检测会议上,黄荣樽副教授报告了他的最新研究成果——地层破裂压力预测新方法,得到了与会代表一致好评。他分析了目前国外比较流行的 4 种破裂压力预测模式,结合我国中原油田地层的具体情况,推导出了新的预测模式,提出了一套新的预测方法,为优选钻井参数、井身结构设计、套管设计提供了重要依据。该成果在中原油田通过技术鉴定。

黄荣樽指导学生开展科研

1982 年至 1985 年华东石油学院与河南、大庆、长庆、中原、四川 5 个油气田的钻采研究所共同测定了这些地区的 1 298 块岩芯,收集并分析了 7 860 只钻头的使用资料。从大量测定数据分析中得出各地区大段不均质地层可钻性符合对数正态分布的规律。运用数理统计原理解决了不均质地层的可钻性的宏观评价问题,建立了新的地层可钻性分析方法;提出了具有地层数量信息的统计分级标准;标定了 5 个地区各层位的地层可钻性级别及每个层位所含各级地层的百分比;得出了 5 个油气田的预测地层可钻性的经验公式,提供了新的预测地层可钻性方法;运用地层的岩芯测定结果和钻头资料,得出了地层级值同钻头类型对照表;结合钻头的钻进成本分析,形成了牙轮钻头选型的新方法;在台架试验基础上,得出了各地区直接使用的预测钻速图板和方程,更新图板和修正系数都很简便;研制成功华石Ⅲ型岩石可钻性测定仪,该装置具有体积小、操作简便、可靠性强、便于现场使用等优点。

尹宏锦在实验室讨论交流

1987年，学校22项科研项目通过各级技术鉴定，尹宏锦等完成的"岩石可钻性测定和应用"、李健鹰等完成的"K-AHM沥青粉防塌剂"位列其中。

郭学增于1985—1988年主持的"优化钻井开环控制系统"部级攻关项目，1988年底通过鉴定，应用到实际生产上并取得显著的经济效益，被定为中国石油天然气总公司推广项目。

1988年石油工业部颁布科技进步奖共计125项（其中一等奖11项，二等奖54项，三等奖60项），其中学校获6项成果获奖，开发系尹宏锦、闫懿华完成的"岩石可钻性测定与应用研究"获得一等奖。

郭学增在钻井教研室

3. 高压水射流科学研究

20世纪七八十年代，随着石油工业的迅速发展，国外普遍采用喷射钻井技术，取得了巨大的经济效益和社会效益。1984年以来，石油工业部在我国推广喷射钻井，平均每年可提高钻速10%，节约钻井成本十几亿元。然而，这一新技术理论的建立是国内外长期没有解决好的一大难题。沈忠厚与他的研究生孙庆孝及其科研组全体人员经过3年多的大量工作和顽强不懈的努力，终于取得了丰硕的理论研究成果，引起了国内外同行专家的瞩目。

当时，国内外流行的喷射钻井水力设计涉及射流理论、钻井水力学、泥浆流变学等多学科的发展，是一个复杂的系统工程。为此，国内外此类设计均以喷嘴出口的动压力和水力功率为计算依据，这与实际情况相差甚远。近10年来国外大量的专家都在试图解决这一问题，然而均未取得满意的结果。沈忠厚早在前几年国外考察时就构思了这一科研课题，他的研究生孙庆孝进行了大量的测试和研究工作。特别是经过近3年的室内系统模拟实验，并经计算机数据处理，他们找出了在特定射流条件下的压力和功率的衰减规律，建立了相关参数的计算模式和程序，从而在理论上较好地解决了喷射钻井长期未解决的问题。

学校学报在1986年第1期正式发表了这一研究论文，同时该论文很快被中国石油学会遴选为第二届国际石油工程会议宣讲论文，并被收入SPE（美国石油工程师学会）论文集。论文宣读后受到了第二届国际石油会议与会国外专家的重视和好评，认为这一研究成果填补和完善了喷射钻井理论，具有重要的指导意义。1987年初，SPE给学校来函要求将论文版权转让给美国SPE，经办理转让手续后，SPE的各方专家经过4个月认真审查，1987年8月正式来函通知：认为该论文对石油工程有重要价值。SPE编辑出版委员会决定将论文在SPE *Drilling Engineering*（《SPE钻井工程》）杂志重新发表。该杂志在一定程度上是代表美国石油工程最高级别的出版物，所以沈忠厚教授的这一理论研究成果走向了世界，并在国际上得到了确认。

根据这一理论研究成果，1986年初以来，沈忠厚与胜利油田钻井工程公司密切合作，进行了一年半的专门井下试验，水力功率、动压力等各项参数在相同条件下都取得了大幅度的提高。

他们利用井下淹没非自由射流动力学规律设计钻头喷嘴，继续进行反复的室内模拟实验，创制了新型加长牙轮钻头。1988年，沈忠厚率领的课题组研制的加长喷嘴牙轮钻头在胜利油田32499钻井队井场的现场试验中创造新的纪录。实验结果表明，以32499钻井队先后两口完全相同条件的井进行比较发现，在第一口井用一只普通钻头钻130小时进尺444米，在另一口井用一只新型加长喷嘴钻头在相同井段钻133小时进尺746米，即每只加长喷嘴钻头进尺提高了67%，钻井速度提高了64%。

第一代新型钻头的研制成功和喷射钻井的理论体系的建立，深化了沈忠厚的科学思想：科学研究是为了认识世界，工程技术是为了改造世界，既要认识世界，更要改造世界。这还印证了沈忠厚对创新理念的独到见解：有效益就是创新，从问题出发，反过来再研究基础理论，事半功倍，目的明确，方向性强，效益高。

占中国油层25%的低渗砂岩油层的开采一直不太顺利。如果能将水力机械中极具破坏性的"气蚀现象"——气泡的爆炸化害为利，用于低渗油层，那么必将大有作为。在研制新型加长牙轮钻头的同时，沈忠厚又把研究拓展到新的方向。

1982 年,沈忠厚开始研究自振空化射流钻头。自振空化射流钻头采用一种全新的射流——脉冲射流,也叫非连续性射流,利用水力机械中极具破坏性的气泡的爆炸产生的压力来破坏岩石,变害为利,可以产生静态压力的 8～124 倍,其结果是连续射流破岩的 3～4 倍,平均机械转速提高 35%～40%。如果能够控制好气泡爆炸产生的压力,那么将在井底造成天翻地覆的变化。他带领团队制造"124 倍"的气泡,研制出的自振空化射流钻头显示出强大的生命力。

4. 钻井环空水力学研究

20 世纪 70 年代后期,环空水力学已在国际上悄然兴起,而我国当时在这方面的研究还是一片空白。经过慎重考虑,刘希圣大胆地提出了建设环空水力实验室的设想。

建设环空实验架,仅是 120 毫米和 75 毫米的等边角钢,就需要 150 米长,另外还需不锈钢管、有机玻璃等多种原材料。当时华东石油学院办学条件较差,学校正处在艰难的第二次创业之际,为了节省资金、节省时间,他四处求援。建校处把角钢买来了,胜利油田钻井服务公司一听说实验架建设急需不锈钢管,在自己短缺的情况下,硬是挤出了一部分钢管供给实验架建设急用。为了确保工程质量,他对每一个建设环节都进行了严格把关。

1980 年 4 月,刘希圣在中型实验架上做实验

1980 年,他派助手到南京大学、南京水力学研究所了解同位素测试信息,终于在郑州的黄河水利委员会了解到用同位素示踪测速方法来研究黄河沙运移规律。这恰恰与环空水力学实验中岩屑运移规律的测量相似,从而建立了与环空水力学实验相配套的先进测试方法。紧接着,他又掌握了用激光测速方法测量流体速度的分布,并于 1988 年自行研制出用超声波测水平井中岩屑床厚度的技术,这项技术于 1990 年获得国家实用新型专利。

在当时的钻井实验馆,迎面便是环空实验室。威风凛凛的环空实验架矗立中央,全尺寸垂直井环空实验架共有 4 层楼高,6 个台阶迂回盘旋,把 4 个操作平台连接在一起。规模如此宏大的实验设备即使在世界上,也是不多见的。苏联石油工业部科技局局长率考察团参观实验架时,惊问我校是否在搞岩屑运移的研究,感叹这项工作了不起。世界银行考察小组和英国浅海钻井专家及一大批外国客人也曾慕名专程前来参观。

有了环空实验架作为坚实的实验基础，刘希圣在"七五"期间，顺利完成国家重点攻关项目"定向井、丛式井钻井技术"的研究。当时，刘希圣作为四大攻关集团中大港油田集团的总技术负责人之一，与其他负责人一道，带领着整个攻关团队，协同作战，全面研究了定向井、丛式井中的重大理论和技术问题，取得了多项重大科研成果。该项目中的子课题"定向井环空力学及携岩机理的研究"是在定向井环空实验基础上进行研究的，该项目的研究成果被国内外同行公认为"具有独到见解"，于1991年荣获国家科学技术进步奖一等奖。

5. 中原石油科技攻关会战

1982年，时任石油工业部长的康世恩在听取中原油田工作汇报时，提出组织开展中原油田科技攻关会战的初步设想。同年，《中原油田1983年—1985年生产建设技术攻关会战规划》上报石油工业部。1982年12月29日，"中原油田科技攻关会战动员大会"在油田基地会议室隆重召开。

3年攻关会战期间，油田同科研院所、大专院校和大型企业等39个单位建立科技协作关系。"优选钻井参数、平衡压力钻井和井控技术的研究"是开发系和中原油田共同承担的"六五"期间的国家科技攻关项目。这是当时在钻井工程中推广应用的国外新技术。

钻井教研室组织了陈庭根、郭学增、管志川等35名师生，先后到中原油田与该油田的钻采工艺研究所等单位合作，进行了综合录井技术、地层孔隙压力检测及破裂压力试验、平衡压力钻井和井控，建立各种数学模型等研究和现场试验。同时，举办了地层压力检测与井控、油井设计与TI-59计算器使用、优选钻井和钻井泥浆等6期培训班，为中原油田培训了一批工程技术干部。

钻井教研室左新华、管志川、李相方等组成的科研组，带着学校从美国进口的CADT综合录井仪到中原油田钻井现场，进行综合录井技术实验。前后8个月，从铺路、架线、按线、调试，一直到投入正常使用，他们共收集了15个钻头的全部钻井施工资料，多次为井队预报井喷、井漏等险情，避免了事故的发展，为建立中原油田的钻井参数数据库作出了贡献。

管志川作为会战的参与者，于1982年钻井工程专业毕业后留校，并在学校待了半年。1983年，他过完大年初一就去参加中原石油会战，将近1年的时间才回到学校。当时从东营到中原油田要2天，第一天到济南住下，第二天从济南再转车到濮阳，在公司住一晚上，然后再坐车到驻地。当时，他去的4520钻井队正在打设计4 500米的文东 203 井,原石油工业部长宋振明曾去过井场。文东 203 井打到 4 300 多米时,遇到高压地层,开始形成溢流,井筒里开始咕咕向外冒泥浆,进得少,出得多。当时现场只有一个技术员,还有一些年轻的实习教师,他们心里都非常害怕。他们记得学过,井喷后要及时关了防喷器,赶快压井,恢复井筒里的压力。于是他们往井筒里注钻井液,最后及时处理了险情。"到现场去待上一年半载,就知道工程问题了,才能更好地琢磨它的科学问题。"这是管志川的切身感悟。

1986 年 1 月,钻井教研室和泥浆研究室与中原油田共同承担的"六五"期间国家重点科技攻关项目"优选参数钻井、平衡压力钻井和井控技术",在胜利油田通过国家技术鉴定。学校组成了以校领导胡湘炯副院长为组长的攻关组,21 名教师参加,中原油田组成了近 120 人的攻关队伍。双方密切配合,共同努力,在规定时间内取得了丰硕成果。他们采用新科技设计的 3 500～4 000 米深井,平均钻井周期减少 28%,钻速提高 19.1%;4 000～4 500 米深井钻井周期减少 60%,钻速提高 52.1%,单井节约 136 万元。国家科委、中华人民共和国国家经济贸易委员会和中华人民共和国国家计划委员会(以下简称国家计委),委托石油工业部对该项合同进行鉴定验收,钻井司副司长李克向和 15 名专家教授组成鉴定验收委员会,经过认真验收一致认为,该项合同全面完成了规定的任务,多项研究成果达到国内先进水平,其中 2 项已达到国际先进水平。该成果获国家"六五"科技攻关进步奖。"六五"攻关最大的成果是形成了一套科学化钻井方案,建立了一套我国科学化钻井体系,并在全国推广。

随后,系主任沈忠厚亲自组织钻井、采油教研室和泥浆、钻头研究室等几十名教师一起去中原油田实地调查,针对中原油田低渗气层的钻井污染问题,与油田签订合同,为油田排忧解难,承担了中原油田低渗气层的完井和气层改造技术研究,为我国提出了一套完整的低渗油气层的开发技术。

二、采油教研室的科研发展

1. 总体情况

采油教研室在教学科研的过程中,融合数学、物理、机械、化学等学科知识,初步构建了采油工程的理论与技术体系。20 世纪 80 年代中后期,形成了采油工程、油藏工程和采油化学 3 个分支方向。

1986 年,采油教研室以其扎实的工作和突出的成绩,获得了学校文明先进单位称号。

2. 科研进展

1978 年,在全国科学大会上,采油教研室韩大匡等完成的"油井防蜡新工艺"项目获奖。

1981年，在学校科学报告会上，王鸿勋作《水力压裂中一种新型的加砂方法》的报告，张琪作《抽油机悬点最大载荷计算》的报告。

压裂设计是压裂施工的指导性文件。没有压裂设计，施工就带有某种程度的盲目性，也就不能很快地提高压裂水平。国外的压裂服务公司常常把压裂设计方法列为技术上的机密文件。王鸿勋编制了一套使用

王鸿勋在研究室

电子计算机的压裂设计方法，在压裂设计方面迈出了开创性一步。他将初步成果写成论文《压裂工艺参数选择方法》发表在学校学报上，并在1978年5月石油工业部召开的压裂技术座谈会上做了介绍。根据国外资料，他又写了第二篇论文《大型压裂分批加砂的研究》，特约在1979年中国石油学会成立大会时举办的第一次科学讨论会上进行宣读。

为了高质量完成中原油田"文东盐间油藏开发方案"合同项目，针对项目属低渗异常高压和含盐量高的油层、研究难度大的问题，组成了以郎兆新为技术总负责人、陈月明为行政负责人的20多人的科研队伍，几乎牵动了整个采油教研室的力量。大量的室内实验、研究资料、分析方案，人尽其才，形成了多学科（研究方向）的联合攻关，取长补短提高了效益，形成了科研团队合作机制。

郎兆新在研究室

1982—1984年度，李允、郎兆新完成的《积扇的沉积相特征及识别油藏参数识别》和张琪、吴晓东、赵长禄完成的《抽油井计算机诊断技术及其应用》2篇论文获校优秀科研论文二等奖。

1985年以来，采油教研室与各油田签订了6项较大的合同，承担了2项国家攻关项目的子项目和1项部级项目，其中张琪教授负责的"抽油井诊断技术"项目，在中原油田22口井的统计资料中，取得日产原油净增214.6吨的巨大效益，抽油井诊

断技术的研究和应用在国内达到领先地位,荣获石油工业部科技进步二等奖,"游梁抽油机井参数优选及诊断技术"获 1987 年国家科学技术进步奖三等奖。

1985 年年初,仪表厂与开发系采油教研室和自动化系微机应用研究室合作,参照国外先进实验仪器,开始研究气体孔隙度仪、硫酸盐含量分析仪、气体渗透率仪和岩芯流动实验仪等 4 种仪器。在合作过程中,仪表厂担当了大部分的加工试制任务,他们把技术组的成员分为 4 个小组,每 2 人 1 组负责 1 台仪器。采油教研室给各小组分别安排了 1 人做技术指导,并由孙士孝专门负责全面技术工作。每当试制中,试制中遇到难题,仪表厂的同志就直接找采油教研室的老师请教。试制中,他们还与自动化系微机应用教研室的毛宝瑚、郭安奎老师一起,把气体孔隙度仪的指针指示装置改为数字显示,比国外仪器更加先进。在 8 月举办的第八届全国石化科技成果推广交流会上,共 6 种仪器通过了部级鉴定,其中就有仪表厂的 4 种。

1987 年,学校有 22 项科研项目通过各级技术鉴定,张琪等完成的"抽油井诊断后参数优选"及"抽油动态预测软件研制与应用"位列其中。

3. 油田化学方向的探索

赵福麟坚持与油田现场紧密结合。他去过全国各大油田,参与了多次石油会战。他曾研究利用新疆造纸的碱性废液降低原油的黏稠度,效果特别神奇,这是"八五"国家科技重点攻关项目。

他特别善于文献学习。刚到东营时,胜利油田有个图书室,藏有国外《石油技术杂志》（*Journal of Petroleum Technology*）,他就一本一本借阅来学习。学校图书馆有美国主办的《美国石油文摘》（*American Petroleum Abstracts*）杂志,每年 51 期,都是石油科技文摘,他都会认真看每期杂志,看了文摘,再根据里面的索引去查原文,有时甚至需要去北京查阅。科技处很支持,不仅批准他出差,还给他配套资料费。有些资料需要复印,没有复印机,他就拍成胶卷带回来,再做幻灯片。

1981 年,石油工业部选派教师出国进修,他通过考核被派往美国纽约 Brooklyn College（布鲁克林学院）,跟随国际有名的表面活性剂专家 Rosen（罗斯）学习。在美期间,他发表相关论文 5 篇,都有一定的创新性。

赵福麟初中学的外语是英语,高中和大学学的是俄语,大学毕业后又突击学习英语。他还自学过日语和法语,能借助日语字典读文献。在学习文献的过程中,他发现不同的名词翻译比较随意,不统一,于是编了一本《油田化学常用术语》,被作为我国石油天然气行业标准使用（SY 5510—92）。该标准于 1992 年 11 月发布,并于 1993年 4 月实施。《油田化学》杂志全文刊登该书中术语。全国自然科学名词审定委员会在出版的《石油名词》（科学出版社出版）的油田化学部分,收入了该书中术语的大部分词条。该书中术语已用于制定其他油田化学行业标准，为油田化学常用术语的统一和规范化做了重要工作。赵福麟非常注重标准化工作，从 20 世纪 80 年代起就一直是标准化委员会的成员。

赵福麟最早的科研方向是压裂液。1985 年，国家启动知识产权保护时，他申请了"钛冻胶压裂液"发明专利，这成为学校最早的一批专利。后来，他发现早期开发的油田多是大而肥的高孔高渗油田，压裂应用不是很广泛，于是他很快就转向"玩水"的方向。水是油田的命根子，只有把水的能量发挥好，才能实现水驱高效开发。在 20 世纪 80 年代到 90 年代，赵老师带领团队先后研发了 PI 区块整体调剖决策技术、"2+3"深部调驱提高采收率技术等，这两项技术至今依然引领并推动调剖堵水提高采收率的发展。随着低渗透和非常规等低品位油气开发量加大，他又提出团队应加大压裂液研发力度。他一生立足学术前沿和发展阵地，做真正有用的科研。

三、泥浆研究室成立及发展

1. 泥浆研究室成立

1980 年，泥浆研究室成立。当时有 5 位老师，分别是李健鹰、朱墨、吴学诗、夏俭英 4 个"老太太"，加上一个男实验员洪海荣。那时国内泥浆界很出名的是西南石油学院的罗平亚等"4 条汉子"，而华东石油学院则有"4 大女将"，他们在学术上不分伯仲。

在泥浆实验室的建设过程中，众人可谓白手起家，那时干打垒库房做实验室，实验室内更是空无一物，后来托人把图纸带到东营，比猫画虎才建设了泥浆实验室。在女基井的基础上，他们开始为胜利油田胜科三号钻井防塌做实验。20 世纪 80 年代，他们在干打垒上做出的石油工业部重点项目"深井磺化酚醛树脂泥浆"获 1985 年国家科学技术进步奖二等奖，罗平亚排第一，李健鹰排第三。

研究室陆续补充了钻井 1977 级宣一平、钻井 1978 级郭东荣，又引进华中工学院毕业的高锦屏，师资队伍逐渐壮大。

2. 科研发展

1978 年，在全国科学大会上，泥浆研究组的"聚丙烯酰胺（PAM）泥浆"项目获奖。在山东省科学技术大会上，泥浆研究组的"泥浆用旋转粘度计"项目获山东省科技奖励。

1981 年，在学校科学报告会上，夏俭英作《Y.N.C 油包水泥浆乳化剂的研究》的报告，李健鹰作《渤海湾地区油田沙河街地层泥页岩坍塌原因的探讨》的报告，朱墨作《关于泥浆流变性研究的探讨》的报告。

1984 年，朱墨等研究的"具有良好流变性能的 PAC 系列泥浆配方及现场应用"，通过中华人民共和国国家经济贸易委员会的鉴定。该项目是获国家"六五"科技攻关先进项目奖的"优选参数钻井、平衡压力钻井和井控技术"的子课题。

1984 年 10 月 4 日,中央电视台播放一则电视新闻,吉林延边自治州龙井有机化工厂应用一项科研成果得以起死回生,由原来连工资都开不出的小厂,一跃成为先进企业,每年为国家创利百万元。这项科研成果就是华东石油学院开发系泥浆研究室研制的 SP、SLSP 深井泥浆处理剂。当时生产中迫切需要一种既抗盐、抗钙又抗高温的降失水剂,国内却无法生产。1978 年,李健鹰与钻井教研室泥浆组开始研究 SLSP深井泥浆处理剂,经过实验室研究,到工厂放大试验,再到现场生产试验,证明这种处理剂抗碱性能好,并具有防塌、降低摩阻系数和黏度控制作用。

李健鹰（左一）在实验室指导工作

1986 年,学校有 5 项科研成果在全国科学技术奖励大会上获奖,泥浆研究室李健鹰、朱墨、王好平等参加的"深井磺化树脂类泥浆"获得国家科学技术进步奖二等奖。

钾离子可解决软地层造浆、缩径、起下钻遇阻遇卡和硬脆性地层易塌掉块、扩径、划眼等问题。配合使用降滤失剂等处理剂,研制出钾盐防塌钻井液,成功应用于复杂地层,有效解决了井壁坍塌问题,提高了钻井速度,保证了钻井安全。在一些使用普通钻井液钻进因井塌而无法继续钻井的井,改用钾盐防塌钻井液后,控制了井塌,恢复了钻井,避免了大量井的报废。该钻井液解决了水化泥页岩井眼不稳定问题并能抑制造浆,这一成果在全国各油田推广使用,打井千余口,取得了显著的经济效益和社会效益。

泥浆研究室朱墨等研究的"钾盐防塌钻井液",通过石油工业部科技司等的技术鉴定,其成果获 1987 年国家科学技术进步奖二等奖。

朱墨（中）在实验室工作

1987年，学校有22项科研项目通过各级技术鉴定，李健鹰教授等完成的"K-AHM沥青粉防塌剂"位列其中。

四、钻头研究室成立及发展

1.钻头研究室成立

由于蔡镜仑研发的三角聚晶金刚石钻头在四川灰岩地层钻井进尺中破了纪录，引起了石油工业部的重视，学校也对钻头该研究给予了一路绿灯，开始立项、建设钻头实验室。1984年8月成立钻头研究室，蔡镜仑任主任。杨宝德任副主任，研究室人员还有曹刚、吴志明等。

2.科研发展

邹德永是钻井1980级学生，毕业后留在钻头研究室工作，他是第一个进入钻头研究室的正规大学生。邹德永进入研究室的第一个任务就是研究PDC钻头。当时国外刚刚开始研发PDC钻头，研究室主任蔡镜仑就敏感地跟上了，并把PDC钻头研究任务交给了邹德永。邹德永当时研究的第一个钻头是取芯钻头，用的是柱齿，采用过盈配合的方式插入铸孔。他做好钻头后，拿到现场进行试验，钻头空转表示没有进尺。经过分析原因，他发现钻头耐磨性太好，但自锐性不好。为此，邹德永开始进行金刚石聚晶复合片（polycrystalline diamond compact，PDC）自锐性能的实验研究并取得进展。

1985年，蔡镜仑、曹刚、徐国贤等负责的Q50-YYA型、Q50-YYB型硬地层石油取芯孕镶金刚石钻头的研制取得成效，获学校优秀科研成果奖。

1987年，蔡镜仑获"国家有突出贡献的中青年科技专家"称号。他承担的国家项目"定向井金刚石钻头研究"按合同要求完成,并提前试制出我国第一批大尺寸、中硬度地层定向井造斜金刚石钻头,一次下井试验就取得了成功,并在石油工业部定向井会上受到了表扬。在"破岩原理和新型钻头设计"的研究中,他又取得了新突破。他研制的 4 只三角聚晶钻头试验取得了良好的效果,并受到油田和石油工业部领导的好评。他负责研制的软地层钻头在中原油田也取得了好成绩。他还承担对大庆、牡丹江矿山机械厂、大港油田机厂等单位的技术咨询,并受聘为顾问。

蔡镜仑（左一）在指导钻头研发

金刚石钻头研究室研制的硬地层石油取芯孕镶金刚石钻头,在华北油田进行试验,其中一只钻头单只最高进尺 22.03 米,平均机械钻速 0.7 米 / 小时,超过了美国克里斯坦森公司的 C-40 型钻头在华北的单只钻头最高进尺 17.07 米,创造了该地区硬地层取芯钻头进尺的最高纪录。另一只单只进尺超过了比利时博特公司的 CB-401 型钻头单只最高进尺 4.64 米,且经济效益显著,每米钻头费用仅为国内聚晶钻头的三分之一,为引进钻头的五分之一。该成果获石油工业部科技进步奖。

第四节　研究生教育的恢复和发展

一、北京研究生部成立

北京石油学院从建校起,就招收和培养研究生。北京石油学院时期累计培养研究生 213 人,1966 年后中断招生 12 年。

"文革"后,1977 年 10 月 12 日,国务院批转教育部《关于高等学校招收研究生的意见》。1978 年 1 月 10 日，教育部又发出《关于高等学校 1978 年研究生招生工作安排意见》，要求有条件的高等院校积极招收研究生。许多国家重点高校开始恢复对研究生的招收和培养。

华东石油学院决定从 1978 年起开始恢复招收研究生。由于学校地处偏僻、条件简陋、生源困难，培养工作难以开展。1978 年计划招收 20 人，1979 年计划招收 5 人，都未完成招收任务。1980 年，计划招收 11 人，报考者仅 11 人，无一录取，不得不中断招生。在此情况下，学校考虑利用北京的种种有利条件，决定申请在北京原校址内建立华东石油学院北京研究生部。

教育部和石油工业部领导十分重视和支持学校的意见。石油工业部黄凯副部长亲自抓这项工作，排除了许多困难。1981 年 6 月经国务院批准，教育部、石油工业部于 6 月 22 日正式联合下文，批准华东石油学院在北京石油学院原校址内建立北京研究生部。文件规定研究生部在校生规模 400 人，教职工 300 人，设置石油地质、石油地球物理、油田开发工程、石油机械工程、石油储运工程、石油加工工程、石油化工、石油生产自动化及石油管理工程 9 个专业，决定当年开始招生。北京研究生部由华东石油学院领导，教学人员在华东石油学院现有师资中选任。

1981 年 6 月，华东石油学院北京研究生部建立并开始招生

二、研究生培养

北京研究生部从 1981 年开始招收攻读硕士学位研究生以来，招收人数不断增加。油田开发工程 1978—1980 年每年招收 6 名研究生，1981 年招收 7 名研究生，1982 年招收 10 名研究生，1983 年招收 18 名研究生。

1981年10月，在国务院学位委员会第三次会议上，通过首批博士和硕士授予单位及其学科、专业名单，学校7个学科、专业被批准为硕士授予单位：石油地质、应用地球物理、油气田开发工程、石油机械工程、石油储运工程、石油加工工程、应用化学（固体燃料化学、石油化学）。

1982年4月29日，学校召开攻读硕士学位研究生培养方案制定工作会议。胡湘炯副院长主持会议，研究生部主任朱亚杰副院长也从北京回校参加会议。会上交流介绍了石油机械工程专业、油气田开发工程专业初步制定的培养方案，并就其中几个共同性问题进行了讨论，进一步明确了制定培养方案中的一些具体原则和工作要求，对学校研究生培养方案的制定工作起到了推动作用。

1986年，学校第三批博士学位授予学科、专业点经国务院学位委员会批准，油气田开发工程学科成为博士学位授权学科，导师刘希圣，专业为油气田开发，研究方向为优化钻井系统工程、油气藏数值模拟。自此，学校有博士学位授予学科、专业点7个，博士生指导教师10名。刘希圣教授于1987年招收了首批油气田开发工程博士生高德利、翟应虎。至1996年底，刘希圣共培养指导了博士后3人，博士生8人，研究生20余人。他的多名弟子，都已成为我国钻井界的精英。高德利院士曾深情回忆道："作为刘希圣老师培养的第一位博士生，老师的教导让自己一生铭记。在最关键的成长期，导师和前辈们将治学精神、科学精神、科学道德传承给了我们，使我们受用一生。"

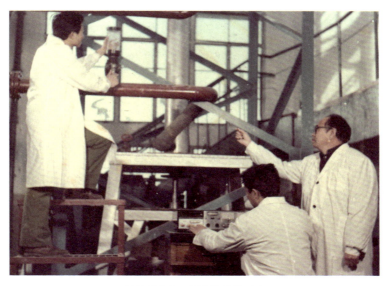

刘希圣（右一）指导科学研究

1988年，学校与美国得克萨斯州立大学奥斯汀分校合作培养石油工程博士生的协议，由美方德克萨斯州立大学石油工程系系主任G.A.PoPe（盖·恩·颇培）教授与我校开发系沈忠厚教授签署、批准生效。协议的主要内容包括：学校每年从油气田开发工程学科专业中选派3～4名硕士生赴美求学；每位博士生由中美双方各出1名教授并组成博士生指导委员会，博士生研究内容由中美双方协商，由美方授予学位。这一协议的签订，是学校走向世界的重要事件。

油气田开发工程历年授予硕士学位情况：

1982年6名：王德新、卢世红、李允、魏俊之、刘玉荣、王好平；

1984年7名：衣同春、任韶然、周祖辉、孙庆孝、梁之跃、翟应虎、李平；

1985年3名：张玲红、詹平、李晓明；

1986年8名：朱国新、李根生、沙贞银、邓金根、李天太、杨建汝、陈志刚、周云绪；

1987年9名：曾春元、樊洪海、张永良、狄勤丰、陈金山、储昭来、孟维宏、梁金国、孔宪州；

1988年12名：汪志明、石建新、须志刚、吕苗荣、程远方、楼一珊、张金成、杨利波、孙大同、许少松、崔焕文、邱正松。

华东石油学院1978级、1979级研究生毕业合影

三、海外进修学者培养

1987年，华东石油学院迎来了中苏关系解冻后首批来校进行学术访问式进修的

苏联学者，他们是莫斯科古勃金石油与天然气学院（今俄罗斯国立古勃金石油与天然气大学）超深井钻井实验室主任奥列格·安得列耶维奇·马尔科夫副教授和阿塞拜疆阿兹别科夫石油化工学院（今阿塞拜疆国立石油大学）采油教研室副教授塔梅尔兰·秦吉斯·舍伊达耶夫。学校给他们委派了两位指导教师，一位是钻井教研室的刘希圣教授，一位是采油教研室的赵福麟教授。

指导教师刘希圣给马尔科夫确定的研究课题是"不对称井底流场中岩屑运移规律"。在大型钻井综合试验架上做实验，他们采用同位素示踪测试技术，克服了重重困难，在半年的时间里完成了研究课题。当实验结束时，马尔科夫先生激动地用俄、汉两种文字挥笔写下了"友谊万岁"4个大字。

舍伊达耶夫完成了他和赵福麟教授合写的论文《磁处理对活性剂溶液性质的影响》，发表在《石油大学学报》1989年第13卷第1期。30多年后，舍伊达耶夫专程来中国看望赵福麟教授。

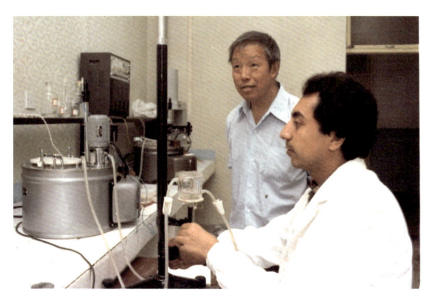

赵福麟（左一）教授在指导苏联留学生

第五节　钻井培训中心的筹建

一、筹建背景

中华人民共和国成立后，我国的钻井技术取得了长足的进步，并在各大油田的勘探开发中起到了重大作用。但就钻井技术而言，直到 20 世纪 70 年代末，我国始终处在"经验钻井"阶段。设备"傻、大、笨、粗"，操作时，笨重费力。井下喷、漏、塌、卡和钻具断、落等各种事故以及地面机械设备事故，屡见不鲜。井喷、着火，时有发生。当时，国内油田对钻井技术培训有很高的需求，钻井教研室因此承担了多次技术培训。

1978 年夏天，年过半百的刘希圣副教授应南海油田的邀请，前去为国家培养海洋钻井人才。他不仅圆满完成了任务，还深受现场人员的好评。1978 年 8 月，石油工业部举办 5 个月的泥浆训练班，钻井教研室负责组织协调，由李健鹰、朱墨、陈立性等老师主讲无机化学、泥浆工艺、钻井工艺等课程。在师生的共同努力下，做到了学员满意、教师满意、上级满意。1979 年 7 月，石油工业部在胜利油田举行喷射钻井、钻头和泥浆 3 大技术经验交流会，出席交流会的都是各油田钻井主任工程师、总工程师、副指挥等"老总"。会议聘请刘希圣、朱墨讲授喷射钻井、钻头和泥浆 3 大技术理论课，受到"老总"们的欢迎。1980 年 6 月，石油工业部在胜利油田举办"全国钻井工程师学习班"，胡湘炯、刘希圣、陈庭根、陈立性、朱墨、韩志勇、郭学增等教师为学习班授课。学习班历时 3 个月，取得了让人满意的效果。

十一届三中全会之后，我国走上了改革开放之路，一切以经济建设为中心。这时联合国教科文组织有一个资助发展中国家的项目，他们曾派专家组到华东石油学院进行考察。专家们看到学校教师住的是"干打垒"和小平房，并在极其艰苦的条件下、在盐碱滩上努力办学，备受感动。他们建议由联合国资助中国在华东石油学院建一个"钻井技术培训中心"，内容之一是资助钻井教研室的教师出国培训，学习国外先进技术，随后利用培训中心对中国的钻井技术人员进行技术培训，提高中国的钻井技术水平。这是一个极好的机遇，校领导适时地抓住了这个机遇，先派出了以钻井教师为主的赴美国考察团。考察中，他们获得了一个极其重要的信息：以美国为首的西方国家从 20 世纪 40 年代末开始，开展了一场钻井技术科学化革命，出现了一系列钻井新理论、新技术，使钻井从"经验钻井阶段"进入"科学化钻井阶段"。美国在钻井技术科学化之前，也是和我们一样的处境。美国人曾自嘲地说，那时对钻井技术人员的要求：第一，要有极其强壮的身体；第二，要有吃苦耐劳、连续作战的精神；第三，要有把在学校学习的知识全部忘掉的决心。

钻井技术科学化，就是要对钻井过程中遇到的所有问题进行科学研究，提出科学的解决方法。科学化钻井，是从一口井的井身结构设计到加快钻进速度、提高钻井质量、防止井下事故、保护油气层等都有一定的科学理论指导，采取有效的科学技术措施，并在与之适应的设备、工具、仪器的保证下，完全、有序地进行钻井。

20 世纪 80 年代初，国外的钻井技术科学化革命已经完成。这对我们是一个极大的启示和鞭策。当务之急,我们必须立即"补课",开展钻井技术科学化革命,尽快赶上世界钻井技术发展的步伐。

二、培训中心的筹备

以胡湘炯副院长为领队的石油工业部钻井技术培训考察组,成员有石油工业部人教司教育处副处长邱志远、学校钻井培训中心主任夏月泉、开发系副教授刘希圣、科研处副研究员陆庆邦、钻井实验室主任郭学增等一行 6 人,他们于 1980 年 11 月 7 日赴美考察,12 月 18 日回到北京,历时 42 天,圆满完成了考察任务。

这次考察活动的目的是办好石油工业部在学校建立的钻井技术培训中心。根据联合国开发计划署与我国达成的协议,考察活动是由美国劳动部负责安排的。考察组主要在休斯敦、塔尔萨、奥斯汀和拉菲耶特 4 个城市的院校和石油公司等 11 个单位的培训中心进行了考察,比较详细地了解了这些培训中心的职能、规模、组织管理、课程设置、教学方法、工作任务等,同时还了解了有关教学人员和实验设备等情况。所到之处,他们受到了热情友好的接待。考察组还在塔尔萨参观了正在钻探的深井,并在纽约工作 1 周。

美国对职工的技术培训很重视,一些大学办职工培训中心,一些财团也办培训学校。得克萨斯大学举办的 3 个职工技术培训学校,已有近 40 年的历史,出版的教材、制作的教具销往世界上许多国家。NL 财团的石油公司有职工 13 000 千人,它自己办的培训学校 1 年就培训 8 000 人,同时还为其他公司和外国培训 2 000 人。美国的职工培训中心一般都同科研中心结合在一起,注重推广新成果、新技术。

考察组在美国会见了一些华裔美国专家,有的是从中国台湾去美国定居的。这些人怀着对祖国的深厚感情,热情欢迎考察组,并为考察组提供了一些宝贵的资料。

1981 年 2 月,中华人民共和国对外经济贸易部与联合国驻华代表处签署文件,随之在华东石油学院开始合建钻井技术培训中心的工作。联合国开发计划署投入 90 万美元,用于聘请外国专家讲学、中国教员出国进修和购进国外先进设备。中国政府投入 713 万元人民币,用于房屋、交通建设和教学费用。该项目的目的是引进国外先进技术,向我国和亚洲石油工程技术人员提供培训,使之尽快赶上国际先进水平。年培训规模为我国学员 100 人,亚洲学员 20 人。钻井技术培训中心工作人员编制 20 人。石油工业部钻井技术培训中心是我国石油工业部与联合国开发计划署合作兴建的,1983 年改为石油工业部勘探开发培训中心。该中心对内是华东石油学院的一个二级单位。

钻井技术培训中心首期培训班开学典礼会场

钻井技术培训中心自 1981 年 9 月正式开学，至 1988 年已建房 13 500 平方米，引进教学设备 21 台（套），聘请外国专家 14 名，派出进修教师 24 名，编出教材 47 种，举办培训班 64 期，培训工程技术人员 3 985 名。该培训中心前后共引进先进培训课程 68 门。联合国总部每年派员来检查工作，都表示满意。1984 年 5 月，由联合国驻华代表处组织包括 12 个国家的驻华使节参加的代表团前来参观，一致赞扬该项目的成功。1987 年 6 月，联合国驻华代表处副代表陆武德、项目负责官员李少义、联合国情报官员金莱专程来访，他们对该项目也给予了很高的评价。培训班由于目的明确，又突出了先进性、实用性和针对性，因而在推广钻井、井控、固井等新技术，改进泥浆处理剂工艺，提高技术干部的理论和技术素质等方面，发挥了积极作用，取得了显著的效果。

胡湘炯（前排右二）陪同代表团参观学校教研室

该培训中心的工作得到海内外的认可和赞扬,1988 年被中国继续工程教育协会评为"全国继续工程教育先进集体"。

三、社会影响

国门打开了,在"请进来"的同时,许多人"走出去"学习。当时在校内中青年教师中形成了"学英语热"和"出国热"。其他专业的教师出国多是个人行为,钻井教研室的教师则是有领导、有组织、有计划的集体行动。在联合国的资助下,钻井教研室教师分批出国学习,学习的内容非常明确,就是围绕着钻井技术科学化问题。此外,根据每个教师的特长和已有的积累,出国学习的内容则有所区别。回国后,他们把自己学到的新理论、新技术编写成教材,一方面充实到本科生的教学中,另一方面主要是举办培训班,培训油田的技术人员。多数培训班是在学校的钻井培训中心举办的,学员由全国各大油田和科研院所选派,或者教师受邀到油田去举办培训班。培训班的学员来自生产第一线,学习后就在自己所在油田组织实施。通过大量的培训班,钻井新理论、新技术得到了迅速的传播和推广。

1981 年 10 月,钻井技术培训中心第一期学员结业留念

学校钻井教研室在喷射钻井技术的推广中,起到了积极倡导和理论指导的作用。为了推动这项技术在全国油田的应用,学校举办了全国钻井总工程师学习班,其主要课程就是"喷射钻井理论与技术"。喷射钻井技术的推广和应用,使我国的钻井速度有了明显的大幅度提高。接着,优选参数钻井技术、地层压力检测技术、防喷与井控技术、井壁稳定和井眼压力稳定技术、定向钻井技术、油气层保护技术等,相继得到引进、学习、研究和推广。

1982 年,韩志勇出国学习的主要内容是定向钻井技术。从 1983 年起,韩志勇将重点放在了定向钻井技术的推广和应用上。根据前期的研究积累和出国学习的内容，他编写了我国最早的定向钻井教材。以此为基础，他在钻井技术培训中心举办了多期"定向钻井技术"培训班，还受邀到许多油田进行培训。到 20 世纪 80 年代末，他共举办过 30 余期定向钻井培训班，学员遍及全国各油田，为我国定向钻井技术的科学化进程作出了贡献。韩志勇还参与了 3 个"五年计划"期间关于定向钻井的国家重点科技攻关项目的工作。从"七五"期间的定向井、丛式井，到"八五"期间的水平井，再到"九五"期间的侧钻水平井，通过 3 个"五年计划"的研究攻关，我国的定向钻井技术基本上达到了国际先进水平。

第六节　学生工作的改革与创新

一、毕业教育春风化雨

为了有的放矢地做好工作，开发系党总支注重调查研究，在摸清、摸准学生思想和实际问题以及家庭对待毕业分配的态度后，有针对性地开展工作。1982 年，全系共有毕业生 128 人，参与谈心工作的学生有 103 人，部分谈心多达 4 次。为了使毕业生热爱石油、热爱专业，树立艰苦为荣的思想，党总支组织 10 名教师与同学座谈，师生促膝谈心，交流思想。党总支还把党史主题教育和毕业生思想教育结合起来，党总支负责同志在宣讲"团结起来，为建设社会主义高度民主、高度文明的现代化强国而奋斗"的专题时，联系毕业生思想实际，鼓励学生到祖国最需要的地方去，把自己的聪明才智献给祖国的石油工业。为了发挥共产党员的先锋模范作用，党总支给党员和要求入党的积极分子上"共产党员应该有远大的理想"的党课，组织学习朱德副主席给学校钻井 1954 级同学的来信。他们还在毕业生中积极、慎重地发展新党员，向党员和入党积极分子谈希望，提要求。

通过毕业教育，全系毕业生纷纷向党组织表示听从党的召唤的决心和态度。全系两个毕业班的党支部分别向党总支交了决心书。很多同学表示无条件地服从组织分配，到祖国最需要、最艰苦的地方去。有的同学家庭有困难，也坚定地表示要把党和人民的利益放在第一位；有的同学原来想着要组织照顾，分配得离家近一些，通过毕业教育也纷纷表示哪里需要就到哪里去。

开发系 1978 级全体共产党员发出倡议，他们以高度的政治觉悟，对即将面临的毕业分配问题，做出了响亮的回答："不贪恋舒适的生活，带头到祖国最需要、最艰苦的地方去，为了祖国的繁荣富强，为实现四化贡献自己的青春"。他们决心以共产党人的高风亮节,填写一份让祖国人民满意的答卷。

1982 年,开发系钻井专业 1977 级 1 班、采油专业 1977 级 1 班毕业合影

1983 年上学期开学以来,开发系党总支对应届毕业的 1979 级学生,进行多种形式的毕业教育活动。

在毕业生中,开发系党总支通过书面及个别谈心等多种方式进行摸底调查。这次调查既有广度又有深度,其内容包括毕业生政治思想表现、学习情况、身体情况、对待分配的态度、家庭个人、婚恋情况等。这一工作在学生做毕业设计前已普遍进行。在此基础上进行分类排队,这为有针对性地开展思想教育奠定了基础。他们还在毕业生中开展了革命传统教育,组织学生收看了《一二·九运动》《五四运动》及《井冈山》等电视录像,激发了青年学生的爱国热情。

在毕业生中进行石油工业形势教育,启发学生热爱专业,树立为石油事业献身的雄心壮志,为此他们组织学生收听胜利油田钻井处领导的报告,邀请了 8 名教师与学生座谈。会上,老师们畅谈了油田情况以及怎样对待艰苦环境,怎样从事现场工作,怎样对待分配问题等。会后,大家很受教育。

开发系党总支充分发挥典型作用,教育并启发学生正确处理国家、集体、个人三者之间的关系,树立正确的分配态度。他们一方面充分利用张海迪、张华这些 20 世纪 80 年代青年榜样的力量进行教育,另一方面利用毕业生以及家长中的典型进行启发诱导。

他们积极组织学生通过上党课和团课来解决思想问题。党总支负责同志结合毕业生的思想状况,给要求入党的积极分子上党课,并组织他们进行认真的讨论。同学们普遍反映这次党课开得好。接着,他们又给团员们上团课,明确要求积极分子及团员在毕业分配中发挥带头作用,自觉接受组织考验。通过各种形式的思想教育,毕业生的觉悟有了提高,为做好下一步的分配工作创造了良好条件。

采油 1980 级 2 班的刘焕华在校报上发表文章,表示:"作为一个在农村长大的孩子,有幸能够考上大学,并顺利地完成 4 年的学业,全靠党和人民的关怀。我愿把自己的青春,把自己的一生都献给祖国的建设事业,为 80 年代青年争光,为党领导下的青年团争光,为我们的祖国争光。如果要问我现在的态度,那么我会毫不犹豫地回答:我要求到大西北去,到最艰苦的地方去!"他还赋诗一首:我在祖国的怀抱里长大 / 我爱她,就像爱我慈祥的妈妈 / 为寻她的幸福和荣耀 / 我愿为她走遍海角天涯 / 祖国啊,我时刻都准备着 / 准备为您献上用生命凝成的鲜花。

1985 年 4 月 11 日,钻井 1981 级 1 班的徐珍鑫同学给党组织写信,申请毕业后到祖国的西北去,为开发西北的石油事业,贡献自己的青春。信中说,"我是党和人民培养起来的 80 年代的大学生,我的一切应该属于祖国和人民。我无条件地服从国家的分配,到祖国最需要的地方去,把自己所学到的知识,无私地贡献给伟大的社会主义事业,贡献给伟大的祖国和人民。"4 月 16 日,开发系 1981 级的学生党员向全校应届毕业生党员发出倡议,倡议党员同志积极响应党的号召,吃苦在前,享受在后,带头到祖国最艰苦、最需要的地方去,到祖国的大西北去,为开发我国的石油宝藏作出贡献。

二、毕业分配制度改革

以往的毕业分配大都是按照国家分配计划指标,由系毕业分配工作领导小组根据毕业生生源情况确定分配去向。

从 1984 级开始,开发系适应市场经济的变化,积极进行毕业分配制度改革,探索实行双向选择。毕业分配工作做到"三透明",即综合测评方法与结果透明、特困照顾透明、择优分配透明。

具体操作办法:每学期都对学生从德智体各方面进行综合测评,毕业分配时将各学期综合测评结果进行汇总,确定每个同学综合测评的排序;张榜公布毕业生分配计划;根据毕业生提出的特殊情况,张榜公布特困照顾的对象;按照综合测评的排序,让学生依次选择自己的毕业去向。

开发系毕业分配实行双向选择,在全校开了先河,有力地调动了学生学习的积极性,并且促进了学生德智体全面发展。毕业分配制度改革,消除了师生之间的矛盾,增加了同学之间的友情。同时学位证书由本系有名望的教授颁发,给毕业生留下了难忘的回忆。

三、综合评价激励学生全面发展

科学完善的综合测评体系在有效促进学生学习积极性的同时,也对学生综合素养的全面发展起到了极大的推动作用。这一时期,开发系学生在文化体育、社会实践、勤工助学等方面取得了优异成绩。

积极开展群众性体育活动,对学生德智体全面发展有着重要的推动作用,是培养优秀人才的重要抓手。1980 年 5 月，开发系召开田径运动会，参加比赛的男女运动员有 210 人，占学生总数的三分之一。在此基础上，开发系选拔优秀学生进入系体训队进行系统训练，推动了学生运动水平的不断提高。

1982—1985 年，在学校举行的春季大学生田径运动会上，开发系一直获得团体总分第三名的好成绩。

在 1985 年学校春季大学生田径运动会上，开发系男子"4×400 米接力赛"

时任开发系党总支副书记李玉平介绍教书育人经验

以 3 分 36 秒 5 的成绩打破了山东省高校 3 分 36 秒 6 的纪录；王洁青以 5 分 24 秒 4 的成绩打破了 5 分 24 秒 6 的校女子 1 500 米纪录，黄少云打破了校十项全能纪录，吴学东、吴峰（男子跳高）都达到了国家二级运动员标准。

开发系师生在学校运动会上

在 1986 年学校春季大学生田径运动会上，开发系以优异的成绩获大学生男女团体总分第一名。林英松以 3 571 分破女子七项全能山东省高校纪录和学校纪录，以

36.8米破学校女子标枪纪录；王洁清以6分11秒6和11分18秒8分别破女子1 500米、3 000米学校纪录。李心市达到国家二级运动员标准。

随着吴学东、李心市、林英松、黄少云等一批优秀运动员的留校，开发系的教工运动水平也得到了极大的提高。

1987年，学校春季田径运动会开幕式，开发系代表队经过主席台

1985年5月4日，开发系学生承办的"昌华书社"开始营业。这是学校第一个由学生集体承办的商店，是学校勤工助学工作的新探索。昌华书社主要面向学生，为广大学生提供各种新书。开业时有图书120多种，杂志30多种，共3 000多册。开业当天，顾客盈门，销售图书近千册，营业额近千元。书社还根据老师和同学们的需要，不断扩大营业范围，承担了部分图书预订业务。后来，昌华书社作为学校出版社下属部门进行运营。

1988年暑期，全国大学生响应国家号召纷纷走进厂矿乡村参加社会实践。在由共青团中央、中共中央农村政策研究室、国家计委、国家科委、国务院农村发展研究中心、中华全国学生联合会共同举办的大、中专学生"国情与改革系列调查"征文活动中，钻井1985级3班张乐勇的《影响农民对土地投入的因素》获全国三等奖。该征文活动，共收到征文22 035篇，评出一等奖21篇，二等奖60篇，三等奖150篇。同年，张乐勇获共青团山东省委、山东省教育厅、山东省学生联合会颁发的"大学生富民兴鲁建设营活动"优秀学生奖。

这一时期，开发系一批学生作为骨干出任学校各学生社团组织干部。其中，校学生会、风华文学社、海燕诗社、通讯社、艺术团等社团组织的核心骨干有许多是开发系学生。这不仅促进了学生综合能力的提升，丰富了多姿多彩的校园文化生活，还展示了开发系学生全面发展的成效。

石油大学时期

（1988—2004）

1988 年,学校更名为石油大学。1995 年 3 月,石油开发系更名为石油工程系;2001 年 3 月,石油工程学院建院。这一时期,学院在人才培养和科学研究两方面都实现了快速发展。石油开发系以石油工程专业的建设和深化改革为抓手,实现了人才培养模式和培养体系的内涵式发展,始终引领着全国高校石油工程专业建设的发展方向。同时,抓住"211 工程"建设的历史机遇,促进优势科研不断发展,顺利通过了一期和二期阶段验收,"油气井工程"和"油气田开发工程"跻身国家重点学科,推动学院在人才培养、学科建设、科研实力和科研成果等各个方面都跃升到一个新的历史发展阶段。

第五章
内涵发展　续写新篇
（1988—1993）

　　1988 年 2 月,经教育部批准,华东石油学院更名为石油大学。学校开始逐渐形成东营、北京两地办学新格局。在这一新的发展时期,开发系克服师资流失带来的不利影响,围绕教学这一中心工作,扎实加强专业建设,以"承德会议"提出的"加强基础,拓宽专业,提高能力,办出特色"十六字方针为指导,深化教学改革,提高教学质量,取得了显著成效。开发系发扬敬业、奉献精神,努力投身国民经济建设的主战场,积极为油田上产服务,在科研工作中取得了丰硕成果;充分利用与各大油田关系密切的优势,积极加强与石油企事业单位间的合作与交流,成功探索出了一条厂校合作、产学结合的办学新路,为培养适应石油工业建设需要的合格人才奠定了良好基础。

第一节　机构调整和系的建设

一、学校实行两地办学

　　1988 年 2 月 27 日,国家教委向石油工业部、山东省和北京市人民政府发出《关于同意华东石油学院更名为石油大学的通知》。学校更名为石油大学,实行山东东营和北京昌平两地办学,校本部设在北京(石油学院旧址)。文件规定石油大学山东部分以培养本科生为主,兼招少量研究生;北京部分以培养研究生为主,兼招少量本科生。1988 年 4 月 8 日,石油工业部发文转达国家教委文件精神,批准华东石油学院更名为石油大学,提出"坚持两地办学,巩固提高东营,加速建设北京"的办学方针,学校进入了一个新的发展时期。1989 年 6 月 20 日,中国石油天然气总公司在《关于石油大学办学若干问题的通知》中,正式使用"石油大学(华东)"与"石油大学(北京)"

的新称谓,两者关系并列,没有隶属关系,各自独立招生。1989年10月,石油大学(北京)在昌平新校址举行了开学典礼,成立了石油地质、地球物理、石油工程、机电工程、化工、基础科学、经济管理等7个系。

在石油大学开展两地办学初期,石油大学(华东)石油开发系主任为陈庭根,副主任为韩志勇、陈月明;系党总支书记为杨秉钧,副书记为李玉平。1990年10月,鄢捷年接替韩志勇任副主任,李玉平接替杨秉钧任党总支书记,王瑞和任副书记。1992年,系领导班子换届,陈月明任系主任,鄢捷年、王玉瑞任副主任;李玉平任党总支书记,王瑞和任副书记;葛洪魁、王杰祥任系主任助理。这一阶段,开发系蔡镜仑、郭学增、许震芳、郎兆新等多名经验丰富的老教师,以及杨秉钧等管理干部调入石油大学(北京),为学校"加速建设北京"的办学方针作出了贡献。

四十周年校庆之际,历任系领导重聚东营,共商开发系发展大计

二、教学机构调整

1.教学基层单位调整

1988年,学校依据国家教委的规定对原有20个本科专业和8个专科专业名称进行了规范化修订。是年,国家教委还决定对本科专业设置实行分级管理,学校和中国石油天然气总公司有权审定本科新专业的设置和对老专业的改造。1990年6月,学校成立了石油地质勘探、勘查地球物理、矿场地球物理、钻井工程、采油与油藏工

程、矿业机械和石油储运等 7 个专业建设与改革指导委员会，以指导老的石油主干专业向宽口径的调整和改造。至 1992 年，学校有经过改造整合和新建的本科专业共 23 个、专科专业共 16 个。开发系开设的本科专业有钻井工程、采油工程和油藏工程，专科专业有钻井工程（泥浆）、采油工程。

1988 年，开发系下设钻井、采油和水力学 3 个教研室。钻井教研室主任为王德新，副主任为管志川、周广陈；采油教研室主任为张琪，副主任为李炳辉、姜汉桥；水力学教研室主任为王汝元，副主任为常城。1993 年，基层单位负责人换届后，钻井教研室主任为周广陈，副主任为管志川、邹德永；水力学教研室主任为李兆敏，副主任为孙宝江。同时，为强化油藏工程专业的教学工作，1993 年 2 月 18 日，开发系撤销了原采油教研室，将原采油教研室中油藏工程方向的教师与水力学教研室中渗流力学方向的教师整合，新建立油藏工程教研室，同时采油工程方向的教师组建采油工程教研室。油藏工程教研室主任为姜汉桥，副主任为姚军；采油工程教研室主任为吴晓东，副主任为李明忠；两个教研室成立联合党支部，党支部书记为秦积舜。1993 年 10 月 14 日，开发系水力学教研室更名为流体力学教研室。

2. 研究生教育学位点调整

1981 年，学校在北京成立了"北京研究生部"，使学校的研究生教育得到了较快的发展。从 1981 年到 1987 年，石油大学研究生招生计划全部纳入北京研究生部，采用"一地招生两地培养"的方式。从 1988 年起，石油大学（华东）开始独立招收研究生，进一步促进了研究生教育的发展。1988 年，学校共招收硕士生 20 人，其油气田开发工程专业招收 14 人。1989 年，有 285 人报考我校硕士研究生，其中 52 人报考油气田开发工程专业，当年招收 24 人。

1990 年 10 月上旬，国务院学位委员会公布第四批硕士点、博士点和博士生导师名单。我校"油气钻井力学"成为硕士点，"油气钻井工程"从"油气田开发工程"中分出，单设博士点。郎兆新、沈忠厚成为博士生导师。

1991 年 5 月，国务院学位评定委员会决定开发系陈庭根、张琪为博士生副导师，韩志勇、夏俭英、栾志安为硕士生导师。

三、科研机构发展

1985 年，中共中央发布《关于科学技术体制改革的决定》，全面启动了科技体制改革。科技体制改革以改革拨款制度、开拓技术市场为突破口，引导科技工作面向经济建设主战场。1992 年，《邓小平同志在武昌、深圳、珠海、上海等地的谈话要点》的发表和党的十四大的召开，推动全国改革开放和现代化建设进入了一个新的阶段。

学校积极迅速地进行科技体制改革，先后对校内的 4 个研究所进行了调整和完善。这期间，开发系先后成立了高压水射流研究室、采油研究所，并对钻井研究所进行了调整。

1. 高压水射流研究中心成立

我校在水射流技术的研发和推广应用方面走在了全国前列。早在 1978 年，学校就成立了高压水射流科研组；1988 年，建立了高压水射流研究室，沈忠厚任主任，王德新、徐依吉、李根生先后任副主任；1998 年，该研究室改建为高压水射流研究中心。该研究中心的研究人员在沈忠厚教授等学术带头人的带领下，在射流动力学、射流和机械联合破岩机理、新型射流理论和技术研究等方面，取得了一批有重大意义和影响的成果。2000 年 12 月 22 日，中国石油天然气集团公司钻井工程重点实验室在北京通过正式论证并揭牌，我校高压水射流研究室是该重点实验室的一个独立研究室。2014 年，我校高压水射流研究室作为"油气钻井技术国家工程实验室"分室获准建设。

沈忠厚（左一）在指导科学研究

2. 钻井研究所成立

石油钻井研究所初建于 1985 年，沈忠厚任所长。1991 年，调整之后的钻井研究所包括高压水射流研究室、金刚石钻头研究室和泥浆研究室，集教学、科研于一体，由时任开发系系主任的陈庭根任所长，副所长为沈忠厚和韩志勇；高压水射流研究室主任为沈忠厚，副主任为徐依吉和王德新；金刚石钻头研究室主任为陈庭根，副主任为杨宝德；泥浆研究室主任为郭东荣。

这一时期，钻井研究所不仅在"定向井、丛式井钻井技术""高压水射流新技术""水平井钻井技术"等方向取得突出科技成果，同时还圆满完成了钻井工程、泥浆专科专业以及油气钻井工程专业博士生和硕士生的教学任务。

陈庭根、韩志勇、管志川在进行科学研究

3. 采油研究所成立

1990 年采油研究所创立，是由原来的采油工程研究室、油藏工程研究室和采油化学研究室 3 部分组成的多学科研究机构，集教学、科研于一体，由中国石油天然气总公司有突出贡献的科技专家张琪任所长，副所长为陈月明，所长助理为李炳辉。该研究所下设人工举升研究中心、油藏工程研究室和采油化学研究室 3 部分，人工举升研究中心主任为张琪，副主任为吴晓东；油藏工程研究室主任为陈月明、副主任为姜汉桥；采油化学研究室主任为赵福麟。全所共有职工 43 人，其中教师 27 人，包括 3 名教授、5 名副教授、9 名讲师。

在教学方面，采油研究所承担采油工程、油藏工程 2 个本科专业和采油工程专科专业的专业课教学任务，开设专业基础和专业主干课 8 门，专业选修课 10 门，为博士生、硕士生开出 5 门课程，并设有油气开发工程博士学位和硕士学位授予权。科研上，在人工举升理论、采油工程方案优化决策研究、注水油田中后期综合治理方法研究、特殊油藏驱油机理及 EOR 技术研究等方面形成了自己的优势和特色。

四、系属科技转化公司兴办

1990年以来，学校制定了科研与科技开发收益分配和科技重奖等8条新政策，从根本上调动了广大教师和科技人员的积极性，使科研工作和科技开发工作出现了前所未有的良好势头。学校成立了科技开发公司，并以科技开发公司为龙头与炼制系、勘探系、开发系等先后成立了"阿西意""环东""华通""华鹰""双星""通达""杰特"等7个系级科技开发分公司。

1992年7月6日，开发系华通科技开发公司成立。10月5日，杰特射流技术开发公司成立，隶属于开发系射流研究室，公司经理由沈忠厚教授出任。

1992年7月8日，开发系泥浆添加剂科学实验厂成立。1993年10月6日，学校泥浆添加剂实验厂举行揭牌仪式。该厂设在校园以西1千米处的供水公司西城用水管理站，是由我校开发系与胜利油田供水公司联合建成的。该厂建立4个月后，工厂即开始试车，建成年生产能力1000吨的泥浆添加剂厂，将开发系泥浆教研室教师们十几年来研制成的十几种泥浆添加剂的配方转化为产品，为科研和生产架起一道桥梁。

1992年11月6日，石油大学（华东）首家专业性的中外合资的"天陆石油新技术有限公司"正式成立，校长李秀生担任董事长，开发系青年教师李炳辉、陈镭为正副总经理，公司注册资金为100万元人民币。这是石油大学（华东）、胜利油田和美国斯诺克地质石油技术公司联合投资兴建的新技术产业，主要依托我校采油研究所为技术主体，从事石油测试、计量、机电一体化仪器和计算机专用软件以及开发、生产、销售和服务等业务，并负责对学校现有技术进行更新换代。这是学校积极利用外资，及时把科技成果转化为生产力的新尝试。

在2002年，以石油工程学院教师为主体先后建立了山东石大宇光科技有限公司和东营市东石石油科技发展有限责任公司，不仅促进了教师科技成果的转化，还有力地推动了我校科技产业的发展。

第二节　教学工作的巩固与提高

一、落实"承德会议"精神

1984年8月，石油工业部召集有关石油高校在河北承德召开会议，中心议题是根据新的专业目录要求重新修订各专业的教学培养计划，提出"加强基础，拓宽专业，提高能力,办出特色"的十六字方针。学校以"承德会议"精神为指导,开展石油高等教育教学改革,有力地推动石油天然气学科专业走上了规范化发展道路。新计划的制定和实施,使石油天然气学科专业基础得到加强,专业面有所拓宽,学生的知识与能力结构进一步优化,特别是计算机和英语应用能力有了显著增强。与此同时,学校与企业间的产学研合作关系更加紧密,行业办学的优势也更加明显。

1987年,国家教委批准了学校申报的新建本科专业,开发系的油藏工程专业位列其中。另外,为了拓宽人才培养口径、满足现场专业人才需求,开发系分别于1989年和1991年新建了钻井工程（泥浆）和采油工程专科专业。

二、教学改革举措

开发系紧紧围绕着教学这个中心,扎扎实实地加强专业建设,深化教学改革,提高教学质量,取得了显著成效。

1991年,石油天然气总公司成立了石油高校各学科、专业教学指导委员会。开发系有8名教师分别担任各学科、专业教学指导委员会委员。其中,沈忠厚、黄荣樽、韩志勇入选钻井工程专业教学指导委员会,沈忠厚担任主任;陈月明、张琪、张丽华入选采油工程专业教学指导委员会,陈月明担任副主任;王汝元和许震芳入选流体力学教学指导委员会,王汝元担任副主任。

第四届采油与油藏工程学科、专业教学指导委员会扩大会议

水力学教研室积极开展工程流体力学教学方法改革与实践,形成的教学研究成果"改革《工程流体力学》的教学——三步教学法的实践研究"获 1989 年山东省优秀教学成果奖。工程流体力学是水力学教研室面向全校储运等 8 个专业开设的一门重要基础课。近 10 年来,教研室在不断充实和更新教学内容的同时,还对课程体系进行了改革,突破了过去用"水力学"一门课统管各专业的情况。根据不同专业的要求,配套和延伸开出了"工程流体力学Ⅱ""气体动力学",编写出了相应的教材,提高了教学质量,也提高了学生的学习成绩。在教学中,教研室试验了三步教学法,取得了良好效果。第一步是加强课堂教学,主讲教师必须认真备课,进行严格试讲,合格后才能上讲台;第二步是改进和完善课辅教学,如开展讨论式的习题课,加强辅导答疑,指导学生自学总结等;第三步是加强实验教学,培养学生动手能力。

钻井教研室韩志勇、陈庭根、刘希圣把荣获校优秀教学成果奖的 500 元奖金全部捐献给了教研室,作为"青年教师教学优秀奖"的基金以激励青年教师在教坛上迅速成长。3 位老教师的这一举动在钻井教研室青年教师中引起很大反响。教研室的青年教师表示,绝不辜负 3 位老师的希望,决心刻苦钻研业务,努力提高教学质量,以实际行动交出让师长、学校满意的答卷。

采油教研室针对有经验的老教师调出较多、师资力量削弱的问题,加强师资队伍建设,先后派出 7 人次出国考察或进修。这些同志后来不仅成了教学骨干,还成了科研课题的带头人。教研室还有计划地培养青年教师,使他们迅速成长。在学校首批教师任职资格的评定中,1 人破格晋升为副教授,3 人获评高级工程师等其他高级职称。

三、改革成效显著

这一时期,各教研室教材建设取得丰硕成果,一批核心课程教材编写出版,多部教材获国家、中国石油天然气总公司、学校优秀教材奖;实验装置的研制和实验工作革新成绩斐然。

赵福麟主编的《采油化学》获 1991 年中国石油天然气总公司优秀教材奖、1992 年国家教委优秀教材奖。王鸿勋、张琪编著的《采油工艺原理》获 1988 年石油工业部优秀教材奖。尹宏锦主编的《实用岩石可钻性》、袁恩熙主编的《工程流体力学》获 1991 年中国石油天然气总公司优秀教材奖。沈忠厚主编的《油井设计基础与计算》和刘希圣、陈庭根主编的《钻井工艺原理》分获 1991 年校优秀教材一等奖和二等奖。

刘希圣研制的"多功能模拟环空试验架"、孙士孝等研制的"岩芯流动实验仪"GD-1 气体渗透率仪"获学校 1988—1989 年度实验装置和实验工作革新一等奖；水力学教研室研制的"管内流动实验装置"获二等奖。沈忠厚等研制的"多功能射流装置"获学校 1991 年度实验装置和实验工作革新一等奖。

因工作成绩突出，开发系多个单位被授予先进集体荣誉称号，多人被授予山东省、总公司、学校优秀共产党员、劳动模范、先进工作者等荣誉称号。

陈庭根于 1988 年荣获山东省"优秀共产党员"称号，1989 年荣获"全国教育系统劳动模范"称号。1989 年，沈忠厚被评为全国能源工业特等劳动模范，射流科研室被评为全国能源工业先进集体。张琪于 1990 年被评为中国石油天然气总公司石油教育先进工作者，1993 年获"全国优秀教师"称号。采油教研室党支部书记孙士孝于 1991 年被中国石油天然气总公司评为"七五"石油教育先进个人。

张琪（1991 年和 1992 年）、沈忠厚（1991 年和 1992 年）、赵福麟（1991 年）被授予学校劳动模范称号。沈忠厚、陈庭根于 1993 年被校党委授予"优秀共产党员"称号。

陈庭根（前排左二）在学校先进党支部优秀党员表彰大会上

第三节　科研工作的新发展

一、科研工作取得新突破

开发系教职工发扬勇攀科学高峰的进取精神，努力投身国民经济建设的主战场，立足学校、面向油田，积极为油田上产服务，使科研项目数量不断增加，科研方向不断拓展，科研优势和特色不断凸显，一系列标志性成果形成，科研工作取得重大突破。

1991年6月，学校召开科技工作会议。杨光华校长在讲话中指出，经过"七五"科技工作，学校已经形成了8个科技优势，其中包括开发系张琪教授主持研究的"人工举升技术"和沈忠厚教授主持研究的"水力机械联合破岩技术"。会议强调，"八五"期间学校要争取在10个科研领域形成自己的特色，达到国内领先水平，某些学科接近或达到国际水平。其中与开发系相关的研究方向为高压水射流新技术、水平井钻井及开发技术和人工举升理论与技术。

1992年，全系新增科学研究项目35项，科研经费135万元，通过鉴定的部、局级项目7项，获国家级和省部级奖6项，发表科研论文60多篇，其中在国外刊物或会议上发表论文7篇，并获4项国家专利。钻头厂和金刚石钻头研究室生产的钻头，产值达163万元，利润45万元。采油教研室在三次采油、注水油田后期开发、人工举升3个研究方向上形成了自己的优势和特色。教研室"八五"期间的第一年已超额完成了"5241"的科研奋斗目标（完成科研经费超过50万元，研究项目20多个，有4项以上通过总公司级的鉴定，其中1项获省部级以上奖励）。系钻头加工厂积极热情地为现场实际应用服务，多次跑现场征求用户意见，解决钻井中的难题。1989年至1991年，系钻头加工厂共为现场生产了400多只加长喷嘴钻头，产值达50多万元，为国家节省了巨额资金。

1993年，经广大教师的积极努力，开发系科研成果的水平有了重大突破，在抽油井诊断、控水稳油技术、定向井丛式井钻井技术等方面达到国际先进水平，并在国内外有了一席之地，扩大了学校的影响。在水平井钻井及开采技术、高压水射流技术、人工举升理论及技术、油田化学及各种处理剂研究技术等研究领域形成了自己的特色，处于国内先进水平，某些方面达到国际先进水平。

1988—1993年，开发系科技人员共获得国家级奖励2项，省部级奖励24项。其中，刘希圣教授等负责的"定向井、丛式井钻井技术研究"和沈忠厚教授等负责的"提高射流在井底工作效率的研究"分别获1991年国家科学技术进步奖一等奖和二等奖。

同时，开发系科技人员还获得多项个人及集体科技荣誉。

1991 年 2 月，尹宏锦教授被中共山东省委、省政府授予"山东省专业技术拔尖人才"称号。同年 9 月，高压水射流研究室被评为山东省高校科技工作先进集体。

1992 年，刘希圣、沈忠厚教授成为我校首批享受国务院政府特殊津贴的科技专家。尹宏锦、张琪、李健鹰教授获中国石油天然气总公司 1991 年度首批"石油工业有突出贡献的科技专家"称号，1993 年享受国务院政府特殊津贴。

1993 年 4 月，中国石油天然气总公司首次重奖有突出贡献的科技人员。水射流研究室主任沈忠厚教授受到重奖，获奖金 1.5 万元。11 月，沈忠厚、徐依吉获中共山东省委、省政府授予的"山东省第三批专业技术拔尖人才"称号。

二、油气钻井工程方向标志性成果

1. 定向井、丛式井钻井技术

"定向井、丛式井钻井技术"是国家"七五"科研攻关项目，学校承担了其中的 5 个子课题。1990 年 1 月 16 日，5 个子课题提前 1 年通过国家级鉴定。鉴定认为，这一技术达到 20 世纪 80 年代国际先进水平。经专家评议，开发刘希圣教授负责的"定向井环空水力学及携岩机理研究"达到国际先进水平；机械系吕英民教授负责的"定向井井眼轨迹控制技术"、开发韩志勇副教授负责的"定向井、丛式井三维绘图软件"和机械系胡泽明教授负责的"新型涡轮钻具"都达到了 20 世纪 80 年代国际水平；开发蔡镜仑副教授负责的"定向井金刚石钻头的研制"属国内先进水平。这些成果鉴定时已在大港油田丛式井组施工中应用，成功地解决了施工中的技术难题，完成丛式井 442 口，定向井 1 540 口，节约土地 7 187 亩，增产原油 1 800 多万吨，经济效益非常显著。本成果 1990 年获中国石油天然气总公司科技进步奖特等奖，1991 年获国家科学技术进步奖一等奖。

1991 年 9 月 2 日，国家"七五"科技攻关总结表彰大会在人民大会堂举行，党和国家领导人出席并为重大成果和有突出贡献的先进个人颁奖。石油系统 7 项成果在会上受到奖励，其中 2 项是由我校等单位联合完成，一项是"牛庄油田油藏描述技术"，另一项是"定向井、丛式井钻井技术"。

2. 提高射流在井底工作效率的研究

1989 年 3 月 25 日，中国石油天然气总公司科技发展部和钻井工程局在我校举行科技成果鉴定会，通过对沈忠厚教授等"提高射流在井底工作效率的研究"的鉴定，认为该项技术处于国内领先地位，达到国际领先水平。本成果于 1990 年获中国石油天然气总公司科技进步奖一等奖、山东省科技进步奖一等奖，1991 年获国家科学技术进步奖二等奖。

3. 加长喷嘴牙轮钻头

1989年6月9日，沈忠厚教授等研制的"一种用于牙轮钻头的新型加长喷管"专利技术，转让给江汉钻头厂。沈忠厚教授代表杨光华校长在转让合同上签字。中国石油天然气总公司副总经理李天相曾专门为这次转让做了批示。

1989年，沈忠厚、刘希圣带领学生现场试验牙轮钻头

1991年5月15日，在中国石油天然气总公司举行的"新技术推广项目验收会"上，沈忠厚教授承担的新技术推广项目"加长嘴牙轮钻头"通过验收鉴定。专家们认为，该项目达到国内先进水平。1992年12月5日，本成果获1992年国家教委科技进步（推广应用）一等奖，1997年获国家发明奖三等奖。

沈忠厚教授等研制的"加长喷嘴牙轮钻头"在全国十几个油田推广应用，直接经济效益1.45亿元，获国家教委科技进步奖一等奖，其综合研究成果获总公司科技进步奖一等奖、国家科学技术进步奖二等奖。中央电视台新闻联播、《人民日报》等多家新闻单位对此进行报道。沈忠厚教授受到了总公司重奖，他带领的开发系射流科研组获"全国能源工业先进集体"称号。

4. 岩石可钻性测定与应用研究

1988年11月，中国石油天然气总公司公布1988年科技进步奖项目，开发系尹宏锦教授等完成的"岩石可钻性测定与应用研究"获得一等奖。

尹宏锦教授从1953年学校建校起，一直参加钻井教学和学科建设工作，从事钻井泥浆、岩石可钻性等领域的科学研究。1970年以来，他开展了油矿岩石可钻性的专题研究。针对石油钻井的特点，他首次提出了地层宏观可钻性的新概念，解决了传统方法不能评价复杂地层可钻性的问题。在国内油田实践的基础上,形成概率统计、地质学、钻井工程 3 方面相结合的新学科,开辟了岩石可钻性全面应用于钻井的途径。

5. 泥浆添加剂及井壁防塌技术

1991 年 2 月 28 日,李健鹰等与胜利油田共同完成的原石油工业部重点攻关项目"胜利油田沙三段页岩坍塌机理及对策研究"通过专家鉴定。鉴定结论认为该项目达到 20 世纪 80 年代国际水平。本成果于 1991 年获中国石油天然气总公司科技进步奖三等奖。

1992 年 10 月 15 日,夏俭英等研制的"页岩抑制剂 KPC 新型泥浆处理剂"通过鉴定。鉴定结论认为该产品达到国内同类产品先进水平,填补了省内空白。本成果于 1993 年获河南省科技进步奖三等奖。

1993 年 11 月 29 日,夏俭英等与中原油田合作完成的"泥浆专家系统研究"通过中原油田组织的技术鉴定。鉴定结论认为该成果达到国内领先水平。

三、油气田开发工程方向标志性成果

经过"七五"科技攻关和"八五"前阶段的努力,开发系油气田开发工程方向在人工举升技术、采油工程方案优化决策技术、注水油田中后期综合治理技术、特殊油藏驱油机理及 EOR 技术、油藏工程及数值模拟技术等方面形成了自己的优势。

1. 人工举升及采油工程方案优化决策技术

1992 年,张琪教授负责的"有杆抽油系统的计算机诊断、优化设计与动态预测技术"获得国家教委科技进步三等奖,"采油方式综合评价与决策分析"获得 1992 年中国石油天然气总公司科技进步二等奖,这项成果获得 1996 年国家科学技术进步奖三等奖。

1993 年,张琪向国家教委及总公司专家介绍水平井模拟实验装置

1993 年,张琪教授等负责的"采油工程方案研究与编制"获得中国石油天然气总公司科技进步一等奖,"高凝高稠抽油机井诊断技术"获得山东省教委科技进步奖一等奖。他与胜利油田合作完成的"潜油泵油井工况诊断技术研究"通过鉴定。这项成果获得 1994 年中国石油天然气总公司科技进步二等奖。

1993 年 8 月 26 日,"改善枣园油田开发效果"项目通过总体验收。该项目汇集全国一流石油专家,他们联合攻关,其中教授 18 人,高工、副教授 85 人。科研成果经过 4 年的应用,累计增产原油 59.25 万吨,提高产量 74%,该项目的 40 个课题大部分达到了国内先进水平,部分达到国际先进水平,形成了 21 套新的生产技术,开发出 10 套软件系统,研制出 10 多种新装置、新材料,培养出 4 名博士生、16 名研究生、57 名本科生,形成了产学研新模式。中国石油天然气总公司王涛总经理对该成果给予高度评价。

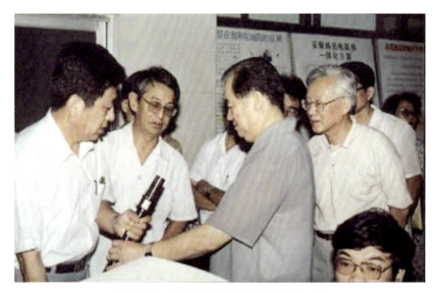
张琪向中石油总公司王涛总经理汇报工作

1993 年 11 月 16 日,李秀生、张琪教授等与中原油田合作完成的"开放型采油工艺实验站"及其子课题"采油工艺实验站实时测控系统的研究与设计""采油工艺实验站特殊工具与设备的研制""采油工艺实验站模拟实验井多管柱井口装置与多管柱下井工艺技术"4 项成果通过总公司组织的技术鉴定。专家认为这些项目达到或接近国际先进水平。

1994 年 1 月 3 日,张琪教授等与中原油田合作的"采油工程方案研究与编制"获中国石油天然气总公司 1993 年度科技进步一等奖。

2. 油藏工程及数值模拟技术

陈月明教授是油藏工程方向的学术带头人。这一阶段，他所负责的科研课题中，"文东油田开发方案"和"埕东油田整体堵水技术"分别获得1989年和1991年总公司科技进步二等奖；总公司重点项目"胜二区封堵大孔道控水稳油技术"通过专家鉴定，达到国际先进水平，为我国油田中后期控水稳油作出了贡献。

1992年4月，陈月明教授指导青年教师王志明研制的"三维油藏图像实时动态分析系统"通过技术鉴定。专家们认为该项成果把油藏数值模拟推向一个新阶段，达到国际同类软件的先进水平。这项成果于1993年获石油天然气总公司科技进步奖三等奖。

3. 注水油田中后期综合治理技术

赵福麟教授是油田化学研究室的学科带头人，他始终走在采油化学学科的前沿。他的调剖堵水研究成果已在油田生产中被广泛应用。他研发的堵水剂不仅有获得国家发明专利的锆冻胶堵水剂，还有通过部级鉴定并在胜利、大港、中原、辽河等油田推广应用的双液法黏土调剖剂。这些成果在东部油田控水稳油中作出了贡献。

1989年12月，赵福麟教授等与胜利油田河口采油厂联合开展的"埕东油田西区南块整体堵水研究"通过石油天然气总公司专家鉴定。该成果1991年获石油天然气总公司科技进步奖二等奖。

1992年12月，赵福麟教授与中原油田合作的"中原油田胡十二块以调剖堵水为中心的综合治理技术研究"通过专家鉴定。鉴定结果认为该项技术在国内居领先地位。这项成果1996年获石油天然气总公司科技进步奖二等奖。

1993年2月，赵福麟教授、陈月明教授等与胜利采油厂等合作完成的"埕东油田西南区块3层封堵大孔道技术"和"胜坨油田二区沙二整体封堵大孔道控水稳油技术"2项成果通过石油天然气总公司组织的技术鉴定。这2项成果分别于1991年获石油天然气总公司科技进步奖二等奖，1994年获石油天然气总公司科技进步奖一等奖。

赵福麟与陈月明在实验室工作

1993 年 8 月 2 日,中央电视台新闻联播节目对胜利油田与石油大学（华东）陈月明、赵福麟教授科研组合作完成的部级重点课题"油田控水技术"进行了报道。油田控水技术是油田注水开发中减少油井产水的一项高新技术,科研人员运用这项技术对胜利油田的 21 口注水井成功地进行了大孔道和特大孔道封堵,在 43 口生产井见效,累计增产原油近 9 万吨。这项技术已经在胜利、中原等油田推广应用。该项目通过部级鉴定,专家们认为该技术达到了国际先进水平。

4. 其他高级别科研成果

1993 年 2 月,周晓君等研制的"水力振荡解堵技术"被石油天然气总公司列为可供推广的新技术成果。水力振荡解堵技术是油田开发工程中的一项新型配套采油工艺,它克服了现有各种解堵增注增产技术的缺点,施工简单、见效快,并且不会给环境造成污染,比采用常规的酸化、压裂方法,每口井平均节约施工费用达 12.5 万元,节省作业时间 3～4 天。该项技术于 1993 年获石油天然气总公司科技进步二等奖。

孙士孝等与石油勘探开发研究院合作的"常规岩芯分析仪器研制"获石油天然气总公司 1993 年度科技进步二等奖,1996 年获得国家科学技术进步奖三等奖。

1992 年 11 月,董映民副教授完成的"单脉冲试井"研究任务,得到鉴定专家高度评价:"在国内外首先提出了单脉冲试井的理论和方法,是对国内外通用的脉冲试井技术和解释方法的发展和创新。"该项技术于 1993 年获得山东省科技进步二等奖。

第四节　厂校合作谱新篇

一、学校与胜利油田加强厂校合作

在总公司的推动下,1991 年 5 月,石油大学（华东）与胜利石油管理局正式建立了厂校合作委员会。委员会制定了章程和厂校合作实施方案,签订了厂校合作协议书。厂校合作委员会的建立,把传统联系与协作关系以协议的形式固定下来,进一步加强了教学、科研、生产三结合,建立了厂校共同育人的机制。双方依据自愿、平等、互惠、互利的原则,明确了在人才培养与培训、科研及科技服务、生产与实习、图书资料和实验室利用、人才及学术交流等方面各自的责任与权益。这是一种遵循教育规律、生产规律和促进科技进步协调发展的全面合作。

1991 年 7 月 15 日,学校与胜利油田在胜利宾馆召开厂校合作委员会成立大会。

总公司教育指导委员会副主任贾皞、陈鸿璠，人教局副局长尹道墨，山东省教委副主任吴鸿章，国家教委高教司工科处副处长刘志鹏参加会议。在大会上宣读了《胜利石油管理局、石油大学厂校合作委员会章程》，胜利石油管理局局长陆人杰、石油大学（华东）校长华泽澎在协议书上签字。

按照厂校合作协议，胜利石油管理局为大学优先提供学生的实习基地和社会实践场所，解决学生理论联系实际、与工人相结合的问题。开发系充分利用合作协议，加强校外实习基地建设，改善实践教学条件。

采油教研室与胜利油田的胜利采油厂等3个采油厂常年有联系，并以此为契机建立了专门的教学基地，为实践教学带来了极大的方便，使学生所学内容与实践密切地结合起来，取得了良好效果。

钻井教研室也与胜利油田基层单位保持着密切的合作关系，在1998年分别与胜利油田钻井集团二公司固井公司和胜利油田黄河钻井总公司共建厂校合作科技活动基地和产学研合作基地。

二、总公司开放型采油工艺实验站建设

1993年11月，中国石油天然气总公司重点科研项目，石油大学（华东）与中原石油勘探局联合建立的开放型采油工艺实验站第一期工程在濮阳顺利通过总公司验收。验收委员会认为，该站建成的全尺寸、系列井筒及配套的直井实验系统，其规模、功能和可提供的实验条件居国内领先水平，总体上达到了国际先进水平。

开放型采油工艺实验站通过总公司验收

该站自1989年正式立项后的4年间,投资1 000多万元,李秀生校长带领以张琪教授为首的多学科科研组和中原石油勘探局科技人员联合攻关,完成了由模拟实验井、地面工程流程、实时测控系统及直井实验系统构成,国内比较完善的可用于进行各种人工举升方法及配套工艺技术研究的一套采油工艺大型基础设施。在建站过程中,他们还对主要技术难题进行攻关,研究出多项创新性技术成果,其中四管柱井口装置及下井工艺、井下多点实时遥测网、多种井下特种工具等成果通过总公司技术鉴定。

验收委员会主任委员蒋其垲指出,这个站的建立充分体现了自力更生、艰苦奋斗的精神,也体现了厂校联合、优势互补共同攀登科技高峰的精神。开发生产局总工程师万仁甫希望实验站起到基础研究、中间试验、工具仪表标定、人员培养4个方面的作用,达到出理论、出工艺、出成果、出产品、出人才的目的。科技局曾宪义局长要求厂校联合研究办好实验站的新机制,稳定一批高水平技术人员,吸引全国,甚至世界范围的客户来站进行实验。

三、采油教研室与胜采22队共建双文明单位

1990年,采油教研室党支部为了加强思想政治工作,把学习雷锋、学习大庆的活动落到实处,走与实践相结合的道路,与胜采22队共建双文明单位。1990年4月9日,开发系采油教研室与胜利石油管理局胜利采油厂的采油22队,举行共建双文明单位签字仪式。采油教研室主任张琪教授和采油队队长兼指导员刘宏亮在协议书上签字。这是学校教学基层单位与油田基层生产单位建立的第一个全面合作关系。胜利采油厂厂长刘宝和、学校副校长李秀生、开发系主任陈庭根等领导以及有关负责同志出席了签字仪式。

采油教研室与胜采22队举行共建双文明签字仪式

胜采 22 队是胜利油田标杆采油队,曾连续 5 次获油田采油银牌奖,1989 年又获金牌奖。这个队在特高含水期加强科学管理,不断积累提高采收率、保持稳产的经验,因此受到广泛重视。油田广泛开展学大庆、学铁人、学采油 22 队的活动。双方共建协议书规定,教研室要协助采油队解决生产中遇到的技术难题,为采油队培训职工等;采油队为教研室介绍现场处理各种实际问题的经验和方法,并接受青年教师到现场锻炼。

　　采油教研室与胜采 22 队双文明单位的共建活动,加强了教研室与社会的联系,为教研室的思想政治工作带来了生机和活力。共建活动既锻炼了青年教师,提高了他们的业务水平和思想认识,又充分发挥了教研室的优势,帮助 22 队解决了许多实际困难。在这一活动中,教研室有目的地锻炼和培养青年教师。青年讲师吴晓东毕业留校后努力钻研业务,在教学和科研方面成绩突出。为了重点培养吴晓东,教研室决定由他主要负责同胜采 22 队的“共建”活动。接受任务后,他认真制订工作计划,认真组织现场测试、理论教学、文体活动等,有效地开展了共建活动。教研室先后派青年教师姚军、王杰祥、张艳玉等到胜采 22 队锻炼,他们在锻炼过程中与工人同住、同吃、同劳动、同加班,把星期天都奉献在胜采 22 队的工作上。教师们还利用工余时间给工人上技术课,协助技术员修改并完善计算机报表软件,帮助采油队制订“八五”规划,有效提升了 22 队的管理水平。

　　胜采 22 队有 4 口老大难井,一直工作不正常。采油教研室了解情况后,由吴晓东等 4 位同志携带测试仪器进行现场测试和数据分析,分别写出解决问题的报告并交给采油队。采用他们的方案施工后,2 口井实现了正常工作。在给采油队讲技术课时,教研室派出了经验丰富的老教师赵福麟等,赵福麟教授为了上好 2 学时的课整整准备了 2 天。讲课过程中,他采用实物教学与现场演示相结合的方法,讲得具体生动,使工人们很快掌握了学习内容。教研室还组织部分课题负责人给采油队的技术干部讲新技术、新工艺课,使他们了解采油工艺新进展和新技术。

　　从 1990 年到 1992 年,学校共有 7 批 300 多名青年教师分赴大庆和胜利油田参加了工程实践锻炼。

第六章
历史机遇　重点建设

（1994—2000）

　　1994年，中国石油天然气总公司启动了面向21世纪的石油天然气学科专业改革，将开发系原有的钻井工程、采油工程、油藏工程3个专业合并为石油工程专业，开发系随之更名为石油工程系。此后，石油工程系紧密围绕专业合并后的建设和提升开展了一系列开创性的探索和实践，并在人才培养方案和教学内容体系改革方面取得突出成效，专业建设水平在国内同类高校中处于领先地位。

　　在国家教委和中国石油天然气总公司的大力支持下，学校抓住历史机遇，跻身"211工程"，进入了一个新的历史阶段。1994年至2000年，学校完成了"九五""211工程"的立项和建设任务。石油工程系负责建设的"油气钻井工程学科"和"油气田开发工程学科"在学科方向、学术队伍、人才培养、科学研究、条件建设、学术交流和管理水平等方面显著提升，总体达到国家重点学科水平。

第一节　更名石油工程系

一、机构设置

　　1993年11月7日，国家教委公布重新修订的《高等学校本科专业目录》。学校有10个专业更改名称，其中石油开发系原有的钻井工程、采油工程、油藏工程专业合并为石油工程专业。合并后的石油工程专业于1994年开始招生。

　　1995年3月14日，石油开发系更名为石油工程系，系主任为陈月明，副主任为鄢捷年、王育瑞，系主任助理为葛洪魁、王杰祥；党总支书记为李玉平，副书记为王瑞和、王育瑞（兼）。1995年5月，增补黄少云任党总支副书记。

　　1996年1月18日，李玉平任石油大学（华东）党委常委、副书记，不再担任石油工程系党总支书记。学校党委任命王育瑞为石油工程系党总支书记；王瑞和任石油工程系副主任。1996 年 5 月 16 日,学校党委任命王瑞和为石油工程系主任,吴晓东、姜汉桥、葛洪魁为系副主任。1997 年 3 月 14 日,学校党委任命管志川为石油工程系副主任。

1. 教学机构设置

1995 年,石油工程系下设教学机构有：钻井教研室、采油教研室、油藏教研室和流体力学教研室。钻井教研室主任为周广陈,副主任为管志川、林英松；采油教研室主任为吴晓东,副主任为李明忠；油藏教研室主任为姜汉桥,副主任为姚军；流体力学教研室主任为孙宝江,副主任为客进友。

1997 年 1 月,石油工程系基层教学机构负责人完成换届,钻井教研室主任为管志川,副主任为林英松、邹德永；采油教研室主任为李明忠,副主任为张贵才、陈德春；油藏教研室主任为姚军,副主任为秦积舜、刘慧卿；流体力学教研室主任为客进友,副主任为刘成文。1997 年 5 月,钻井教研室主任为由邹德永担任。

1998 年 12 月,经学校批准,石油工程系对所属教学机构和科研机构进行了调整。调整后的教学机构有：石油工程教研室、流体力学教研室和石油工程中心实验室。石油工程教研室是在原钻井教研室、采油教研室和油藏教研室的基础上成立的,主要是为了更好地协调教学管理、课程建设、教学研究。石油工程教研室的成立形成了系管教学的教学管理模式。教研室第一任主任为管志川,副主任为姚军、李明忠、林英松。石油工程中心实验室是在原各教研室、研究室的教学实验室的基础上组建而成的,分油田化学、石油工程、微机室、油层物理和流体力学 5 部分,形成了资金共享、实验人员和仪器设备统一管理的模式。中心实验室第一任主任为刘慧卿,副主任为王富华。1998 年中心实验室被评为山东省高校一类实验室。

2. 科研机构调整

1995 年,石油工程系下设科研机构有：钻井工程研究所和采油工程研究所。钻井工程研究所下设高压水射流研究室、泥浆研究室、金刚石钻头研究室；采油工程研究所下设人工举升研究中心和油藏工程研究室。钻井工程研究所所长为陈庭根,副所长为沈忠厚、韩志勇；高压水射流研究室主任为沈忠厚,副主任为李根生、徐依吉；泥浆研究室主任为郭东荣,副主任为邱正松；金刚石钻头研究室主任为杨宝德。采油工程研究所所长张琪,副所长陈月明,所长助理为李炳辉；人工举升研究中心主任为张琪,副主任为吴晓东；油藏工程研究室主任为陈月明,副主任为姜汉桥。

1996 年 1 月,石油工程系增设油藏驱油机理研究室作为独立研究室,栾志安任主任。采油工程研究所内增设了流体工程研究室和采油化学研究室,流体工程研究室由贺礼清任主任,孙宝江任副主任;采油化学研究室由赵福麟任主任,张贵才任副主任。

1997 年 1 月,科研机构负责人完成换届。各研究室负责人继续任职,增加陈建民任金刚石钻头研究室副主任。1997 年 5 月,泥浆研究室改由邱正松任主任,王富华任副主任。

1997 年 11 月,中国石油天然气总公司决定,以我校"采油工程软件开发与信息中心"为基础,组建"中国石油天然气总公司采油工程软件与信息中心"。

1998 年 6 月 18 日,钻井工程研究所更名为油气井工程研究所,射流研究室更名为高压水射流研究中心,隶属油气井工程研究所。王瑞和任油气井工程研究所所长,周广陈任副所长,1998 年 12 月 8 日,增加邹德永任油气井工程研究所副所长。

二、建设新举措

1996 年,石油工程系新一届领导班子上任。王瑞和主任带领系班子在分析研判当时形式的基础上,确定了石油工程系新时期 4 个方面的工作重点:深化教育改革,加强师资队伍建设,加强学科与专业建设,进行产学研深度结合。

1. 深化教育教学改革

学校从 1992 年开始启动石油工程教学改革,新一届领导班子将深化教育教学改革,引领全国高校石油工程改革发展的方向作为首要任务。系班子以培养开放型人才为导向,确定了"厚基础、宽专业、强能力、重实践"的改革方针,在教材建设、师资队伍建设、培养方案和教学大纲建设以及教学手段建设等方面开展了一系列改革,形成了系统化的专业教学课程体系,在全国石油高校起到了示范作用。这也为 2001 年教育部高等教育司以学校为主成立全国高等学校石油天然气专业教学指导委员会创造了条件。

2. 加强师资队伍建设

面对师资队伍大量流失的不利局面,系领导班子采取了 2 项措施有效提升了教师的理论水平和实践能力。第一,提升师资队伍的数量和学历层次。系领导班子选择优秀的本科毕业生充实师资队伍,同时鼓励年轻教师攻读硕士和博士学位提升学历水平。1996 年至 2000 年期间,石油工程系有近 20 位教师攻读博士学位,年轻教师基本获得了硕士学位。第二,安排年轻教师参加油田现场实践锻炼。现场实践使教师对石油工程整个工艺环节有了系统深入的认识,满足了石油工程教学改革的需要。这一时期,石油工程系坚持立足自身力量强化师资培养,为石油工程专业和学科后续的发展奠定了雄厚的基础。

这一时期,石油工程系还为后期海洋石油工程专业的设立和发展进行了战略储备。面对中国海洋石油的广阔发展前景和海洋石油专业人才极度欠缺的现状,1996年,石油工程系委派陈建民到中国海洋大学进行一年的学习;同时也针对性地开展了海洋石油方向的科研工作和教材建设。随后几年,海洋石油工程方向的教学团队逐渐发展,为2000年学校"船舶与海洋工程专业"的成功申报奠定了基础。

3.加强学科与专业建设

1994年1月,石油大学"211工程"论证和学科建设研讨会决定,将建设油气田开发工程和油气田钻井工程等6个重点学科,中国石油天然气总公司也从这一年开始投入资金支持学校进行"211工程"建设。石油工程系将建设经费投入2个学科中有特色和优势的研究方向,在学术队伍建设、科研平台建设以及科研成果等方面都取得了显著的成果,2001年顺利通过教育部组织的阶段验收。

4.促进产学研深度结合

产学研结合一直是石油工程系立足东营发展的重要优势。新一届系班子按照教学改革和科学研究的需求,加强与胜利、中原等油田单位的合作,在实习基地建设、工程硕士培养、科研成果推广等方面形成了一批有影响力的成果,产学研结合产生了非常好的效益和影响。

三、师资队伍建设

石油工程系采取一系列措施加强人才引进和师资培养的力度,师资队伍不仅实现了数量的稳步提升,还在学历层次和职称结构方面得到很大改善。到2000年初,石油工程系教职工达到147人;专任教师86人,其中教授17人、副教授27人、讲师36人、助教6人,教师队伍中具有博士学位的11人,硕士学位的59人,本科学历的16人,其间涌现出一大批行业内知名的专家学者。

1.油气井工程专家

陈庭根,1932年12月生,广东省高要县(现肇庆市)人,教授。1953年毕业于清华大学石油工程系,1955年开始在北京石油学院从事教学工作,历任讲师、副教授、教授、教研室副主任、主任等职,曾任学校开发系主任、山东省东营市东营区区人民代表、中国石油学会会员等职。主要从事石油钻井的教学与研究工作,曾先后合著并公开出版了《钻井工程》《钻井工艺原理》《破岩原理及工具》等专著与教材。承担了国家"六五"科技攻关项目"最优化钻井技术"中的子课题,研究成果于1986年1月通过国家鉴定,并获得国家科学技术进步奖。从1981年以来,历年被评为劳动模范,还获得山东省、石油工业部优秀教师的称号。1988年被山东省委命名为优秀共产党员，在山东省、全国石油系统享有盛誉。

韩志勇，1937年3月生，陕西蓝田人，教授，博士生导师。1962年毕业于北京石油学院油井工程专业并留校任教。历任教研室党支部书记，教研室副主任、代主任，开发系副主任，钻井研究所副所长等职。担任油气钻井实验室（省级重点实验室）负责人，油气钻井学科负责人。长期从事教学和科研工作，讲授"钻井工艺原理"等7门课程，参编或独编写11种教材以及大量教学辅助材料。承担国家重点科技攻关项目"定向井丛式井钻井技术研究"中的三维绘图技术研究、"水平井钻井技术研究"中的水平井优化设计专题、"侧钻水平井钻采成套技术研究"中的钻柱力学问题研究专题，获中石油总公司科技进步特等奖、重大科技成果奖，中石化科技进步一等奖等，出版专著《定向钻井设计与计算》《液压环境下的油井管柱力学》《石油钻井》等。以第一作者或唯一作者发表学术论文49篇。1993年起享受国务院政府特殊津贴。曾荣获山东省教委优秀教师、中石油总公司优秀教师、中石油总公司优秀党员称号等。

鄢捷年，1945年5月生，重庆市人，教授，博士生导师。1967年7月毕业于北京师范大学化学系，1981年12月于西南石油学院研究生毕业并获硕士学位。长期从事石油工程学科油田化学领域的教学和科研工作，主要研究方向有钻井液化学、油气层保护技术和油气藏界面化学等。1981—1996年在石油大学（华东）工作期间，历任钻井泥浆研究室主任、石油工程系副主任。1995年被确定为中国石油天然气集团公司首批学术、技术带头人。先后主持完成了30余项国家、部、局级科研项目，获得国家科学技术进步奖1项，省、部级科技进步奖4项。公开发表学术论文130余篇，出版著作7部，主编的部级重点教材《钻井液工艺学》在我国石油高校和各油田企业广泛使用。

徐依吉，1953年8月生，山东淄博人，教授，博士生导师。1975年毕业于华东石油学院钻井工程专业，1993年被评为山东省专业技术拔尖人才，并享受国务院政府特殊津贴。曾担任石油大学（华东）射流研究室副主任，先后主持并完成了10多项科研项目，取得了显著的社会效益和经济效益。1990年获得山东省和中国石油天然气总公司科技进步一等奖各1次，1991年获得国家科学技术进步奖二等奖，1993年获得国家教委科技进步一等奖，1993年获得山东省科技进步二等奖。曾先后在国内外重要学术期刊和会议上发表论文10多篇，获1项美国发明专利，近10项国家专利。

王瑞和，1957年8月生，山东莒县人，教授，博士生导师。1982年本科毕业于华东石油学院钻井工程专业，分别于1989年和1995年获得硕士学位和博士学位。曾担任油气井工程研究所所长、油气井工程国家重点学科负责人，2000年起享受国务院政府特殊津贴。王瑞和教授长期从事油气钻井工程的教学和研究工作，出版《钻井工艺技术基础》《高压水射流破岩机理研究》等教材和专著8部，公开发表教学科研论文370余篇，获得国家专利90余项；先后主持或参加国家"973"计划课题、"863"计划课题、国家重大专项计划课题及国家自然科学基金课题10余项；获国家技术发明奖1项，国家级优秀教学成果奖1项，省部级科技奖12项，省部级优秀教学成果、优秀教材奖7项。曾先后兼任中国职业安全健康协会水射流技术专业委员会主任，教育部高校教学指导委员会石油天然气工程专业委员会副主任，中国岩石力学与工程学会岩石破碎专业委员会副主任，中国产学研合作教育协会常务理事，中国高校与企业联盟副秘书长等，并作为国家科技奖、国家"863"计划项目、国家自然基金项目、国家留学基金项目、国家留学回国人才项目及国家级规划教材、国家出版基金、教育部本科教学及专业认证等的评审专家，长期参与国家项目的评审。

管志川，1959年生，山东单县人，教授，博士生导师。1982年本科毕业于华东石油学院钻井工程专业，1995年获得博士学位。历任钻井教研室主任、副院长、院党委书记等职。国家"万人计划"教学名师，国务院政府特殊津贴专家，全国模范教师，全国钻井专业标准化委员会委员。石油工程国家级教学团队、国家"一流"专业带头人，钻井工程国家"一流"课程负责人。主讲《钻井工程》《油气井流体力学》等课程，承担973、自然基金等国家课题多项。获国家科学技术进步奖二等奖、国家教学成果二等奖各1项，获省部级科技奖励9项、教学成果奖励8项；授权发明专利40余件，出版教材、专著4部，发表论文200余篇；任《中国石油大学学报（自然版）》《石油钻探技术》《新疆油气》杂志编委。主要研究方向：油气井力学与井下过程控制、钻井工程风险与井筒完整性评价、深层钻井与高效破岩、海洋油气井工程。

李根生，1961年生，安徽石台人，教授，博士生导师，中国工程院院士。1983年从华东石油学院钻井工程专业毕业，1986年获得硕士学位，之后留校工作，曾任石油大学（华东）石油工程系射流中心副主任。1999年入选国家"百千万人才工程"第一、二层次人选并开始享受国务院政府特殊津贴；2001年获得国家杰出青年科学基金资助；2003年至2017年担任中国石油大学（北京）石油工程学院系主任，2018年担任中国石油大学（北京）副校长。李根生教授长期从事油气钻井和完井工程理论与技术研究工作，研究方向为油气井流体力学与工程、水射流钻井与完井工程等，是油气钻井与完井工程领域的技术专家，对推动中国油气钻井与完井工程（特别是深井钻井和低渗完井增产）的理论发展和技术进步作出了重要贡献，先后获得国家科学技术进步奖二等奖2项、国家技术发明二等奖1项、国家技术发明三等奖1项等。

葛洪魁，1963年9月生，山东德州人，教授，博士生导师。1983年毕业于华东石油学院钻井工程专业后留校任教,曾任开发系副主任、石油工程学院院长等职。葛洪魁教授的研究方向为实验地球物理、岩石物理学、岩石力学及石油工程。负责完成"八五"国家攻关项目子课题、教育部教改课题、省部级项目等多项课题。主持承担国家 863 项目子课题、国家自然科学基金项目等。完成的科研项目获国家科学技术进步奖一等奖 1 项,集团公司科技进步一、二等奖 4 项,科技信息成果一等奖 1 项,软件二等奖 1 项,教学成果一等奖 1 项,省软件二等奖 1 项等奖励。

王汝元,1934 年 2 月生,山东福山人,教授。1960 年毕业于南京航空学院气体动力学专业。1987 年由国防部第五研究院调入学校工作,曾任水力学教研室主任,1991年任石油天然气总公司流体力学教学指导委员会副主任。曾获国家科学技术进步奖二等奖,山东省科技进步奖一等奖,中国石油天然气总公司科技进步奖一等奖。

2. 油气田开发工程专家

张琪(1936—2016),甘肃临洮人,教授,博士生导师。1958 年毕业于北京石油学院钻采系采油专业后留校任教。曾任采油教研室主任,油气田开发工程研究所所长,1992 年起享受国务院政府特殊津贴,1998 年获孙越崎科技教育基金"能源大奖"。张琪教授长期从事采油方面的教学与科研工作,是我国著名采油工程专家。承担和完成了 10 多项国家自然科学基金、国家科技攻关和省部级重点项目,在"人工举升理论与技术""采油工程方案设计""采油方式综合分析与决策"等方面开展了创造性的理论和应用研究。完成、推广了各种人工举升采油方法的单井工况诊断、优化设计和配套软件,以及"采油方式综合评价与决策分析""注采方式综合评价专家系统"和"采油工程方案编制"等 10 多项重要科研成果,获国家科学技术进步奖 3 项,省部级科技进步奖 9 项。主编和参编教材、专著和译著 10 余部,其中《采油工程原理与设计》获国家优秀教材二等奖,在中国科学文献计量评价研究中心发布 2016 版《中国高被引图书年报》中位列石油天然气工业学科第二名。

赵福麟(1933—2022),广东广州人,教授,博士生导师。1952 年考入清华大学化工系,1957 年毕业于北京石油学院石油炼制专业并留校任教,1993 年起享受国务院政府特殊津贴。赵福麟教授是我国油田化学方向的开拓者和带头人,他长期从事化学法提高采收率理论与技术研究工作,在"区块整体调剖""2+3"和"油井堵水与化学剂吞吐结合"等方面取得重大突破,引领了我国油田化学法大幅度提高采收率技术发展的方向;建立了国内油田化学教材体系,编著教材《采油化学》获 1992 年国家优秀教材奖,《油田化学》获 2002 年国家优秀教材二等奖,科研成果先后获国家科学技术进步奖二等奖、山东省技术发明奖等省部级以上奖励 15 项。他为我国的石油工业培养了大批优秀人才,曾获中国石油天然气总公司"劳动模范"、中国石油天然气总公司"铁人科技成就奖"、山东省高校第二届"十大优秀教师"、全国归侨侨眷先进个人等荣誉称号。

陈月明,1937年9月生,浙江建德人,教授,博士生导师。1960年毕业于北京石油学院采油工程专业,并留校任教,历任采油教研室主任,开发系副主任、主任,1993年起享受国务院政府特殊津贴。陈月明教授长期从事油气田开发方面的教学和科研工作,是我校油藏工程专业和学科方向的主要创建者,主要讲授油藏数值模拟、注蒸汽热力采油、天然气水合物开采理论与技术、油藏经营管理和油气田开发科学与技术进展等课程,开拓形成高含水期稳产措施的宏观决策、油藏数值模拟、油气藏经营管理、注蒸汽热力采油和天然气水合物开采等研究方向,出版著作6部,发表论文120多篇,获省部级科技奖励10余项,为油气田开发工程学科的建设和发展作出了重要贡献。

栾志安,1943年4月生,山东黄县人,教授。1968年毕业于北京石油学院开发系油气田开发开采专业。1981年获西南石油学院渗流力学专业硕士学位,1982年到华东石油学院开发系采油教研室任教,1993年起享受国务院政府特殊津贴。长期从事油气田开发理论研究和教学工作,在裂缝——孔隙介质和非牛顿液渗流方面有系统研究,解决了我国裂缝油田和稠油油田试井基础理论问题。1988年在全国首先倡导和应用物理——水动力学油田开发新方法,为该方法在全国普遍应用奠定了基础。1985—1992年期间,曾在苏联、美国、挪威做学术访问及科研合作,在油藏驱动理论方面有突出贡献和创新。在国内外发表学术论文多篇,2次获省、部级科技进步奖。

姜汉桥,1957年8月生,江苏海门人,教授,博士生导师、国务院政府特殊津贴专家、973项目首席科学家。1982年毕业于华东石油学院开发系采油工程专业并留校任教,曾任油藏教研室主任、开发系副主任、石油工程学院党委书记等职。姜汉桥教授长期从事油藏工程方面的教学和科研工作,主要研究方向为油气田开发理论与系统工程、油气渗流理论与应用。曾获国家科学技术进步奖二等奖1项,获中国石油天然气集团公司教学成果一等奖1项,省部级和校级成果奖励多项。

吴晓东,1958年8月生,山东肥城人,教授,博士生导师。1982年毕业于华东石油学院采油工程专业并留校任教,曾任采油教研室主任、石油工程系副主任等职。1991年破格晋升副教授,1995年破格晋升教授,1999年调入石油大学（北京）工作。吴晓东教授完成多项科研攻关项目,解决了抽油机井井筒阻尼系数计算的难题,首次提出了抽油机井优化设计的理论和模型,编制了我国第一个"抽油机井计算机诊断和优化设计"软件,提出了利用抽油机井示功图计算油井产量的理论与模型,主持完成了中石油"采油采气工程优化设计与决策支持系统"软件平台。获得国家科学技术进步奖特等奖 1 项、省部级一等奖 6 项,发表论文 180 余篇,出版教材 3 部。

第二节　石油工程专业的设立

一、设立背景

从 1994 年开始,中国石油天然气总公司在石油高校中着手组织启动了面向 21 世纪的石油天然气学科专业改革。改革背景主要有 3 个方面:

第一,1993 年 2 月,中共中央、国务院正式颁布《中国教育改革和发展纲要》,明确提出"必须把教育摆在优先发展的战略地位",在全面分析当时教育所面临的形势和任务的基础上,提出了指导我国 20 世纪 90 年代乃至 21 世纪初教育改革和发展的根本目标、战略和指导方针。

第二,随着社会主义市场经济体制的确立和不断完善,对高等教育的人才培养质量提出了新的更高要求,社会越来越欢迎知识面宽、适应性强、综合素质高的毕业生。然而由于过去我国高校的专业设置沿袭了苏联的模式,工科专业一般都是按生产流程来设置,所以往往存在着专业面过窄、适应性较差、专业与岗位或职业相混淆的现象。为重点解决学科专业的归并、拓宽和总体化问题,自 1989 年开始,国家教委在 1982 年进行的历经 5 年的专业修订工作的基础上,又组织开展了第二次大规模的专业目录修订工作。本次修订,使专业设置种数由原来的 813 种专业减少为 504 种,形成了体系相对完整、比较科学合理和更加统一规范的《普通高等学校本科专业目录》,并于 1993 年 7 月正式颁布实施。随后又于 1994 年初,制定并实施"高等教育面向 21 世纪教学内容和课程体系改革计划",成为中国石油天然气总公司推动面向 21 世纪石油天然气学科专业教学改革的具体依据。

第三,随着我国国民经济和石油石化工业的飞速发展,对石油天然气学科专业教育提出了一系列新的要求。当时的石油主干类专业因长期以来一直是按照石油天然气的勘探、开发、炼制和储运生产加工过程而设置的,其本身存在的结构设置不合理、专业划分过细、专业口径偏窄、教学内容陈旧等问题越来越突出,人才培养工作难以适应石油工业和社会发展的需要。针对这些问题,根据 1993 年国家教委颁布实施的《普通高等学校本科专业目录》和 1994 年初制定的"高等教育面向 21 世纪教学内容和课程体系改革计划"的要求,从 1994 年开始,石油高校陆续对物探、测井、钻井工程、采油工程、油藏工程、矿场机械、化学工程、化工工艺等一批原有石油专业进行了合并改造。学校将建校之初设立的"钻井工程""采油工程"专业和1987年设立的"油藏工程"专业合并为"石油工程"专业。

二、专业建设

1."乐山会议"精神

1994年10月，中国石油天然气总公司召集所属各石油高校在四川乐山召开了以"面向21世纪深化教学改革培养跨世纪人才"为主题的教学改革研讨会（后称"乐山会议"），专题研究和商讨石油高等教育面向21世纪的教学改革大计。会议分析了石油高校所面临的形势、任务和挑战，探讨了培养跨世纪人才的具体思路、目标和措施。会议还围绕"石油工程"等石油主干专业的改革方案和培养计划进行了重点研讨和交流，并就下一阶段石油企事业单位对石油天然气学科专业毕业生的需求情况进行了分析和预测。会后，总公司印发了《石油高校面向21世纪教学改革的若干意见》，对世纪之交石油高校的教学工作和教学改革做了具体部署和要求，同时建立了"石油高校教学改革专项经费"和"石油高等教育教学奖励"2项制度，为进一步推动和促进石油天然气学科专业的教学工作和教学改革提供了必要的经费和制度保证。

这次会议对于进一步推动石油天然气学科专业面向21世纪的改革和发展起到了重要作用。"乐山会议"是"承德会议"之后石油高等教育发展史上召开的又一次具有里程碑意义的会议。

"乐山会议"结束后，1995—1999年中国石油天然气总公司在石油高校有计划、有组织地开展了一系列教学改革、教育研究和计算机辅助教学课件（CAI）项目的立项工作，以石油主干专业的改革为龙头和突破口，全面启动了面向21世纪的石油高等教育教学改革。1995年初，总公司人教局根据"乐山会议"精神，在石油高校中组织开展了第一批教学改革项目的立项工作，本次立项共确立教改项目53项，其中重点项目36项，一般项目17项。1996年，总公司又牵头将6所石油高校立项的石油主干专业的改革并入到国家教委组织的"面向21世纪高等工程教育教学内容和课程体系改革计划"第一批立项项目"石油行业类主干专业教学内容和课程体系改革的研究与实践"进行集中重点改革。

2.课程体系建设

1994年第一届石油工程专业本科生招生、专业建设工作全面展开。1994年3月19日，开发系邀请校内外24名专家、教授研讨石油工程专业的建设，共同为本专业谋划发展新策略。专家教授们各抒己见，在"学精基础课、强化外语计算机，拓宽专业课,最后拿出一定的时间强化专业方向知识"上达成了共识,并建议要投入财力和物力抓好教材的编写,缩短教材与实际的滞后期。他们对石油工程专业增设油田化学的内容进行了讨论,肯定了其价值及可行性,同时还提出了许多宝贵的建设性意见和建议。

（1）课程体系建设思路。

石油工程专业设立之前,钻井工程、采油工程、油藏工程3个专业的培养目标和课程体系存在较大差别。1994年,开发系制定了第一个石油工程专业培养方案,方案从培养目标出发,按照石油工程专业人才应具备的知识能力结构,确定开设课程及每门课在整个课程体系中的地位,由此进一步确定了课程的内容、学时和顺序。同时,开发系注重各门课程之间知识内容的相互渗透和融合,注重课程之间的衔接,减少课程内容的重复,重视系列课程建设,努力提高课程的综合化程度,以少量有限的课时来覆盖较广的知识面,使培养计划在质量和效率上得到统一,实现课程结构的优化,重组课程体系。开发系增设限选课和任选课,为因材施教创造条件,同时为提高学生的人文素质创造条件。

（2）培养内容及知识结构总体框架。

根据教育部的有关规定,本科专业教育内容和知识体系由普通教育（通识教育）内容、专业教育内容和综合教育内容3大部分及15个知识体系构成,其中普通教育内容包括人文社会科学、自然科学、经济管理、外语、计算机信息技术、体育、实践训练等知识体系;专业教育内容包括相关学科基础、本学科专业、专业实践训练等知识体系;综合教育内容包括思想教育、学术与科技活动、文艺活动、体育活动、自选活动等知识体系。

石油工程专业的教育内容和知识结构进一步概括为"两大基础、五个支柱、三大专业方向",即自然科学与人文社会科学基础,地质、力学、化学、热机电与计算机技术5个支柱,以及钻井与完井工程、油藏工程和采油工程三大专业方向,并着重加强工程实践能力、创新意识能力、自学能力、信息获取与利用（外语计算机实际应用）能力、生产管理能力和事业心、责任感的培养。

（3）专业教育的知识体系。

知识体系由知识领域、知识单元和知识点3个层次组成。一个知识领域可以分解成若干个知识单元,一个知识单元又包括若干个知识点。知识单元又分为核心知识单元和选修知识单元。核心知识单元提供的是知识体系的最小集合,是该专业在本科教学中必需的最基本的知识单元。核心知识单元的选择是最基本的共性的教学规范,选修知识单元的选择体现了学校特色。石油工程专业教育的具体知识体系包含普通教育内容、专业教育内容、综合教育内容3个方面；其中专业教育内容相关的知识领域包括相关学科基础、本学科专业、学术与科技活动和专业实践训练知识体系4个领域。

（4）课程体系的完善。

1997年，石油工程系完善了1997级石油工程专业教学计划、培养方案以及各课程的教学大纲，提高了石油工程专业课的完整性、系统性和综合化程度。石油工程系从整体优化出发，通过合并一批、改造一批、删除一批、增设一批等形式，将原有课程做了大的调整，如增设了"石油工程导论""石油工程综合设计"等综合性课程以及海洋石油工程类的新课程。新的课程体系更加注重各门课程之间知识内容的相互渗透和融合，重视系列课程建设，课程内容体现出新、宽、深度适中的特点。

为更好地培养学生的工程实践能力，石油工程系积极进行校内外教育配套体系的实践，先后与胜利油田钻井集团二公司固井公司、胜利采油厂等多家单位共同建成厂校合作科技活动基地，本着优势互补、共同发展和长期协调、稳定合作的原则，签订了建立厂校合作科技活动基地的协议书。开放式教学活动的开展，推动了企业技术研究的深入，尤其对计算机应用技术的推广起到了很大的作用。石油工程系"厂校合作指导毕业设计的初步研究"被评为校教学成果二等奖，所申报的"提高石油工程专业本科生工程实践能力的开放策略"被批准为1997年山东省教委教改资助项目。

3. 教学改革

围绕石油工程专业教学改革，石油工程系采取了一系列行之有效的措施。1996年，成立了系"教学指导委员会"，陈庭根教授任主任。由陈庭根等5位有着丰富教学经验、热爱教学工作的老教师组成了系教学督导小组，他们经常深入课堂了解教与学的情况，将自身的教学经验毫无保留地传授给青年教师，对系里青年教师教案的科学性和规范化问题提出建设性的意见和建议。

石油工程系还制定了《系管教学、首席教授负责制》《关于加强教学工作的若干规定》《教书育人实施办法》《教学档案的管理规定》等4个教学管理文件和相应制度。在硬件建设上实行项目负责制，对订购和使用的设备、仪器等实行专人专组负责制。在进行定编及奖金核算时，把编写教材正式算入教师的工作量，并拨专款予以扶持，使教材建设真正成为教改的一项重要内容。

为保证新的教学计划得到落实，石油工程系除要求教师努力改进教学方法，提高课堂教学质量，使学生在有限的课时内获得更多的知识外，还在部分主干课程中试行了"系管教学、首席教授负责制"的教学管理模式，即由系全面负责专业教学计划的实施，对系列课程或主要专业课成立以教授为首的课程组，首席教授全面负责该门

（类）课程的教材建设、师资梯队建设和教学研究等工作,如赵福麟教授被聘为石油工程专业化学课程建设首席教授。

4.师资队伍建设

为确保油气田钻井工程、油气田开发工程学科 2 个重点学科的建设,石油工程系采取了一系列的措施和政策,在师资培养上进行长远规划,分步突出重点,优先保证紧缺学科,推行首席教授负责制,制定专业课教师参加现场工程锻炼等规定,加强师资队伍建设。

为改善教师的知识结构,培养复合型教师队伍,1997 年石油工程系举办了以《钻井工程》《采油工程》《油藏工程》《渗流物理》为学习内容的首次青年教师专业岗位提高班,45 岁以下青年教师参加,学完并考试合格者颁发"石油工程专业岗位提高班合格证",持有合格证者方可安排教学任务。另外,以张琪教授为首的采油工艺研究组出资 3 万元设立了"石油工程系优秀教学奖励基金",旨在促进石油工程教育,激励青年教师迅速成长,提高本科生教学质量,主要奖励从事本科生教学工作、年龄不超过 45 岁的优秀教师。

2000 年,石油工程系制定了《关于专业课教师参加现场工程锻炼的规定》,推出了加强教师队伍建设,提高专业课教学和工程实践环节教学的质量,提高教师从事科学研究和解决工程实际问题的能力,鼓励青年教师参加现场锻炼。该规定要求,凡1990 年以后进入石工系从事专业课教学且已获得硕士以上学位的教师,在近几年内必须经过至少 3 个月的现场工程实践锻炼。规定出台后,在石工系青年教师中引起了强烈反响,他们踊跃报名参加现场锻炼,以弥补实践环节的薄弱。

1995—2000 年期间,一大批教师在教学科研和"211 工程"建设中建功立业,贡献突出,受到山东省、石油天然气总公司和学校的表彰和奖励。张琪教授于 1994 年被评为山东省"十大优秀教师",1998 年获得中国科学技术发展基金会孙越崎科技教育基金年度"能源大奖";赵福麟教授于 1994 年荣获中国石油天然气总公司劳动模范称号,1997 年被评为山东省"十大优秀教师";1999 年,王瑞和教授荣获中国石油天然气总公司劳动模范称号,葛洪魁教授获山东省教育管理先进个人。赵福麟、陈月明、韩志勇、王瑞和、邱正松 5 位教授分别被授予校劳动模范称号,张琪、沈忠厚、陈月明、赵福麟、姜汉桥 5 位教授被校工会授予"为建设'211 工程'建功立业"劳动奖章。吴学东、韩志勇、赵福麟、王德新、李爱芬、秦积舜 6 位教师获得"胜利育才奖"。

三、建设成效

石油工程系新一届领导班子把石油工程专业的教学改革作为一项战略任务,在国内外进行了广泛深入的调研,召开了数十次专题研讨会,经过不断实践和完善,取得多项国家教委和总公司级别的教改课题立项,阶段性成果得到了总公司和学校及有关单位的充分肯定。石油工程系针对石油工程专业开展的一系列开创性的探索和实践,取得了良好的改革成效,在国内石油高校起到引领和示范作用。

1995 年,鄢捷年负责的"石油工程专业改革与建设"被列为中国石油天然气总公司教学改革重点项目,经费 10 万元。1996 年,该项目又被列为国家教委教学改革项目"石油行业类主干专业人才培养方案及教学内容体系改革的研究与实践"的一部分。1999 年 4 月,葛洪魁等负责的"石油工程专业改革与建设"获中国石油天然气集团公司石油高等教育优秀教学成果一等奖。

2000 年 2 月 17 日,石油工程专业被列为山东省普通高校教学改革试点专业。

2000 年 3 月 13—21 日,中国石油天然气集团公司组织专家对"石油行业类主干专业人才培养方案和教学内容体系改革的研究与实践"项目的各子项目进行了结题验收,石油工程专业人才培养研究与实践课题获得优秀评价。

2000 年,管志川等负责的"石油工程专业学生工程实践能力培养研究与实践"获得中国石油天然气集团公司教学成果三等奖,"石油工程专业学生工程实践能力培养研究"获得 2001 年山东省教学成果一等奖。

在课程教学和建材建设方面也取得一批成果。1996 年,流体力学教研室拍摄的《工程流体力学实验教学》电视教学片、油层物理实验室与电教中心合作拍摄的《油藏岩石物性》获学校电视教材评比一等奖,流体力学教研室被评为"电视教学先进集体"。1998 年,姚军等承担的"运用全面质量管理改革毕业设计管理模式"获学校教学优秀成果一等奖。2000 年,石油工程系完成的 2 项 CAI 教学课件获得中国石油教育学会石油高校计算机辅助教学优秀课件奖励,其中邹德永完成的"钻井工艺技术"获得一等奖,林英松等完成的"固井与完井工程"获得二等奖。

1995 年,鄢捷年编著的《钻井液优化设计与实用技术》获 1995 年中国石油天然气总公司优秀教材一等奖。陈庭根负责的《钻井工程理论与技术》、张琪负责的《采油工程原理与设计》和《采油工程多媒体辅助教材》、赵福麟负责的《油田化学》、姜汉桥负责的《油藏工程原理与方法》、陈月明负责的《油藏数值模拟基础》等 6 项选题获"九五"总公司级重点教材立项;另有 7 项选题获学校"九五"校级重点教材建设。1997 年,石油工程系共有 27 本教材列入学校"九五"教材建设规划,7 部教材列入总公司教材建设计划,陈庭根负责的《钻井工程理论与技术》、张琪负责的《采油工程原理与设计》、赵福麟负责的《油田化学》等 3 部教材获"九五"国家级重点教材立项。陈月明主编的《注蒸汽热力采油》获学校优秀教材一等奖。2000 年,李兆敏主编的《非牛顿流体力学》获中国石油天然气集团公司教学成果三等奖。

第三节　人才培养模式改革实践

一、本专科生培养

1. 无机非金属材料专科专业设立

为了拓展学科发展方向,石油工程系在金刚石钻头研究室成立了无机非金属材料专科专业,该专业的教学工作由陈建民负责。专业课由陈建民、须志刚、韦忠良、王海文、缪青维以及其他教研室的专业教师承担。该专业共招收 2 届学生,其中 1995 年招收 40 人,学制 2 年;1996 年招收 25 人,学制 3 年。1997 年,学校为了集中力量办本科,停止了全校大多数专科专业的招生。

2. 英语专业双学位试点班

学校为了培养石油工业所急需的高层次复合型人才,在继续探索和扩大辅修的基础上,1996 年在 1993 级本科专业中开办了英语专业的双学位试点班,1999 年增开了双学位及辅修专业,新开设了石油工程、法学及汉语言文学等 3 个专业,由原来的 4 个专业增加到目前的 7 个专业。2001 年首批外院系学生中 10 人获得石油工程专业双学位。

3. 第二学士学位专业

1996 年,石油工程系第一次招收第二学士学位专业学生。石油工程第二学士学位专业是 1995 年由国家教委批准设立的,旨在培养德智体全面发展的,掌握石油工程领域的基本理论和基本技能,能够从事工程设计、生产管理和科学研究的复合型人才。招生主要面向石油企业理学专业或工学机械、电子、电子与信息、管理工程类专业,大学本科毕业获得工学学士学位,并有一定实践经验的在职人员。通过系统的培养和训练,学生掌握了石油工程的基础理论和基本技能,发挥了多学科优势,成为石油工业发展急需的复合型人才。第二学士学位,其学制 2 年,主干学科是油气田开发工程和油气钻井工程;共设课程 18 门,规定总学分 80 分;主要课程有油层物理、渗流力学、油藏工程、采油工程、油藏数值模拟、钻井工程等,教学共计 1 112 学时。

2003 年,经山东省教育厅批准,石油工程学院在中石油吉林油田分公司招收了 34 名石油工程专业第二学士学位生。2004 年,针对中石油新疆石油管理局、中石油新疆油田公司、中石油克拉玛依石化公司急需石油工程专业技术人才的现状,石油工程学院又分别从 3 个单位招收了 38 名攻读石油工程专业第二学士学位的学生。

4.油田化学优异生培养

1998 年,石油工程系从石油工程专业优异生中选拔出 20 名学生进行油田化学优异生培养,开展了石油工程专业(油田化学方向)教学的探索。油田化学是石油工程专业的一个特色方向,该专业方向培养具有扎实化学基础和石油工程专业知识的复合型人才,除具备石油工程的基本知识外,在油田化学领域获得较丰富的理论知识和工程实践能力。学生毕业后可从事石油工程设计、工程施工、科技开发和应用研究,尤其在油气井工程的化学处理剂及化学采油等方面的研究工作,在油田和其他企事业单位以及对外合作单位具有广阔的就业机会。

5.海洋石油工程专业筹建

石油工程系自 1996 年开始筹建海洋石油工程专业,2000 年开展了石油工程(海洋石油工程方向)的教学探索。该专业方向培养具有较强外语和计算机应用能力、获得工程师基本训练的高等工程技术人才。学生具备数学、力学、机械设计、地质与海洋学等方面扎实的理论基础,能从事海洋结构物设计、海底油气等矿物资源开发的工程设计、生产施工与管理、科技开发和应用研究等方面的工作。海洋石油工程方向办学成功的经验助力学校于 2001 年获批新建船舶与海洋工程专业。

二、全日制研究生培养

1.硕士研究生培养

1994 年,开发系的硕士研究生培养专业包括油气钻井工程和油气田开发工程 2 个。油气钻井工程专业主要研究方向包括钻井水力学、钻井技术及钻井系统工程、岩石力学及其应用和钻井泥浆工程,主要学位课程包括马克思主义理论、外语、数学、钻井系统工程、流体力学(Ⅰ)、岩石力学、胶体及表面化学、弹塑性力学等。油气田开发工程专业包括采油工程和油藏工程 2 大研究方向,具体研究方向包括油田开发设计、试井分析、原油流变学及水驱油机理、油藏数值模拟、人工智能与专家系统等,主要学位课程包括马克思主义理论、外语、数学、流体力学、两相流理论、渗流力学、高等油藏工程、油藏数值模拟、人工举升理论等。

1998 年,石油工程系研究生培养方向进一步拓展。油气井工程专业主要研究方向包括油气井力学与控制工程、岩石力学及破岩工具、油气井流体力学、油气井工作液化学、油气井信息开发与应用,主要课程包括基础外语、数值分析、应用数理方法、高等流体力学、连续介质力学、表面及胶体化学、岩石力学、油气井流体力学、技术经济、人工神经网络等。油气田开发专业主要研究方向包括油气渗流理论与应用、油气田开发理论与方法，采油工程理论与技术、采油化学理论与工程、提高采收率机理与方法，主要课程包括基础外语、数值分析、应用数理方法、高等渗流力学、油藏数值模拟、人工举升理论、气液两相流理论、应用统计方法、最优化方法、高等传热学、系统工程、提高采收率原理与方法、采油化学进展等。

1994 年至 2000 年间，石油钻井工程（油气井工程）专业共招收硕士研究生 35 人，油气田开发工程专业共招收硕士研究生 81 人，2 个专业招生合计 116 人。同期，共有 147 人获得硕士学位，其中石油钻井工程（油气井工程）专业 16 人，油气田开发工程专业 68 人，工程硕士 14 人，同等学力 49 人。

2. 博士研究生培养

1994 年，石油开发系的博士研究生培养包括油气钻井工程和油气田开发工程 2 个学科。油气钻井工程专业的招生纳入石油大学（北京），部分研究生的培养在石油大学（华东）进行。油气田开发工程专业招生在石油大学（华东）进行，博士生导师为张琪和赵福麟教授。

1998 年，石油工程系的博士研究生培养包括油气井工程和油气田开发工程 2 个专业。油气井专业博士生导师为韩志勇和王瑞和教授，2000 年李根生和管志川教授成为博士生导师。该专业主要研究方向包括油气井力学与控制工程、岩石力学及破岩工具、油气井流体力学、油气井工作液化学、油气井信息开发与应用，主要课程包括现代科技革命与马克思主义、第一外语、油气井工程力学、油田化学理论与方法、系统工程与智能工程、计算流体力学、计算固体力学基础、软件工程与开发技术、现代科学技术课、第二外国语、计算机前沿技术讲座、相关学科领域专业课和专业基础课类。

1988 年，油气田开发工程专业博士生导师为张琪、赵福麟、陈月明和栾志安教授，2000 年姜汉桥和李兆敏教授成为博士生导师。该专业主要研究方向包括油气渗流理论与应用、油气田开发理论与方法、采油工程理论与技术、采油化学理论与工程、提高采收率机理与方法，主要课程包括现代科技革命与马克思主义、第一外语、理论渗流力学、油藏渗流物理理论、采油化学理论、多相流理论、现代科学技术课、近代数学、当代物理学专题、计算流体力学、固体力学等。

1994 年至 2000 年间，石油钻井工程（油气井工程）专业共招收博士研究生 8 人，油气田开发工程专业共招生 27 人，两个专业招生合计 35 人。同期，共有 5 人获得博士学位，其中石油钻井工程（油气井工程）专业 1 人，油气田开发工程专业 4 人。

三、在职研究生培养

根据国务院学位委员会办公室的有关文件精神,学校出台了举办研究生课程进修班的相关规定。1997 年 10 月 11 日,石油工程系为胜利石油管理局举办的"首届油气钻井工程研究生课程在职进修班"开学,35 名学员都是来自钻井前线的技术骨干。进修 2 年后,通过答辩和全国硕士水平考试合格者,获硕士学位证书。1998 年 6 月,山东省教委下发批文,同意学校举办 3 个硕士研究生课程进修班,其中油气田开发工程进修班招收 30 人。

1997 年,国务院学位委员会批准设置工程硕士专业学位。学校经国务院学位委员会办公室批准,从 1998 年开始招收化学工程、地质工程和石油天然气工程方向的工程硕士研究生。

第四节　"211 工程"成功立项

一、建设背景

1993 年 2 月,党中央、国务院发布《中国教育改革和发展纲要》,纲要提出:"面向 21 世纪,要集中中央和地方等各方面的力量办好 100 所左右的重点大学和一批重点学科、专业。"此项工作简称为"211 工程"。国家教委为"211 工程"建设做了大量前期准备工作,于 1993 年 7 月印发了《关于重点建设一批高等学校和重点学科的若干意见》,决定设置"211 工程"重点建设项目。1995 年,经国务院批准,国家教委、国家计委、财政部发布《"211 工程"总体建设规划》,并拨出专项资金实施"211 工程"建设,将"211 工程"作为教育战线唯一的国家重点建设项目列入"九五"建设计划并开始实施。

面对国家提出"211 工程"计划的历史机遇,石油大学广大师生员工通过对中央和上级有关文件的学习和讨论形成了共识。石油大学经过 40 年的建设和发展,已成为办学条件良好、石油特色鲜明的全国重点大学,确立了在石油高校中的领先地位。同时,为了到 21 世纪石油大学能主动适应石油工业发展的需要,建成石油、石化工业高层次专门人才培养基地与应用基础研究及高新技术研究基地,使学校的教育、科研水平跃上新台阶,进入国内外同类院校先进行列,必须抓住这次极为难得的发展机遇,努力进入"211 工程"建设计划。石油大学于 1993 年 2 月 19 日成立了以张一伟校长为组长,李秀生〔石油大学(华东校长)〕、张嗣伟〔(北京)副校长〕为副组长的石油大学"211 工程"领导小组,专门领导这项工作。同时,石油大学还成立了以张嗣伟副校长为主任（兼）的"211工程"办公室,具体操作这项工作。

中国石油天然气总公司领导十分重视和支持石油大学争取进入"211工程"建设,认为石油大学在培养石油工业需要的高质量、高层次专门人才以及推动石油工业科技进步中都发挥了重要作用,是石油高校中处于领先地位的大学,决定把石油大学的"211工程"建设列为总公司"九五"期间一项重点建设项目给予全力支持。1993年10月10日,总公司王涛总经理在庆祝石油高等教育40年暨石油大学建校40年"双庆"大会上发表的讲话中,提出了著名的"六条措施",支持石油大学进入国家"211工程"。10月28日总公司向国家教委提交了《关于申请开展"211工程"预审工作的报告》,指出:中国石油天然气总公司已经决定全力支持石油大学进入"211工程",并决定对石油大学投入每年1亿元资金进行重点建设。12月8日,国家教委"211工程"办公室下文同意总公司开展对石油大学"211工程"建设部门预审工作。石油大学"211工程"项目由此进入立项程序。

二、精心组织实现立项

根据国家教委规定,"211工程"项目立项程序分为预审、预备立项、评审和批准立项4个主要步骤。按国家教委的部署,在总公司的领导下,石油大学经过4年（1994—1997年）努力,完成了立项任务。

1."211工程"的部门预审

1994年1月3—7日,石油大学"211工程"论证和学科建设研讨会在北京校区召开。会议决定,学校将重点建设6个学科,即有机化工,煤田·油气地质勘探（含沉积学）、应用地球物理、油气田开发工程（含石油天然气储运工程）、油气田钻井工程、石油天然气机械工程（含化工过程机械、工业自动化）;建设2个重点建设项目,即计算机网络、图书文献保障系统。

经过充分的准备,总公司于1994年9月13日至17日组织由侯祥麟院士为组长、赵鹏大院士和总公司人教局副局长徐梦虹为副组长的预审专家组,对石油大学"211工程"建设项目进行了部门预审。专家组原则通过了《石油大学"211工程"整体建设项目论证报告》和《石油大学"211工程"重点学科点建设项目论证报告》,并一致同意对石油大学"211工程"部门预审予以通过。

2.预备立项

从1994年开始,总公司将石油大学"211工程"建设作为"八五""九五"期间的一项重点建设项目,每年投资1亿元边立项边开始了建设。为实现国家的正式立项,根据部门预审专家组的意见和国家教委相关文件,学校对"论证报告"做了反复修改和论证,重新编制了《石油大学"211工程"建设项目可行性研究报告》。在新的"可研报告"中,确定了下列6个学科建设项目:有机化工、煤田·油气地质与勘探、应用地球物理、油气钻井工程、油气田开发工程、石油天然气储运工程。1996年6月20日,经国家教委组织专家对"211工程"重点学科建设项目进行评审,同意石油大学申报建设的6个重点学科项目。

3. 立项审核和批准立项

1997年5月13日,受国家教委、国家计委和财政部的委托,总公司组织由中国地质大学校长、中国科学院院士赵鹏大担任组长的专家组对《石油大学"211工程"建设项目可行性研究报告》进行了论证审核。专家组认为,石油大学已经具备了"211工程"立项条件,一致同意通过《石油大学"211工程"建设项目可行性研究报告》的审核,建议向国家计委尽快申报正式立项。1997年11月26日,国家计委向中国石油天然气总公司发出批复,同意石油大学作为"211工程"项目院校在"九五"期间进行建设。这标志着石油大学终于跻身"211",从法律程序上把石油大学纳入了国家重点建设的高等学校。

石油大学"211工程"的总体建设目标是:力争到20世纪末,使石油大学进入国内理工科院校的先进行列;建立起适应21世纪科技和石油工业发展需要的学科专业体系,把学校建设成为国内著名,国际上有一定影响,以工为主,理、工、管、文、法等多学科协调发展的高水平特色大学。

石油大学"211工程"建设的主要内容包括:重点学科建设、公共服务体系建设和必要的基础设施建设。具体内容为:① 以重点学科建设为核心,重点建设有机化工、油气地质与勘探、应用地球物理、油气钻井工程、油气田开发工程、石油天然气储运工程等6个学科建设项目,使其成为我国高水平博士、硕士人才培养和承担国家重大科研任务的重要基地;② 公共服务体系建设的主要任务是建设校园计算机网络和图书文献保障系统等。

国家正式批复石油大学"211工程"建设的立项是1997年,而实际上在此之前在总公司的支持下已经开始进行建设。人们习惯地把2000年前的"211工程"建设称为"第一期工程"。后来国家在统一管理的过程中,把1996年至2000年(国家第九个五年计划期间)的"211工程"建设,统称为"九五""211工程"建设。

三、石油工程学科初期建设

1. 项目建设组织管理机制

石油大学"211工程"建设项目按国家重点建设项目管理,实行"项目法人责任制"。石油大学（北京）、石油大学（华东）两地校长分别对两地"211 工程"建设项目的实施向"211 工程"建设项目法人负责，两地还各自成立"211 工程"建设领导小组。各子项目实行项目负责人负责制。两地共建的子项目负责人由两地人员组成，见表6-1。

表6-1　石油大学"211 工程"石油工程学科子项目负责人名单

学　科	负责人及梯队	
	第一负责人	第二负责人
油气钻井工程学科	高德利（北京）	韩志勇（华东）
油气田开发工程学科	张琪（华东）	陈钦雷（北京，后为张士诚）

共建子项目按学科方向和实验室建设，两地做了明细分工，各自有所侧重，见表6-2、表6-3。两地学科建设项目实行学科建设领导小组领导下的学科项目负责人负责制，领导小组由单位行政负责人、学科项目负责人和学科主要研究方向的学术带头人组成。由学科项目负责人组织项目实施，并向项目法人组织和两地"211 工程"建设领导小组负责。

表6-2　石油工程重点学科研究方向上的分工

学　科	研究方向	分　工		
		两地	北京	东营
油气钻井工程学科	钻井流体力学	√		侧重
	管柱力学及井下过程控制	√	侧重	
	岩石力学		√	
	钻井信息开发及应用		√	
	钻井液化学	√		
油气田开发工程学科	渗流理论		√	
	油气田开发理论	√		
	采油工程理论与技术			√
	采油化学			√

表 6-3　石油工程重点学科实验室上的分工

学　科	实验室	建设目标	分　工		
			两地	北京	东营
油气钻井工程学科	高压水射流及破岩	共建省部级	√		侧重
	井下过程模拟		√	侧重	
	井壁稳定		√		
油气田开发工程学科	复杂油气藏综合模拟				√
	人工举升采油	省部级			√
	渗流机理与采收率	省部级			
	试井物理模拟			√	

2.油气钻井工程学科建设进展

油气钻井工程学科于 1994 年获批中国石油天然气集团公司重点学科,是石油大学"211 工程"重点建设学科之一,所属油气钻井工程实验室于 1994 年获批山东省高等学校重点实验室。该学科在钻井流体力学、管柱力学及井下过程控制、岩石力学、钻井信息开发与应用、钻井液化学等 5 个方面形成了稳定的研究方向。

1994 年以来,该学科主要围绕着钻井流体力学、钻井液化学、管柱力学及井下过程控制等 3 个研究方向重点建设了油气钻井工程实验室,在队伍建设、科学研究、高层次人才培养、实验室建设、管理水平等方面取得了较大的成绩。

在学科队伍建设方面,建成了一支以 5 名教授博导(沈忠厚、韩志勇、王瑞和、李根生、管志川)为学术带头人、以博士和硕士研究生为主的老中青三结合的年轻学术队伍。学科 3 个主要研究方向上的年轻学术带头人已经成长起来,基本上完成了学术队伍的新老交替,已有教授博导 5 人、副教授 20 人、讲师 13 人,教授的平均年龄从 1993 年的 60.6 岁下降到 1998 年的 45.33 岁。教师中具有博士学位的有 4 人,在读博士 11 人,占中级以上职称教师的 35.7%。

在学科的科学研究方面,承担省部级以上科研课题 20 项,其中重大科技攻关项目 9 项,国家级科技攻关项目 2 项,科研经费近 900 万元,中级以上人员年均科研经费 21 万元;获得省部级以上科技奖励 3 项,其中国家发明奖 1 项。该学科在旋转射流理论研究及径向水平井技术、旋转射流用于处理近井地层增产增注、高压水射流射孔技术、泥页岩井壁稳定机理及新型防塌泥浆体系、钻柱受力的井下实测技术等有望取得重大突破,在旋转射流与径向水平井技术研究方面可能形成标志性成果。

油气钻井工程学科带头人研讨科技难题

在钻井流体力学方面，以高压水射流为主要研究对象，研究了各种高压射流的形成和调制机理及其在石油工程中的应用，已在各种射流的理论研究、加长喷嘴钻头、水力机械联合破岩钻头、自振空化射流钻头、旋转射流等方面取得了重大成就，其中"加长喷嘴牙轮钻头"获1997年国家发明奖，并在全国13个油田推广应用，平均提高钻头机械钻速25%～35%，提高钻头进尺40%左右，近5年来创经济效益达1亿多元。鉴定的"高压旋转水射流处理近井地层增产增注的研究"，首次成功地将高压旋转水射流用于近井地层处理，其成果达到了国际领先水平。

在钻井液化学研究方面，针对井眼稳定，以胶体化学、高分子化学、岩石力学为理论基础，以钻井液与井壁地层及岩石为研究对象，重点研究了钻井液理论与井眼稳定技术，已在钻井液性能及配制机理研究、井壁稳定及油层保护机理研究、无荧光防塌降滤失剂、抗高温高盐防塌滤失剂等方面取得了重大成果，并一直处于国内领先地位。

在管柱力学及井下过程控制研究方面，重点研究了定向钻井理论与技术，已在定向井设计计算理论研究、定向井丛式井三维绘图、水平井井身结构设计及轨道设计等方面取得重大成果，并达到国内领先、国际先进水平。该学科还发表了学术论文121篇，出版专著教材7部，获校级教学成果奖2项。在高层次人才培养方面，培养研究生34名，其中博士研究生9名。

在实验室建设方面,该学科重点建设了油气钻井工程实验室,已购置大型实验装置 10 台,大型仪器设备 12 台。实验室开展建设高压水射流及破岩实验装置和钻井液井下模拟实验系统 2 个重点建设项目,并已经取得了一批重大科技成果。

3.油气田开发工程学科建设进展

油气田开发工程学科于 1994 年获批中国石油天然集团公司和山东省重点学科,是石油大学"211 工程"重点建设学科之一。该学科在渗流理论、油气田开发理论、采油工程理论与技术、采油化学等 4 个方面形成了稳定的研究方向。

1994 年以来,石油大学(华东)主要围绕着油气田开发理论、采油工程理论与技术、采油化学、渗流理论等 4 个研究方向重点建设了复杂油气藏综合模拟实验室和人工举升采油实验室,在队伍建设、科学研究、高层次人才培养、实验室建设、管理水平等方面取得了较大的成绩。

在队伍建设方面,该学科有教授博导 7 人(张琪、赵福麟、陈月明、栾志安、姜汉桥、吴晓东、李兆敏),副教授 11 人,讲师 21 人,教师中博士研究生 9 人,占中级以上职称教师的 14%,建成了一支以博士和硕士研究生为主的年轻学术队伍。

油气田开发工程学科带头人研讨学科发展

在科学研究方面,该学科承担省部级以上科研课题 22 项,其中国家级科研项目 3 项,科研经费达 1 100 多万元;获省部级以上科技奖励 8 项,其中国家科学技术进步奖 2 项；发表学术论文 119 篇，出版专著教材 9 部，获省部级教学优秀成果奖 2 项。该学科已在油气田开发理论、采油工程理论与技术、采油化学、渗流理论等研究方面形成了明显的优势和特色。在采油工程综合决策理论与方法、采油工程方案编制、人工举升采油理论与技术、井筒多相流理论等研究方面居国内领先地位，部分研究成果达到国际先进水平；在非牛顿渗流及开采理论与方法、改善水驱油效果理论及新技术、用精细油藏数模技术和大尺寸物模技术研究剩余油分布等方面居于国内领先地位，部分研究成果居国际先进水平；在采油化学调剖堵水、三次采油、苛刻条件下化学剂合成等研究方面达到国内领先，部分研究成果达到国际先进水平。

在实验室建设方面，基本建成了采油化学实验室和采油工程软件与信息中心，购置了离子发射光谱、高级液相色谱、超微机工作站等大型仪器设备，大大改善了实验条件，取得了明显的经济和社会效益。

4. 代表性科研成果

至 1995 年，石油工程系共承担国家"八五"攻关项目级子课题 11 项，山东省自然科学基金项目 4 项，总公司青年自然科学基金项目 2 项，总公司重大攻关课题 12 项，国家"八五"重点攻关 11 个四级子课题通过验收。

1996—1997 年，石油工程系承担国家级科研项目 4 项，包括"侧钻水平井钻采配套技术研究""三次采油新技术"等国家"九五"科技攻关项目 3 项和国家自然科学基金 1 项（"水平井筒变质量气液两相流动机理研究"，负责人张琪）。石油工程系承担山东省自然科学基金 4 项，中国石油天然气总公司科技局、开发局项目 34 项，中国石油天然气总公司青年创新基金 2 项，学校"211"重点基础研究项目 2 项。

沈忠厚教授和王瑞和教授带领团队承担的总公司重大攻关项目"径向水平井技术研究"取得了重大突破。1997 年 8 月，科研人员在辽河油田锦州采油厂"锦 45-04-19 井"井深 1 013.2 米油层，进行径向水平钻进 100 分钟，钻出水平井段 15.86 米，钻成我国第一口超短半径径向水平井，从而攻克径向水平井世界高新技术。专家认为，这项技术具有跨世纪的战略地位，使我国继美国之后成为在井深 500 米处打出径向水平井的第二个国家。石油工程系采油研究所教师与胜利石油管理局等单位联合完成的"改善水驱开发效果新方法研究"获中国石油天然气总公司 1995 年十大科技成果奖。

1994—1997 年期间，石油工程学院教师共获得国家级奖励 4 项，省部级奖励 9 项，厅局级奖励 6 项。其中，张琪教授等负责的"改善枣园油田开发效果"和"采油方式综合评价与决策系统"分别获 1995 年国家科学技术进步奖二等奖和 1996 年国家科学技术进步奖三等奖，孙士孝高级实验师等负责的"常规岩芯分析仪器研制"获得

1996年国家科学技术进步奖三等奖,沈忠厚教授等负责的"加长喷嘴牙轮钻头"获得1997年国家发明三等奖。

1994年4月沈忠厚教授被评为山东省优秀专利发明者,1995年11月16日张琪教授被山东省确定为专业技术拔尖人才。1994年10月15日,在中国石油天然气总公司召开的科技大会上,采油研究所被评为"先进科技集体",张琪、周晓君被评为"先进工作者"。

在学校召开的1997年科技工作会议上,石油工程系采油研究所、高压水射流研究室获先进科研集体称号,石油工程系获评学术活动先进集体,张琪、沈忠厚分别因承担的"采油工程决策系统"和"径向水平井钻井工艺技术"单项合同总经费及进校总经费超过100万元而受到重奖。

第五节　"九五""211工程"建设

一、"211工程""九五"期间建设目标

在《石油大学"211工程"建设项目可行性研究报告》和《国家计委关于石油大学"211工程"建设项目可行性研究报告的批复》中,明确地提出了"九五"期间石油大学"211工程"建设目标。"九五"期间的建设目标是:大力加强6个石油主干学科的建设,并达到国内一流水平;强化重点实验室建设,为提高学科水平和科技攻关水平打下坚实的物质基础;建成国内一流的计算机校园网络,改善图书文献保障系统,以适应21世纪开放型信息社会的要求;培养和建设一支高水平的教师和管理干部队伍,使学校在高层次人才培养的质量和从事高科技研究的水平方面上一个台阶,为实现2010年建设目标奠定坚实的基础。预计经过15年的重点建设,到2010年,使石油大学进入国内理工科院校的先进行列;石油主干学科专业达到世界同类学科专业的先进水平;建立起适应21世纪科技和石油工业发展需要的学科专业体系,使学校成为适应社会主义市场经济的、石油特色鲜明的在国内著名、国际上有较大影响的,以工为主、理工管结合的石油大学。

二、重点学科建设卓有成效

重点学科建设是"211工程"三大建设部分的核心,是体现教学、科研水平的重要标志,是带动学校整体水平提高的有效途径。重点学科建设主要是增强科技前沿领域

科学研究和高层次人才培养的能力,尤其是高水平博士生的培养能力。"九五"期间,石油工程系新增"石油与天然气工程"国家一级学科博士学位授权点,设立"石油与天然气工程学科"博士后科研流动站。所负责建设的油气钻井工程和油气田开发工程2个重点学科在学科方向、学术队伍、人才培养、科学研究、条件建设、学术交流和管理水平等方面都有明显提高,已达到或基本达到国家重点学科水平。

1. 油气钻井工程学科

"九五"期间,油气钻井工程学科围绕着高压水射流、井眼控制及井壁稳定等研究方向,重点建设了高压水射流及破岩实验室和井壁稳定实验室,实验室集中反映了钻井技术的发展要求,总体上达到国内领先水平,成为山东省重点实验室。通过"九五"建设,该学科在科学研究方面取得了长足进步。科研项目总数由"八五"期间的33项增加到"九五"期间的93项,科研经费由1996年的197万元增加到2000年的320多万元;获省部级以上奖励14项,科研成果转让的直接经济效益达3.98亿元,在旋转射流理论及径向水平井技术、清洗井壁射孔炮眼及处理近井地层技术方面,形成了学科的标志性成果。"九五"期间,该学科已完成了学术梯队的新老交替,形成了一支结构合理、水平较高的学术队伍。教师队伍中具有博士学位人员比例由1996年的5.4%上升到2000年的29%,具有硕士学位人员比例也由38%上升到65%。该学科有10名教授,平均年龄在40岁。在钻井流体力学、油气井管柱力学及井下过程控制、岩石力学和钻井液化学4个主要研究方面向,都有45岁以下的年轻学术带头人。

2. 油气田开发工程

油气田开发工程是研究石油天然气开采的综合性工程学科,是山东省重点学科。"九五"期间,该学科重点建设了2个实验室:人工举升采油实验室和复杂油气藏综合模拟实验室。这2个实验室涵盖了学科的采油工程理论与技术、油气田开发理论、采油化学3个主要研究方向。经过5年的建设,人工举升采油实验室建成了3套大型的水平井、倾斜井、垂直井井筒多相流实验装置,1套复杂结构井井底处理流入动态实验研究装置,2套井筒举升工艺实验研究装置,1套注采系统渗流机理实验研究装置,1套油井防砂效果评价装置,并建成了以1台康柏PL5000和2台GS600服务器为主体的局域网,开发了7套采油工程应用软件。复杂油气藏综合模拟实验室建成了先进的微机工作站和5套油气藏数值仿真系统,可以进行10万以上多节点大规模数值仿真研究;建成了油气渗流模拟系统和采油化学模拟系统。"211工程"建设有力地促进了科学研究工作。"九五"期间,本学科承担了省部级以上科研项目48项,获国家科学技术进步奖2项,省部级科技成果奖17项;形成了"高含水期不同类型油藏调剖堵水技术"和"采油工程综合分析决策系统"2项标志性成果。其中前一项技术成果达到国际先进水平,并应用于大庆、胜利等 8 个主力油田,累计增产原油 157.4 万吨,创产值 12.3 亿元。

三、标志性科研成果

"九五""211 工程"建设期间,石油工程系共获得国家级科技奖励 4 项,省部级科技奖励 20 项,厅局级科技奖励 16 项,形成了 5 项标志性科技成果。张琪教授获得中国科学技术发展基金会孙越崎科技教育基金 1998 年度"能源大奖",李根生教授入围 1999 年度"百千万人才工程"第一、二层次人选,2000 年徐依吉教授获得"中国专利山东优秀发明奖"一等奖,被山东省人民政府记一等功。

1. 我国西部复杂地层钻探不稳定理论与控制技术

在我国西部地区地面和地下条件复杂(山前构造等),而油气资源具有埋藏深等特点,在油气钻探工程中经常遭遇塌、漏、涌、卡、斜等不稳定性问题,采用常规的理论和技术很难奏效,结果不仅造成了巨大的直接经济损失(数以亿元计),还严重制约了西部油气勘探步伐。

张琪与李秀生在一起工作

在"九五"期间,"211 工程"投资 1 242 万元,建成了"井下过程模拟"和"井壁稳定"2 个分实验室,并作为副项目长单位参与完成了"巴楚地区山前构造深井钻井配套技术研究""复杂地质条件下深井、超深井钻井技术研究""深井测试技术研究""探井保护油气层技术研究"等多项重大科技工程项目,逐步形成了"我国西部复杂地层钻探不稳定理论与控制技术"这一创新性研究成果。它不仅对山前构造等复杂地层油气钻探中的不稳定性机理进行了更深入的探讨,发表了一批高水平的学术论文(其中被 SCI 收录 10 篇、被 EI 收录 60 多篇),还解决了我国西部复杂地层油气钻探中的地层特性预测、井壁稳定、井斜控制、储居保护及测试井筒的安全性评价等重大技术难题,产生了巨大的经济和社会效益。有关技术获得国家科学技术进步奖一等奖 1 项(1997 年),省部级科技进步一等奖 2 项(1999 年)、二等奖 3 项(1999 年、2000 年)。该项成果的关键技术内容包括复杂地层钻井特性综合评估方法、井壁不稳定理论与评估技术、储层损害理论与保护技术、动力学防斜理论与技术以及高温高压测试技术等。

采用智能化的科学评估方法,从钻井、录井、测井及测试等大量数据资料中挖掘出有用的地层信息(包括地层的岩性、理化特性、地应力、压力特性、可钻性、各向异性及岩石力学参数等),在塔里木、准噶尔、吐哈、柴达木等大中油气盆地钻探工程中成功应用。自 1997 年以来,该评估方法的应用,平均每年可获得直接经济效益 5 000 多万元。与此同时,地层压力钻前预测精度达到 85%～90%,随钻监测精度达到 95%;井壁稳定预测结果与现场符合率达到 90%;储层保护技术使塔里木和准噶尔盆地 10 余口深探井的储层渗透率恢复值普遍提高 20% 以上,油气层发现率达到 100%;动力学防斜技术在塔西南山前构造钻井中效果显著;高温高压测试技术研究通过国家级验收。

2. 射流理论及其在油气井工程中的应用

应用射流技术提高钻探速度和在老油田提高油气采收率,具有成本低、效率高、工艺简单等特点。"九五"期间在"211 工程"经费的支持下,在射流理论和技术研究,以及在石油工业中的应用方面又有新的发展。继"八五"期间,加长喷嘴钻头用于加快钻速取得巨大经济效益的基础上,"九五"期间在应用射流技术提高油气采收率方面又取得了重大突破。

在连续射流和脉冲射流研究的基础上,在实验室开展了空化射流、旋转射流、磨料射流理论特性和工程特性的研究,研制了可产生这些射流的发生装置,为其在工程中的应用打下了坚实基础。

老油田的注采井常由于近井地层污染和炮孔堵塞等导致减产甚至停产,后来将自振空化射流喷嘴和阻尼式旋转喷头相结合开发了射流处理近井地层增产增注新技术。"九五"期间用于老油田的 400 多口油水井中,单井增油幅度 20%～30%,增注幅度 30%～130%,取得直接经济效益 1.77 亿元。该技术还被列入中国石油天然气总公司"九五"新技术推广和示范工程项目,并被国家科技部列入"九五"重点推广计划指南中，目前正在全国 10 多个油田推广。

常规采油技术所能达到的油气采收率仅为 20%～35%，还有大量的剩余油有待采用新技术去开采。在老井中钻径向水平井，是开采剩余油、提高油气采收率的一项重大新技术。在"九五"期间研制了旋转射流钻头、井下转向器系统、悬挂锚定系统、钻进参数配合及控制系统等，基本完成了径向水平井钻井技术的配套，实现了径向水平井技术的重大突破。在辽河油田和河南油田的 3 口老井中钻出了 5 个径向水平井眼，用 1 只 6～7 毫米直径的喷嘴可钻出 100～140 毫米直径的规则井眼，并创造了 15.86 米长的径向水平井眼和 12 米 / 小时钻进速度的技术指标，取得了单井原油增产 8 倍以上的增产效果。这项技术在"十五"期间进一步配套之后，可在老油田提高采收率方面发挥重大作用，并带来巨大的经济效益。

该成果在"九五"期间获得国家发明三等奖。同时，该成果还被出版成中、英文专著各一部。实验室发表该成果论文 38 篇，其中国际会议 8 篇，被 EI 收录 6 篇。

3. 油气非线性渗流理论研究与应用

复杂介质条件下的油气渗流理论是油气田开发的基础，传统的渗流理论认为，地层内的油气渗流为牛顿流体的线性渗流，但是在稠油和化学驱条件下，这种传统的线性渗流理论将不再适用。为此建立了"复杂介质条件下的油气非线性渗流理论"，开创了多重介质、非线性、非确定性渗流力学研究新领域，系统、深入地研究了复杂介质中牛顿和非牛顿流体的非线性渗流规律，形成了复杂渗流系统及分形油藏非线性渗流理论体系。

本项成果主要包括 6 个理论。① 非达西渗流理论。通过实验结果的系统分析创新性地提出了地下油气渗流 5 种模式的转化条件和数学模型：达西流、高速紊流、亚高速流、低速流、超低速流，并给出了各种运动形态下的运动规律及力学解释。② 非牛顿流体渗流理论。针对高黏油和稠油的渗流过程，通过实验研究、理论分析和数值模拟计算，建立了分形油藏非牛顿松弛黏弹性流体不稳定渗流模型，应用于辽河和大港枣园油田的开发，取得了良好的开采效果。③ 多重变形介质流固耦合渗流理论。低渗透、裂缝性、深层油气藏岩石物性对地应力、地层压力变化敏感，

栾志安在研究室工作

通过实验和数值模拟方法,建立了流体和固体耦合作用下油气渗流模型及对整体压裂方案设计和油井产能预测的影响。④ 分形网络介质渗流理论。对复杂裂缝性地层,用分形裂缝模型与地层网络模型建立了能精确描述裂缝性地层渗流的数学模型,为碳酸岩地层开发合理方案设计提供了理论依据。⑤ 水平井渗流理论。通过实验和数值模拟方法研究了水平井、多底井、分枝井复杂井底条件下的渗流机理。⑥ 化学复合驱微观机理及渗流理论。根据胶体和分散体的非牛顿液和界面特性,建立了化学复合驱渗流模型。

该项成果的创新性表现以下 3 个方面。① 将单一孔隙介质发展到多重耦合(孔隙、裂缝、溶洞等)介质的渗流力学,拓宽了双重介质渗流模型的使用条件,为复杂油气田的开发提供了理论根据。② 将线性渗流力学发展到非线性渗流力学,针对我国低渗、稠油等油田及高含水期化学驱油藏的异常渗流特征提出了既考虑多重介质又考虑非线性特征双重影响的"多重介质非线性渗流力学"。③ 将"连续性渗流力学"拓展到"非确定性渗流力学"。一方面将孔隙、裂缝形态无序的介质构造成分形介质,形成了"分形介质非线性渗流力学";另一方面用神经网络专家混合系统及可视化技术来掌握流体运动规律。非线性渗流力学的研究为准确描述复杂介质油气渗流过程提供了理论依据,也为进一步提高原油采收率奠定了理论基础。

该项目在承担国家自然科学基金和 863 项目的基础上,公开出版了 3 部专著:《油气层渗流力学》《复杂渗流系统非线性流体力学》《复杂渗流系统应用与实验流体力学》。该项目获教育部科技进步一等奖 1 项,北京市科技进步三等奖 1 项(专著),山东省自然科学三等奖 1 项,总公司三等奖 3 项。该项目于 1999 年争取到国家 973 基础研究项目"大幅度提高石油采收率的基础研究"项目中的 2 个课题。

4. 油气田开发巨系统理论的建立与应用

油气田开发巨系统理论是应用复杂性科学、系统工程学和管理科学研究油气田开发和开采的新理论,以及复杂油气田提高采收率的设计、规划、管理的智能决策与调控系统,形成了油气田开发智能布井理论、采油工程综合决策分析系统、油气生产的智能配产系统及现代石油战略学等。油气田开发智能布井理论和油气生产的智能配产系统是应用"智能科学、信息科学、可视科学、计算科学"来更新、改造传统的油气田开发理论,使复杂油气田开发走向智能化阶段,完成的国家级科技导向项目"高产油田智能布井系统",被列为国家曙光机 1000 型应用软件系统成果。现代石油战略学通过战略知识、战略观念、战略理论及战略方法的研究,形成了总体战略、经营战略和防御战略、战略设计、战略管理的理论体系,从而达到认识战略、制定战略、实施战略和管理战略的目的,以此为基础进行了国家自然科学基金"我国石油战略经济复杂管理系统"和国家软件学项目"我国石油安全战略及石油危机预警、预报监测系统"的研究,同时为配合我国"十五"发展计划的制定,进行了"我国能源改革及战略设计"项目研究,研究成果已应用于我国石油和能源的规划和战略安全的决策。

采油工程综合决策分析系统由采油工程常用工艺设计和油藏工程常用分析计算、采油工程综合管理模型组成,是在油田开发数据库的基础上为提高采油工程系统的信息化水平,实现油田的高效开发而研制了一套工程软件。采油工程综合决策技术主要包括:采油工程模型(完井系统、采油方式选择、单井工程设计、注水系统、单井动态监测)、措施井评价系统、经济评价、油藏综合管理分析及生产综合运行管理系统等150多个模块。这些模块是建立在油田开发数据库基础之上的油田开发工程应用软件,充分利用现有的开发数据库资源,进行采油工艺设计与油田开发综合分析计算,设计和分析结果可通过网络传递到施工单位。这些模块建立的决策支持系统,使用户利用综合分析决策结果,选择与油田开采具体情况相适应的工艺技术,提出最佳的工艺实施方案,从而使各项工艺技术措施更加科学、合理。该成果的建立为我国主力油田提高采收率的科学决策和国家石油战略安全提供了科学依据。

在该成果的形成过程中,承担国家自然科学基金项目2项、863项目1项、中国石油天然气总公司科技攻关项目5项、国家科委软科学研究项目1项(我国石油安全战略预警预报系统),在运用复杂性科学解决油气田生产、产量预测、智能化管理和石油生产中长期配产规划等方面取得了显著成绩,开辟了复杂性科学在石油生产中研究的新领域,在国内外同行中享有很高的声誉。具有代表性的专著有:《系统协调论》《现代石油战略学》《中国21世纪科技发展战略》(部分)等。该成果获国家科学技术进步奖三等奖1项、国家教委科技进步二等奖1项,以及其他省部级奖多项。

5. 高含水期不同类型油藏调剖堵水技术

目前我国大部分油田综合含水率高达80%～90%以上,减少油井产水量、控制油田含水上升速度、提高水驱采收率,一直是我国主力油田稳定原油产量所面临的一个瓶颈问题。在"九五"期间,通过对"高含水期不同类型油藏调剖堵水的理论与技术"的研究,取得了丰硕的研究成果,整体水平达到国际先进水平,并在全国各主力油田进行了推广应用,取得了巨大的经济效益和社会效益。

(1)提出了堵剂作用机理,其中特别重要的有4个机理为调剖堵水技术奠定了理论基础。

① 冻胶型堵剂的交联机理。该机理证实高价金属离子是以多核羟桥络离子方式形成交联聚合物,聚合物主要以羧基与多核羟桥络离子交联。这些机理能解释和预见各种因素对冻胶性能的影响,在其指导下改进了原来使用的冻胶(铬冻胶),并开

发出新冻胶（锆冻胶，钛冻胶）。

② 双冻胶堵剂的积累膜堵水机理。该机理证实交替注入地层的两种工作液必然在高渗透地层表面形成积累膜，可通过适当的工艺控制积累膜的厚度，从而使调剖堵水的程度可调。在该机理指导下发展了各种双液法堵剂，使远井地带封堵成为提高原油采收率的重要手段。

③ 酸系堵剂的溶解-沉淀机理。该机理研究了各种酸对地层矿物的溶解反应和残酸各成分的沉淀反应，证实酸系堵剂是低渗透层的理想堵剂，具有近井增注、远井调剖特性，已成功用于渤南油田的调剖堵水。

④ 黏土双液法堵剂的絮凝机理。该机理研究了聚合物对黏土的絮凝作用，证实该剂耐温、耐盐并且不伤害中、低渗透地层，该堵剂已在全国推广使用，成为高渗透层和特高渗透层的主力堵剂。

（2）建立了堵剂系列，为应用于不同类型油田的调剖堵水工艺提供了技术保证。

对高渗透地层建立了分散体系、活化体系；对低渗透地层建立了酸系堵剂、铁系堵剂和硅系堵剂；对高温、高矿化度地层使用无机堵剂；对一般条件的地层使用各种冻胶（如铬冻胶、锆冻胶、钛冻胶）；对需深部封堵地层则使用各种双液法堵剂（如氯化钙-水玻璃、氯化镁-水玻璃）和 CDG（Colloidal Dispersion Gel）堵剂。因为堵剂在地层的不同位置需耐不同压差，所以堵剂技术要求封堵用的堵剂均为组合堵剂（如分散体系-絮凝体系-低度固化体系、絮凝体系-低度固化体系-高度固化体系等）。

（3）形成了区块整体调剖堵水决策系统，为油田调剖堵水提供了决策保障。

形成的决策技术有 PI 决策技术和 RE 决策技术。该决策系统是根据油田在高含水期的生产动态，以油藏动态描述为基础，建立了油田堵水调剖优化决策模型、增产预测模型和效果评价方法体系，优化区块整体调剖堵水井位、堵剂类型、堵剂用量、施工参数设计、增产预测和效果评价。

该成果系统地建立了调剖堵水理论和技术，对我国油田的控水稳油产生了重要的影响，对我国主力油田提高采收率提供了技术保证。

在该成果的形成过程中，共培养了硕士生 143 人、博士生 23 人、博士后 6 人，为油田举办各类讲座和培训班，累计培养油田技术骨干 410 人，在该领域公开发表论文 100 余篇，其中三大检索系统 25 篇；出版专著 8 部；获省部级以上科技进步奖 20 项。该成果已为我国大庆、胜利、辽河、新疆等 11 个主要油田所采用，在 200 多个区块上实施，累计增油 157.4 万吨，创产值 12.3 亿元。

四、顺利通过阶段验收

通过全校师生的共同努力，"九五"期间"211 工程"建设总体进展顺利。2000 年 10 月，学校接到"211 部协办"《关于做好"211 工程""九五"期间建设项目验收工作的通知》和《关于下发"211 工程""九五"期间建设项目验收办法的通知》，学校"211 工程"建设进入验收阶段。

2001 年 6 月 6 日至 7 日，教育部组织专家对学校"211 工程""九五"期间建设项目进行了验收，验收活动分北京、华东两校区进行。在验收反馈意见会上，参加验收的专家分别谈了对石油大学"211 工程"建设的考察、验收意见。专家们一致认为石油大学"211 工程"建设指导思想明确，规划科学，实施顺利，总体建设质量较高，圆满地完成了建设任务，尤其是在以下几个方面成绩非常突出：① 重点建设学科形成了优势，取得了丰富的、重大的成果，同时注重科技成果的推广应用，创造了巨大的经济效益；② 中国石油天然气集团公司支持到位，学校经费使用科学高效，硬件建设成效显著，实验室建设水准高；③ 培养凝聚了一大批年轻的、高水平的学术队伍和骨干教师，实现了教师队伍的新老接替；④ 注重仪器设备的外购和自己研制相结合，保证了设备的先进性和实用性，在国内高校中具有独特性；⑤ 两校区统筹规划、明确分工、优势互补，保证了建设的总体效益；⑥ 学校上下艰苦创业、无私奉献，抓住"211 工程"建设的机遇，克服各种困难，实现了学校的大发展；⑦ 学校定位准确、特色鲜明、发展前景广阔。

1. 油气钻井工程重点学科验收意见

2001 年 4 月 15 日，在石油大学（北京），学校主持对油气钻井工程重点学科建设子项目进行了验收。验收专家组在听取了子项目负责人的汇报并对实验室进行了实地考察后，经认真讨论，形成如下验收意见。

（1）该学科建设计划总投资 2 000 万元（中国石油天然气集团公司投资 1 800 万元，自筹资金 200 万元），实际到位投资 1 986.26 万元（中国石油天然气集团公司投资 1 810 万元，自筹资金 176.26 万元），已经完成投资 1 835.56 万元，其余 150.7 万元的仪器设备已订货尚未付款。经费使用合理，效益显著。

（2）学术队伍建设取得了重大成就，完成了学术带头人的新老交替，现有教授 19 人，平均年龄 44 岁；学术队伍的职称结构和学历结构整体上升了一个台阶，具有博士学位的人员占教师人数的比例由 23.08% 提高到 42.5%；学术队伍的素质有了显著的提高，博士生导师由 2 人增加到 10 人，承担高层次人才培养和重大科研项目的能力大大提高。

（3）科学研究取得了长足进展，承担科研项目的数量和科研经费成倍增长，课题级别明显提高，课题类型明显扩大。出版论著和教材 14 本，发表论文近 400 篇。径向水平井技术、射流处理近井地层、我国西部深井复杂条件下钻井技术、探井油气层保护技术、井壁稳定的力学与化学耦合研究、侧钻水平井钻井技术等重大课题研究，取得了突破性成果，形成了"我国西部复杂地层钻探不稳定理论与控制技术""射流理论及其在油气井工程中的应用" 2 项标志性成果，这些成果均达到国际先进水平。

（4）研究生培养的数量和质量达到了新的水平。2000 年招收博士研究生 11 人，硕士研究生 34 人，超过预期指标。

（5）实验室建设内容选择恰当，组织实施得力，建设效果显著。重点建设的 3 个实验室购置并研制了一批大型先进的实验装置和仪器，实验研究能力和水平大大提高。1998 年该学科所属的油气井工程实验室被批准为山东省重点实验室，2000 年中油集团公司在该学科点设立了油气井管柱力学、高压水射流、井壁稳定和水力压裂力学等 4 个重点研究室。实验室总体上在国内居领先水平。

（6）国际合作与交流方面迈出了较大步伐，超额完成了预定任务。验收专家组认为，该学科经过"九五""211 工程"建设，在学术队伍建设、科学研究、人才培养、实验室条件建设等方面，完成了立项提出的各项目标和规定的建设任务，已成为我国油气井工程重大科学研究和高层次人才培养的主要基地，总体上居国内领先地位。

2. 油气田开发工程重点学科验收意见

2001 年 4 月 14 日，由石油大学主持，验收专家组在北京校区对"九五""211 工程"建设子项目油气田开发工程学科进行了验收。专家组在听取了子项目负责人验收申请报告，实地考察了北京校区实验室，观看了华东校区的实验室建设录像资料后，经认真讨论，形成如下意见。

（1）该子项目建设目标明确，效果显著，完成了立项规定的任务。

（2）该子项目计划投资 2 100 万元，实际完成投资 2 033.38 万元，其中中国石油天然气集团公司投资 1 722.94 万元，学科自筹资金 310.44 万元。经费使用合理，效果显著。

（3）通过引进 SUN5000-32CPU 并行机、裂缝导流仪等国外先进的仪器设备，自行设计建造的有自主知识产权的大型井筒多相流、注采井筒模拟和三维多功能油藏模拟等实验装置，建成了具有特色和优势的渗流机理／采收率、试井物理模拟、人工举升采油和油藏综合模拟等 4 个实验室，并被遴选为中国石油天然气集团公司天然气成藏与开发重点实验室和油层物理与渗流机理重点实验室的 2 个重点研究室，建成了采油工程软件开发与信息中心，为承担重大科研项目创造了基本物质条件，有力地增强了学科的自我发展能力，完成了规划的建设目标。

（4）通过"211工程"建设，已形成具有优势和特色的油气渗流理论及应用、油气田开发理论与方法、采油工程理论与技术、采油化学理论与工程等4个研究方向，初步建立了提高采收率机理与方法研究方向。

（5）学术梯队建设实现了年轻化、高层次化。1996年教授为12人，均在50岁以上，2000年教授增至16人，其中50岁以下的教授9人；教师中获博士学位的人数也由4人增至18人；已形成了以中青年骨干教师为主体、综合素质较高、结构较合理的学术梯队。

（6）5年间，本学科承担的国家和省部级科研项目共103项，科研经费共计6 097.4万元，获国家和省部级奖27项，出版专著23部，发表研究论文387篇，形成了4项标志性成果，在非线性渗流理论研究、高含水期不同类型油藏调剖堵水技术及采油工程综合决策分析系统方面处于国际先进水平；首次开展油气田开发巨系统理论的研究，填补了国内该领域研究的空白。

（7）5年间研究生培养在数量上和质量上有明显的提高，2000年本学科招收博士生16名、硕士生46名，分别为1996年的2倍和2.56倍。

验收专家组认为，经过"九五""211工程"建设，油气田开发工程学科总体上达到了国内领先水平。

2000 年初,石油大学由中国石油天然气集团公司划转教育部管理,学校的教育理念、办学思想、服务面向、发展战略都产生了重大的变化。学校推行"学院制改革",石油工程学院应运而生。学院领导带领全院教职工,充分发挥学院办学自主性,依据国民经济发展和行业需求拓展人才培养方向,充分利用"211 工程"二期建设时机大力提升科研条件和科研实力。在此期间,学院新建了船舶与海洋工程专业,沈忠厚教授当选中国工程院院士,油气井工程和油气田开发工程两大学科成为国家重点学科,并顺利通过了"十五""211 工程"建设验收。学院在人才培养方向和办学规模、学科建设水平、科研平台实力和科研成果水平等各个方面都达到了历史发展的新高度。

第一节　石油工程学院的成立

一、学校推行"学院制"改革

1997 年党的十五大召开之后,国家高等教育和石油企业改革不断深化,包括石油大学在内的石油高校的主管领导体制发生巨大变化。在 2000 年初,石油大学由中国石油天然气集团公司整体划转教育部管理,成为教育部直属高校,新体制下运转的石油大学在管理体制上发生了历史性的变化。首先是行业办学转变为国家宏观管理的学校自主办学,大大提高了办学效益意识,激发了学校的自筹资金、自主办学的意识,促进了从粗放式经营向集约化经营的转化。其次是由基本上面向石油行业办学转为既面向石油行业又面向社会和市场办学,扩展了学校发展的空间,扩大了学校的规模。再次是由学科比较单一的学校向着石油特色鲜明、以工为主、多学科相互支撑的学校转化。最后是大大激发了学校领导和管理人员尊重教育规律办学和自主办学的自觉性,促进了自身素质的提高。

新体制下,学校既面临重大的历史机遇,同时又面临着空前的压力和严峻的挑战。校领导班子在深入分析学校面临的形势和机遇,综合比较学校的水平和实力后,审时度势,及时调整工作思路,确定新的指导思想和工作方针。其中,在进一步深化校内管理体制改革方面提出了实行"学院制"改革的举措。

学校以优化资源配置,提高办学效益和办学水平为目标,推进学院制改革,逐步建立校级决策、院级组织指挥、系级具体实施的管理运行新体制。学院制改革过程中,学校要求一方面要合理划分校、院、系的职责、权限,将二级学院应该享有的管理自主权落实到位,使其真正成为相对独立的、具有自我发展、自我约束机制的办学实体,另一方面要根据学科建设和发展的需要,从宏观上研究论证,提出院系结构调整与改革的总体方案,逐步建立校、院、系"三级机构、两级管理"的新体制,实现教育资源的合理配置和有效利用。

2000年下半年,学校加快了学院制改革的步伐,化学化工学院、地球资源与信息学院相继成立,逐步形成以学科专业为龙头,合理配置资源、集中统一管理、重心下移、学院为实体的两级办学格局。学院制实行之后,学院具有了部分人事、财务和资产设备等管理权限,充分调动了二级学院办学的积极性和创造性,增强了学校办学活力。

二、石油工程学院成立

2000年3月,学校党委任命王瑞和为校长助理,同时继续担任石油工程系主任,并负责组织筹建石油工程学院。

2001年3月28日,石油工程系改建为石油工程学院。葛洪魁任院长,姜汉桥任党委书记;姜汉桥(兼)、管志川、姚军、沈刘峡任副院长,黄少云任党委副书记。

学院成立之后,院领导班子便开始了紧张的学院建设和成立大会筹备工作。筹备过程中,以葛洪魁院长为首的学院领导班子发挥学院办学的自主性和创造性,走访了中石油、中石化、中海油的辽河油田、中原油田、江苏油田等各大油田。通过走访、交流,石油工程学院与各大油田建立了更加直接和密切的联系,这也为后来学院与油田单位开展更为密切的校企合作,促进科研进一步上水平奠定了很好的基础。

2001年9月28日,石油工程学院成立大会在第一教学楼科学报告厅隆重举行。原石油工业部副部长李敬、中国科学院院士、第三世界科学院院士陈颙、学校党政领导,曾在石油工程学院工作过的老教授及来自全国各地的300多名嘉宾汇聚一堂,庆祝石油工程学院的成立。成立大会由学院党委书记姜汉桥主持,院长葛洪魁向与会者介绍了学院的概况及发展规划,李敬和仝兆岐校长为石油工程学院揭牌。江苏石油管理局副局长雍自强代表校友发言,石油大学(北京)党委书记李秀生、东营市副市长陈胜、胜利油田有限公司副总经理李阳、校长仝兆岐发表了热情洋溢的讲话,表达了对学院的深情厚谊及对学院发展的良好祝愿。李敬向学校捐赠了记录他亲历大庆、胜利会战的《李敬日记》,学校党委书记郑其绪代表学校接受了捐赠。此前,全国人大常委会委员、世界石油大会副主席、原中国石油天然气总公司总经理王涛为石油工程学院成立题词:"发扬开发精神　培养一流人才"。

2001 年 9 月 28 日,石油工程学院揭牌,王涛总经理为学院题词

　　活动期间举行了石油工程新技术论坛、石油工程教育论坛、优秀毕业生成才之路报告会、文艺汇演等丰富多彩的活动。由学校与西安石油学院等 7 家单位联合主办的石油工程教育论坛吸引了众多教育专家参加,并就新形势下石油工程教育发展和人才培养模式进行了深入和广泛的交流。陈颙院士等专家的科学报告,使石油新技术论坛格外引人注目。1977 级校友李嗣贵和 1987 级校友周爱照"扎根基层,献身事业"的现身说法,给即将毕业的大学生上了一堂生动的毕业教育课。

　　2001 年 10 月 9 日,《中国石油报》在报眼位置报道了石油大学(华东)石油工程学院成立的消息,进一步扩大了学院在国内的影响力。

　　2002 年 9 月,姜汉桥调离学院,管志川任学院党委书记,增补李明忠任副院长。

2003年11月,葛洪魁调离学院,姚军任学院院长,增补程远方、孙宝江任副院长。

三、学院机构设置

建院之初,石油工程学院设有石油工程系、海洋工程系2个教学系,油气井工程研究所、油气田开发研究所、油田化学研究所3个研究所以及石油工程培训部和学院办公室。

石油工程系由李明忠任主任,程远方和刘慧卿任副主任;海洋工程系由孙宝江任主任,陈建民任副主任。油气井工程研究所由王瑞和任所长,周广陈、邹德永任副所长;油气田开发研究所由张琪任所长,姜汉桥、王杰祥任副所长;油田化学研究所由赵福麟任所长,邱正松、张贵才任副所长。石油工程培训部由管志川任主任,秦积舜、周广陈任副主任。学院办公室由刘俊德任主任,张洪泉任副主任。

1. 教学机构

石油工程系下设:钻井工程研究室(主任程远方,副主任林英松),采油工程研究室(主任李明忠,副主任陈德春),油藏工程研究室(主任秦积舜,副主任杜殿发),泥浆研究室(主任邱正松,副主任王富华),金刚石钻头研究室(主任杨宝德,副主任缪青维),油藏驱替机理研究室(主任栾志安),石油工程实验教学中心(主任刘慧卿)。

海洋工程系是学院为配合船舶与海洋工程专业建设新建的教学单位,下设流体力学教研室(主任孙宝江)、海洋工程教研室(新建,主任陈建民)和海洋工程实验室(新建,主任吕兰秀)。

2. 科研机构

油气井工程研究所下设高压水射流研究中心(主任沈忠厚,副主任李根生、徐依吉)、金刚石钻头研究室(主任杨宝德)和钻井工程研究室(主任邹德永,副主任林英松)。

油气田开发研究所下设油藏工程研究室(主任姚军、副主任秦积舜)、采油工程研究室(主任李明忠,副主任陈德春)、流体工程研究室(主任孙宝江)和油藏驱油机理研究室(主任栾志安)。

采油化学研究所下设采油化学研究室(主任赵福麟,副主任张贵才)和泥浆化学研究室(主任邱正松)。

3. 油田化学系成立

长期以来,油田化学是学校的传统优势和特色,为石油工业培养了大批的优秀技术人才。在1989年至1996年期间,先后招收培养了五届钻井工程(泥浆)大专班。

自 2001 年以来,设置了石油工程专业（油田化学方向）。随着油田开发的深入,油田急需既懂石油工程又懂油田化学的人才,毕业生的就业前景乐观。

学院采油化学研究室、钻井液与完井液研究室已具备较强的教学和研究师资力量,共有教职工 23 人。其中,教授 3 人、副教授 5 人、讲师和实验师 8 人。采油化学研究室是石油大学"211 工程"建设重点研究室。该研究室"八五"以来发表学术论文100 余篇,出版专著或教材 7 部,获国家发明专利 3 项,获得省部级以上科技奖励 10余项,同时也培养了一批博士、硕士等高层次人才。钻井液与完井液研究室（即泥浆研究室）是国家"211"工程井壁稳定实验室的主体依托单位。教学科研综合实力较强,已获国家级和省部级科技进步奖共 12 项,是我国钻井液与完井液应用基础理论、应用技术研究,以及博士、硕士等高层次人才培养的重要基地。

为了进一步拓宽研究领域和人才培养方向,学院规划组建油田化学工程系,并在教学、科研、管理等方面进行了充分的论证和准备,至 2003 年初已基本具备建系的条件。2003 年 5 月 28 日,经学院院务会研究决定成立油田化学系,于 6 月 2 日向学校机构与编制委员会提交了组建油田化学工程系的申请。经学校批准,6 月 19 日石油工程学院油田化学系成立,赵修太为油田化学系主任,邱正松为油田化学系副主任。油田化学系下设采油化学研究室、泥浆研究室 2 个研究室。油田化学系将之前分属油气田开发学科和油气井学科的采油化学方向和钻井液化学方向整合起来,有力地促进了油田化学学科的发展。

学院 2003 年新增"石油工程（油田化学）"培养方向,执行单独的教学计划,油田化学工程系成立之后具体负责该方向的建设和教学管理。

四、学院工作新发展

1. 明确提出"三个一流"建设目标

2001 年 6 月 27 日,《石油大学（华东）校院两级管理体制条例》颁布实施。根据该条例,学院实行院长负责制,在确保学校整体工作安排的前提下,各项工作的重心下移,由各学院具体负责教学、科研、学科建设、队伍建设、对外交流与合作、人才引进、人事考核、津贴分配等各项工作。

在学校"建设高水平特色大学"的大背景下,学院领导班子发挥集体智慧,提出了学院的建设目标,即"育一流人才,创一流成果,建一流学院"。这一目标将学院教书育人和科学研究的责任紧密结合在一起,为学院发展描绘了美好的愿景,也一直激励着学院后继建设者们不断迎难而进、坚定不移地向着一流目标稳步迈进。

2. 加强学院科学管理

学院成立之后,学院领导以问题为导向,集思广益,推行一系列管理新措施,推动学院工作更加规范化、制度化,学院中心工作跨上新台阶。

首先,学院推出促进科研发展的有效措施。2002年,石油工程学院加大了科技交流的投入,拨出专项经费用于油田走访和学术交流,促进了学院与有关单位的密切接触。同时,举办校友聚会、学术休假、良师益友等凝聚人心的活动,调动了广大科技人员的积极性,树立了石油工程学院的良好社会形象,促进了科研工作的全面展开。全年到位科研经费超过2 000万元,比2001年有较大幅度的增长,创历史最高水平。2004年,为了进一步促进科研工作的开展,学院制定了科研项目、鉴定获奖以及学术论文的奖励政策,加大了对高水平项目、获奖和论文的奖励力度,并组织力量积极申请各类基金项目、参与油田项目投标。其中,为了加速科技成果的形成周期,减少科技项目鉴定成本,节省科研工作的辅助时间,学院制定了《关于集中组织省级科技成果鉴定的暂行规定》。具体做法是:学院每年开展2次集中组织申请鉴定的工作,负责聘请有关专家对大型高水平项目集中组织进行省级科技成果鉴定,并对参加鉴定的科技项目给予一定的经费补贴。

其次,学院出台措施促进青年教师发展。2002年9月,石油工程学院从院长基金中拨出专款10万元,设立青年教师基金。设立青年教师基金旨在为青年教师开展科学研究创造条件,鼓励青年教师探索新的研究方向和多学科交叉,加强青年教师之间的学术交流。基金采取个人申请、教研室审查,经学院专家审核批准的程序。为了确保过程的公正性,项目评审以公开答辩、集中讨论、最终以无记名投票的方式确定资助的项目和资金。

再次,学院成立教代会,实现学院管理民主参与、民主决策。2002年11月13日,学院召开了首届教代会。教代会上葛洪魁院长作行政工作报告,6位院领导进行了述职,完成了民主评议干部、选举教代会主席团、提案工作委员会、民主监督委员会等工作。首届教代会的召开,标志着学院管理工作的民主参与、民主决策将更加科学化、法制化,达到了集众人智慧办好学院的目的。2003年2月,为了加强学院工作的前瞻性和计划性,提高民主决策和民主管理水平,石油工程学院召开了由院党政领导、院属各单位主任、支部书记参加的学院发展研讨会。研讨会围绕学院发展战略、学科专业建设、人才梯队建设、岗位聘任及管理、学院管理体制、校庆准备工作、教学、科研、研究生、学生、实验室及办公室工作等各个方面进行了广泛深入的研讨。2004年3月,学院一届二次教代会通过了《石油工程学院教代会条例》,对教代会召开的时间、内容以及设立民主监督委员会、经费使用监督委员会、经费审查委员会、建议工作委员会等进行了明确规定,这标志着石油工程学院教代会制度已步入规范化轨道。

3. 科研工作取得新突破

（1）学院首次获得国家杰出青年科学基金资助。

李根生教授获得 2001 年度国家杰出青年科学基金资助。申报题目为"超高压射流理论与应用基础研究",资助金额 80 万元。这是学校有史以来首次获得该项基金资助,也标志着学校科学研究水平迈上一个较高层次。

（2）高级别科研项目和科研经费取得新突破。

2001 年,石油工程学院承担"自激波动注水和旋转射流解堵一体化技术理论和实验"（李根生）、"水平井井筒变质量多相流动机理研究"（张琪）、"岩石热开裂的实验研究"（吴晓东）等国家自然科学基金项目 3 项,省部级基金项目 7 项。2002 年承担高级别科研项目有了新突破,其中李根生主持"高压水射流辅助水平井定向压裂研究"国家 863 计划项目 1 项,葛洪魁承担"岩石力学参数井壁稳定性的随钻评价研究"863 子课题 1 项,参加"构造应力与天然气成藏关系研究"973 项目子课题 1 项。另外,石油工程学院承担"微结构对疏松砂岩弹性波速的影响""超高压射流理论与应用基础研究""水平井砾石充填动态模型与应用研究""气—液两相流在湍流条件下的流型转化机制"等国家自然科学基金项目 4 项,山东省自然科学基金 1 项;承担"油田化学品产品开发和应用示范""塔河油田奥陶系碳酸盐油藏开发方式油藏产能评价及变化规律研究"2 项"十五"国家科技攻关项目;承担"高压旋转射流处理近井地层增产增注技术"国家科技部重点成果推广计划指南项目 1 项。其中,"高压水射流辅助水平井定向压裂研究"为学校首次独立负责承担的国家 863 计划前沿探索类课题,"油田化学品产业化开发与应用示范"为学校首次承担国家"十五"一级重大科技攻关项目。2003 年承担高级别项目显著增加,承担重大项目 8 项,包括国家 863项目 2 项、国家 973 项目 1 项、国家科技攻关项目 1 项、国家自然科学基金重点项目子课题 2 项、国家自然科学基金项目 2 项。2004 年承担高层次科研项目大幅度增加,其中包括国家重点科技攻关项目 1 项,863 基金项目 4 项（全校共 5 项）,国家自然科学基金项目 2 项（全校共 5 项）。

到位科研经费逐年增加。2001 年到位科研经费 1 365.7 万元,2002 年到位科研经费 2 288 万元,2003 年到位科研经费 2 036 万元,2004 年科研到位经费达到 3 100 多万元,创历史最高水平,占全校到位科研经费的近三分之一。

4. 获批 3 个省部级科研机构

（1）山东省油田化学工程技术研究中心。

2001 年 9 月,山东省科技厅发文,同意以我校油田化学研究所为基础,联合山东省东辰集团金加化工厂和东营市瑞丰石油新技术有限责任公司等企业,共同组建山东省油田化学品工程技术研究中心,由张贵才担任山东省油田化学工程技术研究中心主任。

2002 年 4 月,学校与东营市联合组建东石石油科技发展有限责任公司,该公司是"山东省油田化学工程技术研究中心"的中试基地。中试基地的建设是按照科技部和山东省科技厅的要求进行的,旨在配合以我校为主承担的国家"十五"重点科技攻关项目"油田化学品产业化开发与应用示范"的实施。公司还将针对石油、石化的生产实际,研制开发油田化学各种助剂、井下工具等产品。

（2）中国石化提高采收率研究中心。

2002 年 8 月 2 日,中国石油化工股份有限公司与学校签署协议,共建"提高油气采收率研究中心"。中石化股份公司副总经理牟书令、校长全兆岐在协议书上签字。

2002 年 12 月 6 日,校长全兆岐和中国石化股份公司副总经理牟书令为"提高油气采收率研究中心"（简称"中心"）揭牌。揭牌仪式后召开了第一次工作会议,会议通过了研究中心指导委员会、学术委员会组成人员名单以及中心的机构设置、管理办法和工作规划。"中心"立足胜利油田,面向石化,加快提高采收率新技术的应用、转化和推广辐射,使之成为我校学科发展、人才培养、学术交流的重要基地。

（3）山东省高压水射流新技术研究推广中心。

2003 年 9 月 8 日,"山东省高压水射流新技术研究推广中心"在我校建立,李根生教授担任中心主任。该中心以我校为依托,其主要任务是加强与国内外的科技合作,积极开展超高压水射流切割清洗新技术、除垢新技术、切割成形加工及应用、破碎参数优化等技术的研究与推广。

第二节　沈忠厚教授当选院士

一、沈忠厚教授当选中国工程院院士

2001 年 12 月 12 日,中国工程院宣布 2001 年中国工程院院士增选工作圆满结束,经过主席团审议通过,从 733 名有效候选人中遴选出了 81 位中国工程科技领域的杰出专家为新院士。石油工程学院博士生导师、高压水射流研究中心主任沈忠厚教授当选为能源与矿业工程学部院士。

2001年,沈忠厚当选中国工程院院士

2001年12月18日下午,学校举行了沈忠厚教授当选中国工程院院士庆祝大会。校领导郑其绪、仝兆岐、纪效田、李阳初、喻祥隆、鞠晓东、仝兴华、王瑞和、山东省高校工委副书记徐庆申、东营市委书记石军以及各院系负责人、中青年骨干教师、老教师代表和机关干部、学生等参加了大会。大会由党委书记郑其绪主持。

党委副书记纪效田宣读了《关于进一步为沈忠厚院士创造条件、加强学科建设的决定》。学校聘任沈忠厚院士为校长顾问。校长仝兆岐以及徐庆申、石军分别讲话,对沈忠厚教授当选为中国工程院院士表示热烈祝贺。沈忠厚院士表示,将竭尽所能继续为国家的采油钻井事业以及学校的发展贡献力量。沈忠厚院士的学生、博士生导师李根生教授发言,决心以导师为榜样,努力拼搏,以优异的工作成绩为学校争光。

在庆祝活动期间,沈忠厚教授分别与石油工程学院的教师、科研人员进行了座谈,并就高压水射流技术暨学科发展规划等作了学术报告。

二、沈忠厚院士的成长经历

沈忠厚院士,1928年2月出生于四川省大竹县天成乡一个偏远的寨子——老鸦山村。年幼时父亲早逝,家道中落。在母亲的坚决支持下,他一路求学,在大竹县立中学读完初中和高中。1947年,沈忠厚高中毕业。当时的中国民生凋敝、百废俱兴,怀抱"采矿救国"梦想的沈忠厚考入重庆大学采矿系。1949年,中华人民共和国成立对他形成强烈的影响和感召。怀着对中国共产党和祖国的满腔热血,毕业时沈忠厚选择走上教学岗位,担任了新兴的石油工程学科的助教工作。为了尽快适应教学需要,刚工作不满两个月,他就带领学生到玉门油田开展了为期一年的实习。这段实践经历让沈忠厚受益匪浅,他后来回忆说:"现场虽然没有现成的理论和已完善的经验总结,要花很多笨力气学习,但是现场是最好的学习和思考之地,现场很多问题即是创新本源。"

1955 年,高校院系调整,沈忠厚调入北京石油学院钻井教研室,1969 年随学校迁至东营工作,先后担任北京石油学院钻井教研室副主任,华东石油学院开发系主任、钻井研究所所长,石油大学(华东)高压水射流研究中心主任等职。这为他的石油梦想提供了更加广阔的平台。

粉碎"四人帮"后,中国大地终于迎来了科学的春天,沈忠厚也开始了他的科研跋涉。石油蕴藏在几千米地下复杂而又神秘的岩层中,石油钻井付出的代价是高昂的。每打一口井都要耗资几百万甚至数千万,要想降低钻井成本,就必须提高钻井效率。当时,国内的钻井工艺是步美国人的后尘,他不甘心。一次偶然的机会,沈忠厚在成都飞机公司参观时,看到了水射流切割机,看起来温柔的流水切割起坚硬的合金材料就像切豆腐一样容易且表面非常规则,他一下子就联想到了困扰他多年的钻头。要是把水射流与钻头结合在一起那有多好啊!至此,他就瞄准了尚在襁褓中的水射流技术作为自己的主攻方向。

1980 年 8 月,沈忠厚(左二)等在美国某油田参观考察

沈忠厚对水射流情有独钟,一研究就是 20 年。几十年如一日地工作,终于结出了丰硕的成果:沈忠厚教授在淹没非自由射流动力学规律以及压力和水功率衰减规律研究方面有重要突破,建立了理论计算模型;在此基础上首次提出了钻井工程以

井底岩面获最大水功率为目标函数,优选水力参数的新方法和模型,建立了新的水力设计理论,解决了钻井工程长期没有解决的重要理论问题;发明了加长喷嘴牙轮钻头和自振空化射流钻头、首创自振空化旋转射流处理近井地层及解堵新技术等,获直接经济效益约 1.7 亿元;发展了机械及水力联合破岩理论;在国内外首创自振空化旋转射流处理油井近井地层及解堵新技术,在 10 个油田现场应用,单井增油 20%～30%,单井增注 30%～130%,累计创经济效益 1.2 亿元;率先研究高效旋转射流,钻出我国第一口径向水平井。他的研究成果曾先后获得国家科学技术进步奖二等奖 1次、国家发明奖三等奖 1 次、省部级科技进步一等奖 2 次和三等奖 3 次,获中外专利13 项。他在中外刊物发表论文 70 余篇,出版英文专著 1 部、中文专著 2 部,曾荣获"全国能源工业特等劳动模范"等 6 种省部级以上荣誉称号和奖励。

每当人们问沈忠厚教授成功的经验是什么? 他总是说:一是理论联系实际;二是创新;三是团结协作。① 理论联系实际。他认为,参加石油会战给他搞科研奠定了基础。如果当初没有参加生产实践,可能就不会有今天这么多科研成果。他一直有这么一种想法,理科认识世界,工科改造世界,搞工科不解决实际问题是不行的,不能只是纸上谈兵。搞工程技术既要认识世界,又要改造世界,要让科研成果转化为生产力,所以一定要参加生产实践,理论与实际相结合。② 创新。他认为,"创新就是要有效益,别人没做过,我们做了;别人花钱多,我们花钱少……这就是创新。"创新是科研攻关的精髓,没有创新就没有科研。③ 团结协作。他认为,在科研工作中个人的作用固然不可否认,但个人的力量太渺小了,个人如果离开了集体必将一事无成。总结攻克一个又一个科技难关的经验,他坚持认为,他今天所取得的成果是研究中心的全体研究人员和相关教研室的老师共同努力的结果。

三、沈忠厚院士成功的启示

沈忠厚院士的成功有其必然性,表现出石油科学家成才的基本模式。同时,沈院士表现出的思想意志品质和科学求实精神是值得我们每一位石油院校青年教师学习的。

美国物理学家温伯格曾经说过:"在科学界,取得一个科学家公民资格的所有品质中,我认为作为科学家的责任感应置于首位……科学责任感的实质就是一种内在驱动力,也就是内心对探明事物真相的迫切要求。"大学时代,沈忠厚所在的矿冶系是地下党的集中点,他由中间派向党组织靠拢,从那时起,他就对共产党有了相当的认识,对腐朽的国民党当局充满了仇恨。中华人民共和国成立后,国家接管了重庆大学,虽然当时国家很穷,但是教职工和学生的生活得到了保障。沈忠厚很感激,决心努力工作,服务社会,报效祖国。可以说高度的责任心、强烈的报国志是沈忠厚院士成长成才的根本动力。

在科学研究工作中,沈忠厚绝不满足于"拿来主义",而是深怀敢为天下先的勇气和填补科学空白的信心,坚持理论联系实际,进行大胆创新。当他按照传统的思维模式,寻找水射流在各种阶段的衰减变化规律,企图找出计算方法成为"一盆糨糊"时,在他苦恼而无奈地对着"鬼打墙"的理论障碍时,他别出心裁,决定"逆流而上",走另一条路——用大量的实验数据来构建理论计算模型,再用可知的理论检验实验成果,实现实验与理论研究的结合。他还十分注重学术交流和科学实践,使得他能够不断超越自我,作出了诸多开创性的贡献。

注重团结协作和集体奋斗也是沈忠厚院士带领学院科研力量屡获成果的重要支撑。科学研究发展到今天,早已从哥白尼、伽利略时代的个人书斋式的"单兵作战"转变为多单位、多同事的"协同作战",只有团结协作、相互扶持才能共闯难关、共同提高。沈忠厚教授把不同年龄、不同专业、不同层次的研究人员团结在一起,相互取长补短,很好地发挥了群体的优势。

"大师"之"大"不仅在于超凡的成果,还在于拥有一种甘于清贫、乐于风险的精神。沈忠厚十分重视学术梯队建设和人才培养。他甘做人梯、铺路石,积极为年轻同志的成长铺路架桥,打造了一支水平高、能力强、结构合理、能打硬仗的科研队伍,在出了一批高水平成果的同时,一大批优秀人才脱颖而出,实现了双赢。这些良好的品质,不是一朝一夕能够形成的,而是不断修养、不断提升自我的结果。沈教授具有献身科学、甘于寂寞的奉献精神,他任教近50年,用精湛的学术水平助力莘莘学子的成才之路。

四、沈忠厚院士的为师之道

沈忠厚院士教书育人,敬业乐道,桃李满天下,培养了众多石油工程领域的优秀人才。他一方面作为学生学术方向的引导者,站在学术前沿为学生创造空间;另一方面又作为学生为人处世方面的向导,教会学生如何修身明德。

他常对学生说:"为学先学做人,做人先立信念"。他对拜访他的学生说:"一个先进的青年,一个合格的大学生,首先要有对国家和民族的浓厚情感,要有报效国家、回报社会的责任感。大学生是同龄人中的佼佼者,也是幸运儿,得到今天这个上学的机会,是无数人创造的条件,只是要求社会给你什么,却从来不想自己为国家、为集体做了什么的人,不会有大的成就。"

沈忠厚院士培养优秀年轻人,不仅为年轻人提供自由和创新空间,还向他们提出严格要求和任务。沈忠厚院士培养的30多名博士后、博士和硕士研究生中有的成长为院士、长江学者、教授、博导、学术带头人、高级工程师等，还有的走上了领导岗位。他的学生李根生教授于2015年当选为中国工程院院士，"师生双院士"成为佳话。李根生跟随沈忠厚老师学习逾40年，他铭记在心的是平常话不多的沈先生对弟子们的反复叮咛，"沈老师常教育我们，做事先要学会做人，做不好人也做不成事。好高骛远、投机取巧、急功近利、急于求成、走捷径都是不会取得最后成功的"。他的博士生王瑞和教授的博士论文曾被北京航空航天大学一位流体力学权威誉为："在旋转射流方面既有理论上的突破，同时在径向水平井的应用上又取得了效果，是我多年未见的高水平论文。"他的课题组中的骨干教师徐依吉也是一位科研能手，是山东省"富民兴鲁"贡献奖获得者、山东省专业技术拔尖人才，是享受国务院政府特殊津贴的专家。

沈忠厚院士团队在油田实验现场

第三节　船舶与海洋工程专业的设立

一、设立背景

自1994年学校将"钻井工程""采油工程"和"油藏工程"合并为"石油工程"专

业之后,学院就只有"石油工程"一个本科专业。考虑到石油行业面向海洋发展的需求以及教育部调整压缩专业的现状,早在 1996 年石油工程系就开始筹备"船舶与海洋工程"这一新专业的建设,并派出陈建民、孙仁远等教师外出进行专业学习。

为了稳妥起见,1998 年学院首先在石油工程本科专业的选修课中增设了海洋工程方向,开设了海上石油工程、海洋学和海洋法 3 门选修课。1998—1999 年,派陈建民到中国海洋大学进修,进修课程为海洋学、海洋法、海洋环境和物理海洋学。1998年到 2000 年,陈建民编写了《海洋学》《海洋法》和《海上石油工程》3 部教材,并为石油工程本科专业开出了海洋学、海洋法和海上石油工程 3 门选修课,为筹建"船舶与海洋工程"本科专业打下了良好的基础。

在基本具备专业条件后,于 2001 年根据教育部当时的专业目录,申报"船舶与海洋工程"专业,其培养方案侧重于海洋油气兼顾船舶与海洋工程的基本专业需求,专业的海洋油气特色比较明显。

二、专业建设情况

2001 年初,教育部公布高等学校本科专业,批准学校新建船舶与海洋工程专业,学校也在 2001 年招收了第一届船舶与海洋工程专业本科生。该专业培养具备数学、力学、机械设计、地质与海洋学等方面扎实的理论基础,可进行海洋平台设计、海底油气等矿物资源开发的工程设计、生产施工与管理工作的高级技术人才。

为配合船舶与海洋工程专业建设,学院成立海洋工程系、海洋工程教研室和海洋工程实验室,海洋工程教研室首批教师有陈建民、李志刚、刘均荣、蒋官澄、王以法。2001—2003 年期间,学院派刘均荣到天津大学进修海洋采油工程等专业课,派李志刚到上海交通大学进修船舶工程等专业课。进修回来后,两位教师编写了《海洋油气开采工程》和《船舶工程基础》等教材,开设了多门专业课程。

海洋工程系重视船舶与海洋工程专业建设。系领导率领教学团队共同完成了培养计划和课程大纲修订、学生实习基地建设等工作,并积极联系油田企业推荐毕业生就业。同时关注青年教师的成长,在课程安排、评优评奖方面主动把机会让给年轻人,为他们营造良好的发展空间,逐步打造了一个高学历、高职称,教学科研能力都非常突出的团队。

学院领导大力支持船舶与海洋工程专业的建设。作为一个新建专业,船舶与海洋工程专业的首届学生于 2005 年 7 月毕业,当时学生就业形势并不乐观。2004 年11 月,学校要举办 2005 届毕业生"双选"招聘会。就在招聘会前一周,该专业可以确认的用人需求只有 2 个公司提供的 3 个招聘名额,而专业的所有毕业生有 49 人。面对严峻的就业形势,学院领导、辅导员和任课教师都非常重视,学院加大宣传力度,制作精美详细的专业介绍材料,及时联系中石油、中石化和中海油总部及其各二级公司。学院采取向各用人单位发送专业介绍材料、派人直接到用人单位联系并介绍该专业的详细情况、通过院内老师的私人关系开展宣传等方式,尽可能地扩大船舶与海洋工程专业的影响力。在用人单位的招聘代表来到学校后,学院领导、老师又到代表下榻的住处进一步进行宣传。辛勤的劳动换来了丰硕的成果,截至 2004 年 11 月 20日,船舶与海洋工程专业的就业率达到了 97.96%,在全校各专业中名列第二。

三、学位点建设情况

船舶与海洋工程专业创建以来,得到了各级领导的关注和支持,专业实力稳步上升。该专业 2005 年获工学硕士学位授予权,2006 年获批船舶与海洋结构物设计制造二级学科硕士点,并于 2007 年开始招收硕士研究生。

2009 年 6 月 19 日,学院召开专题会议研讨船舶与海洋工程学科发展,贯彻落实学院提出的"强化传统特色、发展海洋工程、开拓非常规资源和新能源"学科发展战略。会议围绕师资队伍建设、实验课建设、课程建设、教材建设和教学成果建设等 5 个问题进行讨论,认为应依托油气井工程和油气田开发工程 2 个重点学科,加强船舶与海洋工程学科建设,积极尝试多学科交叉与合作,形成具有石油特色的学科发展优势。

2009 年 11 月 25 日,学校教学质量评估中心组织有关专家到学院对船舶与海洋工程本科专业进行评估检查。专家组首先听取了船舶与海洋工程专业负责人陈建民教授的汇报,认真审阅了专业自评报告,并结合自评报告中的专业建设、师资队伍、教学资源、教学内容与管理、教学效果等内容与专业老师们进行了讨论。之后,专家组实地考察了船舶与海洋工程专业实验室,对实验教学条件进行了评估;抽查了船舶与海洋工程专业的教学资料及毕业论文,评估了专业教学内容及管理模式。另外,评估中心分别召开了船舶与海洋工程专业教师及学生座谈会,认真听取了教学一线老师的建议,与该专业的部分学生进行了交流,就师资队伍建设和实验室建设展开了讨论。经评估专家组商讨,对本次评估结果进行了现场反馈,肯定了船舶与海洋工程专业办学 8 年来的成绩,并对船舶与海洋工程专业的发展提出了建设性的意见与建议。

2010 年 6 月 6 日,由研究生院牵头、石油工程学院组织的"船舶与海洋工程一级学科硕士点专家评审会"在青岛校区召开。专家组由天津大学唐友刚教授任组长,清华大学刘晶波教授、大连理工大学黄一教授、天津大学高学平教授、中国海洋大学郭海燕教授和拾兵教授、中国石油大学(华东)闫相祯教授等 7 人组成。专家组对船舶与海洋工程一级学科硕士点的建设工作给予高度评价，一致同意增列该学科为一级学科硕士点。

2010年6月，船舶与海洋工程一级学科硕士点专家评审会在青岛校区召开

此后，船舶与海洋工程专业不断发展，2011年获批"船舶与海洋工程"一级学科硕士点，同年获批"船舶与海洋工程"专业学位硕士点；2011年船舶与海洋工程专业被评为山东省特色专业，2019年船舶与海洋工程专业获批山东省一流专业建设点，2020年船舶与海洋工程专业获批国家一流专业建设点。

经过20多年的努力和实践，船舶与海洋工程学科结合石油工业和海洋工程两大行业的背景和需求，承担国家和省部级科研项目，以及企业委托科研项目，以服务国家能源和经济社会发展为己任，逐步形成了较为完善的、具有海洋石油特色的学科体系。

第四节　教育教学工作新发展

一、人才培养内涵不断丰富

1. 探索多元化人才培养模式

自2001年开始，石油工程专业先后扩展了油田化学方向和涉外石油工程方向，并开展了"本硕连读"培养的试点,自 2003 年开始,开办石油工程二学位班和全日制专升本班。

石油工程专业油田化学班,是在学院不断深化教学改革、拓展专业方向的形势下,经过 4 年的摸索和实践成立的。该专业方向培养具有扎实化学基础和石油工程专业知识的复合型人才。"石油工程(油田化学)"实质上是一个新专业,但由于专业目录限制,在学校招生专业目录中按石油工程(油田化学)专业给出。石油工程学院投入专项资金,用于该专业方向的师资培养、教材建设、试验设备购置、教改项目研究以及教师工作条件改善等。2003 年 6 月 24 日,学院还专门向教务处、人事处提交申请,建议给予"油田化学"新专业建设待遇。

涉外石油工程方向试点班,是为了有针对性地培养适应国外石油合作项目开发需要的专门人才。从 2001 年 9 月开始,在石油工程专业举办为涉外石油项目培养专门人才的试点工作。该专业方向开出了由涉外经济法规、涉外项目管理与融资、财务管理、国际经济合作、计算机辅助工程管理、资产管理 6 门课程组成的专业课程模块。该试点班毕业生既具有良好的外语能力,又具备扎实的专业知识,同时还掌握一定的涉外经济法规与项目管理方面的基本知识,所以在双选面试中得到了用人单位的肯定与好评。有的毕业生直接与一些外资石油公司签约,如美国哈利伯顿石油公司及南海东部油田的外资企业等。

首届涉外石油工程班毕业典礼

开设本、硕连读专业，是学校为贯彻因材施教的教育思想，缩短优秀人才的培养周期，满足社会对高层次人才的需求而采取的一种新的人才培养方式。2001年，学校在1999级本科生中试行本、硕连读，首批试点的6个专业中包括石油工程专业。采取本、硕连读培养方式后，原先从本科生入学到研究生毕业需要7年的培养时间，现在缩短为6年。本、硕连读学生按照不超过专业总人数5%的限额在本科第四学期末进行择优选拔，要求学生具备较强的自主学习能力和学科专业知识；实行导师制和学分制相结合的方式进行培养，第五学期初确定导师，结合本科生教学及研究生培养方案，分学期制定具体的选课计划，同时修读本科课程和研究生课程，并加入导师课题组参与课题研究；第九学期初完成开题答辩，正式进入论文研究阶段。此后，学校又在2000级和2001级学生中相继组织了2次选拔和培养。

石油工程二学位班和全日制专升本班，是为了满足油田单位对石油工程专业人才的需求，对已具有其他专业本科学位或专科学历的学生按教学计划进行为期2年的培养，成绩合格的由学校颁发普通高等教育本科毕业证书，符合学士学位授予条件的授予石油工程专业学士学位。2003年开始，石油工程学院开设面向社会招收全日制普通高等教育专升本石油工程专业100人，学制2年。学生按教学计划修完规定的课程，成绩合格，由学校颁发普通高等教育本科毕业证书，符合学士学位授予条件的授予相应学士学位。学生就业与普通全日制本科学生相同。2006年学校按照教育部下发通知要求停办了"专升本"教育。

2.招生数量大幅度增加

通过人才培养模式和方向的拓展，学院招生数量大幅度增加。2001年，学院招生石油工程和船舶与海洋工程2个专业，并设有石油工程专业油田化学方向；石油工程专业在校生1 083人，毕业生185人，船舶与海洋工程在校生53人。2003年，学院在石油工程专业增设了涉外石油工程2个专业方向，开办了吉林油田石油工程第二学位班和社会专升本班，全院招生人数达到562人，全院在校学生人数达到1 479人，其中石油工程专业在校生1 277人，毕业生246人，石油工程（第二学位）和船舶与海洋工程在校生分别为34人和168人。2004年，学院又开办了新疆油田石油工程第二学位班，本科生招生总人数达到601人，全院在校学生人数达到1 882人；其中石油工程专业在校生1 581人，毕业生241人，石油工程（第二学位）和船舶与海洋工程在校生分别为70人和231人。

二、教学内容和教学方法不断改进

1. 教学体系和教材建设不断完善

学院完成了各专业的教学计划修订，进行了教学内容和课程体系的优化。尤其综合新专业的特点和现代化科学技术发展的需要，重新修订和新编著公开出版了 10 部教材。其中赵福麟主编的《油田化学》、张琪主编的《采油工程原理与设计》获得 2002 年国家级优秀教材二等奖，陈庭根、管志川主编的《钻井工程理论与技术》获得校优秀教材一等奖，张建国等主编的《油气层渗流力学》、赵福麟主编的《化学原理Ⅱ》、秦积舜和李爱芬主编的《油层物理学》获得校优秀教材二等奖；陈建民和徐依吉主编的《石油工程海洋学》、张琪和王杰祥主编的《油水井增产增注技术》、韩志勇主编的《海上石油工程》、贺礼清主编的《工程流体力学》获得校优秀教材三等奖。同时，《钻井工程理论与技术》《油藏工程》列入 2001 年国家级"十五"教材建设规划。

2. 教学方法和教学质量不断提升

教学方法和教学手段得到了进一步完善，采用 CAI 课件、计算机辅助软件，以及双语等教学手段，开阔了学生的视野，拓宽了学生的知识面。

在学校的 CAI 课件展评中，《油藏驱替机理（下）》获二等奖，《油田开发决策动态评价》《工程流体力学》获得三等奖。2002 年，张志英获校首届多媒体教学公开课特别奖。学院重视基础英语教育同专业知识教学的有机结合，完善了双语教学，开出"气藏工程""岩石力学""油气田环境保护"3 门双语教学课程。

学院通过教授听课、学生测评、教案和教学资料展评、讲课比赛等活动提高了教师教学水平。付静荣获 2001 年校青年教师讲课比赛一等奖，邱正松教授获 2001 年度学校师德建设标兵。2002 年，刘慧卿荣获霍英东教育基金会第八届青年教师奖教学类三等奖，程远方被评为校级劳动模范，孙宝江、陈德春、杜殿发、王富华被评为校级优秀教师，张艳玉、李爱芬、倪玲英、陈建民等教师获得教学优秀奖。

在 2003 年 2 个学期的全校教师课堂教学效果评价中，学院的 8 项教学评价指标的平均分为 93.3 分，在 12 个院部中名列前茅。2004 新增 4 门优质课，分别是孙宝江主讲的"工程流体力学"、林英松主讲的"钻井工程"、张艳玉主讲的"油藏工程"、陈德春主讲的"采油工程"。

为加强研究生培养，学院在胜利钻井工艺研究院、采油工艺研究院、地质科学研究院成立了研究生联合培养基地。学生积极采取措施，与研究生院配合举办了研究生工作研讨会，出台了严格、具体的管理办法，加大学院层面研究生论文的抽查盲评力度，严格论文答辩制度。2004 年，学院有 3 篇博士论文被评为山东省优秀博士论文。

全校共评出 8 名优秀博士论文指导教师,学院王瑞和、赵福麟、张琪、陈月明 4 名导师榜上有名。

2003 年,学院与胜利油田"三院"签署研究生培养基地协议

三、教学改革不断深化

2001 年,教育部委托中国石油天然气集团公司组建全国高等学校石油天然气专业教学指导委员会,集团公司副总经理郑虎任委员会主任,集团公司科技部主任刘振武和我校王瑞和教授任副主任,成员包括:集团公司人社部高级行政主管、中石油勘探院行业专家以及来自石油高校和西北大学的学科带头人等。委员会自成立之日起,委托我校组织开展石油天然气专业的培养方向规划和教学协调,直到 2016 年合并于地矿类教学指导委员会为止。专业指导委员会的成立极大促进了学院的教学改革工作。

2001—2004 年,学院教师深入开展教学研究,注重教育创新,承担国家级教学研究项目 2 项,省部级教学项目 2 项,校级教学改革项目 14 项。其中,张琪教授负责的石油与天然气总公司教材建设项目"应用新思想和现代化手段,提高采油工程教材建设水平"和葛洪魁教授负责的山东省普通高校重点教改项目"石油工程专业的改革与建设"顺利通过验收。2004年,王瑞和教授负责,李明忠、何利民2位教授为骨干承担了"石油天然气学科专业发展战略研究"和"石油天然气学科专业规范"2项国家级课题,并于2013年获得中国高等教育学会优秀成果二等奖。

研究成果获得山东省教学成果奖一等奖1项、省教学实验技术成果二等奖1项、学校优秀教学成果8项。其中,管志川等人完成的"石油工程专业学生工程实践能力培养研究"获得2001年山东省教学成果奖一等奖,李明忠等人完成的"气液两相管流机理实验装置"获得2002年山东省教学实验技术成果二等奖。

四、学生工作的新举措

学院加强大学生思想教育、责任意识教育,不断提升学生道德素养;引导学生坚持"以学习为中心,走全面发展之路";举办各类活动加大学生综合能力的培养力度;多管齐下,全面促进学风建设,学生质量大幅提高。

1. 开展"良师益友"活动,促进师生深入交流

2002年3月1日,学院启动"良师益友"活动。学院138名教职工与1999级、2000级、2001级的138个学生宿舍结成了对子。结成对子的教职工在业余时间不定期深入学生中间,解答他们生活和学习上的疑惑,帮助他们解决生活中遇到的困难,做他们的"良师益友"。

"良师益友"活动对于沟通师生之间的思想,增加相互了解,使教与学达到最佳的效果具有重要的作用。一方面,老师借此可以了解学生的学习状况,征求学生对教学的看法,及时有效地调整教学计划和教学方法。另一方面,也有助于大学生参与到校园建设和管理中来,使大学生增强了主人翁意识,校园生活也会变得更舒心,更温馨。

自"良师益友"活动开展以来,受到了全院师生尤其是2001级和2002级学生的普遍欢迎。许多教职工在日常教学科研工作和生活非常紧张的情况下,仍以深入宿舍、打电话、发电子邮件等多种方式,对大学生给予学习、生活、就业、情感等多方面的指导和帮助。许多大学生也通过良师益友活动增强了对外界信息的了解。

2002年9月8日,石油工程学院对"良师益友"活动中表现突出的教师进行表彰,授予李根生、姜汉桥、李爱芬、戴彩丽、刘成文、吴学东、赵放辉、谷建伟、冯虎、王兰兰、何玉芹等11位教职工大学生"良师益友"荣誉称号。

导师深入宿舍与结对子学生交流

此后，学院将"良师益友"活动不断推进，并将其发展为"非常 1+6"宿舍导师活动。学院鼓励教师经常深入宿舍，参与各种形式的师生交流活动，为师生提供长效的交流平台，不仅有利于营造师生轻松快乐的交流氛围，加强教师学生互相了解，还有利于为学生明确发展方向，为学院培养优秀人才提供有力支持。2017 年，非常"1+6"良师益友活动荣获山东省高校思想政治教育优秀工作案例。

2. 开通青年服务热线，切实解决学生困难

学院率先为学生开通 24 小时值守的青年服务热线——8390504。热线以咨询、教育、辅导为一体，向大学生提供就业、膳食、勤工助学等信息和心理疏导服务，旨在加强大学生与学校的交流，提供反映意见和建议的渠道。服务热线由学院大学生辅导员负责值班，而且实行首问负责制，切实为学生解决学习和生活中的困难。

这一做法后来被学校团委采用，创办了"8390504——五四青年服务热线"，为全校大学生提供每天 24 小时的热线咨询，及时解决他们日常生活中碰到的问题，并提供相关的信息咨询服务。

"五四青年服务热线"开通以来，受到学校广大同学的欢迎和支持。服务热线不仅加强了大学生与学校的交流和沟通，为大学生反映意见和建议提供了有效渠道，还在提高大学生思想政治素质、解决大学生群体存在的突出问题等方面发挥了显著作用。2006 年 11 月，在共青团山东省委员会开展的"大学生思想政治工作创新奖"评选活动中，学校"五四青年服务热线"获"大学生思想政治工作创新奖"荣誉称号。

第五节　中英"油藏管理硕士"研究生培养

为促进学校高等教育对外交流与合作，丰富研究生教育培养模式，推动学校的国际化进程，自2004年起，学校正式申请并启动"中国石油大学（华东）与英国赫瑞·瓦特大学合作举办油藏管理硕士学位教育项目"。该项目以石油工程学院教师为主体实施，到2014年结束，共举办9期，为我国石油石化行业输送了一批急需的油藏管理专业高端复合型人才。

一、项目背景

1987年底，开发系系主任沈忠厚教授和刘希圣教授赴美考察美国研究生培养情况，同美方进行多次磋商后与美国奥斯汀得克萨斯州立大学签署了合作培养石油工程博士生的协议，并由美方得州大学石油工程系系主任G.A.PoPe（盖·恩·颇培）教授与开发系主任沈忠厚教授签署生效。这一协议主要内容包括：学校每年从油气田开发工程学科专业中选派3～4名硕士生赴美求学；每位博士生由中美双方各出1名教授组成博士生指导委员会，博士生研究内容由中美双方协商，由美方授予学位。这一协议的签订，是学校走向世界的重要战略步骤。

1988年4月，开发系与美国得克萨斯大学的石油工程系、英国的赫瑞·瓦特大学的石油工程系建立了长期协作关系，商定共同培养博士和硕士研究生。

2003年7月16—31日，仝兆岐校长和王瑞和副校长率团访问英国多所大学，与赫瑞·瓦特大学、罗马尼亚石油天然气大学分别签署"师资交流""被认可支持中心"。

2003年10月5日，学校与美国科罗拉多矿业大学、英国赫瑞·瓦特大学、澳大利亚昆士兰大学和哈英科技大学分别签署校际合作协议。

2004年5月27日，阿曼苏丹卡布斯大学校长苏欧德·纳斯尔·阿勒·利亚来一行4人来校访问，听取石油工程学院提高采收率研究中心情况介绍，并与我校签订合作协议。

二、项目筹建与教师培训

2003年，学校国际合作与交流处与石油工程学院根据教育部中外合作办学有关规定，进一步拓展对外交流与合作的渠道，积极推进中外合作办学工作，完成了选择合作对象、确定合作项目等工作。在广泛调研和认真研究的基础上，选准与英国赫瑞·瓦特大学合作办学项目，签署项目合作具体条款协议书，起草与英国赫瑞·瓦特大学合作培养油藏管理硕士生项目计划书，上报教育部，完成了合作办学项目的第一个重要环节。

2004年,学校与英国赫瑞·瓦特大学"合作培养油藏管理硕士"项目顺利通过教育部的审查,获得正式批复(教外综函〔2004〕90号)。同意该项目按协议招生5期,每期30人。学生完成学业,可获英国赫瑞·瓦特大学的油藏管理硕士学位。该项目是当时山东省和石油高校范围内唯一获教育部明文批准的中外合作办学项目,标志着学校中外合作办学工作迈上了一个新台阶。

2004年5月,学校安排石油工程学院和地球资源与信息学院的程远方、李爱芬、王杰祥、张志英、范海军、金强和孙建孟7位教师赴赫瑞·瓦特大学,参加油藏管理硕士班的学习,完成为期3个月的培训。2007年,学校又安排石油工程学院的苏玉亮、王卫阳和黄根炉3位教师赴赫瑞·瓦特大学完成了3个月的培训。这些教师归来后,承担"油藏管理硕士项目班"课程主讲和助教,圆满完成合作办学项目的教学工作,还为此后学校开展留学生全英语教学奠定了坚实的基础。

2004年10月25日,英国赫瑞·瓦特大学副校长Brain Smart(布雷恩·斯马特)教授、郑世毅教授(开发系校友)来校进行学术访问。10月26日,学校与英国赫瑞·瓦特大学联合培养的首期"油藏管理硕士项目班"的开学典礼在青岛校区举行,典礼由副校长王瑞和主持,校长全兆岐参加典礼。

2004年,首期中英联合培养"油藏管理硕士项目班"开学典礼

三、教学计划

中英"油藏管理硕士"项目是教育部按照《中华人民共和国中外合作办学条例》及其实施办法规定的程序正式批准的高等教育项目。依据中英两国政府2003年正式签署的《中华人民共和国与大不列颠及北爱尔兰联合王国政府关于互相承认高等教育学位证书的协议》，该项目所授学位得到国际范围广泛认可。

该项目开设地点为石油大学（华东）青岛校区，专业课程由英国赫瑞·瓦特大学石油工程学院教师和经该校培训并认证的石油大学（华东）骨干教师授课，毕业颁发赫瑞·瓦特大学硕士学位（Msc. Petroleum Engineering）证书。

1. 培养方案及课程设置

该项目分3个模块：专业课学习、专业综合设计、毕业设计。其中专业课共开设8门，全部为英国赫瑞·瓦特大学的石油工程硕士课程，由英方教师和经过英方培训被认证的石油大学（华东）教师授课；专业综合设计是将所学的地质、油藏、测井、钻井、试井、采油、经济评价等课程内容进行有机应用的一个综合设计模块，包括数个国际先进专业软件的学习和应用；毕业设计是学员对石油工程中的某一专题进行深入探讨和研究的专业培训模块，要求学员对某一专题的研究有一定的创新性。课程考核和设计评定执行英国赫瑞·瓦特大学统一标准。

2. 项目特点

（1）现代国际标准设计。

该项目按照国际通行石油与天然气工程开发模式授课，与我国石油工业国际化进程接轨，培养具有国际视野、精通国际现代油藏管理的技术和管理人才。

（2）教学课程体系完善。

该项目课程涵盖了油气田开发所必需的主要专业课程，从而使学生全面掌握油气田开发过程所涉及的必要知识。该项目引进赫瑞·瓦特大学该专业的全部课程，培养方案与英方全日制本土学生培养方案完全一致，从而在学校现有课程体系的基础上，实现了教育的系统化、全面化。

（3）培养综合创新能力。

授课内容多以开发生产的实际为材料依据，注重学员整体方案设计能力、软件使用能力，尤其突出英语应用能力，以适应我国石油能源战略和国际石油开发战略对高水平综合型人才的需求。

（4）提升团队协作意识。

石油工程是一门集多学科基础知识于一身的工程学科，对工程方案的优化决策需要多学科技术人员在同一工作平台上进行联合攻关。该项目以分组设计练习等形式,提供了一个仿真的团队工作平台,使学员能够掌握团队工作模式,并培养每位学员的团队协作精神和管理能力。

（5）拓展国际化视野。

项目教学模式为原版英语教材＋全英文课件＋英文授课。学生所用教材全部为引进的原版英文教材,并由多名英方著名教授亲自授课。在综合设计及毕业设计环节中,也聘请国际专业人士参与考评和讲座。这大大拓宽了学生的国际化视野,使他们全面了解石油专业国际化运行规则。

四、教学组织

1. 项目组织管理

为进一步规范中英油藏管理硕士项目班的管理工作,学校成立了以主管副校长王瑞和为组长、各相关院部的主要负责人为成员的项目组,统筹协调各方面工作,保证项目的顺利实施。学校同时制定了《中国石油大学中英油藏管理硕士班学费管理暂行办法》等文件,在项目的培养环节、培养目标、培养计划、学位授予、学费和经费管理等方面照章执行,规范管理。

2. 教学运行管理

项目教学共分 4 个模块:英语培训、专业课学习、专业综合设计、毕业设计。

（1）英语培训。

入学英语考试合格者,首先进行为期半年的英语培训。基础英语课程由石油大学(华东)聘请的外籍教师和本校英语系教师任教。学生考试过关后才能进入下一阶段的学习。

（2）专业课学习。

课程由英方教师和经过英方培训被认证的石油大学(华东)教师授课,包括地质、油藏、测井、钻井、试井、采油、经济评价等课程。专业课学习时间为期 6 个月,由英国教师和中国教师在半年内讲完全部课程,分上半年和下半年 2 次考试(7 月考 4 门,10 月考 5 门)。出考题、阅卷等工作由英国赫瑞·瓦特大学教师负责,与英国本校学生使用同 1 张试卷。专人负责监考,邮寄试卷,考试进行全程录像监控,真正实现了教考分离。

（3）专业综合设计。

专业综合设计为期 2 个月,是将所学的地质、油藏、测井、钻井、试井、采油、经济评价等课程内容进行有机应用的一个综合设计模块。以英国北海某一油田的具体基础数据进行地质评价、开发方案设计优化及经济评价、环境评价等整套油田开发设计。学员分成多个小组，在小组内每人负责一部分，各学员之间的内容相互衔接，相互协作，以此培养团队协作精神。专业综合设计评分分几个模块进行，包括项目的总体水平、学员之间相互评分、评价对项目的贡献、协作能力、工作能力等及答辩得分。答辩过程考察小组每个学员的口语表达能力、回答问题能力及项目整体和分部水平。先给出小组整体得分，如果小组整体水平不及格，那么小组内每个学员都很难及格。这样可以强化学院的相互协作精神。小组通过后，再细算个人得分。

（4）毕业设计。

毕业设计是学员对石油工程中的某一专题进行深入探讨和研究的专业培训模块，是硕士研究生学习的最后一个环节，历时2个月。毕业设计要求学员对某一专题进行比较深入的研究，成果具有一定的创新性。答辩由中国石油大学老师、企业专家和英国老师共同组成答辩小组，根据学员英语讲解、回答问题的情况评定成绩。中国石油天然气国际（勘探开发）有限公司总经理阎存章参加了第二期学员课程设计答辩。美国工程院院士、斯坦福大学能源资源工程系 Roland Horne（罗兰·霍恩）教授、中海油副总裁陈璧先生参加了第四期学员课程设计答辩。

企业领导、外国专家参加学员课程设计答辩

五、培养成效及社会影响

1. 对学校的国际化战略的实施起到推动作用

中英"油藏管理硕士"研究生项目作为一个平台和载体，对学校的对外合作与交流工作起到了桥梁和纽带作用。自2004年本项目开办以来，学校在海外人才引进、专家聘请、学术交流、项目合作、博士生联合培养等方面工作的突出进展，均体现着其外延的辐射效应。例如：泰山学者的聘请、诺贝尔奖得主和美国工程院院士的来校访问和名誉教授的聘任、学校生物工程中心的创立及发展、英国国家再生能源研究项目联合招标、中石油海外项目评价、与赫瑞·瓦特大学博士生的联合培养、有些相关的专家学术讲座尤其是学校55周年校庆活动中"国际能源与高等教育论坛"等，其中都有本项目的背景和平台作用。

2. 对提升学校的办学水平起到引领作用

中英"油藏管理硕士"研究生项目对学校教学和科研的深化改革起到了参考借鉴和助推催化作用。① 项目的教学任务作为一个模块，需要石油工程学院和地学院的老师联合完成。这在一定程度上为联合科研攻关和学生培养模式改革，以及专业设置和课程设置提供了参考。② 项目中，英方的教学管理模式以及考评手段等教学理念，对学校教学管理是有益的借鉴。③ 项目中，学校授课教师通过接受培训并参与教学，知识结构得到了更新，教学和科研能力也有了提高。④ 推动了双语教学和来华留学生的专业课程英语教学。⑤ 加强了与国外高校和国内油田企业的联系，提升了学校的知名度。

3. 为石油石化工业的发展输送了优质人才

项目累计培养137人，他们崭新的技术结构和管理理念、过硬的英语能力、锤炼出的团队精神得到了企业的赏识和重用，其中已经有很多人走上了更高的技术或管理岗位。例如：第一期学员王星毕业后不久即提任中海油总公司油藏总监；第一期学员徐文斌毕业后因成绩优秀赴赫瑞·瓦特大学继续攻读博士学位；第三期学员黄映仕成长为中海油深圳分公司对外合作部经理，张伟为中海油深圳分公司研究院首席工程师等。随着我国能源战略的进一步实施和石油石化工业国际化迅速发展，项目培养出的新型复合人才在满足形势需求方面的优势将进一步显现出来，为我国石油石化的长远发展储备了高层次的优质人力资源。

第六节　"十五""211 工程"建设

一、第二次国家重点学科评选

在"九五""211 工程"建设已经结束，"十五""211 工程"建设即将启动的时候，为促进高等学校学科建设，进一步提高高等学校教学科研能力，形成一批立足国内培养高层次专门人才，解决经济建设和社会发展重大问题的基地；为了优化高等教育资源配置，集中国家和地方有限财力，通过重点建设，逐步在全国范围内形成布局合理、各具特色和优势的重点学科体系，2001 年 3 月 6 日，教育部发出《关于开展高等学校重点学科评选工作的通知》（教研函〔2001〕1 号文），决定开展高等学校重点学科评选工作。通知强调评选工作要遵循"调整结构、合理布局、择优确定、公平竞争"原则，原来 20 世纪 80 年代末批准的高校重点学科全部重新参加此次评选工作，其原重点学科名称自动取消。

石油大学原有国家重点学科 1 个（有机化工）、"九五""211 工程"重点建设的学科 6 个（有机化工、油气地质与勘探、应用地球物理、油气钻井工程、油气田开发工程和石油天然气储运工程），参加这次全国高校重点学科评选工作，对学校的发展有重大意义：① 可以检验学校"九五""211 工程"重点学科建设的水平和质量；② 可以评价学校学科在国内高校中的地位；③ 如果成功，那么可以获得"十五"期间重点建设的资格。为此，学校领导和各学科负责人经过深入分析研讨，提出将学校"九五""211 工程"重点建设的 6 个学科按学科方向组建成 5 个学科（矿产普查与勘探、油气井工程、油气田开发工程、油气储运工程、化学工艺）参加全国高校重点学科评选。各学科重新组合研究方向，编制申报材料，并于 2001 年 4 月 20 日将申报材料送到全国学位与研究生教育发展中心"高等教育与科研院所学位与研究生教育评估所"。

2001 年 9 月 26 日，石油大学接到教育部《关于公布高等学校重点学科通讯评议结果及报送学校学科建设"十五"规划的通知》（教研函〔2001〕5 号文），该通知公布了高等学校重点学科通讯评议结果。此次共有 222 所高校、1 735 个学科点符合申报要求。教育部根据"高等学校重点学科评选办法"，聘请 1 954 名专家分 122 个评议组参加通讯评审，对所评学科点给出了客观、公正的评价。石油工程学院所申报学科点的通讯评议结果见表 7-1。

表 7-1　高等学校重点学科评选中通讯评议结果

学科名称	得票率 / %	在本一级学科中的排名	在本二级学科中的排名
化学工艺	88.24	5	1
矿产普查与勘探	64.71	5	3
油气井工程	81.82	1	1
油气田开发工程	45.45	5	3
油气储运工程	54.55	3	1

根据"高等学校重点学科评选办法"，教育部在通讯评议基础上，召开高等学校重点学科评审专家组会议，制定进入专家组会议评审的基本条件为通讯评议得票率大于等于 30% 的学科点。因此，学校所申报的 5 个学科都具备条件，进入复评。

教育部要求各高校根据本校有关学科点的通讯评议结果，其在国内同类学科中所处的地位、学科基础以及未来发展前景，结合国民经济和社会发展需要，制定出学科建设"十五"规划以及各学科点的"十五"建设计划。经过校领导和学科专家反复研讨,各学科负责人完成学科"十五"建设计划并于 11 月 9 日上报教育部。教育部组织的重点学科组专家会议(重点学科复评)于 2001 年 12 月 10 日至 13 日在北京友谊宾馆召开。按照通知的要求,"化学工艺"和"油气井工程"学科因为通讯评议得票率较高,只做准备,暂不答辩;"油气田开发工程"等其他 3 个学科要做充分准备进行答辩。由于上下努力,准备充分,5 个学科终于顺利地通过了"复评"。2002 年 1 月18 日,教育部发文(教研函〔2002〕2 号),公布了石油大学重点学科点名单,见表 7-2。

表 7-2　高等学校重点学科点名单(石油大学)

单位代码：11414	单位名称：石油大学
二级学科代码	二级学科名称
081702	化学工艺
081801	矿产普查与勘探
082001	油气井工程
082002	油气田开发工程
082003	油气储运工程

二、建设重要节点

2001 年 8 月 30 日,学校接教育部通知,要求学校做好"十五""211 工程"建设项目立项准备。

2002 年 9 月 28 日,学校将"十五""211 工程"拟建重点学科建设项目汇总表上报教育部"211 工程"部际协调小组办公室,规划建设油气井工程与工程力学和油气田开发与管理工程等 7 个学科群。9 月 30 日教育部批复,原则上同意学校上报的"十五""211 工程"重点学科建设项目。

2002 年 10 月 14 日到 15 日,教育部组织专家组对学校《"十五""211 工程"建设项目可行性研究报告》进行论证。论证会后,学校根据专家组的意见对报告进行了修改并于 10 月底上报教育部。此后石油大学"十五""211 工程"项目正式立项开始建设。

2003 年 6 月 4 日,仝兆岐校长主持召开"211 工程"二期建设项目资金分配会议,对"十五"期间学校"211 工程"二期建设主要项目和留学回国人员建设项目的资金分配及具体实施方案进行了部署,这标志着学校"211 工程"二期项目进入实质性建设阶段。

2004 年 4 月 30 日,经学校立项申请,教育部论证专家组审核,国际工程咨询公司评估,国家发展和改革委员会正式批复我校"十五""211 工程"建设项目。

2004年12月上旬，学校顺利完成"211工程"中期检查工作。

2006年6月14日至15日，教育部组织专家对学校"十五""211工程"建设进行验收。专家组通过听取汇报、实地考察、座谈、讨论评议等形式严格认真开展工作，认为学校"十五""211工程"建设成效显著。通过讨论评议，15日上午专家组与学校交流意见时认为，中国石油大学（华东）全面完成了"211工程""十五"规划的建设任务，在学科建设、科研成果及其转化、师资队伍建设、人才培养、办学条件、办学特色等方面取得了非常明显的成效，学校综合水平有了显著提高。专家组将于近期将验收情况形成书面报告上报教育部。专家及领导还对学校"211工程"三期建设以及学校的发展提出了建议。

2006年6月，教育部专家组对学院"十五""211工程"建设进行实地考察

三、建设目标和建设内容

1. "十五""211工程"建设目标

继续提升石油主干学科的水平，依托优势学科，发展相关理工学科和边缘交叉学科，增强整体实力，努力提高教学质量，培养更加适应石油工业及地方经济发展需要的人才。经过5年的建设，使学校的规模和结构更合理，质量和效率更高，师资队伍明显加强，自我生存和发展能力更强，整体办学水平居全国重点高校先进行列，成为适应社会主义市场经济，国内著名并在国际石油石化领域中有影响的，以工为主，理、工、管、文多学科协调发展的高水平特色大学。

2.“十五”建设的主要内容

石油大学“十五”“211 工程”重点建设 7 个重点学科群、2 个校内公共服务体系和师资队伍。重点建设的 7 个学科群是：石油化工与环境、石油地质与流体资源、地球探测信息技术与计算机、油气井工程与工程力学、油气田开发与管理、油气储运与土木工程、机电与材料。2 个校内公共服务体系建设项目是：校园计算机网络工程、图书文献保障体系。

3. 学院重点学科建设项目

“十五”期间，石油工程学院主导了油气井工程与工程力学学科群和油气田开发与管理工程学科群的建设。两学科群主要研究方向和学术团队主要人员见表 7-3。

表 7-3　“十五”“211 工程”重点学科建设项目汇总

序号	重点学科建设项目名称	包含的主要二级学科（国家重点学科加*号）	主要学科方向	学术团体主要人员
1	油气井工程与工程力学学科群	*油气井工程工程力学	1. 井下管柱与控制工程 2. 油气井岩石力学与工程 3. 油气井流体力学与工程 4. 油田化学与工程	高德利 王瑞和 汪志明 葛洪魁 闫相祯
2	油气田开发与管理工程学科群	*油气田开发工程管理科学与工程	1. 油气渗流理论与应用 2. 油气一体化开采理论与技术 3. 提高采收率理论与技术 4. 石油软科学理论与信息管理	姚　军 张士诚 岳湘安 刘慧卿 张在旭

2003 年，根据学校情况和工作需要，经校长办公会研究决定，对学校“211 工程”领导小组和学科建设专项工作小组进行调整（石大东发〔2003〕114 号）。

“油气井工程与工程力学”学科群工作小组组长为王瑞和，成员包括：管志川、闫相祯、程远方、孙宝江、邱正松、薛世峰。“油气田开发与工程管理”学科群工作小组组长为姚军，成员包括：李兆敏、李明忠、张在旭、王杰祥、赵修太、王桂荣。

四、油气井工程与工程力学学科群建设成果

1.建设目标

随着经济和社会发展，油气开采对井的需求更加广泛和特殊，以钻井为核心的井眼工程所受到的主观和客观约束条件也越来越复杂（如高温高压井、深井超深井、特殊工艺井、套损井等），甚至面临着严峻的技术挑战，特别是力学问题的挑战。在学科

建设中,将工程力学与油气井工程有机结合,既有利于复杂油气井工程问题的有效解决,又有利于工程力学理论的丰富和发展,二者相得益彰。

学科群的建设目标是:经过"十五"重点建设与发展,将本学科建成油气井工程领域国内一流、国际知名的重大科研与高层次人才培养基地,为发展我国石油天然气及相关工业提供人才、智力和技术支持。"十五"期间主要围绕复杂油气井工程中的重大理论和技术难题,加强科学研究与人才培养。"十五"期间,本学科将在井下管柱与控制工程、油气井岩石力学及钻井工具、油气井流体力学与工程、油田化学与工程等4个方向继续保持国内领先地位,在复杂油气井工程的力学机理与关键技术方面有重要创新,达到国际先进水平;在高水平学术梯队建设、研究生培养质量及扩大国际影响等方面有明显成效。

2. 主要建设内容

"十五"期间围绕井下管柱与控制工程、油气井岩石力学及钻井工具、油气井流体力学与工程、油田化学与工程等4个方向进行重点建设。

（1）井下管柱与控制工程。

井下管柱与控制工程以井下管柱优化、油气井信息开发与过程控制为主要目标,不断进行深入、系统的应用基础理论和高新技术研究,同时进行博士、硕士人才培养及面向现场技术骨干的高新技术培训。主要进行了两方面的研究与计算开发:一是井下管柱力学研究——综合应用基础科学的理论和方法;二是井下过程控制研究——综合应用工程、力学、机械、测量与控制等多学科理论方法。经过"十五"重点建设,该方向在井下管柱屈曲行为及其大位移延伸极限预测、钻柱动态模拟与防斜打快、实钻信息综合利用、复杂油气井载荷预测及油田套损机理与钻井防治等方面有所突破。

（2）油气井岩石力学及钻井工具。

油气井岩石力学及钻井工具以埋藏于地壳中 3 000～7 000 米的岩体为研究对象,以高温（100～200 ℃）、高围压（80～200 MPa）、高孔隙压力（30～200 MPa）、高度非线性（强塑性、流变性、大变形）、非连续性（断层、裂隙、节理）和固液耦合（固体、液体、气体等多相耦合）为特点,以力学理论为基础,结合地下岩体的强度、变形、应力、稳定性、渗透性及破坏规律研究,解决石油工程等中的理论、技术及工艺问题。经过"十五"重点建设,已使该学科点成为国内井壁稳定、机械破岩理论与工具、地层物理模拟及随钻地层评价的重要科研基地。

（3）油气井流体力学与工程。

油气井流体力学与工程主要研究井筒中牛顿流体、非牛顿流体、多相流体及高压射流的流动规律。通过在油气井筒内复杂流动条件下流体流动规律的研究,创新与发展洗井技术、射流技术、破岩技术、井控技术,提高机械钻速,减少井下事故,降低生产成本，提高油井产能。主要子研究方向有：① 高压射流理论与技术研究——主要研究高温高压井底条件下高压射流压力场和速度场特性，以及新型射流形成机理及结构特性；② 水力破岩理论与技术研究——主要研究高压、超高压射流的宏观和微观破岩机理，研究各种射流冲击岩石形成的应力场、微裂缝的起裂伸展和圈闭规律；③ 复杂条件下井筒多相流动规律研究——主要研究井筒中非牛顿工作液的流变特性、圆管或环形空间内复杂流体系统流动规律。在"十五"期间，该方向在新型射流理论和高效破岩方法、径向水平钻井理论与技术、井筒多相流、多分枝井完井方法与优化设计等方面取得创新成果。

（4）油田化学与工程。

油田化学与工程以有机化学、高分子化学和界面与胶体化学为基础，以确保石油工程质量和安全为目标，主要研究石油工程中的各种化学问题，如钻井液、完井液及水泥浆等。钻井液、完井液被形象地称作油气井工程的血液，在确保工程顺利实施方面起着极为重要的作用；水泥浆，关系到固井质量的优劣与成败。长期以来，该方向主要从事钻井液、完井液体系及处理剂研制、配方与性能研究，井壁稳定化学／力学耦合研究，油气层保护研究及钻井液胶体与界面化学研究等。经过"十五"重点建设，该方向实验室条件进一步得到改善，已成为我国油田化学领域人才培养和科学研究的重要基地之一，并在高温高密度钻井液和完井液的研制和应用、井壁化学稳定、油田环保及水泥浆技术等方面取得创新成果。

3. 建设完成主要指标

"十五"期间，学科群共承担重大课题或纵向课题 59 项，一般横向课题 100 多项，累计到位科研经费 5 188 万元，年均科研经费 1 000 多万元；获得省部级以上奖励 15 项，其中省部级科技进步一等奖 1 项、二等奖 8 项、三等奖 9 项；获得专利授权 5 项；公开发表学术论文 362 篇；其中被三大检索系统收录 80 篇，占所发表论文总数的 22%。各项指标都比"九五"期间有大幅度的提高。

4. 标志性成果

以流体动力学为基础，利用实验和数值模拟等多种方法，对自振空化射流、旋转射流和磨料浆体射流等新型高效射流的动力学特性及破岩机理以及井筒多相流动规律进行了较系统的理论和实验研究，形成了相应的新理论和新技术，并成功地应用于工程实践中，取得了显著的社会和经济效益。在"十五"期间，获得省部级科技进步一等奖 1 项、二等奖 3 项、三等奖 2 项。

（1）旋转射流理论及径向水平钻井技术。

通过 PIV 流场测量、数值模拟和综合台架实验相结合的方法，系统研究了旋转水射流和磨料浆体旋转射流调制机理和喷嘴结构对射流的影响,创造了旋转射流喷嘴设计方法,揭示了旋转射流破岩机理和水力参数的影响规律。在这些研究的基础上,研制出了高效长寿命旋转射流水力钻孔钻头,研制配套了特殊的井下转向器工具总成、水平钻进控制机构,形成了高压水射流径向水平钻进系统和参数优选等技术,使旋转射流破岩钻水平井技术形成了配套并成功地用于石油生产。至 2005 年,在辽河、胜利和江苏等油田先后完成了 10 多个水平分支井眼的钻进,其中单分支井眼长度最长达到 19.6 米,钻孔直径最大为 130 毫米,最大钻速达到 12 米 / 小时。经过径向水平钻井改造,原油产量普遍提高数倍,其中韦 5 井改造之后的 1 年多时间内产量稳定增长,含水率逐渐降低,当年内的平均产量与改造前 2 年的平均日产相比提高 3.8 倍。该配套技术填补了国内提高采收率技术的一项空白,将对我国老油田的稳产挖潜具有重要意义。

（2）自振射流理论与应用研究。

利用流体瞬态流理论和水声学原理深入系统地研究了流体自激振动的调制机理和流动规律,建立了 2 种振动腔基本结构的设计新模型。创制了一种新型高效自振空化射流,研制成功了用于石油钻井的自振空化射流喷嘴钻头,取得了自振空化射流研究的突破性进展。将这种射流用于石油钻井,可以辅助机械破岩提高钻井速度,降低钻井成本。至 2005 年,经过先后在辽河、胜利、大港、河南、江苏、新疆、吉林、中原等 8 个油田和 1 733 只钻头现场实验取得了成功,在相同地层、相同钻井设备和施工水平条件下,同其他类型喷嘴钻头对比平均单只钻头提高进尺 14.8%～28.3%,提高机械钻速 12.1%～23.1%,总计实现经济效益 7 453.82 万元,取得良好效果和显著经济效益,具有广阔的应用前景。创造性地将自激振荡射流理论用于油水井解堵,形成了旋转射流处理近井地带新技术。在胜利、辽河等 13 个油田的 1 000 多口油井和注水井中推广使用,油井单井增油 20%～30%,注水井单井增注 30%～130%,累计创造经济效益超过 7 亿,取得了巨大的经济和社会效益,被国家科技部列入重点推广计划指南。

（3）欠平衡钻井井筒多相流动规律研究。

以多相流体动力学为基础,利用实验和数值计算等多种方法,对欠平衡钻井工程中的井筒多相流流动模型和井底压力计算的理论进行了深入研究,利用 VB 算法语言编制了用于欠平衡钻井多相流动水力计算的软件系统,并应用于生产实践。所建立的软件系统已经在国内 8 个油田单位推广应用,计算结果准确、可靠,经济效益非常显著。研究成果填补了国内在这一领域的空白,与国外同类产品相比,模型先进,运算结果准确,软件操作符合中国国情,本成果的理论和软件的水平均达到国际先进水平,具有非常广阔的推广应用前景。

五、油气田开发与管理工程学科群建设成果

1. 建设目标

我国石油天然气工业需要实行"高效勘探、经济开采、跨国共享、确保安全"的发展战略,根据这一战略及目前国内外激烈竞争的严峻态势,迫切需要建立石油工程软、硬科学相结合的创新体系,建立和发展新的开发理论,迫切需要油气田开发工程与管理工程的复合与交融。

学科群的建设目标是:在"十五"期间继续在渗流理论及应用、油气田开发理论与系统工程、采油工程理论与技术、提高采收率与采油化学等4个研究方向处于国内领先的基础上,通过与管理工程等学科的交叉渗透,用新兴学科强化和改造传统研究方向,围绕我国西部大开发和东部油田提高采收率所面临的重大理论和技术难题,加强科学研究和人才培养;在复杂油气田非线性渗流理论和开发理论、提高采收率新理论与采油用新材料等研究领域有重要创新,达到国际先进水平;深入开展石油软科学理论研究,建立石油经济安全与发展战略研究中心,为我国能源安全高层决策提供科学依据。

2. 主要建设内容

（1）油气渗流理论与应用。

开展复杂地层条件下油气渗流的实验与理论研究,发展异常低渗低压气藏的渗流理论、多重变形介质（低渗透、裂缝性及缝洞型油藏、超深井异常高温高压地层）耦合渗流理论、高含水期油藏时变非线性渗流理论以及复合驱（稠油复合驱和化学复合驱）渗流理论,应用上述理论发展复杂油气藏现代试井理论与方法,并开展油气田开发工程大规模高效数值计算理论与方法的研究。在异常低渗低压气藏、多重介质渗流理论、高含水期油藏时变非线性渗流机理以及复杂油气藏现代试井理论与方法等方面有较大突破。

（2）油气一体化开采理论与技术。

围绕油气藏的高效开采理论与技术开展近井增产机理研究,研究复杂结构井井筒多相流动机理、复杂类型地层油气井增产新技术、井筒举升工艺、柔性抽油杆应用技术、新型诊断技术、高含水油田井下油水分离技术、油气井防砂、低渗透油藏深部高效处理技术等;在复杂结构井多相流、高含水油田井下油水分离技术、高含水井偏磨机理研究等方面取得突破性进展。

（3）提高采收率理论与技术。

针对我国高含水油藏、低渗透油藏和海上油田的特点开展中高含水期剩余油分

布动态定量描述理论与方法、化学驱理论、油层深部调驱聚合物驱后提高采收率理论与方法，以及耐温、耐盐聚合物和表面活性剂的合成等方面的研究。在化学驱基础理论、储层仿真物理模拟技术、聚合物驱后提高采收率的理论与方法及剩余油定量描述等方面取得重要成果。

（4）石油软科学理论与信息管理。

通过多学科交融开展我国能源战略与政策研究、油气资源工业科技经济一体化研究、特大石油企业体制改革及持续发展理论与实践研究。进行油气复杂系统战略管理、油气工程系统优化与决策、能源信息与油气田开发决策支持系统、油气工程项目投资分析与经济评价理论及方法、基于 GIS 的数字油藏技术等研究。建立石油"生产—经营—科技—生态—安全"一体化监测、预警、预报系统，成为石油行业软科学理论创新与研究基地。

3. 建设成果主要指标

"十五"期间，学科群共承担国家自然科学基金、国家计委和省部级项目 31 项，尤其是承担国家自然科学基金项目、973 项目和 863 项目的数量比"九五""211 工程"期间有较大增加。"十五""211 工程"期间，科研经费达 7 073.95 万元（含横向）；获省部级科技成果奖 26 项，其中省部级科技进步一等奖 4 项、二等奖 9 项、三等奖 13 项。出版学术专著和教材 18 部，在国际会议和国内外学术刊物共发表论文 407 篇，被 SCI，EI，ISTP 三大检索系统收录论文 89 篇。

4. 标志性成果

（1）关键油田化学品开发与应用。

成果通过对"一种用于区块整体调剖堵水的压力指数决策方法"等 6 项对油田生产具有重要意义的油田化学创新方法（技术）的开发与应用，促进了油田稳产和提高采收率；通过对适合稠油油藏化学驱的"三次采油用复合驱油剂的制备方法"等 30 个油田生产急需产品的创新开发和 46 个已有产品升级改造，形成了适合我国油田特点的调剖堵水剂、高温酸化添加剂、井筒处理剂、外排污水处理剂、双保型钻井液添加剂等 5 个领域的产品系列，并实现产业化生产，提升了我国油田化学品产业的核心竞争力。

以创新技术和产品为核心，集成相关领域高新技术成果，形成了以调剖堵水为中心的提高采收率技术、油水井井筒化学处理技术、油田外排污水综合处理技术 3 项综合配套技术和高温酸化压裂用酸液体系、高温油藏酸化压裂用酸液体系 2 个配套的处理液体系。综合配套技术的形成显著提高了油田化学品使用效率，降低了油田的生产成本，同时也促进了油田化学品的生产和应用。

围绕该项标志性成果承担 1 项国家"十五"科技攻关重点项目，1 项国家 863 高科技攻关计划"高温酸化压裂添加剂的开发与应用"，1 项山东省重大科技专项"提高原油采收率关键产品与配套设备开发"。申请发明专利 23 项，其中 2 项已授权，公开发表文章 130 多篇，获得省部级科技进步一等奖 2 项。开发的综合配套技术及相关油田化学品在胜利、大港、华北、中原、新疆、江苏、大庆、塔里木、南海、东海、渤海等油田推广应用，累计增产原油 127 万吨，新增产值 13.4 亿元，在高含水油田控水稳油和提高采收率中发挥了重要作用。

（2）高含水期油藏先进的二次采油理论与技术。

先进的二次采油技术是高含水期改善注水开发效果、提高水驱采收率的主要途径，该成果是将油藏工程、采油工程、油田化学、应用物理等相关学科内容紧密结合而形成的综合性成果。围绕该标志性成果，承担国家自然科学基金项目 2 项和"863"项目 2 项，省部级项目 13 项，横向课题 30 余项，在国内 20 多个油田推广应用，创造近 20 亿元的经济效益。出版学术专著 2 部，发表学术论文 130 余篇，其中 EI 收录 18 篇，获省部级二等奖 3 项（1 项发明奖），三等奖 4 项。

"九五"期间的研究与应用形成了 6 个方面的主要理论和技术。

① 调剖堵水理论与技术。

在国内首次提出了二次采油和三次采油的结合技术，其内涵是在充分调剖堵水的基础上进行有限度的三次采油，形成了实用理论与技术。经过近 5 年的研究和现场试验，该技术丰富、发展和提高了采收率理论和技术。形成了先进型油井堵水方法，包含区块整体堵水、深部堵水、选择性堵水、不同来水堵水和与其他措施结合的油井堵水 5 部分内容，并在选井决策、合理堵水深度优化、选择性堵水方法建立、封堵不同来水的设计和油井堵水与化学剂吞吐结合等各方面取得重要进展。形成了深部调驱理论与技术，包含注入体系优化技术、深部调驱井位筛选评价技术、地层非均质性监测与描述技术、深部调驱快速数值模拟技术、深部调驱油藏工程预测与评价方法、深部调驱效果评价体系和评价方法等系列配套技术。

② 物理法采油理论与技术。

形成了超声波解堵、电脉冲波解堵、水力振荡解堵、人工地震增产、声波防垢、声波防蜡、电法采油等方面的技术和产品。这些技术在国内 10 多个油田推广并应用。

③ 复杂结构井开采理论与技术。

形成了水平井压裂理论与技术、水平井砾石充填理论与技术、斜井井筒举升理论与技术、辐射状径向水平井产能预测理论与方法，为复杂结构井的进一步推广使用奠定了理论基础。

④ 剩余油定量描述理论与技术。

形成了全方位、多指标的剩余油富集区定量描述，包括不同沉积微相、任意闭合区域、任意网格、单井单层、多参数组合的剩余油定量描述。其中，数值模拟技术包括特殊网格技术、多油藏多坐标技术、倾斜断面描述技术、非相邻连接技术、断层封堵性描述技术、开窗及局部网格加密技术、物性和流体分区技术等，达到指导开发决策，提高油田采收率的最终目标。

⑤ 油气井防砂理论与技术。

形成了油气井出砂预测技术、防砂方案决策优选技术、机械管柱防砂和砾石充填防砂及端部脱砂压裂防砂等防砂方法、防砂油气井产能预测与评价及综合决策软件。

⑥ 泡沫流体应用理论与技术。

以泡沫流体理论研究为基础，形成了泡沫流体在钻完井、修井、增产措施、驱油等方面的应用技术，并取得了良好的应用效果。

（3）复杂介质渗流理论与应用。

对于低渗透油藏、碳酸盐岩油藏属于油田开发的主要油藏类型，其组成介质既有裂缝又含有基质岩块，其介质相当复杂。本项成果包含下列内容。

① 缝洞型介质流动机理研究。

形成了缝洞型介质模型的制作技术，揭示了缝洞油藏的流动规律并建立了相应的流动模式，包括不同缝分布、不同洞分布和不同缝洞组合的流动模式，得到了缝洞型介质等效渗透率的计算公式。初步揭示了不同缝分布、不同洞分布及不同缝洞组合情况下的两相驱替规律，为缝洞型油藏开发指标的计算和开发技术政策的优化提供了依据。

② 缝洞型碳酸盐岩油藏渗流理论与应用。

建立了丰富的缝洞型碳酸盐岩油藏的基本试井解释模型，揭示了缝洞型碳酸盐岩油藏的渗流规律及压力特征，形成了缝洞型碳酸盐岩油藏的试井解释方法和试井解释软件，其试井解释模型多达上百个，在塔河油田和胜利油田得到成功应用。

③ 流线试井解释理论与方法。

建立了流线数值试井解释模型，成功将流线方法应用于试井解释方法，丰富了数值试井解释理论与方法，形成了利用试井资料确定剩余油饱和度的理论、方法和实用软件，并在胜利、大港、中原、南阳等油田推广应用

围绕该项标志性成果，完成了国家"十五"科技攻关项目 1 项，省部级项目 7 项，获省部级科技进步二等奖 1 项、三等奖 2 项，发表学术论文 53 篇，其中三大检索系统论文 43 篇，三大检索收录 13 篇，SCI 收录 4 篇。

中国石油大学时期

（2005—2023）

2005 年，学校更名为中国石油大学，开启了办学新纪元。学院也迎来了新的发展阶段。这一时期，学院办学主体从东营整体迁至青岛，通过两轮教育部本科教学评估，跻身"985 工程优势学科创新平台"建设行列，办学水平实现了新的突破。学院紧紧围绕"建设国内一流、国际知名、石油特色鲜明的高水平研究型学院"的建设目标，贯彻创新、协调、开放、共享的发展理念，取得了显著成绩：石油与天然气工程学科入选国家"双一流"建设学科，三个本科专业均跻身国家一流专业，新增碳储科学与工程专业；孙金声教授当选中国工程院院士；中国－沙特石油能源"一带一路"联合实验室、教育部重点实验室高层次平台、国家 973 计划项目和基础科学中心项目等高水平项目、国家科学技术奖励和教学成果奖等均取得重要进展。学院聚力立德树人根本任务，坚持特色发展、内涵发展，奋力推进高质量发展，开启了建设中国特色能源领域世界一流学院新征程。

第八章

筑梦青岛 跨越发展

（2005—2016）

2005年，学校更名中国石油大学，为学院实现建设高水平研究型学院的发展目标提供了历史性机遇。学院围绕"内涵式发展、可持续发展、和谐与开放发展"主线，完成了东营到青岛的办学主体转移，开设了海洋油气工程专业，开展了石油工程国家级实验教学示范中心等"质量工程"建设；通过了两轮本科教学评估、一轮工程硕士认证，石油工程顺利通过工程教育专业认证；完成"211"三期建设并顺利通过验收，开展"优势学科创新平台"项目建设，科研经费突破1个亿，年均达到1.36亿元，石油与天然工程学科多年蝉联全国第一，工程学进入 ESI（Essential Science Indicators，基本科学指标数据库）世界学科排行前1%；在国际化办学方面进行了有益的探索与实践，学科国际学术影响力进一步提高。学院师资队伍、学术平台、人才培养等全面发展，初步建成高水平研究型学院，获评全国教育系统先进集体。

第一节　青岛校区办学及管理体制改革

2004年8月9日，教育部批准石油大学（华东）立项建设青岛校区；8月24日，首批4 000多名研究生正式入住。2005年9月，学院迎来了青岛校区的第一批本科新生。完成学院制改建不久的石油工程学院，立足新校区，着眼新发展，以学院机构改革和制度化建设开启新的历史篇章。

一、办学主体迁至青岛校区

为扩大国际交流，吸引优秀人才，2002年，学校以教育部油气加工新技术工程研究中心为依托，启动建设青岛科教园区作为学校发展的新窗口。2005年，学校更名中国石油大学,青岛校区的发展迎来了新的突破。2005年2月3日,山东省下发《山东省人民政府关于同意中国石油大学(华东)建设青岛新校区的批复》,正式同意学校建设青岛新校区。

1. 首批学生入住青岛校区

2004年8月24日上午,青岛校区校牌揭幕仪式正式举行,标志着青岛校区从建设阶段正式进入使用阶段。这是学校办学结构的重大调整,预示着一个新时代的到来。

青岛校区校牌揭幕仪式

根据学校安排,2004年9月初,石油工程学院2004级研究生首批入住青岛校区。9月9日,石油工程学院等2004级研究生开学典礼在青岛校区举行,沈忠厚院士以亲身体会勉励学生在更加优越的环境中发奋学习,立志报国,为我国石油工业的发展作出贡献。

2005年4月14日,学校确定了2005—2006学年第一学期入住青岛校区的专业和年级,包括2005级全体硕士研究生,石油工程学院、地球资源与信息学院、化学化工学院、储运与建筑工程学院等4个学院2005级本科生,计算机与通信工程学院、经济管理学院2003级本科生,信息与控制工程学院电子信息工程专业及人文社会科学学院法学、经济学、行政管理专业2003级本科生。

8月23—25日,学校在青岛校区召开学校工作研讨会,党委书记郑其绪传达了

《教育部关于石油大学（华东）建设新校区有关问题的批复》的文件精神。通过此次研讨会，广大干部统一了思想，对教育部的立项批复文件形成了一致认识，对东营校区"宽领域、大基地"和青岛校区"高层次、外向型"的理解更加统一、全面，是一次"统一思想，规划未来，深化改革，再谋发展"的重要会议。

2005年9月，学院迎来了青岛校区首届本科生。

2006年7月12日，学院安排5辆车，将东营校区的研究生和转专业学生的行李运往青岛校区。9月3日，学院2006年迎新工作在青岛校区全面展开。截至9月6日，452名本科生新生报到入学。

学院领导前往宿舍慰问到校新生

2.克服困难，保障两地办学质量

在两校区办学的过渡时期，广大教职员工克服夫妻分居、两地授课、研究生分布于两校区、实验装备不完善等诸多困难，完成了本科教学评估、"211"三期建设等一系列教学科研工作。

2004年开始，青岛校区边建设边投入使用，教学、科研设施以及教师居住条件尚不完善，在青岛校区工作的教师住在1～3号学生公寓。由于在青岛校区授课教师人数少，教师们承担的工作量大，学院体恤教师的工作辛苦，于是青岛校区教学工作量按2倍计算。2007年7月，工科实验楼A，B，C，D座楼同时竣工，总建筑面积74 430平方米。2008年以后，工科楼B座投入使用，江山瑞城、香槟海岸、瑞海花园等住宅楼完工,教师工作、生活环境得以改善,师资紧张的情况逐步缓解。学院2005级本科生进入专业课程学习阶段后,"油层物理"等课程的实验教学在青岛校区逐步开展。

2005—2011年是青岛校区加快建设与加快办学布局并行发展的阶段,也是东营、青岛两校区办学的过渡时期。其间根据学校对两校区功能定位、办学布局,学院对管理模式与运行机制进行了系统的思考、探索、实践,积极稳妥地推进学院办学重心从东营校区向青岛校区逐步平稳过渡,为建立新的办学格局奠定了坚实基础。

3. 统一思想,主体搬迁

2007年1月22—23日,学院召开2007年发展战略研讨会。各学科骨干教师及在校工作的几十名院友到会共商发展大计。会议围绕学院整体发展思路、学科建设、科研一体化、学生培养、创新团队建设、两校区办学等问题进行了充分研讨。

2007年1月,学院召开发展战略研讨会

2008年2月26日,学院召开学期工作部署会。会议要求,抓住青岛校区建设的机遇,结合创新团队建设,整合优势资源,促进形成更多的重大科研成果;落实好向青岛校区搬迁部分的工作,为下一步的两校区办学打好基础。

随后的5月10—11日,学院在青岛校区召开发展研讨会。针对学院本学期末主体搬迁青岛校区,面临两校区办学的新形势,研讨了青岛校区的规划布局和进一步继续发挥东营校区作用等问题,形成了青岛校区的房屋使用、实验室管理等初步试行方案,制定了"整体搬迁、分步实施"的搬迁规划。

2008 年 7 月，随着东营校区最后一届本科生毕业离校，学院启动了整体搬迁工作，实验设备、书籍资料、办公用品等打包装车。学院青岛校区工科楼 B 座办公室配置了桌椅、书柜等，教师的工作环境得到了较大改善。至 2011 年 7 月，基本完成了办学主体迁至青岛的工作。

二、学院管理体制建设

1. 机构改革

2004 年 10 月，学院党委换届。2005 年 5 月，学院行政班子换届。姚军、管志川分别连任院长、书记，李明忠、程远方、邱正松任副院长，王效美任副书记。孙宝江由学院副院长转任学校科技处处长。

为了加强学院管理，提高工作效率，理顺工作关系，学院机构设置逐步调整完善，工作程序更加科学规范。2005 年 6 月，石工院发〔2005〕4 号、6 号文件，学院对院属机构及负责人进行了调整、任命，共设置系、研究室等 8 个三级单位，研究所 4 个，见表 8-1。学院设置 4 个学科，同时建设多个省部级研究机构，见表 8-2。2007 年 11 月 5 日，石工院发〔2007〕9 号《关于学院办公室机构调整和任职的通知》，学院办公室下设综合办公室、教学办公室、研究生工作办公室、学生工作办公室。

表 8-1　2005 年学院机构设置及负责人

序　号	机构设置	负责人
1	油气井工程系	林英松
2	采油工程系	陈德春
3	油藏工程系	杜殿发
4	油田化学系	赵修太
5	海洋工程与流体力学系	周晓君
6	金刚石钻头研究室	杨宝德
7	高压水射流研究中心	沈忠厚、杨永印
8	学院办公室	丁　岗
9	油气井工程研究所	王瑞和
10	油气田开发工程研究所	姚　军
11	油田化学研究所	赵修太
12	海洋石油工程研究所	孙宝江

表 8-2　2005—2016 年学院学科、科研平台设置及负责人

序　号	学科及科研平台	负责人
1	油气井工程学科	王瑞和
2	油气田开发工程学科	姚　军
3	流体力学学科	孙宝江
4	海洋结构物学科	陈建民
5	山东省油气井工程重点实验室	邹德永
6	中石油高压水射流研究中心	徐依吉
7	山东省高压水射流技术推广中心	杨永印
8	中石油采油工程软件开发与信息中心	樊　灵
9	中石化股份有限公司提高采收率研究中心	姚　军
10	山东省油田化学工程技术研究中心	张贵才
11	中国石油大学天然气水合物研究中心	王瑞和
12	中国石油大学泡沫流体研究中心	李兆敏
13	中海油田服务股份有限公司泡沫流体实验室	李兆敏

新一届领导班子围绕事业健康发展和队伍健康发展两个中心，抓住"211 工程"和"优势学科创新平台"建设的历史机遇，进一步固本强优、扶弱催新，大力加强学科建设。在此期间，石油与天然气工程国家一级重点学科评估全国排名第一，油气井工程和油气田开发工程 2 个国家二级重点学科的建设迈上新的高度，流体力学学科得到了较大发展，船舶与海洋结构物设计制造学科有了良好开端。学院在高层次人才引进和培养方面也取得了较大突破，如蒲春生、康万利、任韶然等教授加盟，大大增强了学院实力，蒋官澄教授入围"国家杰出青年科学基金"。

这一时期，研究生数量明显增加，质量稳步提高。国家和山东省精品课增加到 6 门，高级别科研项目和成果的数量不断增加，质量不断提升，科研经费稳居全校之首，高层次学术交流活动日趋活跃。同时，学院在对外合作方面迈出可喜步伐，学术影响力逐渐扩大。2009 年，学院被评为"全国教育系统先进集体"。

2005 年 11 月，学校第一个研究生综合培养工作站在胜利工程设计公司揭牌

2009 年 4 月，学院党政班子换届，姚军继续担任院长，张卫东任党委书记，李明忠、程远方、邱正松、冯其红任副院长，王林任党委副书记。2011 年 12 月，林英松由学校教务处副处长转任学院副院长，冯其红由学院副院长转任学校教务处处长。

2009 年 5 月 19 日，石工院发〔2009〕4 号文件，对院属单位及机构负责人进行任命，见表 8-3。共设置系、研究室等 8 个三级单位，研究所 4 个，院属学科 4 个，以及省部级研究机构等 9 个。

表 8-3　2009 年学院机构负责人

序　号	机构名称	负责人
1	油气井工程系	步玉环
2	采油工程系	陈德春
3	油藏工程系	苏玉亮
4	油田化学系	王业飞
5	海洋工程与流体力学系	倪玲英
6	实验教学中心	赵修太
7	高压水射流研究中心	沈忠厚、杨永印
8	金刚石钻头研究室	杨宝德
9	油气井工程研究所	王瑞和
10	油气田开发工程研究所	姚　军
11	油田化学研究所	赵修太
12	海洋石油工程研究所	孙宝江

2011 年 5 月 20 日，石工院发〔2011〕2 号文件，对部分院属单位负责人进行了调整，杜殿发任油藏工程系主任，张凯任油藏工程系副主任，谷建伟任油气田开发工程

研究所副所长。为提升学院国际化水平,加强国际化事务的组织协调,2011 年 12 月 12 日,石工院发〔2011〕5 号文件,决定成立石油工程学院国际事务办公室,吴学东任主任。2012 年 1 月,增设海洋油气与流体力学系,王杰祥任主任。

在新一届领导班子的带领下,学院紧紧围绕"建设高水平研究型学院"的发展目标,践行"学者、学科、学术、学风、学生和谐相生"的发展理念,坚持"学术立院、人才强院、文化兴院"的治院方略,各项工作实现了又好又快的发展。学院获得多项集体荣誉:2009 年 9 月,被人力资源和社会保障部、教育部授予"全国教育系统先进集体";2011 年 6 月,被中共山东省委评为"山东省先进基层党组织";2011 年 4 月,获得学校"十一五科技突出贡献集体"荣誉称号。石油工程专业入选教育部"卓越工程师"教育培养计划;石油工程专业教学团队成为国家级教学团队;石油工程实验教学中心获批国家级实验教学示范中心。2010 年到位科研经费 1.07 亿元,实现大跨越;发表 SCI 高水平文章占全校 75% 以上;2012 年,到位科研经费 2.04 亿元,这是继学院 2010 年率先突破亿元后,再次在全校刷新学院年度科研经费新纪录;获 3 项国家科学技术进步奖二等奖:《高含水油田优势通道定量描述与调控技术及工业化应用》(2010 年,戴彩丽负责,我校为第一完成单位),《特低渗透油藏有效开发非线性渗流理论和开发方法及其工业化应用》(2010 年,姚军等参与,我校为第二完成单位),《胜利油田超稠油高效开发技术与应用》(2011 年,侯健参与、我校为第二完成单位)。教授治学、民主监督进程不断深入,分别召开第一届教授委员会第三、四、五次会议,选举产生了教授委员会常务委员会和院学术委员会,审议了教职工岗位考核办法、本科生培养计划、优博培育方案;召开学院三届一次教代会,审议学院行政工作;构建"Petro—X"合作平台;依托石油与天然气工程一级学科,与数、理、化、力学、材料、机械等多学科相互渗透、交叉与融合。

2012 年 4 月,学院召开第一届教授委员会第六次会议

2013年4月，学院领导班子换届，孙宝江任院长，张卫东任党委书记，林英松、陈德春、王业飞、张凯任副院长，王林任党委副书记。姚军由学院院长转任学校科技处处长，2017年8月任学校副校长。

2013年5月，石工院发〔2013〕3号文件，对院属单位及机构负责人进行了任命，见表8-4；共设置系、研究室等9个三级单位，研究所4个，院属学科4个，以及省部级研究机构等9个。

表8-4　2013年学院机构负责人

序　号	机构名称	负责人
1	油气井工程系	步玉环
2	采油工程系	董长银
3	油藏工程系	谷建伟
4	油田化学系	吕开河
5	船舶与海洋工程系	娄　敏
6	海洋油气工程系	徐加放
7	实验教学中心	赵修太
8	高压水射流研究中心	沈忠厚、杨永印
9	金刚石钻头研究室	杨宝德
10	油气井工程研究所	王瑞和
11	油气田开发工程研究所	姚　军
12	油田化学研究所	赵修太

新一届党政班子制定了"建设国内一流、国际知名、石油特色鲜明的高水平研究型学院"的建设目标，以"大师＋团队"学术梯队建设和国际化办学为抓手，密切配合，在多个领域取得新突破。

人才培养方面，学院坚持"规范运行、提高水平、形成特色、提升质量"的指导思想，完成了教育部本科教学工作审核评估，实现了国家教学成果奖的突破，获国家级教学成果二等奖2项、山东省教学成果奖10项，石油工程专业通过工程教育专业认证。

在科研工作方面，学院坚持"质量、水平、应用并重并举"的原则，探索完善政策体系和服务保障体系。学院重点围绕整合资源，建设高水平研究平台和公共实验测试平台，激励高层次重大科研任务，通过产出高水平成果来开展工作。油田化学实验室成功获批山东省重点实验室，新增国家能源页岩油研发中心（中国石油大学分中心），教育部重点实验室和国际联合实验室筹建顺利；获国家科学技术进步奖1项，国家技术发明奖1项，中国专利优秀奖3项；获批我校第一项国家973计划项目"海洋深水油气安全高效钻完井基础研究"，年均到位科研经费超过1.6亿元，占全校经费的四分之一。

在师资队伍建设方面，学院以"提高层次、优化结构、增强活力、鼓励冒尖"的思想为指导，高度重视人才培育和储备，不断优化人才队伍结构，提高师资队伍层次与水平。学院专任教师由 135 人增加到 179 人，其中教授由 49 人增至 57 人，90% 的教师具有博士学位。新增中国工程院院士 1 人；新增千人计划、万人计划、长江学者、国家杰出青年科学基金、973 首席、中青年科技创新领军人才、泰山学者等 12 人次，至 2016 年共计 25 人次；新增青年千人、青年长江、国家优青 4 人次；新增泰山学者优势特色学科人才团队 1 个、教育部长江学者奖励计划创新团队 2 个。

"复杂油藏开发和提高采收率的理论与技术"教育部创新团队部分成员

在学科建设方面，学院围绕"强化传统石油特色、发展海洋工程、开拓新能源与非常规领域"的学科发展战略，深化学科融合，积聚办学资源，优化学术环境，吸引高端人才，增强核心竞争力，努力构建学科上水平的良好平台。石油与天然气工程、船舶与海洋工程 2 个一级学科学位授权点接受教育部评估；优势学科继续保持国内领先水平。

在对外合作交流方面，学院依托学术交流、学生联合培养、共建实验室、科研合作等渠道，与国外知名高校及研究机构建立合作，扩大学术影响力。

在党建方面，学院充分发挥党委总揽全局、协调各方的作用，通过扎实开展创先争优活动、党的群众路线教育实践活动、"三严三实"专题教育和"两学一做"学习教育，以及深入落实教育部巡视整改工作、学习贯彻习近平新时代中国特色社会主义思想，基层党组织的政治责任不断强化，党员干部理想信念更加坚定，"四个意识"明显增强,守纪律、讲规矩成为自觉行动。张卫东荣获"全国优秀党务工作者"称号,王林获"山东省高校优秀党务工作者"称号,赵晓珂入围"全国辅导员年度人物",获"青岛高校思想政治工作创新奖",李爱芬获"青岛市三八红旗手"称号,一系列成绩彰显了学院党建工作的突出成效。

2. 制度体系建设

2006 年 1 月 9—11 日,石油工程学院一届四次教代会在西配楼科技报告厅召开,姚军院长作学院行政工作报告。会议讨论审议了学院行政工作报告,并通过了成立"制度起草委员会"的决定,成为开启学院制度建设规范化、制度化的起点。

2007 年 1 月 4—12 日,石油工程学院第二届第一次教代会胜利召开。大会主题是"建立长效机制,促进内涵发展,提升办学层次,建设和谐学院"。会议听取了姚军院长的行政工作报告、上一届教代会和工会工作报告;听取了上届教代会提案工作委员会关于提案工作的报告。学院根据教代会审议通过 3 个文件时提出的问题,对讨论稿进行了重新修订,先后发布了《石油工程学院人才引进工作实施细则》《大学生科技创新基金管理使用办法》《石油工程学院教学资料归档要求及管理办法》等 3 个文件。

2006 年开始,高校实施岗位绩效工资制度改革,教师的工资由岗位工资、薪级工资、绩效工资(奖金)和津贴补贴 4 部分构成;2010 年,高校实施全面绩效工资,尤其是高层次人才引进实现年薪制或协议工资。绩效工资改革后,我国高校教师的薪酬将主要由基本工资与绩效工资组成,绩效工资分为基础性绩效和奖励性绩效 2 部分。学院积极响应国家政策,先后制定了多个相关文件。2009 年 12 月 17 日,石工院发〔2009〕13 号文件,发布《石油工程学院科研业绩奖励办法》。

2011 年 1 月 7—8 日,石油工程学院在院学术报告厅召开了第三届一次教职工代表大会。姚军院长作了题为《争先进位、开拓创新,为建设高水平研究型学院而努力》的行政工作报告。大会对《石油工程学院教师岗位考核暂行办法》《石油工程学院实验人员岗位考核暂行办法》《石油工程学院机关人员岗位考核暂行办法》《石油工程学院辅导员工作考核暂行办法》等 4 个教职工岗位考核办法进行了讨论与修订,在吸收代表们的意见和建议后,经学院党政联席会议再次讨论,并交三届一次教代会常设主席团进行审议,于 2012 年印发石工院发〔2012〕年 3 号《石油工程学院教职工岗位考核办法》。

2013 年 1 月 18 日,石油工程学院三届三次教代会在学院报告厅举行,学院党委书记张卫东致开幕词,指出三届教代会成立以来,学院发展势头喜人,成绩鼓舞人心,形象有口皆碑。广大教职工在学院发展中勇挑重担,党政配合默契、班子团结协作,教授委员会和教代会参与学院民主管理,重视思想文化建设,实现和维护教职工利益等一系列经验做法值得发扬光大。姚军院长作了题为《深化内涵,坚持可持续发展,为高水平研究型学院建设不懈奋斗》的报告。报告指出,2012年,学院新增省部级创新团队2个,科研经费突破2亿元,"211"三期建设、实验教学示范中心顺利通过国家验收,各项工作稳步推进;加强团队与梯队建设,提高师资队伍的可持续发展能力;深化教育改革,加强教学管理,提高人才培养质量;巩固学科与科研实力,提升创新能力和社会服务能力;重视交流与合作,扩大学术知名度与影响力;注重党政建设,促进学院管理服务的发展。2013年是校庆年,全体教职工要围绕"建设高水平研究型学院"的奋斗目标,聚焦内涵建设,走可持续发展之路,提升核心竞争力,以优异成绩向校庆60周年献礼。会议还审议通过了《石油工程学院教职工慰问制度》《石油工程学院教职工福利发放制度》。

2014年10月24日,学院召开第三届教职工代表大会第四次会议,孙宝江院长作学院行政工作报告,在分析形势的基础上提出了下一步重点工作和发展思路。与会代表对《学院岗位年度考核与奖励性绩效工资发放暂行办法》进行了审议投票,同意和原则同意票达79%。2015年1月17日,印发石工院发〔2015〕1号文件《石油工程学院教师岗位设置与聘任实施办法》。

2015年11月27日,学院召开第四届教职工代表大会第一次会议。院长孙宝江代表学院作2015年行政工作报告。他指出,在两届班子的共同努力下,学院"十二五"既定目标基本完成,许多核心指标实现了全校的突破,针对"十三五"的工作思路,学院的发展目标和指导思想是:以"建设国内一流、国际上有影响、特色鲜明的高水平研究型学院"为目标,努力构建以培养高质量人才为核心,统筹学科建设、师资建设、教育教学、科学研究、国际化办学等方面的组织保障体系、文化制度体系和评价标准体系,力争实现重点领域的新突破。会议讨论了学院"十三五"规划基本设想、《石油工程学院岗位年度考核与奖励性工资发放办法(试行)》《石油工程学院青年学术拔尖人才支持计划实施办法》。2017年12月7日,印发石工院发〔2017〕07号文件《石油工程学院岗位年度考核与奖励性绩效工资发放办法(修订稿)》。

2017年12月26日,学院在逸夫礼堂举行2017年总结表彰大会暨四届三次教代会开幕式。院工会主席张卫东作《工会工作报告》,总结了一年来的发展与成绩,并对四届三次教代会事宜进行部署。各代表团召开分组会议对院长《行政工作报告》进行审议,并就《石油工程学院奖励性绩效工资发放办法》《学院机构改革》征求意见,对学院建设和发展进行提案,充分发挥教代会在民主管理、凝心聚力和民主监督的作用。

2018 年 1 月 5 日下午,教代会常设主席团召开会议,通过了《石油工程学院奖励性绩效工资发放办法》,规定 5% 公共事务奖中的 4% 留在三级单位、1% 由全院考核暂留实施一年的方案,一致同意三系五所改革。2018 年 6 月 15 日,印发石工院发〔2018〕17 号文件《石油工程学院岗位年度考核与奖励性绩效工资发放办法（2018 版）》。

为理顺学院领导工作程序,2009 年 11 月 23 日,石工院党〔2009〕5 号文件,发布《石油工程学院领导班子工作细则（试行）》,该细则共 24 条,分为总则、领导班子的职责、领导班子的工作制度、党政领导班子成员的分工合作与协调配合、附则等 5 部分。

为促进青年教师成长成才,2011 年 11 月 11 日,学院青年教师发展促进会成立大会暨首届青年教师发展论坛举行。会上形成协会章程,任命了首届理事会成员,选举范海明为会长;2019 年进行了换届,王森任会长。

为保障科研资源合理、高效利用,2014 年 12 月 10 日,石工院发〔2014〕3 号文件,学院成立"科研实验室、公共测试平台规划"领导与工作小组,根据《中国石油大学（华东）公用房管理办法》（中石大东发〔2014〕15 号）,科学规划我院科研资源,提高科研资源利用效率,推进实验室高标准、国际化科研平台建设,开启了科研用房有偿使用。

第二节　人才培养实现新跨越

人才培养是高等学校的根本任务,教学质量是高校办学的生命线。2006 年、2015 年,学院分别顺利通过教育部本科教学工作水平评估、审核评估。这一阶段,人才培养工作取得长足进步,开展卓越工程师、理科实验班、拔尖创新班、小语种强化班等多元化培养模式改革,在国家级特色专业、精品课程、教学团队、规划教材、实验教学示范中心、工程实践教育中心、工程教育专业认证等质量工程建设方面取得丰硕成果。2009 年被批准为"国家级实验教学示范中心"建设单位,2014 年获得高等教育国家级教学成果二等奖。

一、本科教学评估

1. 评估背景

教育部早在 1994 年就开始对高等学校进行教学评估,至 2002 年底共完成了对 254 所学校的评估。为进一步促进教学质量提高和转变政府职能,教育部决定从

2003 年起整合原来的合格评估、随机性水平评估和优秀评估等 3 类评估，建立 5 年一轮的普通高等学校评估制度，成立了"高等教育教学评估中心"。

2004 年 8 月 12 日，教育部发布〔2004〕21 号《普通高等学校本科教学工作水平评估方案（试行）》。2005 年 1 月 17 日，教育部发布教高司函〔2005〕7 号《关于做好 2005 年普通高校本科教学工作水平评估的通知》，贯彻落实"全国第二次普通高等学校本科教学工作会议"精神，以科学的发展观指导高等学校的人才培养工作，不断提高教学评估工作的质量，对评估工作做了相关安排。

本科教学工作水平评估的原则是"以评促建、以评促改、以评促管、评建结合、重在建设"。通过评估进一步加强和改善国家教育行政部门对高等学校教学工作的宏观管理和指导；推动各级教育主管部门重视和支持高等学校的教学工作；促进高等学校不断明确办学指导思想，改善办学条件，加强教学基本建设，深化教学改革，提高水平，逐步建立和完善自我发展，自我约束的机制，以不断提高办学质量和办学效益。

2011 年 10 月 13 日，教育部发布教高〔2011〕9 号《关于普通高等学校本科教学评估工作的意见》，落实《国家中长期教育改革和发展规划纲要（2010—2020 年）》，切实推进高等教育质量保障体系建设，全面提高本科教学水平和人才培养质量，给出了普通高等学校本科教学评估工作的具体意见。2013 年 12 月，教育部发布教高[2013]10 号《普通高等学校本科教学工作审核评估方案》。

本科教学工作审核评估突出内涵建设，突出特色发展；强化办学合理定位，强化人才培养中心地位，强化质量保障体系建设，不断提高人才培养质量；坚持主体性、目标性、多样性、发展性和实证性 5 项基本原则，实行目标导向、问题引导、事实判断的评估方法。

2. 本科教学工作水平评估

按照教育部和学校相关要求，学院积极开展以评促建工作。

2004 年 12 月 29 日，石工院发〔2004〕16 号《关于成立本科教学建设与评估工作机构的决定》，成立了本科教学建设与评估工作领导小组、专家组以及评估办公室，领导小组组长：姚军；副组长：管志川、李明忠。

2005 年 5 月 21 日，石工院发〔2005〕1 号《关于积极准备迎接本科教学工作校内初评的通知》，要求以此次本科教学工作评估为契机，把教学工作进一步规范化，为今后教学的规范化管理打好基础，并对迎接初评工作的进度及人员分工进行了安排。学院本科教学专家组集中工作，地点设在学院会议室。成员包括：李明忠、程远方、邱正松、王效美、杜殿发、陈德春、赵修太、陈建民、倪玲英。

5月26—28日，学校专家对学院进行了初评，通过审阅自评报告、听取院长汇报、考察实验室、查阅评估材料、走访座谈、课堂听课等，对学院本科教学水平做了实地考察和评估。

2005年9月21日，石工院发〔2005〕7号《2005—2006学年第一学期本科教学评建工作安排》，学院统一部署了本学期的主要工作内容，明确了进一步完成评估资料的收集整理和建档、学院自评、迎接学校对学院评估工作的全面复评以及整改、完善和建设等具体任务。

2005年12月19日，学院召开本科评建工作总结交流会。交流会上，对本科评建各项规范、标准、要求及前期工作中出现的突出问题进行了通报。

2006年9月11日，为了积极响应学校本科评估迎评誓师大会的号召，学院召开本科评估迎评工作大会，院系各级领导和有关人员共31人参加了会议。会议部署了迎评工作计划，强调了提高思想认识、加强学风教风建设、强化教学管理、全院协调配合等各项工作。学院决定成立"本科评估迎评指挥部"，由姚军院长担任总指挥，管志川书记、李明忠副院长担任副总指挥。根据迎评工作的实际需要，成立了教风学风建设组、材料组、教学实验迎评组、教学资料自查组、会务组等5个工作组。

2006年9月30日，本科评估进入冲刺阶段，学院在视频会议室召开全体教职工大会，对近期的本科教学迎评工作进行进一步的部署。院长姚军主持会议并部署工作。学院党委书记管志川为大会作了主报告，要求利用本科评建的大好时机，有力地促进师德建设的发展，提高教师的思想素质，搞好教风、学风建设，为今后教学工作的长远发展打下良好的基础。

学院召开本科教学迎评工作部署大会

2006 年 10 月 30 日至 11 月 3 日，教育部专家组对学校本科教学工作进行了实地考察和评估。以中山大学原党委书记李延保教授为组长的教育部专家组，通过审阅自评报告、听取校长汇报、考察基础设施、查阅评估材料、走访有关单位、深入课堂听课、组织座谈和测试等方式对东营和青岛两校区的本科教学工作水平进行了实地考察和评估。2007 年 5 月 23 日，《教育部办公厅关于公布中国人民大学等 133 所普通高等学校本科教学工作水平评估结论的通知》（教高评函〔2007〕1 号），公布学校的评估结果为"优秀"。至此，学校本科教学工作水平评估工作圆满结束。

3. 本科教学工作审核评估

在本科教学工作水平评估的基础上，教育部自 2014 年起开展本科教学工作审核评估。2014 年 12 月 17 日，根据教育部《普通高等学校本科教学工作审核评估方案》、学校《关于印发本科教学工作审核评估评建工作方案的通知》（中石大东发〔2014〕88 号）要求，石工院发〔2014〕4 号《关于成立"本科教学审核评估评建"工作机构的通知》，成立评建工作组、评建专家组、评建工作办公室（下设学院自评组、专业自评组），并确定了人员组成及主要工作职责。

评建工作组组长：孙宝江、张卫东；副组长：陈德春、王林。

评建专家组组长：管志川；副组长：李明忠。

评建工作办公室负责人：陈德春、王林。

学院自评组：设立"办学定位与目标"小组、"师资队伍"小组、"教学资源"小组、"教学与实践"小组、"学生发展"小组、"质量保障"小组、"特色项目"小组、"材料汇总"小组、"会议布置、自评材料打印和复印"小组等。

专业自评组：石油工程专业（杜殿发）、船舶与海洋工程专业（娄敏）、海洋油气工程专业（徐加放）。

2015 年 9 月 14 日，学校本科评估评建专家组一行 11 人来院，对学院本科教学审核评估评建整改情况进行全面检查。检查内容主要包括：访谈、教学档案及管理资料检查、教学条件和设施考察，检查方式采用教育部审核评估专家相关的考察方式。

2015 年 10 月 19—22 日，以同济大学常务副校长陈以一为组长的教育部专家组入校审核评估本科教学工作，专家组听取校长汇报后，集体考察了石油工程学院实验室和石油工业训练中心，并通过听课看课、深度访谈、查阅资料、走访等形式开展了独立考察。10 月 22 日，本科教学工作审核评估专家意见反馈会上，专家组组长陈以一充分肯定学校在 60 多年办学过程中取得的成绩。

2015年10月21日,教育部评估中心主任吴岩(现任教育部副部长)考察学院实验室

2015年10月22日,教育部评估专家与教师座谈

2016年12月8日,学校检查组一行9人对学院本科教学审核评估整改工作进行现场检查。会上,听取学院本科教学审核评估整改落实工作汇报,对相关问题进行提问,并调阅试卷、毕业设计(论文)等资料。专家组对学院整改落实情况做出评价并形成反馈意见。

在两轮迎评过程中,学院全体师生员工积极投入本科教学评建工作,表现出强大的凝聚力和战斗力,体现了高度的思想认识、敬业精神和工作热情,这种深深的爱院之情,高昂的兴院之志,是学院建设和发展的一笔宝贵精神财富。

通过两轮评估,对学院更新教育理念、优化培养方案、创新教学模式、提高教学质量与水平起到积极推动作用,也为学院本科教学水平不断提升奠定了坚实基础。

二、质量工程建设

1.“高等教育质量工程”回顾

“高等教育质量工程”在很多场合又被称为“质量工程”,泛指1994年以来国家实施的系列教学改革和质量建设计划,分为3个阶段。

1994—2006年:“教改工程”时期。在新旧世纪之交的10多年间,我国高教发展的主题之一是深化高校教学内容和课程体系改革,史称“教改工程”。“教改工程”分3个阶段实施。“教学内容改革计划”阶段(1994—1999年)、“新世纪教改工程”阶段(2000—2003年)、“高等学校教学质量与教学改革工程”阶段。

2007—2010年:“质量工程”时期。2007年1月22日,教育部、财政部印发了《关于实施“高等学校本科教学质量与教学改革工程”的意见》(教高〔2007〕1号),正式启动“高等学校本科教学质量与教学改革工程”(简称“质量工程”)。“质量工程”首次聚焦“本科教学”,并带有高等教育转型期的鲜明时代烙印。

2011—2017年:“本科教学工程”时期。“本科教学工程”与“质量工程”的全称都是“高等学校本科教学质量与教学改革工程”,从时序上看是“十二五”时期“质量工程”的“二期实施方案”。其实,二者在改革内容和管理方式有着重大变化。“本科教学工程”纠正了“质量工程”时期项目多而分散、经费支持力度小、申报审批程序繁杂等问题,注重了项目的集成与创新以及工程重点与核心的把握,突出了项目建设对人才培养的综合效益。

这一时期,学校处于新的办学转型时期,确立了新的办学目标,办学结构调整不断完善,但是教育教学改革需要形成新突破、人才培养质量有待大力提高,因此推进教学改革,着力提高人才培养质量,意义重大,影响深远。

2012年7月,学校提出了“三三三”本科教育培养体系,秉持“育人为本、人才为本、学术为本”的办学理念,坚持人才培养工作中心地位,以打造“精英化、特色化、研究型”教育为统领,以促进学生的“全面化、个性化、最大化”发展为根本,开展教师的学习性教学、学生的研究性学习和师生的开放性交流。

2. 质量工程建设成果丰硕

结合油气行业和高等教育发展,石油工程学院从 6 个方面开展了"质量工程"建设:① 专业结构调整与专业认证;② 课程、教材建设与资源共享;③ 实践教学与人才培养模式改革创新;④ 教学团队和高水平教师队伍建设;⑤ 教学评估与教学状态基本数据公布;⑥ 对口支援西部地区高等学校。

（1）专业结构调整与专业认证方面。

1994 年,学院将钻井工程、采油工程、油藏工程有机合并为石油工程专业,2001 年设立船舶与海洋工程专业,2012 年设立海洋油气工程专业。

2006 年 11 月 20 日,石油工程专业被确定为山东省高等学校品牌专业建设点,2007 年石油工程专业入选教育部特色专业建设点。2009 年 10 月 25 日,学校组织专家对学院船舶与海洋工程本科专业进行评估检查。在听取汇报、查阅资料和实地考察和师生访谈后,专家组对船舶与海洋工程专业办学 8 年来的成绩给予充分肯定,并对该专业的发展提出了建设性的意见。

2011 年,石油工程专业入选首批教育部卓越工程师教育培养计划,同年船舶与海洋工程被评为山东省特色专业。2017 年 1 月,石油工程专业通过高等工程教育专业认证。

2022 年 6 月 23—24 日,受中国工程教育专业认证协会委派,以天津大学贾绍义教授为组长的专家组,对中国石油大学（华东）海洋油气工程专业进行工程教育认证线上考查。

（2）课程、教材建设与资源共享方面。

2005 年《钻井工程》《工程流体力学》、2006 年《油藏工程》、2007 年《采油工程》、2008 年《油层物理》《油田化学》、2010 年《渗流力学》、2011 年《石油工业概论》、2013 年《气藏工程》入选山东省省级精品课程;2008 年《钻井工程》、2010 年《油藏工程》入选国家精品课;2010 年《采油工程》进入国家网络精品课;2014 年《钻井工程》、2015 年《油藏工程》入选国家精品资源共享课。出版"十一五""十二五"国家级规划教材《钻井工程理论与技术》《油藏工程原理与方法》《油田化学》《采油工程理论与技术》《油气层渗流力学》*Physical Properties of Petroleum Reservoir*（《油层物理学》）等 7 部。

（3）实践教学与人才培养模式改革创新方面。

通过加强对油气能源发展战略的持续追踪研究,更好地满足油气能源人才需求多元化和大学生培养个性化,创建了"标准＋拓展"的分类人才培养模式。标准型模式包括:普通班、卓越工程师班（2011 年至今）、拔尖班（2012—2016 年）,主要体现在提高整体素质、保持专业特色、培育高端人才。拓展型模式：包括小语种班、订单式培养班、国际合作班，主要体现在满足石油工程领域的不同需求，培养方案由学校和企业共同制定、共同实施。同时，积极拓展与国外知名大学的合作，推进英语教学，发展留学生教育，为国际化人才培养搭建平台。按照"标准＋拓展"的模式优化人才培养方案。发挥产学研特色优势，在创新人才培养模式的同时，将学生的实践与创新能力培养贯穿于全过程，做到 4 年不断线。构建了"3+4"产学研深度融合的实践教学模式，建立了国家级实验教学示范中心、石油工业训练中心、工程实践教育中心等 3个实践教学平台，专业特色更加突出。

2014 年 8 月，学生赴大庆油田进行专业实习

（4）教学团队和高水平教师队伍建设。

石油工程专业教学团队具有深厚的人文底蕴、扎实的专业知识、良好的合作精神和强烈的创新意识，教学科研水平国内一流，2010 年评为国家级教学团队。坚持青年教师现场实践锻炼制度，密切与国外大学的校际关系，推动教师与国外名校教师的双向交流；鼓励教师出国进修深造，到涉外石油项目中进行锻炼；通过承办和参加国际学术会议、开展科研项目合作、联合共建实验室等渠道，提升师资队伍的学术国际影响力，搭建师生国际化交流的平台；利用学科品牌优势和"111"引智基地建设，全部打通了与亚、欧、美、澳设有同类专业大学的交流合作渠道，交流活动日益频繁，本

专业的国际影响力逐渐扩大。

（5）教学评估与教学状态基本数据公布方面。

学院分别于 2006 年、2015 年通过了两轮本科教学评估；每年撰写《专业人才培养状况报告》，主要包括培养目标与规格、培养能力、培养条件、培养机制与特色、培养质量、毕业生创业与发展、专业人才社会需求分析及专业发展趋势分析、存在的问题及拟采取的对策措施等 8 个方面的基本数据，及时向社会公布。

（6）对口支援西部地区高等学校方面。

崔传智、陈洪兵两位教师主动报名参加中组部组织的第六批援疆工作，于 2008年 9 月至 2011 年 8 月在新疆工业高等专科学校各完成了为期一年半的支教工作，受到该校高度评价。2011 年 5 月 22 日，副校长查明、院长姚军赴新疆工业高等专科学校，看望慰问学院援疆教师陈洪兵同志。陈洪兵老师经过暑假短暂休整，又接受学校安排的新任务，奔赴哈萨克斯坦里海大学执教一年。

3. 获得国家级教学成果奖

学院紧密围绕学校"建设国内著名、石油学科国际一流的高水平研究型大学"的办学目标，以"三三三"本科教育培养体系为统领，优化专业结构，深化教学改革，加强教学建设，完善管理制度，实现了本科教学工作的内涵发展和人才培养质量的持续提升。

针对 21 世纪以来复杂多变的能源形势和石油工程人才需求的新特点，以国家特色专业建设和多个省部级重点教改项目为支撑，借力"211 工程""985 优势学科创新平台"和"质量工程"建设，提出了"拓展方向、强化特色、引领发展"的专业改革思路，规划了专业建设的标准型模块、拓展型模块和海洋油气工程模块，经过系统研究和长期实践，专业建设和人才培养的特色优势更加突出，专业改革和建设成果的应用和示范效果显著。管志川教授牵头完成的《能源战略视阈下的石油工程国家特色专业改革与建设》获得 2014 年高等教育国家级教学成果二等奖。

成果主要内容：（1）以满足行业人才需求多元化和个性化为导向，创建了"标准+ 拓展"的分类人才培养模式，规划了分类培养模式与灵活设置专业方向相结合的培养方案和课程体系。

（2）学科优势、"引智计划"与教师队伍建设相结合，注重培养和引进开放型和国际型师资，打造了一支石油工程国家级教学团队。

（3）立足强化实践育人环节和专业特色，构建了"3+4"产学研深度融合的石油工程实践教学体系，建成了国家级实验教学示范中心、国家级工程实践教育中心和14 个校企合作实践训练基地。

（4）教学改革促进质量保障和优质教学资源建设,建成了由 3 门国家级精品课、2 门国家级精品共享资源课、8 门省级精品课、6 部国家级规划教材等保障教学质量的优质教学资源。

成果实施以来,本专业连续 3 次在全国高校专业评价等级为"A++",一直保持排名第一;本科生就业率一直保持在 95% 以上,中国教育在线 2010—2012 年连续 3 年评价石油工程专业为"绿牌"本科专业;作为牵头单位组织完成的教育部"石油天然气学科专业规范",成为国内高校石油工程专业建设的指导性文件;创建的分类人才培养方案以及编写的核心教材被中国石油大学（北京）、中国地质大学（武汉）等高校的石油工程专业广泛借鉴和使用,率先构建的"海洋油气工程"模块于 2012 年发展为由教育部批准的新专业。教学工作成效辐射效应显著,在国内同类专业建设中发挥了引领和示范作用。

三、石油工程实验教学中心晋级国家队行列

2005 年,石油工程实验教学中心开始新建青岛校区实验室,实验设备和实验环境得到显著的改善。该中心始终与学科专业建设互为依托、互为支撑、共同发展,经过近60 年的努力,实验中心已经发展成为充分体现中国石油大学办学特色、在国内石油工程专业人才培养中具有示范和引领作用的重要平台,与国家重点学科、国家特色专业、国家精品课程及师资队伍、石油文化等教育资源共同构成了人才培养的支持系统。

1. 统筹规划实验室建设

随着青岛校区开始招生,实验室建设逐步开展。2005 年 12 月 8 日,学院召开实验教学工作会议。同年,学院 3 个项目获准立项为山东省高等学校实验技术研究项目:倪玲英教授负责的"流动状态实验装置的研制"、王桂华高级实验师负责的"固井施工过程物理模型的研制"、步玉环副教授负责的"无损超声强度检测仪的开发"。

2008 年 2 月 22 日,学院对前 2 年的实验室建设投资计划、工作进展、建设效果进行全面总结;提出根据青岛校区实验教学建设的长远发展需要,紧密结合申报"石油工程教学示范中心"建设需求,有针对性地提出具体建设目标、内容、进度和所需资金,制定未来 3 年教学实验室规划及 2008 年建设与投资计划。

2008 年 5 月 10—11 日,学院研讨了青岛校区的规划布局和进一步继续发挥东营校区作用等问题,形成了青岛校区的房屋使用、实验室管理等初步试行方案。11 月4 日,为了加强实验教学建设,巩固实验教学成果,适应实验教学新形势,石工院发〔2008〕3 号《关于成立石油工程实验教学建设与管理工作机构的通知》,经研究,决定成立石油工程实验教学建设与工作机构,包括:实验教学改革建设指导委员会、实验

教学专家组、实验教学中心。

2008 年 5 月,学院召开青岛校区发展研讨会

2. 晋级国家级实验教学示范中心

2008 年 9 月 9 日,石油工程实验教学中心获批省级实验教学示范中心。10 月 13 日,学院总结了山东省实验教学示范中心的申报工作,研讨实验教学示范中心的运行机制及管理模式,申报国家级实验教学示范中心的相关事宜,形成了实验中心教学理念:以"厚基础、宽领域"为指导思想,以提高学生科学实验技能和培养创新能力为目标,构建了"一体化、多层次、分模块、石油特色鲜明"的实验教学体系,将基础与专业、理论教学与实验教学融会贯通、统筹发展,通过"因材施教"的方式满足不同层次学生个性化学习的需求。此时,实验教学中心面向 6 个学院、18 个专业、5 300 多名学生开设实验课程,年均人时数达到 52 000。

2009 年初被学校唯一推荐为申报国家级实验教学示范中心单位。3 月 2 日,学院在青岛校区召开申报国家级实验教学示范中心工作会议,安排申报工作相关事宜。5 月 19 日,学院研究了新形势下搞好实验教学工作的指导思想和具体措施,并对申报建设国家级教学实验中心进行了动员部署。8 月 16 日,研究布置"国家级实验教学示范中心"申报建设工作。

2008 年 10 月，石油工程实验教学示范中心建设研讨会召开

2009 年 11 月 28 日，教育部、财政部公布了 2009 年度国家级实验教学示范中心建设单位，学院的"石油工程实验教学中心"位列其中，这标志着石油工程实验教学中心从此跻身高校实验教学系列的"国家队"，成为学校资源勘探类首个国家级示范中心。

3. 取得显著建设成效

2010 年 3 月 10 日，学院召开石油工程国家级实验教学示范中心建设发展研讨会，形成了中心的长远目标和近期目标及建设规划，从搭建实验教学信息化平台、建设实验教学资源数据库、构建实验教学新模式、实施实验室开放、实验室硬件建设、实验室软环境建设、教学研究与教材建设等方面提出了建设运行表。

2010 年 4 月 17 日，在第一届教授委员会第三次会议上讨论审议了国家级实验教学示范中心建设方案。

实验中心采取国家、学校、学院、企业等多渠道筹措资金的方式，保证了实验中心建设的投资。通过教育部修购专项资金、学校和学院实验室投资、石油企业科研合作和联合培养投入、"211"工程和"985"工程投入及企业捐赠等方式，3 年共投资 2 060 万元，实验中心硬件条件显著改善，仪器设备更加齐全和先进，仪器设备共 1 855 台（套），总值 5 066 万元，满足了现代化实验教学的要求。

学校对实验中心用房给予重点支持和保障。新增实验室面积 371 平方米，总面积 4 500 平方米；新建仿真模拟实验室、综合设计室；与中原油田联合建设了国家级工程教育实践中心；实验室宽敞明亮，面积、空间、布局更加科学合理。为了保证学生的矿场实践效果，实验中心在 20 多个石油企业建立了实践基地。

2013 年 7 月，学院与中原油田共建国家级工程实践教育中心

实验中心按照"以人为本、科学规划、资源共享"的指导思想，通过实验教学模式的改革，实验室向学生开放，进一步提高了仪器设备的利用率和效益。依托油气井、油气田开发 2 个国家重点学科，发挥科研优势，通过实验技术改革项目、科教融合等研发载体，自主开发和改进实验教学所需的仪器设备，自主设计率达 80% 以上，近 3 年更新率 30%。

建成了功能先进的石油工程实验教学信息化平台，促进了实验教学模式的转变，满足了实验室开放、学生自主学习和师生互动交流的要求，大幅提升了实验教学的信息化、智能化管理水平，提高了管理效率和规范性。

至 2012 年 9 月，实验中心经过近 3 年的建设，实验教学的水平、质量全面提高，很好地适应了企业新技术、新工艺、新设备的发展要求，成为石油特色鲜明、具有示范和辐射作用的国内唯一国家级石油工程实验教学示范中心建设单位。实验中心面向全校的 7 个学院、15 个专业、5 000 多名学生开设实验课程，年均人时数超过 15 万。

2012 年 11 月，石油工程国家实验教学示范中心顺利通过验收评估。

第三节　研究生教育快速发展

建设研究型学院,研究生教育是重要的组成部分。根据国家研究生教育发展规划与趋势,随着石油行业对石油工程专业高层次人才的需求不断增加,学院研究生教育也迎来了快速发展阶段。2009年9月开始招收全日制专业学位研究生,2009年12月石油与天然气领域工程硕士培养质量通过专家评估。2010年入选教育部专业学位研究生教育综合改革试点。2013年6月,获批海洋油气工程二级学科博士点、硕士点。2016年顺利完成第四轮全国学科评估工作,以评促建,研究生综合素质全面提升。

一、规模与质量同步提升

在学院的发展与建设过程中,研究生教育和培养始终与学院的建设与发展起到了相辅相成的作用。学院始终把各类研究生的培养放在一个非常重要的地位。事实证明,在注重研究生教育和培养的过程中,学院的整体实力得到了大幅度的提升。

2005年,我国研究生招生36.48万(博士5.48万),2017年招生80.61万(博士8.39万),至2021年研究生招生数已达到117.65万人,较1998年(7.25万人)增长了15倍,较2011年(56.02万人)增长了1倍,为历年之最。

2005—2016年也是学院研究生教育快速发展阶段,招生数量和培养质量同步提升。

1. 招生方面

2005年硕士研究生招生专业有油气田开发工程、油气井工程、流体力学3个专业,硕士招生168人、博士招生16人。2007年新增船舶与海洋结构物设计制造、船舶与海洋工程专业,硕士招生184人、博士招生20人。2013年6月,获批海洋油气工程二级学科博士点、硕士点。至2016年,硕士招生专业有油气井工程、油气田开发工程、海洋油气工程、船舶与海洋结构物设计制造等4个学术学位专业,招收108人,石油与天然气工程、船舶与海洋工程等2个全日制专业学位专业,招收118人,合计招生226人;博士招生专业有油气井工程、油气田开发工程、海洋油气工程等3个专业,招收50人。至2016年年底,全院全日制研究生总数共计1 119人,其中,博士生218人(含留学博士研究生19人),学历硕士607人(含留学硕士研究生67人),专硕294人。

2. 师资队伍方面

2005—2016年,博士生导师由17人增至39人,硕士生导师由56人增至150人。具有6个月以上海外学术经历的41人,7人具有海外博士学位。

3. 国际化方面

学院不断完善课程体系，以国际学术交流促发展。学院开设全英文研究生课程 11 门，强化全英文课程教材编写及授课，完善全英文课程体系，提高留学研究生培养质量。通过邀请国外专家学者来院为研究生讲学及交流，依托"国家建设高水平大学公派研究生项目"进行联合培养，学院还采用赴国外参加会议、交流访问等形式，大力提升国内研究的国际化水平。2016 年，邀请国外专家 37 人次，14 名博士生赴海外联合培养，15 名研究生赴国外参会、交流。自 2015 年开始，举办中国国际学生石油论坛（石油汇），吸引了来自美国、俄罗斯、加拿大等 10 多个国家，北京大学、中国地质大学等 30 多所高校的师生以及斯伦贝谢、佛瑞克等多家企业参加，增加了沟通与交流，促进了国际融合发展和国际化水平。

4. 制度建设方面

为适应学院研究生教育快速发展的需要，切实加强研究生培养，提高学位论文质量与学术成果水平。2009 年 10 月 10 日，石工院发〔2009〕8 号《关于进一步强化研究生培养的若干规定》，对硕士和博士毕业条件、学位论文开题、评审及答辩制度、各类研究生班的管理与质量监控做出了明确规定。2011 年 10 月 13 日，石工院发〔2011〕3 号《石油工程学院关于进一步强化研究生培养的补充规定》，在石工院发〔2009〕8 号文件的基础上，对博士生学制、"研究生优秀学术论文奖"、博士生联合培养及研究生学位申请要求相关学术成果的管理等方面进行了补充完善。

通过多方面的建设与发展，研究生科研创新积极性得以充分发挥。2016 年学院获山东省优秀博士学位论文 1 篇，省优秀硕士学位论文 2 篇；校优秀博士学位论文 5 篇；获山东省专业学位研究生优秀实践成果奖 2 项。研究生以第一作者发表 SCI 检索论文 62 篇，以第一作者发表 EI 检索论文 41 篇，22 人次获得国家级科技竞赛奖励，169 人次获得省部级以上科技竞赛奖励，学生以第一作者授权发明专利 12 项。

作为拔尖创新人才培养的主要途径，学院研究生教育主动服务国家能源战略需求，从有到优，从优到精，实现了类型结构的优化，以及培养质量的提升。

二、获批开展专业学位综合改革试点

为了更好地适应国家经济社会发展对高层次应用型人才的迫切需要，调整优化研究生教育类型结构，进一步完善研究生教育培养体系，推动硕士研究生教育从以培养学术型人才为主的模式向以培养应用型人才为主的模式转变。2009 年，我国开始面向应届本科毕业生招收全日制攻读硕士专业学位研究生。2009 年，国家增加全日制专业学位研究生招生计划 5 万名。2010 年国家减少学术型硕士 3.8 万名，增加全日制专业型硕士 3.8 万名。

2009 年，学院石油与天然气工程领域招收全日制专业学位研究生 18 人，学制 2 年。根据教育部要求，该类学生矿场实践不少于 6 个月，前 2 届学生赴中原油田实践基地完成矿场实践，在校内导师和现场导师的共同指导下，完成学位论文。后随着油田体制改革及招生人数的增加，学生实践逐步分散在校内及各油田企业分别进行。考虑到实践要求、论文质量，2013 年开始，学制改为 3 年。

为贯彻落实《国家中长期教育改革和发展规划纲要（2010—2020 年）》，进一步推进研究生教育改革与发展，促进专业学位研究生教育更好地适应经济社会发展对高层次应用型人才的需要，并逐步建立健全具有中国特色的专业学位研究生教育制度，教育部决定从 2010 年起，在部分高等学校开展专业学位研究生教育综合改革试点（以下简称综合改革试点）工作。

2010 年 5 月，学院组织申报工作，综合改革试点工作周期为 2010 年 9 月至 2013 年 6 月。10 月，教育部批准中国石油大学（华东）石油与天然气工程领域首批开展专业学位研究生教育综合改革试点工作（教研〔2010〕2 号）。

试点工作开展以来，学院从实际用人单位的需求出发，合理借鉴了国际经验，积极探索了石油与天然气工程专业学位研究生教育规律，逐步形成了具有石油特色的教育管理制度、培养体系和质量保障体系，稳步提高了石油与天然气工程专业学位研究生的培养质量，将学生培养成为掌握坚实的基础理论和宽广的专业知识、具有较强的解决实际问题的能力、能够承担专业技术或管理工作、具有良好职业素养的高层次应用型专门人才。

2012 年 7 月，中石油海工基地成为我校教学科研实践基地

通过试点建设,形成和创立了集课程学习、校内实训、校外实践于一体的"三位一体、深度融合"的培养新模式。学院构筑了"平台＋模块"的全新课程体系:根据专业学位研究生培养的目标、方案,设置了基础课程平台;综合考虑生源类型、培养基地需求、岗位资质、就业取向等多方面因素,设计了选修课模块。学院制定了工程特色鲜明的学位标准与评价体系;建立了包括胜利、中原等单位的相对完备的校内外实训实践基地;提高了专业学位研究生教育的社会认可度,生源质量稳步上升。2009 年首次招收全日制工程硕士研究生共计 18 名,仅完成了当年招生计划的 54.24%,且生源大都为非石油主干学术型研究生的"落榜生";至 2012 年,招生数量达到了 91 名,超过了初期学校分配指标,且基本为第一志愿生,其中,推免生数量达到了 34 名,占到了37.36%。良好的专业学位研究生论文（设计）质量和就业情况体现了其社会认可度的提高,已毕业的 2009、2010 级专业学位研究生中,28 名学生因表现突出被油田企业研究单位直接留用,2 届学生的一次就业率达到了 93%。

2013—2016 年,学院重点建设了专业学位实践基地、核心课程和案例库,深化工程专业学位研究生教育综合改革,4 门专业硕士核心课程正式出版,推荐申报山东省研究生教育联合培养基地建设项目 3 项、山东省专业学位研究生教学案例库建设项目 3 项;实施专业硕士现场实践考核答辩制度,科学评价专硕现场实践效果,确保专业实践质量,推荐参评第四届工程专业教指委专业学位研究生优秀实践成果奖 2 项。

三、通过教育部"工程硕士评估"

全国工程硕士教育指导委员会（以下简称教指委）一直以来非常重视培养质量评价制度建设,在 1998 年,教指委成立之初即按照"自评为主、以评促建、专家咨询、政府监督"的原则,制定了包括招生、课程教学、学位论文、教学、管理、办学特色与效果等 6 个指标的培养质量评价体系。2009 年,教育部发布《关于做好全日制硕士专业学位研究生培养工作的若干意见》,2015 年又发布《深化工程硕士教育综合改革》,这些文件对工程硕士培养教育具有指导性意义,也是确立评价指标的主要依据之一。

2008 年 1 月 20 日,教育部学位与研究生教育发展中心公布了 2006 年一级学科评估结果,石油与天然气工程学科排名第一。2009 年 12 月,石油与天然气领域工程硕士培养质量通过专家评估,此次评估主要针对在职工程硕士培养的规范、质量等进行评价。我校石油与天然气工程领域工程硕士从 1998 年开始招生,到 2009 年已经招收 11 届,共计 1 013 人,已毕业并取得学位 469 人,其中近 3 年来授予学位 217 人。

通过此次评估,加上多年的探索与实践,学院在石油与天然气工程领域工程硕士研究生的培养方面积累了丰富的经验,取得了良好成绩,为油田企业培养输送了大批合格的高级工程技术专业人才,毕业生质量受到油田企业用人单位的充分肯定。惟真惟实的校训和实事求是、艰苦奋斗的校风积极影响着广大工程硕士学员们的健康成长,产学研合作办学的有效实施为工程硕士的培养提供了有力保证,严格的培养制度与管理措施为确保工程硕士的培养质量奠定了坚实基础。同时,也发现了部分存在工学矛盾相对突出、管理机制需要完善、教材建设有待加强等问题。

2016 年承办了全国石油与天然气工程领域专业学位研究生教育工作研讨会,以"全面推进专业学位研究生培养质量"为主题,研讨交流案例库及核心课程建设、专业实践基地建设、专业实践教学评价及实践考核等,探索开展石油与天然气工程硕士研究生教育认证。

国务院学位委员会、教育部印发的《专业学位研究生教育发展方案（2020—2025)》,提出到 2025 年,以国家重大战略、关键领域和社会重大需求为重点,增设一批硕士、博士专业学位类别,将硕士专业学位研究生招生规模扩大到硕士研究生招生总规模的三分之二左右。因此,学院研究生教育将继续保持快速发展。

第四节　海洋油气工程专业的设立

一、设立背景

中国石油大学（华东)"海洋油气工程"方向的发展和建设始于 2001 年。学院为适应国家海洋油气钻探与开发的人才需求,依据教育部本科专业目录,成立了船舶与海洋工程专业,重点建设海洋石油工程方向。经过十几年的建设,先后建立了"海洋油气工程"山东省教育厅重点实验室、"海洋工程重点实验室 - 水下装备工程技术研究室"CNPC 重点实验室、"船舶与海洋工程"山东省特色专业等,为海洋油气工程专业建设打下了良好的基础。

为适应国家海洋强国和能源安全战略形势发展需求,2011 年石油工程学院申报设置海洋油气工程专业;2012 年 2 月教育部公布 2011 年度高等学校本科专业设置审批结果（教高〔2012〕2 号),学院申请设置的"海洋油气工程"本科专业获得审批,成为第一批建设的特色专业,隶属于国家一级学科石油与天然气工程。本专业的培养目标是培养具备工科基础理论和海洋法规基础知识,熟练掌握钻井、完井、采油、开发和海洋油气集输专业知识,能够从事海洋油气钻采的生产管理、质量监督、技术开发、科学研究及经营管理等方面工作的高级工程技术人才。2012 年 5 月,转专业招收 58 名 2011 级本科生。

二、专业建设情况

1. 培养方案修订

根据海洋油气发展趋势，结合学院特色优势，及时修订培养方案，2012 年制定第一版方案，2013 年进行了修订；2017 年，根据专业认证标准、专业评估标准和本科专业类教学质量国家标准，对培养方案进行了较大幅度修改，增加了对本专业毕业生在毕业后 5 年左右能够达到的职业和专业成就的总体描述、毕业要求及实现矩阵，突出了海洋油气特色。以上 3 版培养方案毕业要求学分都是 180 学分。为深入贯彻全国教育大会、新时代全国高等学校本科教育工作会议精神，主动应对新一轮科技革命和产业变革对专业人才培养带来的机遇与挑战，积极落实新工科建设要求，修订 2020 版培养方案，培养目标更具油气行业特色、课程体系和教材更具海洋专业特色、实习实践体系和基地更具地方特色，毕业要求学分减为 170 学分。

2. 师资队伍

经过多年建设和发展，本专业拥有 29 人的专任教师队伍，其中专职教师 27 人、专职实验教师 2 人，其中教授 9 人，副教授 12 人，其中博士生导师 9 人，硕士生导师 20 人；有 973 首席科学家、长江学者特聘教授 1 人，国家"万人计划"科技创新领军人才 1 人。国家优秀青年基金获得者、长江学者青年学者 1 人，国家海外高层次人才引进计划特聘教授 2 人。"海洋油气井钻完井理论与工程"团队是教育部创新团队，承担海洋油气钻井工程、海洋油气工程综合设计、流体力学等专业主干课程教学工作，同时肩负着年轻教师培养、教材建设等工作，对专业教学起着重要作用。

3. 课程及教材

本专业共有 5 门核心课程，包括《海洋油气钻井工程》《海洋油气开采工程》《海洋油气集输工程》《海洋油气井工作液及环保》《海洋油气作业管理》。

建成"海洋深水钻井平台认知及关键作业程序实训"国家一流仿真课程，"工程流体力学"山东省精品课程。

出版《工程流体力学》《船舶流体力学》《深水钻井工程》《深水气井天然气水合物防治理论与技术研究》《天然气水合物开采理论与技术》《钻井装备与工具》《石油工程 HSE 概论》等教材。

4. 本科专业建设成效

海洋油气工程专业年均招生 55 人，一次就业率多年在 95% 以上。本专业分别于2019年度和2020年度获批山东省一流本科专业建设点和教育部一流本科专业建设点,专业带头人是孙宝江教授,负责人是徐加放教授。

2022年6月23—24日,海洋油气工程专业接受中国工程教育专业认证协会专家组的线上考查。在6月23日举行的见面会上,副校长周鹏简要介绍学校历史沿革、办学特色和人才培养等方面的情况。专家组听取海洋油气工程专业的补充汇报,就专业培养目标、课程体系、师资队伍、实践教学、办学条件等有关问题与学校及学院有关人员进行交流。

集中考查期间,专家组线上考查了石油工业训练中心、基础实验室和专业实验室,调阅了课程教学大纲、毕业设计（论文）、设计报告、实习报告、实验报告,以及考试试卷、标准答案、试卷分析、日常成绩记录、课程目标达成情况分析等课程考核资料,访谈了用人单位、校友、学生和相关管理人员,在此基础上形成了专业认证线上考查报告。

海洋油气工程专业接受工程教育专业认证协会专家组线上考查

6月24日,专家意见反馈会举行。专家组组长、天津大学贾绍义教授介绍海洋油气工程专业认证专家组线上考查总体情况,对专业在落实工程教育专业认证理念、加强"三全育人"、实施"四航工程"、强化学生工程实践能力等方面的工作给予充分肯定,并依据工程教育认证标准,从课程教学大纲整体设计,毕业要求指标点分解,健康、安全、环保、项目管理等非技术能力培养,青年教师工程实践能力提升,基于能力培养的课堂教学方法改革,实验室安全建设等方面提出具体意见和建议。专家组其他成员分别反馈个人考查意见和建议。石油工程学院院长戴彩丽代表学院和专业就后期整改建设作表态发言。

三、学位点建设及科学研究

2013年6月，经专家论证同意设立海洋油气工程学科博士点和硕士点，并列为学校重点建设学科。2014年6月，海洋油气工程研究生培养方案通过校学位委员会论证，2015年开始招收硕士研究生，2016年开始招收博士研究生。

经过多年的建设与发展，在海洋油气领域形成了4个主要研究方向。

1. 海洋油气井钻完井理论与工程

针对油气钻探中地层高压、钻井液安全密度窗口窄导致井喷、井漏等世界性难题，围绕海洋深水钻探井控关键技术与装备、水合物堵塞预测预防、异常情况检测监测等开展研究工作，发现了深井钻井中气侵隐蔽、井喷突发的机制，提出了精确计算压力-早期识别气侵-即时处置风险的主动井控思想，建立了多组分多相流流动模型与井筒压力控制理论，形成了深水钻井溢流早期监测与识别方法，建立了井筒水合物流动障碍安全高效防治方法，发明了深水油气钻探井控关键技术与装备。

2.（深水）钻井液与水合物

围绕钻井过程中钻井液流变性调控、井壁稳定、储层损害、废弃物处理和水合物开发与防治的一些关键理论与技术问题，研究钻井液新型处理剂，发展钻井液新体系，建立井壁稳定新技术，研发非常规储层敏感性评价与保护、钻井液废弃物处理新方法，探索水合物成核的微观机制与抑制剂作用机理。

3. 天然气水合物开采理论与方法

围绕天然气水合物开采过程中储层物性、渗流特征及多场耦合的关键理论与技术问题，研究天然气水合物开采机理及多场耦合的数值模拟技术，为天然气水合物的高效开发提供支撑。

4. 海洋油气井振动监测理论及应用

围绕海洋油气安全高效钻采、生产工艺优化及过程参数监控中的一些关键理论与技术问题，研究海洋油气井振动监测新理论、新方法和新技术，开发实用的海洋油气钻采过程在线监测系统。

本专业近年来承担了973计划"海洋深水油气安全高效钻完井基础研究"、863计划"深水钻完井关键技术"和"深水油气开采智能井技术"、国家支撑计划、国家油气重大专项，以及自然科学基金重点项目、自然科学基金项目等一批重大研究项目；

获批了"海洋油气工程"高等学校学科创新引智基地项目 1 项和 CSC 创新人才国际合作项目 1 项；建成了以"长江学者特聘教授"孙宝江为带头人的教育部"海洋油气井钻完井理论与工程"创新团队，培养了一批海洋油气工程方面的教学科研骨干；获2020 年国家技术发明二等奖 1 项，2007 科学技术进步二等奖 1 项、省级科技进步一等奖 6 项、国家级教学成果二等奖 1 项、山东省高等教育教学成果奖 1 项、山东海洋强省建设突出贡献奖先进个人荣誉称号等多项国家、省部级奖励；已成为我国海洋油气工程理论与技术领域科技创新和高层次人才培养的重要基地。

973 计划项目"海洋深水油气安全高效钻完井基础研究"检查暨交流会

第五节 "优势学科创新平台"建设

学科发展是学术之树长青的根基，是人才培养、科学研究成果层出的源泉。在老一辈教师、学长铸就辉煌的基础上，学院牢牢抓住"211 工程"和"优势学科创新平台"建设的历史机遇，固本强优、扶弱催新，大力加强学科建设，石油与天然气工程国家一级重点学科全国排名第一，油气井工程和油气田开发工程 2 个国家二级重点学科的建设迈上新的高度，流体力学学科得到了较大发展，船舶与海洋结构物设计制造学科有了良好开端。

一、"211 工程"三期建设

1. 实验平台与团队建设

2008 年开始"211 工程"三期建设，学院设置 2 个建设项目：王瑞和教授负责的"复杂条件下油气钻井与完井"、姚军教授负责的"复杂油气资源开发理论与关键技术"。建设期限为 2008 年 1 月 1 日至 2011 年 12 月 31 日。

"211 工程"三期建设期间，"复杂条件下油气钻井与完井"项目共完成投资 2 122.54 万元，其中实验室条件平台建设投资 1 822.54 万元，团队建设、国际合作与交流等方面投资 300 万元，建成仪器设备 16 台（套）；"复杂油气资源开发理论与关键技术"完成建设资金 2 342 万元，其中设备购置投资 2 292 万元，学术交流的软经费 50 万元。通过建设，进一步改善了实验室科研基础条件，为科学研究和高层次人才培养等任务目标发挥了良好的实验平台支撑作用。

学院与中石油长庆油田共同成功申请"低渗透油气田勘探开发国家工程实验室"。2008 年获批教育部油气田开发工程创新引智工程。石油工程教育部重点实验室建设项目于 2009 年 5 月 27 日通过了教育部组织的专家验收。油气资源与探测国家重点实验室于 2010 年上半年通过了国家评估，并于 12 月 5 日通过科技部的重点建设验收。

2010 年 9 月，学院与胜利油田地质科学研究院（勘探开发研究院）签订了全面合作协议，旨在保持并推动双方在科学研究、学术交流、人才培养等方面的高效有序合作。双方每年以轮流互访形式，至少开展一次学术交流活动，重点研讨和交流相关领域的科技发展动态，总结双方的科研合作情况并制定进一步合作研究计划。双方共同组建若干相对稳定的科研团队，共同申请省部级以上的科研平台，共同承担国家和上级部门的相关重大科研攻关、基础研究以及超前储备项目，争取形成较大科研成果。该机制一直延续至今，为双方的科学研究、人才培养提供了良好的交流合作平台。

2014 年 7 月，教育部 IRT0411 创新团队通过教育部验收，并被评价为优秀团队（92.8 分）。同时，新增教育部创新团队 1 个（IRT1086），新增长江学者 2 人、"杰青" 1 人及教育部新世纪人才 1 人，以及"千人计划"引进人才 2 名；国务院学科评议组成员 1 人，"新世纪优秀人才" 6 人，已经形成一支年龄结构、知识结构、学缘结构合理，学术水平具有国内外影响的学术队伍。

2014 年 7 月，教育部创新团队和新世纪优秀人才结题验收汇报

2. 科学研究与学术交流

承担国家自然科学基金重点项目 1 项、面上项目 45 项，973 课题 3 项、子课题 17 项，863 子课题 21 项，国家重大专项 70 项，国家支撑计划项目 7 项，"杰青基金"项目 1 个，省部级攻关项目 52 项，获国家级科技进步奖 9 项，获省部级科技进步奖 65 项。

公开出版教材和专著 67 部；发表高水平学术论文 776 篇（SCI、EI 收录），获国家发明专利 110 项，国家新型实用专利 11 项，参与编写国家标准 3 项。

参加国家学术会议 90 人次以上，主办国内学术研讨会 8 次，主办国际学术研讨会 1 次，联合主办国际学术研讨会 2 次。外国专家来校为国际班硕士研究生授课 28 人次，教师出国进修 23 人。

对外合作与交流取得成绩，由学术交流向学术合作方向不断转变，承担国际项目 5 项，对外交流 30 余人次。中国石油大学（华东）与澳大利亚新南威尔士大学在青岛联合成立了孔隙级流动模拟实验室（RCPM）。

3. 人才培养

这一时期，学院年均培养授予博士学位 30 人，硕士学位 212 人，其中油气井工程专业王瑞和教授指导的 2005 届博士研究生韩来聚的学位论文《调制式旋转导向钻井系统稳定平台控制技术研究》获 2008 年"全国百篇优秀博士论文"提名奖。至 2012 年，与英国赫瑞·瓦特大学联合招收了 7 期油藏工程管理硕士，共培养 105 人。

4. 顺利通过验收

2012 年 3 月 7 日，学院油气井工程和油气田开发工程 2 个国家级重点学科的"211

工程"三期建设项目"复杂条件下油气钻井与完井"和"复杂油气资源开发理论与关键技术"在北京通过学校验收。验收专家组成员包括了中国工程院院士、中国科学院渗流所、中国矿业大学（北京）、北京科技大学、中石油、中石化等部分高校、科研院所和石油公司的专家学者。油气田开发工程学科负责人姚军教授和油气井工程学科负责人高德利教授做项目汇报。验收专家组认为：2个学科经过国家"211工程"三期建设，在学术队伍建设、科学研究、人才培养、实验室基础条件建设及学术交流等方面，均完成了立项提出的各项任务目标，已发展成为我国在油气井工程领域和油气田开发工程领域进行重大科学研究、高层次人才培养及国际学术交流与合作的主要基地之一。专家组一致同意两项目通过验收。

在学校开展校内验收的基础上，中华人民共和国国家发展和改革委员会（以下简称国家发展改革委）、教育部、财政部在2012年下半年对"211工程"三期建设项目进行了验收，学院各建设项目顺利通过国家验收。

通过"211工程"三期建设，学院在海洋丛式井定向钻井力学与设计控制方法、非平面压裂设计与分段压裂控制技术、七组分井筒多相流动计算技术及其应用、保护不同渗透性砂岩储层的理论方法与系列钻井液技术、化学方法提高油藏采收率理论与技术、复杂油气藏渗流理论及开采技术、煤层气开采理论与技术、稠油油藏提高油藏采收率理论与技术等方向从理论、技术及应用方面取得突破与创新，为国家能源战略提供了有力支撑。

油气井工程学科科研活动

二、国家"优势学科创新平台"项目建设

1."优势学科创新平台"建设

"优势学科创新平台"项目,是为支撑国家和行业发展急需重点领域发展而建立的高等院校优势学科建设项目,由教育部和财政部于2006年12月起试行。该项目参与学校从列入"211"工程但未列入"985"工程计划的高等院校中挑选,主要挑选拥有处于国内前沿且支撑国家急需重点领域的学科院校。

学校2006年进入国家"优势学科创新平台"建设,学校"优势学科创新平台"建设以国家和石油工业发展急需的重点领域和重大需求为导向,围绕国家科技发展战略和学科前沿,以油气资源勘探开发与转化创新为平台,加大石油学科结构调整力度,促进相关学科交叉,大力提高建设学科的科技创新能力和解决制约经济社会发展的重大瓶颈问题的能力。石油领域众多相关学科相互交叉、融合,通过横断面的平台建设,解决国家重大科技问题,进行自主创新。

2011年6月,"优势学科创新平台"试点期建设圆满完成。包括学院"复杂油气工程理论与技术"在内的3个研究方向共建成40万以上大型精密仪器设备31台,其中多台设备处于本领域国内领先水平或者国内唯一,为学校全面参与国家重大课题提供了保障,为高水平实验室建设打下重要基础。

自2011年7月,创新平台正式进入运行期建设,对学院"复杂油气工程理论与技术"延续试点期的重点建设,保证了创新平台建设的延续性,具体建设内容在试点基础上进行了适当调整,充分体现了平台各学科与支撑学科的交叉与渗透,充分体现了平台各学科向通用学科、基础学科的延伸与拓展,保证了对支撑学科、通用学科、基础学科的支持力度。初步建成凝聚创新团队、承接重大科研项目、解决重大生产问题、产生重大标志性成果、培养高层次人才的重要基地。

2.建设成效显著

2013年,教育部学位与研究生教育发展中心公布第三轮学科评估(2009—2011年)结果,学校共有5个学科进入全国前10名,其中学院石油与天然工程学科蝉联全国第一。2014年,工程学进入ESI世界学科排行前1%,学科排名保持上升势头,学科国际学术影响力进一步提高。

学科围绕国家能源战略重大需求,瞄准世界前沿,以非常规、深层、深水及水合物等复杂油气资源安全高效开发与老油田提高采收率为主攻目标,在油气田开发理论与方法等多个研究领域形成了特色和优势。

2013年10月4日,中央政治局原委员、国务院副总理吴仪参观了油气井工程超

临界流体重点实验室,高度评价母校在石油科技领域取得的突出成绩,并给予广大科技教育工作者以鼓励。

学院始终坚持质量、水平、学风、应用并重并举的原则,积极构建有利于学科做大做强的政策体系和服务保障体系,努力发挥个人作用和团队优势;经过积累和沉淀,本学科已形成了以院士为代表的高层次人才为引领的科研创新团队和国家级教学团队,在教学和科研等方面,取得了诸多高水平研究成果,在诸多交叉学科方向均表现出强劲的发展潜力,实现了数量和质量同步,形成了学科建设与科研工作、人才培养相互促进的发展势头。

第六节　国际化工作的探索与实践

2002 年 9 月 8 日,江泽民同志在庆祝北京师范大学建校 100 周年大会的讲话中指出:"进行教育创新,必须面向现代化、面向世界、面向未来,加大教育对外开放的力度。"

早在建校初,学院就聘请了苏联的专家为学生授课,提高了学生快速接受外界先进知识的能力。1978 年后,学院派一批教师出国进修,回国以后将国外先进的科学技术消化吸收,在全国范围内开办培训班。由联合国资助建成的勘探开发培训中心成为全国钻井开发技术骨干的培训中心,有效提高了学生培养质量。自从 1994 年石油工程专业教学改革以来,学院开设涉外石油工程培养方向,开展"走向世界"外语节,开始了国际化程度快速提高的步伐。

一、师资队伍国际化

1.改革晋职考核政策推动教师队伍国际化

从职称评定上,学院要求必须有 1 年国外学习的经历才有资格评定教授。这项制度促进了大批年轻教师出国进修学习,青年教师队伍国际化程度得到提高。通过实施岗位考核政策,其中要求教师必须参加国际学术交流,这有效提高了教师参加国际学术会议的积极性。68% 的教师具有国外进修、工作和访问经历,50% 的学生辅导员有出国学习和培训经历。

2.依托优势平台促进教师队伍国际化

学院依托"千人计划""青年千人""引智计划""泰山学者"等人才计划项目教师公开招聘平台,加大海外优秀人才的引进力度,为学校延揽一批海外优秀高层次青年人才,为师资队伍增添新生力量。积极推进"出国研修工程",通过各种渠道支持青年教师到国外一流大学或研究机构、师从一流的导师访学研修或到海外高水平大学学习进修,提高青年教师的国际化能力。鼓励更多的青年教师积极拓展与国外著名高等院校和学术机构的科研合作与学术交流,提升我校教师队伍的国际化程度。推动实施国际化教学、国际化课程专项建设,积极邀请国际知名学者专家来校从事教学和研究工作,构建和完善了多种形式的邀请国外教师来我校开展教学科研的工作机制。

学院赴海外开展人才招聘

学院通过承办和参加国际学术会议、开展科研项目合作、联合共建实验室等渠道,提升师资队伍的学术国际影响力,搭建师生国际化交流的平台。打通与亚、欧、美、澳设有同类专业大学的交流合作渠道,交流活动日益频繁,本专业的国际影响力逐渐扩大。斯伦贝谢、喀麦隆、哈里伯顿、威德福等多家石油公司主动捐赠培训软件,设立奖学金,接收实习学生,招聘毕业生。国际化氛围越来越浓厚,对教师、学生的发展产生了良好影响。

3.通过联合办学提升教师队伍国际化

学院注重通过密切与国外大学的校际关系,推动教师与国外名校教师的双向交流。如在中英合作办学项目中,引进英国赫瑞·瓦特大学石油工程教学团队(欧洲五星级教学团队)来校工作和授

学院教师赴国外学习

课。与美国科罗拉多矿业学院、加拿大卡尔加里大学、澳大利亚新南威尔士大学等 7 所大学签署合作协议，在交流合作中提高了教师队伍的国际化水平。

石油工程本科留学生班已连续招生多届，全部用英文授课，培养了一批全英文授课的教师。在联合办学中培养了一批优秀的师资力量，能够单独开设全英文课程，并且能够在国际舞台上自如交流。

二、学生国际化

1. 注重培养学生国际化意识

学院紧紧围绕学校国际化人才培养目标，依托特色优势学科，积极拓展对外交流渠道，搭建交流平台，着力推进国际化工作，培养国际化人才。学院形成主管外事副院长 - 国际事务办公室主任 - 辅导员三级指导服务体系，积极落实政策，提高工作效率。针对各年级特点开展提高学生国际化意识：一年级重宣传，开阔国际视野；二年级重引导，强化国际化意识；三年级重培养，提升综合实力；四年级搭平台，迈开国际化步伐。

2. 通过联合办学提高学生国际化水平

自 2004 年 10 月起，中国石油大学（华东）与英国赫瑞·瓦特大学联合举办石油工程（油藏管理）专业硕士学位教育项目，该项目是经教育部批准的高层次中外合作办学项目，是山东省和石油高校第一个获批准的中外合作办学硕士项目。该项目执行了 2 期，至 2015 年，共培养了 9 届 137 名优秀毕业生，项目由两校名师联合授课，全程英文讲授，学员毕业颁发赫瑞·瓦特大学硕士学位，受到国内外广泛认可，在教育部中外合作办学评估结果中获得优秀成绩，很多毕业生都已成为各自单位的业务精英和技术骨干。

2009 年，国际交流与合作不断拓展。与美国怀俄明大学、密苏里科技大学等签署 "2+2" 合作培养协议，多国学者来院进行学术交流。

经过多年的交流，学院与 30 余个国家和地区的高等院校和科研院所开展合作，已有 7 所著名国外高校认可石油工程专业学生的课程学分，并积极接纳石油工程专业本科生到校学习，修满学分可取得两校的学士学位。2007 年至 2016 年，学院共派出联合培养学生 82 人，国家公派项目学生 21 人。至 2016 年，在校留学生 648 人，来自 20 多个国家和地区，累计培养留学生 2 000 余人。

学院学生积极在国际化舞台上展现自我。借助 "CSC" "2+2" "3+2" 联合培养，赴美、韩社会实践以及 SPE 学生分会，广泛参与国际学术交流、学术竞赛，与马来西亚、荷兰、澳大利亚、俄罗斯、美国等高校建立沟通，2013—2016 年超过 1 000 人次学生参与国际交流。

三、国际交流与合作

1.举办多期国际培训班

2006 年 5 月 24 日,学校举行哈萨克斯坦石油工程项目培训开班典礼,来自哈萨克斯坦的 8 位专家在我校开始接受为期 5 周的培训。根据我校与哈萨克斯坦石油天然气工业培训中心签订的合作协议,开办系列石油工程项目培训班,培训内容主要包括中国石油工程现状、中国文学概况、口语等课程以及考察实习。

2006 年,哈萨克斯坦北布扎奇石油工程技术培训班开班仪式

2007 年 6 月 29 日,学院为哈萨克斯坦北布扎奇石油公司举办的石油工程专业强化培训班开班,采用俄语、英语授课。培训安排了采油、HSE 和钻井 3 个方向的 6 个课堂授课模块,油田化学和油藏物性 2 个方向的实验观摩,以及油田现场参观教学环节。

2.建立国际交流合作的平台

2008 年 10 月 15 日,教育部、国家外国专家局共同下发"教育部国家外专局高等学校学科创新引智计划 2008 年建设项目立项通知",姚军教授负责的"油气田开发工程创新引智基地"获批。高等学校学科创新引智计划又称"111 计划",由教育部和国家外国专家局联合组织实施。该计划瞄准国际学科发展前沿,围绕国家目标,结合高等学校具有国际前沿水平或国家重点发展的学科领域,以国家重点学科为基础,以国家、省、部级重点科研基地为平台，从世界排名前 100 位的大学及研究机构的优势学科队伍中，引进、汇聚 1 000 余名海外学术大师、学术骨干，配备一批国内优秀的科研骨干，形成高水平的研究队伍，建设 100 个左右世界一流的学科创新引智基地，努力创造具有国际影响的科技成果，提升学科的国际竞争力，提高高等学校的整体水平和国际地位。

2012 年 10 月 25 日，学院获评"山东省国际交流与合作先进集体"。学院高度重视国际交流与合作，并作为学院内涵式发展的重要依托，理顺体制机制，成立国际事务办公室；加大组织国际学术会议的资助力度，鼓励教师出国进修、参加学术会议，提高国际影响力和知名度；在《学院教职工岗位考核办法》中对教授组织国际会议做出明确要求，在青年教师发展促进会中营造国际交流的氛围，这一系列有效措施，使学院国际交流与合作迈上了一个新台阶。

2016 年 11 月，孙宝江教授作为负责人申报的"海洋油气工程创新引智基地"获批立项建设，这是学校第 4 个获得立项的创新引智基地。海洋油气工程创新引智基地依托"石油与天然气工程"国家重点学科及"安全科学与工程""船舶与海洋结构物设计制造"等学科，以海洋水下设备试验与检测技术国家工程实验室等多个实验室为平台，拟引进巴西、俄罗斯、加拿大、英国、美国等 5 个国家的 10 名优秀科学家及其团队，形成实力强大的国际化研究阵容。基地围绕深水油气钻完井工程与技术、深水油气与水合物开发理论与技术、深水油气流动保障理论与技术 3 个方向开展相关研究，创建一套适合我国海洋深水油气钻探与开发的创新理论体系和创新技术体系，建成海洋油气工程的国际化平台。通过该基地建设，将进一步提升学校相关研究领域的国际影响力，实现海洋油气工程理论和技术的重大突破，满足国家对油气资源的战略需求。

2017 年 1 月，孙宝江教授负责与英国赫瑞·瓦特大学、美国科罗拉多矿业大学、怀俄明大学、加拿大卡尔加里大学、挪威科技大学联合开展的"海洋油气工程创新型人才国际合作培养项目"获国家创新型人才国际合作培养项目资助。海洋油气工程创新型人才国际合作培养项目以海洋油气工程相关专业博士研究生、博士后为培养对象，与英国赫瑞·瓦特大学、美国怀

2018 年 7 月，第二届国际深水油气工程前沿技术研讨会暨国际水合物青年论坛会上，时任国际水合物大会主席 Dendy Sloan（丹迪·斯隆）致辞

俄明大学、美国科罗拉多矿业大学、加拿大卡尔加里大学和挪威科技大学合作，以"海洋油气工程创新引智基地"（"111"计划）、"海洋油气钻完井理论与工程"教育部创新团队、"海洋油气工程"学科团队及"石油与天然气工程"国家重点学科等为载体，在我校和国外多所大学之间形成协同创新中心，多方联合开展学生培养和科研人员交流，探索形成深度创新型人才联合培养的模式和机制，培养掌握海洋油气工程先进理论和技术、具有国际化视野的创新型人才和未来的行业领军人物，进一步提升我国海洋油气工程学科的国际影响力，服务于国家海洋和能源战略。

2017 年发起"国际深水油气工程前沿技术研讨会暨国际水合物青年论坛"，来自中海油、中石油、中石化的技术专家，国内著名院校的教授和青年学者，以及美国、英国、俄罗斯、挪威、新加坡、加拿大等国外的院士和教授，共计 2 万余人参与。该学术前沿技术研讨会跟踪国际深水油气发展趋势、聚焦我国深水油气钻完井、海域天然水合物开采、二氧化碳封存和油气流动安全保障等国际深水油气及水合物研究前沿领域，深入探讨深水油气及水合物相关最新技术的优势与挑战，已成为国际深水油气和水合物领域最有影响力的国际盛会。

学院依托学术交流、学生联合培养、共建实验室、科研合作等多种渠道，与国外知名高校及研究机构建立了密切合作，国际学术影响力不断扩大，国际化人才培养成效显著。

第七节　学生综合素质全面发展

新的发展阶段和新的办学环境为学生全面发展创造了良好条件。2005 年，学院学生入住青岛校区，更包容的社会环境，更开阔的国际视野为学生德智体美劳全面发展提供了更好的条件。学院学生党建、社会实践、创新创业、志愿服务等工作成为学生成长的坚强阵地，学生综合素养得到快速提升。

一、党建思政

1. 入党答辩、述职制度

学院学生党建工作长期以来一直走在高校前列。以学生党员培养为中心，以激发学生内生动力为抓手，学院于 2006 年在全国范围内率先推出《大学生入党答辩制度》和《大学生党员述职答辩制度》。至当年 6 月，已有《光明日报》、光明网、新浪网、新华网、人民网等 15 家新闻媒体以"中国石油大学（华东）学生入党要答辩"等题目报道了学院党员答辩制度。

2012年,学院举行学生党员述责答辩

学生党总支曾于2005年、2007年获校"先进基层党组织",2008年获2006—2007年度山东高校"先进基层党组织"荣誉称号。长期以来,石油工程学院学生党总支积极发挥思想引领作用,各党支部积极发挥战斗堡垒作用,呼吁"以青春力量,塑造党员形象",引导学生党员充分发挥自己的力量,在各个领域作出自己的贡献,发挥党员的先锋模范作用。

2.红色先锋践行社

2011年11月,高校学生党员实践教育基地红色——先锋践行社成立大会召开。红色先锋践行社由学校党委学生工作部领导,石油工程学院学生党总支负责日常组织管理,成员主要由学生党员、入党积极分子组成。红色先锋践行社以"倡导时代新风,彰显党员风采"为宗旨,以"红色先锋、青春领航"为己任,旨在打造有时代精神和为人民服务精神的党员实践性组织、在校学生党员的学习交流中心和教育服务中心。在长期的工作积累中,红色先锋践行社概括形成了"一个核心,两个结合,三个中心,四条渠道,五个一工程"的新时代思想特色学习理念。

"一个核心"是指把长期坚持学习习近平新时代中国特色社会主义思想作为学习园地建设的核心;"两个结合"是指打造学习园地硬件和软件相结合,载体与内涵相结合;"三个中心"是指发挥红色先锋践行社"学习宣传中心""交流研讨中心""教育服务中心"的作用;"四条渠道"是指把红色先锋践行社建设成大学生党员学习新时代思想的渠道、党的知识政策方针传播的渠道、红色教育培训实践的渠道、党员影响带动周围大学生的渠道;"五个一工程"是指通过"一学期读一本红色经典""一学期帮扶一名学生""一学期学习一个先进典型""一个季度开展一次批评与自我批评""一个月参加一次志愿服务"细化大学生党员"学习"进程。通过贯彻"一二三四五"新时代思想学习理念，多措并举，引导大学生党员把习近平新时代中国特色社会主义思想学深学细、弄懂弄通。

自党中央提出党史学习教育以来，红色先锋践行社积极响应号召，开展党史学习教育百余场，覆盖学院26个学生党支部，涵盖千余名学生党员；发展228名学生党员（其中11名少数民族党员），培养409名入党积极分子，5支部荣获研究生优秀组织生活案例（全校15个）、研究生样板党支部、校先进党支部，2人获评优秀学生党员、优秀学生党务工作者。

二、创新创业

着眼国家建设需要和人才培养的新要求，学院高度重视学生创新创业精神的培养，紧抓弘扬和传承石油精神主线，书记、院长带头宣讲"学石油、爱石油、献身石油"，累计开展"与教授有约"156场、"油模油Young"青年对话9期、"名师有约"50期、"研途有道"9期，"笃信·创新"研究生学术论坛暨院长讲坛14期。

2006年10月，第一届"石油钻采模型设计大赛"作品展在青岛校区举行

成立大学生科技协会，举办或组织参加石油钻采模型设计大赛、全国数学建模竞赛、全国大学生节能减排社会实践与科技竞赛、全国石油工程设计大赛、全国石油工程专业知识竞赛等多项赛事，竞赛水平不断提高，学院科技创新也日渐氛围浓厚，多人获孙越崎青年科技奖、孙越崎优秀学生奖，12人获学校"学术十杰"荣誉称号，年均20余项课题获研究生创新工程项目立项，学生发表高水平文章数量稳步提升，创新能力得到显著增强。

2014年9月，李克强总理提出"大众创业、万众创新"的号召，学院学生积极行动，扎根能源领域，着眼国家需要，大胆进取，涌现出大批自主创业的"青年创客"。

2014年，学院2007级学生马一峰创办青岛中石云创信息技术有限公司，打造旗下优质品牌"石油 Link"。现在"石油 Link"已经拥有 50 余万行业精准用户，成为中国领先的油气行业产业媒体和商务情报对接平台，通过价值创造和价值发现，链接油气行业内各类资本、技术、人脉、信息，为油气产业互联网转型升级贡献力量。

2016 年，学院 2010 级学生吕健、段晓飞、马搏、宫智武于在校读研期间创办创造太阳能源服务（青岛）有限公司，助力非洲青年以"技"脱贫，做"一带一路"倡议和中非命运共同体的践行者，为在非洲的中国企业提供人力资源全方位服务，助力企业降本增效，推动中国职教标准融入非洲教育体系，历经 7 年发展，已成为中国首家、规模最大的在非第三方职业教培平台。

三、文体活动

1. 文化宣传

石油工程学院大学生通讯社是学院成立最早的学生新闻宣传组织，在学院党委领导、团委指导下开展学院宣传工作，连续多年获得学校"十佳新闻宣传组织"，为学院建设工作提供了有力支持。

2015 年，随着新媒体技术的逐渐应用，学院成立"创见"新媒体工作室，依托易班、微博、微信、QQ 公众号等各类平台，打造"荟萃石工"新媒体品牌，设计"小油仔"形象吉祥物，全面有力、生动活泼地宣传石工之声，彰显石工精神；将宣传和教育功能融为一体，与共青团中央、山东共青团、中国大学生在线等高层次媒体建立良好合作关系，推出系列高质量作品，形成良好的网络思政矩阵。学院宣传组织曾获评中华人民共和国工业和信息化部"校咖创新创业基地""山东最具影响力团委系统政务微博"，入选"《人民日报》·政务微博影响力"榜单，多次入围山东省政务微博百强。网络思政精品《青春大概》毕业季 MV 受青春山东等平台转发，受众 15 万多；《奔跑吧，青年！》原创 MV 在共青团中央"让青春为祖国绽放"网上主题团日活动中全国展播，观看量 1 750 万，点赞量 800 万；1 作品获第四届"全国大学生网络文化节"其他类网络创新作品三等奖，受到《半岛都市报》《青岛早报》、人民网、新华网等权威媒体的多次报道，多名学生进入校级、省级媒体实习工作。

2022 年，为服务学院"十四五"规划、新一轮"双一流"建设任务，学院将原来的 3 个宣传类学生组织（大学生记者团、"创见"新媒体工作室、"石工印象"影音工作室）整合为学院融媒体中心。

2. 体育风采

学院对学生体育活动高度重视，在运动会上给予人财物的大力支持。院工会、院团委积极协调组织，前期训练有条不紊，运动会期间组织工会小组及大学生志愿者积极参与、热情服务。学院不仅在接力、跳远等项目上长期保持优势，还在铅球、短跑项目上屡有突破。

在2006年校田径运动会上，学院教工取得了团体总分第六名，在教学院部中名列第三；大学生取得了团体总分全校第二的好成绩，并赢得首届运动会最高荣誉的"院长杯"，此后多达9次获得这一殊荣。其中，2010年学院分获学生组、教工组团体总分第一名，2011年取得学生男子团体第一名、女子团体第一名、男女团体总分第一名和教工团体总分第二名，2012年获得学生男女团体总分第一名、学生甲组男女团体总分第一名、学生乙组男女团体总分第四名、教职工团体总分第三名，连续第3年摘得运动会学生男女团体总分第一的优异成绩。2019年学院取得学生甲组男子团体总分第四、学生乙组男子团体总分第二、学生乙组女子团体总分第三、学生乙组团体总分第二及教工组"优秀组织奖"荣誉称号。

学院在2010年学校田径运动会中再创佳绩

在2022年学校运动会上，2018级本科生薛冬雨在学生男子甲组100米项目中以10.9秒的成绩打破了1988年校运会11.0秒的纪录，在200米项目中以22.5秒的成绩打破1964年校运会22.7秒的纪录，展现出石工学子敢打敢拼、追求卓越的精神风貌。

2022年6月1日，学校教职工排球赛决赛中，学院男排直落3局击败储建男排，以自小组赛参赛以来6战全胜的骄人战绩捧得青岛校区男子组冠军奖杯，这是时隔21年学院男排再度夺冠。

薛冬雨连破学校纪录

3. 艺术活动

2010年3月10日,学院艺术团举行揭牌仪式,成为学校首个院级艺术团体。校团委书记马国顺、院长姚军为艺术团揭牌,并为艺术团团长、副团长颁发了聘书。来院交流的美国能源署官员Roger（罗杰斯）和Mike（米奇）应邀出席,并对学校活跃的文化艺术活动高度赞扬。学院党委书记张卫东在致辞中指出,学院艺术团的成立是学院文化建设的一大成果,标志着学院的综合实力迈上了一个新的台阶,希望艺术团在提高师生文化素质、满足师生文化需求、繁荣校园文化方面发挥积极作用。

2021年5月,学院艺术团在校"青春舞动,百年芳华"
舞蹈展演总决赛上表演自编自导《石油魂》舞蹈

学院出资10余万元为艺术团建成专用活动室,安装了排练镜、乐器橱、展览柜等设备,并统一购置了电子鼓、电吉他、电钢琴等乐器及高端舞台音响设备。院党委副书记王林任团长,工会副主席吴学东、辅导员曲晓琳任副团长,下设声乐部、器乐部、舞蹈部、曲艺部等。

多年来,艺术团承担军训慰问演出、迎新晚会、元旦晚会、毕业晚会、新生辩论赛、班歌比赛、草地音乐节等活动组织工作,演出舞蹈《石油魂》《黑色珍珠的记忆》,是丰富学院艺术生活的重要力量。

四、社会实践与志愿服务

1. 向阳花公益助学团

2008年5月12日14时28分，四川省阿坝藏族羌族自治州汶川县发生里氏8.0级地震，造成巨大的人员伤亡和财产损失。噩耗传来，学院教职员工和广大学生迅速行动起来，以各种方式表达对灾区的支援与关注。石油工程专业2007级学生党团支部在青岛校区荟萃苑北侧广场发起"烛光寄哀思，为灾区人民祈福"的默哀。

2012年3月，向阳花公益助学团队成立。10余年间，一批又一批石工学子身着红马甲，坐着绿皮车，深入陕西、山西、贵州、云南、宁夏等22个省市60多个重度贫困地区的学校和村庄，在服务西部、支教助学的路上接续前行。累计筹集捐赠资金近60万，参与学生数800多人，受益学生数量超过3 000人。

2014年暑假期间，石油工程专业2012级本科生曾智成带领的向阳花云南支教小队在当地经历了地震。地震当天晚上，队员们不敢住宿舍里，队员把被褥拿出来在操场上打通铺。在经历了如此突发的情况后，队员们彼此鼓励，他们没有被困难吓倒，最终取得了支教的圆满成功。

向阳花队员在支教地与孩子们的合影

团队先后获得"全国大中专学生暑期'三下乡'社会实践重点实践队""山东省社会实践优秀团队"等称号，获得华侨基金、中华儿童慈会"童愿计划"等公益资助20余项，受到新华网、光明网、《青岛日报》等各级媒体报道上百次。学生们从授课到家访、从调研到深思，每走一步、每行一路，都感触到更大的责任，更多的义务。众多学生因为社会实践的锻炼成长为学院的主要学生干部，在更大的舞台上继续发光、发热。

2. 美丽中国调研中心

2017年9月，美丽中国调研中心在学院成立，6年来，他们的足迹遍布云南、新疆、山东、安徽、广西、辽宁、河北、吉林、内蒙古等10余省20余地，累计行程近40 000千米，形成优质调研报告40余篇，充分响应"将论文写在祖国大地上"的号召。

工作期间，实践中心曾获"校重点实践队""校优秀实践队""校级三星级实践队""校志愿服务项目大赛优秀奖""山东省重点实践队""山东省优秀实践队""中青网百强实践队""青年中国行百强"等多项荣誉。

五、学生会、研究生会

学院高度重视学生组织工作，始终坚持正确的政治方向、坚持学生主体地位。1978年设立学院学生会，1985年至2018年设置年级学生会，2006年成立学院研究生会。作为学生自我教育、自我管理、自我服务、自我监督的校园组织，学生会、研究生会在推动全面发展、丰富校园生活、助力学院建设等方面起到重要作用，也成为学院人才培养的重要阵地。

1. 学生会

1953年，学院学生会成立，在党委的领导和团委的指导下开展活动。2014年，学生会发布《中国石油大学（华东）石油工程学院学生会总章程》，明确了自身组织架构及成员管理、资料保存、会议、财务管理等制度条例，组织建设和工作开展逐步规范化。

学生会具体承担了"荟萃青年说""开讲了""与教授有约"讲座的筹办工作，内容涉及专业介绍及前景、科研、礼仪、考研、英语四六级等。通过"石工小课堂"树立先进典型，营造良好学习氛围。学生会举办"新生杯"新生篮球赛事、"新生运动会"、"趣味运动会"、"冲天杯"篮球赛、"卓越杯"篮球赛、"时光拉力赛"、"草地音乐节"等多种文体活动，为学院学生展现青春风采提供广阔的平台。

学生会紧抓权益维护，保障学生权益，践行"有困难找学生会"的理念，建立健全权益维护机制和问题反馈渠道。通过"权益座谈会"、生活委员交流群等多种表现形式，开展日常调研，调查同学们在学习、生活等多方面需求，解决同学们切身利益相关的问题。打造"卫生巾互助盒"项目，维护全校广大女生的切实权益；利用石工愿汇QQ公众号，打造反馈平台，收集问题、调查落实、沟通协调、反馈解决，建立健全诉求反馈体系，切实将权益服务落到实处。

2013年至2023年的10年间，学生会曾先后5次获评"优秀学生会"。

现有资料显示，自1978年以来，担任学生会主席的人为：蒋经、李作会、孙绪柱、刘其成、任柏林、雷平、沈刘峡、娄序光、李军、戴映湘、韩岗、刘百红、张相国、薛继龙、岳金霞、刘海涛、曾旺、谭强、邓敏、王勇、郑廷震、徐鸿志、薛成、强明宇、张兴波、王春才、梁涛、黄凯、徐成、沈龙、邹博、刘亚楠、李敬皎、管健宏、王佳琪、张庆辰、赵斌、赵帅、张洪枫、胡卓成、李健。

2. 研究生会

2006年11月8日，学院成立研究生会。

2007年9月12日，学校实行研究生院校二级管理之后，学院在青岛校区成立研究生会。本届研究生会包括主席团、党务部、新闻宣传部、学术科技部、女生部、体育部、文艺部、生活实践部、校际交流部等9个部门。

2020年11月13日，学院第一次学生代表大会和第一次研究生代表大会于南教300召开。学院党委书记赵放辉，学院党委副书记赵晓珂，学院团委书记单珣，学院团委副书记贾寒，学校学生会、研究生会代表，兄弟学院学生会代表，大会主席团成员出席会议。大会实到本科生代表95名、研究生代表46名，共计140余人参与会议。

现有资料显示，自2006年以来，担任研究生会主席的人为：杨仁峰、李彦超、贾维江、林李、张文哲、徐华翔、张继庆、崔燕春、刘钰文、单宇、李东升、范新昊、牛新鹏、马梓文。

六、学生工作队伍建设

做好工作，队伍是关键。学院学生工作队伍以学院党委副书记为主要负责人，辅导员队伍为骨干力量，专（保）兼结合、多专业融合，严格落实"五进两访"，年均参与培训40学时以上，保障理论学习有高度、实践工作有深度、协同攻坚有力度，多次利用寒暑假编著《三全育人研究与实践》《定人生井位，为中国加油》优秀校友访谈录等文化作品。

2020年新冠疫情期间，学院率先推出辅导员李敬皎的网络思政作品，受到学习强国、中国大学生网等媒体网站广泛转发。学生工作队伍与班主任、"非常1+6"宿舍导师、校外辅导员、优秀驻班党代表多方力量联动，形成"党政协同、师生互动、校企合作、家校互通、朋辈互助"的全员育人机制。曾任学院党委副书记王林获评"山东省高校优秀党务工作者"，张希秋获山东省2008年度"优秀辅导员"称号，赵晓珂曾获评第十二届"高校辅导员年度人物"提名奖、"山东高校辅导员年度人物"，团队获评青岛市"十佳辅导员"、校辅导员素质能力大赛一等奖等荣誉及先进个人32人次。

经过积累与沉淀，学院着力开展"立德树人协同培养系统"研究，分年级、分专业、分层次、分需求对学生开展指导和服务，育人理念贯穿人才培养全过程，解决专业技术育人和思想政治育人的有机结合问题，构建一体化育人平台，为申报创建"三全育人综合改革试点院（系）""全国教育系统先进单位""全国党建标杆院系"提供了有力支持。

第八节 学院文化建设

学院文化是历届师生传承创新、淬炼沉淀的精神成果，是学院生存发展的根基和灵魂，反映了学院的精神气质和人格底色，彰显着石工人的文化追求和品格风貌。进入新世纪以来，学院文化建设深入丰富，文化体系日臻完善，对凝心聚力、推动学院高质量发展起到重要作用。

2001年，在葛洪魁院长、姜汉桥书记的带领下，新成立的石油工程学院以面向未来的磅礴朝气，提出了"育一流人才、出一流成果、建一流学院"的建设愿景。这不仅是1953年建系以来辉煌历史积淀的体现，还富含"先见之明"地与后期"双一流"建设的国家战略不谋而合，体现出学院建设的超前视野，勾画出高质量发展的宏伟蓝图。

一、铺就学院文化建设基石

2003年，新一届学院领导班子在长期愿景的基础上，提出"建设高水平研究型学院"的发展目标，不断充实学院文化建设体系，凝练了学院院徽、院训、教育理念和治院方略，进一步明确了学院行稳致远的前进道路，奠定了学院文化建设的厚重基石。

1. 院徽与院训

2003年，石油工程学院面向全校征集院徽，由学生设计的"石"的图案脱颖而出，成为近20年来学院的标志性象征，在团结师生、汇聚力量、传播影响等方面发挥了巨大作用。

经典院徽的上部和下部分别采用了红色和深灰色。红色象征着石油工程学院奋发向上、朝气蓬勃的精神，深灰色暗喻脚踏实地、实事求是的学院风气。两种颜色的搭配朴素而富有格调，从容而不浮躁。院徽标志的中部空间迂回，标志着学院开放创新、面向社会、面向未来。"石"形标志下有"石油工程学院"及其英文译名，列为两行，以提醒和明确标志的所属。

石油工程学院院徽（2003）

时任学院党委书记管志川提出"明德 笃信 励志 图强"的院训,旨在为学院一流发展提供行动宗旨,在思想道德上明确统一的标准要求。此后学院陆续推出以院训为宗旨的系列学术研究与立德树人活动,其中"笃信·创新"研究生学术论坛、院长讲坛、毕业生党员出征仪式连续举办多年,取得良好效果。

2. 办学理念与治院方略

学院积极贯彻落实学校党委提出的"关爱学生,尊重学者,崇尚学术"的办学理念,提出了"学术立院,人才强院,文化兴院"的治院方略。

关爱学生旨在围绕"让学生更好地成长"的主题,用心弹好优化育人环境、树立正确导向、搭建成长舞台、完善机制保障"四部曲",在巩固本科教育既有优势的基础上,积极探索创新型人才培养模式,努力培养科学家、工程师、综合性专业人才和国际化人才等多类型人才。2012年2月25日,《中国石油大学报》第4期刊发文章介绍了学院学生工作的优秀做法,受到广泛好评。

尊重学者是学院的一贯原则,一方面特别注重专家学者、骨干教师在学院发展中的引领、示范作用,充分依靠学术领军人物来凝聚和带动整个团队。另一方面高度重视青年教师成长,鼓励资深教师帮助青年教师成长成才,力求将现实竞争力变为未来竞争力。学院持续完善教授委员会制度,倾听学者在治学、治教、治院方面的意见和建议,充分发挥学者们在学院发展中的重要作用,这对建设一个优秀的集体、优秀的队伍、良好的环境和氛围产生了深远影响。

2016年,"家有九凤"——学院在职女教授

崇尚学术就是要着力追求学术质量、弘扬学术精神、营造学术环境。通过各种机制让一切创新的因素迸发活力,产生高质量的学术成果,形成笃实力行、严谨治学、

献身真理的学术风采,营造积极向上、民主求实、团结协作、尊重知识和创造的浓厚氛围。

2010年4月16日,院长姚军和党委书记张卫东在《中国石油大学报》发表题为《论"五学"和谐相生》的文章,阐述了学院关于学者、学科、学术、学风、学生"五学"和谐相生的管理理念。在石油工程学院的管理工作和文化建设中,党政班子把"五学"作为提领各项工作的5个关键点,用"五学"和谐相生的理念指导和开展工作,收到良好效果。

文化建设成为学院发展的重要组成部分。学院专门成立《学院文化建设理论与实践研究》课题研究组。2009年12月3日,学院提出了《关于进一步加强学院文化建设的意见》。2011年12月15日,学院制定了《石油工程学院文化建设实施方案》,细化了学院文化建设的指导思想与主要目标,在学术文化、育人文化、制度文化、人文文化、标识文化5大板块全面部署,主题雕塑、主题诗歌、院歌、院标和画册等标志性文化成果陆续推出。

二、文化标志性成果不断丰富

1. 石工精神

在全国上下积极践行社会主义核心价值观的热潮中,学院提出"厚积薄发,让人生闪光,深钻博采,为中国加油"的石工精神。

从字面意义上理解,"厚积"指大量、充分地积蓄,"薄发"指集中、慢慢地放出,强调只有准备充分才能办好事情,只有深厚的底蕴和大量的积累才能使人生绽放更大光彩。"深钻"即为深刻地钻研,"博采"即为广泛地采纳。同时,"钻""采"又分别代指学院最初的专业设置和2大学科方向——钻井、采油。"加油"一方面惯用虚指,表达对祖国的支持;另一方面巧妙实指,将中国隐喻为前行的列车,为其提供不可或缺的能源。整体则寓指学院师生深入地钻研本领、广泛地吸纳知识,以钻井工程、采油工程教育与科研为主要阵地,精益求精、兼容并包,为中国发展提供强劲动力。

精神成功将人生观与价值观结合起来,将个人与祖国结合起来,将人生发展与学科领域结合起来,要求师生发扬学院优良传统,把学习和工作同国家前途和人民利益紧密联系在一起,将自己的命运同国家民族的命运紧紧联系在一起,定好自己的人生"井位",做有益于国家和社会的杰出人才。

2. "冲天"主题雕塑

进入工科楼B座大厅,最令人印象深刻的是大厅南侧阶梯上的冲天雕塑。雕塑由时任学院党委书记张卫东主持设计。其名取自《史记·滑稽列传》:"不鸣则已,一鸣惊人，不飞则已，一飞冲天。"象征着石油工程学院师生、校友，志存高远，自强不息，如大鹏展翅，扶摇直上，最终成就事业和人生的辉煌。

在颜色搭配上，黑色象征石油，代表学院为油而生，因油而兴的神圣使命和光荣历史；红色象征能源之光，代表石油工人对国家能源事业的热爱与赤诚，代表建院半个多世纪以来的辉煌；蓝色象征走向海洋的学科发展战略，代表知识海洋的浩瀚和深邃，代表对石工未来的美好憧憬。

在雕塑造型上，雕塑由抽象的钻井平台、抽油机、井架 3 部分组成。沉稳厚重、形似钻井平台的底座寓意石油工程学院深厚的历史积淀和牢固的学科根基；造型夸张、色彩奔放的抽油机表示石工师生埋头实干、采撷不止、不断创新的活力形象；高耸的井架造型，表示石工人扎根油田、顶天立地、争当先锋的一腔豪气。

冲天雕塑

井架与采油机交叉重叠、互为衬托，刚柔相济、动静结合，井架两侧配以夸张的双翼造型，既像 1 本打开的书本，又像 2 只振翅冲天的大鹏。代表油气井工程和油气田开发 2 大国家重点学科融合交叉，共同发展，学术日益繁荣。

3. 院歌

歌曲是一个集体理念精神、特色传统的重要表现形式，是学院精神的宣言。《石油工程学院之歌》由时任学院党委书记张卫东作词、著名曲作者贺冰作曲，抒发了学院师生以院为家、以院为荣的真挚情感，集中展示了石油人立足本职岗位，科教兴国、不辱使命、"为中国加油"的豪迈气概。2011 年 6 月，学院在青岛校区进行了《石油工程学院之歌》MV 录制工作。

石油工程学院之歌

燕山脚下，精华之地，前辈开先河

黄河岸边，石油之城，清渠源水活

胶州湾畔，如琴之岛，再度奏凯歌

石工啊石工，石工啊石工

我们可爱，可爱的家

为油而生，因油而兴，心中责任大

事业为重，奉献为荣，重担勇挑下

吃苦耐劳，无怨无悔，桃李满天下

石工啊石工，石工啊石工

我们自豪，自豪的家

科教兴国，人才强国，时代召唤我

培育英才，科技创新，齐唱大风歌

争当先锋，不辱使命，报效我中华

石工啊石工，石工啊石工

我们共同，共同的家

石工啊石工，石工啊石工

我们共同，共同的家

4.《石工赋》

2013 年 7 月，时任学院党委书记张卫东为迎接 60 年校庆，结合学院发展历史和战略布局创作《石工赋》。原石油大学校办主任、诗词作家林世洪应邀作赋相和。两赋原文如下。

石工赋

天地神奇，自然诡秘，生命归于沉寂，沉寂复为活力。地层之中，岩隙之内，无穷日月精华，静待吾辈汲取。干石破天惊之事，创利国利民奇迹。万米之深，纳米之峨，任我钻头逍遥，陆地海洋，沙漠戈壁，由我昼夜抽吸。国民经济，血液之誉。国际较力，战略武器。伟哉！石工。壮哉！石工。油气开发主力。

初名钻采，后称开发，再为石油工程，使命始终如一。北京山东，花开三地，前辈后人接力，优势特色堪誉。为国家培育英才，为行业攻克难题。辛勤耕耘，满园桃李，校友声名鹊起。终日乾乾，硕果累累，科研扎根实际。深钻博采,厚积薄发,务实尚行,豪迈大气。伟哉！石工。壮哉！石工。人才科技高地。

张扬特色,拓展新域,陆海共同发展,非常规作接替。钻井采油,油藏油化,更有海工海油,六骏驰骋飘逸。扬石油行业精神,怀圆梦中国宏志。国家支持,校企共建,师生校友进取。荣光依然,继往开来,号角连营吹起。点燃人生,创造太阳,石油报国,自强不息。伟哉！石工。壮哉！石工。高擎石大旗帜。

林世洪赋

石工辉煌,宏伟业绩,溯源甲子追宗,师魂深藏真谛。润物无声,春风化雨。午夜灯光导航,红烛燃烧自己。守护太阳育桃李,默默春晖铸云梯。中华民族,优秀子孙,黄河黄海汇聚。太阳放射,高能粒子,各自闪光熠熠。下探深海,上揽国际,八荒四极,所向披靡。伟哉！石工。壮哉！石工,为你高歌一曲。

2012年4月6日,由石油工程学院开发1981级校友联系捐建的10型游梁式抽油机落座青岛校区工科楼B座南侧,为春意盎然的校园平添一道极具石油特色的靓丽景观,也为学院学生专业学习增添了实物教具。

这一时期,学院进一步丰富了已有的logo形象标识内涵,在信封、PPT模板、纪念品、名片、宣传物、一次性纸杯、会议材料封面上印刷学院形象标识。在学院大厅南侧区域建设成果展厅,从科技成果展示向教学及其他成果展示拓展。全面更新了学院中文网站,在全校率先建立英文网站,增设发展历程、学院荣誉、合作交流、教学平台、学生动态、服务指南等栏目,增强了网站的教育、管理、服务和对外交流功能。学院大事记、学院荣誉、知名校友、毕业相册等项目建设相继完成,形成了院系两级共同推进文化建设的可喜局面。

三、打造全方位文化育人空间

2017年12月,时任学院党委书记赵放辉统筹部署了学院新一阶段文化建设的工作任务,发布学院文化品牌塑造推进计划,推进学院文化的实体化、规范化、系统化建设,着力营造浓厚文化氛围,打造全方位立体化育人空间。

1. 学院大厅建设

学院对工科楼B座大厅进行了整体设计,将之作为学院文化的主题区域,请文学院美术系老师进行文化大厅包含门厅的整体设计,以学院介绍、教授、校友、毕业合影、主题雕塑、成果展厅和实验模型构成。

大厅中央是蓝鲸一号教学模型,其以"蓝鲸1号"半潜式钻井平台为制作蓝本,参照"蓝鲸1号"实际尺寸,按照1∶28设计尺寸缩小比例制作,涉及海洋石油钻井、海洋钻井机械、海洋钻井自动控制、流体力学等多门学科。

大厅北面墙壁上方设置了电子拼接屏,以便于大厅内动态展示最新的内容成果。墙面下方设置了石油与天然气工程科普展览墙,主要用于动态展示石油工程多学科涉及的地面装备、地下地质结构与相应井身结构、工艺管柱。为学生提供一个涉及钻井、采油、修井、酸化压裂、注水及井下井身、地质构造等油气井开发工程多学科直观展示的平台,为主动适应新时代师生科技创新、教学实训及参观展览创造了良好学习环境。

大厅东侧墙壁以"人才强院、学术立院、文化兴院"为主题建设动态文化墙,讲述学院历史沿革、光辉岁月和精神传承,涵盖学院发展历程、知名教授、优秀校友等内容,更好地宣传了学院发展历程、教授教学和学术研究成就,提升了大厅展览效果和学术氛围,传承和创新了石油科技文化。

2. 文化育人的多场域布局

学院大厅以学院一级的整体文化展示为主,院属系、所、中心的文化建设也在这一时期得到充分挖掘和建设。各系、所、中心在学院的统一领导下,对大厅文化主题进行了充分的延伸、分解、细化,建成了有系所特色文化厅,使学院文化实现了从点到面的全方位、立体化文化育人空间。

石油科技文化厅肩负着传承弘扬石油科技精神,推广普及石油科学知识,宣传展示石油工程学院自开发建设以来所取得的辉煌成就的光荣职责。展示面积1 000平方米左右,重点展示石油工程学院勘探与开发最新技术进步及配套工程技术,主体突出、动静结合、功能完善。项目在校师生受益面达到95%以上,从随机采访的师生意见来看,他们对项目的布局及实施非常满意。

学院在大厅2到7层北侧电梯口设置了休读区,放置读书角、咖啡机、沙龙桌等设备,很好地满足了师生日常休息、交流的需要。

师生之家、青年之家、学术报告厅、红色先锋践行社、石油能源国际合作展览中心等空间陆续建成,涵盖工科楼B座、工科楼E座、学生公寓14号楼等。这些文化空间或以声音、文字、图片、视频、动画和3D模型、VR等形式充分展现了学院的成就,或以青春靓丽、生动活泼的设计成为了学生全方面综合发展的营地。

这一时期的文化建设工作吸纳了学院文化新内涵、时代发展新要求,加入院史院情、石油精神、新时代科学家精神等元素,以软件硬件相结合、线上线下相结合的形式,立根塑魂,正本清源,着力营造了教书育人、潜心治学、追求卓越的文化氛围。

3."三全育人"综合改革试点院系育人空间

2021 年 7 月,张展任学院党委书记,推动学院文化建设迈向新的发展阶段。2022 年 7 月 14 日,学院发布《关于就学院拟建设的育人和文化项目向全院师生征求意见的通知》。2022 年 10 月 26 日,学院举行文化建设专家咨询委员会成立暨重点文化建设项目启动会,系列文化建设项目逐渐落实、落地。

为进一步推动学院三全育人工作,畅通师生交流渠道,拓展师生互动场域,学院在原有建设基础上对工科楼 B 座中心大厅进行升级改造,内容主要包括:(1)石油科普墙增加动态滑轨屏,用于石油工业场景的动画展示;(2)将长台阶进行木质化改造,作为小型报告会与路演空间;(3)二楼增设开放式咖啡(水)吧,作为师生座谈、小型沙龙等互动交流空间;(4)增设师生一站式服务中心,设置财务报销单投递机、成绩单打印机、打印复印一体机等自助式服务设备。

2022 年 11 月,育人空间建设完毕。依托此空间,学院着力进行书院制改革,成立博采书院,打造"一站式"全方位育人综合体,为学生学术素养、职业规划、人际交往、领导能力培养等提供舞台,培养造就能够立足行业、面向未来、自觉践行能源报国使命、勇担民族复兴大任、德智体美劳全面发展的时代新人。

4.标准形状院徽及形象标识系统

为迎接 70 周年校庆,学校要求各单位统一设计与完善标准形状的院徽,同时学院也发现确实需要一款包含学校与学院信息、通用和标准形状的院徽。经过前期充分酝酿与设计,产生了标准形状院徽征求意见稿,整个院徽以红、黑 2 种颜色为原色,内部图案整体为"游梁式抽油机"图形,同时包含汉字"石"与"工",另有油滴(火焰)等石油元素,外圈包含学校名称、学院名称及 1953 建院信息等。

中国石油大学石油工程学院院徽

为更好地塑造、维护和推广学院文化形象,进一步规范学院视觉形象标识的使用,2023 年 3 月 22 日学院正式发布启用石油工程学院视觉形象识别系统（VIS）。该系统主要包括基础系统和应用系统 2 部分,基础系统主要包括院徽规范、标准字规范、色彩规范、字标组合规范、辅助图形规范、常见错误示意等;应用系统包括行政系统、多媒体系统、环境系统、服饰系统、礼仪系统等内容,是基础系统在办公用品、环境布置、纪念品制作等诸多方面使用表现的总和。

此外,学院还组织策划了大师剧《沈忠厚》、舞蹈《石油工人三部曲》、沈忠厚院士塑像、油画《万山红遍》等重点文化建设项目。

70 年来,学院师生以"硬""实"的作风品格创造了辉煌成就,在实践中生成了"传统厚重、特色鲜明、开放包容、与时俱进、高雅和谐"的文化特征,有效提升了学院师生的归属感、方向感、责任感、成就感、幸福感,为学院教学、科研、学生成长和社会服务各项事业注入强劲动力。事业石工、和谐石工、幸福石工的理念根深叶茂、未来可期。

第九章
追求卓越　建设一流
（2017—2023）

2017 年至今的 6 年，是学院发展承上启下、极不平凡的 6 年，学院既面临严峻复杂的内外部环境，又迎来新的重大发展机遇。2017 年 9 月，石油与天然气工程成功入选国家"双一流"建设学科。学院确立了"特色鲜明、世界一流"的学科发展目标，激励石工人乘势而上、踔厉奋发，开启了争创世界一流、实现高质量发展的崭新篇章。

学院坚持党建引领，落实立德树人根本任务；主动面向国家能源行业主战场，坚持创新发展，统筹拔尖创新人才培养、师资队伍建设、提升自主创新与社会服务能力、文化传承创新、国际合作交流等 5 大方面的建设；主动融入全球学术创新大舞台，瞄准关键领域"卡脖子"难题，坚持一流标准，培育一流人才，产出一流成果，作出一流贡献。这一时期，学院通过首批"全国党建标杆院系"培育创建单位验收，学院获评 2019 年全国教育系统先进集体、"全国先进基层党组织"荣誉称号；圆满完成首轮"双一流"建设任务，一期建设总体成效被评为第一档，开启第二轮"双一流"建设；石油工程、海洋油气工程、船舶与海洋工程等 3 个专业均入选国家一流本科专业建设点；获批中国 - 沙特石油能源"一带一路"联合实验室，对外合作与交流对学科发展支撑作用凸显；油田化学研究所教师团队、石油工程专业核心课程教师团队入选山东省高校黄大年式教师团队，学院"创造太阳"团队获第七届"互联网 +"国赛金奖。学院发展取得一系列标志性成果，2019 年，工程学进入 ESI 世界学科排行前 1‰，标志着学院学科的国际学术影响力大幅提升。学院成为石油高等教育的重要引领示范基地。

第一节 学院治理体系建设

一、系所体制改革

2017 年 9 月，学院党政班子换届，孙宝江连任院长、赵放辉任党委书记，陈德春、苏玉亮、黄维安、廖华林任副院长，赵晓珂任党委副书记。

根据新的形势，学院制定了建设石油与天然气工程学科一流研究型学院的建设目标，并根据学科建设需要，于 2018 年 3 月发布了石工院发〔2018〕01 号文件对学院组织机构和运行模式进行了改革。

依据"系所并行、相互配合、支部在所"的原则，将原来的油气井工程系、采油工程系、油藏工程系、油田化学系、船舶与海洋工程系、海洋油气工程系进行有机组合，设立 3 个系。系是学院本科教学工作的具体实施部门，负责本系教学、教研、本科专业建设、人才培养、教改和评价的组织实施与日常管理工作；设立 6 个研究所，所是学院党委、行政直接领导下的教研行政单位，负责其所属二级学科相关的学科建设、科学研究、研究生等高层次人才培养等工作；设立 2 个中心，负责石油工程国家级实验教学示范中心（虚拟仿真实验教学中心）的规划与建设、实践教学与开放实验教学、公共测试平台规划建设、大型精密仪器测试分析与新功能开发等工作。院机关增设 2 个办公室：学科建设与评价办公室、国际事务与人才办公室。学科建设与评价办公室，承担以一流学科建设为重点的精细化、专业化研究、管理与服务职能；国际事务与人才办公室，负责学院国际化发展、高层次人才等工作。2021 年，为适应油气行业智能化发展，增设智能油气田研究所。学院机构设置及负责人见表 9-1。

表 9-1 2018 年学院机构设置及负责人

序　号	机构设置	负责人
1	石油与天然气工程系	杜殿发
2	船舶与海洋工程系（所）	娄　敏
3	海洋油气工程系	徐加放
4	油气井工程研究所	王成文
5	油气开采工程研究所	董长银
6	油气藏工程研究所	谷建伟
7	油气田化学研究所	孙金声
8	海洋油气与水合物研究所	王志远
9	石油工程实验教学中心	郭辛阳

续表

序　号	机构设置	负责人
10	公共测试中心	周龙昌
11	学科建设与评价办公室	王彦玲
12	国际事务与人才办公室	杨永飞
13	智能油气田研究所（2021 年增设）	樊　灵

为借鉴兄弟院校院系运行及管理经验，2018 年 5 月，学院委派副院长陈德春等 5 人赴浙江大学，调研其办公制度与服务、学院文化建设等内容。经过调研，并结合学院实际情况，进一步明确了系所运行机制、岗位设置、教学研究与评价等工作。

教学系下设课程群，按照课程类型建群，设置课程群负责人岗位，课程群下设课程组。2018 年 6 月 7 日，石工院发〔2018〕15 号文件关于《印发〈石油工程学院课程群建设运行办法〉的通知》；6 月 15 日，石工院发〔2018〕16 号文件《关于任命课程群运行负责人的决定》。统筹学院 3 个本科专业，为学院开设的本科课程设置油气井工程、油气开采工程、油气层物理与渗流力学、油气藏工程、油气田化学、实践教学、通识教育、海洋油气与水合物、流体力学、船舶与海洋工程等 10 个课程群，确定了课程群为基层教学组织，并明确了课程群职责、运行办法等事项。

系所改革进一步理顺了学科、学位点、专业的关系，为"双一流"、一流本科专业建设"双万计划"、一流本科课程"双万计划"的实施建设奠定了坚实基础。2018 年 11 月 12 日，学校召开专题会议，推进学科、学位点、专业一体化建设工作，讨论研究《关于推进学科、学位点、专业一体化建设工作的实施意见（讨论稿）》，学院系所改革走在了学校前面。

这一时期，学院 3 个本科专业全部入选国家级一流专业建设点，新增国家级一流课程 9 门，承担国家级教改项目 6 项，以优秀成绩通过石油与天然气工程硕士研究生教育认证、石油工程专业工程教育认证；获 5 项教育部课程思政示范项目，石油工程专业核心课程教师团队入选第二批"山东省高校黄大年式教师团队"，学院入选国家科技部"创新人才培养示范基地"；2020 年到位科研经费达到 2.193 2 亿元，实现又一新的跨越；新增非常规油气开发教育部重点实验室、中国 - 沙特石油能源"一带一路"联合实验室，石油与天然气工程所在工程学学科跻身全球 100 强；不断强化"学术大师＋创新团队"建设，师资队伍结构不断优化；对外合作与交流深度拓展，国际化人才培养能力和学科的国际影响力不断提升；2021 年获评"全国先进基层党组织"，学院党委书记赵放辉现场出席了庆祝中国共产党成立 100 周年系列活动并受到习近平总书记的亲切接见。

2021 年 7 月，学院党政班子换届，戴彩丽任院长、张展任党委书记，王建升、黄维安、齐宁、杨永飞任副院长,陈银吨任党委副书记。

2021 年 9 月 17 日,石工党发〔2021〕9 号文件《关于公布石油工程学院机构设置的通知》,设置 3 个系、1 个实验中心、7 个研究所,以及 3 个研究中心和 1 个智库,见表 9-2。

表 9-2 2021 年学院机构设置及负责人

序 号	机构设置	负责人
1	石油与天然气工程系	姚传进
2	船舶与海洋工程系（所）	包兴先
3	海洋油气工程系	李爱华
4	实验教学中心	郭辛阳
5	油气井工程研究所	庞学玉
6	油气开采工程研究所	董长银
7	油气藏工程研究所	崔传智（孙海 2022 年）
8	油气田化学研究所	赵明伟
9	海洋油气与水合物研究所	高永海
10	智能油气田研究所	樊 灵
11	天然气水合物研究中心	
12	压裂酸化研究中心	
13	CCUS 研究中心	
14	油气发展战略智库	

管理与服务机构有:党委办公室、学院办公室、学生工作办公室（大学生创新创业中心）、本科生教育办公室、研究生教育办公室、科研与平台建设办公室、学科建设与评价办公室、人事与人才工作办公室、国际（港澳台）合作与交流办公室、信息化建设办公室等 10 个办公室;群团组织为工会和团委。

2022 年 9 月,戴彩丽任中国石油大学（华东）副校长,兼石油工程学院院长。2023 年 5 月,侯健任石油工程学院院长。

2023 年 3 月,学院成立国有资产与实验室办公室。2023 年 5 月,学院成立碳储科学与工程系,贾寒任系主任、王文东任系副主任。

新的起点,新的征程,学院提出要在国家能源战略实施的大背景、大格局下前瞻谋划、科学布局学院事业发展,要以高度的使命感和责任感,埋头苦干、奋发有为,全力做好 7 方面的工作任务:充分发挥基层党组织的政治核心和战斗堡垒作用;切实做好全面从严治党;全力推进世界一流学科建设;大力提升科技创新与服务能力;不断加强师资队伍建设;持续拓展对外合作的深度广度;积极推动学院文化传承与创新。

二、完善学院治理体系

为全面贯彻《国家中长期教育改革和发展规划纲要（2010—2020 年）》和教育部《全面提高高等教育质量的若干意见》的精神，主动适应石油与天然气工程一流学科建设需要，积极筹建"非常规油气开发教育部重点实验室"及国家重点实验室。2018年 4 月 14 日，石工院发〔2018〕5 号文件《关于加强学科、学科、教学及科研实验室（平台）调整工作的通知》，要求按照"结构优化，资源整合、突出特色，进一步明晰办学思路，进一步强化学科建设，进一步理顺实验室（平台）内部治理结构，着眼长远"的思路，把握机遇，加快发展，努力实现"双一流"建设的奋斗目标，明确了调整原则、工作要求，形成了调整方案，为教育部重点实验室及测试中心建设奠定了良好基础。

为进一步加强学院安全环保管理工作，石工院发〔2018〕6 号文件《关于成立安全环保监督管理办公室的通知》，经学院研究决定成立安全环保监督管理办公室。主任黄维安、副主任吴学东。

为进一步加强师德师风建设，全面提高学院教师队伍的师德素质和专业水平，2018 年 5 月 31 日，石工院发〔2018〕12 号文件《关于成立师德风建设工作领导小组的通知》，决定成立"师德师风建设工作"领导小组。

2018 年 6 月 15 日，石工院发〔2018〕17 号文件《关于印发〈石油工程学院岗位年度考核与奖励性绩效工资发放办法（2018 版）的通知》，按照有利于调动广大教职员工积极性，促进"石油与天然气工程学科世界一流的高水平研究型学院"的建设目标早日实现，结合学院实际情况，明确了岗位年度考核的总则、各岗位年度考核办法与标准、奖励性绩效工资发放办法等。

2021 年，学院进一步改革治理体系。改革思路：① 提高内部治理能力。坚持"全院一盘棋"的思想，不断完善"党政工学、院系所"四方三级协同一致的内部管理和运行机制，完善"党政同责、一岗双责、失职追责"的管理要求，加强系所级班子建设。实施"学院＋创新团队"垂直化管理模式，强化科研组织协调作用。加强学术委员会、学位委员会、教授委员会等学术组织建设，充分发挥学术组织在重大事务中的主导作用。加强机关管理队伍建设，建立灵活多样的用人制度和激励机制。② 完善资源配置机制。统筹院校之间、学科之间资源配置，提高资源使用效益。加强信息技术与教育教学融合，加快"一张表"大数据共享，建设以师生需求为导向的绩效及综合服务平台。健全实验设备合理配置、动态管理、效益评价制度。力争实现公用房的板块化、集中化、特色化。③ 加强学科绩效评价与服务。多途径充实学科绩效评价人员力量，加强对学科建设项目的过程管理与服务。依托教育部及软科学科评估数据平台，开展对学科建设过程的多维度动态观测，适时开展学科发展诊断。

学院先后出台石工党发〔2021〕3 号文件《石油工程学院党委会会议议事规则》、石工院发〔2021〕年 2 号文件《石油工程学院党政联席会议议事规则》、石工院发〔2022〕年 1 号文件《关于设立石油工程学院研究生培养指导委员会的通知》、石工院发〔2022〕年 3 号文件《关于印发〈石油工程学院突发事件应急预案（修订）的通知》、石工院发〔2022〕年 5 号文件《关于印发〈石油工程学院研究生课程管理规定〉的通知》、石工院发〔2022〕年 7 号文件《石油工程学院教授委员会章程（修订）》、石工院发〔2022〕年 9 号文件《关于成立职称评审、聘期考核与岗位聘用工作委员会和监督委员会的通知》、石工院发〔2022〕年 11 号文件《石油工程学院研究生导师岗位管理办法》等文件。

2021 年 11 月 11 日，在学院教职工大会上，院长戴彩丽作了题为《强化特色、交叉拓展、追求卓越、再创佳绩》的工作报告，提出学院将重点围绕师资队伍、人才培养、科学研究与国际交流等方面进一步深化改革创新，营造"公心、正气、开放、包容、和谐"的干事氛围，优化学院管理治理体系、人才培养体系、科技创新与社会服务体系，坚持"抓好基层、打好基础、做精做实"的工作基调，以求真务实的态度和追求卓越的作风铸就高峰，着力打造"事业石工、和谐石工、幸福石工"，为 2025 年建成石油学科世界一流的高水平研究型学院的目标而不懈奋斗。学院党委书记张展要求全院教职工以高度的历史自觉、坚定的战略自信和务实的现实自省，牢牢抓住学院发展的重要历史机遇期，围绕新一轮"双一流"建设和"十四五"规划，凝心聚力，真抓实干，为学院实现高质量跨越式发展作出新的更大贡献。

通过改革学院内设机构，加强基层治理能力建设，充分发挥各系、所、中心班子和教授委员会、学科带头人作用，院工会和教代会履职尽责，广大教职工积极为学院发展建言献策，进一步完善了学院治理体系，为学院高质量发展保驾护航。

三、制定"十四五"规划

"十四五"时期，是实现党中央"两个一百年"奋斗目标和我国统筹推进世界一流大学和一流学科建设的决定性阶段，也是学校"两步走"战略目标最为关键的 5 年，是全面实现"石油学科世界一流高水平研究型大学"中长期发展战略目标的攻坚时期。"两步走"战略目标：到 2023 年，建校 70 年时，若干学科居于国内领先，地质资源与地质工程、石油与天然气工程 2 个学科进入世界一流行列，基本形成多学科协调发展的新格局；到 21 世纪中叶，建校 100 年时，能源领域更多学科达到或接近世界一流水平，全面建成多学科协调发展的高水平研究型大学。

"十四五"时期是学院建成"石油学科世界一流的高水平研究型学院"的攻坚期。

为实现阶段性办学目标,学院按照学校"认清形势、发现问题、找准目标、规划路径、明确措施、校院互动、责任到人"总体要求,全面总结评估"十三五"规划实施的成绩与经验,分析现状及发展趋势,明确存在的主要问题,找出制约发展的关键因素,科学规划未来5年发展的主要目标和路径举措。

1.规划制定过程

2020年5月19日,学院召开2020年第五次党政联席会,审议通过《石油工程学院"十四五"规划编制工作方案》(石工院发〔2020〕4号文件),标志着石油工程学院"十四五"规划编制工作正式启动。

2020年8月3日,学院召开"十四五"规划工作推进视频会议,要求着眼中长期目标规划,对本学科专业所涵盖的教学、科研薄弱领域做好统筹布局,积极做好组织谋划,培育大团队、建设大平台、承担大任务、争取取得大成果;进一步凝练明确学院学科发展重点领域和培育领域,形成人才培养、科学研究等发展特色和优势,从而在总体上实现对学院高质量发展的有力支撑。

2021年9月14日,郝芳校长在新学期工作会上提出,要以提高人才培养质量、提升服务国家战略和经济社会发展能力为目标,构建和完善由"新时代人才培养体系、新时代科技创新与科技服务体系、现代化大学治理体系"构成的新时代大学创新体系,为进一步完善学院"十四五"规划指明了方向。

2021年12月3日,学校举行教学院部目标任务书签订仪式暨"十四五"规划推进落实会,进一步统一思想、提高认识,明确目标、凝心聚力,推进学校"十四五"规划目标任务落实、落地,石油工程学院院长戴彩丽、党委书记张展参会并代表学院签订目标任务书。

党委书记王勇、校长郝芳代表学校与石油工程学院签订"十四五"教学院部目标任务书

2. 规划主要内容

学院规划以习近平新时代中国特色社会主义思想为指导，坚持以立德树人为根本，以报国强国为己任，以强化治理为关键，旨在系统谋划石油工程学院"十四五"时期发展战略，明确"十四五"时期要实现的总体战略目标、主攻目标、7 项重点任务和"三步走"实现路径，努力开创建设高水平研究型学院新局面。

学院"十四五"规划确立了学院近期和中远期发展目标。近期（2025 年）：基本建成石油学科世界一流的高水平研究型学院。中期（2035 年）：石油与天然气工程学科整体实力跻身世界前 5，海洋油气开发特色鲜明，"石油与天然气工程学科世界一流的高水平研究型学院"建设取得显著成效。远期（21 世纪中叶）：石油与天然气工程学科整体进入世界前列，具备由国际学术大师引领的世界一流研究团队和创新平台。

学院明确了发展思路和基本原则。发展思路：将学校"办值得尊敬的大学"作为"十四五"事业发展规划的逻辑起点，紧紧围绕学校办学目标与"党建统领、改革先行、优化布局、合作发展"总体思路，以立德树人为根本，以提高质量为主题，以平台建设为基础，以师资队伍和教学、科研团队为核心，以国际化为抓手，构建和完善地质理科与地质工科相互交叉、油气地质与地球物理和石油天然气工程深度融合、勘探开发技术与装备有机衔接的油气科学与技术学科体系，提升培养一流创新人才和产出一流学术成果的卓越能力，作出面向国家能源战略和服务地方经济社会的卓越贡献，开启以规模增速放缓、提升质量为特征的改革发展新常态。基本原则：强化特色、优化结构、提质增效、突出贡献。

戴彩丽院长解读学院"十四五"规划

学院确定了加大培育引进高层次人才、加大科研项目与获奖工作力度、加大国家级实验平台筹建力度、积极申报牵头国家级重大项目、加快学科专业布局、高度重视学科交叉融合、坚持党建引领与文化聚力等 7 项重点任务。

学院提出了稳步提高人才培养质量、整体跃升师资队伍水平、大力提升学科科研水平、不断扩大社会服务与学科声誉等 4 方面的具体举措，以及党建和思想政治工作、文化建设、治理体系建设等 3 方面的战略保障。

学院"十四五"规划确定了学科建设、队伍建设、人才培养、科学研究、交流与合作等事业发展目标和主要任务，提出了加强党建与思想政治工作、文化建设、治理体系建设、办学条件建设等保障措施，是之后 5 年指导学院改革发展的纲领性文件，对推进学院一流学科建设、加快世界一流的高水平研究型学院建设步伐具有十分重要的意义。

2021 年 12 月 14 日，石油工程学院"十三五"与首轮"双一流"建设成果暨"十四五"规划展开展仪式成功举行，孙宝江、戴彩丽、杜殿发、娄敏、王森、于梦飞、刘云霆、黄丽娟等师生代表共同为展览揭幕，院长戴彩丽发表致辞。此次展览旨在充分展示办学成果，明确办学目标，进一步鼓舞、凝聚人心，激励学院师生向着建设"石油与天然工程学科世界一流的高水平研究型学院"目标不断奋进。

四、师生协力抗击疫情

2019 年 12 月，湖北省武汉市陆续发现了多个不明原因肺炎病例，证实为 2019 新型冠状病毒感染引起的急性呼吸道传染病。2020 年 1 月 26 日，为应对疫情扩散形式，学院及时成立应对新型冠状病毒感染工作小组，全面负责学院应对新型冠状病毒感染相关工作。至 2023 年 1 月 8 日，对新型冠状病毒感染正式实施"乙类乙管"政策，在将近 3 年时间里，学院师生勠力同心，共克时艰，不仅有效保护了师生生命健康安全、保障了正常教育教学秩序，还化危为机，将抗疫实践化为一场生动的育人教育，取得了抗疫的最后胜利。

1. 疫情防控与中心工作"两手抓、两不误"

在打赢疫情阻击战的重要时期，又逢石油工程学院"双一流"战略实现的重要时刻，学院党委要求，一手抓疫情防控，一手抓中心工作，坚决做到两手抓、两不误。

2020 年 4 月 8 日，孙宝江院长在学院新学期工作会议上提出，一是稳扎稳打、毫不松懈，做好疫情防控和新学期开局工作，做到两手抓、两不误；二是全面布局、统筹谋划，以学院"双一流"建设为抓手，系统推进"十四五"规划制定工作；三是瞄准短板、精准施策，做好"双一流"学科建设重点工作，着力补齐弱势短板，发扬传统优势，强化制度激励,加强人才引进,扩大产研融合,加强国际合作。

2020 年春季学期,学生、教师无法返校,但全院师生克服重重困难,做到了停课不停教不停学。学院摸排 1～8 周 99 位教师上课情况,以 13 个课程群为组,面向教师开展线上教学相关培训,加紧制作网络课程,收集电子教材,摸清学生上课情况等;组织协调教师有条不紊加紧推进线上教学准备工作;利用石大云课堂、大学生慕课、智慧树、腾讯课堂、QQ 学习群等网络教学平台,通过线上直播课、线上学习、线上线下混合式学习等多种形式开展课程教学或学习指导,保障 1～8 周计划开设 102 门次课程顺利开展。

《油藏工程》"云考试"现场

科研办公室拓展管理服务模式,快速构建管理服务人员实时响应、科研业务线上办理的工作机制,充分利用学校科研创新服务平台、院网站、电子邮件、微信、QQ 等各种渠道,加强疫情防控期间的全方位服务,组织 2020 年国家自然科学基金申报、项目中期进展报告与结题管理等工作,加强实验室安全管理,做好高校科技统计工作,征集"十四五"重大研发需求建议等各项工作,确保科研工作有序有效进行。

2022 年 3—4 月间,青岛疫情严重,教师不能入校,学校开展了 1 个月的线上教学工作。2022 年 7 月初的小学期没有开课,本科生提前放假,部分实习工作,如 2021级的认识实习,在 8 月份开学前师生赴东营完成。

2. 同心同向,以实际行动抗击疫情

学院将战"疫"故事转化为有价值的教育资源,实现课堂教育与时代需求同频共振,推出了一系列有温度、有高度、有深度的课程思政教育,课程思政被摆在了更加突

出的位置，"培养什么人、怎样培养人、为谁培养人"这一教育根本问题的答案，在这场战"疫"中更加清晰。学院及时发布"抗击疫情——致研究生导师的一封信"，倡议导师充分发挥在研究生成长成才道路上的指导和引路人作用，给予研究生更多关注和关爱。

疫情暴发之后，学院20余个学生党支部自愿递交请战书，请求参加学院抗击疫情的各项工作，让党旗高高地飘扬在战'疫'一线。这时期涌现出山东省"青春贡献奖"等众多先进个人和集体。

2022年9月23日，因校园内有1名学生检测为阳性，下午5:30开始静默3天，学生不出宿舍，教职工转为志愿者，参与上门核酸检测、给学生送饭、楼宇巡查、卫生维护等工作；教职工住在办公室、会议室，学校征集了简易床，学院购置了被子、枕头；经过3天静默、4天封闭，在全校上下的共同努力下，至9月30日解除封校，改为常态化疫情防控管理，抗击疫情工作取得阶段性成效。

教工志愿者参与核酸检测、学生楼宇值班等服务工作

抗疫期间，学院师生勠力同心，守望相助，履职尽责，勇挑重担，为筑牢疫情防线，确保师生健康安全，保障学院事业发展作出了重要贡献。学院班子全心投入，时刻关注师生思想动态，不断优化管理服务；学院师生踊跃担当志愿者，积极参与核酸检测、物资保障和送餐服务；学生工作队伍全员到岗，保障学生学业生活正常运转；学

院学生自觉服从安排,保持乐观心态,安心学习。全院上下齐心协力,共克时艰,高质量完成教学科研等各项工作,展现了疫情防控期间的石工速度、石工温度和石工力度。

第二节　一流学科建设

世界一流大学和世界一流学科（First-class universities and disciplines of the world）,简称"双一流",是中共中央、国务院做出的重大战略决策,也是中国高等教育领域继"211 工程""985 工程"之后的又一国家战略。总体目标:到 2020 年,若干所大学和一批学科进入世界一流行列,若干学科进入世界一流学科前列;到 2030 年,更多的大学和学科进入世界一流行列,若干所大学进入世界一流大学前列,一批学科进入世界一流学科前列,高等教育整体实力显著提升;到 21 世纪中叶,一流大学和一流学科的数量和实力进入世界前列,基本建成高等教育强国。

一、石油与天然气工程入选"双一流"建设学科

2015 年 8 月 18 日,中央全面深化改革领导小组会议审议通过《统筹推进世界一流大学和一流学科建设总体方案》;2015 年 10 月 24 日,国务院就印发了《统筹推进世界一流大学和一流学科建设总体方案》（国发〔2015〕64 号）,对新时期高等教育重点建设做出新部署,将"211 工程""985 工程"及"优势学科创新平台"等重点建设项目,统一纳入世界一流大学和一流学科建设,方案明确"每五年一个建设周期,2016 年开始新一轮建设";2017 年 1 月 24 日,教育部、财政部、国家发展和改革委员会联合印发《统筹推进世界一流大学和一流学科建设实施办法（暂行）》。学校积极开展校内外调研,与中国石油大学（北京）按照"211 工程""985 优势学科创新平台"联合申报建设的模式,预先进行了工作对接和集中研讨。

2017 年 6 月 6 日,学校收到《教育部办公厅关于编制世界一流大学和一流学科建设方案的通知》,该通知的配套文件《有关建议》中明确指出"经评议,你校列入一流学科建设高校建议名单","请以地质资源与地质工程、石油与天然气工程等学科为基础编制建设方案"。与以往相比,有两点不同:一是"双一流"名单的确定方式以遴选制代替了申报制,专家委员会提出遴选标准,符合标准的列入建设（建议）名单;二是学校不与中国石油大学（北京）联合建设,而是作为独立的个体单独建设、单独考核。

学院学校对"双一流"申报高度重视，自6月6日接到国家编制"双一流"建设方案的通知到7月10日上报方案，历时整整35天，其间学院召开工作部署会、方案框架研讨会、工作推进会、专家论证会等各类会议20余次，邀请校外院士、国家部委相关机构负责人、相关高校负责人、能源企业部门负责人等30余名专家学者参与方案论证。方案明确了学校办学指导思想、办学定位，近期、中期、远期发展目标、学科建设总体规划、学科建设负责人、学科优势方向建设负责人等，在管理体制机制等方面提出了一系列保障措施；两个一流学科明确了建设口径范围、建设目标、重点领域、进度安排等。学校《一流学科建设高校建设方案》是在限定时间内高质量完成的一份标准高、内容实、措施强、影响大的建设方案，为学校一流学科建设指明了方向。

2017年10月14日，教育部、财政部、国家发展改革委发布《关于公布世界一流大学和一流学科建设高校及建设学科名单的通知》，学校顺利入选一流学科建设高校，学院石油与天然气工程学科进入"双一流"建设学科，学科建设负责人是孙宝江教授。

石油与天然气工程学科团队主要成员

二、一流团队建设

立足一流学科建设和拔尖创新人才培养需求，实施引进、培育、激励、保障等系列举措，不断强化"学术大师＋创新团队"建设，汇聚高层次人才，高素质师资队伍建设成效显著，师资队伍结构不断优化，学院专任教师中具有海外学术经历的人数占比大幅提升。学院不断完善师德师风建设制度，职称评审、岗位聘任、薪酬分配等改革不断深化，师资队伍的积极性和创造性显著提升。

1. 持续完善师德师风建设制度

为进一步加强师德师风建设，全面提高学院教师队伍的师德素质和专业水平，2018 年 5 月 31 日，石工院发〔2018〕12 号文件《关于成立师德师风建设工作领导小组的通知》，成立以孙宝江、赵放辉为组长的"师德师风建设工作"领导小组；2018 年 12 月 10 日，石工院党〔2018〕12 号文件《关于印发〈石油工程学院加强师德师风建设实施细则〉的通知》，包括指导思想、基本原则、工作目标、主要任务、监督考核、工作保障、附则等 7 部分，为建设高素质专业化教师队伍以及构建全员、全过程、全方位育人工作机制和保障体系提供了有力支撑。为全面落实教育部、学校有关师德师风建设的工作要求，扎实做好教职工思想政治工作和师德师风建设，全面提高学院教师队伍的师德素质和专业水平，2021 年 10 月 19 日，石工院党〔2021〕13 号文件《关于成立师德师风建设领导小组的通知》，成立以戴彩丽、张展为组长的"师德师风建设工作"领导小组。学院多角度持续发力，全面落实导师立德树人职责，不断提升导师育人水平，涌现出国家"万人计划"教学名师、山东高校十大师德标兵、青岛市最美教师等优秀导师代表及山东省高校黄大年式教师团队等，彰显了新时代高校教师风采，为学校"双一流"建设作出了重要贡献。

2. 加大人才引进力度

学院依托学校"光华学者计划"的人才政策，"能源科学与工程"国际青年学者论坛等宣传平台，利用学术大师的影响力，加大宣传招聘力度，延揽海内外优秀人才。全职引进哈萨克斯坦自然科学院院士团队 4 人（Saule Aidarova、Mean Mohd Husein、Abderrahim Jardani、Hejazi Seyed Hossein），新增外专千人、青年千人 6 人（庞学玉、李航宇、袁彬、钟俊杰、张丽媛、钟杰）。

3. 加大优势团队建设力度

学院改革研究型学院组织机构，强化教学科研的协调支撑，发挥学术大师的引领作用，持续推进高水平创新团队建设，提升学科核心竞争力；在已建 3 个教育部长江学者创新团队基础上，新增教育部长江学者团队 1 个、山东省泰山学者优势特色学科人才团队 1 个。孙宝江负责的教育部"海洋油气井钻完井理论与工程"长江学者创新团队获评 2019 年"中国石油和化学工业联合会创新团队奖"。学院依托石油工程国家级教学团队，组建课程群、课程组，促进教师教学发展，获批山东省高校黄大年式教师团队 2 个。如今，学院形成了以中外籍院士和国家教学名师等高端人才为引领的高水平多学科交叉师资队伍。

2012 年 1 月，教育部"海洋油气井钻完井理论与工程"长江学者创新团队启动会

4. 加大中青年师资培养托举力度

学院坚持"提高层次、优化结构、增强活力、鼓励冒尖"的指导思想，高度重视人才培育和储备，不断优化人才队伍结构，提高师资队伍层次与水平。实施"青年拔尖人才支持计划"，搭建面向不同发展阶段教师群体的教学发展平台，提升教师教学、科研能力，营造了中青年学术人才发展环境，助推各类优秀人才脱颖而出。新增国家杰出青年科学基金 1 人（侯健）、"万人计划"科技创新领军人才、教学名师和青年拔尖人才 5 人（侯健、王志远、管志川、赵光、郭天魁）、国家优青 3 人（张凯、孙海、赵明伟）、青年长江 2 人（王志远、杨永飞）、科技部"中青年科技创新领军人才"2 人（侯健、王志远）、孙越崎青年科技奖 2 人（王志远、张凯）、霍英东教育基金会青年教师奖 2 人（范海明、赵明伟）。

为深入落实《关于加快构建新时代人才培养体系的意见》，加强学院教师队伍建设，系统提升教师职业能力，2022 年 6 月 27—7 月 2 日，学院组织首批 39 名教师赴浙江大学华家池校区参加教师职业能力提升培训。学院院长戴彩丽，副院长黄维安、齐宁及部分骨干教师参加了此次培训。为期 6 天的培训，名师荟萃、大咖云集，来自浙江大学的全国最美十大教师、国家级教学名师、全国师德先进个人、教育部新世纪优秀人才等教学专家,传授了人才培养、专业建设、课程建设、课程思政等方面的宝贵经验。

学院首期教师教学能力提升培训班在浙江大学举办

经过多年的师资队伍建设,学院培养、会聚了一大批有影响力的教学名师、学术大师,师资力量不断增强。

孙金声,中国工程院院士,2016年到学院工作,2017年当选院士。长期致力于油气井工程钻井液及储层保护理论与技术创新,解决了我国许多深井以及复杂结构井钻井重大科技及现场突发性技术难题,是我国水基钻井液成膜理论的主要创立者和抗超高温钻井液技术的主要开拓者之一。他首次提出水基钻井液化学成膜理论,发明了化学成膜水基钻井液;揭示了钻井液抗超高温机理,发明了抗温240℃的高密度水基钻井液和抗温300℃的泡沫钻井液;研究了复杂结构井井壁失稳及减阻机理,研制出复杂结构井高性能钻井液;发明了提高机械钻速的水基钻井液技术,使我国深井超深井、复杂结构井钻井液主体技术上了一个新台阶,为安全高效开发我国深层超深层和复杂地层油气资源、获取海外油气资源及保障国家能源安全作出突出贡献。他还兼任俄罗斯科学院院士、俄罗斯工程院院士,于2019年9月当选山东省工程师协会会长。

王德民,中国工程院院士,油气田开发工程专家,中国油田分层开采和化学驱油技术的奠基人,学院双聘院士。他发明了一整套以"松辽法""偏心配水、配产工艺"和"限流法压裂工艺"为代表的处于世界领先地位的分层开采和测试技术,对大庆油田长期高产稳产起到了重要作用,并在全国其他油田也进行了广泛应用;提出并组织完成了达到世界先进水平的"大庆油田长期高产稳产注水开发技术"系统工程,是支撑大庆油田 1981—1995 年高产稳产 5 000 万吨以上的主要技术手段;首次提出了聚合物黏弹性可以提高驱油效率的理论,发展了居世界领先水平的化学驱提高采收率技术,支撑了大庆油田 5 000 万吨年产量连续稳产了 27 年,创出了世界同类型油田长期高产稳产效果最好的佳绩。近年来,他致力于研究的泡沫复合驱、二元复合驱、同井注采等四次采油新工艺,已投入应用性试验。

苏义脑,中国工程院院士,油气钻井工程专家,学院双聘院士(2004 年)。在钻井力学、轨道控制、井下工具和井下控制工程研究中,他的多项创新成果居国际先进水平,形成体系用于生产,取得显著效益。他创造性地把工程控制论和航天制导技术引入钻井工程,开拓新领域,提出井下控制工程这一新概念并做开拓性基础研究;主持研制 P5LZ 四大系列导向钻具和空气螺杆钻具,主持导向钻井工艺技术、高陡构造防斜打快技术研究,均取得经济效益;主持设计中国第一口薄油层中曲率水平井轨道控制方案并负责实施成功,首创钻深 2 080 米处水平击中 6 米靶窗中线仅偏 0.14 米;主持研发成功具有独立知识产权的 CGDS 地质导向钻井系统。

高德利,中国科学院院士,油气钻探与开采专家,学院双聘院士。他长期从事油气井工程科学研究与实践,建立了钻头与地层相互作用的新模型,确定了控制钻进方向的特征物理量和本构关系,发现正交各向异性地层可产生 12 种不同规律的井斜效应,并提出定量评估新方法;建立了井下导向钻具组合三维分析模型和优化算法,揭示了可控参量的作用规律及钻头匹配机理,发明了邻井距离随钻探测系统,创新发展了定向钻井理论与技术;建立了大位移钻井延伸极限的理论概念和预测模型,实现了工程风险设计控制的技术突破;揭示了复杂工况井筒完整性的退化规律与破坏机理,提出复合管柱建井模式与设计控制优化方法。其研究成果在陆上和海上油气田有显著应用实效。

李阳,中国工程院院士,油气田开发地质、开发工程专家,学院双聘院士。长期从事油气藏开发基础理论和关键技术研究工作,提出了"分隔控油"剩余油富集规律认识,创建了以油藏地球物理及大幅度提高采收率为核心的高含水油田稳产技术,开展了超深层碳酸盐岩缝洞型油藏开采及提高采收率研究工作,揭示了自由流 - 渗流耦合的流体流动规律,建立了超深层缝洞储集体识别与建模、数模方法,研究注水开发关键技术,为此类油气藏高效开发提供了理论和技术支撑。

刘合,中国工程院院士,能源与矿业工程管理专家,学院双聘院士。长期从事采油工程科技创新与管理等方面科研工作,创建了采油工程技术与管理"持续融合"工程管理模式,攻克了精细分层注水、油气储层增产改造等一系列采油工程关键技术,解决了尾矿资源最大化利用和低品位储量规模效益开发的重大难题,支撑了精细注水开发工程和提高单井产量重大工程实施。

李兆敏,长期从事油气田开发工程的教学、科研及高等教育管理工作,对泡沫流体油气增产技术、特超稠油油藏高效动用模式、超临界二氧化碳提高采收率等理论和技术问题进行深入研究,研究成果在国内外油田得到成功应用,已增产原油上百万吨。历任学校党委副书记、副校长、石河子大学副校长（援疆）,2022 年 7 月 15 日,作为援疆干部代表受到了习近平总书记的亲切接见。

姚军,泰山学者攀登计划专家,新世纪百千万人才工程国家级人选。长期从事多孔介质多相流的研究和教学工作,提出了现代渗流力学的理论架构,形成了分子尺度、微观孔隙尺度、岩芯尺度、宏观达西尺度和缝洞大尺度等 5 个尺度的渗流模拟方法以及尺度关联升级方法,创建了非常规油气藏、缝洞型碳酸盐岩油气藏数值模拟方法以及基于机器学习和大数据方法的智能油田生产优化方法,推动了渗流力学的理论发展和工程应用。2020 年,他当选为国际石油工程师协会（Society of Petroleum Engineers, SPE）荣誉会员,成为首位获此荣誉的中国本土科学家。

孙宝江,973 计划首席科学家,长江学者特聘教授,山东省泰山学者攀登计划专家。他结合我国深层、深水油气及天然气水合物开发的重大需求,经过 30 余年持续攻关,突破了复杂条件油气藏井筒压力控制的关键技术瓶颈,形成了覆盖井筒多相变流动压力调控的三大专利群。为深层、深水油气藏安全高效开发提供了理论与技术支撑,有力保障了国家能源安全。2022 年 5 月,他被山东省人民政府授予"山东优秀发明家"称号；2023 年 2 月,荣获第五届杰出工程师奖。

戴彩丽,长江学者特聘教授,国家杰出青年科学基金获得者,国家"万人计划"科技创新领军人才。长期致力于"高含水油田进一步提高采收率"和"非常规油气储层改造高效开发"两大方向应用基础研究,创建了"不同高含水油田堵 - 调 - 驱多层次控水"和"非常规储层压裂 - 增能 - 排驱一体化"提高采收率理论与技术,为我国老油田进一步挖潜和非常规油田高效开发作出了突出贡献。2022 年 9 月,任学校副校长。

侯健,国家杰出青年科学基金获得者,国家"万人计划"科技创新领军人才。长期致力于提高采收率技术及油气渗流理论方向的研究。创建微观尺度油气渗流的实验与模拟方法,取得化学驱渗流理论重要创新成果,实现化学驱矿场应用关键技术创新,为化学驱和热化学复合驱大幅度提高原油采收率提供了理论基础和实用技术。2023 年 5 月,任石油工程学院院长。

冯其红，长期致力于油气田开发方面的教学与科研工作，在非常规油气渗流理论与高效开发技术、老油田高效水驱优化与调控技术、煤层气藏流体运移机理及数值模拟方法、复杂油气藏提高采收率理论与技术等方面开展了系列研究工作，在改善水驱开发效果、提高采收率方面形成科研特色，并取得创新性成果。2022 年 2 月，任山东石油化工学院党委委员、副院长。

程远方，长期致力于石油工程岩石力学问题研究，主要研究领域有井壁稳定力学研究、地层出砂机理及防砂工艺技术研究、水力压裂力学及水力压裂优化设计、套损机理及治理技术研究、深水水合物钻采风险及工程响应机理研究等。

邱正松，在油田化学领域中钻井液完井液的多个研究方向取得了较好的科研成就，在井壁稳定、复杂深层、海洋深水、特殊储层、非常规油气等钻井完井液新技术以及钻井液模拟实验装置研发、超临界二氧化碳钻井液新技术等科研工作中，形成了科研优势及特色。

任韶然，2005 年自英国赫瑞·瓦特大学到学院工作。主要从事注气提高采收率、非常规油气藏开发、水合物防治、油田防垢防腐技术、CO_2 驱和地质埋存等研究，改善了气体水合物热动力学模型，提出了注空气低温氧化工艺原理，提出了改进的共聚物形貌结构及流变性能的网格动力学数值计算模拟方法。2015 年获评山东省泰山学者特聘专家。

蒲春生，2006 年由西安石油大学调至学院工作，一直致力于储层液 / 固体系微观动力学、储层波动力学、储层伤害孔隙堵塞预测诊断与评价、波场强化采油、电磁波强化采油、高能气体压裂强化采油等领域的基本理论与工程应用方面的学习和研究工作，对我国低渗、特低渗、稠油、超稠油等特种油气藏，特别是西部和海上等生态脆弱地区油田的高效开发与资源环境保护作出了积极的贡献。

康万利，2007 年由大庆石油学院调至学院工作，泰山学者特聘教授，长期从事油田化学、胶体与界面化学、提高原油采收率理论与技术研究，在化学驱油体系及驱油机理，采出液处理理论与技术，调剖堵水体系及技术方面取得多项成果。

董明哲，2010 年自加拿大卡尔加里大学到学院工作。长期致力于多孔介质多相渗流、胶体表面化学、非常规油气渗流理论及实验研究（低渗、致密油气，页岩油，页岩气）、提高采收率等领域的研究，在毛管和润湿现象主导的油藏多相渗流、提高原油采收率和 CO_2 埋存等方面取得了多项理论和应用研究上的前沿性进展和成果，得到科技界和工业界的广泛关注。

刘威，2014 年到学院任特聘教授。长期从事油藏动态模拟、提高采收率和开采优化方面的研究，开展油藏数值模拟软件研发，地震勘探解释到油藏数值模拟的一体化平台开发。同时在油气资源优化信息管理系统、非常规油田开采技术方法等方面，开展技术成果产业化应用。

张凯，主要进行复杂油藏生产实时优化方面的基础研究，提出适用于大规模强非线性实时生产优化问题的高效求解理论与方法，应用于油田自动历史拟合、约束生产优化、井位井网优化等多个领域，形成了实用软件，10 余个主力油气田得到应用，取得显著经济效益。2019 年获评山东省泰山学者特聘专家。2021 年 7 月任青岛理工大学党委常委、副校长。

王志远，长期从事海洋油气工程领域的教学与科研工作，研发了基于井筒多相流动计算的井筒压力控制方法、低抑制剂用量深水气井测试水合物防治方法、抑制酸性气体突发膨胀的井筒压力控制方法等，减少了钻井事故，缩短了钻井周期，取得良好经济效益。2019 年入选国家"万人计划"科技创新领军人才。

三、首轮"双一流"建设工作

学院以习近平新时代中国特色社会主义思想为指导，全面贯彻党的教育方针，始终把服务国家战略、保障国家能源安全作为学院的责任担当，把培养适应石油工业发展需要、具有家国情怀的高质量人才和解决工程重大理论难题、提供关键技术作为自己的初心使命，艰苦奋斗、追求卓越，为石油工业的发展作出了积极贡献。近年来，我国油气对外依存度持续攀升，油气工业不断向深层、深水和非常规等复杂油气资源领域拓展，对学科发展提出了新要求，带来了新挑战。

学院将"双一流"建设作为提升整体办学水平的重大契机，以高层次人才团队建设为核心，以条件建设为重点，按照"领军人才＋团队＋平台"建设模式，加大资金投入，加快一流学科高端平台和公共分析平台建设，促进学科深度融合。发挥"双一流"建设的引领示范作用，统筹拔尖创新人才培养、师资队伍建设、提升自主创新与社会服务能力、文化传承创新、国际合作交流等 5 大方面的建设，推动学院内部治理结构、管理体制机制等综合改革，促进各项事业全面发展。

2017 年 11 月 3 日，学校召开一流学科建设工作大会，分析学校一流学科建设面临的挑战与机遇，部署一流学科建设工作，动员学校干部教师积极投身一流学科建设，推动学校向着一流目标奋力迈进。学院全体教授、副教授参加了会议。

2017 年 12 月 5 日，学院召开第二届五次教授委员会全体会议，研讨落实石油与天然气一流学科建设方案。为进一步促进石油与天然气工程一流学科建设，加强组织协调，2018 年 6 月 8 日，成立石油与天然气工程一流学科建设委员会。2018 年 10 月 12 日，学院邀请材料科学与工程学院、机电工程学院、信息与控制工程学院、理学院、经济管理学院的9名教授召开座谈会,围绕"双一流"建设总体方案确定的战略目标及各项指标、任务,围绕学科交叉合作充分交换意见,一致达成诸多共识。

2018年12月28日,石油与天然气工程"双一流"拔尖人才全英文国际硕士班专业课正式开讲。美国科罗拉多矿业大学（Colorado School of Mines）石油工程系吴玉树（Yu-shu Wu）教授为学院全英文国际硕士班研究生讲授专业课"Numerical Reservoir Simulation"（油藏数值模拟）。同时,为积极提升学院青年教师国际课程授课能力,学院专门安排青年教师王文东博士担任该门课程助理教师,全程参与课程教学、课后答疑等工作。

Yu-shu Wu 教授为全英文国际硕士班研究生讲授专业课

2019年3月23日,学院举办石油与天然气工程"双一流"学科建设研讨会。顾心怿、苏义脑、李根生、邹才能、刘合、张东晓等6位院士以及国内3大石油公司科研院所、地矿油高校的知名专家和学者应邀出席。会议研讨了现阶段的短板及今后的建设方向,明确学院围绕国家能源战略重大需求,瞄准油气科技前沿,构筑高端科研平台,抢占学术制高点,承担重大项目,使重大科研成果不断涌现,服务能源行业经济发展水平显著提升。

2019年4月15—17日,以中国工程院院士黄维和为组长的专家组到学院开展石油工程硕士研究生教育认证入校考查工作。专家组通过现场考查见面会、听取汇报、听课、查阅教学和管理资料、考查实验室、毕业生及用人单位访谈、在校研究生和教师抽查座谈等形式,对学院石油工程硕士研究生教育工作进行了全面考查。专家组对学院办学特色、管理制度体系、教学与科研成果、办学支撑条件、研究生培养质量,以及认证组织工作给予充分肯定。最终认证结果为8P、1P-C,为目前已认证石油高校最优成绩。石油与天然气工程领域是全国首批工程专业学位研究生教育认证的试点领域，此次教育认证也是学校首次接受研究生层面的专业认证。

2019 年 6—9 月，学校按照教育部通知要求，开展了"双一流"建设中期评估工作。在此基础上，2019 年 9 月 5—6 日，学院召开三届二次教授委员会全体会议，院长孙宝江传达了教育部开展"双一流"建设中期自评工作精神，通过与其他高校石油与天然气工程"双一流"建设成效比对，指出学院要充分认清当前一流学科建设的危机，增强紧迫感，从薄弱环节着力使劲，补齐短板，不断强化优势特色学科。

2019 年 12 月 3 日，2019 年国家自然科学基金"十三五"第四批重大项目立项结果公布，由学院孙金声院士负责的"南海天然气水合物钻采机理与调控"项目获立项资助，项目直接经费 1 959 万元，研究期限为 5 年，这是学校首次牵头承担国家自然科学基金重大项目，有力支撑了石油与天然气工程学科"双一流"建设，提振了教师干事创业的信心。

2020 年 1 月 9 日，学院举行院属单位述职评议大会，深入贯彻落实"双一流"建设工作推进会精神，明确责任主体，加强内部建设。

首轮"双一流"建设期间，教育部党组书记、部长陈宝生，教育部党组成员、副部长翁铁慧，山东省委书记刘家义等领导先后来校调研指导"双一流"建设工作，对学校学院"双一流"建设取得的重大进展予以高度评价。

2020 年 8 月 7 日，山东省委书记刘家义调研考察深层油气重点实验室

四、一流学科建设成效显著

首轮"双一流"建设期间，学院在拔尖创新人才培养、高素质教师队伍建设、科学研究和服务科技与经济发展、传承创新优秀文化、国际合作交流等方面取得显著成效；形成了"打造人才培养新高地，贡献石油工业高素质人才"的最具显示度的贡献点，学院主动服务国家能源战略，建成石油与天然气领域拔尖创新人才培养基地，为石油工业发展培养合格建设者和可靠接班人。

1. 打造油气工程领域人才培养新高地

学科以"双一流"建设为契机，紧紧围绕国家能源战略重大需求，努力克服建设初期面临的领军人才缺乏、高端平台不足和国际化育人资源欠缺等困难，全面落实立德树人根本任务，有效实施"强化传统石油特色、发展新兴交叉学科领域、开拓水合物新能源和新技术领域"的学科发展战略，加强总体统筹，注重内涵发展，取得了一批重要建设成果；学科水平有了质的飞跃，第四轮学科评估结果为 A+，所在的工程学学科进入 ESI 前 1‰，在科睿唯安基本科学指标排名中进入世界前列（81/1624，2020.09），超过对标高校美国宾州州立大学和俄克拉荷马大学相关学科的水平；服务石油工业发展的能力和水平进一步提高，打造了具有"家国情怀、创新精神、实践能力和国际视野"的油气工程领域人才培养新高地。

（1）坚持立德树人，贡献石油教育"三全育人"范式。党建统领，教育引导学生石油报国，"学石油、爱石油、献身石油"的文化得以传承与创新。

（2）践行"回归工程、融合创新"育人理念，构建"石油 +X"学科交叉和分类人才培养体系。学院推进与传统基础学科、人工智能等新技术交叉融合，重构课程体系，创建实践育人机制，形成了"创新型、应用型和复合型"拔尖创新人才分类培养模式，满足行业发展对多样化人才的需求。

（3）科教深度融合，打造创新人才培养示范基地。学院制定"科研育人实施方案"，促进科研优势资源转换为教学资源；入选科技部"创新人才培养示范基地"，基地在学科方向新增院士、"四高四青"人才 12 人，国家自然科学基金重大项目等国家重大重点及相当级别项目 12 项，形成了以院士和国家级教学名师等高端人才为引领的国家级教学团队，为学生创新能力培养提供了保障。

（4）强化育人资源建设，保障拔尖创新人才培养质量。学院实现了"名师、教学团队、专业、课程、教材、实验（虚拟仿真）中心、工程实践教育中心"等国家级育人资源和平台全覆盖。

（5）打造高端合作交流平台，显著提升学生国际化能力。学院新增 2 个、滚动建设 1 个高等学校学科创新引智基地、18 个 CSC 国际合作项目；学生定期组织

"CISPF：Petro-Gathering"（中国国际学生石油论坛：石油汇）等学术会议,开阔了学生国际视野。

2. 提升学科人才培养能力

经过第一轮"双一流"建设,学院年均到位科研经费超过 2 亿元,国家自然科学基金项目总数、经费总额始终保持在学校前列。科研项目、高水平论文均呈逐年增加态势,重点项目立项数实现突破,承担国家自然科学基金重大项目、重点项目、国家科技重大专项、国家重点研发计划等高级别课题 90 余项,国际合作项目 5 项。新增非常规油气开发教育部重点实验室、中国 - 沙特石油能源"一带一路"联合实验室。孙宝江教授主持的项目获 2020 年度国家技术发明二等奖,实现学院 10 年来牵头国家科技奖的新突破。学院与各大油田企业签订技术服务,转让与咨询等方面的成果转化合同 540 余项,合同经费 2.5 亿元。姚军教授当选为国际石油工程师协会荣誉会员,戴彩丽教授获孙越崎能源大奖,杨永飞教授获"强国青年科学家"称号,程远方教授获国务院政府特殊津贴。

复杂油气井工程理论与技术、复杂油气藏开发理论与技术等特色优势领域达到国际先进水平,新增海洋油气工程与装备、油田化学理论与工程 2 个新兴交叉学科领域,石油与天然气工程所在工程学学科跻身全球 100 强。

第一轮建设期,学科人才培养能力进一步提升,3 个专业在 2017—2019 年均居艾瑞深中国校友会网中国大学一流专业排行榜第一;石油与天然气工程顺利通过硕士专业学位研究生教育认证;吸引了 40 多个国家的留学生来校学习,2019 年学院有留学生 509 人,占在校留学生总数的 67.6%,占在校学生总数的 12.7% 位(名列全国石油高校首位)。学科人才培养质量广受认可,签约毕业生中超过 60% 到世界 500 强企业就业,培养出一批以扎根非洲做石油教育的"全国大学生创业英雄 100 强"吕健为代表的杰出人才。第一完成单位获 2018 年国家教学成果二等奖 1 项,合作完成的成果获得国家教学成果二等奖 1 项。

五、开启第二轮"双一流"建设

2021 年 8 月 1 日,教育部给学校反馈了首轮"双一流"建设成效评价结果,学校总体建设成效受到专家组充分认可,其中"成长提升程度"获评第一档"显著";石油与天然气工程学科"整体发展水平"总体情况、"成长提升程度"均获评第一档"显著"。这一成绩在同类高校中名列前茅,并且赢得了"一流学科培优行动"申报资格。

2021 年 8—10 月,根据教育部通知要求,学院组织开展了新一轮"双一流"建设方案编制工作。10 月 10 日在北京组织召开了新一轮"双一流"建设方案专家论证会,确保方案的科学性、前瞻性、可行性。建设方案全面总结了学院办学发展的最新理念、最新思路、最新举措，提出了一系列核心任务、关键举措和亮点工程。

2021年10月16日，第三十届孙越崎能源科学技术奖颁奖大会在北京举行，学院戴彩丽教授获孙越崎能源大奖。

戴彩丽教授获孙越崎能源科学技术奖

2021年11月3日上午，2020年度国家科学技术奖励大会在人民大会堂隆重举行。学院2项成果获奖，孙宝江教授负责完成的"海洋深水钻探井控关键技术与装备"获国家技术发明二等奖，冯其红教授参与完成的"高含水油田提高采收率关键工程技术与工业化应用"获得国家科学技术进步奖二等奖。

孙宝江教授获国家技术发明二等奖　　　　冯其红教授获国家科学技术进步奖二等奖

2022年2月14日，教育部、财政部、国家发展改革委印发《关于深入推进世界一流大学和一流学科建设的若干意见》，并公布第二轮"双一流"建设高校及建设学科名单，正式启动新一轮"双一流"建设工作。学校入选新一轮"双一流"建设高校，石油与天然气工程学科再次入选新一轮"双一流"建设计划。学院"双一流"建设工作迈入了从"保级"到"争优"的新阶段。

第三节　一流专业建设

2018年6月21日，教育部在四川成都召开新时代全国高等学校本科教育工作会议。会议强调，要深入学习贯彻习近平新时代中国特色社会主义思想和党的十九大精神，全面贯彻落实习近平总书记5月2日在北京大学师生座谈会上重要讲话精神，坚持"以本为本"，推进"四个回归"，加快建设高水平本科教育、全面提高人才培养能力，造就堪当民族复兴大任的时代新人。

2019年4月9日，教育部决定启动一流本科专业建设"双万计划"，以建设面向未来、适应需求、引领发展、理念先进、保障有力的一流专业为目标，实施一流专业建设，建设1万个国家级一流本科专业点和1万个省级一流本科专业点。建设期间全面实施"六卓越一拔尖"人才培养计划2.0版，围绕"扩围、拓新、提质"，努力培养一大批具有引领未来发展能力的各类卓越人才。

2019年11月，教育部决定实施一流本科课程"双万计划"，认定1万门左右国家级一流本科课程和1万门左右省级一流本科课程。

学院以2个"双万计划"为契机，努力打造"一流本科、一流专业、一流人才"示范引领基地，在深化专业改革、一流课程建设、实践教育体系等方面进行了有益的探索与实践，在高质量发展之路上又迈进了一大步。

一、深化专业综合改革

学院坚持"规范运行、提高水平、形成特色、提升质量"的指导思想，保证日常运行，更新教育理念，深化教学改革，实施持续改进，全方位促进人才培养质量提升。基于工程教育成果导向（OBE）、以学生为中心和持续改进的理念，学院积极对接"双一流"建设要求，致力打造全覆盖、开放型、最优质国家级教学资源平台，完善"Petro+X"油气特色拔尖创新人才培养体系，引领石油工程新工科人才培养模式发展，开展了一系列综合改革，取得显著成效。

1. 改革教学范式

依据学校提出的"实施精英型、特色型、研究型本科教育，促进大学生的全面化、个性化、最大化成长，倡导教师学习性教学、学生研究性学习、师生开放性交流"的"三三三"培养体系，创新协同育人模式，分类设计相对完善的个性化课程体系，实现向"以学生为中心"的教学范式转变，满足学生发展需求。石油工程专业 2020 年通过专业认证中期检查、2022 年海洋油气工程专业通过国家工程教育专业认证。

2. 构建"三重"课堂

学院充分发挥第一、二、三课堂的作用，全面提升学生素质。第一课堂紧密结合现代教学技术提高学生学习效率；通过引入研究性课题来提高学习兴趣，激发创造力。第二课堂通过赴企业实习实践，在实践中增长才干；通过综合性创新性实验，提高创新能力。第三课堂利用"互联网＋"打造具有石油特色的虚拟课堂，建成自主产权的阳光石油论坛慕课课堂；利用仿真实验室，培养学生丰富的想象力和应用现代化工具的能力。专业核心课均为省级以上精品课，7 门入选国家一流课程。

3. 推进产学研融合

依托石油工程实验教学中心、石油勘探开发工业虚拟仿真实验教学中心、中石大中原油田石油工程实践教育中心等 5 个国家级实践实训中心，学院紧密联系油气企业，推进产学研深度融合，强化创新创业能力培养。学院为学生创新创业实践搭建优势平台，实时转化科研成果进课堂，毕业设计（论文）紧密结合生产实践和学科前沿，做到"真题、真境、真做"。50% 以上学生在校期间参与 1 项训练项目、赛事活动或导

中国科协副主席、中国工程院周守为院士为我校海洋杯获奖队伍颁奖

师的科研项目；本科生获得 2019 年首届中国海洋工程设计大赛特等奖；2017—2021 学年共承担 263 项"大学生创新创业训练计划项目"，参与人数占学生总数的 97.4%；学生获得"挑战杯"、石油工程设计大赛、数学建模大赛等国家级竞赛奖励 180 余项；公开发表学术论文 42 篇，申请专利及软件著作权 71 项。

4. 打造高端国际交流平台

学院积极承担高层次人才交流计划、优秀本科生国际交流生等国家级项目，与美国、澳大利亚、加拿大等国家开展校际交流互换项目，主办"SPE-PetroBowl""CISPF:Petro-Gathering"等国际赛事，开设双语核心课程，打造以全英文课程为主的"国际教育周"，建立多元化国际交流平台。2018—2019 年连续进入 PetroBowl 国际石油工程知识竞赛全球总决赛；2019—2022 年本科生 58 人次出国交流，82 人次获得美国大学生数学建模竞赛和全国大学生英语竞赛等奖励。

PetroBowl 国际石油知识竞赛全球总决赛石大学生晋级十六强

5. 实施开放办学

面向社会开放办学，注重育人力量之间的协同配合，传承发扬石油精神。以产出为导向，从顶层设计入手，由国内外校企专家共同参与培养方案和培养标准修订；注重舆论导向，由党政团系统将反映各项工作的宣传视角聚焦到人才培养的舆论导向上来；结合育人载体，利用教科结合、校企合作、师生互动、学长传承的形式，助推学生知识、能力、素质协调发展；以持续改进为主线提升专业培养水平。

2019 年，石油工程专业入选国家一流本科专业，带头人管志川教授，负责人陈德春教授。2020 年船舶与海洋工程、海洋油气工程入选国家一流本科专业，带头人分别是娄敏教授、孙宝江教授，负责人分别是包兴先副教授、徐加放教授。3 个专业连续多年本科生就业率在 95% 以上，人才培养质量得到社会广泛认可。

二、一流课程建设

课程是人才培养的核心要素,课程质量直接决定人才培养质量。新时代高等教育的发展及新一轮科技革命加速了石油天然气行业的转型升级,对未来石油工程师的知识、能力、素质提出了更高更新的要求,也给课程建设带来了新的挑战与机遇。

面对新要求、新挑战,学院坚持立德树人、主动适应行业新发展,分阶段推进课程思政,优化设计课程、升级教学内容,深化研究型教学模式改革,达成工程创新能力培养,形成了"思政教育、知识传授、能力培养"三位一体的课程教学体系。以持续提高教育教学质量为目标,研究新时代课程建设要素,以学生为中心,以教学团队建设、教学资源拓展、教学改革与教学方法优化、过程考核完善为抓手,以制度建设为保障,构建了"学生、教师、教学资源、教学方法、考核评价、制度保障"多元协同的课程建设新范式。践行产出导向、持续改进的理念,以提升教学效果为目标,优化课堂设计、推进线上线下融合、强化创新性与批判性思维培养,创建了教 - 学 - 思 - 练 - 研"五环相融"教学法,并完善了教学质量评价与持续改进机制。

1. 建立"思政教育、知识传授、能力培养"三位一体的课程教学体系

拓展和提炼每门课程中生动有效的育人元素,将思想价值引领贯穿课程方案、课程标准、教学计划、备课授课、教学评价等教育教学全过程,通过通识课程的深度认知、专业课程案例教学的深度剖析、实践环节的深度体验,实现思政与教学无缝衔接。

聚焦行业发展需求,科学设计课程体系,增设非常规油气、深水油气开发等行业新领域亟须的课程,开设油田信息化与大数据等行业数字化转型需要的跨学科课程;及时将学术研究、科技发展前沿成果引入课程,教学内容体现前沿性与时代性,并周期性更新教材。

以提升教学效果为目的,创新教学方法,强化课堂设计,强化现代信息技术与教学深度融合,强化师生互动、生生互动,结合工程实践问题,实施挑战性教学过程,引导学生进行探究式学习,达成工程创新能力培养。

2. 构建多元协同的课程建设新范式

学院以学生学习成果为导向,注重教师教学能力提升,拓展升级教学资源、创新教 - 学 - 思 - 练 - 研"五环相融"教学法,完善过程性考核评价,健全保障机制构建多元协同的课程建设新范式,将课程要素建设作为解决课程质量问题的重要举措,协同共进提升育人成效。

学院完成了15门国家级和3门省级课程建设,入选国家级和省级课程思政示范课程4门;获中国出版政府奖图书奖教材1部,省一流教材4部,行业优秀教材14部;

1 人入选工程院院士，2 个教师团队入选"山东省高校黄大年式教师团队"、2 个教师团队入选国家级"课程思政教学名师和团队"，1 人入选国家级"万人计划"教学名师，形成了由院士及多名长江学者等国家人才领衔的高素质教学队伍。研究成果发表于《中国大学教学》，并在全国性会议作专题报告；入选一流课程及教材。

国家级"万人计划"教学名师管志川教授指导学生

3. 统筹规划和实施建设方案

按照国家一流课程建设标准，学院统筹规划线上、线下等 5 类课程建设任务，发挥各门课程的特色，建设指标细化、责任落实到人；设立 10 个课程群，下设 35 个课程组，充分考虑教师的优势特点，构建优势互补的课程教学团队；推进多元协同建设范式的落实，科学设计、创新教与学的模式和手段；严格执行教学评价和教学质量保障管理制度，明晰质量标准，定期开展教学效果反馈和质量评价信息综合分析，不断培育和推出专业特色鲜明的一流课程建设成果，全面实现核心课程的一流化。

三、实践教育体系建设取得新突破

为确保"把能源的饭碗牢牢端在自己手里"，油气勘探开发呈现出向深地、深水、非常规等极难领域拓展的新业态。新一轮科技革命加速了石油行业的转型升级，数字化、智能化转型加速催生了系列新技术；"双碳"目标给安全、环保提出了新要求。"新业态、新技术、新要求"对人才的工程实践能力和实践教学体系建设提出了更新更高的要求：工程实践模式必须适应新的形势，工程实践内容必须具备持续更新迭代的机制，加上"新冠疫情"影响，实操实践过程必须面对"校内不易实践、现场限制实践"的新挑战和新困难。

面对新挑战和新困难,学院主动应变、遵循工程教育理念、聚焦行业发展,构建了产教融合、科教协同的工程实践教育新体系。

1. 构建循序渐进式实践教学模式

依据 OBE 理念,以培养解决复杂工程问题和创新能力为目的,构建"基础实验、认识实习、生产实习、工程设计、毕业论文、创新创业"+"社会实践""6+1"实践教学模式,循序渐进提升工程实践和创新能力。

基础实验:认知和发现能力;认识实习:工程意识及发现科学问题能力;生产实习:从事生产和操作能力;工程设计:工程规划与设计能力;毕业论文:解决复杂工程问题和科学研究能力;创新创业:创新和服务社会能力;社会实践:社会适应能力、担当精神及家国情怀的社会责任感。

2. 持续更新实践教学内容

学院主动聚焦石油行业新业态、新技术的人才需求,发挥石油与天然气工程国家重点学科优势,建立科研成果转化教学内容鼓励制度,保障实践教学内容实时更新。

学院聚焦深地、深水、非常规新业态以及智慧油田、智能钻采等新技术,升级了实验教学项目,拓展了"海洋深水钻井平台认知及关键作业程序实训""钻井与压裂虚拟仿真综合实训""深井钻井井控模拟实验"等实践科目。

学院将"铁人"纪念馆和校史馆作为工程实践思政教育基地,寓"铁人精神""惟真惟实"等于实践教育,筑牢献身石油的知识与思想根基。

3. 夯实实践教学新基建

以"能实不虚,以虚促实,虚实互补"为指导,建成国家级实验教学示范中心、国家级石油工业训练中心、国家级虚拟仿真实验中心 3 个校内实践平台,破解"校内不易实践"难题。

以"平台共建、成果共享、学生培训取证、持证实习"为共赢准则,学院与中原、胜利、大庆、渤海钻探等油田企业建立国家工程实践教育中心和现场实践基地,实施师生现场取证、持证上岗实践,破解"现场限制实践"难题。

4. 加强产学研多元融合

"理实融合":在国家实验教学示范中心实施"基础实验";"产教融合":在国家工程实践教育中心及现场实习基地实施"认识和生产实习";在国家石油工业训练中心和虚拟仿真中心实施"工程设计";"科教融合":以国家重点学科的科研实验室和科研项目为依托实施"毕业论文和创新创业"。通过以上措施,形成"三驱联动,四位一体"的实践模式运行机制,确保师生全过程、全方位在国家级高水平平台开展工程实践教育。

学院实践教育体系改革经验多次在全国石油高校教学会议等进行专题介绍；在高水平期刊发表论文 56 篇，获得校级及省部级学会教学成果奖励 9 项，获教育部官网、光明网、中国教育网等媒体多次报道，引起了强烈社会反响。其成果被中国石油大学（北京）、中国地质大学、中国矿业大学等石油及地矿类 9 所高校相关专业广泛借鉴和使用，发挥了良好的辐射效应和示范效应。

四、进一步优化专业布局

加快碳达峰碳中和专业人才培养，是学校"十四五"发展规划的重要任务，也是服务国家"双碳"战略人才培养的重要体现。学院围绕构建新时代人才培养体系，贯彻落实教育部《加强碳达峰碳中和高等教育人才培养体系建设工作方案》，以产教融合、科教融合、学科融合为支撑，在专业、课程、教材、虚拟仿真实践资源等方面系统开展综合改革试点，探索碳中和本科人才培养"石工方案"，以高质量人才培养推动学校高质量发展，争当国家碳中和人才培养"排头兵"。

1. 申报"碳储科学与工程"新专业

实现碳达峰碳中和，是一场广泛而深刻的经济社会系统性变革，对加强新时代各类人才培养提出了新要求。学院充分发挥学院行业特色和学科优势，把握人才培养的关键环节"专业、课程"，加强绿色低碳教育，推动专业转型升级，构建完善与"双碳"目标相匹配的本科人才培养体系，为能源行业转型发展和实现碳达峰碳中和目标提供有力的人才保障。学院着眼国家未来能源转型，服务国家碳中和重大战略目标，加强碳中和背景下的专业结构优化和转型升级。在"十四五"和新一轮"双一流"建设规划中，瞄准国家战略需求和能源领域未来技术发展，增设符合碳达峰碳中和目标要求的专业，形成未来学校专业增长点。

2022 年，学院重点布局能源领域技术发展新方向，筹建"碳储科学与工程"专业，通过跨团队、跨系所、跨学院组建 CCUS 交叉研究中心，强地质、化学等基础学科理论，厚 CO_2 捕集、封存、利用等石工及相关学科专业知识，重碳储上下游全链条实践教学，打造"石油＋碳储"新兴特色专业，培养懂油气工程、能引领碳储科学与工程领域未来发展的研究复合型领军人才，形成碳储专业建设的"石大"方案。8 月，顺利完成"碳储科学与工程"专业的线上申报工作，成为学校 2022 年唯一推荐增设的新专业。2023 年 4 月，教育部正式批准我校设立"碳储科学与工程"专业，成为全国第二批获批开设该专业的 6 所高校之一，也是山东省唯一获批开设该专业的高校。2023 年 5 月 30 日，学院下发文件成立碳储科学与工程系，首任主任贾寒，副主任王文东。

2. 传统专业升级改造

积极推动传统专业升级改造，石油工程专业针对油气行业数字化转型发展需求成立"智能油气工程"实验班，2022 年 5 月，在 2021 级石油工程专业、海洋油气工程专业中选拔 28 名优秀学生，顺利开班。

作为 2022 年学校实施的本科跨学科人才模式改革的重点工作之一，微专业设计之初就将服务碳中和、能源转型发展作为重点方向，为学生跨学科学习和个性化学习提供途径，着力培养跨学科复合型碳中和人才。石油工程学院聚焦油气行业智能化发展趋势，设置"智能油气工程"微专业，以石油与天然气工程一流学科为引领，先后成立了油气新一代信息技术交叉研发中心、智能油气田研究所，强化与机械工程、控制科学与工程、信息与通信工程等学科的相互支撑，加强与数理等基础学科的交叉融合，致力于培养能够从事油气工程与人工智能、大数据等新工科交叉融合领域的设计开发、应用及学术研究等方面工作的复合型人才，有效满足行业智能化转型升级对人才的需求。2022 年，面向全校各专业选拔 22 名优秀学生进入"智能油气工程"微专业，实现首批顺利招生。

第四节　国际合作与交流

"十三五"期间，学院立足石油工程的特色优势，以服务国际石油能源合作为目标，以国家合作交流平台为支撑，强化优势学科和特色领域在推进国际化办学和交流中的带动作用，主动抓住国家开放发展与我校国际化办学的机遇，充分利用好政策、平台及渠道，推进中外合作办学和联合培养项目上规模、上层次。国际化办学工作取得明显成效，开创了学院国际合作与交流新局面，为学院各项事业发展提供了有力支持，有力支撑了"双一流学科"建设目标的实现。

一、加快引进国外优质智力资源

1. 打造学科创新引智基地

学院新增"111"创新引智基地 2 个。在原有引智基地的基础上，2017 年，孙宝江教授负责的"海洋油气工程学科创新引智基地"获批立项。2019 年，戴彩丽教授负责的"非常规油气钻采化学工程学科创新引智基地"获得了 2020 年立项资助。2019 年，姚军教授负责的"油气田开发工程学科创新引智基地"获滚动资助。依托创新引智基地,多名国外知名专家来校讲学、指导和进行科研合作,基地的国内骨干教师赴美、加、英、澳等开展学术交流和合作研究,取得了一批高水平创新成果,加快了优势学科与国际接轨,扩大了相关学科的国际影响力。

Saule Aidarova "特聘教授" 聘任及来华授课

2. 积极争取各类高端引智项目

整合国内外优势资源,学院获批 3 类国家级高端引智项目,见表9-3。2019 年实现突破,首次获批山东省外专双百计划项目 "哈萨克斯坦哈英科技大学 Saule 院士团队",并依托此计划全职引进 4 位外籍专家来校工作。通过邀请国外专家讲学、授课、合作研究、举办或参加国际会议、联合申请国际合作项目、联合培养学生等多种合作方式,开拓了学校国际交流新局面,活跃了学校国际化学术氛围,推进了人才培养和师资队伍建设,提升了学校的国际学术影响力。

表9-3 学院高端引智项目

项目类型	负责人	项目名称
科技部高端外国专家引进计划	康万利、Saule Aidarova	"一带一路"石油与天然气工程一流学科团队引智项目
	李兆敏、MAEN MOHD HUSEIN	纳米流体高效开发非常规油气工程技术研究
	黄朝琴、Abderrahim Jardani	碳酸盐岩多尺度缝洞反演方法与技术国际合作研究
NSFC 国外学者研究基金项目	Hejazi Seyed Hossein、杨永飞	Improved oil recovery from unconventional resources
山东省外专双百计划	康万利	哈萨克斯坦哈英科技大学 Saule 院士团队

二、构建国际合作交流平台

1. 不断拓展国际合作交流新基地

2017年开始，以筹建"石油能源"教育部国际合作联合实验室为抓手，与得州大学奥斯汀分校、哈萨克斯坦哈英科技大学签订协议，与俄罗斯古勃金大学、乌干达麦克雷雷大学、加拿大卡尔加里大学联合申报重大科研项目，与新南威尔士大学共建"孔隙级流动模拟研究中心"，通过实质性合作，共同开展深层、非常规油气开发技术研究。该项工作2020年没有申报成功，但学院仍坚持不懈。2021年寻找到机会，在前期工作的基础上，由孙金声院士负责的"中国-沙特石油能源'一带一路'联合实验室"申报科技部，2021年8月10日获批。科技部联合实验室全国共53家，山东省仅我校和中车四方2家。

2023年3月，"一带一路"国际联合实验室在中国油气开发技术年会上展示

该联合实验室从勘探、开发到炼化、储运，把学校地院、石工、化工、储健4个学院联合起来，分为3大领域、4个研究方向。第一个领域是非常规油气勘探，第二个领域是智能油气开发与提高采收率，第三个领域是油气高效转化与一体化，3个领域把我校有石油特色的学科串联起来。实验室建设联合了法赫德国王石油矿业大学以及中石化工程院，为学校、学院开展国际化合作奠定了良好的基础。

2. 依托国际会议提升国际化水平

自2016年以来，学院先后围绕天然气水合物开发、油气储层改造、数字岩芯、油田化学等国际前沿研究领域,主办第三届数字岩芯分析技术与多孔介质国际研讨会、第三届国际深水油气工程前沿技术研讨会暨国际水合物青年论坛、油田化学国际会议、非常规油气储层改造技术研讨会、中哈纳米材料与石油能源国际研讨会、国际多孔介质年会、深层地质能源开发与利用国际研讨会等 10 余次,在国内外产生了较大影响,形成了很好的品牌效应。"中哈纳米材料与石油能源国际研讨会"已成为中哈科技合作与交流的重要平台,有利于提升了我校在"一带一路"国家的学术影响力。学院教师出国参加国际会议由 2016 年的 31 人增加至 2019 年的 47 人,共计 178 人,其中作大会发言的约 70 人;2020 年以来主要以线上参加国际会议为主,其中不少教师以受邀作专题报告、担当会议主持等身份参加会议,会议的层次、学术水平显著提升。

2019 年 11 月,中哈纳米材料与石油能源国际研讨会在学校举行

三、提升科研国际化水平

这一时期,学院获批 3 项国家自然科学基金 - 国际(地区)合作与交流项目,与中石油、中石化签订国外区块合作项目 16 项,科研经费 730 余万元。同时,学院采取激励措施,鼓励教师在国际前沿期刊发表高水平论文,着力提升论文、成果质量,2016—2019 年发表 SCI 论文 1 031 篇,授权国外发明专利 44 项,国际化科研成果同比向更高水平进展。瞄准国际学术会议作为推动国际化进程的重要平台,学院牵头成立了国际多孔介质协会中国分会(InterPore),在青岛举办第十二届 InterPore 全球年会,中国首次获得举办权,定期举办"天然气水合物""油田化学""渗流力学"等主题国际研讨会,举办大型国际学术会议次数逐年增加,利用黄岛讲坛、石油工程技术大讲堂、

地学讲坛等形式举行了 83 次高端讲座,3 人在国际学术组织任副主席、学术期刊副主编以上职务,8 人现任国际学术期刊编委、编辑。以"高端、学术、前沿、创新"为宗旨,定位为科学领域学术交流的重要平台,优势学科的国际影响力持续提升。2016—2020 石油工程学院承担国际合作项目清单,见表 9-4。

表 9-4　2016—2020 石油工程学院承担国际合作项目清单

序号	负责人	项目名称	项目来源,合作国家－机构
1	康万利	Development of integrated colloidal-chemical technology to enhance oil recovery in Kazakhstan's deposits with heat-resistant and salt-resistant nanostructured polycomposites	哈萨克斯坦国家自然科学基金
2	杨永飞	富有机质页岩压力波频率关键孔隙结构参数表征	NSFC 国际（地区）合作交流项目
3		多孔介质多场耦合问题的多尺度模拟与实验方法	
4	王子振	地热井粒子射流钻井中的非线性动力学研	NSFC 国际（地区）合作交流项目
5	李明川	加拿大油田评价	Tongkun International Co.Ltd
6		Grizzly & Crew 油田公司技术服务	
7	廖华林	Novel Drilling Technology Combining Hydro-Jet and Percussion for ROP Improvement in deep geothermal drilling	欧盟 H2020

四、加强师资和管理队伍国际化

学院不断鼓励教师出国研修深造,积极推动学术交流、项目洽谈、科研合作、海外培训等各类国际交流与合作,累计选派 247 余人赴国外参加短期国（境）外访问、学术交流、国际会议、短期培训等,其中参加国际会议的共 178 人,35 人作会议发言。姚军教授当选为 2020 年国际石油工程师协会荣誉会员,成为首位获此荣誉的中国本土科学家。2016 年以来,共派出 14 名国家公派进修学者在外进行 6 个月以上的研修学习,教师主要赴美国、德国、英国、加拿大等国家的知名大学进行访问学习,提高了科研创新意识和能力,拓宽了国际视野,建立了合作交流渠道,为师资队伍的国际化建设打下了坚实基础。

五、提升国际化办学水平

1. 以专业、课程建设推动国际化办学水平提升

2016—2019 年，学院共接受来华留学的本科生 2 054 人、硕士生 342 人、博士生 109 人。累计引进 5 门境外课程，设有全英文授课本科专业 1 个（石油工程）、全英文授课硕士专业 1 个（石油与天然气工程），使用全英文授课的课程为 32 门，其中为本科生开设 19 门，为研究生开设 13 门。学院制定了中英文专业介绍、培养计划及教学大纲，课程国际化水平显著提升。已开设 2 期石油与天然气工程硕士研究生拔尖创新人才"全英文班"，营造了国际化培养环境。

2. 以项目带动国际化办学水平提升

以姚军教授负责的"非常规油气开发创新型人才国际培养项目"、孙宝江教授负责的"海洋油气工程创新型人才国际合作培养项目"、戴彩丽教授负责的"非常规油气钻采化学与智能开发创新型人才国际合作培养项目"、廖华林教授负责的"深地钻采工程与智能控制创新型人才国际合作培养项目"、苏玉亮教授负责的"中俄石油与天然气工程领域专业人才国际合作培养项目"等 5 个国家 CSC 创新型项目、15 个优本项目带动国际化办学水平提升。40 多个国家的留学生 584 人（其中硕博研究生 81 人）已毕业，目前学院在校国际留学生占比 10.4%，人才培养能力得到国际社会认可。CSC 优秀本科生国际交流项目，见表 9-5。

表 9-5 CSC 优秀本科生国际交流项目

项目名称	留学国别	选派专业	目前年级	留学期限	交流形式
中国石油大学（华东）与澳大利亚新南威尔士大学优秀本科生国际交流项目	澳大利亚	石油工程	二年级	6 个月	毕业设计、实习
中国石油大学（华东）与澳大利亚科廷大学优秀本科生国际交流项目	澳大利亚	石油工程	二年级	6 个月	毕业设计、实习
		石油工程、油气储运工程、地学院相关专业	二年级 / 三年级	1～2 学期	课程学习
中国石油大学（华东）与美国密苏里科技大学本科生交流项目	美国	石油工程	一年级 / 二年级	10 个月	课程学习、毕业设计

续表

项目名称	留学国别	选派专业	目前年级	留学期限	交流形式
中国石油大学（华东）与加拿大纽芬兰纪念大学本科生交流项目	加拿大	船舶与海洋工程	二年级	6个月	课程学习、毕业设计
		石油工程	二年级	6个月	课程学习、毕业设计
		海洋油气工程	二年级	6个月	课程学习、毕业设计
中国石油大学（华东）与俄罗斯国立古勃金石油天然气大学本科生交流项目	俄罗斯	石油工程	一年级/二年级	10个月	课程学习、毕业设计
中国石油大学（华东）与挪威科技大学优秀本科生国际交流项目	挪威	石油工程	二年级	6个月	课程学习、毕业设计
中国石油大学（华东）与加拿大卡尔加里大学优秀本科生国际交流项目	加拿大	地学院、石油工程学院、理学院相关专业联合培养项目学生	一年级/二年级	10个月	课程学习
中国石油大学（华东）与阿联酋阿布扎比石油学院优秀本科生国际交流项目	阿拉伯联合酋长国	石油工程	二年级	6个月	课程学习、毕业设计
中国石油大学（华东）与俄罗斯乌法国立石油技术大学优秀本科生国际交流项目	俄罗斯	石油工程	一年级/二年级	10个月	课程学习、毕业设计
中国石油大学（华东）与俄罗斯彼尔姆国立科研理工大学优秀本科生国际交流项目	俄罗斯	石油工程	一年级/二年级	10个月	课程学习、毕业设计
中国石油大学（华东）与马来西亚石油科技大学优秀本科生国际交流项目	马来西亚	石油工程	二年级	6个月	课程学习、毕业设计
		海洋油气工程	二年级	6个月	课程学习、毕业设计
中国石油大学（华东）与美国北达科他大学优秀本科生国际交流项目	美国	石油工程	二年级	5个月	毕业设计、课程学习
中国石油大学（华东）与美国塔尔萨大学优秀本科生国际交流项目	美国	石油工程	二年级	6个月	毕业设计、课程学习

3.以智力输出彰显国际化办学水平提升

学院与乌干达教育与体育部签订协议,援助创建乌干达麦克雷雷大学石油与天然气工程学院。

2019年1月,我校与乌干达麦克雷雷大学签署合作协议

在校博士生马搏、吕健组建的创新创业团队建立的东非石油技能培训中心,获得中国海油领投的1 800万天使轮投资,培训技术骨干6 300余人,受到全国政协主席汪洋、乌干达总统穆塞韦尼接见。

乌干达总统穆塞韦尼在总统府接见"创造太阳"团队成员

六、构建学生国际化平台

1. 搭建多元平台提升国际化水平

学生国际化工作以"请进来、走出去"为主线，以国家公派、联合培养、短期交流、SPE 学生分会 4 大平台为支撑，扎实推进国际化育人工作。"十三五"期间，学院先后派出 625 名学生赴 10 余个国家的 50 余所大学进行攻读学位、联合培养、学术交流、课程研修及专业实习，是"十二五"期间学生出国（境）人数的 2.37 倍。

学生赴国外参加 SPE 国际性科技竞赛和学术交流

在国家公派出国留学竞争日趋激烈的背景下，学院主动抢抓机遇，国家公派留学学生的数量快速增长。"十三五"期间，通过国家公派项目共计派出学生 217 人（全校最高），是"十二五"期间国家公派学生人数（89 人）的 2.44 倍，占学校派出总数的 28.7%，其中，国家公派高水平研究生项目派出人数 114 人，国家公派优秀本科生国际交流项目派出人数 103 人。2015 年至今，学院与美国塔尔萨大学、美国密苏里科技大学、加拿大卡尔加里大学等 10 所国外大学签署了"2+2""3+2"等联合培养协议，累计派出学生 20 人。"十三五"期间，学院获批 16 项本科生国际交流基金，共有 100 余名学生获得资助赴美、加、俄等国家石油高校进行专业实习、学术交流和科技竞赛。依托学校 SPE 学生分会，发起举办"石油汇：中国国际学生石油论坛"，迄今已成功举办 4 届，累计邀请 30 余所高校近 300 名国外高校学生和国内高校留学生参加；承办 2018 年 PetroBowl 国际石油工程知识竞赛亚太区总决赛（首次在中国举行），SPE 全球主席达西先生到访并给予高度赞誉；连续 4 年派出学生参加 PetroBowl 亚太区决赛，获冠军 1 次、亚军 2 次、第五名 1 次，连续 4 年闯入全球总决赛并获 16 强（中国最好成绩）。2020 年，学院获批 CSC 俄乌白交流项目，每年可派出教师 3 人、本硕博学生 28 人。

2. 培养留学生促进跨文化交流

石油工程学院自 2007 年开始招收来华留学本科生,自 2012 年开始招收来华留学研究生。至 2023 年 6 月,招收和培养来自全球 94 个国家的来华留学的本科生 1 694 人,研究生 563 人。

多种形式开展留学生教育

来华留学生毕业后有的在中国创业,有的加入中国海外公司,有的在海外从事经贸交流,有的在高校任职,他们为实现中外政策沟通、设施联通、贸易畅通、资金融通、民心相通作出了应有的贡献。

AKHTAR SARDAR SHAHBAZ,来自巴基斯坦,2017 年毕业于石油工程专业,2014—2016 年担任第一届国际学生联合会主席。2017 年他加入安东石油,担任现场工程师。之后,他被提升为安东石油巴基斯坦分公司的业务发展经理。2022 年调任安东石油伊拉克分公司,担任采购和工具工程师。2023 年,他调任安东石油位于迪拜的国际公司总部,担任合同与系统经理。目前担任中国石油大学国际校友会副秘书长。

第五节 "三全育人"综合改革试点建设

2018年5月，教育部办公厅发布《关于开展"三全育人"综合改革试点工作的通知》，委托部分省（区、市）、高校和院（系）开展"三全育人"综合改革试点工作，分类型开展"三全育人"综合改革试点工作。首批"三全育人"综合改革试点遴选产生5个"三全育人"综合改革试点区、10个"三全育人"综合改革试点高校、50个"三全育人"综合改革试点院（系），建设周期为2年，自2018年10月至2020年10月。以时任学院党委书记赵放辉为负责人，学院成功申报"石油与天然气工程'立德树人协同培养'一体化育人体系研究与实践"试点，入选全国首批综合改革试点院（系）。

学院以"立德树人"为根本任务，坚持以学生为中心，把握学生思想特点和发展需求，把破解思想政治工作不平衡、不充分问题作为目标指向，把促进学生成长成才作为一切工作出发点，挖掘石油与天然气工程学科涵盖的各项育人元素和育人逻辑，坚持"一个共建"，推进"三线联动"，实施"四个协同"，搭建"六大平台"，统筹教育教学各环节、人才培养各方面育人资源，将思想政治工作融入办学全过程，落实到教职员工职责规范，从体制机制、育人理念、教育方式、队伍建设、条件保障等方面进行系统设计，形成全员全过程全方位育人格局。

一、坚持共建联动

1. 党建思政同向发力

作为同时入选"全国党建工作标杆院系"和"三全育人"综合改革试点院（系）的全国10所院系之一，学院坚持将党建工作标杆院系与"三全育人"综合改革试点院（系）共同建设、统筹谋划、系统推进，实现党建与思想政治工作全覆盖、广参与、双促进。

学院成立"三全育人"综合改革领导小组，形成"党委统一领导、党政工团齐抓共管、校内校外协同育人"的大思政工作格局；定期召开"三全育人"领导小组会议，制定《石油工程学院"三全育人"综合改革建设方案》及课程、科研、实践、文化、网络、心理、管理、服务、资助、组织育人实施方案，形成10大育人体系落地的具体举措，印发给全院教职工，以凝聚共识，扎实推进；领导小组适时对各项工作任务落实情况进行督查，确保"三全育人"工作进程稳步推进。

以党建带团建，组织优势进一步凸显。学院围绕中心工作，积极发挥党组织、团组织协同育人的组织优势，扎实做好思想引领、组织建设、创新创业、校园文化、社会实践、志愿服务等工作，努力培养具有"为中国加油，让人生闪光"的价值追求及家国情怀的一流卓越人才。

2. 加强师德师风建设

学院成立师德师风建设工作领导小组，出台《石油工程学院加强师德师风建设实施细则》，建立健全教育、宣传、考核、监督与奖惩相结合的工作机制，确保教师"学术研究无禁区、课堂教学有纪律、公开言论守规矩"。着力开展"立德树人协同培养系统"研究，解决专业技术育人和思想政治育人的有机结合问题，成果获得山东省教学成果奖。建设期内，学院获山东省教书育人楷模、青岛市优秀教师等政府表彰7人次。

推出"靠制度规范行为、靠文化凝聚共识、靠学术引领奋进、靠榜样树立风范、靠活动激发热情"的"五靠工作法"。学院结合"不忘初心、牢记使命"主题教育，开展"榜样的力量"先进人物事迹宣传活动，内容涵盖全国"时代楷模"、交大西迁老教授和哈工大"八百壮士"等，宣传教育以党员为主体，覆盖全院师生；发掘身边师德典范，发现、发掘一批立得住、叫得响、群众公认的先进典型，以多种形式和媒介讲好身边的榜样故事，凝聚人心，增强动力；先后在党委教师工作部"立德树人 桃李芬芳"栏目和"石大党建"微信公众平台发布全国模范教师、山东省高校优秀共产党员、山东省教学名师管志川的先进事迹报道——《管志川——用责任和爱教书育人》《油气科技领域的"灯塔"，三尺讲台上的"太阳"——管志川》；石工党建专栏网站依托新时代高校党建示范创建和质量创优工作培育成果展示平台，彰显育人风采，增强示范引领。学院每年举办"十佳学子"和"最佳团队"奖学金评选活动，举行"青春领航"学生标兵宣讲会，用典型代表激励青年接续奋斗，用团队精神营造向上向善氛围，加强榜样教育，增强朋辈引领效果，提升资助育人成效。

3. 课程教学改革提质增效

学院深刻把握石油类专业特点及学生发展规律，按"分层次、有步骤、多角度、重协同"的原则，针对不同年级、不同课程类型制定课程侧重点：低年级以"政治认同、爱党爱国"为基石，中年级以"科学精神、工匠精神"为核心，高年级以"爱岗敬业、奉献社会"为主旨，构建价值引领、专业强化、实践认知的石油类专业"螺旋推进式"课程教学体系。

在梳理课程所蕴含的思想政治教育元素和所承载的思想政治教育功能基础上，学院着力开展"立德树人协同培养系统"研究，解决专业技术育人和思想政治育人的有机结合问题，将学院课程思政建设的7个指标点融入课堂教学各环节，实现思想政治教育与知识体系教育的有机统一，全面推进思想政治教育进教材、进课堂、进头脑，以课程育人为指引，培育充满思政元素、蕴含石油精神的示范通识课、学科基础课和专业课，切实打通"三全育人"最后一千米。

二、实施"四个协同"

学院实施"四个协同"举措，明确以学生为中心的"三全育人"工作理念，完善学院育人工作体系，对标"三全育人"综合改革试点建设标准，细化内容，逐条落实形成多层联动配合、层层协同共进的"三全育人"工作模式。

1. 协同育人力量，形成全员育人大格局

为切实形成全员育人格局，学院坚持把"立德树人"根本任务落实到每个人身上，推动统筹各领域、各环节、各方面的育人力量，切实提高工作的亲和力和针对性。建立完善党政工学、院系组四方三级协同管理体制，发布《石油工程学院班主任、学业导师工作实施办法》，使工作到边到底，做到人人有职责，事事有遵循，层层担责任。

依托班主任、学业导师、宿舍导师、辅导员、"良师益友"、"校友面对面"、家长座谈会、家长 QQ 群及微信群等，从多个方面落实协同育人要求，搭建由专任教师、行政及教辅人员、学生工作者、学生组织及学生骨干为主，企业人员及校友、家庭成员及社会人士参与的协同育人网络，形成"教师人人参与、校友广泛融合、家长协同联动"全员育人新常态。

学院选拔优秀教师担任"非常 1+6"宿舍导师，1 名导师与 1 个宿舍 6 名学生联谊结对，覆盖全体本科生，活动已经延续 18 年。定期邀请校内外知名教授做客"与教授有约"活动，针对学生在思想、科研、学业、职业规划、就业指导、心理健康等各方面的困惑进行释疑解惑；聘任优秀校友、"中华杰出工程师"担任校外辅导员，邀请优秀校友做客"校友面对面"，邀请各行业青年典型做客"油模油 Young"青年对话，宣讲中国梦、石油梦，以亲身经历感染学生、引领学生，传递"为中国加油、为民族争气"的家国情怀。

2. 协同育人资源，构建全过程育人体系

学院协同育人资源，推动党建思政、实验教学、科研和学科资源等优势向人才培养优势的转化。

（1）科研反哺教学进一步推进。

加强教学与科研有机融合，注重本科教育和研究生教育的贯通融合，实行本研一体化培养；注重教学与科研的交叉联动，把科研公共实验测试平台与实验教学中心合并管理；推进科研实验室开放，加强指导教师的选配和激励，鼓励学生开展创新性实验，为培养创新人才创造有利条件。

（2）党团资源进一步优化。

学院坚持党政联动，突出党建育人作用，共建平台和载体，以党建带团建、带社团、带组织，完善扶优助推机制。抓好二级党校、大学生红色先锋践行社、青年之家

等育人基地建设,开展结对支部共建活动,依托"良师益友"活动,打造红色"1+1+N"育人模式(即优秀学生党支部、优秀教工党支部、优秀企事业党支部共建);紧扣学科专业特点组织活动、搭建平台、创新载体,提倡和鼓励学生参与以提高专业素养为主的活动;通过成立协同育人联席会、成立大学生科技创新活动领导小组、院团委与专业教师小组共抓学生活动等措施,密切第一课堂和第二课堂的有机结合,完善扶优助推机制,有效统筹 2 个课堂资源,形成"互容、互补、互动"的机制。全院教师参与指导学生比例达 90% 以上,第二课堂资源覆盖学院全部本科生。

3. 协同育人过程,实现全方位渗透育人

协同育人过程,把"三全育人"工作渗透到学生成长的每个阶段,分年级、分层次、分需求对学生开展指导和服务,使"学石油、爱石油,献身石油""深入基层,献身事业"教育贯穿始终,做到连续 4 年有坡度,不同学生有梯度。

（1）突出入学"第一关"。

对于大一学生,学院注重专业教育、校本文化教育、学业规划教育、学习和生活技能教育、学风教育、校纪校规教育、安全教育等,开展新生"启航教育"系列活动,挖掘石油精神育人元素;制作漫画版、动漫版《新生修炼手册》,开设"能源与青年"启航讲座,书记、院长带头宣讲《学石油、爱石油、献身石油》专题报告,邀请"大庆精神铁人精神"宣讲团开展"石油魂"主题讲座,坚定学生能源报国信念;面向新生举办石油与天然气工程一流学科"Open Day"开放日,了解科研环境、实验平台、文化氛围,拓宽科研视野,增强专业自信。

（2）丰富教育"过程关"。

对于大二和大三的学生,学院注重指导学生在深化专业基础知识学习的同时,自觉建立基础课、专业基础课与专业课之间的联系,把完善知识结构、锻炼各种能力、确立思维方式、提高综合素质等作为重点;学院充分利用党团组织、学生社团、科创赛事以及文体活动等,为学生提高素质、培养能力创造机会和条件。统筹利用校内校外 2 个资源,依托"与教授有约""与校友面对面"等品牌活动,为学生成长发展提供咨询和服务;利用校内的工业仿真实训系统,帮助学生体验和掌握生产工艺过程;利用校外实习基地保障学生的实践训练需求,增强实战技能。在这个过程中,学院注重发现和培育各类优秀典型,增强示范带动作用。

（3）把好毕业"出口关"。

对于大四学生,学院注重引导学生积极参加学术讲座、丰富选修科目、投身科研实践,毕业设计选题从实际科研项目中提炼,通过"真题、真境、真做"的"三真"毕业设计提高学生综合能力;加强就业指导工作,开展职场礼仪培训、简历设计大赛、面试

工坊等各类职前教育活动,提升学生择业和从业能力;通过毕业生座谈会、优秀学生座谈会、党员过政治生日暨启程仪式等,学院领导宣讲行业改革和发展形势,强调石大学子的责任与使命,勉励广大毕业生将自我发展融入国家发展的宏伟实践。

4. 协同育人内容,保障育人环节全覆盖

（1）制定实施"12345 方法"。

"12345 方法"围绕专业人才培养 1 个目标,依托专业培养计划与自主发展计划2 个计划,抓好专业教学第一课堂、能力素质拓展第二课堂、网络育人及自主学习第三课堂 3 个课堂,强化立德树人一体性、专业培养科学性、人格教育实践性、培养标准前瞻性 4 个要求,推进学科科研师资优势向人才培养优势转化、教学改革、第二课堂质量提升、教育平台及资源建设、人才培养国际化等 5 个推进。

孙金声院士做客第 116 期"与教授有约"活动

（2）统筹融合"三个课堂"育人内容。

学院把"三全育人"工作覆盖到人才培养的各个课堂,修订教学大纲和培养方案,不断优化人才培养方案。建立课程组、课程群,完善集体备课、教案评价制度,对课程育人内容严格把关,发挥教师育人主体作用;统筹第一课堂、第二课堂和第三课堂学时和内容,打造"互联网 +"时代的学习模式,进一步完善满足慕课教育特点的石油工程专业基础课、国际化教育实践及相关课程资源建设。

三、建设育人平台

1. 思想引领平台,打造价值引领教育工程

学院把中华优秀传统文化与石油精神教育纳入思想政治教育工作计划,结合传

统节庆日、重大事件和重要活动等深入开展主题教育活动。全年深入开展"青春告白祖国""青春心向党·建功新时代""抗疫思政进行时""四史"学习等系列主题教育，着力强化爱国主义教育、传统文化教育和新生"启航"教育。实施就业榜样示范工程，通过"校友面对面"、石大职播间等活动，分享优秀校友事迹案例，邀请企业专家、优秀校友与青年学生共话石油精神和使命，强化"立石油志，做石油人"的职业追求，引导和鼓励毕业生投身石油行业主战场，为国家经济发展和能源战略提供坚实保障。

学院坚持书记抓基层党建述职评议考核制度，把"三全育人"作为考核内容，结合教育部"支部建设年"，研究提出高校基层党建工作"清单工作法"的实施导则、基本内容、研究重点，完成"清单工作法"建设方案与实施路线图，在建立"任务清单、问题清单、落实清单"3张清单的基础上，结合8个教工党支部的实际情况以及重点难点工作，将责任落实到基层，将任务明确到人，重点解决了党支部、党员该做什么、怎么做的问题，切实加强基层党支部建设，优化党支部设置。对基层教工党支部按科研方向进行重新设置调整，完成学院系、所机构改革，将支部建在研究所上，按"双带头人"要求选优配强党支部书记，形成大力支持油气田化学研究所党支部全国首批"双带头人"党支部书记工作室建设，配套支持油气开采工程研究所党支部学校党建"双创"样板党支部建设，培育营造油气藏工程研究所党支部、海洋油气与水合物研究所党支部2个学院层面"双带头人"党支部书记工作室的良好氛围；坚持党建领导团建，通过建设大学生党员红色先锋践行社，探索创立"红色先锋讲坛"、学生党员骨干"旗帜班"、红色讲堂、青马骨干培训班等育人阵地，开展党员"五个一"工程和红色"1+1"活动，开展红色"1+1+N"师生企业党支部联合共建、与学校机关单位党支部联合共建等，实现组织共融、工作共建、资源共享、成果共用、活动共推、典型共学。

2. 专业学习平台，营造积极向上的学习氛围

以构建学术创新诚信体系为目标，学院力求将正确的政治方向、价值取向、学术导向体现到科学研究全过程、各环节。通过举办学术道德建设月活动，定期开展科学精神和学术诚信教育，每年开展学术规范与学术道德专题讲座，营造浓厚的"科学道德、学风建设"校园氛围，杜绝学术不端行为发生，加强科研育人的思想引航；打造"研途有道""名师有约""仰望星空"学术沙龙等科研育人活动，疫情防控期间特别打造"云端学术大讲堂"等，对学生强化正向学术领航；组织研究生创新实践系列大赛、SPE系列竞赛等创新活动，助航研究生创新能力的提升；不断强化全方位监督和约束，严格学术成果公示制度、上缴申报材料审查制度等，对研究生申请评优评奖、科技成果材料必须进行学术诚信承诺声明以及导师把关审查，服务护航学生成长。

学风建设机制进一步细化。完善12345学风建设机制，即开展学风建设月活动，

建立学业预警制度,开展学风总结会、晨读晚修、考风诚信教育等活动夯实学风;每学期初写好"学业报喜信""学业预警告知信"2封家书,并与学生家长至少联系1次,切实凝聚学院和学生家长的共管合力;完善"学院-年级-班级"3级联动机制,学院层面开展学业规划教育;年级层面统筹管理学业勤学班,组织学霸课堂、师生恳谈会、学业经验分享会等,精准指导学业;班级层面落实一帮一结对帮扶,抓实宿舍学风。通过夯实学风养成、课堂督查、质量监控、促规、跟进等措施,夯实学风建设举措,抓牢学风建设。疫情防控期间组织"云听课",建设"云自习室",开展"云考勤""云打卡";百余名党员结对学业困难同学,分年级开设"石工小课堂"等活动,组织学分预警学生成立"勤学班",有效促进了良好学风的养成。

3. 科技创新平台,确保科创育人提质增效

（1）科教协同育人进一步发力。

学院着力培养师生至诚报国的理想追求、敢为人先的科学精神、开拓创新的进取意识和严谨求实的科研作风,健全科研团队评价制度;着力加强科研育人,开展本科生科研训练计划,以"挑战杯""互联网+"等国家级创新创业赛事为牵引,加大培育优质项目,组织中国石油工程设计大赛系列培训,引领带动广大青年学生创新创业创优。

（2）人才培养体系进一步创新。

学院完善油气特色拔尖创新人才培养体系构建,制定《石油工程学院创新创业人才培养计划实施方案（试行）》,依托教育部重点实验室等优质资源平台,整合推出"油才计划",面向本科招募科研实习生;打造"石油汇:中国国际学生石油论坛",举办亚太区石油知识竞赛总决赛,组织参加"挑战杯""互联网+"等双创赛事和中国石油工程设计大赛、中国海洋工程设计大赛、全国海洋航行器设计与制作大赛等专业赛事,培养石油精神足、创新能力强的石油人才;走访能源企业,与石油企业签订"就业实习实践基地",搭建校企协同育人平台;开展"石油精神"专题实践调研,举办科创论坛、科创沙龙。

4. 国际化培养平台,提升国际化办学水平

国际化平台进一步多元。学院建立健全全英语国际班、创新引智基地、国家公派项目、行业高端会议、国际组织联盟、中外联合培养、暑期实习实践、学科竞赛平台8个国际化人才培养途径+X场国际学术讲座为主的"开放共享"的"8+X"国际化人才培养途径;组建石油与天然气工程"双一流"拔尖人才全英文国际硕士班全英语国际班,师资、教学、课程、模式等各方面与国际全面接轨;依托3个国家"学科创新引智基地",通过学生联合培养、科研合作攻关、实验室共同建设、学术资源共享等方式培养具有全球视野、学术能力突出的国际化人才;依托2个"创新型人才国际合作

培养项目"以及国家留学基金委项目,选派优秀的博士和硕士研究生赴国外进行联合培养或攻读学位;发挥石油行业领域的龙头作用,举办高层次的重量级国际学术会议论坛,让学生在国际会议上接触科研学术动态与国际前沿热点,有效提升学术水平;加入中欧工程教育联盟(SEEEP)、中国-东盟教育培训联盟(ASEAN)、中俄工科大学联盟(ASRTU)、"一带一路"高校联盟、中国-中东欧联合会,以机构会员身份加入InterPore 国际多孔介质协会,作为负责人成立 InterPore 中国分部,成立 COFUND 计划和青岛推进项目平台,通过联合培养博士生项目等;与国外多所大学设立联合培养、暑期学校等项目,推进国际合作办学力度;举办暑期学校和国际周活动,邀请国际知名专家教授进行授课,借助学校校际交流项目,组织学生赴国外参加暑期学校;建设国际石油工程师协会 SPE 学生分会,将听取学科前沿知识讲座作为研究生的必修环节。

5. 网络文化平台,夯实网络思政育人阵地

学院成立"创见"新媒体工作室,打造"荟萃石工"网络育人品牌,不断完善全维度网络宣传平台建设,创作、推送、转发"有思想、有深度、有价值"的网络育人内容。作品把细微小事与国家大事有机结合,将优秀文化与优秀榜样紧密联系,让社会主义核心价值观入脑入心,创新网络育人内容形式,以可视化、图解、动漫等形式,积极创作微视频、微课堂、微动漫、微公益等网络文化产品,将学科专业、团队风采及学院介绍融合其中,同时积极借助软文、手绘、长图、短视频、H5 等形式实现关注点全覆盖,助力青年学生成长为新时代有理想、有信念、有担当的新青年。

6. 实践育人平台,推进实践育人创新改革

（1）实践育人基地进一步稳定。

基于学生工程实践能力培养,学院与胜利油田、大庆油田、海洋石油工程(青岛)有限公司、烟台中集来福士等专业实践教学基地建立稳定合作关系;建设形成了国家级实验教学中心、国家级工程实践基地、全国示范性工程专业学位研究生联合培养基地等 5 个国家级实践基地,4 个山东省研究生教育联合培养基地;先后与山东省青岛市黄岛区太行山路小学、山东陆海钻采科技有限公司、青岛互邦石油科技有限公司建立社会实践与志愿服务基地,为学生在实践中受教育、求真知、长才干提供条件保障。

（2）实践管理机制进一步规范。

学院 2019 年成立社会实践与志愿服务中心,对学院社会实践工作进行统筹安排、统一管理,构建社会实践与志愿服务工作一揽子计划,制定寒暑假实践全过程目标任务书,细化、量化从选题立项到成果总结的各个环节,依托"石光"第二课堂认证系统进行志愿者认定、志愿服务活动发布、时长记录等,建立大学生志愿服务认证和表彰制度,团员志愿者注册率达98%。完善"专业实践、义务支教、社会调研"3 区联

动实践育人机制,建立社会实践长效机制。

（3）实践教学改革进一步深入。

完成实践教学顶层设计,将实践育人工作纳入教学计划,落实规定的学时学分,保障专业实践 28 学分,拓展实践不低于 2 学分;坚持实践能力培养 4 年不断线的原则,对本科培养方案进行优化,提高实践环节占教学计划总学分（学时）的比例,结合辅助培养计划、复合型人才培养计划卓越工程师培养及拔尖人才培养等专门培养计划的实施,凸显实践教学在创新人才培养中的重要地位。

四、改革成效显著

经过系统建设,"三全育人"综合改革工作取得明显成效:一是教职工全面履行教育职责的意识普遍增强,立德树人一体化要求得到较好落实,全院教职工自觉把影响人、塑造人、发展人放在首位;二是培养方案的修订工作体现了"五融合"和分类培养原则,专业定位、课程模块、学分设置、学时安排、教考形式更加科学合理;三是理论教学与实践教学以及第二课堂活动结合更紧,以纵连横,脉络清晰,层层递进;四是学生教育管理以及党团建设契合教育教学改革的主动性和共振效应不断增强,形散而神不散;五是学科、科研、师资优势向人才培养转化工作得以加强,教师特别是高职称教师参与学生课外指导的积极性明显提高,学生科技创新质量不断提高;六是人才培养国际化进程明显加快,成效日益显现;七是网络平台与资源建设效果明显,网络教学资源不断丰富,在线学习交流平台吸引力越来越大,网络和新媒体思想教育手段深受师生欢迎。

1. 思政育人成效进一步凸显

涌现出了全国践行社会主义核心价值观示范团支部、全国高校"活力团支部"、校样板党支部、红旗团支部等先进集体;2020 年青年未来能源领导者论坛中国唯一青年代表袁洲,全国社会实践之星曾智成,教育部高等教育司"红色文物青年说"微课程讲述者李若怡,山东省"青春贡献奖"获得者王俊等优秀个人。

2. 科创育人成果进一步丰硕

2018 年以来,学院举办科创论坛 52 期,科创沙龙 38 期,协助组织黄岛讲坛 8 期;学生获国家级科技奖励 193 项、省部级奖励 105 余项,开展大创项目 152 项。其中,获中国石油工程设计大赛特等奖（卓越杯）2 项、一等奖 9 项;首届海洋工程设计大赛特等奖 1 项;全国海洋航行器设计与制作大赛特等奖 1 项;"互联网＋"大学生创新创业大赛实现我校历史性突破,以全国第 9 名的成绩荣获国家金奖 1 项并获得唯一的"最佳带动就业奖",获国家铜奖 1 项、省级金奖 3 项、铜奖 2 项;"挑战杯"大学生创业计划竞赛国家级银奖 1 项、省级金奖 2 项、银奖 4 项；"挑战杯"大学生课外学术作品竞赛省级一等奖 1 项；"能源·智慧·未来"全国大学生创新创业大赛一等奖 1 项；中国研究生数学建模竞赛一等奖 1 项、二等奖 10 项、三等奖 29 项；美国大学生数学建模大赛一等奖 2 项、二等奖 35 项。研究生以第一二作者发表 SCI/EI 论文 200 余篇；4 人获评"校长奖"、3 人获"学术十杰"称号、2 人获评"王涛英才奖学金"，吕健入选 2017 年大学生创业英雄 100 强，3 人获评"中国大学生年度人物"提名奖，马搏、吕健、段晓飞 3 人入围福布斯教育行业 30 位 30 岁以下精英榜。近 10 年来，毕业生就业率一直在 90% 以上，签约毕业生中超过 60% 到世界 500 强企业就业。

创造太阳——助推"中非命运共同体"的职业教育与培训服务平台
获第七届中国国际"互联网 +"大学生创新创业大赛金奖

3. 国际化育人进一步提升

学院连续多年获评学校"国际化办学先进单位"，吸引了来自全球 40 多个国家来华留学生来校攻读石油与天然气工程本科、硕士、博士学位。近 4 年，累计培养毕业国际留学生 531 人，石油工程专业在校国际留学生比例达 14%；依托 3 个国家"学科创新引智基地"、18 个国家留学基金委（CSC）国家创新型人才国际合作培养等项目，不断汇聚和培养国际化人才；选聘 60 余名国外知名教授和优秀专家来校讲课；20 余名教师在国际组织与学术期刊任职；2016—2019 年，学生共获得第六届国际学生石油大会论文赛冠军等 49 项国际比赛奖励，国际石油工程师协会学生分会获 2016 年度全球"Gold Standard"称号，发起举办第四届石油汇：中国国际学生石油论坛，承办了 2018 年亚太区 Petrobowl 石油知识竞赛，2018 年作为中国唯一晋级高校获得亚太区冠军和全球 16 强；培养了一批国际化石油人才。

4. 网络文化育人进一步赋能

"荟萃石工"品牌影响力逐步提升，微端平台师生覆盖率为 90% 以上；"创见"新媒体工作室首批加入全国高校新媒体联盟会员单位，荣获首届校级新媒体突出贡献奖，受到《半岛都市报》《青岛晚报》《青岛早报》《新黄岛》和人民网、新华网、中国网、网易、搜狐、凤凰网、中国青年网、中国大学生在线、齐鲁网、青岛新闻网等数 10 家媒体近 300 次报道；学院官方微博"@ 荟萃石工"获批"最具影响力山东团委系统政务微博"，"荟萃石工"微信公众号与抖音公众号分获批校园"最具创造力新媒体"及"中国石油大学（华东）十佳新媒体"，石油工程学院中英文网站获批学校十佳网站；《基于新媒体平台的网络思想政治教育工作开展——以"创见"新媒体工作室为例》获评首届山东省高校网络宣传思想教育优秀工作案例二等奖；网络思政精品《青春大概》毕业季 MV 受青春山东等平台转发，受众 15 万 +;《奔跑吧，青年！》原创 MV 在共青团中央"让青春为祖国绽放"网上主题团日活动中全国展播，观看量 1 750 万，点赞量 800 万；1 案例获第四届全国高校网络教育优秀作品推选展示活动工作案例优秀奖，1 作品获第四届"全国大学生网络文化节"其他类网络创新作品三等奖；2020 年开展疫情"云端"思政课累计覆盖 29 400 余人次师生。

5. 实践育人特色进一步凸显

学院深入开展大学生暑期"三下乡"等新时代社会实践精品项目，结合学科专业特色，打造一流学科"企业行"等石油特色实践育人品牌，组织学生实践团队赴新疆油田、塔里木油田、大庆油田科研生产一线，开展考察调研、科技服务、学术交流等活动。建设形成"向阳花""红色先锋""美丽中国行"等社会实践品牌项目。2018 年以来"向阳花"公益助学团连续 6 年对接云南昭通开展公益助学活动，并将公益助学与社会调研相结合，深挖教育"痛点"，打造针对乡村女童生理卫生健康改善的"初潮之礼"特色项目，先后入选"青年中国行 100 强"、团中央"天翼·互联网＋教育"进乡村暑期社会实践活动"优秀团队"、走向西部项目"西遇·友好伙伴团队"（全国 24支），获山东省大中专学生志愿者暑期"三下乡"社会实践活动"优秀服务队"2 次。美丽中国调研中心"鲁甸行"实践队连续 3 年赴云南调研特色产业，助力脱贫攻坚，团队获"西遇·走向西部"项目资金支持 2 次。2019 年获"中国青年报 - 百强实践队"校方推荐（全校仅 8 支）。2020 年美丽中国调研中心组建 11 支队伍开展"疫中家国·决胜小康"专项社会实践，其中 1 支队伍入选"青年中国行 100 强"。2018 年以来，累计70 余名学生志愿服务上合峰会、山东省第十届残疾人运动会、青岛国际啤酒节、青岛国际影视博览会等重大活动,9 名学生入选央视"金牌实习生"项目,20 余名学生赴省市直机关事业单位见习。

6.社会影响进一步扩大

学院在提升人才培养质量的同时,系统总结建设经验,获得系列重要成果,取得良好广泛的社会影响。这一时期的主要建设成果有:出版《三全育人——中国石油大学(华东)石油工程学院研究与实践》专著,获得山东省高校思想政治教育优秀成果一等奖、优秀工作案例,青岛市高校思想政治工作创新奖,学校思想政治教育优秀论文奖 3 项。

学院先后接待山东省委教育工委、对外经济贸易大学、山东大学、中国海洋大学、中海油湛江分公司等 20 余家单位来院调研,与同时入选"全国党建工作标杆院系"和"三全育人"综合改革试点院系的 10 所院系组成高校联盟;参加 2019 年新时代高校党建"双创"工作推进会成果展,在学校基层党组织书记培训会上介绍学院党建工作经验与做法。

线上形成良好的成果宣传与推介。由时任学院党委书记赵放辉主讲的《院系党建工作的探索和实践——以中国石油大学(华东)石油工程学院为例》《加强思想政治教育,促进大学生就业》2 门网络课程,入选国家教育行政学院课程资源库,用于教育部思想政治工作司组织开展的 4 万人的基层党组织书记网络培训示范班参训学员学习,同步在中国高等教育管理干部培训平台上线。其中《加强思想政治教育,促进大学生就业》课程入选全国高校辅导员网络培训示范班课程,面向全国 15 万高校辅导员开放学习,在全国范围内介绍学院三全育人方面的成果与经验。

五、博采书院新探索

2022 年 3 月 11 日,学院出台了石工党发〔2022〕1 号文件《关于加快构建新时代人才培养体系的意见》,指出要围绕国家战略需求与学科未来发展方向,把学生培养为:立足行业面向未来的竞争力显著提升、志向追求更加高远、家国情怀更加浓厚、创新精神实践能力和文体素质不断提升、能够更好地适应未来发展需要、自觉践行能源报国使命、争做勇担民族复兴大任的时代新人。

2022 年 9 月 10 日,学院公布《石油工程学院关于组织成立博采书院的实施意见》,决定自 2022 年秋季学期开始,试行"学院 + 书院"的双院协同育人机制,并成立"博采书院"。"博采"二字源于"深钻博采,厚积薄发"的学院精神,既蕴含了石油钻采的学科特色,又包含博采众长、综合发展的美好愿景。

作为学院制的补充,书院以全力推进全员、全过程、全方位"三全育人"和学生德智体美劳"五育并举"作为建设原则,通过打造"一站式"综合育人社区,配备书院导师、设立书院课程,实施德育铸魂、智育固本、体育强基、美育浸润和劳育淬炼工作,实现通识教育和专业教育相结合,第一课堂和第二课堂相结合,形成对专业人才培养方案和课堂教育的重要补充,达到全面发展的目标。

2022年11月17日,石油工程学院博采书院成立仪式举行,教育部直属高校党建联络员、中国海洋大学原党委副书记李耀臻、学校党委副书记马国顺、党委副书记万云波、副校长周鹏出席仪式。书院成立以来,已经举办"塑个人形象,绽青春芳华""足球联赛"等系列金课。

副校长周鹏与党委副书记马国顺为博采书院揭牌

博采书院是深化升级"三全育人"的2.0版本,是学院构建新时代人才培养体系的再次出发。

第六节　全国先进基层党组织建设

学院因油而生、因油而兴、因油而强,肩负服务国家能源战略、为党育人、为国育才的光荣使命。2017年以来,在学院党建工作的深厚基础上,学院党委带头贯彻执行党的理论和路线方针政策,把从严治党严要求与从优办学高要求相统一,为"建设石油与天然气工程学科世界一流的高水平研究型学院"汇聚强大精神力量,在改革发展稳定各项工作不断取得新的成绩。2021年,石油工程学院党委荣获"全国先进基层党组织"。

一、党建思政工作积淀深厚

学院于 2000 年、2007 年 2 次获得"山东省高校工委先进基层党组织"荣誉称号，2008 年获评"山东省高校思想政治教育工作先进集体"。

2009 年教师节前夕，人力资源和社会保障部与教育部联合表彰了全国教育系统先进集体、全国模范教师和全国教育系统先进工作者，学院获得"全国教育系统先进集体"荣誉称号。

2011 年 6 月 24 日，在全院庆祝建党 90 周年之际，学院党委被山东省委授予"先进基层党组织"荣誉称号，管志川同志和张卫东同志被省委高校工委分别授予"山东省高等学校优秀共产党员"和"山东省高等学校优秀党务工作者"称号。

2012 年，学院党委获评"山东高校科教兴鲁先锋基层党组织"。

2016 年 4 月 26 日，省委组织部公布"关于拟推荐中央表彰的全国优秀共产党员、优秀党务工作者、先进基层党组织"名单，时任学院党委书记张卫东入选优秀党务工作者名单，是山东省教育系统唯一入选者。2016 年 7 月 1 日，张卫东作为"全国优秀党务工作者"在人民大会堂参加"庆祝中国共产党成立 95 周年大会"并接受中共中央表彰，现场聆听习近平总书记的重要讲话。2019 年 10 月 1 日，庆祝中华人民共和国成立 70 周年大会、阅兵式和群众游行在天安门广场隆重举行，张卫东作为"全国优秀党务工作者"受邀登上"从严治党"主题彩车，参加群众游行。

2019 年，学院党委书记张卫东受邀登上中华人民共和国成立 70 周年群众游行主题彩车

2017年12月10日，时任学院党委副书记赵晓珂的《石油主干专业国际化人才培养模式的研究与实践》获青岛高校思想政治工作个人创新奖。

2018年7月1日，中共山东省委教育工委印发《关于命名表彰山东教育系统优秀共产党员、优秀党务工作者、先进基层党组织的决定》，学院党委获评"山东省教育系统先进基层党组织"。同年获得"山东省高校组织工作创新奖"。

2018年9月，教育部办公厅公布首批全国高校"双带头人"教师党支部书记工作室建设名单，我校石油工程学院油气田化学研究所党支部书记工作室入选，工作室负责人是吕开河教授。

2019年9月教师节前夕，人力资源和社会保障部、教育部联合发文，表彰全国教育系统先进集体、全国模范教师和全国教育系统先进工作者。学院获评"全国教育系统先进集体"，这是学院时隔10年后再次获此殊荣。

此外，学院7人荣获"庆祝中华人民共和国成立70周年"纪念章，13人次荣获全国模范教师、全国五一巾帼标兵岗、全国百名研究生党员标兵、全国高校辅导员年度人物提名、山东省教书育人楷模、齐鲁先锋共产党员、山东高校十大师德标兵等荣誉称号。

二、创建全国党建工作标杆院系

2018年教育部部署全面实施"基层党建质量提升攻坚行动"，先后印发了《关于党组织"对标争先"建设计划的实施意见》和《关于开展新时代高校党建示范创建和质量创优工作的通知》，计划以2年为1个周期，面向全国高校首批培育创建10所党建工作示范高校、100个党建工作标杆院系、1 000个党建工作样板支部，建设周期为2年。

2018年12月，教育部办公厅发布《关于公布首批全国党建工作示范高校、标杆院系、样板支部培育创建单位名单的通知》，学院党委入选"全国党建工作标杆院系"。

1. 组织领导工作

坚持"一个共建"，抓好"三个结合"，聚力"三项工程"，实现"五个到位"，一流党建推动学院一流学科建设出实效、上水平。

学院党委创建以来印发各类文件30份，强化党组织在办学方向、教师队伍建设、干部队伍建设中的主导作用，保证监督党的基本路线、基本理论、基本方略和上级党组织决定在学院有效宣传贯彻执行。

按照"分工协作＋岗位职责＋任期目标＋廉政要求＋表率作用"的模式抓好学院领导班子建设，做到党建、业务、行政3方面工作"一起研究、一起部署、一起落实、一起考核"。新冠疫情防控期间,学院党委成立应对新型冠状病毒感染工作小组,制定防控工作预案,落实党组织在疫情防控中的主体责任。

2. 意识形态工作

学院成立加强与改进意识形态工作领导小组,出台《石油工程学院关于加强与改进意识形态工作的实施方案》,将意识形态责任落实到岗到人。出台《石油工程学院履行政治责任、把好政治关的实施办法》,对教师引进、教师管理、课程建设、教材选用、重大学术活动等严把政治关。制定《石油工程学院关于加强和改进新闻宣传工作的实施意见》,设立新闻宣传工作领导小组,拓宽宣传渠道,做强"两微"平台,强化新闻宣传、网络信息队伍建设和业务培训,实时研判并有效引导网络舆情,充分发挥网络的正面引导作用。

3. 基层组织制度建设

学院坚持领导班子成员联系师生党支部制度,落实教职工党支部联系学生党支部制度,推动高校党建各项任务落到基层。推进系所改革完善内部治理体系,将支部建在研究所,按照"双带头人"标准选配教师党支部书记。完成学生纵向党支部调整,并配齐党建指导教师。健全党支部工作考核评价办法,坚持实施年底院属单位党政负责人同场述职评议制度。

教工党支部以"清单工作法"为抓手,学生党支部以"节点控制法"为依托,编织党支部工作落实责任网。落实学院劳动纪律和会议考勤制度,确保党员参与有保证,优化理论学习与实践内容供给,确保党员教育出实效。设立"红色讲堂",为党员过"政治生日",实现"初心"教育常态化。严把党员发展入口关,实行推优制、预审制、答辩制、公示制、票决制,坚持完善入党答辩制度、党员述责答辩制度、考评奖惩制度、民主评议党员制度等,建立学生党员发展全程纪实档案。

学院党委瞄准能源行业数字化转型趋势,成立智能油气田研究所并设置党支部,组建多学科融合团队,"石油＋大数据、人工智能"助力国家能源战略、助力山东省新旧动能转换重大工程。油气田化学研究所党支部作为教育部首批"双带头人"教师党支部书记工作室,依靠出色的组织力凝聚干事创业的力量,各项工作走在前列,被评为山东省高校黄大年式教师团队。

4. 党风廉政建设

学院成立石油工程学院廉政风险防控管理领导小组,落实党风廉政建设责任制。严控党风廉政建设风险点,形成《廉政风险点及防控措施汇总表》,班子成员签订《岗位廉政风险点防控表》。学院制定《关于廉政风险防控工作的办法》和《党员干部廉政谈话谈心制度实施细则》，保障党风廉政建设主体责任落实到位。学院修订了《科研经费管理与报销审批办法》，加强制度性约束与管理。加强宣传教育，依托学校"党风廉政宣传月"开展"党风廉政进校园"活动，订阅廉政书籍，编制《廉政警示教育案例集》《科研经费违法违规案例集》，党支部开展"党风廉政"专题党日，每年开展大学生守法诚信教育、毕业生廉洁与职业道德教育。

5. 群团组织建设

学院建立学院领导干部与党外教工交友安排表，每年召开1次党外人士座谈会。学院领导班子每年进行年底述职述廉并接受民主测评，院系所2级干部每年向教职工大会汇报工作。制定《石油工程学院突发事件应急预案》，建立应急处置体系，落实安全网格化管理。建立实验室安全准入制度，建立3级巡查、2级定期检查制度，聘任专职安全总监。为学生聘任安全管理员，坚持每晚11点零汇报，坚持周一、周四晨检宿舍。学院未发生安全事件，总体和谐稳定。

2021年，学院顺利通过"全国党建工作标杆院系"验收。

三、荣获全国先进基层党组织

2021年6月28日下午，全国"两优一先"表彰大会在北京人民大会堂举行。大会对在各条战线、各个领域、各项工作中作出突出贡献的优秀共产党员、优秀党务工作者和先进基层党组织进行表彰。

6月29日上午，庆祝中国共产党成立100周年"七一勋章"颁授仪式前，中共中央总书记、国家主席、中央军委主席习近平等领导同志会见了全国"两优一先"表彰对象，并同大家合影留念。中国石油大学（华东）石油工程学院党委荣获"全国先进基层党组织"称号这一党内最高集体荣誉。

时任学院党委书记赵放辉参加表彰大会，在"七一勋章"颁授仪式前受到习近平总书记等中央领导同志接见，并在人民大会堂北大厅观看仪式直播。

2021年，学院党委书记赵放辉参加全国"两优一先"表彰大会

"在举国上下庆祝中国共产党成立100周年之际，我有幸代表中国石油大学（华

东）石油工程学院党委参加全国'两优一先'表彰大会，领取'全国先进基层党组织'证书和奖牌，内心万分激动，深感使命光荣。这是对我们石油教育工作者的充分肯定，是对我们68年来为党育人、为国育才的最好褒奖，更是激励我们实现新时代中国能源梦想的前进动力。"赵放辉接受采访时激动地说。

2021年7月1日，山东省委书记刘家义、省长李干杰、省委副书记杨东奇等省领导接见了赵放辉书记。7月2日，山东卫视新闻联播进行了报道。7月5日，青岛电视台新闻综合频道QTV-1《青岛新闻》栏目播出新闻《〈党旗飘扬 致敬榜样〉中国石油大学（华东）石油工程学院：为祖国加油，为民族争气》。多家中央媒体报道了学院事迹。

四、迈上党建工作新征途

2021年11月26日，石油工程学院2021年党员代表大会在逸夫礼堂隆重召开，教职工党员代表和学生党员代表齐聚一堂，凝聚思想共识，共谋发展大计。学院党委书记张展作题为《新起点 新征程 新作为 奋力谱写学院高质量发展新篇章》的工作报告。报告全面总结了学院在过去3年取得的成绩，指出，2021年是"十四五"开局之年和新一轮"双一流"建设启动之年，新的起点，新的征程，学院党委要从国家能源战略实施的大背景、大格局下前瞻谋划、科学布局学院事业发展，要以高度的使命感和责任感，埋头苦干、奋发有为，充分发挥基层党组织的政治核心和战斗堡垒作用，扛起从严治党责任，推进世界一流学科建设，提升科技创新与服务能力，加强师资队伍建设，拓展对外合作的深度广度，推动学院文化传承与创新。

大会审议通过了学院党委工作报告，选举产生新一届委员会。新一届党委班子将继续在学院"双一流"建设中做好政治核心，发挥表率作用，团结带领全院师生，书写新时代一流业绩，再创石油工程学院卓越新篇章。

1."向党心·石油魂"全国先进基层党组织党建教育基地

2022年，学院将原教学资料室（工科B324、326房间）进行统一规划设计，建成"向党心·石油魂"党建教育基地，进一步凝练与呈现学院高质量党建引领、落实立德树人根本任务和一流学科建设取得的丰硕成果，弘扬"全国先进基层党组织"的历史积淀与宝贵经验。

基地内部分为"红色基因　家国情怀、英才辈出　加油争气、党建引领　强基铸魂、创新发展　追求卓越、凝心聚力　和谐幸福、荣誉展示"6个板块。基地收录了大量珍贵的历史资料，凝结了学院高质量党建引领高质量发展取得的丰硕成果，涵养了家国同心、艰苦奋斗、惟真惟实、追求卓越的石大精神，生动而全面地展示了全国先进基层党组织风采，丰富了党员教育的平台和载体。

2022年11月17日，党建教育基地正式落成启用。学校党委书记王勇，教育部直属高校党建工作联络员李耀臻共同为党建教育基地揭幕。基地公开接受预约以来，已经接待访客100余批，取得良好社会反响，成为凝聚师生力量，涵养师生情怀的重要精神家园。

学校领导参观"向党心·石油魂"全国先进基层党组织党建教育基地

2. 李兆敏作为援疆干部代表受到习近平总书记接见

2022年7月15日上午，习近平总书记在新疆考察时接见了援疆干部代表并合影，学院教授、学校副校长、石河子大学副校长（援疆）李兆敏作为援疆干部代表受到了习近平总书记的亲切接见。

习近平总书记高度评价了援疆干部的工作："这个事业很有意义，发挥中国特色社会主义大协作精神，举全国之力，解决一些重大任务。参加过援疆任务的同志，受到了精神的、实践的洗礼和锻炼，为今后的发展打下坚实基础。期望你们在这里扎扎实实作出应有的贡献，也是一生值得自豪的贡献。"

李兆敏表示："习近平总书记在和我们合影后，发表了重要讲话，提出要从社会主义大家庭的全局性高度认识援疆工作，让我们对援疆工作有了更深刻的认识，为我们进一步做好援疆工作指明了前进方向、提供了根本遵循、注入了强大动力。"

3. 庆祝中国共产党成立100周年与系列主题教育

为庆祝中国共产党成立100周年，学院通过举办主题党日、观影、毕业生党员启航出征仪式、"十个一"等系列活动,引导学院师生聚焦学党史、悟思想、办实事、开新局,从党的百年伟大奋斗历程中汲取智慧力量,不断提升学院党建工作水平和学院良好形象。

学院荣获庆祝建党 100 周年教职工歌咏比赛一等奖

2021 年 6 月 17 日晚,学校庆祝建党 100 周年教职工歌咏比赛在体育馆举行。2 000 多名教职工组成的 21 支合唱队参加了比赛。学院合唱队演唱歌曲《太阳最红,毛主席最亲》获得一等奖。这也是继 2017 年、2019 年连续 3 次荣获教职工歌咏比赛一等奖。6 月 20 日,在学校庆祝建党 100 周年青春歌会上,学院演唱歌曲《我为祖国献石油》,表演内容植根专业特色,又融合歌剧、朗诵等表演形式,在 16 支队伍中脱颖而出斩获一等奖和最佳风貌奖。教育部党史学习教育高校第八巡回指导组副组长、南京农业大学原党委副书记、纪委书记盛邦跃,学校党委书记王勇等领导及师生代表 4 000 余人现场观看。

2023 年 4 月 3 日,学习贯彻习近平新时代中国特色社会主义思想主题教育工作会议在北京召开,习近平总书记出席会议并发表重要讲话。为更好落实"学思想、强党性、重实践、建新功"这一主题要求,学院组织"学思践悟新思想 能源报国建新功"行走的思政课主题教育实践活动,邀请马克思主义学院思政课教师、机关管理干部、辅导员、行业专家等担任随团指导老师,前往西北、西南、东北、胜利等国家油气战略重点区域,华东、华南等改革开放前沿阵地,山东省等乡村振兴和黄河战略重点省份,使学生沉浸式、体验式从党的奋斗历史中获得启迪,从党的思想旗帜中找准方向,从党的精神品格中汲取力量。教育部直属高校学习贯彻习近平新时代中国特色社会主义思想主题教育第五巡回指导组副组长李名家等领导出席仪式并给予高度认可。

李名家一行参观"向党心·石油魂"全国先进基层党组织党建教育基地

第七节　开启高质量发展新征程

2022年2月，学院石油与天然气工程学科入选新一轮"双一流"建设学科，学院高质量发展面临着新的挑战和机遇。2月25日，学校召开新学期工作会，会议指出学校在解决难题、汇聚资源、谋划新局、改善民生、推动发展5个方面取得了重要进展，学校进入高质量发展新阶段。

新发展阶段面临着内外诸多挑战：国家"碳中和、碳达峰"战略目标的提出以及一系列规划的制定，对学院发展提出了更高的要求，学院必须在新阶段走新的发展路径，加快提升办学能力。山东省、青岛市进入快速发展阶段，提出了一系列重大举措，学院必须在人才培养、科技创新等方面针对山东省、青岛市的需求做出新的布局。

学校高质量发展是更加平衡、更加高效、更重视核心竞争力的发展，重点是"双一流"建设取得更大成效，形成多个新的特色优势领域。实现高质量发展，要在战略层面抓好师资队伍、干部队伍、高端平台3个关键环节，实现从保级到争优、从资源拓展到内控增效、从追求数量到追求质量 3 个转变,建立新时代人才培养体系、新时代科技创新和科技服务体系、现代大学治理体系 3 个体系,提升高素质人才培养能力、科技创新能力、社会服务能力、国际合作能力 4 种能力。

一、推出新时代人才培养体系"石工方案"

2022 年 1 月,石油工程学院出台《关于加快构建新时代人才培养体系的意见》,为进一步推进全员、全过程、全方位育人,提高学院人才培养质量,更好地培养德智体美劳全面发展的社会主义建设者和接班人,学院面向全院师生、用人单位、行业专家、兄弟高校等开展了大范围调研和专题研讨,历时半年摸清了学院人才培养的实情底数,厘清了改革的重点和难点。2022 年 3 月,学院出台《石油工程学院关于加快构建新时代人才培养体系的实施意见》以及系列配套方案。

该意见以习近平新时代中国特色社会主义思想为指导,坚持立德树人根本任务,围绕学校"十四五"发展和"双一流"建设目标,坚持把握正确方向、注重顶层设计、突出学生主体地位、强化责任落实的基本原则,对现有培养目标、培养方案、培养模式、培养评价等进行全方位优化,力求到 2025 年基本形成具有鲜明石工特色的新时代人才培养体系,全员、全过程、全方位育人的体制机制更加完善,学生立足行业面向未来的竞争力显著提升,使学生能够更好地适应未来发展需要,自觉践行能源报国使命,争做勇担民族复兴大任的时代新人。

新时代人才培养体系细分为 4 个分体系:坚持立德树人根本任务,构建系统、全面的思想政治育人体系;立足拔尖创新培养目标,构建深度融合的学科、科教、产教协同育人体系;贯彻德智体美劳育并举教育理念,构建更高质量的第二课堂育人体系;健全"三全育人"体制机制,构建科学、规范、高效的管理服务育人体系。

4 个体系之间互相关联、互为支撑、互有融合,有机组成新时代人才培养体系的"石工方案"。做好新时代人才培养体系建设工作任重道远,使命艰巨,石油工程学院将统筹全部育人资源,围绕目标任务进行优化配置,全力保障各项工作顺利实施,为学校新时代人才培养体系建设贡献石工力量。

二、明晰石油优势学科发展方向与路径

2022 年 4 月 3 日,校长郝芳主持召开石油优势学科学院高质量发展专题研讨会,强调石油优势学科学院是学校办学发展的生命线,"双一流"建设是学校工作的重中之重,一流学科必须实现从保级到争优的跨越式发展。

4月12日，学院召开院属单位负责人工作会议，会议集中学习了郝芳校长在学校石油优势学科学院高质量发展专题研讨会上的讲话精神，要求全院上下要进一步深化对学校"双一流学科"建设重要战略部署的认识，坚定信心、凝聚合力，全面推进"双一流学科"建设各项工作任务。随后，各研究所召开高质量发展专题工作会议，学习传达学校、学院会议精神，推进落实研究所"十四五"规划工作任务，进一步明确石油与天然气工程学科发展的方向与路径。

三、加快实施人才强院战略

为加速推进"石油与天然气工程学科世界一流的高水平研究型学院"建设，推动"十四五"及"双一流"建设关键核心指标落实，首推"揭榜挂帅"制，发布人才强院战略3年行动方案，推进学院高质量发展。

学院设立部分重点项目并进行张榜，推行"揭榜挂帅"制，精准托举青年教师成长。

2022年4月10日，学院发布2022年度第一榜"托举青年教师成长"榜，共有27位青年教师积极申请揭榜。经过初选、汇报答辩、专家评审等环节，学院确定5名青年教师挂帅（培育）冲击国家级高层次人才，8名青年教师挂帅冲击国家级青年人才，2名青年教师挂帅（培育）冲击国家级青年人才。

学院与各位挂帅人签订目标任务书，明确职责权利。挂帅期间，学院在职称评审、博导资格推荐、博士生招生指标分配、各类高层次人才推荐、学科建设经费使用等方面给予挂帅人同等条件下优先或重点支持。同时，学院建立严格的考核及退出机制，对挂帅期满"挂帅不合格"者，暂停其博士研究生招生资格至少3年，暂停其学科建设经费支持3年；对年度考核不合格者，随即终止挂帅人资格。

推行"揭榜挂帅"制并将首榜定为"托举青年教师成长"榜，是学院在新时代背景下，加快实施人才强院战略，提高青年教师追求卓越的积极性、主动性，从整体上提升学院师资队伍水平和人才竞争力的有力举措。"十四五"期间，学院将陆续推出多个揭榜项目，把重点任务交到真正想干事、能干事、干成事的人手中，让有能力的人才有机会"揭榜"，能够出征"挂帅"。"揭榜挂帅"制是学院管理体制改革的新探索、新实践，学院将继续坚持不论资质、不设门槛、惟求实效的原则，建立一套选贤任能、让能者脱颖而出、谁能干就让谁干的新机制，真正推动学院高质量发展。

2023年3月5日，石工党发〔2023〕1号文件，发布《石油工程学院加快实施人才强院战略，推进学院高质量发展三年行动方案（2023—2025）》。该方案以习近平新时代中国特色社会主义思想为指导，全面贯彻党的教育方针，牢牢把握人才工作的政治方向,落实学校加快实施新时代人才强校战略要求,按照"积极引进、大力培养、持续支持、有效激励、跟进服务"的原则,坚持"外引内育",全力做好学院人才队伍建设工作。

方案确立了"坚持党管人才、坚持统筹推进、坚持研究所、团队主体"等基本原则,明确了目标任务,并制定了"诚心引才、悉心育才、精心用才、公心评才、暖心爱才"的具体举措。方案的发布与实施,推进了"政治素质过硬、业务能力精湛、育人水平高超,规模适度、结构优化、学科特色鲜明"的师资队伍建设,为学院事业高质量发展提供了坚强的人才保障和智力支撑。

四、获批我国油气领域首个基础科学中心项目

2022年9月,由孙金声院士牵头的基础科学中心项目"超深特深层油气钻采流动调控"获国家自然科学基金委员会立项资助,直接经费6 000万元,资助期5年。这是学校首个基础科学中心项目,也是我国油气领域首个基础科学中心项目。"超深特深层油气钻采流动调控"基础科学中心项目以中国石油大学（华东）为依托单位,联合南方科技大学、中国石油集团工程技术研究院有限公司共同申报。

"超深特深层油气钻采流动调控"获国家自然科学基金委员会立项资助

"超深特深层油气钻采流动调控"基础科学中心项目面向保障油气安全供给国家能源战略重大需求,围绕抗超高温高盐钻采工作液材料、恶性漏失防治、流动调控软件和智能调控技术等"卡脖子"难题与重大技术瓶颈,依托油气领域一流平台和领军

学者,开展超深特深层油气钻采流动调控基础研究,创新超深特深层油气钻采流动调控理论和方法,开辟超高温压、超高盐、超高应力地层钻采流动调控国际学术前沿,引领国际超深特深层油气科学与技术发展。

五、科研项目与奖励再创佳绩

2022 年,学院科研工作再创佳绩,获批一系列重要科研项目与奖励,助力一流学科发展。

除基础科学中心项目外,全年获批国家自然科学基金 17 项,其中优秀青年基金 1 项。获批国家重点研发计划项目 2 项,其中杨永飞教授负责的"中国 - 沙特石油能源'一带一路'联合实验室建设与联合研究"战略性科技创新合作重点专项项目,资助经费 499 万元;袁彬教授负责的"CO_2 驱油埋存强化体系与注采优化调控关键技术及应用研究"政府间国际科技创新合作重点专项项目,资助经费 200 万元。牵头获省部级科研成果奖励 17 项,其中教育部科技进步奖一等奖 2 项,分别为孙金声院士牵头完成的"复杂裂缝性地层钻井液漏失高效控制技术及工业应用"、戴彩丽教授牵头完成的"纳米流体协同清洁压裂液与压裂排驱一体化关键技术及应用"。

2022 年 5 月,中国海洋石油集团有限公司(以下简称中海油)抄送国资委专报报道,中海油在南海西部油田 WZ12-2-B17 井首次成功应用"冻胶分散体连续在线生产及注入一体化调驱技术",实现该井组日增油约 30 立方米,日产水降低 150 立方米。以目前中海油年均 40 井次规模计算,较常规调驱作业年度综合降本可超 1 亿元。该项技术是我校石油工程学院戴彩丽教授、赵光教授团队的专利成果转化许可项目。

六、加快培养国家急需的高层次人才

研究生导师肩负为国家培养德才兼备拔尖创新人才的重要使命。2020 年 7 月,习近平总书记对研究生教育做出重要指示,强调要坚持"四为"方针,瞄准科技前沿和关键领域,深入推进学科专业调整,提升导师队伍水平,完善人才培养体系,加快培养国家急需的高层次人才。教育部、各高校先后出台了《关于全面落实研究生导师立德树人职责的意见》《研究生导师指导行为准则》等文件,我校先后印发《中国石油大学(华东)研究生指导教师管理办法》《中国石油大学(华东)全面落实研究生导师立德树人职责实施细则》等相关文件。

为深入贯彻党的教育方针,全面落实立德树人根本任务要求,进一步加强学院新时代研究生教育培养,学院先后出台了《研究生导师岗位管理办法》《研究生课程管理规定》《研究生学位论文质量保障管理办法》等文件,构建了比较完整的学院研究生教育管理治理体系。

其中，石油工程学院《研究生导师岗位管理办法》，分为总则、导师岗位职责、导师岗位权利、导师任职资格要求与审定、导师招生资格审定、导师管理与队伍建设和附则共 7 章 48 条。明确了导师是研究生培养的第一责任人与立德树人的首要职责，导师岗位设置坚持按需设岗、总量控制、结构优化原则，采用竞争上岗、分类评聘、分类管理的动态管理模式。这是学院首次就加强研究生导师岗位管理专门出台办法，从规范导师岗位管理和提升导师育人质量 2 个角度发力，全面落实立德树人根本任务要求，构建新时代研究生导师队伍建设机制。

2022 年 11 月，学院启动 2022 年"导学思政月"系列活动，围绕学术科研、个人生活、职业发展 3 个层面，学院面向所有导师和研究生，设计了党的二十大精神学习宣讲、研究生导师导学思政能力提升培训、"能源报国·能源强国"思想引领专题教育、研究生学术沙龙、寻访"我心目中的好导师"、征集展播"我和我的导师"故事、评选"优秀导学团队"、构建和谐导学关系主题党团活动、导师下午茶、师生友谊赛系列体育活动等 10 类活动内容。活动开展以来，有效落实了导师"立德树人"职责，丰富了导师和研究生的互动交流和成长的平台，积极营造"教学相长、师生相宜、团队共建、和谐美好"的优良导学氛围。

组织机构沿革

一、学院与学科专业沿革

1953年9月建校时成立石油钻采系（简称钻采系）。

设有石油及天然气钻凿工程（简称钻井）、石油及天然气开采工程（简称采油）2个本科专业和钻井专修科，在清华大学设立，1953年转入北京石油学院，并有1951、1952级学生转入。

以本科生教育为主，在钻井工程、采油工程方向招有少量研究生。

1961年6月14日更名为石油开发系（简称开发系）。

设有钻井工程、采油工程2个专业。

1962年7月撤销石油建设与经营系时，石油工业经济与计划专业并入石油开发系。

1966年"文革"开始，学校正常的教学秩序受到严重破坏，学校停止招生。"文革"前，钻井、采油2个专业共招收本科生2 709名。

1969年10月底，学校迁至东营，其间教研室由专业连队取代，教师被安排到油田生产现场开展"三结合"活动。

1972年11月，学校将"文革"期间设立的专业连队撤销，恢复教研室建置。石油开发系设钻井、采油2个教研室。

1974年的招生计划中，将钻井和采油改称为"石油钻采工程（钻井）"和"石油钻采工程（采油）"。

1975年10月新增石油矿场仪表与自动化（即油田生产自动化）专业。1978年5月该专业划归新组建的自动化系。

1981年，获工学硕士学位授予权。

1981年，石油工业经济与计划专业改名为石油管理工程专业（简称管理工程），1982年12月划归新成立的石油经济管理工程系。1983年4月，工业经济专业从石油开发系划到新成立的管理工程系。

1986 年,获工学博士学位授予权。

1987 年 9 月,增设油藏工程专业,本科专业为钻井工程、采油工程、油藏工程 3 个专业。

1989 年 9 月,增设钻井工程(泥浆)专科专业。

1991 年 9 月,增设采油工程专科专业。

1991 年,建立博士后科研流动站。

1993 年专业调整,钻井、采油、油藏合并为石油工程专业。

1994 年 4 月,油气井工程、油气田开发工程 2 个学科被确定为中国石油天然气总公司重点学科。

1995 年 3 月 14 日更名为石油工程系。

1995 年 9 月,增设无机非金属材料专科专业。

1997 年,首批招收工程硕士研究生。

1998 年,获批一级学科博士学位授权点。

1999 年 2 月,石油与天然工程学科获批设博士后流动站。

2001 年,增设船舶与海洋工程专业。本科专业为石油工程、船舶与海洋工程。

2002 年 3 月,油气井工程、油气田开发工程 2 个学科被确定为国家重点学科。

2001 年 3 月 28 日改建为石油工程学院。

2007 年,石油与天然气工程学科获批国家一级重点学科。

2009 年,首批招收全日制专业学位研究生。

2010 年,石油与天然气工程领域入选教育部专业学位研究生教育综合改革试点。

2011 年,学院设置"卓越工程师"班,实施"卓越工程师教育培养计划"。

2011 年,增设海洋油气工程专业。本科专业为石油工程、船舶与海洋工程、海洋油气工程。

2013 年 6 月,海洋油气工程学科被批准为硕士和博士学位授权点。

2015 年,石油与天然气工程领域入选全国深化工程专业学位研究生教育改革试点(12 所高校之一)。

2017 年 9 月,石油与天然气工程入选国家首批"双一流"建设学科。

2017 年 9 月,设置本研一体化(石油类)班,实施本研一体化培养模式改革。

2018 年,首批招收工程博士研究生。

2019 年,增设资源与环境、能源动力工程专业学位授予类别。

2022 年 5 月,智能油气工程微专业开始招生。

2023 年 4 月,增设碳储科学与工程专业。本科专业为石油工程、船舶与海洋工程、海洋油气工程、碳储科学与工程 4 个专业。

二、组织机构沿革与党政负责人

附表 1-1　组织机构沿革与党政负责人

发展时期	党政负责人			
	系主任	副主任	党总支书记	副书记
石油钻采系 （1953.10— 1961.06）	周世尧 （1954.09—1961.09）	樊世忠（助理） （1956.02—1960.03）	漆文远 （1956.02—1957.02）	
			吴林祥 （1957.02—1957.12）	漆文远 （1957.02— 1960.03）
			刘永昌 （1957.12—1960.03）	
			樊世忠 （1960.03—1961.09）	石俊池 （1960.03— 1961.09）
				韩大匡 （1961.08— 1961.09）
石油开发系 （1961.06— 1995.03）	秦同洛 （1961.09—1965.12）	方淑珠 （1961.09—1965.05）	刘永昌 （1961.09—1962.10）	樊世忠 （1961.09— 1962.10）
		韩大匡 （1961.09—1963.07）	刘怀杰 （1962.10—1963.06）	石俊池 （1962.10— 1963.06）
		华泽彭 （1963.01—1964.03）	石俊池 （1963.06—1964.03）	华泽澎 （1963.06— 1964.03）
		樊世忠 （1964.03—？）	华泽澎 （1964.03—1965.12）	
		黄荣樽 （1965.12—？）	张炳麟 （1965.12—1967.01）	石俊池 （1965.12— 1967.01）
		张炳麟 （1972.11—1975.10）		
	张铁林 （1975.10—1979.11）	黄荣樽 （1972.11—1979.11）	聂国栋 （1975.11—1984.09）	袁国发、张铁 林、卢国仪、 赵洪章、焦福 珍、石俊池 （1975.10— 1976.04）
		胡湘炯 （1978.05—1980.03）		赵丛香、张 铁林、卢国 仪、赵洪章 （1976.04—？）
		许光宗 （1975.10—1978.05）		
		王育瑞 （1975.09—1978.07）		胡湘炯 （1978.05— 1980.03）

发展时期	党政负责人			
	系主任	副主任	党总支书记	副书记
石油开发系 （1961.06— 1995.03）	沈忠厚 （1979.11—1988.12）	黄荣樽 （1979.11—1984.11）	聂国栋 （1975.11—1984.09）	王育瑞 （1978.08— 1980.08）
				宋洪海 （1980.09— 1985.09）
		陈定珊 （1981.11—1988.12）		陈维英 （1983.04— 1984.09）
			李秀生 （1984.09—1987.07）	杨秉钧 （1984.09— 1987.07）
		韩志勇 （1984.09—1990.10）	杨秉钧 （1987.07—1990.10）	李玉平 （1986.05— 1990.10）
	陈庭根 （1988.12—1992.11）	陈月明 （1988.12—1992.11）	李玉平 （1990.10—1995.12）	王瑞和 （1990.10— 1996.05）
		鄢捷年 （1990.10—1996.05）		
	陈月明 （1992.11—1996.05）	王育瑞 （1993.01—1996.01）		王育瑞（兼） （1995.04— 1996.01）
		葛洪魁（助理） （1992.11—1996.05）		
		王杰祥（助理 （1992.11—1996.05）		
石油工程系 （1995.03— 2001.03）	王瑞和 （1996.05—2001.04）	吴晓东 （1996.05—1999.10）	王育瑞 （1996.01—2001.04）	黄少云 （1995.05— 2001.04）
		姜汉桥 （1996.05—2001.04）		
		葛洪魁 （1996.05—2001.04）		
		管志川 （1997.03—2001.04）		
石油工程 学院 （2001.03 至今）	葛洪魁 （2001.04—2003.11）	姜汉桥（兼） （2001.04—2002.09）	姜汉桥 （2001.04—2002.09）	黄少云 （2001.04— 2003.11）
		管志川 （2001.04—2005.06）		
		姚军 （2001.04—2003.11）		
		沈刘峡 （2001.04—2004.04）		

发展时期	党政负责人			
	系主任	副主任	党总支书记	副书记
石油工程学院（2001.03至今）	姚军（2003.11—2013.04）	李明忠（2002.11—2009.05）	管志川（2002.09—2009.04）	黄少云（2003.11—2005.05）
		程远方（2003.11—2009.05）		王效美（2005.05—2009.04）
		孙宝江（2003.11—2005.03）		
		邱正松（2005.05—2009.05）		
		丁岗（助理）（2005.05—2009.05）		
		李明忠、程远方、邱正松（2009.05—2013.04）	张卫东（2009.04—2017.09）	王林（2009.05—2017.09）
		冯其红（2009.05—2011.11）		
		林英松（2011.11—2013.04）		
		赵修太（助理）（2009.05—2013.04）		
		丁岗（助理）（2009.05—2010.10）		
	孙宝江（2013.04—2021.06）	林英松、陈德春、王业飞、张凯、赵修太（助理）、季林海（助理）（2013.09—2017.11）		
		陈德春、苏玉亮、廖华林、黄维安（2017.11—2021.09）	赵放辉（2017.09—2021.06）	赵晓珂（2017.11—2021.09）
		侯健（2018.09—2021.09）		
		杜殿发（助理）（2018.03—2021.09）		
	戴彩丽（2021.07—2023.05）	王建升、黄维安、齐宁、杨永飞（2021.09至今）	张展（2021.07至今）	陈银吨（2021.09至今）
	侯健（2023.05至今）			

三、附属教学机构沿革与历任负责人

附录 1-2　附属教学机构沿革与历任负责人

发展时期	教学机构历任负责人			
	钻井教研室负责人	采油教研室负责人	油藏教研室负责人	水力学教研室负责人
石油钻采系（1953.10—1961.06）	周世尧（1953—1955）	秦同洛（1954—1969）		袁恩熙（1953—1981）
	高世钧（1956—1958）			
石油开发系（1961.06—1995.03）	刘希圣（1962—1975）	叶诗美（1972—1974）		
		郎兆新（1975—1982）		
	胡湘炯（1975—1978）	成绥民（1982—1982）		许震芳（1981—1988）
	沈忠厚（1978—1982）	朱恩灵（1982—1983）		
	陈庭根（1982—1988）	陈月明（1984—1988）		
	王德新（1989—1992）	张琪（1988—1992）		王汝元（1989—1992）
石油工程系（1995.03—2001.03）	周广陈（1992—1997）	吴晓东（1993—1997）	姜汉桥（1993—1997）（注：1993年始设）	李兆敏（1992—1995）（注：1993年10月更名为流体力学教研）
	管志川（1997—1997）			孙宝江（1995—1997）
	邹德永（1997—1998）	李明忠（1997—1998）	姚军（1997—1998）	客进友（1997—1998）
	管志川（1998—2001）（注：1998年11月，钻井、采油、油藏3个教研室转变为研究室，设石油工程教研室）			孙宝江（1999—2001）

续表

发展时期	教学机构历任负责人					
	石油工程系			海洋工程系		油田化学系
石油工程学院（2001.03 至今）	李明忠（2001—2002）			孙宝江（2001—2005）		赵修太（2003—2010）（注：2003年始设）
	程远方（2002—2004）					
	林英松（2004—2005）					
	油气井工程系	采油工程系	油藏工程系	周晓君（2005—2009）（注：2005年更名为海洋工程与流体力学系）		
	林英松（2005—2009）	陈德春（2005—2013）	杜殿发（2005—2009）			
			苏玉亮（2009—2011）	倪玲英（2009—2012）		
	步玉环（2009—2018）		杜殿发（2011—2013）	海洋油气工程系	船舶与海洋工程系	王业飞（2010—2014）
		董长银（2013—2018）		王杰祥（2012—2013）	孙宝江（2012—2018）	吕开河（2014—2017）
			谷建伟（2013—2018）	徐加放（2013—2018）		孙金声（2017—2018）
	石油与天然气工程系			海洋油气工程系	船舶与海洋工程系	碳储科学与工程系
	杜殿发（2018—2021）			徐加放（2018—2021）	娄敏（2018—2021）	贾寒（2023至今）（注：2023年始设）
	姚传进（2021至今）			李爱华（2021至今）	包兴先（2021至今）	

注：1958年，电工教研室、数学教研室、政治理论教研室设于石油钻采系，教研室主任分别为林凤举、张希陆、刘永昌；1978年，新建钻采机械设计基础教研室，教研室主任为罗伟。

附录二
教学科研与党政工作成就概览

一、教学建设成果

附表 2-1　教学建设成果

序号	时间	奖项名称及等级	项目名称	主要完成者
1	2007	国家级特色专业	石油工程专业	管志川等
2	2011	国家级卓越工程师教育培养计划试点专业	石油工程专业	管志川等
3	2019	国家级一流本科专业建设点	石油工程专业	管志川等
4	2020	国家级一流本科专业建设点	海洋油气工程专业	孙宝江等
5	2020	国家级一流本科专业建设点	船舶与海洋工程专业	娄敏等
6	2009	国家级实验教学示范中心	石油工程实验教学示范中心	冯其红等
7	2010	国家级课程教学团队	石油工程专业课程教学团队	管志川等
8	2011	国家级实践教育中心	中国石化中原油田工程实践教育中心	管志川等
9	2007	山东省品牌专业	石油工程专业	管志川等
10	2008	山东省实验教学示范中心	石油工程实验教学示范中心	冯其红等
11	2019	国家级一流本科专业建设点	海洋油气工程专业	孙宝江等
12	2019	山东省一流本科专业建设点	船舶与海洋工程专业	娄敏等
13	2011	山东省级人才培养模式创新实验区	以国家能源战略需求为导向的石油工程专业人才培养模式创新实验区	管志川等
14	2008	国家级精品课程	钻井工程	管志川等
15	2010	国家级精品课程	油藏工程	姚军等
16	2010	国家级网络教育精品课程	采油工程	曲战庆等

序号	时间	奖项名称及等级	项目名称	主要完成者
17	2012	国家级精品视频公开课	走近石油	管志川、李明忠
18	2013	国家级精品资源共享课	钻井工程	管志川等
19	2013	国家级精品资源共享课	油藏工程	姚军等
20	2013	国家级来华留学英语授课品牌课程	油层物理	孙仁远等
21	2020	国家级一流本科课程	石油工业概论	张卫东、王德民、刘建林、倪红坚、郭辛阳
22	2020	国家级一流本科课程	钻井与压裂虚拟仿真综合实训	冯其红、管志川、陈德春、王增林、郭辛阳
23	2020	国家级一流本科课程	中外石油文化	张卫东、岳金霞、何勇明、王富华、徐越
24	2020	国家级一流本科课程	钻井工程	管志川、史玉才、步玉环、邹德永、程远方
25	2020	国家级一流本科课程	采油工程	陈德春、李明忠、齐宁、董长银、吴飞鹏
26	2020	国家级一流本科课程	渗流力学	杜殿发、姚传进、孙晓飞、李淑霞、吕爱民
27	2020	国家级一流本科课程	海洋深水钻井平台认知及关键作业程序实训	孙宝江、徐加放、李爱华、李成华、张洋洋
28	2023	国家级一流本科课程	油藏工程	张凯、谷建伟、吴明录、王森、姚传进
29	2023	国家级一流本科课程	海洋钻井平台建造与安装关键程序仿真实训	孙金生、白莉、刘志慧、王川、张亚
30	2021	教育部课程思政示范项目	中外石油文化	张卫东、林英松、张黎明、王富华、王子振、冯其红、刘臻、岳金霞
31	2021	教育部课程思政示范项目	石油工程与创新	张卫东、顾心怿、王富华、周童、胡伟、王建忠、郭辛阳、杨淑玲
32	2005	山东省级精品课程	钻井工程	管志川等
33	2005	山东省级精品课程	工程流体力学	倪玲英等
34	2006	山东省级精品课程	油藏工程	姚军等

序号	时间	奖项名称及等级	项目名称	主要完成者
35	2007	山东省级精品课程	采油工程	李明忠等
36	2008	山东省级精品课程	油层物理	李爱芬等
37	2009	山东省级精品课程	油田化学	赵福麟等
38	2009	山东省双语教学示范课程	油层物理	孙仁远等
39	2010	山东省级精品课程	渗流力学	张建国等
40	2010	山东省级精品课程	石油工业概论	张卫东等
41	2021	山东省一流本科课程	油层物理	孙仁远、张志英、李蕾、付帅师、王文东
42	2021	山东省课程思政示范课程	中外石油文化	张卫东、林英松、张黎明、王富华、王子振、樊冬艳、孟红霞、王金堂
43	2021	山东省继续教育课程思政示范课程	石油工程与创新	张卫东、顾心怿、王富华、周童、胡伟、王建忠、郭辛阳、杨淑玲
44	2022	山东省课程思政示范课程	采油工程	陈德春、齐宁、吴飞鹏、王卫阳、李宾飞、罗明良、董长银、李明忠
45	2022	2022年度山东省高等学校课程联盟"在线教学优秀共享课程"	中外石油文化	张卫东、岳金霞、王富华、张黎明
46	2023	山东省高校黄河重大国家战略课程思政优秀案例	海油陆采工程-石油工程认识实习	张卫东
47	1992	第二届普通高等学校优秀教材全国优秀奖	采油化学	赵福麟
48	2002	全国普通高等学校优秀教材二等奖	采油工程原理与设计	张琪
49	2002	全国普通高等学校优秀教材二等奖	油田化学	赵福麟
50	2021	中国出版政府奖图书奖	Oilfield Chemistry（油田化学）	戴彩丽、赵福麟
51	九五	国家级规划教材	钻井工程理论与技术	陈庭根
52	九五	国家级规划教材	采油工程原理与设计	张琪
53	九五	国家级规划教材	油田化学	赵福麟
54	十五	国家级规划教材	钻井工程理论与技术	陈庭根
55	十五	国家级规划教材	油藏工程原理与方法	姜汉桥
56	十一五	国家级规划教材	钻井工程理论与技术	管志川

续表

序号	时间	奖项名称及等级	项目名称	主要完成者
57	十一五	国家级规划教材	油藏工程原理与方法	姚军
58	十一五	国家级规划教材	油气层渗流力学	张建国
59	十一五	国家级规划教材	油田化学	赵福麟
60	十一五	国家级规划教材	采油工程理论与技术	李明忠
61	十二五	国家级规划教材	油田化学（第2版）	赵福麟
62	十二五	国家级规划教材	油层物理学（第3版）	李爱芬
63	十二五	国家级规划教材	Physical Properties of Petroleum Reservoir（油层物理学）	李爱芬、张志英
64	十二五	国家级规划教材	油藏工程原理与方法	姜汉桥、姚军、姜瑞忠
65	1987	石油高校第一届优秀教材优秀奖	采油工艺原理	王鸿勋、张琪
66	1991	石油高校第二届优秀教材一等奖	采油化学	赵福麟
67	1991	石油高校第二届优秀教材优秀奖	工程流体力学	袁恩熙
68	1996	石油高校第三届优秀教材一等奖	钻井液优化设计与实用技术	鄢捷年
69	1996	石油高校第三届优秀教材一等奖	油藏工程基础	郎兆新
70	2008	山东省优秀教材一等奖	石油天然气工业概论	王瑞和、张卫东、孙友
71	2020	山东省普通高等教育一流教材	油田化学（中英文版）	戴彩丽
72	2020	山东省普通高等教育一流教材	油藏工程原理与方法（第3版）	姚军
73	2020	山东省普通高等教育一流教材	钻井工程理论与技术（第2版）	管志川
74	2020	山东省普通高等教育一流教材	油层物理学	李爱芬
75	2022	山东省普通高等教育一流教材	油气工程岩石力学	程远方

二、教学成果获奖情况

附表 2-2　教学成果获奖情况

序号	时间	奖项名称	等级	项目名称	主要完成者
1	2014	国家级教学成果奖	二等奖	能源战略视阈下的石油工程国家特色专业改革与建设	管志川、姚军、孙宝江、王瑞和、程远方、李明忠、陈德春、林英松、王业飞、孙仁远、倪玲英
2	2014	国家级教学成果奖	二等奖	基于"求真"育人理念的实践教学综合改革与实践	山红红、冯其红、牛庆玮、刘臻、印兴耀、姚军、李晓东、李玉星、王振波、胡伟
3	2018	国家级教学成果奖	二等奖	"三三三"本科教育培养体系的构建与实践	刘华东、蒋有录、冯其红、陈德春、刘欣梅、张乐勇、金玉洁、李晓东、马建山、石永军、康忠健、孙清滢、王新博、郑秋梅、孙燕芳、陈勇、吕宏凌
4	1999	中国石油天然气集团公司教学成果奖	三等奖	注蒸汽热力采油（教材）	陈月明等
5	2001	山东省教学成果奖	一等奖	石油工程专业学生工程实践能力培养研究	管志川、王瑞和、李明忠、姚军、林英松
6	2013	中国高等教育学会优秀成果	二等奖	石油天然气学科专业规范	王瑞和、何利民、李明忠
7	2014	山东省教学成果奖	一等奖	能源战略视阈下的石油工程国家特色专业改革与建设	管志川、姚军、孙宝江、王瑞和、程远方、李明忠、陈德春、林英松、王业飞、孙仁远、倪玲英
8	2014	山东省教学成果奖	一等奖	基于"求真"育人理念的实践教学综合改革与实践	山红红、冯其红、牛庆玮、刘臻、印兴耀、姚军、李晓东、李玉星、王振波、胡伟
9	2014	山东省教学成果奖	一等奖	面向国家能源战略需求的石油类专业人才培养体系的研究与实践	冯其红、刘衍聪、张乐勇、张庆荣、何利民、刘雪暖、刘永红、程远方、孙成禹、马建山
10	2014	山东省教学成果奖	二等奖	三位一体、深度融合、培养石油工程领域高层次应用型人才	李明忠、王瑞和、姚军、管志川、杜殿发、张锐、谷建伟、步玉环、陈德春、苏玉亮
11	2014	山东省教学成果奖	三等奖	油藏工程类专业课英语授课品牌课程建设与实践	孙仁远、张志英、杨永飞、李爱芬、张凯、姚同玉、孙致学、李亚军、董明哲
12	2017	中国石油教育学会	特等奖	"三三三"本科教育培养体系的构建与实践	刘华东、蒋有录、冯其红、陈德春、刘欣梅、张乐勇、金玉洁、李晓东、马建山、石永军、康忠健、孙清滢、王新博、郑秋梅、孙燕芳、陈勇、吕宏凌

序号	时间	奖项名称	等　级	项目名称	主要完成者
13	2017	中国石油教育学会	特等奖	提升石油类专业学生三种核心能力的路径探索与实践	冯其红、管志川、孙成禹、刘臻、李自力、印兴耀、黄善波、赵新强、李忠伟、王振波、杨慧、刘会娥、马建民、张庆荣、薛钧译
14	2017	中国石油教育学会	一等奖	石油工程专业立德树人协同培养系统研究与实践	孙宝江、张卫东、陈德春、张卫东、王林、谷建伟、赵晓珂、孙致学、张锐、曲晓琳
15	2018	山东省教学成果奖	特等奖	"三三三"本科教育培养体系的构建与实践	刘华东、蒋有录、冯其红、陈德春、刘欣梅、张乐勇、金玉洁、李晓东、马建山、石永军、康忠健、孙清滢、王新博、郑秋梅、孙燕芳、陈勇、吕宏凌
16	2018	山东省教学成果奖	特等奖	构建"生本教育生态"改革体系、提升石油类专业学生三种核心能力	冯其红、管志川、孙成禹、刘臻、李自力、印兴耀、黄善波、赵新强、李忠伟、王振波、杨慧、刘会娥、马建民、张庆荣、薛钧译、韩国庆、倪晗、徐学利
17	2018	山东省教学成果奖	二等奖	服务国家发展战略的石油与天然气工程国际化应用型高层次人才培养改革与实践	苏玉亮、张凯、谷建伟、俞继仙、崔传智、李明忠、王瑞和、张玉哲、王成文、李志刚
18	2018	山东省教学成果奖	二等奖	石油工程专业立德树人"四螺旋"协同育人系统的研究与实践	孙宝江、陈德春、张卫东、管志川、张卫东、杜殿发、王林、赵晓珂、谷建伟、齐宁、孙致学、王富华、张锐、张黎明、冯其红
19	2022	山东省教学成果奖	特等奖	秉承"惟真惟实"校训、培养"四实"人才的改革与实践	刘华东、冯其红、张展、侯影飞、黄善波、刘丙泉、闫统江、赵新强、宋守浩、王文华
20	2022	山东省教学成果奖	特等奖	面向行业新业态、升级改造传统石油工程专业的路径探索与实践	冯其红、管志川、陈德春、侯影飞、刘臻、齐宁、杨慧、王志华、杨勇、李忠磬
21	2022	山东省教学成果奖	一等奖	产教、科教与学科深度融合、培养油田化学特色方向高素质创新人才	戴彩丽、贾寒、孙金声、赵明伟、吕开河、李琳、吴一宁、姜翠玉、王业飞、单珣
22	2022	山东省教学成果奖	一等奖	聚焦行业发展、遵循工程教育理念、石油工程专业实践教育体系建设与应用	管志川、陈德春、齐宁、刘永旺、杜殿发、王增林、黄维安、郭辛阳、姚传进、徐加放

三、教改项目

附表 2-3　教改项目

序号	时间	奖项名称及等级	项目名称	负责人
1	2004	国家级教改课题	石油天然气学科专业发展战略研究	王瑞和
2	2004	国家级教改课题	石油天然气学科专业规范	王瑞和
3	2017	国家级教改项目	石油类工科专业改造升级路径研究与实践	冯其红
4	2020	国家级教改项目	行业变革背景下我国石油工程专业新工科人才培养体系的构建与实践	冯其红
5	2012	山东省教改项目（重点）	打造优质教学资源平台、提升石油主干专业学生创新实践能力	冯其红
6	2012	山东省教改项目（面上）	石油工程专业卓越工程师计划工程实践能力培养与实践	步玉环
7	2015	山东省教改项目（重点）	基于自主发展理念的本科人才培养体系的构建与实践	冯其红
8	2015	山东省教改项目（面上）	国家能源战略特设专业海洋油气工程建设与实践	徐加放
9	2016	山东省教改项目（重点）	基于 OBE 教育理念的石油工程专业"卓越计划"人才培养体系研究与实践	步玉环
10	2016	山东省教改项目（面上）	"互联网＋"视野下石油工程专业核心课程研究型教学案例建设与教学实践	孙致学
11	2018	山东省教改项目（重点）	石油工程优势特色专业新工科建设改造升级路径探索与实践	陈德春
12	2018	山东省教改项目（重点）	"双一流"背景下石油类专业国际化人才培养体系的研究与构建	冯其红
13	2020	山东省教改项目（重点）	"六位一体、虚实结合"海洋油气实践教学体系研究与平台建设	徐加放
14	2020	山东省培育项目	产业升级驱动、校企协同赋能、构建石油工程专业新工科人才培养体系	冯其红
15	2021	山东省教改项目（重点）	"双碳"目标下智慧油气工程微专业建设与实践	戴彩丽
16	2021	山东省教改项目（面上）	新时代石油工程专业国家一流课程群建设与实践	杜殿发

四、出版教材

附表 2-4　出版教材

序号	出版时间	教材名称	作　者	出版单位
1	1956	《油田开采》	北京石油学院采油教研室译	石油工业出版社
2	1957	《泥浆水力学》	袁恩熙、陈家琅译	石油工业出版社
3	1957	《水力学》	袁恩熙	石油学院出版社
4	1958	《油层物理基础》	张朝琛译	石油工业出版社
5	1959	《钻井技术与工艺学》	格·姆·盖维年	石油工业出版社
6	1961	《钻井工程》（上、中、下册）	北京石油学院钻井教研室	中国工业出版社
7	1961	《油田开发》	石油院校教材编写组（叶诗美等）	中国工业出版社
8	1962	《油井工程》	石油院校教材编写组（刘希圣等）	中国工业出版社
9	1962	《采油工程》	石油院校教材编写组（韩大匡等）	中国工业出版社
10	1962	《地下流体力学》	石油院校教材编写组（叶诗美等）	中国工业出版社
11	1962	《天然气的开采》	北京石油学院采油教研室译	中国工业出版社
12	1981	《钻井工艺原理》（上、下册）	刘希圣	石油工业出版社
13	1984	《油层物理》	洪世铎	石油工业出版社
14	1985	《渗流力学基础》	刘蔚宁	石油工业出版社
15	1986	《工程流体力学》	袁恩熙	石油工业出版社
16	1987	《钻井概论》	姜　仁	石油工业出版社
17	1988	《钻井工艺原理》（上、中、下册）	刘希圣	石油工业出版社
18	1988	《泥浆胶体化学》	李健鹰	石油大学出版社
19	1989	《采油化学》	赵福麟	石油大学出版社
20	1989	《油藏数值模拟基础》	陈月明	石油大学出版社
21	1989	《实用岩石可钻性》	尹宏锦	石油大学出版社
22	1990	《钻柱》	徐国贤	石油大学出版社
23	1991	《油藏工程基础》	郎兆新	石油大学出版社
24	1991	《试井分析》	钟松定	石油大学出版社
25	1993	《钻井液优化设计与实用技术》	鄢捷年	石油大学出版社
26	1993	《钻井工程》	姜　仁	石油大学出版社
27	1994	《泥浆高分子化学》	夏俭英	石油大学出版社
28	1996	《注蒸汽热力采油》	陈月明	石油大学出版社
29	1997	《采油用剂》	赵福麟	石油大学出版社

序号	出版时间	教材名称	作　者	出版单位
30	1998	《非牛顿流体力学》	李兆敏	石油大学出版社
31	1998	《油气层渗流力学（第1版）》	张建国	石油大学出版社
32	1999	《现代泥浆实验技术》	张孝华	石油大学出版社
33	1999	《化学原理（二）》	赵福麟	石油大学出版社
34	1999	《完井与井下作业》	王德新	石油大学出版社
35	2000	《科学精神与科学研究方法》	蒲春生	石油大学出版社
36	2000	《油井水泥工艺及应用》	丁　岗	石油大学出版社
37	2000	《油田化学（第1版）》	赵福麟	石油大学出版社
38	2000	《钻井工程理论与技术（第1版）》	陈庭根、管志川	石油大学出版社
39	2000	《油藏工程原理与方法（第1版）》	姜汉桥	石油大学出版社
40	2000	《采油工程原理与设计》	张　琪	石油大学出版社
41	2001	《钻井液工艺学》	鄢捷年	石油大学出版社
42	2001	《工程流体力学》	贺礼清	石油大学出版社
43	2001	《石油工程概论（第1版）》	王瑞和	石油大学出版社
44	2001	《EOR 原理》	赵福麟	石油大学出版社
45	2001	《油层物理学（第1版）》	秦积舜	石油大学出版社
46	2001	《油气层地下渗流力学》	郎兆新	石油大学出版社
47	2003	《海洋学（第1版）》	陈建民	石油大学出版社
48	2004	《工程流体力学》	贺礼清	石油工业出版社
49	2006	《现代试井解释原理与方法》	张艳玉	中国石油大学出版社
50	2006	*Physical Properties of Petroleum Reservoir*	李爱芬	中国石油大学出版社
51	2006	《完井与井下作业》	步玉环	中国石油大学出版社
52	2006	《油藏工程原理与方法（第2版）》	姜汉桥	中国石油大学出版社
53	2006	《油层物理学（第2版）》	秦积舜	中国石油大学出版社
54	2006	《油水井增产增注技术》	王杰祥	中国石油大学出版社
55	2007	《石油天然气工业概论》	王瑞和	中国石油大学出版社
56	2007	《采油工程原理与设计》	李明忠	中国石油大学出版社
57	2007	《油藏经营管理》	陈月明	中国石油大学出版社
58	2007	《定向钻井设计与计算》	韩志勇	中国石油大学出版社
59	2007	《天然气开采工程基础》	陈德春	中国石油大学出版社
60	2008	《钻井工艺技术基础（第1版）》	王瑞和	中国石油大学出版社
61	2009	《工程流体力学实验指导书》	倪玲英	中国石油大学出版社
62	2009	《油藏数值模拟基础》	李淑霞	中国石油大学出版社
63	2009	《采油工程》	曲占庆	中国石油大学出版社

续表

序号	出版时间	教材名称	作　者	出版单位
64	2009	《油藏驱替机理》	苏玉亮	石油工业出版社
65	2009	《海洋法》	陈建民	中国石油大学出版社
66	2009	《油气田开发工程基础》	杜殿发	石油工业出版社
67	2010	《天然气水合物开采理论与技术》	陈月明	中国石油大学出版社
68	2010	《油气层渗流力学（第2版）》	张建国	中国石油大学出版社
69	2010	《油气层保护技术》	吕开河	中国石油大学出版社
70	2011	《油层物理学（第3版）》	李爱芬	中国石油大学出版社
71	2011	《油气田开发与开采原理》	冯其红	中国石油大学出版社
72	2011	《海洋设备腐蚀与保护》	蒋官澄	中国石油大学出版社
73	2011	《渗流物理实验（第1版）》	李爱芬	中国石油大学出版社
74	2011	《石油工程概论（第2版）》	王瑞和	中国石油大学出版社
75	2011	《船舶工程基础》	李志刚	中国石油大学出版社
76	2012	《石油工程综合设计》	步玉环	中国石油大学出版社
77	2012	《油气井防砂理论与技术》	董长银	中国石油大学出版社
78	2012	《深井泵采油》	曲占庆	中国石油大学出版社
79	2012	《海洋石油平台设计》	陈建民	石油工业出版社
80	2012	《油田开发与开采原理》	冯其红	中国石油大学出版社
81	2012	《油田化学（第2版）》	赵福麟	中国石油大学出版社
82	2012	《钻井液工艺学（修订版）》	鄢捷年	中国石油大学出版社
83	2012	《工程流体力学（第1版）》	倪玲英	中国石油大学出版社
84	2013	《热力采油技术》	侯　健	中国石油大学出版社
85	2013	《石油天然气工程多相流动》	孙宝江	中国石油大学出版社
86	2013	《煤层气开发概论》	张卫东	石油工业出版社
87	2014	*English Course for Offshore Oil & Gas Engineering*	吴学东、周建萍	中国石油大学出版社
88	2014	《海洋油气工程英语教程》	吴学东	中国石油大学出版社
89	2015	《油田污水处理》	刘德新	中国石油大学出版社
90	2015	《石油工程专业英语》	张志英	中国石油大学出版社
91	2015	《海洋石油工程》	陈建民	石油工业出版社
92	2015	《油气工程岩石力学》	程远方	中国石油大学出版社
93	2015	《油气田环境保护》	黄维安	中国石油大学出版社
94	2015	《渗流力学基础》	杜殿发	中国石油大学出版社
95	2016	《海洋工程环境》	陈建民	石油工业出版社
96	2016	《海洋工程施工与安全》	娄　敏	中国石油大学出版社
97	2016	《油藏工程原理与方法（第3版）》	姚　军	中国石油大学出版社
98	2016	《钻井工艺技术基础（第2版）》	王瑞和	中国石油大学出版社

序号	出版时间	教材名称	作 者	出版单位
99	2017	《钻井工程理论与技术（第 2 版）》	管志川	中国石油大学出版社
100	2017	《采油采气工程设计与应用》	陈德春	中国石油大学出版社
101	2017	《油气井工程设计与应用》	步玉环	中国石油大学出版社
102	2017	《油气田开发设计与应用》	谷建伟	中国石油大学出版社
103	2017	《石油工程专业实验指导书（钻采方向）》	史玉才	中国石油大学出版社
104	2018	《船舶流体力学》	倪玲英	中国石油大学出版社
105	2018	《油田化学工程与应用》	王业飞	中国石油大学出版社
106	2018	《海洋学（第 2 版）》	李昌良	中国石油大学出版社
107	2018	《应用物理化学》	王业飞	中国石化出版社
108	2018	《固井工程理论与技术》	步玉环	中国石油大学出版社
109	2018	*Oilfield Chemistry*	戴彩丽	中国石油大学出版社 / Springer 出版社
110	2019	《工程流体力学（第 2 版）》	倪玲英	中国石油大学出版社
111	2019	《海洋油气开采工程》	刘均荣	中国石油大学出版社
112	2019	《石油工程 HSE》	刘均荣	中国石化出版社
113	2020	《渗流物理实验（第 2 版）》	李爱芬	中国石油大学出版社
114	2020	*Theory and Technology of Drilling Engineering*	管志川	中国石油大学出版社 / Springer 出版社
115	2020	《天然气开采与安全》	陈德春	中国石油大学出版社
116	2021	《提高采收率原理》	戴彩丽	中国石油大学出版社
117	2021	《海洋油气工程管理》	刘均荣	中国石油大学出版社
118	2022	《油气层渗流力学（第 3 版）》	杜殿发	中国石油大学出版社
119	2022	《海洋油气钻井工程》	王志远	中国石油大学出版社
120	2022	*Principle and Methods of Enhanced Oil Recovery*	康万利	中国石油大学出版社
121	2023	《中外石油文化》	张卫东、巩凯等	中国石油大学出版社

五、学术专著

附表 2-5　学术专著

序号	出版时间	专著名称	作　者	出版单位
1	1956	《钻凿油、气井的拨款》	王世昌、华泽澎译	石油工业出版社
2	1957	《油层注水时六偏磷酸钠的应用》	叶诗美译	石油工业出版社
3	1958	《滑轮钻具简明手册》	王天佑、曹晓声译	石油工业出版社
4	1964	《美国油井水泥》	胡湘炯、周万江译	中国工业出版社
5	1965	《适用于天然气田开发和建筑人工气库的气体非稳态渗滤的研究》	郎兆新	中国科学技术情报研究所
6	1979	《喷射钻井技术》	沈忠厚	石油工业出版社
7	1979	《固井与油井完成》	胡湘炯	石油工业出版社
8	1981	《岩石性质对地下液体渗流的影响》	张朝琛译	石油工业出版社
9	1982	《油井设计》	沈忠厚	石油工业部石油勘探和开发技术培训中心
10	1982	《石油地质勘探技术培训教材试油工艺技术》	朱恩灵	石油工业部勘探培训中心
11	1982	《油气藏评价》	陈明月、朱恩灵译	石油工业出版社
12	1982	《高等学校教学用书油田开发设计与分析基础》	陈钦雷	石油工业出版社
13	1982	《油田开发设计与分析基础：高等学校教学用书》	陈钦雷	石油工业出版社
14	1982	《地下水 - 气动力学》	陈钟祥、郎兆新译	石油工业出版社
15	1984	《气体动力学》	王汝元	华东石油学院水利教研室
16	1986	《完井酸化压裂》	罗知翊、朱恩灵译	石油工业出版社
17	1987	《试油工艺技术》	朱恩灵	石油工业出版社
18	1987	《砂岩油藏现代试井分析方法的进展及应用》	刘蔚宁	石油工业部科学技术情报研究所
19	1987	《最优化钻井理论基础与计算》	郭学增	石油工业出版社
20	1987	《钻井工程应用程序汇编》	郭学增、宋均	石油天然气总公司钻井工程局；石油大学北京研究生部
21	1988	《油井设计基础和计算》	沈忠厚	石油工业出版社
22	1989	《实用岩石可钻性》	尹宏锦	石油大学出版社
23	1989	《采油化学》	赵福麟	石油大学出版社
24	1989	《定向井设计与计算》	韩志勇	石油工业出版社
25	1990	《井控技术》	姜仁	石油大学出版社
26	1991	《试井分析》	钟松定	石油大学出版社
27	1993	《天然气开采工艺》	朱恩灵等译	石油工业出版社
28	1993	《钻井液优化设计与实用技术》	鄢捷年、黄林基	石油大学出版社
29	1993	《钻井工程修订本》	姜仁	石油大学出版社
30	1994	《石油开采中的界面现象》	鄢捷年等译	石油工业出版社

序号	出版时间	专著名称	作 者	出版单位
31	1994	《钻井液优选技术 油田实用方法》	朱墨等译	石油工业出版社
32	1996	《钻井液完井液及保护油气层技术》	樊世忠、鄢捷年、周大晨	石油大学出版社
33	1996	《石油技术辞典 第四篇钻井》	刘希圣、韩志勇等	石油工业出版社
34	1997	《钻井工程设计》	周开吉、郝俊芳	石油大学出版社
35	1997	《采油用剂》	赵福麟	石油大学出版社
36	1997	《气顶砂岩油藏开发模式》	张朝琛	石油工业出版社
37	1998	《水射流理论与技术》	沈忠厚	石油大学出版社
38	1998	《油气井工程 - 高压水射流技术研究》	王瑞和	石油大学出版社
39	1999	《完井与井下作业》	王德新	石油大学出版社
40	2002	《采油工程基础知识手册》	曲占庆	石油工业出版社
41	2003	《油气开采工程》	陈德春	中国石化出版社
42	2003	《油气井防砂理论及应用》	张琪	中国石化出版社
43	2003	《钻井工艺技术基础》	王瑞和	石油大学出版社
44	2004	《低密度钻井流体技术》	张振华、鄢捷年、樊世忠	石油大学出版社
45	2004	《采油工程技术手册》	曲占庆	石油工业出版社
46	2006	《油气开采技术新进展》	张琪	中国石油大学出版社
47	2006	《疏松砂岩油藏保护新技术》	蒋官澄、黄春、张国荣	中国石油大学出版社
48	2006	《海洋油气设施腐蚀与防护》	蒋官澄、黄春	中国石油大学出版社
49	2006	《多分支井技术》	孙仁远	石油工业出版社
50	2007	《提高原油采收率潜力预测方法》	候健	中国石油大学出版社
51	2007	《物理法采油技术研究与进展》	张建国	中国石油大学出版社
52	2007	《低渗特低渗薄互层油气藏开采技术》	蒋官澄	中国石油大学出版社
53	2007	《定向钻井设计与计算 第 2 版》	韩志勇	中国石油大学出版社
54	2008	《聚合物驱后深部调驱理论与技术》	冯其红	中国石油大学出版社
55	2008	《水驱油田高含水期稳产措施宏观决策方法》	陈月明	中国石油大学出版社
56	2008	《液 - 固体系微粒表面沉积分散运移微观动力学》	蒲春生	石油工业出版社
57	2008	《薄互层低渗透油藏开发技术》	蒋官澄	中国石油大学出版社
58	2008	《缝洞型碳酸盐岩油藏石井解释理论与方法》	姚军	中国石油大学出版社
59	2008	《自振空化射流理论与应用》	李根生、沈忠厚	中国石油大学出版社
60	2009	《压裂酸化新技术与污染控制》	温庆志、罗明良	中国石油大学出版社
61	2009	《流线数值试井解释理论与方法》	姚军、吴明录	中国石油大学出版社
62	2010	数字岩芯及孔隙级渗流模拟理论》	姚军、赵秀才	石油工业出版社

续表

序号	出版时间	专著名称	作 者	出版单位
63	2010	《保护油气层的钻井与完井技术》	吕开河、彭洪军	中国石油大学出版社
64	2010	《高压水射流破岩机理》	王瑞和	中国石油大学出版社
65	2010	《低渗透油藏非线性渗流理论与数值模拟技术》	姜瑞忠	石油工业出版社
66	2010	《泡沫流体在油气开采中的应用》	李兆敏	石油工业出版社
67	2010	《射流动力学》	徐依吉	中国石油大学出版社
68	2011	《实用水驱油藏开发评价方法》	崔传智	地质出版社
69	2011	《钻井井控风险及控制》	刘刚	石油工业出版社
70	2011	*Streamline Numerical Well Test Interpretation Theory and Method*	姚军、吴明录	爱思唯尔股份有限公司
71	2011	《液压环境下的油井管柱力学》	韩志勇	石油工业出版社
72	2012	《石油钻井》	韩志勇	中国石化出版社
73	2012	《低渗透油藏整体压裂技术》	吴亚红、罗明良、温庆志	石油工业出版社
74	2013	《油田化学与提高原油采收率新进展》	康万利、白宝君、王业飞	化学工业出版社
75	2014	《石油天然气工程多相流动》	孙宝江	中国石油大学出版社
76	2014	《缝洞型碳酸盐岩油藏数值模拟》	姚军、黄朝琴	中国石油大学出版社
77	2015	《低渗透油藏低频谐振波化学复合强化开采理论与技术》	蒲春生、刘静	石油工业出版社
78	2015	《低渗透油藏驱替机理与开发技术》	苏玉亮、郝永卯	中国石油大学出版社
79	2016	《复杂地层深井井身结构与套管强度优化设计》	管志川、廖华林	中国石油大学出版社
80	2016	*Multiphase Flow in Oil and Gas Well Drilling*	孙宝江	高等教育出版社（约翰威利）
81	2016	《深水钻井工程》	孙宝江、曹式敬、周建良	石油工业出版社
82	2016	*Fractured Vuggy Carbonate Reservoir Simulation*	姚军、黄朝琴	Springer
83	2016	《煤层气藏工程》	冯其红、张先敏、胡爱梅	中国石油大学出版社
84	2017	《CO_2驱提高采收率原理及应用》	张亮、杨昌华、牛保伦、任韶然	中国石油大学出版社
85	2017	《油气井防砂技术（第二版）》	董长银、李怀文	中国石化出版社
86	2017	《机械防砂完井筛管》	董长银、刘永红	中国石化出版社
87	2017	《注氮气提高采收率技术及应用》	张艳玉、李洪君、孙晓飞	中国石油大学出版社
88	2018	《致密砂岩油藏开发理论与应用》	王建忠、吴明录、李立	中国石油大学出版社
89	2018	《页岩体积压裂机理研究》	郭天魁	中国石油大学出版社

序号	出版时间	专著名称	作　者	出版单位
90	2018	*Hydraulic Fracturing Modeling and Its Extension to Reservoir Simulation Based on Extended Finite-Element Method*（XFEM）	黄朝琴	Elsevier
91	2018	《泡沫和泡沫液膜——理论、实验和应用》	李兆敏、李宾飞等译	中国石化出版社
92	2018	《疏松砂岩油气藏化学防砂理论与技术》	齐宁	中国石油大学出版社
93	2018	《复杂地层井壁稳定评价新技术》	闫传梁、赵凯	中国石化出版社
94	2018	《智能油田开发理论及应用》	姚军、张凯、刘均荣	科学出版社
95	2018	《气体辅助稠油高效开采理论与技术》	李兆敏、李松岩	中国石油大学出版社
96	2018	*Oilfield Chemistry*	戴彩丽、赵福麟	Springer/ 中国石油大学出版社
97	2018	《煤层气压裂优化设计理论与应用》	程远方、王欣、丁云宏	中国石油大学出版社
98	2018	《石油钻井方法与演变》	张卫东、景英华、武加锋等	石油工业出版社
99	2019	《提高采收率原理》	戴彩丽	中国石油大学出版社
100	2019	《储集层伤害表征方法及应用》	张锐	中国石油大学出版社
101	2019	《煤层气钻完井新技术》	周卫东、李罗鹏、左景栾、吕开河、王成文、张晓朋	中国石油大学出版社
102	2019	《油井水泥石微裂缝自愈合理论研究》	步玉环、柳华杰、郭胜来、王春雨	中国石油大学出版社
103	2020	《钻井井控处理常用公式》	孙宝江	石油工业出版社
104	2020	《深水气井天然气水合物防治理论与技术研究》	王志远、孙宝江、高永海	科学出版社
105	2020	*Natural Gas Hydrate Management in Deepwater Gas Well*	王志远、孙宝江、高永海	Springer
106	2020	《多尺度冻胶分散体深部调驱理论与技术》	戴彩丽、赵光、由庆、赵福麟	石油工业出版社
107	2020	《天然气水合物开采流体输运与泥砂控制研究进展》	董长银、高永海、辛欣、刘瑜、陈立涛	中国石油大学出版社
108	2020	《三全育人——中国石油大学（华东）石油工程学院研究与实践》	赵放辉、赵晓珂、于梦飞	中国石油大学出版社
109	2020	《页岩油气藏开发物理实验和数值模拟研究》	董明哲、李亚军、桑茜、宫厚健	中国石油大学出版社

续表

序号	出版时间	专著名称	作　者	出版单位
110	2020	《致密油储层提高采收率机理与方法》	戴彩丽、赵明伟、杨胜来、王秀宇、李松岩、魏兵、孙永鹏	科学出版社
111	2020	《油水井低产低效诊断、评价与治理》	蒲春生、吴飞鹏、高建武、黄博	石油工业出版社
112	2021	《页岩油流动机理与开发技术》	冯其红、王森	石油工业出版社
113	2021	《复杂地层功能型凝胶防漏与堵漏技术》	白英睿	中国石油大学出版社
114	2022	《孔喉尺度弹性微球深部调驱理论与技术》	姚传进、雷光伦	中国石油大学出版社
115	2022	《复杂稠油油藏注气开发方法》	孙晓飞、张艳玉、李星民、吴永彬、郑伟	中国石油大学出版社
116	2022	《水平井产能预测》	苏玉亮、王文东、郝永卯	中国石油大学出版社
117	2022	*Theory and Technology of Multiscale Dispersed Particle Gel for In-Depth Profile Control*	戴彩丽、赵光、由庆、赵明伟、刘逸飞、赵福麟	Elsevier 出版社

六、科研成果获奖情况

附表 2-6　科研成果获奖情况

序号	获奖时间	奖励类别	等　级	获奖项目	完成人
1	1978	全国科学大会奖		硬地层牙轮钻头	胡湘炯等
2	1978	全国科学大会奖		聚丙烯酰胺（PAM）泥浆	樊世忠、李健鹰等
3	1978	全国科技大会奖		油井防蜡新工艺	韩大匡等
4	1985	国家技术发明奖		优选参数钻井技术	胡湘炯等
5	1987	国家科学技术进步奖	二等奖	深井磺化树脂类泥浆	李健鹰、朱墨、王好平等
6	1987	国家科学技术进步奖	二等奖	钾盐防塌钻井液	朱墨等
7	1987	国家科学技术进步奖	三等奖	游梁抽油机井参数优选及诊断技术	张琪等
8	1991	国家科学技术进步奖	一等奖	定向井、丛式井钻井技术研究	吕英民、胡泽明、刘希圣、韩志勇、蔡镜仑等
9	1991	国家科学技术进步奖	二等奖	提高射流在井底工作效率研究	沈忠厚、徐依吉、李根生、王德新、孙庆孝、王汝元、陈丙泉等
10	1994	国家科学技术进步奖	三等奖	区块整体堵水的优化技术示踪剂技术与堵剂技术	陈月明等
11	1995	国家科学技术进步奖	二等奖	改善枣园油田开发效果	张琪等
12	1996	国家科学技术进步奖	三等奖	常规岩芯分析仪器研制	孙士孝等
13	1996	国家科学技术进步奖	三等奖	采油方式综合评价与决策分析	张琪等
14	1997	国家技术发明奖	三等奖	加长喷嘴牙轮钻头	沈忠厚、徐依吉、王瑞和、李根生等
15	2007	国家科学技术进步奖	二等奖	石油勘探开发过程中油层保护与改造新技术研究与应用	蒋官澄、曹钧合、马先平、李晓清、郭雄华、李师涛、纪朝凤、陈应淋、谭河清、张国荣
16	2007	国家科学技术进步奖	二等奖	自振空化射流技术与应用	李根生、孙宝江、沈忠厚、黄中伟、马家骥、汪志明、牛继磊、张德斌、徐依吉、周长山
17	2008	国家科学技术进步奖	二等奖	中国南海西部海域复杂构造安全快速钻井技术	管志川（第九完成人）
18	2010	国家科学技术进步奖	二等奖	高含水油田优势通道定量描述与调控技术及工业化应用	戴彩丽、冯其红、赵福麟、王业飞、康万利、姜汉桥等
19	2010	国家科学技术进步奖	二等奖	特低渗透油藏有效开发非线性渗流理论和开发方法及其工业化应用（第二完成单位）	姚军（第二完成人）、李爱芬（第七完成人）等

续表

序号	获奖时间	奖励类别	等级	获奖项目	完成人
20	2011	国家科学技术进步奖	二等奖	胜利油田边际稠油高效开发技术与应用（第二完成单位）	侯健（第六完成人）
21	2012	国家技术发明奖	二等奖	水力喷砂射孔与分段压裂联作技术及工业化应用	牛继磊（第三完成人）
22	2012	国家科学技术进步奖	二等奖	海上绥中 36-1 油田丛式井网整体加密开发关键技术	刘刚参加（第五完成单位）
23	2013	国家技术发明奖	二等奖	碳酸盐岩油气藏转向酸压技术与工业化应用	张贵才（第四完成人）
24	2016	国家科学技术进步奖	二等奖	延长油区千万吨大油田持续上产稳产勘探开发关键技术（第二完成单位）	蒲春生（第二完成人）
25	2017	国家技术发明奖	二等奖	海相碳酸盐岩缝洞型油藏精细描述、数值模拟及高效注水开发技术（第四完成单位）	姚军（第四完成人）
26	2020	国家技术发明奖	二等奖	海洋深水钻探井控关键技术与装备	孙宝江等
27	2020	国家科学技术进步奖	二等奖	高含水油田提高采收率关键工程技术与工业化应用（第二完成单位）	冯其红（第三完成人）
28	1978	山东省科技大会奖		六英寸天然金刚石钻头	蔡镜仑等
29	1978	山东省科技大会奖		六英寸天然金刚石取芯钻头	蔡镜仑等
30	1978	山东省科技大会奖		泥浆用旋转黏度计	郭学增等
31	1988	石油工业部科技进步奖	一等奖	岩石可钻性测定与应用研究	尹宏锦等
32	1988	中国石油天然气总公司科技进步奖	三等奖	新疆油田注水泵改造方案与实施	胡泽明等
33	1988	国家教委科技进步奖	一等奖	裂隙油气藏渗流理论及开发分析新方法研究	葛家理等
34	1988	山东省教育厅科技进步奖	二等奖	砂岩 - 复合油藏不稳定试井分析软件	刘蔚宁等
35	1988	山东省教育厅科技进步奖	三等奖	深井水基泥浆页岩稳定剂	李健鹰等
36	1988	山东省教育厅科技进步奖	三等奖	有杆抽油系统设计及动态预测	张琪等
37	1989	中国石油天然气总公司科技进步奖	二等奖	东濮凹陷文留油田文东地区沙三中油藏开发方案的编制方法研究	陈月明等
38	1990	山东省科技进步奖	一等奖	提高射流在井底工作效率的研究	沈忠厚、徐依吉、李根生、王德新、孙庆孝、王汝元、陈丙泉等

序号	获奖时间	奖励类别	等级	获奖项目	完成人
39	1990	中国石油天然气总公司科技进步奖	一等奖	提高射流在井底工作效率的研究	沈忠厚、徐依吉、李根生、王德新、孙庆孝、王汝元、陈丙泉等
40	1990	中国石油天然气总公司科技进步奖	特等奖	定向井、丛式井钻井技术研究	刘希圣、韩志勇、蔡镜仑等
41	1990	全国新产品新技术展出会奖	金奖	一种用于钻探钻头的加长喷管射流装置	沈忠厚等
42	1991	中国石油天然气总公司科技进步奖	一等奖	冀中地区保护油层防止污染的钻井完井技术	黄荣樽等
43	1991	中国石油天然气总公司科技进步奖	二等奖	近平衡压力钻井技术应用研究	黄荣樽等
44	1991	中国石油天然气总公司科技进步奖	二等奖	埕东油田西区南块整体堵水研究	赵福麟、陈月明等
45	1991	中国石油天然气总公司科技进步奖	三等奖	胜利油田沙三段页岩坍塌机理及对策研究	李健鹰等
46	1992	国家教委科技进步奖	一等奖	加长喷嘴牙轮钻头	沈忠厚、徐依吉、王瑞和、李根生等
47	1992	中国石油天然气总公司科技进步奖	二等奖	采油方式综合评价与决策分析	张琪等
48	1992	中国石油天然气总公司科技进步奖	三等奖	MHP 防塌剂及应用研究	李健鹰等
49	1992	国家教委科技进步奖	三等奖	有杆抽油系统的计算机诊断、优化设计与动态预测技术	张琪等
50	1992	山东省教委科技进步奖	二等奖	马厂、桥口采油工程方案研究	张琪等
51	1993	山东省科技进步奖	二等奖	自振空化射流理论分析和实验研究	沈忠厚等
52	1993	山东省科技进步奖	二等奖	单脉冲试井方法	董映民等
53	1993	山东省科技进步奖	三等奖	钻井液引起的油藏岩石润湿性改变及其机理研究	鄢捷年等
54	1993	国家教委科技进步奖	三等奖	区块整体堵水的优化技术、示踪剂技术与堵剂技术	赵福麟等
55	1993	山东省教委科技进步奖	一等奖	高凝、高稠抽油机井诊断技术	张琪等
56	1993	中国石油天然气总公司科技进步奖	一等奖	采油工程方案研究与编制	张琪等
57	1993	中国石油天然气总公司科技进步奖	二等奖	水力振荡解堵技术研究	贺礼清、周晓君、张建国、陈孝盛

续表

序号	获奖时间	奖励类别	等级	获奖项目	完成人
58	1993	中国石油天然气总公司科技进步奖	三等奖	微机三维油藏图像多功能实时动态分析系统	陈月明等
59	1993	中国石油天然气总公司科技进步奖	三等奖	定向井PDC钻头在中原油田的推广应用	杨宝德等
60	1994	中国石油天然气总公司科技进步奖	一等奖	黏土颗粒堵剂堵大孔道技术及堵水调剖配套技术的推广应用	赵福麟、陈月明等
61	1994	中国石油天然气总公司科技进步奖	一等奖	改善枣园油田开发效果	张琪等
62	1994	中国石油天然气总公司科技进步奖	三等奖	潜油电泵油井工况诊断技术研究	张琪等
63	1994	中国石油天然气总公司科技进步奖	三等奖	水力振荡解堵技术的推广应用	贺礼清等
64	1995	中国石油天然气总公司重大科技成果奖	重大奖	水平井成套技术研究	韩志勇等
65	1995	山东省科技进步奖	三等奖	裂缝稠油油田渗流理论研究	栾志安等
66	1996	山东省科技进步奖	一等奖	区块整体封堵大孔道技术研究及应用	赵福麟等
67	1996	中国石油天然气总公司科技进步奖	二等奖	人造硬质材料钻头破岩机理及设计	蔡镜仑等
68	1996	中国石油天然气总公司科技进步奖	二等奖	以调剖堵水为中心的区块综合治理技术	赵福麟等
69	1996	中国石油天然气总公司科技进步奖	三等奖	石油天然气行业标准《油田化学常用术语》	赵福麟等
70	1997	中国石油天然气总公司科技进步奖	三等奖	UPCWCS-1培训用井控模拟装置	夏月泉等
71	1998	中国石油化工集团公司科技进步奖	二等奖	胜利草桥油田砂砾岩稠油油藏热采水平井开采技术	张琪等
72	1998	山东省教委科技进步奖	二等奖	采油用剂（专著）	赵福麟等
73	1998	山东省教委科技进步奖	三等奖	分层地应力剖面建立技术研究	葛洪魁等
74	1999	中国石油天然气总公司科技进步奖	二等奖	地应力测量技术及其在油田勘探开发中的应用	葛洪魁等
75	1999	中国石油天然气总公司科技进步奖	二等奖	区块整体调剖堵水的优化决策	赵福麟、陈月明等
76	1999	中国石油天然气总公司科技进步奖	二等奖	大港低渗块状砂岩油藏水平井钻井技术	葛洪魁等
77	1999	山东省科技进步奖	二等奖	高压旋转射流处理近井地层增产增注的研究	李根生等

序号	获奖时间	奖励类别	等　级	获奖项目	完成人
78	1999	山东省科技进步奖	三等奖	孤东油田区块整体调剖决策技术研究	陈月明等
79	1999	山东省科技进步奖	三等奖	港东地区沙河街地层泥页岩井壁稳定性问题及对策研究	邱正松等
80	1999	山东省科技进步奖	三等奖	油田区块整体调剖技术研究	冯其红等
81	1999	山东省科技进步奖	三等奖	水平井试井分析方法研究及应用	姚军、陈月明等
82	1999	教育部科技进步奖	三等奖	高压旋转水射流处理近井地层增产增注的研究	李根生等
83	1999	教育部科技进步奖	三等奖	区块整体调剖堵水的 PI 决策技术	赵福麟等
84	1999	山东省教委科技进步奖	一等奖	水射流理论与技术	沈忠厚等
85	1999	山东省教委科技进步奖	三等奖	多股撞击射流流场的数值模拟研究	管志川等
86	1999	山东省教委科技进步奖	三等奖	旋转水射流理论及实验研究	王瑞和等
87	2000	中国石化集团公司科技奖	一等奖	屋脊式断块油藏和特稠油油藏侧钻水平井配套技术研究	韩志勇等
88	2000	中国石化集团公司科技奖	二等奖	孤东油田特高含水期堵调决策技术	冯其红等
89	2001	山东省科技进步奖	三等奖	声波防蜡技术研究	张建国等
90	2002	山东省技术发明奖	二等奖	区块整体调剖堵水的 PI 决策技术	赵福麟等
91	2002	山东省科技进步奖	三等奖	油气井水力喷砂射孔增产技术研究	李根生等
92	2003	教育部科技进步奖	二等奖	欠平衡钻井井筒多相流动规律研究	孙宝江、王瑞和、李村合、徐学军、乔文孝、赵欣欣、泰建民、马善洲、吕兰秀、杨成金、高永海、李小波
93	2003	山东省科技进步奖	三等奖	PDC 刮刀钻头	杨宝德、缪青维、张雷、周龙昌、陈建民、吴志明
94	2004	山东省科技进步奖	二等奖	自激波动注水技术研究	李根生、张武威、张德斌、高国强、牛继磊、安书林、黄中伟、杜书国、徐依吉
95	2004	山东省科技进步奖	二等奖	孤东油田出砂机理及治理对策研究	蒋官澄（第二完成人）

续表

序号	获奖时间	奖励类别	等级	获奖项目	完成人
96	2004	山东省科技进步奖	三等奖	泡沫冲砂技术研究	李兆敏、高建刚、王渊、马俊生、王德新、焦立华
97	2004	山东省科技进步奖	三等奖	欠平衡钻井多相流动水力参数设计和计算软件系统	孙宝江、李村合、秦永和、吴建文、吕兰秀、马善洲
98	2004	中国石油和化学工业协会科技进步奖	一等奖	欠平衡钻井多相流动水力参数设计和计算	孙宝江、李村合、秦永和、赵欣欣、齐金涛、李小波、吴建文、王瑞和、马金山、吕兰秀
99	2004	中国石油和化学工业协会科技进步奖	三等奖	胜坨油田特高含水期地层出砂规律及防砂治砂研究	李兆敏、袁谋、林日亿、高国强、王德新
100	2005	教育部科技进步奖	二等奖	剩余油饱和度描述方法研究——单砂体剩余油快速动态分析系统	姜瑞忠、杜殿发、吴义志、杜建辉
101	2005	山东省科技进步奖	一等奖	油田化学品产业化开发与应用示范	张贵才、葛际江、王业飞、藤厚开、孔瑛、孙铭勤、张在旭、孙德军、徐桂英、韩宝光、张秀香、毕建明
102	2005	山东省科技进步奖	一等奖	自振空化射流钻头研究	李根生、孙宝江、沈忠厚、汪志明、徐依吉、袁建强、黄中伟、赵成恩、孙铭新、刘明宇、吴波、牛继磊
103	2005	山东省科技进步奖	三等奖	合理钻井液类型及保护油气层配套技术研究	程远方、冯京海、邱正松、朱宽亮、王桂华、陈永浩
104	2005	山东省高等学校优秀科研成果奖	二等奖	声波解堵增产综合配套技术研究	张建国等
105	2005	中国机械工业科学技术奖	二等奖	自振空化射流钻头研究	李根生、孙宝江、沈忠厚、汪志明、程华国、袁建强、黄中伟、赵成恩、孙铭新
106	2005	中国机械工业科学技术奖	三等奖	抽油机井偏磨的动态诊断技术研究	王海文、高国强、张超、连经社、王一平

序号	获奖时间	奖励类别	等级	获奖项目	完成人
107	2005	中国石油和化学工业协会科技进步奖	一等奖	关键油田化学品开发与产业化应用	葛际江、张贵才、王业飞、孔瑛、孙铭勤、张在旭、张德斌等
108	2005	中国石油和化学工业协会科技进步奖	二等奖	缝洞型碳酸盐岩油藏试井解释理论与方法	姚军、王子胜、杨坚、杨敏、李爱芬、戴卫华、胡广杰、王殿生、陶军、李玉坤
109	2005	中国石油和化学工业协会科技进步奖	三等奖	地面驱动螺杆泵井诊断技术研究	王海文、陈镭、韩林、赵明宸、王晓宇
110	2005	中国石油和化学工业协会科技进步奖	三等奖	声波解堵增产综合配套技术研究	张建国、雷光伦、于世军、季迎春、朱继东
111	2005	中国石油和化学工业协会科技进步奖	三等奖	微生物提高采收率技术研究	雷光伦、陈辉、徐卫华、孙海龙、刘玉芳
112	2005	中国石油和化学工业协会科技进步奖	三等奖	塔河油田防硫化氢完井工艺技术研究	李兆敏、候子旭、张哲、马新忠、董斌
113	2005	中国石油和化学工业协会科技进步奖	三等奖	剩余油饱和度描述方法研究 - 单砂体剩余油快速动态分析系统	姜瑞忠、朱文春、李树庆、吴义志、杜建辉
114	2006	教育部科技进步奖	二等奖	井下油水分离技术研究	张琪、曲占庆等
115	2006	山东省科技进步奖	一等奖	稠油防砂开采及配套技术研究	蒋官澄等
116	2006	山东省科技进步奖	二等奖	高温高盐油藏提高采收率技术	侯健（第六完成人）
117	2006	山东省科技进步奖	三等奖	油气井钻柱力学理论及应用技术研究	管志川、韩志勇、黄根炉、史玉才、于永南、夏焱
118	2006	山东省科技进步奖	三等奖	高温酸化压裂添加剂的开发与应用	葛际江、孙铭勤、张贵才、宋文杰、何均、林涛
119	2006	中国石油和化学工业协会科技进步奖	一等奖	高温酸化压裂添加剂的开发与应用	孙铭勤、张贵才、葛际江、苏玉亮等
120	2006	中国石油和化学工业协会科技进步奖	一等奖	砂岩油藏油气层保护新技术	蒋官澄、冯其红等

序号	获奖时间	奖励类别	等级	获奖项目	完成人
121	2006	中国石油和化学工业协会科技进步奖	二等奖	油气井钻柱力学理论及应用技术研究	管志川、韩志勇、黄根炉、史玉才、李志刚等
122	2006	中国石油和化学工业协会科技进步奖	二等奖	三次采油潜力预测技术研究	侯健、陈月明、杜庆军等
123	2006	中国石油和化学工业协会科技进步奖	三等奖	改善聚合物驱提高采收率方法及其接替技术	李爱芬、姚军等
124	2006	中国石油和化学工业协会科技进步奖	三等奖	先进型油井堵水方法研究	赵福麟、戴彩丽、王业飞等
125	2006	中国石油和化学工业协会科技进步奖	三等奖	稠油大斜度井机械采油技术研究	王海文等
126	2006	中国石油和化学工业协会科技进步奖	三等奖	缓慢释放型缓蚀剂长效缓蚀技术研究	赵修太等
127	2006	中国石油和化学工业协会科技进步奖	三等奖	氮气泡沫发生系统的研制及其在海洋石油开发中的应用	李兆敏
128	2006	中国石油和化学工业协会科技进步奖	三等奖	稠油防砂开采及配套技术研究	蒋官澄等
129	2006	中国石油和化学工业协会科技进步奖	三等奖	深井水泥浆体系的研究	徐依吉、王瑞和等
130	2007	教育部科技进步奖	二等奖	复杂油藏试井解释新方法研究与应用	姚军、吴明录、李爱芬、吕爱民、张凯等
131	2007	山东省科技进步奖	二等奖	广谱"油膜"暂堵型保护油层钻井液体系研究与应用	蒋官澄、曹钧合、马先平、纪朝凤、刘应学、李师涛、李春山、胡成亮、熊英
132	2007	山东省科技进步奖	三等奖	可动凝胶深部调驱理论及配套技术研究	冯其红、韩冬、肖建洪、王代流、陈辉、张戈
133	2007	山东省科技进步奖	三等奖	油气井管柱力学理论及应用	管志川、韩志勇、史玉才等
134	2007	中国石油和化学工业协会科技进步奖	一等奖	流线数值试井解释方法与应用	姚军、吴明录、李爱芬、吕爱民、张凯、王建忠、胡航、王子胜、刘洪柯、王夕宾等
135	2007	中国石油和化学工业协会科技进步奖	一等奖	保护油气层钻井液新体系研究与应用	蒋官澄、李春山、于冰、冯国强、杨同伟、李美蓉等

序号	获奖时间	奖励类别	等 级	获奖项目	完成人
136	2007	中国石油和化学工业协会科技进步奖	二等奖	可动凝胶深部调驱理论及配套技术研究	冯其红、韩冬、裴永梅、李兆敏、张绍东、张戈、肖建洪、王代流、陈辉、陈月明
137	2007	中国石油和化学工业协会科技进步奖	二等奖	王场油田水驱储层参数变化机理与规律研究	陈月明、李淑霞、郝永卯等
138	2007	中国石油和化学工业协会科技进步奖	二等奖	泡沫酸选择性酸化油层工艺技术研究	李兆敏、李宾飞等
139	2007	中国石油和化学工业协会科技进步奖	三等奖	提高易渗漏小间隙井固井质量技术研究	步玉环、王瑞和、张锐、周卫东等
140	2007	中国石油和化学工业协会科技进步奖	三等奖	纤维复合无筛管防砂技术	曲占庆、齐宁等
141	2007	中国石油和化学工业协会科技进步奖	三等奖	气液井下分离排水采气技术研究	曲占庆、齐宁、董长银等
142	2007	中国石油和化学工业协会科技进步奖	三等奖	油田生产运行信息集成平台	樊灵、陆先亮、石二勇、刘建平、卞松梅
143	2007	中国石油和化学工业协会科技进步奖	三等奖	"信息化采油厂"研究与建设	卞松梅、樊灵、李荣权、谢晓霖、杜丙国
144	2007	中国石油和化学工业协会科技进步奖	三等奖	纳米微粒分散体成胶机制及调驱机理研究	孙仁远、王业飞、李淑霞、苏玉亮、侯健
145	2007	中国石油和化学工业协会科技进步奖	三等奖	主要增产增注措施效果预测与规划方法研究	冯其红、王群嶷、冯立、陈月明、张雷
146	2007	中国机械工业科学技术奖	三等奖	纤维复合无筛管防砂技术	曲占庆、齐宁、李晓军、蒋海岩、董长银
147	2008	教育部科技进步奖	一等奖	以深部调驱为中心的改善水驱技术	葛际江、冯其红、张贵才、孙铭勤、周洪涛等
148	2008	山东省科技进步奖	一等奖	七组分井筒多相流动计算技术及应用	孙宝江、李村合、王志远、高永海、赵欣欣等
149	2008	山东省科技进步奖	二等奖	先进型油井堵水方法研究与应用	戴彩丽、赵福麟、王业飞、杜殿发等
150	2008	山东省科技进步奖	三等奖	油气钻探工程中防漏堵漏技术研究	邱正松、魏慧明、吕开河、宋元森、陈钢花、黄达全

续表

序号	获奖时间	奖励类别	等级	获奖项目	完成人
151	2008	中国石油和化学工业协会科技进步奖	一等奖	氮气泡沫增产理论及应用研究	李兆敏、李宾飞、李松岩等
152	2008	中国石油和化学工业协会科技进步奖	一等奖	提高注聚驱油藏采收率与综合配套新技术研究	蒋官澄、李美蓉等
153	2008	中国石油和化学工业协会科技进步奖	一等奖	油井选择性堵水技术研究与应用	戴彩丽、赵福麟、王业飞、杜殿发、赵小明、任熵、焦翠等
154	2008	中国石油和化学工业协会科技进步奖	二等奖	油气钻探工程中防漏堵漏技术研究	邱正松、吕开河等
155	2008	中国石油和化学工业协会技术发明奖	二等奖	以深部调驱为中心的改善水驱技术	张贵才、葛际江、孙铭勤等
156	2008	中国石油和化学工业协会科技进步奖	三等奖	采油污水配注聚合物节水减排技术研究与应用	赵修太、刘德新、邱广敏等
157	2008	中国石油和化学工业协会科技进步奖	三等奖	高含水期油气藏控水防砂技术研究	齐宁、曲占庆、温庆志等
158	2008	中国石油和化学工业协会科技进步奖	三等奖	水平井压裂改造及砾石充填防砂技术	温庆志、曲占庆、齐宁等
159	2008	中国石油和化学工业协会科技进步奖	三等奖	胜坨油田聚合物驱窜聚机理及防窜技术研究	李兆敏等
160	2008	中国石油和化学工业协会科技进步奖	三等奖	油田常用钻井液对固井质量的影响分析及对策研究	吕开河、邱正松等
161	2008	中国石油和化学工业协会科技进步奖	三等奖	鲁克沁油田深层稠油开采配套技术	陈德春、薛建泉、孟红霞、李明忠、张艳玉
162	2008	中国石油和化学工业协会科技进步奖	三等奖	油田地面注水系统效率分析评价与优化技术研究	樊灵、冯国强等
163	2008	中国石油和化学工业协会科技进步奖	三等奖	化学驱提高原油采收率油藏工程理论与应用	侯健等
164	2009	山东省科技进步奖	一等奖	聚驱后地层残留聚合物再利用提高采收率技术研究与应用	戴彩丽、王业飞、赵福麟、侯健、冯其红、杜庆军等
165	2009	山东省科技进步奖	三等奖	难开发油藏试井解释新方法及应用	姚军、吴明录、李爱芬、范海军等
166	2009	教育部科技进步奖	二等奖	聚合物驱后提高采收率接替技术研究与应用	戴彩丽、赵福麟、康万利、冯其红、侯健、王业飞、仕熵、赵小明、焦翠
167	2009	中国石油和化学工业协会科技进步奖	一等奖	钻井平台位置优选与丛式井优化设计技术研究	管志川、史玉才、黄根炉、宋洵成、廖华林、韩志勇等

序号	获奖时间	奖励类别	等级	获奖项目	完成人
168	2009	中国石油和化学工业协会科技进步奖	一等奖	聚驱后利用地层聚合物絮凝调驱及配套技术研究与应用	戴彩丽、赵福麟、王业飞、冯其红、侯健、赵小明、焦翠等
169	2009	中国石油和化学工业协会科技进步奖	一等奖	稠油大斜度井机械采油技术研究与推广应用	王海文、张超等
170	2009	中石化科技进步奖	一等奖	特超稠油 HDCS 强化采油技术（第二完成单位）	李兆敏（第六完成人）
171	2009	中国石油和化学工业协会科技进步奖	二等奖	疏松砂岩稠油油藏注蒸汽开采工艺配套技术	蒲春生（第二完成人）、蒋官澄（第八）、赵修太（第九完成人）等
172	2009	中国石油和化学工业协会科技进步奖	二等奖	胶乳防气窜水泥浆体系的研究	徐依吉、王瑞和等
173	2009	中国石油和化学工业协会科技进步奖	二等奖	特低渗油藏渗流机理及开采技术研究	苏玉亮、郝永卯等
174	2009	中国石油和化学工业协会科技进步奖	二等奖	疏松砂岩油气藏防砂综合决策技术及 SCOffice 系统平台	董长银等
175	2009	中国石油和化学工业协会科技进步奖	二等奖	河流相厚油层提高采收率技术	王夕宾（第二完成人）、姚军（第四）、李爱芬（第六）、吕爱民（第十）
176	2009	中国石油和化学工业协会科技进步奖	二等奖	交联酸压裂液的研制与开发应用（第二完成单位）	王彦玲、赵修太等
177	2009	中国石油和化学工业协会科技进步奖	三等奖	长裸眼防漏堵漏钻井液技术研究	吕开河、邱正松等
178	2009	中国石油和化学工业协会科技进步奖	三等奖	磨料射流切割多层套管技术研究	周卫东、王瑞和、王明波、李罗鹏、杨永印
179	2009	中国石油和化学工业协会科技进步奖	三等奖	新型清洁压裂液技术研究与应用、（第二完成单位）	王彦玲等
180	2009	中国机械工业科学技术奖	二等奖	纳米微粒分散体成胶机制及调驱机理研究	孙仁远、李淑霞、苏玉亮
181	2010	教育部科技进步奖	一等奖	水力脉冲空化射流钻井技术及应用、（第二完成单位）	沈忠厚（第四完成人）、牛继磊（第五）、廖华林（第六）等
182	2010	中国石油和化学工业联合会科技进步奖	一等奖	高效柔绳 - 泵单机多井抽油技术	程远方（第二完成人）
183	2010	中国石油和化学工业联合会科技进步奖	一等奖	水力喷砂射孔压裂联作技术研究与应用（第二完成单位）	牛继磊（第四完成人）

续表

序号	获奖时间	奖励类别	等级	获奖项目	完成人
184	2010	中国石油和化学工业联合会科技进步奖	二等奖	火烧油层传热机理研究及筛选模式的建立	隋义勇（第三完成人）、曲占庆（第四）
185	2010	中国石油和化学工业联合会科技进步奖	二等奖	天然气水合物钻探与开采技术基础研究	王瑞和、任韶然、张卫东、陈月明、孙宝江、李淑霞、郝永卯、张锐等
186	2010	中国石油和化学工业联合会科技进步奖	二等奖	深井超高温水基钻井液技术研究及应用	邱正松、黄维安、王瑞和、徐加放等
187	2010	中国石油和化学工业联合会科技进步奖	二等奖	碳酸盐岩缝洞型油藏油藏工程方法与应用	吕爱民、王建忠、张凯、孙致学、王月英、姚军、王夕宾、刘均荣、李爱芬、吴明录
188	2010	中国石油和化学工业联合会科技进步奖	二等奖	油藏生产动态实时优化理论研究	张凯、姚军、孙致学、刘均荣、张黎明、吕爱民、王月英、吴明录等
189	2010	中国石油和化学工业联合会技术发明奖	三等奖	一种钻井用自胶结化学堵漏剂及其制备方法	吕开河、邱正松等
190	2010	中国石油和化学工业联合会科技进步奖	三等奖	水驱油藏开发评价一体化系统	崔传智、赵晓燕等
191	2010	中国石油和化学工业联合会科技进步奖	三等奖	高温高盐油藏提高采收率技术及资源评价	杜庆军、侯健等
192	2010	中国机械工业科学技术奖	二等奖	磨料射流切割多层套管技术研究	周卫东、王瑞和、王明波、李罗鹏、杨永印、步玉环、徐依吉、张锐、王成文等
193	2011	山东省科技进步奖	一等奖	复杂深层高温钻井液关键技术与工业化应用	邱正松、黄维安、徐加放、陈钢花、吕开河等
194	2011	山东省科技进步奖	三等奖	水平井分段改造增产技术及应用（第三完成单位）	牛继磊（第五完成人）
195	2011	教育部科技进步奖	二等奖	氮气泡沫发生系统及增产系列技术在国内外规模应用	李兆敏、李宾飞、李松岩等
196	2011	中国石油和化学工业联合会科技进步奖	一等奖	复杂结构井泡沫解堵增产系列技术研究与应用	李兆敏、李松岩、李宾飞等
197	2011	中国石油和化学工业联合会科技进步奖	二等奖	裂缝性特低渗油藏复合强化开采新技术与应用	蒲春生、吴飞鹏、刘静等

序号	获奖时间	奖励类别	等　级	获奖项目	完成人
198	2011	中国石油和化学工业联合会科技进步奖	二等奖	井底直接调制式脉冲磨料射流钻井技术研究与应用	倪红坚、王瑞和、杜玉昆、周卫东、王明波、张锐、朱丽红等
199	2011	中国石油和化学工业联合会科技进步奖	二等奖	SAGD蒸汽流动规律及氮气辅助技术	李兆敏（第三完成人）
200	2011	中国石油和化学工业联合会科技进步奖	二等奖	复杂地质条件下井身结构优化设计与套管柱安全可靠性评价技术与应用	管志川、廖华林、史玉才等
201	2011	中国石油和化学工业联合会技术发明奖	三等奖	抗温耐盐多功能钻井液降滤失剂SSPA、的研制与开发应用	樊泽霞、王杰祥、王腾飞等
202	2011	中国石油和化学工业联合会科技进步奖	三等奖	高含水油田化学驱渗流理论与技术及其工业化应用	侯健、陈月明等
203	2011	中国石油和化学工业联合会科技进步奖	三等奖	石油石化300问	张卫东、王瑞和、周卫东等
204	2011	国家能源科技进步奖	三等奖	疏松砂岩油气藏防砂综合决策技术及配套防砂工具	董长银等
205	2011	国家能源科技进步奖	三等奖	火烧油层传热机理研究及筛选模式的建立	蒋海岩等
206	2011	国家能源科技进步奖	三等奖	油井选择性堵水及配套技术研究与工业化应用	戴彩丽等
207	2011	国家能源科技进步奖	三等奖	高效柔绳—泵单机多井抽油技术	程远方等
208	2012	山东省科技进步奖	三等奖	特低渗透油田整体压裂开发关键技术	罗明良、温庆志等
209	2012	国家能源科技进步奖	一等奖	多组分多相复杂流动理论及其在油气井工程中的应用	孙宝江、王志远、李昊、王瑞和、刘刚、赵欣欣、李村合、高永海、公培斌等
210	2012	国家能源科技进步奖	三等奖	复杂地层钻井工程设计及风险评价技术与应用	管志川、廖华林、史玉才等
211	2012	中国石油和化学工业联合会科技进步奖	一等奖	异常高应力气藏完井及储层改造关键技术研究与应用（第三完成单位）	蒲春生、吴飞鹏
212	2012	中国石油和化学工业联合会科技进步奖	一等奖	低渗透油田整体压裂增产改造关键技术及应用	罗明良、温庆志、王彦玲、李明川等
213	2012	中国石油和化学工业联合会科技进步奖	一等奖	低渗透油藏驱替机理及提高采收率技术	苏玉亮、郝永卯、李明川、张亮等
214	2012	中国石油和化学工业联合会科技进步奖	三等奖	油气井控安全评价及控制技术	刘刚、金业权等

续表

序号	获奖时间	奖励类别	等 级	获奖项目	完成人
215	2012	中国石油和化学工业联合会科技进步奖	三等奖	环保型抗高温可循环微泡沫钻井液体系及应用	徐加放、邱正松等
216	2012	中国石油和化学工业联合会科技进步奖	三等奖	粉土p-y曲线及海洋平台加肋桩基技术	王腾等
217	2013	山东省科学技术进步奖	二等奖	高含水油田化学驱渗流理论与开发方法及工业化应用	侯健、陈月明、杜庆军等
218	2013	重庆市科技进步奖	三等奖	聚合物驱油防窜增油技术及应用	李兆敏
219	2013	教育部科技进步奖	二等奖	化学驱渗流理论与开发技术及其在高含水油田的工业化应用	侯健、陈月明、杜庆军等
220	2013	教育部技术发明奖	二等奖	微细双梯形缝防砂筛管及其精密等离子加工与工业化应用技术	李兆敏（第二完成人）、董长银（第五）
221	2013	国家能源科技进步奖	二等奖	化学驱渗流理论与开发技术及其在高含水油田的工业化应用	侯健等
222	2013	国家能源科技进步奖	三等奖	螺杆泵高效采油关键技术及应用	王海文等
223	2013	中国石油和化学工业联合会科技进步奖	一等奖	复杂条件下水平井化学控水提高采收率技术研究与应用	戴彩丽、赵福麟、冯其红、赵明伟、赵光、王森等
224	2013	中国石油和化学工业联合会科技进步奖	一等奖	化学驱渗流理论与开发技术及其在高含水油田的工业化应用	侯健、陈月明、杜庆军等
225	2013	中国石油和化学工业联合会科技进步奖	二等奖	油田含聚污水综合处理技术研究与应用	张贵才（第二完成人）
226	2013	中国石油和化学工业联合会科技进步奖	二等奖	螺杆泵高效采油关键技术及应用	王海文等
227	2013	中国石油和化学工业联合会科技进步奖	二等奖	低渗透油田复合增产增注技术研究与应用	蒋平、张贵才、葛际江等
228	2013	中国机械工业科学技术奖	二等奖	螺杆泵高效采油关键技术及应用	王海文等
229	2014	山东省技术发明奖	一等奖	氮气泡沫油气增产作业关键技术及工业化应用	李兆敏、李宾飞、李松岩等
230	2014	山东省科技进步奖	二等奖	复杂条件下水平井化学控水增油技术及应用	戴彩丽、冯其红、赵福麟、赵明伟等
231	2014	教育部科技进步奖	二等奖	缝洞型碳酸盐岩油藏开发新方法及应用	姚军、黄朝琴、孙致学、王月英、吴明录、刘均荣、吕爱民、张建光、李爱芬、樊冬艳等

序号	获奖时间	奖励类别	等　级	获奖项目	完成人
232	2014	中国石油和化学工业联合会科技进步奖	特等奖	超深井钻井技术研究及工业化应用	管志川（第三完成人）、廖华林（第十一）、史玉才（第二十三）
233	2014	中国石油和化学工业联合会科技进步奖	二等奖	非常规油气开发数字岩芯技术及应用	姚军、杨永飞、王建忠、李爱芬、侯健等
234	2014	中国石油和化学工业联合会科技进步奖	三等奖	疏松砂岩油气藏防砂完井系列著作与配套科普体系及其社会公益应用	董长银、张琪、陈德春等
235	2014	中国石油和化学工业联合会科技进步奖	三等奖	海上油田开发生产系统优化决策技术	冯国强、隋义勇等
236	2014	中国石油和化学工业联合会科技进步奖	三等奖	边底水油藏水介质分散型乳液调堵综合治理技术	齐宁等
237	2014	中国专利奖	优秀奖	超临界井筒多相流动实验装置	孙宝江、高永海、李明忠
238	2014	中国专利奖	优秀奖	酚醛树脂预缩聚体缓交联剂的制备方法（专利号：ZL200910231586.1）	戴彩丽、由庆、赵福麟、赵光、何龙
239	2015	中国石油和化学工业联合会科技进步奖	一等奖	疏水缔合聚合物水包水、油包水乳液的制备及在油气开采中的应用（第六完成单位）	齐宁（第九完成人）
240	2015	中国石油和化学工业联合会科技进步奖	一等奖	中东富油气区复杂地层井筒关键技术及工业化应用（第四完成单位）	邹德永（第十完成人）
241	2015	中国石油和化学工业联合会科技进步奖	二等奖	油田综合杀菌装置的研制及工业应用	张贵才（第二完成人）
242	2015	中国石油和化学工业联合会技术发明奖	二等奖	多重增效微乳凝胶压裂提高采收率技术及应用	刘德新、赵修太、任熵、汪龙梅等
243	2015	中国石油和化学工业联合会技术发明奖	三等奖	低渗透油藏压裂开发模拟技术与效果评价	苏玉亮（第二完成人）、郝永卯（第三）、李明川（第四）
244	2016	教育部科技进步奖	二等奖	聚胺高性能水基钻井液技术及工业化应用	邱正松、钟汉毅、黄维安、赵欣、江琳、曹杰等
245	2016	中国石油和化学工业联合会科技进步奖	一等奖	复杂钻井工况下井筒压力精确控制与工作液关键技术	孙宝江、邱正松、王志远、王成文、高永海、李昊、赵欣等
246	2016	中国石油和化学工业联合会科技进步奖	一等奖	复杂地质条件高性能水基钻井液技术及工业化应用	邱正松、钟汉毅、黄维安、赵欣等

续表

序号	获奖时间	奖励类别	等级	获奖项目	完成人
247	2016	中国石油和化学工业联合会科技进步奖	三等奖	基于井下与地面实时信息融合的井涌早期监测技术	高永海、李昊、孙宝江等
248	2016	海洋工程科学技术奖科技进步奖	二等奖	海洋钻井井筒安全压力设计方法及关键技术	王志远、李昊、孙宝江、高永海、赵欣欣、王金堂等
249	2016	陕西省科学技术奖	二等奖	延长东部甘谷驿老油田十年稳产关键技术研究与实践（第二完成单位）	蒲春生（第二完成人）
250	2016	青岛市科学技术奖科技进步奖	三等奖	基于井下实时信息与地面信息融合的井涌早期监测技术	李昊、高永海、王金波、时凤霞、郭艳利
251	2016	青岛市科学技术奖科技进步奖	三等奖	海洋钻井井筒流动安全设计关键技术	赵欣欣、孙宝江、刘晓兰、王志远、马永乾
252	2016	第十八届中国专利奖	优秀	稠油蒸汽吞吐深部封窜体系及其注入方法	戴彩丽、赵福麟等
253	2017	山东省科技进步奖	二等奖	复杂条件砂岩油田防砂关键技术与配套设备及工业化应用	董长银、刘永红等
254	2017	教育部自然科学奖	一等奖	非常规油气藏多尺度渗流理论与方法	姚军、孙海、黄朝琴、李爱芬、樊冬艳等
255	2017	中国石油和化学工业联合会科技进步奖	特等奖	非常规油气专用钻井液新技术及工业化应用（第四完成单位）	孙金声（第十一完成人）
256	2017	中国石油和化学工业联合会科技进步奖	一等奖	多元热流体吞吐增产关键技术及矿场应用	冯其红、张先敏、杜庆军、姜瑞忠等
257	2017	中国石油和化学工业联合会科技进步奖	一等奖	气体辅助稠油高效开发技术与工业化应用	李兆敏、李松岩、李宾飞、鹿腾、张超等
258	2017	中国石油和化学工业联合会技术发明奖	一等奖	疏松砂岩复杂油气藏防砂完井关键技术与装备及工业化应用	董长银、刘永红等
259	2017	中国石油和化学工业联合会技术发明奖	一等奖	非均相复合驱大幅度提高石油采收率的理论与实践（第二完成单位）	侯健（第五完成人）
260	2017	中国石油和化学工业联合会科技进步奖	三等奖	深水海管安全保障关键技术及应用	娄敏、包兴先、时晨、付光明等
261	2017	中国石油和化学工业联合会科技进步奖	三等奖	煤层气钻井液完井液关键技术及应用	黄维安、邱正松、张锐等
262	2017	中国煤炭工业协会科学技术奖	二等奖	沁水盆地南部高阶煤煤层气高效开发技术及产业化应用（第四完成单位）	周卫东（第六完成人）

序号	获奖时间	奖励类别	等级	获奖项目	完成人
263	2017	天津市技术发明奖	二等奖	复杂井况油井防砂开采一体化系统关键技术及应用（第二完成单位）	董长银（第三完成人）
264	2017	天津市科技进步奖	二等奖	BH-KSM高性能水基钻井液技术研究与规模化应用（第二完成单位）	邱正松（第三完成人）
265	2017	四川省科技进步奖	三等奖	页岩气井压裂设计优化技术（第三完成单位）	李亚军（第三完成人）
266	2017	山东高等学校优秀科研成果奖自然科学类	一等奖	水驱稠油油藏以深部调驱为中心的提高采收率关键技术与应用	裴海华、张贵才、葛际江、蒋平、孙铭勤等
267	2017	第十九届中国专利奖	优秀	基于钻井环空井筒多相流动计算的控压钻井方法（ZL201210305533.1）	孙宝江、王志远、马金山、周翔、马英文、丁晓洁
268	2017	第二届山东省专利奖	一等奖	一种适于高温高盐油藏堵水调剖用的堵水剂（ZL201310179545.9）	戴彩丽、赵明伟、赵光、赵福麟等
269	2017	中国石油和化工自动化行业科技进步奖	一等奖	海上衰竭油气田钻完井关键技术与工业化应用	张、锐（第二完成人）、孙宝江（第三）、程远方（第六）、步玉环（第十二）、周卫东（第十四）等
270	2017	中国石油和化工自动化行业科技进步奖	一等奖	非常规油气复杂结构井钻井液与工业化应用（第三完成单位）	吕开河（第二完成人）、孙金声（第七）、刘敬平（第九）、黄贤斌（第十二）等
271	2018	山东省科技进步奖	二等奖	复杂压力体系井筒安全高效构建关键技术及应用	孙宝江、王志远、王成文、李昊等
272	2018	山东省科技进步奖	二等奖	复杂地层油气储层保护技术与应用	吕开河、刘敬平、黄贤斌、孙金声等
273	2018	教育部科技进步奖	二等奖	稠油油藏多场耦合化学强化蒸汽高效开发及应用	戴彩丽、蒲春生、赵明伟、赵光、王森、刘静、吴一宁、孙永鹏、刘逸飞等
274	2018	中国石油和化工工业联合会技术发明奖	一等奖	稠油油藏波动-化学辅助蒸汽高效开发及应用	戴彩丽、蒲春生、赵光、赵明伟、刘静、王森、刘逸飞等
275	2018	中国石油和化工工业联合会科技进步奖	一等奖	复杂环境下油气生产管柱与集输管道安全保障关键技术及应用	高永海、孙宝江、王志远、李昊、赵欣欣等

续表

序号	获奖时间	奖励类别	等级	获奖项目	完成人
276	2018	中国石油和化学工业联合会科技进步奖	一等奖	油藏生产实时优化与智能调控技术及工业化应用	姚军、张凯、刘均荣、张黎明等
277	2018	中国石油和化学工业联合会科技进步奖	一等奖	南海西部超低压油气田高效建井技术与工业化应用	张锐、孙宝江、王瑞和、程远方、邹德永等
278	2018	中国石油和化学工业联合会科技进步奖	一等奖	海洋复杂地层与深水钻井液关键技术及工业化应用	邱正松、赵欣、钟汉毅、黄维安、徐加放等
279	2018	中国石油和化学工业联合会科技进步奖	二等奖	适度出砂多枝导流技术研究与应用	刘刚参与（第四完成单位）
280	2018	中国石油和化学工业联合会科技进步奖	二等奖	碎屑岩储层保护自适应钻井液技术与应用	刘敬平、黄贤斌、吕开河等
281	2018	中国石油和化学工业联合会科技进步奖	三等奖	提高长井段水平井延伸能力钻井技术及应用	史玉才、管志川、刘永旺、廖华林、宋洵成
282	2018	海洋工程科学技术奖	一等奖	海洋安全高效钻井流体技术创新与规模化应用	邱正松、赵欣、钟汉毅、黄维安、徐加放等
283	2018	第二十届中国专利奖	优秀奖	一种适于高温高盐油藏堵水调剖用的堵水剂（ZL201310179545.9）	戴彩丽、赵明伟、赵光、赵福麟
284	2018	新疆维吾尔自治区科学技术奖	一等奖	耐温抗盐聚合物凝胶体系开发与工业化应用	戴彩丽、赵明伟、吴一宁等
285	2018	中国石油和化工自动化行业科技进步奖	一等奖	基于不同油气储层特征的超低损害钻井液技术与应用	吕开河、刘敬平、黄贤斌、白英睿、范海明等
286	2018	中国石油和化工自动化行业科技进步奖	一等奖	薄层超稠油油藏注蒸汽吞吐后驱泄复合技术及应用（第三完成单位）	杜殿发（第十二完成人）
287	2019	山东省技术发明奖	二等奖	深地钻探难钻地层钻柱振动控制与提高钻速技术及应用	管志川、刘永旺、史玉才、廖华林等
288	2019	教育部技术发明奖	二等奖	深水天然气水合物钻采安全控制关键技术	孙宝江、高永海等
289	2019	教育部科技进步奖	二等奖	难开采稠油油藏注氮气高效开发关键技术与工业化应用	李兆敏、鹿腾、李松岩、李宾飞、张超等
290	2019	教育部科技进步奖	二等奖	老油田高效水驱优化决策与调控关键技术及工业化应用	冯其红、张先敏、崔传智、谷建伟等
291	2019	中国石油和化学工业联合会技术发明奖	二等奖	深部难钻地层井下钻柱减振增压提高钻速技术及应用	管志川、刘永旺、史玉才、廖华林、许玉强、宋洵成等

序号	获奖时间	奖励类别	等　级	获奖项目	完成人
292	2019	中国石油和化学工业联合会科技进步奖	三等奖	致密砂岩气田井网加密提高采收率技术与规模应用	孙致学、王文东等
293	2019	中国石油和化学工业联合会科技进步奖	三等奖	砾岩油藏岩芯数字化关键实验技术及应用	孙仁远（第三完成单位）
294	2019	中国石油和化学工业联合会科技进步奖	三等奖	煤层气深度有效支撑压裂技术与应用（第二完成单位）	戴彩丽（第三完成人）
295	2019	海洋工程科学技术奖	特等奖	深水柔性海管产品研发及工程应用	时晨、包兴先、娄敏、付光明、王森、刘志慧等
296	2019	第二十一届中国专利奖	优秀	锆冻胶分散体复合驱油体系及其制备方法（ZL201310595858.2）	戴彩丽、赵光、赵明伟等
297	2019	第三届山东省专利奖	一等奖	冻胶分散体连续在线生产及注入一体化方法	戴彩丽、赵光、赵明伟等
298	2019	第三届山东省专利奖	二等奖	井下增压提速系统	管志川、刘永旺等
299	2019	湖北省科技进步奖	二等奖	油气藏开发智能调控优化技术及工业化应用（第二完成单位）	张凯（第二完成人）、刘均荣（第十二）
300	2019	中国安全生产协会科技进步奖	二等奖	深部复杂压力体系地层井筒压力、安全控制技术及应用	王志远、孙宝江、吕开河、尹邦堂、李昊等
301	2019	中国安全生产协会科技进步奖	二等奖	深海钻井井喷重大安全事故预防、技术研究及应用（第四完成单位）	孙宝江（第六完成人）
302	2020	教育部技术发明奖	一等奖	深层/低渗油藏多尺度自生长冻胶分散体提高采收率关键技术及应用	戴彩丽、赵光、赵明伟等
303	2020	教育部科技进步奖	二等奖	深层稠油油藏热化学复合驱提高采收率关键技术及工业化应用	侯健、杜庆军、刘永革、韦贝等
304	2020	教育部科技进步奖	二等奖	水平井注驱采一体化体积压裂关键技术及工业化应用	苏玉亮、王文东、郝永卯、李蕾等
305	2020	山东省科技进步奖	一等奖	水驱油藏闭环智能生产优化与调控技术及工业化应用	张凯、刘均荣、张黎明、姚传进、樊灵等
306	2020	天津市科技进步奖	一等奖	海洋复杂油气田高效环保钻井液关键技术及规模应用（第二完成单位）	邱正松（第二完成人）、赵欣（第四）
307	2019	北京市科技进步奖	二等奖	海洋深水油气井筒流体精准调控关键技术及装备研发与应用（第四完成单位）	孙宝江（第二完成人）
308	2020	中国石油和化学工业联合会技术发明奖	一等奖	深层/低渗油藏多尺度自生长冻胶分散体深部调驱关键技术及应用	戴彩丽、赵光、刘逸飞、吴一宁等

续表

序号	获奖时间	奖励类别	等级	获奖项目	完成人
309	2020	中国石油和化学工业联合会科技进步奖	二等奖	页岩油气藏多尺度多相多组分数值模拟与高效开发技术及应用	孙海、杨永飞、张磊、严侠、姚军、樊冬艳等
310	2020	中国石油和化学工业联合会科技进步奖	二等奖	多径向井定向及立体压裂改造关键技术及工业化应用	郭天魁、曲占庆、李兆敏、齐宁、廖华林等
311	2020	中国石油和化学工业联合会科技进步奖	二等奖	陆相低压页岩油体积压裂关键技术及工业化应用	苏玉亮、王文东、郝永卯等
312	2020	中国石油和化学工业联合会科技进步奖	二等奖	致密砂岩气藏提产工作液关键技术与工业化应用	黄维安等
313	2020	中国石油和化学工业联合会技术发明奖	二等奖	海上钻井井筒压力精细控制关键技术与装备（第二完成单位）	高永海（第二完成人）、王雪瑞（第四）、赵欣欣（第六）、李昊（第八）
314	2020	中国石油和化学工业联合会科技进步奖	二等奖	高含水油田弹性颗粒悬浮体系高效驱油技术及应用（第二完成单位）	姚传进（第二完成人）、雷光伦（第五）
315	2020	中国石油和化学工业联合会技术发明奖	一等奖	非常规油气钻井中稳定井壁与保护油气层新技术及规模应用（第五完成单位）	吕开河（第八完成人）
316	2020	中国石油和化学工业联合会科技进步奖	一等奖	绿色清洁滑溜水压裂液体系的研究与工业化应用（第六完成单位）	戴彩丽（第七完成人）
317	2020	中国石油和化学工业联合会科技进步奖	一等奖	致密油靶向调控高效开采关键技术及应用（第五完成单位）	吴一宁（第六完成人）
318	2020	中国石油和化学工业联合会科技进步奖	一等奖	特高含水油田"二三结合"提高采收率关键技术与工业化应用（第四完成单位）	张凯（第八完成人）
319	2020	中国石油和化学工业联合会科技进步奖	一等奖	钻井地质环境因素描述技术与工业化应用（第三完成单位）	程远方（第五完成人）、管志川（第七）
320	2020	青岛市科学技术奖科技进步二等奖	二等奖	苛刻油藏超分子黏弹性流体调驱关键技术与工业化应用	范海明、杨红斌、李哲、康万利等
321	2020	青岛市科学技术奖科技进步三等奖	三等奖	密油气藏储层定量表征与开发工程一体化关键技术及工业化应用	孙致学等
322	2020	中国石油和化工自动化行业技术发明奖	一等奖	海洋复杂地层深水/深层钻井液关键技术及工业化应用（第二完成单位）	邱正松（第二完成人）
323	2020	中国石油和化工自动化行业科技进步奖	一等奖	威远龙马溪组页岩气高效开发技术与应用（第二完成单位）	李亚军（第六完成人）

序号	获奖时间	奖励类别	等　级	获奖项目	完成人
324	2020	中国石油和化工自动化行业科技进步奖	一等奖	裂缝性低渗砂岩油藏液流控制关键技术及规模应用（第四完成单位）	杨红斌（第五完成人）、康万利（第七）
325	2020	中国石油和化工自动化行业科技进步奖	一等奖	复杂断块特高含水期油田均衡驱替效益稳产关键技术（第二完成单位）	姜瑞忠（第五完成人）
326	2020	中国石油和化工自动化行业科技进步奖	三等奖	海上中深层稠油气体强化热采关键技术研究与应用（第二完成单位）	李兆敏（第三完成人）
327	2021	山东省科技进步奖	一等奖	非常规油气藏数值模拟关键技术及工业应用	姚军、黄朝琴、张磊、严侠等
328	2021	山东省科技进步奖	一等奖	海洋天然气水合物开采仿真模拟与调控关键技术及应用（第四完成单位）	孙金声（第二完成人）
329	2021	山东省技术发明奖	二等奖	海洋深层安全环保水基钻井液关键技术及工业化应用	邱正松、钟汉毅、赵欣等
330	2021	山东省科技进步奖	二等奖	页岩/致密油气高效钻井液技术与工业化应用	吕开河、黄贤斌、白英睿、王金堂等
331	2021	中国石油和化学工业联合会科技进步奖	特等奖	超深复杂油气藏钻完井关键技术创新与工业化（第四完成单位）	刘敬平（第八完成人）
332	2021	中国石油和化学工业联合会科技进步奖	一等奖	深层稠油油藏多元流体辅助高压蒸汽驱关键技术及应用	侯健、杜庆军、樊灵、鹿腾等
333	2021	中国石油和化学工业联合会科技进步奖	一等奖	老油田深度开发高效水驱技术及工业化应用	冯其红、王森、张先敏、葛际江、张纪远、王鹏等
334	2021	中国石油和化学工业联合会科技进步奖	一等奖	南海深水气田钻完井技术及工业化应用（第四完成单位）	孙宝江（第六完成人）、王志远（第十三）
335	2021	中国石油和化学工业联合会科技进步奖	一等奖	缝洞型碳酸盐岩油藏高效开发关键技术及工业化应用（第四完成单位）	黄朝琴（第九完成人）
336	2021	中国石油和化学工业联合会科技进步奖	二等奖	致密油气藏爆燃诱导缝网复合压裂关键技术及应用	罗明良、吴飞鹏、温庆志、刘均荣、史胜龙等
337	2021	中国石油和化学工业联合会科技进步奖	二等奖	复杂条件储层酸化酸压关键技术与应用	齐宁、张贵才、郭天魁、蒋平、周童等
338	2021	中国石油和化学工业联合会科技进步奖	三等奖	气藏型储气库高速注采产能诊断评价技术及应用（第三完成单位）	陈付真参与（第十完成人）
339	2021	中国石油和化学工业联合会科技进步奖	三等奖	煤层气排采关键参数监测方法创新及水平井无杆排采工艺规模化应用（第四完成单位）	张先敏（第五完成人）

续表

序号	获奖时间	奖励类别	等 级	获奖项目	完成人
340	2021	中国石油和化学工业联合会石油和化工行业专利奖	金奖	冻胶分散体连续在线生产及注入一体化方法（ZL201210506274.9）	戴彩丽、赵光、赵明伟等
341	2021	中国发明协会发明创业奖	一等奖	深水气井测试水合物防治关键技术及应用	王志远、孙宝江、高永海、陈立涛、孙小辉、李昊
342	2021	中国发明协会发明创业奖	一等奖	超深碳酸盐岩储层高导流远程酸压技术	王彦玲、罗明良等
343	2021	中国发明协会发明创业奖	二等奖	高温高盐低渗稠油油藏调驱关键化学剂与工业化应用	范海明、杨红斌、李哲、康万利等
344	2021	中国石油和化工自动化行业科技进步奖	一等奖	纳米复合压裂液体系与压裂排驱一体化技术及其应用	赵明伟、吴一宁、刘逸飞、戴彩丽等
345	2021	中国石油和化工自动化行业科技进步奖	一等奖	页岩油气藏多尺度耦合渗流模拟及高效开发关键技术与应用	杨永飞、张磊、孙海、宋文辉、黄朝琴、严侠、姚军、樊冬艳等
346	2021	中国石油和化工自动化行业科技进步奖	一等奖	特低渗和致密油藏压采一体化技术及规模应用（第六完成单位）	李蕾（第十一完成人）
347	2021	中国石油和化工自动化行业科技进步奖	一等奖	低渗透油藏 CO_2 驱油注采工程技术与应用（第四完成单位）	杨红斌（第六完成人）
348	2021	中国石油和化工自动化行业科技进步奖	二等奖	页岩油气高效堵漏及 CO_2 驱储量动用关键技术与应用（第三完成单位）	刘月亮（第三完成人）、刘永旺（第四）
349	2021	山西省科技进步奖	二等奖	煤层气排采关键参数监测方法创新及排采配套工艺研发与应用（第四完成单位）	张先敏（第五完成人）
350	2021	中国商业联合会科技进步奖	一等奖	定向井井眼轨迹精准控制技术及其在超深层油气钻井中的应用	刘永旺、廖华林、史玉才、许玉强、宋洵成、郭胜来、黄勇等
351	2021	青岛市科技进步奖	二等奖	致密油气藏强动载诱导缝网压裂协同流场调控关键技术与应用	吴飞鹏、刘静、罗明良、蒲景阳、蒲春生等
352	2022	山东省技术发明奖	二等奖	深层复杂环境定向钻井井眼优快延伸关键技术装备及应用	刘永旺、史玉才等
353	2022	山东省科技进步奖	二等奖	深层油气勘探与开发井筒工程风险防控技术及工业化应用	许玉强、管志川、宋洵成等
354	2022	教育部科技进步奖	一等奖	复杂裂缝性地层钻井液漏失高效控制技术及工业应用	孙金声、白英睿、吕开河、王金堂、黄贤斌等

序号	获奖时间	奖励类别	等 级	获奖项目	完成人
355	2022	教育部科技进步奖	一等奖	纳米流体协同清洁压裂液与压裂排驱一体化关键技术及应用	戴彩丽、吴一宁、赵明伟、李琳、刘逸飞、孙永鹏、高明伟等
356	2022	中国石油和化工自动化行业科技进步奖	一等奖	非常规储层双暂堵压裂改造关键技术与应用	郭天魁、陈铭、徐建春、曲占庆、齐宁、李航宇、葛际江、刘德新等
357	2022	中国石油和化工自动化行业科技进步奖	一等奖	复杂裂缝地层高效防漏堵漏技术与工业应用	白英睿、孙金声、吕开河、金家锋等
358	2022	中国石油和化工自动化行业科技进步奖	二等奖	南海深水浅层水合物钻采安全风险演化机理及调控方法	程远方、闫传梁、李淑霞、韩忠英、郝永卯等
359	2022	中国石油和化工自动化行业技术发明奖	一等奖	特殊地下资源与储气库钻井液技术及推广应用	黄贤斌（第六完成人）
360	2022	中国石油和化工自动化行业技术发明奖	一等奖	塔里木油田复杂难钻地层钻井提速关键工具工艺及应用	倪红坚（第四完成人）、刘永旺（第九完成人）
361	2022	中国石油和化工自动化行业技术发明奖	二等奖	海洋天然气水合物开采模拟技术与应用	王金堂（第四完成人）
362	2022	中国石油和化工自动化行业技术发明奖	三等奖	强封堵恒流变油基钻井液及其性能自动化监测技术	钟汉毅（第五完成人）
363	2022	中国石油和化工自动化行业科技进步奖	三等奖	延长油田低压低渗低产油藏高效开发关键技术与工业化应用	蒲春生参与
364	2022	中国发明协会发明创业奖创新奖	一等奖	非常规油气藏多尺度表征方法与一体化开发技术	杨永飞、宋文辉、张磊、孙海、孙致学
365	2022	中国发明协会发明创业奖创新奖	一等奖	新型超分子化学剂体系调驱关键技术	杨红斌、李哲、康万利等
366	2022	中国发明协会发明创业奖创新奖	一等奖	深层油气井筒安全构建与维护关键技术及应用	许玉强、管志川等
367	2022	中国发明协会发明创业奖创新奖	二等奖	致密油气压裂开发复杂缝网建模数模技术及工业化应用	徐建春、李航宇、郭天魁、刘树阳等
368	2022	中国发明协会发明创业奖成果奖	一等奖	非常规油气地层井壁强化技术及工业化应用	吕开河、黄贤斌、白英睿、王金堂
369	2022	中国发明协会发明创业奖成果奖	一等奖	低渗/页岩油气压裂渗吸排驱一体化关键材料与技术	吴一宁

序号	获奖时间	奖励类别	等级	获奖项目	完成人
370	2022	海洋工程科学技术奖基础研究类	一等奖	深水油气井筒多相变流动理论与调控方法	孙宝江、王志远、高永海、陈立涛、孙小辉、李昊、尹邦堂、王雪瑞、赵欣欣、付光明、王金堂等
371	2022	陕西省高等学校科学研究优秀成果奖（技术开发、发明、推广）	一等奖	致密油气藏多效应协同增产关键技术与应用（第三完成单位）	黄朝琴（第四完成人）、姚军（第九完成人）
372	2022	青岛市科技进步奖	一等奖	海洋深层复杂地层钻采安全风险预测与控制关键技术及应用	闫传梁（第二完成人）
373	2022	青岛市自然科学奖	二等奖	复杂孔隙结构碳酸盐岩弹性波传播特性与裂缝预测研究	王子振等
374	2022	青岛市科技进步奖	二等奖	裂缝性油藏多级定位调堵提高采收率关键技术及应用	杨红斌、李哲、康万利等
375	2022	中国商业联合会科技进步奖	一等奖	复杂难钻地层优快建井关键技术及其在深地油气开发中的应用	刘永旺、许玉强等
376	2022	中国商业联合会科技进步奖	一等奖	中深层地热能资源与地质固碳协同开发关键技术及工业化应用	孙致学、杨永飞、刘均荣、樊冬艳等
377	2022	中国商业联合会服务业科技创新奖	一等奖	深层油气田井筒安全构建关键技术与工业化应用	闫传梁、韩忠英、程远方等
378	2022	绿色矿山科技进步奖	一等奖	深层与非常规油气地层井漏防治机理与技术创新及规模应用	白英睿、孙金声、吕开河、黎剑、金家锋等
379	2022	中国石油和化工自动化行业技术发明奖	一等奖	直井多方位多级立体压裂关键技术与应用	郭天魁、廖华林、陈铭、齐宁、曲占庆、徐建春、刘德新、葛际江
380	2022	中国石油和化工自动化行业科技进步奖	一等奖	复杂储层深度酸化酸压精准改造关键技术及规模应用	齐宁、蒋平、郭天魁、陈铭、张贵才等
381	2022	中国石油和化工自动化行业科技进步奖	一等奖	海上油气井喷应急救援井钻井关键技术及应用（第五完成单位）	孙宝江（第四完成人）
382	2022	中国石油和化工自动化行业科技进步奖	二等奖	稠油靶向化学降黏关键技术及应用（第二完成单位）	刘逸飞（第二完成人）
383	2022	中国石油和化工自动化行业科技进步奖	三等奖	海上油田高含水期砂水协同控制与开采完井关键技术及应用（第二完成单位）	董长银（第三完成人）

序号	获奖时间	奖励类别	等　级	获奖项目	完成人
384	2022	中国产学研合作创新与促进奖产学研合作创新成果奖	二等奖	苛刻油藏耐温耐盐聚合物冻胶控水增油技术与工业化应用（第二完成单位）	刘逸飞、吴一宁、赵光参与
385	2022	中国产学研合作创新与促进奖产学研合作创新成果奖	优秀奖	深地钻井高效裂缝封堵井筒强化技术创新与规模应用（第二完成单位）	白英睿、王金堂参与
386	2023	教育部科技进步奖	一等奖	复杂裂缝性地层钻井液漏失高效控制技术及工业应用	孙金声、白英睿、许成元、吕开河、康毅力、王金堂、蒋官澄、黄贤斌、程荣超、唐洪林等
387	2023	教育部科技进步奖	一等奖	纳米流体协同清洁压裂液与压裂排驱一体化关键技术及应用	戴彩丽、吴一宁、赵明伟、李琳、刘逸飞、王欣、杨能宇、杨峰、井翠、孙永鹏等
388	2023	第二十四届中国专利奖	优秀奖	撬装式冻胶分散体生产装置和冻胶分散体及其制备方法及应用（专利号：ZL20181288180.2）	赵光、戴彩丽、杨海恩、李翔、易萍、艳辉

七、科研项目情况

附表 2-7　科研项目情况

序号	立项年度	项目负责人	项目类型	项目名称
1	1996	姚　军	973 计划课题	碳酸盐岩缝洞型油藏流体流动机理研究
2	2006	王瑞和	863 计划任务	自动垂直钻井系统底部钻具组合力学性能分析及配套钻井参数计算
3	2006	步玉环	863 计划任务	深水固井技术基础研究
4	2006	董长银	863 计划任务	大斜度井砾石充填模拟及工艺技术
5	2006	张建国	863 计划任务	声波防蜡降黏及解堵增产技术研究
6	2006	邱正松	863 计划任务	超深井抗高温钻井液技术研究
7	2007	孙宝江	863 计划课题	南海深水油气勘探开发关键技术及装备
8	2007	张贵才	国家支撑计划	改性羧酸盐和磺酸盐表面活性剂的创新开发及应用示范
9	2007	王业飞	863 计划任务	液体冻胶"封隔器"和反向承压堵水剂研究
10	2007	倪红坚	863 计划任务	井底岩屑磨料脉冲射流钻井技术研究
11	2007	葛际江	863 计划任务	稠油油藏混气表面活性剂驱油技术
12	2007	蒲春生	863 计划任务	超大功率超声波油井增油技术及其装备研究
13	2007	冯其红	863 计划任务	聚合物驱后提高采收率技术研究
14	2007	张贵才	863 计划任务	与蒸汽吞吐结合的表面活性剂驱油体系研究
15	2008	孙宝江	国家支撑计划	三高气井井筒压力控制技术
16	2008	刘瑞文	国家支撑计划	固井施工模拟与安全监控系统
17	2008	史玉才	国家支撑计划	三高气田钻井关键技术的安全评价指标的建立
18	2008	程远方	国家支撑计划	三高气田钻完井工程地质风险分析技术及套管、钻柱强度安全设计研究
19	2008	戴彩丽	863 计划任务	逐级深部调驱施工工艺及评价技术
20	2008	倪红坚	863 计划任务	水力脉冲射流辅助破岩工具研制及应用研究
21	2008	程远方	863 计划任务	低渗低丰度油气田井内动载压裂开采新技术
22	2008	王业飞	863 计划任务	聚合物驱 - 深部液流转向组合技术
23	2008	李爱芬	国家科技重大专项任务	缝洞型碳酸盐岩油藏工程方法研究
24	2008	侯　健	国家科技重大专项任务	高温高盐油藏化学驱效果评价及定量表征技术研究

续表

序号	立项年度	项目负责人	项目类型	项目名称
25	2008	谷建伟	国家科技重大专项任务	高温高盐化学驱油藏模拟关键技术研究
26	2008	程远方	国家科技重大专项任务	水合物区钻探过程风险评价技术
27	2008	戴彩丽	国家科技重大专项任务	地层残留聚合物再利用技术
28	2008	王业飞	国家科技重大专项任务	海上油田化学驱增效技术研究
29	2008	刘 刚	国家科技重大专项任务	海上油田适度出砂监控系统研究
30	2008	刘 刚	国家科技重大专项任务	定向井防碰地面监测及预警系统研究
31	2008	苏玉亮	国家科技重大专项任务	西非深水典型油气田高效开发模式与评价技术研究
32	2008	康万利	国家科技重大专项任务	CO_2 输送储存及注入技术研究
33	2008	姚 军	国家科技重大专项任务	海上大井距多层合采稠油油藏开发调整方案优化设计方法研究
34	2008	李爱芬	国家科技重大专项任务	离散裂缝网络油藏数值模拟技术
35	2008	樊 灵	国家科技重大专项任务	海上油田开发生产系统优化决策技术矿场应用研究
36	2008	黄根炉	国家科技重大专项任务	低渗油气田高效开发钻井优化设计技术
37	2008	郝永卯	国家科技重大专项任务	西非深水典型油气田高效开发模式与评价技术研究
38	2008	程远方	国家科技重大专项任务	煤岩裂缝扩展数值仿真与压裂优化设计理论研究
39	2008	姜瑞忠	国家科技重大专项任务	特低渗透油层有效补充能量开发技术（1子课题）
40	2008	戴彩丽	国家科技重大专项任务	煤层气藏低伤害高效能压裂液
41	2008	蒋官澄	国家科技重大专项任务	复杂结构井优化设计与控制关键技术
42	2008	吕爱民	国家科技重大专项任务	海上大井距多层合采稠油油藏开发调整技术政策研究
43	2008	赵修太	国家科技重大专项任务	储层保护机理及新技术研究
44	2009	蒋官澄	国家自然科学基金杰出青年科学基金	洗井、固井、油层等损害与保护
45	2009	李兆敏	国家科技重大专项任务	砂岩油藏开采后期多相泡沫体系调驱技术
46	2009	王瑞和	国家科技重大专项任务	特殊岩性地层井壁、稳定及优化钻井技术研究
47	2009	蒲春生	国家科技重大专项任务	低渗油藏波动 - 化学复合强化开采技术
48	2010	管志川	973 计划课题	深井复杂地层钻井设计平台与风险控制机制
49	2010	孙宝江	国家自然科学基金重点项目	超临界二氧化碳在非常规油气藏中应用的基础研究

续表

序号	立项年度	项目负责人	项目类型	项目名称
50	2010	徐依吉	山东省自然科学基金重点项目	粒子冲击钻井技术理论与关键技术
51	2010	戴彩丽	中国石化科技计划项目	储层大孔道选择性封堵技术研究与应用
52	2010	高永海	863 计划任务	低剪切配注工具的流场数值分析与结构优化
53	2010	任韶然	973 计划任务	CO_2 驱过程中多相体系非线性渗流
54	2010	王瑞和	973 计划任务	新型射流高效破岩钻井的基础研究
55	2011	姚 军	973 计划课题	碳酸盐岩缝洞型油藏开采机理及数值模拟
56	2011	李兆敏	973 计划任务	注气辅助 SAGD 技术研究与现场试验
57	2011	周卫东	973 计划任务	垂直钻井底部钻具运动状态研究
58	2011	邱正松	国家科技重大专项任务	复杂地质条件下钻井液高温高压固井技术研究
59	2011	孙仁远	国家科技重大专项任务	裂缝 - 孔隙型碳酸盐岩稠油油藏渗流机理与数值模拟研究
60	2011	李宾飞	国家科技重大专项任务	多相泡沫油藏深部调驱复合技术研究
61	2011	蒲春生	国家科技重大专项任务	低渗油藏大功率谐振波 - 化学驱复合技术研究
62	2011	徐依吉	国家科技重大专项任务	径向水平井磨料射流技术研究
63	2011	周卫东	国家科技重大专项任务	煤层气深穿透射流技术、钻井液技术及开发技术集成评价研究
64	2011	姚 军	国家科技重大专项任务	海上大井距多层合采稠油油藏开发生产实时优化技术研究
65	2011	冯其红	国家科技重大专项任务	煤层气数值模拟与开发综合评价技术
66	2011	冯其红	国家科技重大专项任务	海上稠油油藏高含水期剩余油分布机理研究
67	2011	樊 灵	国家科技重大专项任务	海上油田生产运行管理智能决策支持技术研究
68	2011	管志川	国家科技重大专项任务	井身结构优化技术与井下钻柱减振增压技术研究
69	2011	孙宝江	国家科技重大专项任务	深水钻井水力学及井控关键技术研究
70	2011	黄根炉	国家科技重大专项任务	基于地质力学参数的低渗油气藏井眼轨道优化设计技术研究
71	2011	刘 刚	国家科技重大专项任务	多枝导流适度出砂及海上油田丛式井网整体加密钻采技术示范
72	2011	刘 刚	国家科技重大专项任务	海上油田丛式井网整体加密调整多平台钻井趋近井筒监测方法研究

序号	立项年度	项目负责人	项目类型	项目名称
73	2011	刘 刚	国家科技重大专项任务	海上稠油油田适度出砂地面监测技术及装置研究
74	2011	邱正松	国家科技重大专项任务	海外典型油田厚盐岩层钻井液体系研究
75	2011	陈建民	国家科技重大专项任务	大型导管架大壁厚导管、拉筋焊后热处理装置设计及 viv 数值模拟分析研究
76	2011	李兆敏	国家科技重大专项任务	委内瑞拉 MPE3 区块泡沫油流变性与渗流规律研究
77	2011	侯 健	国家科技重大专项任务	化学驱效果评价方法研究
78	2011	侯 健	国家科技重大专项任务	海上油田提高采收率潜力评价及开发方式优化技术研究
79	2011	王业飞	国家科技重大专项任务	渤海化学驱油田整体调驱技术研究
80	2011	崔传智	国家科技重大专项任务	特高含水期层系井网重整优化方法研究
81	2011	戴彩丽	国家科技重大专项任务	氮气泡沫压裂液起泡剂研发
82	2011	程远方	国家科技重大专项任务	煤岩裂缝扩展理论研究与压裂优化设计软件开发
83	2011	吕爱民	国家科技重大专项任务	基于离散缝洞网络模型的数值模拟技术
84	2011	李兆敏	国家科技重大专项任务	泡沫压裂液体系研制
85	2011	赵修太	国家科技重大专项任务	低渗碎屑岩气藏保护新技术及超低损害保护液研究
86	2011	邱正松	国家科技重大专项任务	复杂底层井壁稳定控制及储层改造技术研究
87	2011	任韶然	国家科技重大专项任务	CO_2 驱油藏监测技术研究及优化
88	2011	邹德永	国家科技重大专项任务	薄互层水平井导向 PDC 钻头优化设计及导向特性研究
89	2011	张建国	国家科技重大专项任务	薄互层低渗透油藏先导试验区块开发技术策略研究
90	2011	姜瑞忠	国家科技重大专项任务	薄互层低渗透油藏渗流机理与非线性渗流基础模型研究
91	2011	姜瑞忠	国家科技重大专项任务	特低渗透油藏非线性数值模拟技术
92	2011	李爱芬	国家科技重大专项任务	剩余油形成机理及定量分析方法研究
93	2011	侯 健	山东省自然科学基金杰出青年科学基金	微观渗流实验与模拟
94	2011	倪红坚	山东省自然科学基金重点项目	稠油油藏超临界二氧化碳连续管钻井理论与关键技术
95	2012	姚 军	国家自然科学基金重点项目	页岩气藏开采基础研究
96	2012	孙宝江	国家自然科学基金联合基金重点支持项目	非常规天然气储层超临界二氧化碳压裂工程基础研究

续表

序号	立项年度	项目负责人	项目类型	项目名称
97	2012	程远方	国家科技重大专项任务	复杂地层坍塌机理研究
98	2012	苏玉亮	国家科技重大专项任务	薄互层低渗透油藏目标区块实施效果评价方法研究
99	2012	李兆敏	国家科技支撑计划任务	示范区 CO_2 驱气窜规律研究
100	2012	王瑞和	973 计划任务	新型射流高效破岩钻井的基础研究
101	2012	管志川	863 计划任务	海上大位移井钻井液关键技术研究
102	2012	管志川	863 计划任务	基于钻柱中声信号传播的井下信息传输技术及传输系统研制
103	2012	史玉才	863 计划任务	大位移井钻柱屈曲特性分析及水力参数优化设计技术研究
104	2012	李 昊	863 计划任务	大位移井固井顶替效率数值模拟
105	2013	姚 军	863 计划课题	深水油气田智能完井关键技术
106	2013	李兆敏	863 计划任务	致密砂岩气藏低伤害压裂液体系研究与应用
107	2013	赵欣欣	863 计划任务	水下生产系统端部连接方法研究
108	2013	康万利	国家科技重大专项任务	CO_2 驱采出液脱水及污水处理技术研究
109	2013	董明哲	中国石化科技计划项目	页岩气渗流机理及有效动用条件研究
110	2014	董明哲	973 计划课题	陆相页岩油储集性能与流动机理
111	2014	王瑞和	973 计划课题	超临界二氧化碳破岩及井筒控制理论
112	2014	张先敏	国家科技重大专项任务	低渗透油藏水平井近井渗流特征描述技术研究
113	2014	步玉环	863 计划任务	大位移井套管安全下入计算分析技术
114	2014	程远方	863 计划任务	大位移井井壁稳定及考虑井身质量的摩阻扭矩预测技术
115	2014	姚 军	国家自然科学基金重大项目课题	页岩油气多尺度渗流特征与开采理论
116	2014	戴彩丽	国家自然科学基金杰出青年科学基金	提高采收率与油田化学
117	2014	葛际江	山东省自然科学基金重点项目	气溶性起泡剂的构建及其对气驱调控作用研究
118	2014	杜殿发	中国石油科技创新基金项目	页岩气藏渗流机制及产能评价研究
119	2014	戴彩丽	中国石化科技计划项目	热采筛管水平井复合凝胶颗粒堵水技术研究
120	2014	戴彩丽	中国石化科技计划项目	水平井暂堵实现选择性堵水及相渗改造复合技术研究
121	2014	戴彩丽	中国石化科技计划项目	稠油油藏温控调剖复合降黏体系的研究与应用

序号	立项年度	项目负责人	项目类型	项目名称
122	2014	任韶然	中国石化科技计划项目	注空气泡沫提高采收率机理研究
123	2014	王瑞和	中国石化科技计划项目	南方复杂深井特种井眼钻井配套技术研究
124	2014	戴彩丽	中国石化科技计划项目	孤岛中二北油田热触变可逆流体组合蒸汽深部防窜研究与应用
125	2014	蒲春生	中国石化科技计划项目	裂缝性特低渗透油藏自适应深部调驱技术
126	2015	孙宝江	973 计划	海洋深水油气安全高效钻完井基础研究
127	2015	孙宝江	973 计划课题	深水钻井非稳态多相流动规律与井筒压力控制方法
128	2015	邱正松	973 计划课题	深水油气井完井与测试优化方法
129	2015	戴彩丽	973 计划课题	提高致密油储层采收率机理与方法研究
130	2015	冯其红	973 计划任务	致密油开发井网系统与压力系统优化方式
131	2015	戴彩丽	山东省自然科学基金重点项目	耐温耐盐亚微米软体非均相复合驱油体系相互作用机制研究——前瞻性专题
132	2015	葛际江	中国石化科技计划项目	致密油气藏压裂液返排规律及伤害机理研究
133	2015	任韶然	中国石化科技计划项目	注空气泡沫提高采收率机理研究
134	2015	吕爱民	中国石化科技计划项目	缝洞型油藏流动机理研究
135	2015	陈德春	中国石化科技计划项目	提高采油系统效率与智能化监控技术
136	2016	王志远	国家重点研发计划课题	极地冰区钻井防寒工艺技术研究
137	2016	娄　敏	国家重点研发计划课题	超深水多用途柔性管结构设计分析技术研究
138	2016	时　晨	国家重点研发计划课题	超深水多用途柔性管无损检测、智能监测与试验验证研究
139	2016	李淑霞	国家重点研发计划课题	海洋水合物钻完井及安全监测技术
140	2016	李爱芬	国家科技重大专项任务	不同类型剩余油水驱方式及作用机理
141	2016	谷建伟	国家科技重大专项任务	胜利油田特高含水期提高采收率技术 - 特高含水后期整装油田延长经济寿命期开发技术 - 特高含水整装油田流场调整方法研究
142	2016	崔传智	国家科技重大专项任务	胜利油田特高含水期提高采收率技术 - 复杂断块油田提高采收率技术 - 平面分区均衡动用主控因素及优化调控方法研究
143	2016	范海军	国家科技重大专项任务	南大西洋两岸重点盆地油气勘探开发关键技术 - 油气资产价值评估及投资优化组合技术课题 - 海外多目标投资优化组合模型研究任务

续表

序号	立项年度	项目负责人	项目类型	项目名称
144	2016	邹德永	国家科技重大专项任务	南大西洋两岸被动陆缘盆地油气勘探开发关键技术项目 - 海上油气田关键工程技术课题 - 岩石研磨性评价及钻头磨损方程研究
145	2016	戴彩丽	国家科技重大专项任务	缝洞型碳酸盐岩油气藏提高采收率关键技术项目 - 缝洞型油藏堵调及靶向酸压工艺技术课题 - 流道调整用剂与设计方法研究
146	2016	冯其红	国家科技重大专项任务	胜利油田特高含水期提高采收率技术 - 特高含水油田高效采油工程技术 - 堵水调剖数值模拟技术研究
147	2016	李兆敏	国家科技重大专项任务	胜利油田特高含水期提高采收率技术 - 特高含水油田高效采油工程技术 - 纳米氮气泡沫体系研究
148	2016	李明忠	国家科技重大专项任务	胜利油田特高含水期提高采收率技术 - 特高含水油田高效采油工程技术 - 特高含水期斜井有杆泵举升优化设计技术研究
149	2016	吕爱民	国家科技重大专项任务	缝洞型油藏注气参数优化研究 - 缝洞型油藏注气提高采收率关键技术课题 - 缝洞型油藏注气参数优化研究
150	2016	孙宝江	国家科技重大专项任务	海洋深水油气田开发工程技术项目 - 深水钻完井工程技术课题 - 深水钻井井控软件研发及井涌早期监测装置研制任务
151	2016	侯　健	国家科技重大专项任务	海上稠油高效开发新技术项目 - 海上油田化学驱油技术课题 - 海上油田全过程提高采收率模式与优化研究任务
152	2016	冯其红	国家科技重大专项任务	海上稠油高效开发新技术项目 - 海上稠油油田开发模式研究课题 - 海上高含水期油藏大井距井网加密适量优化与注采结构调整技术
153	2016	高永海	国家科技重大专项任务	深井超深井钻井关键技术与装备项目 - 钻井工程一体化软件课题 - 深井超深井钻井安全设计与风险评价系统及深井超深井钻井水力学设计软件开发
154	2016	董明哲	国家科技重大专项任务	储层改造关键技术与装备项目 - 水平井压裂设计优化系统课题 - 压裂水平井产能预测技术及系统模块开发任务
155	2016	李松岩	国家科技重大专项任务	美洲地区超重油与油砂有效开发关键技术项目 - 油砂有效开发与提高 SAGD 效果新技术课题 - 多元热流体辅助 SAGD 开采技术研究

序号	立项年度	项目负责人	项目类型	项目名称
156	2016	李明忠	国家科技重大专项任务	美洲地区超重油与油砂有效开发关键技术项目 - 油砂有效开发与提高 SAGD 效果新技术课题 - 长水平井段 SAGD 多点均匀注汽方式与工艺研究
157	2016	史玉才	国家科技重大专项任务	非常规油气钻井关键技术与装备项目 - 旋转导向钻井系统研制课题 - 旋转导向系统钻柱力学及井眼轨迹调控机制研究任务
158	2016	赵修太	国家科技重大专项任务	中西部盆地碎屑岩层系油气富集规律与勘探关键技术 - 中西部地区碎屑岩领域勘探关键技术课题 - 碎屑岩储层水平井压裂优化设计软件开发
159	2016	邱正松	国家科技重大专项任务	深井超深井钻井关键技术与装备项目 - 深井超深井优质钻井液与固井完井技术研究课题 - 复杂地层钻井液防塌技术对策研究及纳米微乳液冲洗技术研究任务
160	2016	鹿　腾	国家科技重大专项任务	稠油／超稠油开发关键技术项目 - 改善 SAGD 开发效果技术研究与应用课题 - 烟道气改善 SAGD 开发效果研究任务
161	2016	王杰祥	国家科技重大专项示范工程	CO_2 捕集与循环注入技术优化项目 - 低渗透油藏 CO_2 驱气窜与评价技术示范工程任务
162	2016	李宾飞	国家科技重大专项示范工程	CO_2 捕集与循环注入技术优化项目 - 低渗透油藏 CO_2 泡沫驱油体系研究示范工程任务
163	2016	王瑞和	国家科技重大专项示范工程	大型油气田及煤层气开发涪陵页岩气开发示范工程 - 变曲率井眼轨道设计方法研究
164	2016	张　亮	国家科技重大专项任务	CO_2 捕集、驱油与埋存关键技术及规模应用项目 - 新疆低渗透砾岩油藏 CO_2 驱油与埋存先导试验课题 - 含 CO_2 伴生气高效处置及回注一体化技术集成任务
165	2016	范海明	国家科技重大专项任务	化学驱采出液破乳剂开发与增效对策研究
166	2016	姚　军	国家科技重大专项示范工程	彭水地区常压页岩气勘探开发示范工程 - 基于数字岩芯的页岩气围观流动模拟及产能评价方法研究
167	2016	徐加放	国家科技重大专项任务	滇东黔西高应力多层叠置含气系统煤层气开发技术研究和先导性试验项目 - 易漏易塌地层钻完井及储层保护技术研究课题 - 储层敏感性特征评价
168	2016	王成文	国家科技重大专项任务	滇东黔西高应力多层叠置含气系统煤层气开发技术研究和先导性试验项目 - 易漏易塌地层钻完井及储层保护技术研究课题 - 强化煤层胶结与低伤害的固井技术研究

续表

序号	立项年度	项目负责人	项目类型	项目名称
169	2016	李爱芬	国家科技重大专项任务	海上油田化学驱合理井网井距及剩余油定量描述技术研究
170	2016	王业飞	国家科技重大专项任务	渤海复杂河流相油田经济高效化学驱油体系优化设计研究及示范协议
171	2016	包兴先	国家重点研发计划任务	超深水多用途柔性管制备工艺研究
172	2016	金业权	国家重点研发计划任务	海洋石油天然气开采事故防控技术研究及工程示范
173	2016	孙宝江	国家重点研发计划任务	水合物开采过程气-液-固多相流动规律与泥砂控制机子任务2
174	2016	林英松	国家重点研发计划任务	水合物试采安全钻井工艺及装备技术研究与应用
175	2016	陈立涛	国家重点研发计划任务	水合物开采过程气-液-固多相流动规律与泥砂控制机子任务4
176	2016	程远方	国家重点研发计划任务	海洋水合物钻完井关键技术研究
177	2016	姜瑞忠	国家科技重大专项任务	低渗特低渗油藏耦合力学特性的多重介质模拟方法
178	2016	王杰祥	国家科技重大专项任务	低渗透油藏 CO_2 驱气窜与评价技术
179	2016	李兆敏	国家科技重大专项任务	多元热流体辅助 SAGD 开采技术研究
180	2016	吕爱民	国家科技重大专项任务	缝洞型油藏注气参数优化技术研究
181	2016	李爱芬	国家科技重大专项任务	不同类型剩余水驱方式及作用机理
182	2016	姚　军	国家科技重大专项任务	基于数字岩芯的页岩气微观流动模拟及产能评价方法研究
183	2016	戴彩丽	国家自然科学基金联合基金重点支持项目	超低渗油藏活性纳米流体降压增注及渗吸排驱机理研究
184	2016	王志远	国家自然科学基金优秀青年科学基金	油气井多相流动理论及应用
185	2016	侯　健	国家自然科学基金杰出青年科学基金	油气藏渗流力学与提高采收率方法
186	2016	葛际江	中国石油科技创新基金项目	超低渗透油藏气溶性起泡剂调控二氧化碳流度研究
187	2016	崔传智	中国石化科技计划项目	整装油田特高含水期流场调控优化方法研究
188	2017	董长银	国家重点研发计划课题	水合物开采过程气-液-固多相流动规律与泥砂控制机理
189	2017	郝永卯	国家科技重大专项任务	渤海湾盆地济阳坳陷致密油开发示范工程-砂砾岩油藏多段压裂注水开发优化研究
190	2017	冯其红	国家科技重大专项任务	松辽盆地致密油开发示范工程-致密油水平井体积压裂裂缝参数优化与经济技术评价

序号	立项年度	项目负责人	项目类型	项目名称
191	2017	郝永卯	国家科技重大专项任务	鄂尔多斯盆地致密油开发示范工程 - 致密油水平井体积压裂开发模式及参数优化研究
192	2017	姜瑞忠	国家科技重大专项任务	低渗 - 超低渗油藏有效开发关键技术项目——低渗 - 特低渗油藏水驱扩大波及体积方法与关键技术课题
193	2017	刘　威	国家科技重大专项任务	致密油气藏多重嵌套介质多组分模型及生产优化研究
194	2017	鹿　腾	国家科技重大专项任务	低渗 - 特低渗油藏纳米流体对储层油水相渗特性影响机及其驱油效果研究
195	2017	齐　宁	国家科技重大专项任务	丝绸之路经济带碳酸盐岩高效开发技术项目 - 中亚和中东地区复杂碳酸盐岩油气藏采油采气关键技术研究与应用课题 - 碳酸盐岩复合深度改造优化设计方法及配套技术研究
196	2017	邱正松	国家科技重大专项任务	海外重点区勘探开发关键技术项目 - 海外重点油气田开发钻采关键技术课题 - 环保钻井液与防漏堵漏新技术研究
197	2017	邱正松	国家科技重大专项任务	海相碳酸盐岩大中型油气田分布规律及勘探评价项目 - 海相碳酸盐岩超深油气井关键工程技术课题 - 耐高温钻井液及压裂液性能控制方法研究
198	2017	曲占庆	国家科技重大专项任务	渤海湾盆地济阳坳陷致密油开发示范工程 - 致密油藏压裂完井技术任务 - 定向井压裂工艺优化分析及材料研发
199	2017	苏玉亮	国家科技重大专项任务	渤海湾盆地济阳坳陷致密油开发示范工程 - 长缝压裂适配井网开发技术政策优化研究
200	2017	苏玉亮	国家科技重大专项任务	鄂南长 7 页岩油流动机理及数值模拟技术
201	2017	张　锐	国家科技重大专项任务	盐间页岩油完井技术研究
202	2017	崔传智	国家科技重大专项任务	多措施协同优化方法研究
203	2017	侯　健	国家科技重大专项任务	化学驱动态预警方法及油藏工程研究
204	2017	黄朝琴	国家科技重大专项任务	考虑微尺度流动机制的页岩气藏数值模拟技术研究
205	2017	姜瑞忠	国家科技重大专项任务	厚层非均质性气藏产能评价及预测技术研究
206	2017	李亚军	国家科技重大专项任务	压裂水平井产能预测技术及系统模块开发
207	2017	孙致学	国家科技重大专项任务	堵水调剖数值模拟技术研究

序号	立项年度	项目负责人	项目类型	项目名称
208	2017	王彦玲	国家科技重大专项任务	耐高温钻井液、压裂液性能控制方法研究（子课题二）
209	2017	姚　军	国家科技重大专项任务	低渗 - 致密油藏描述新方法与开发模式——低渗 - 致密油藏开发模式
210	2017	鹿　腾	国家科技重大专项任务	烟道气改善 SAGD 开发效果研究
211	2017	张　锐	国家科技重大专项任务	潜江与泌阳凹陷页岩油勘探开发目标评价（盐间页岩油完井技术研究）
212	2017	高永海	国家重点研发计划任务	极地冷海钻完井关键技术研究 - 钻井工艺及井筒工作液关键技术
213	2017	张　凯	国家自然科学基金优秀青年科学基金	复杂油藏生产实时优化理论与方法
214	2017	孙金声	国家自然科学基金联合基金重点支持项目	超深井安全高效井筒工作液构建及调控方法基础研究
215	2017	冯其红	国家自然科学基金联合基金重点支持项目	页岩油流动机理与开发优化的基础理论研究
216	2017	孙宝江	国家自然科学基金联合基金重点支持项目	超深层天然气藏开发基础理论研究
217	2017	杨永飞	国家自然科学基金国际（地区）合作与交流项目	富有机质页岩压力波频率关键孔隙结构参数表征
218	2017	王志远	山东省自然科学基金杰出青年科学基金	油气井多相流动理论及应用
219	2017	白英睿	中国石油科技创新基金项目	低渗透油藏双弱亲纳米流体相界面调控与渗吸驱油规律
220	2018	张　超	国家科技重大专项任务	致密油藏注 CO_2 开发机理深化研究
221	2018	赵明伟	国家科技重大专项任务	无水压裂液增稠机理与材料研发
222	2018	戴彩丽	国家自然科学基金重点项目	致密油储层 CO_2 智能响应型压驱体系构筑及高效排驱机制研究
223	2018	孙宝江	国家自然科学基金重大项目课题	天然气水合物开采井与深海土的相互作用和安全设计
224	2018	苏玉亮	山东省重点研发计划	页岩储层多尺度耦合渗透率表征及应用
225	2018	黄维安	山东省重点研发计划	基于主客体聚合物的超临界二氧化碳流体增黏剂的研制及其机理
226	2018	康万利	山东省重点研发计划	低渗高温油藏超分子清洁压裂液的粘控机理及应用研究
227	2018	杨永飞	山东省重点研发计划	页岩油藏开发关键物性参数研究
228	2018	李罗鹏	中国石油科技创新基金项目	液氮磨料射流低渗储层割缝提高采收率技术研究
229	2018	刘敬平	中国石油科技创新基金项目	抗高温抗盐环保水基钻井液研究

序号	立项年度	项目负责人	项目类型	项目名称
230	2018	周卫东	中国石化科技计划项目	高压水射流技术用于 RDS 反应器卸剂技术及装备研究
231	2019	侯 健	国家重点研发计划课题	稠油化学复合冷采渗流机理及油藏数值模拟方法
232	2019	孙金声	国家自然科学基金重大项目	南海天然气水合物钻采机理与调控
233	2019	孙金声	国家自然科学基金重大项目课题	井筒工作液与天然气水合物储层作用机理和调控方法
234	2019	王志远	国家自然科学基金重大项目课题	天然气水合物钻采井筒多相流动障碍形成机制与安全控制方法
235	2019	赵 光	国家重点研发计划任务	稠油冷采智能调控体系构建及作用机理研究
236	2019	冯其红	中石油重大科技项目	深层碎屑岩油藏注气提高采收率机理与技术研究（课题 7）
237	2019	张 凯	中石油重大科技项目	深层缝洞型碳酸盐岩油气藏开采机理及提高采收率技术研究（课题 8）
238	2019	王志远	中石油重大科技项目	海域天然气水合物试采工程基础及关键技术
239	2019	廖华林	中石油重大科技项目	深层复杂条件钻井提速方法与关键技术研究（课题 5）
240	2019	杨永飞	山东省自然科学基金杰出青年科学基金	数字岩芯实验与模拟
241	2019	姚传进	山东省重点研发计划	油页岩催化剂辅助注蒸汽原位开采应用基础研究
242	2019	杨红斌	山东省重点研发计划	低渗油藏 CO_2 驱封窜用耐盐抗温两亲聚合物 / 纳米颗粒复合凝胶的研发及应用研究
243	2019	闫传梁	山东省重点研发计划	考虑应力损伤的硬脆性泥页岩井壁稳定评价技术研究
244	2019	时 贤	山东省重点研发计划	海水基压裂返排液超声波降解机制及关键技术
245	2020	戴彩丽	国家重点研发计划	油 / 水 / 固界面浸润调控智能流体提高采收率关键材料与机理研究
246	2020	曲占庆	国家重点研发计划课题	甲烷原位燃爆压裂储层适应性及优化设计和评价技术
247	2020	吴飞鹏	国家重点研发计划任务	页岩甲烷原位燃爆压裂储、层适应性评价
248	2020	刘 静	国家重点研发计划任务	页岩甲烷原位燃爆压裂效果评价
249	2020	郭天魁	国家重点研发计划任务	页岩甲烷原位燃爆压裂开发模式及缝网参数优化
250	2020	曲占庆	国家重点研发计划任务	页岩甲烷原位燃爆压裂实施方案设计

续表

序号	立项年度	项目负责人	项目类型	项目名称
251	2020	姚 军	国家自然科学基金重点项目	深层超深层油气藏开发基础理论研究
252	2020	董明哲	国家自然科学基金重大项目课题	陆相页岩油流动机理与有效开发方式
253	2020	娄 敏	国家自然科学基金联合基金重点支持项目	深水热塑性复合材料柔性管关键技术研究
254	2020	王子振	国家自然科学基金国际（地区）合作与交流项目	地热井粒子射流钻井中的非线性动力学研究
255	2020	杨永飞	国家自然科学基金国际（地区）合作与交流项目	多孔介质多场耦合问题的多尺度模拟与实验方法
256	2020	郭天魁	山东省自然科学基金优秀青年科学基金	储层压裂改造理论与方法
257	2021	戴彩丽	国家自然科学基金国际（地区）合作与交流重点项目	超深层新型抗高温聚合物冻胶压裂液及耐温减阻机制
258	2021	孙 海	国家自然科学基金优秀青年科学基金	多尺度油气渗流力学
259	2021	钟 杰	国家自然科学基金优秀青年科学基金（海外）	团簇形成动力学理论研究
260	2021	孙文跃	国家自然科学基金优秀青年科学基金（海外）	智能油田研究
261	2021	康万利	国家自然科学基金重点项目	高效耐盐两亲聚合物超分子包合驱油体系增效方法及作用机理
262	2021	孙宝江	国家自然科学基金联合基金重点支持项目	深水控压钻完井地层 - 井筒多场耦合机理与压力调控
263	2021	侯 健	国家自然科学基金联合基金重点支持项目	柔性胶囊聚合物驱提高采收率的基础理论研究
264	2021	廖华林	国家重点研发计划"政府间国际科技创新合作"重点专项	超高压射流与机械冲击耦合深层地热钻井提速技术
265	2021	王业飞	国家重点研发计划"政府间国际科技创新合作"重点专项	新型环保表面成膜型缓蚀剂的缓蚀机理及应用
266	2021	刘敬平	国家重点研发计划课题	深冰层及冰岩夹层低温钻井流体钻进机理与方法
267	2021	吴 磊	国家重点研发计划课题	深水海底连续管钻井系统集成设计与总体方案研究
268	2021	李航宇	山东省自然科学基金杰出青年科学基金	油藏数值模拟
269	2021	黄贤斌	中国石油科技创新基金项目	抗温 240 ℃以上钻井液用环保型纳米封堵剂特种丙烯酸树脂研究

序号	立项年度	项目负责人	项目类型	项目名称
270	2021	钟汉毅	中国石油科技创新基金项目	基于生物质水热反应的超高温水基钻井液流变性和滤失性调控新方法
271	2022	孙金声	国家自然科学基金 - 基础科学中心项目	超深特深层油气钻采流动调控
272	2022	钟俊杰	山东省自然科学基金优务青年科学基金 (海外)	页岩油气纳米流控检测技术的开发与应用
273	2022	吴一宁	中国石油科技创新基金项目	微纳孔隙原油黏附界面力学机理及高效剥离新方法
274	2022	王志远	山东省重大科技创新工程项目	深水复杂钻井多相流动模拟关键技术与监测装备
275	2022	吴　磊	山东省重大科技创新工程项目	深水柔性立管群智能监测装备研发与应用
276	2022	赵明伟	国家自然科学基金优秀青年科学基金	提高采收率与采油化学
277	2022	金京锋	国家自然科学基金联合基金集成项目	烃物质多相态多耦合流体场与原位转化烃排驱放率
278	2022	王彦玲	国家自然科学基全联合基金集成项目	海上高温高盐油田活性纳米流体非连续变循环提高采收率关键基础问题研究
279	2022	袁　彬	国家重点研发计划项目	CO_2 驱油埋存强化体系与注采优化调控关键技术及应用研究
280	2022	高永海	国家重点研发计划项目	***************** 研究
281	2022	尹邦堂	国家重点研发计划项目	********** 软件
282	2022	李　昊	国家重点研发计划项目	********** 方法研究
283	2022	王　森	国家重点研发计划项目	CO_2 地质封存选址技术研究
284	2022	张剑波	国家重点研发计划项目	************** 技术
285	2023	侯　健	国家自然科学基金重点项目	天然气水合物藏电场井间生热辅助降压高效开发方法的基础研究
286	2023	张　凯	国家自然科学基金杰出青年基金项目	油藏开发智能实时优化
287	2023	刘敬平	国家自然科学基金优秀青年科学基金	复杂地层钻井波

注：带星号(＊)者为保密项目。

八、科研平台

附表 2-8　科研平台

序号	批建机构	实验室类别	实验室名称	负责人	批准年度
1	政府	国家重点实验室	重质油国家重点实验室	刘晨光	1989
2			深层油气全国重点实验室	郝　芳	2023
3		国家工程研究中心	海洋物探及勘探开发装备国家工程研究中心	肖文生	2021
4		国家工程研究中心（共建）	油气钻完井技术国家工程研究中心	倪红坚、高永海、黄维安	2021
5		国家工程实验室（分室）	海洋水下设备试验与检测技术国家工程实验室	孙宝江	2016
6			低渗透油气田勘探开发国家工程实验室	姚　军	2017
7		国家能源研发中心（分室）	国家能源页岩油研发中心	董明哲	2015
8		科技部"一带一路"联合实验室	中国 - 沙特石油能源"一带一路"联合实验室	孙金声	2021
9		教育部重点实验室	非常规油气开发教育部重点实验室	孙金声	2018
10		教育部工程研究中心	智能油田教育部工程研究中心	姚　军	2022
11		山东省重点实验室	山东省油田化学重点实验室	戴彩丽	2015
12		山东省工程研究中心	二氧化碳利用与封存山东省工程研究中心	李兆敏	2023
13		国家安全生产监督管理总局研究中心	石油天然气安全生产工程技术研究中心	查明、赵东风、程远方	2004
14		山东省工程技术研究（推广）中心	山东省提高油气采收率工程技术研究中心	姚　军	2005
15			山东省深地钻井过程控制工程技术研究中心	管志川	2018
16			山东省油田化学工程技术研究中心	张贵才	2001
17			山东省高压水射流新技术研究推广中心	杨永印	2003
18		山东省教育厅重点实验室	非常规油气资源开发	崔传智	2012
19			海洋油气工程	孙宝江	2012
20		青岛市技术创新中心	青岛市非常规能源开发设计技术创新中心	姚　军	2020
21		青岛市国际科技合作基地	青岛市油气渗流研究国际科合作基地	姚　军	2014
22			青岛市能源及环境纳米技术研究中心	李兆敏	2018

序号	批建机构	实验室类别	实验室名称	负责人	批准年度
23			钻井工程重点实验室 - 高压水射流钻井研究室	倪红坚	2001
24		中国石油天然气集团公司重点研究室	海洋工程重点实验室 - 水下装备工程技术研究室	孙宝江	2008
25	企业		海洋工程重点实验室 - 深水井筒工作液与水合物控制研究室	邱正松	2015
26			海域天然气水合物工程重点实验室 - 基础理论研究室	王志远	2018
27		中国石油天然气集团公司研究中心	采油工程软件与信息中心	樊　灵	1997
28		中国石油化工股份公司研究中心	提高采收率研究中心	姚　军	2002
29	行业协会	石油和化工行业重点实验室	油气井工程超临界流体重点实验室	倪红坚	2012
30	校企联合共建	与中海油田服务有限公司共建科研机构	泡沫流体联合实验室	李兆敏	2009
31		与中石油集团渤海钻探工程有限公司共建科研机构	复杂条件钻井液与完井液联合实验室	邱正松	2013

九、集体、个人获奖情况

附表2-9　集体、个人获奖情况

序号	时间	获奖者	集体/个人	名　称
1	1959	油田开发实验室、电工教研室	集体	北京市群英会先进集体
2	1989	射流科研室	集体	全国能源工业先进集体
3	1991	高压水射流研究室	集体	山东省教委、科委、计委、经委、人事厅联合授予"高校科技工作先进集体"
4	1995	采油研究所	集体	中国石油天然气总公司授予"先进科技集体"
5	1997	石油工程系青年志愿服务队	集体	全国优秀"三下乡"服务队
6	1998	石油工程系团总支	集体	共青团山东省委授予"青春立功先进团总支"
7	2000	钻井教研室党支部	集体	山东省高校先进基层党组织
8	2006	石油工程学院团委	集体	山东省增强团员意识主题教育活动先进单位
9	2007	石油工程学院学生党总支	集体	山东高校"先进基层党组织"
10	2008	石油工程学院学生党总支	集体	山东省高校思想政治工作先进集体
11	2008	石油工程学院	集体	山东省高校思想政治教育工作先进集体
12	2009	石油工程学院	集体	全国教育系统先进集体
13	2010	以管志川教授为带头人的"石油工程专业教学团队"	集体	国家级教学团队
14	2010	以孙宝江教授为带头人的"海洋油气井钻完井理论与工程"创新团队	集体	教育部长江学者创新团队
15	2011	石油工程学院党委	集体	山东省委授予先进基层党组织
16	2012	石油工程学院	集体	山东省国际交流与合作先进集体
17	2012	以姚军教授为学术带头人的"复杂油藏开发和提高采收率的理论与技术"创新团队	集体	教育部长江学者创新团队
18	2012	姚军教授负责的油气田开发工程创新团队	集体	山东省人民政府授予"山东省优秀创新团队"，并记集体一等功
19	2013	石油工程学院学生会	集体	全国高校优秀社团
20	2013	油气井工程系	集体	中华全国总工会授予"全国五一巾帼标兵岗"

续表

序号	时间	获奖者	集体/个人	名　称
21	2015	石油工程专业 1202 团支部	集体	全国高校践行社会主义核心价值观"示范团支部"
22	2016	石油工程学院团委微博"@荟萃石工"	集体	最具影响力山东团委系统政务微博奖
23	2016	石油工程学院工会	集体	山东省教育工会潍坊片区先进基层工会
24	2017	油气田化学研究所教师团队	集体	首批山东省高校黄大年式教师团队
25	2018	油气田化学研究所党支部书记工作室	集体	教育部首批全国高校"双带头人"教师党支部书记工作室建设名单
26	2018	石油工程学院	集体	教育部首批"三全育人"综合改革试点单位
27	2018	石油工程学院党委	集体	全国党建工作标杆院系
28	2019	以孙宝江教授为带头人的"海洋油气钻完井理论与应用"创新团队	集体	石油和化学工业联合会创新团队奖
29	2019	石油工程学院	集体	全国教育系统先进集体
30	2020	石油工程学院	集体	青岛高校思想政治工作集体创新奖
31	2021	石油工程学院党委	集体	全国先进基层党组织
32	2021	石工（卓越）1807 团支部	集体	全国高校活力团支部
33	2021	石油工程专业核心课程教师团队	集体	山东省高校黄大年式教师团队
34	2021	戴彩丽、赵福麟	集体	中国出版政府奖
35	2023	张黎明教师团队	集体	2023 年度山东省普通高等学校教师教学创新大赛新工科正高组一等奖
36	2023	张卫东教师团队	集体	2023 年度山东省普通高等学校教师教学创新大赛新文科正高组三等奖
37	2023	张黎明教师团队	集体	第三届全国高校教师教学创新大赛新工科正高组二等奖
38	1959	洪世铎、胡湘炯、田德连、方淑姝	个人	北京市群英会先进工作者
39	1985	陈庭根	个人	山东省优秀教师
40	1986	庄锦江	个人	山东省高校实验室先进个人
41	1987	蔡镜仑	个人	国家有突出贡献的中青年科技专家
42	1987	贺礼清	个人	山东省优秀教师
43	1988	陈庭根	个人	山东省委优秀共产党员
44	1988	尹宏锦	个人	山东省优秀科技工作者
45	1989	沈忠厚	个人	全国能源工业特等劳动模范

续表

序号	时间	获奖者	集体/个人	名 称
46	1989	陈庭根	个人	全国教育系统劳动模范
47	1990	张 琪	个人	中国石油天然气总公司石油教育先进工作者
48	1991	尹宏锦	个人	山东省专业技术拔尖人才
49	1991	孙士孝	个人	石油天然气总公司"七五"石油教育先进个人
50	1991	陈庭根	个人	山东省高校优秀共产党员
51	1991	尹宏锦	个人	山东省专业技术拔尖人才
52	1991	黄少云	个人	山东省高校优秀思想政治工作者
53	1991	丁 岗	个人	山东省高校实验室工作先进个人
54	1991	沈忠厚	个人	国家科学研究事业有突出贡献专家
55	1991	刘希圣、沈忠厚	个人	学校首批享受国务院政府特殊津贴专家
56	1991	尹宏锦、张琪、李健鹰	个人	石油天然气总公司首批石油工业有突出贡献的科技专家
57	1992	高德利	个人	孙越崎青年科技奖
58	1992	尹宏锦、李健鹰	个人	享受国务院政府特殊津贴专家
59	1993	张 琪	个人	全国优秀教师
60	1993	沈忠厚	个人	山东省高校优秀共产党员
61	1993	陈庭根	个人	山东省高校优秀共产党员
62	1993	黄少云	个人	山东省学雷锋先进个人
63	1993	徐依吉、赵福麟、张琪、韩志勇、陈月明、栾志安、王德新	个人	享受国务院政府特殊津贴专家
64	1993	沈忠厚、徐依吉	个人	山东省第三批专业技术拔尖人才
65	1995	张 琪	个人	山东省十大优秀教师
66	1995	赵福麟	个人	中国石油天然气总公司劳动模范
67	1995	张 琪	个人	山东省专业技术拔尖人才
68	1995	沈忠厚	个人	山东省优秀专利发明者
69	1995	赵福麟	个人	中国石油天然气总公司有突出贡献科技专家
70	1995	张琪、周晓君	个人	中国石油天然气总公司先进工作者
71	1995	丁 岗	个人	中国石油天然气总公司实验室工作先进个人
72	1995	黄少云	个人	山东省团省委青春立功奖
73	1997	张 琪	个人	中国石油天然气总公司"铁人科技成就奖"铜奖
74	1997	韩志勇	个人	山东省高校优秀共产党员
75	1997	韩志勇、姚军	个人	中国石油天然气总公司石油高校优秀教师
76	1997	张卫东	个人	山东省团省委"青春立功奖"

序号	时间	获奖者	集体/个人	名　称
77	1997	王建忠	个人	山东省大学生暑期"三下乡"优秀指导者
78	1997	赵福麟	个人	山东省十大优秀教师
79	1998	王瑞和	个人	山东省高校优秀共产党员
80	1998	韩志勇	个人	中国石油天然气总公司优秀共产党员
81	1998	李根生	个人	第六届中国青年科技奖
82	1998	张　琪	个人	中国科学技术发展基金会孙越崎科技教育基金 1998 年度"能源大奖"
83	1999	李根生	个人	享受国务院政府特殊津贴专家
84	1999	赵福麟	个人	全国归侨者先进个人
85	1999	葛洪魁	个人	山东省高校教学管理先进个人
86	1999	徐依吉	个人	山东省千名知名专家
87	1999	徐依吉	个人	山东省专业技术拔尖人才
88	1999	王瑞和	个人	石油天然气总公司劳动模范
89	2000	李根生	个人	"百千万人才工程"第一、二层次人选
90	2000	王瑞和	个人	享受国务院政府特殊津贴专家
91	2000	徐依吉	个人	"中国专利山东优秀发明奖"一等奖、被山东省人民政府记一等功
92	2000	刘慧卿	个人	霍英东教育基金会第八届青年教师奖教学类三等奖
93	2001	沈忠厚	个人	中国工程院能源与矿业学部院士
94	2001	李根生	个人	国家杰出青年科学基金资助
95	2001	李兆敏	个人	山东省高校科研管理先进个人
96	2001	葛洪魁	个人	山东省高校优秀共产党员
97	2001	王效美、张卫东	个人	山东省大中专学生暑期"三下乡"社会实践优秀指导者
98	2002	刘慧卿	个人	霍英东教育基金会高校教师奖
99	2002	李根生	个人	山东省总工会"富民兴鲁劳动奖章"
100	2002	黄少云	个人	中石油集团公司优秀就业指导教师
101	2003	张贵才	个人	团中央、全国青联"中国青年科技创新优秀奖"
102	2003	张贵才	个人	团省委、省青联"山东省青年科技创新杰出奖"
103	2003	李根生	个人	山东省高校优秀共产党员
104	2003	李根生	个人	山东省千名知名专家
105	2003	王海文	个人	第八届"挑战杯"山东省大学生课外学术科技作品竞赛"优秀指导教师"
106	2004	黄少云	个人	中石油集团公司优秀就业指导教师

序号	时间	获奖者	集体/个人	名　称
107	2006	管志川	个人	山东十大优秀教师
108	2006	姚　军	个人	山东省首届"研究生优秀指导教师"
109	2006	张贵才	个人	青岛市专业技术拔尖人才
110	2006	管志川	个人	山东省教学名师
111	2007	葛际江	个人	教育部"新世纪优秀人才支持计划"
112	2007	李作会、朱宽亮	个人	全国工程硕士专业学位教育指导委员会评为"做出突出贡献的工程硕士学位获得者"
113	2007	王海文	个人	第十届"挑战杯"山东省大学生课外学术科技作品竞赛"优秀指导教师"
114	2008	张希秋	个人	山东省 2008 年度优秀辅导员
115	2008	冯其红	个人	山东省优秀青年知识分子标兵
116	2008	姚军	个人	山东省有突出贡献中青年专家
117	2009	戴彩丽	个人	第十一届中国青年科技奖
118	2009	姚　军	个人	新世纪百千万优秀人才国家级人选
119	2009	孙宝江	个人	教育部长江学者
120	2009	葛际江	个人	山东省有突出贡献中青年专家
121	2009	王海文	个人	第十一届"挑战杯"全国大学生课外学术科技作品竞赛"优秀指导教师"
122	2009	王海文	个人	第十一届"挑战杯"山东省大学生课外学术科技作品竞赛"优秀指导教师"
123	2009	冯其红	个人	孙越崎青年科技奖
124	2009	赵福麟	个人	东营市 30 位"为新中国成立、建设做出突出贡献的英雄模范人物"
125	2010	戴彩丽	个人	教育部"新世纪优秀人才支持计划"
126	2010	管志川	个人	享受国务院政府特殊津贴专家
127	2010	冯其红	个人	青岛市青年科技奖
128	2010	孙宝江、戴彩丽	个人	山东省有突出贡献中青年专家
129	2010	孙宝江、戴彩丽	个人	青岛市专业技术拔尖人才
130	2010	戴彩丽	个人	第 11 届中国青年科技奖
131	2010	戴彩丽	个人	"齐鲁巾帼发明家"
132	2011	孙宝江	个人	中共山东省委"齐鲁先锋共产党员"
133	2011	冯其红	个人	山东省有突出贡献中青年专家
134	2011	侯　健	个人	青岛市青年科技奖
135	2011	王成文	个人	全国百篇优秀博士论文提名奖
136	2011	管志川	个人	省委高校工委"山东省高等学校优秀共产党员"
137	2011	张卫东	个人	省委高校工委"山东省高等学校优秀党务工作者"

序号	时间	获奖者	集体/个人	名 称
138	2012	侯 健	个人	教育部"新世纪优秀人才支持计划"
139	2012	戴彩丽	个人	山东省先进工作者
140	2012	董长银	个人	霍英东教育基金会高等院校青年教师奖三等奖
141	2012	戴彩丽、邱正松	个人	青岛市劳动模范
142	2012	冯其红	个人	山东省人民政府"山东省有突出贡献中青年专家"
143	2012	李爱芬	个人	青岛高校教学名师
144	2012	侯 健	个人	孙越崎青年科技奖
145	2013	步玉环	个人	山东省教育工会"三八红旗手"
146	2013	邱正松	个人	青岛市拔尖人才
147	2013	董长银	个人	山东青年五四奖章
148	2013	邱正松	个人	山东省人民政府2013年度有突出贡献的中青年专家
149	2013	戴彩丽	个人	青岛市"双建"活动建功立业"十佳个人"
150	2013	姚 军	个人	青岛市"双建"活动建功立业优秀个人
151	2013	李爱华	个人	山东省高等学校教师微课教学比赛一等奖
152	2014	冯其红	个人	享受国务院政府特殊津贴专家
153	2014	赵晓珂	个人	山东省优秀辅导员
154	2014	赵晓珂	个人	全国高校辅导员职业能力大赛华北赛区二等奖
155	2014	管志川	个人	全国模范教师
156	2014	戴彩丽	个人	国家杰出青年科学基金获得者、长江学者特聘教授
157	2015	张继庆	个人	第五届中国石油工程设计大赛先进个人
158	2015	张贵才	个人	青岛市劳动模范
159	2015	赵晓珂	个人	第七届全国高校辅导员年度人物入围奖
160	2015	张卫东	个人	工作案例入选中组部《基层党组织书记工作案例》
161	2015	姚 军	个人	"泰山学者攀登计划"专家
162	2015	戴彩丽	个人	"2014青岛最具影响力女人"
163	2015	戴彩丽	个人	长江学者特聘教授
164	2015	姚 军	个人	国务院学位委员会第七届学科议组成员
165	2015	侯 健	个人	山东省有突出贡献中青年专家
166	2015	戴彩丽	个人	国家百千万人才工程
167	2015	戴彩丽	个人	第四届山东省优秀研究生指导教师

续表

序号	时间	获奖者	集体/个人	名　称
168	2015	王　静	个人	山东省社会实践优秀指导教师
169	2015	孙晓飞	个人	2016年国际埃尼奖提名
170	2016	蒋　平	个人	霍英东教育基金会青年老师基金资助
171	2016	张卫东	个人	山东省优秀党务工作者、全国优秀党务工作者等荣誉称号，并光荣出席庆祝中国共产党成立95周年大会
172	2016	戴彩丽	个人	中国工程院光华工程科技奖"青年奖"
173	2016	张卫东、张黎明	个人	山东省教育工会潍坊片区优秀工会干部
174	2016	王志远	个人	长江学者奖励计划青年学者
175	2016	曹　杰	个人	第三届山东省大学生科技创新大赛指导教师
176	2016	雷光伦	个人	山东省优秀博士学位论文指导教师
177	2016	姚军、戴彩丽	个人	山东省优秀硕士学位论文指导教师
178	2016	管志川、姚军	个人	山东省优秀学士学位论文指导教师
179	2016	戴彩丽	个人	泰山学者攀登计划专家
180	2016	张继庆	个人	第二届"互联网＋"山东省大学生创新创业大赛优秀指导教师
181	2016	王志远	个人	2016年"国家优青"
182	2016	戴彩丽	个人	国家"万人计划"科技创新领军人才
183	2016	侯　健	个人	2016年"国家杰青"
184	2016	王　林	个人	中共山东省高校工委"山东省高校优秀党务工作者"
185	2016	侯　健	个人	科技部中青年科技创新领军人才
186	2016	姚军、孙宝江	个人	教育部科技委学部委员
187	2017	孙金声	个人	中国工程院院士
188	2017	张　凯	个人	国家优秀青年科学基金资助
189	2017	贾寒、王川	个人	山东省第四届高校青年教师教学比赛中分获一等奖和二等奖
190	2017	戴彩丽	个人	山东省首批智库高端人才、第五届山东省优秀发明人
191	2017	李兆敏、戴彩丽	个人	享受国务院政府特殊津贴专家
192	2017	戴彩丽	个人	山东省科协首批智库高端人才经济建设领域岗位专家
193	2017	时　晨	个人	山东省科技创业类泰山产业领军人才
194	2017	王志远	个人	孙越崎青年科技奖
195	2017	王志远	个人	山东省青年科技奖

续表

序号	时间	获奖者	集体/个人	名　称
196	2017	赵晓珂	个人	青岛高校思想政治工作个人创新奖
197	2018	李爱芬	个人	青岛市三八红旗手
198	2018	管志川	个人	山东省教书育人楷模
199	2018	姚传进	个人	首届山东省青年科技人才托举工程托举对象
200	2018	侯　健	个人	国家"万人计划"科技创新领军人才
201	2018	管志川	个人	国家"万人计划"教学名师、山东省教书育人楷模
202	2018	庞学玉	个人	国家级青年人才
203	2018	王志远	个人	中青年科技创新领军人才、山东省有突出贡献的中青年专家
204	2018	张　凯	个人	山东省自然科学杰出青年基金资助
205	2018	范海明	个人	霍英东教育基金会高等院校青年教师奖三等奖
206	2019	王志远	个人	国家"万人计划"科技创新领军人才、青岛市优秀教师
207	2019	戴彩丽	个人	山东省青年科学家协会副主席
208	2019	张　凯	个人	泰山学者特聘专家、孙越崎青年科技奖
209	2019	杨永飞	个人	山东省自然科学杰出青年基金资助
210	2019	李航宇	个人	国家级青年人才
211	2019	孙宝江、邱正松、侯健	个人	山东省优秀研究生指导教师
212	2019	赵放辉	个人	山东省高校思想政治教育优秀成果一等奖
213	2020	赵明伟	个人	霍英东教育基金会第十七届高等院校青年教师奖和基金资助项目
214	2020	赵晓珂	个人	2020年度山东高校辅导员年度人物
215	2020	杨永飞、赵明伟	个人	青岛市青年科技奖
216	2020	戴彩丽、赵福麟	个人	中国出版政府奖
217	2020	单　珣	个人	全国高校思想政治工作"金微课"二等奖
218	2021	宋文辉	个人	第六届中国科协"青年人才托举工程"
219	2021	杨永飞	个人	强国青年科学家
220	2021	戴彩丽	个人	孙越崎能源大奖
221	2021	贾　寒	个人	青岛高校思想政治工作个人创新奖
222	2021	杨永飞、赵光	个人	山东省青年科技奖
223	2021	杨永飞、赵光	个人	中国石油和化工自动化行业科学技术奖青年科技突出贡献奖

续表

序号	时间	获奖者	集体/个人	名　称
224	2021	杨永飞、郭天魁	个人	中国石油和化学工业联合会科学技术奖青年科技突出贡献奖
225	2022	陈德春	个人	青岛高校教学名师
226	2022	孙宝江	个人	中华国际科学交流基金会杰出工程师奖
227	2022	孙宝江	个人	山东省优秀发明家奖
228	2022	李宾飞	个人	中国产学研合作创新与促进奖
229	2022	李敬皎、赵晓珂、单珣	个人	第七届"互联网+"中国国际大学生创新创业大赛优秀指导教师
230	2022	王　静	个人	第三届在青高校"十佳辅导员"
231	2022	许玉强	个人	山东省第九届高校青年教师教学比赛优秀奖
232	2023	孙宝江	个人	中华国际科学交流基金会第五届"杰出工程师奖"
233	2023	钟俊杰	个人	国际多孔介质协会"里恩·凡格努钦多孔介质研究青年科学家奖"
234	2023	张卫东	个人	首届山东省高校创新创业类精品微课比赛二等奖
235	2023	赵　光	个人	2023年"齐鲁最美青年"
236	2023	戴彩丽	个人	第48届日内瓦国际发明展评审团特别嘉许金奖（最高级别奖项）
237	2023	孙宝江	个人	第十一届"山东省优秀科技工作者"
238	2023	戴彩丽	个人	第三届全国创新争先奖
239	2023	姚　军	个人	石油学会首批会士称号
240	2023	李兆敏	个人	新疆生产建设兵团第十批中央和国家机关、中央企业援疆工作先进个人
241	2023	姚　军	个人	2023年度"山东省十佳研究生导师"
242	2023	孙金声	个人	2023年度"山东省优秀研究生导师"

附录三 师资队伍

一、人才队伍

两院院士（全职）

沈忠厚（2001）　孙金声（2017）　Saule Aidarova

两院院士（双聘）

王德民　苏义脑　高德利　李根生　李　阳　刘　合

"长江学者"特聘教授

孙宝江（2010）　戴彩丽（2014）

国家杰出青年科学基金获得者

李根生（2001）　蒋官澄（2009）　戴彩丽（2014）　侯　健（2016）　张　凯（2023）

"万人计划"科技创新领军人才

戴彩丽（2016）　侯　健（2018）　王志远（2019）

"万人计划"教学名师

管志川（2018）

973 首席科学家

孙宝江（2014）

国务院学位委员会学科评议组成员

姚　军（2015）

国家"百千万人才工程"入选者

李根生（1999）　姚　军（2009）　孙金声（2015）　戴彩丽（2015）

特聘教授

董明哲（2010）　刘　威（2012）　庞学玉（2017）　李航宇（2019）　袁　彬（2020）
钟俊杰（2020）　张丽媛（2020）　李美春（2020）　钟　杰（2021）　孙文跃（2021）

"长江学者"青年学者

王志远（2016）　杨永飞（2020）　娄　敏（2022）

"万人计划"青年拔尖人才

赵光（2021）　郭天魁（2022）　白英睿（2023）

国家优秀青年基金获得者

王志远（2016）　张 凯（2017）　孙 海（2021）　赵明伟（2022）　刘敬平（2023）

全国模范教师　山东省教学名师

管志川（2016、2006）

享受国务院政府特殊津贴专家

刘希圣（1991）　沈忠厚（1991）　尹宏锦（1992）　李健鹰（1992）　张 琪（1992）
陈月明（1993）　赵福麟（1993）　韩志勇（1993）　徐依吉（1993）　栾志安（1993）
王德新（1993）　李根生（1999）　王瑞和（2000）　管志川（2010）　姚 军（2012）
冯其红（2015）　孙金声（2015）　李兆敏（2016）　戴彩丽（2016）　孙宝江（2018）
程远方（2020）

科技部中青年科技创新领军人才

戴彩丽（2013）　侯 健（2016）　王志远（2018）

教育部新世纪优秀人才支持计划

葛际江（2007）　戴彩丽（2010）　侯 健（2011）

山东省泰山学者攀登计划专家

姚 军（2014）　戴彩丽（2016）　孙宝江（2018）

山东省"泰山学者"特聘专家

任韶然（2005）　康万利（2007）　时 晨（2016）　王志远（2017）　张 凯（2019）

山东省有突出贡献中青年专家

张贵才（2006）　姚 军（2008）　蒋官澄（2008）　葛际江（2009）　孙宝江（2010）
戴彩丽（2010）　冯其红（2011）　邱正松（2013）　侯 健（2014）　王志远（2018）

泰山学者青年专家

吴 磊（2019）　袁 彬（2020）　陈泽华（2022）　刘敬平（2022）　赵明伟（2022）
白英睿（2023）　娄 敏（2023）

山东省杰出青年基金获得者

戴彩丽（2010）　侯 健（2011）　王志远（2017）　张 凯（2018）　杨永飞（2019）
李航宇（2021）　孙 海（2022）

山东省优秀青年基金获得者

郭天魁（2020）　王 森（2022）　钟俊杰（2022）　许玉强（2023）

石油与天然气工程学科高被引科学家

蒋达清（2015—2017）　刘永红（2019）　姚 军（2022）

二、教职工名录

附表 3-1　北京石油学院时期（1953—1969 年）全系教职工名录

钻井教研室

蔡镜仑	陈德瑚	陈庭根	陈元顿	樊世忠	高世钧	龚绍儒	郭学增
韩志勇	郝俊芳	洪海荣	胡乃人	胡湘炯	黄汉仁	黄匡道	黄荣樽
江开暄	姜 仁	李成忠	李传汤	李观序	李世德	李忠贤	李自俊
林绍君	刘继武	刘希圣	卢克君	佫树基	孟宪金	苗芳林	穆懿榜
宁振宪	裴 明	蒲怀永	曲和均	沈忠厚	苏公望	孙元启	田德连
田明远	王天佑	王文发	王秀锦	王亚禧	吴元林	夏月泉	肖成树
徐少华	徐云英	许光宗	闫懿华	杨泽荃	姚忠信	尹宏锦	俞志江
郁善多	张炳麟	张春元	张绍槐	张重喜	章 影	郑基英	周世尧
朱 墨	朱志远	庄锦江					

采油教研室

白振铎	曹桂尚	曾自强	陈定珊	陈连慧	陈钦雷	陈月明	陈钟祥
成绥民	成云心	崔桂英	董映民	樊 营	葛家理	韩大匡	洪世铎
胡靖邦	郎兆新	李昆三	李文衡	李秀生	梁执立	陆振定	罗蛰潭
吕 军	聂国栋	彭克諒	漆文远	秦荣璋	秦同洛	任书泉	邵翠环
宋 均	孙丽媛	孙荣琛	孙士孝	汤克亮	滕玉铭	王鸿勋	王谦身
王 檠	王元吉	王祖尧	魏文杰	吴光远	许万全	杨承志	杨汉炘
杨继盛	叶尚鼐	叶诗美	张柏后	张朝琛	张丽华	张 琪	张瑞年
张铁林	赵长禄	周春虎	朱恩灵				

水力学教研室

曹晓声	陈家琅	陈孝盛	陈新民	贺礼清	黄宗鑫	李 荡	林平一
刘蔚宁	陆永安	许震芳	袁恩熙	曾长庚	张文芳		

工经教研室

蔡平海	陈效正	谷瑞芬	华泽澎	郭献林	李慧珠	李 秘	林传礼
卢爱珠	钱 珏	石则励	孙显才	王庭树	王晓利	徐可华	杨发长
袁福学	张家荣	张振远					

电工教研室

柴勤忠	黄咸先	黄玉坡	李德琨	林凤举	林圣泳	邵钟武	孙 渊
王立清	俞圣根	俞以正	袁 朴	郑永基	周联唐	周昭鸿	

续表

党总支、办公室							
曹清志	曹寿静	曾有德	陈立性	陈生琯	杜国荣	杜 军	方淑姝
韩福田	廖国芳	刘怀杰	刘永昌	卢国仪	马 毓	倪禹勤	齐世昌
任国学	阮锦钿	师德禄	石俊池	宋香乔	滕玉铭	田 鹏	王明贵
巫云松	吴同明	奚翔光	尹全甲	印德秀	余长亮	张友禧	郑福顺
钟松定							
辅助员							
安光学	蔡义勃	曾维忠	陈森守	郭秉剑	金青龙	王宣当	巫星发
谢永生	张坤元	赵振英					

附表 3-2　华东石油学院时期（1969—1988 年）全系教职工名录

钻井教研室

蔡镜仑	陈秉泉	陈立性	陈庭根	曹　刚	丁　岗	樊世忠	范　瑾
高德利	葛洪魁	龚绍儒	管志川	郭学增	韩志勇	洪海荣	胡湘炯
黄荣樽	姜　仁	蒋金纯	李成忠	李传汤	李春山	李根生	李健鹰
李　俊	李相方	梁之跃	林永福	林英松	刘希圣	卢世红	吕从容
孟宪金	宁秀旭	宁振宪	屈建省	沈忠厚	孙庆孝	孙献蔚	田德连
王德新	王福业	王好平	王连义	王瑞和	吴学东	吴学诗	夏俭英
夏月泉	许光宗	徐国贤	宣一平	闫懿华	杨宝德	杨泽荃	尹宏锦
翟应虎	张让亮	郑基英	周广陈	朱国新	朱志远	朱　墨	庄锦江
邹德永	左新华						

采油教研室

白振铎	陈定珊	陈　镭	陈钦雷	陈艳玉	陈月明	陈志刚	陈钟祥
成绥民	楚光柱	崔桂陵	董映民	樊　灵	高忠民	龚晓慰	郭云尧
韩大匡	韩锦文	何艳青	洪世铎	姜汉桥	姜瑞忠	靳霞瑞	孔宪立
郎兆新	李炳辉	李大银	李积良	李昆三	李秀生	李　允	李宗田
梁执立	刘　欣	刘玉龙	陆振定	栾志安	吕　军	马运堂	孟维宏
秦积舜	邵翠环	宋　均	孙丽媛	孙士孝	汤克亮	滕玉铭	王鸿勋
王　傲	王谦身	魏俊之	魏文杰	吴晓东	许万泉	杨承志	杨延昕
叶诗美	于瑞文	张朝琛	张丽华	张　琪	张仁玲	张铁林	张永德
张志宏	赵福麟	赵长禄	钟松定	朱恩灵			

水力学教研室

曹晓声	常成林	陈孝盛	陈新民	董　鲽	贺礼清	胡玉洁	林　钢
刘蔚宁	陆永安	齐高岱	齐世昌	孙宝江	孙兴文	汪祖伟	王汝元
肖树成	许震芳	张建国	张文芳	张艳玉	赵云祥	庄学锦	

工经教研室

蔡平海	陈效正	谷瑞芬	华泽澎	李慧珠	林传礼	卢爱珠	钱　珏
石则励	王庭树	杨发长	袁福学	张家荣	张振远		

党总支、办公室

常　骞	陈桂兰	陈生琯	崔桂英	丛群敏	杜厚梅	杜　军	韩德宪
胡诗圣	黄爱裕	黄少云	李壁源	李东义	李殿均	李桂兰	李　秘
李瑞翠	廖国芳	刘继武	刘曼辉	刘万忠	刘远东	刘禄清	卢国仪
倪禹勤	聂国栋	彭振南	任国学	沈玉清	石俊池	宋香乔	孙显才
王德华	王桂芬	王明贵	王晓莉	奚翔光	夏仁成	徐可华	阎世瑾
杨福金	叶振文	尹全甲	印德秀	曾有德	张炳麟	张春香	张秀华
赵洪章	赵玉香	郑福顺	郑光华				

附表 3-3　石油大学时期(1988—2005 年)全系教职工名录

钻井工程研究室							
步玉环	蔡镜仑	曹　刚	陈丙泉	陈庭根	程远方	崔红英	翟德广
范传友	范　瑾	高德利	葛洪魁	管志川	韩志勇	黄根炉	胡湘炯
江卫平	蒋金纯	李春山	李树群	李相方	李志刚	梁之跃	廖华林
林冠宇	林英松	刘　蓓	刘瑞文	刘希圣	吕从容	马善洲	缪青维
宁秀旭	史玉才	孙成堂	孙庆孝	田　丰	王德新	王海文	王华林
王瑞和	王以法	王义信	韦忠良	吴学东	吴志明	须志刚	徐国贤
许光宗	闫懿华	尹宏锦	郁延芝	张建国	张　雷	张　锐	张振亚
周广陈	周长山	庄锦江	邹德永				

高压水射流研究室							
陈洪兵	黄中伟	李根生	李海平	马加骥	牛继磊	沈晓明	沈忠厚
宿春华	徐春堂	徐依吉	许玉寿	杨永印	周卫东		

金刚石研究室							
陈建民	范传友	付香成	江卫平	缪青维	田长生	王义信	韦忠良
吴志明	须志刚	徐国贤	杨宝德	翟德广	张　雷	张秀梅	周龙昌

采油工程研究室							
鲍丙生	陈德春	陈定珊	陈　镭	董长银	高忠民	龚　安	龚晓慰
韩国庆	樊　灵	冯国强	冯　虎	孔宪利	李炳辉	李明忠	李秀生
马秀军	孟庆芝	孟维宏	曲占庆	隋义勇	孙大同	田树宝	王海文
李兆文	刘均荣	王杰祥	王卫阳	魏俊芝	吴晓东	薛建泉	于乐香
张红玲	张　琪	周　童					

油藏工程研究室							
陈艳玉	陈月明	陈志刚	崔传智	崔焕文	淡心广	杜殿发	范海军
冯其红	谷建伟	韩锦文	洪世铎	侯　健	姜汉桥	姜瑞忠	鞠斌山
郎兆新	雷光伦	李爱芬	李明川	李淑霞	刘慧卿	刘同敬	栾志安
吕　军	吕爱民	孟红霞	任国学	宋洵成	苏玉亮	孙仁远	孙士孝
王建忠	王　争	王志明	伍增贵	姚　军	姚同玉	张建国	张艳玉
张永恺	张志英						

采油化学研究室							
崔桂陵	戴彩丽	杜厚梅	葛际江	江　琳	刘德新	邱广敏	王春红
王业飞	王　愚	张贵才	赵福麟	赵修太	周洪涛		

续表

泥浆研究室							
丁　锐	樊泽霞	范　鹏	高锦屏	郭东荣	洪海荣	蒋官澄	李健鹰
刘德华	吕开河	邱正松	孙明波	王富华	王　炜	吴学诗	夏俭英
徐加放	鄢捷年						
流体力学教研室							
常　城	陈孝盛	董　鲽	董映珉	付　静	高　慧	贺礼清	客进友
李兆敏	刘成文	刘　嘉	倪玲英	孙宝江	王汝元	王　渊	张德斌
张足斌	赵欣欣	周晓君	林　刚				
海洋工程教研室							
陈建民	蒋官澄	李志刚	刘均荣	刘　震	王　腾	王以法	张　亚
中心实验室							
成向阳	郭云尧	何岩峰	何玉芹	焦　翠	吕兰秀	任　熵	孙铭勤
王桂华	王兰兰	王连英	于连香	张丽丽	张文娥	赵小明	左红艳
系机关及其他岗位							
迟　伟	崔　宏	丁　岗	冯德成	冯燕云	黄少云	季林海	贾秀花
李　俊	李瑞翠	李玉平	刘　福	刘　欢	刘焕冬	刘俊德	马　业
沈刘峡	宋秀萍	孙燕军	汪龙梅	王建升	王效美	王　颖	王育瑞
武　宗	徐宣恕	徐正英	杨同伟	杨玉步	袁永红	张洪泉	张卫东
张希秋	赵放辉	赵瑞华					

附表 3-4　中国石油大学（华东）时期（2005—2023 年）学院教职工名录

油气井工程研究所							
步玉环	陈丙泉	陈洪兵	陈泽华	程远方	杜玉昆	付香成	管志川
郭胜来	韩忠英	黄根炉	黄 勇	金业权	李春山	李海平	李罗鹏
廖华林	林英松	刘书斌	刘永旺	刘瑞文	柳华杰	吕从容	倪红坚
牛继磊	庞学玉	沈忠厚	时 贤	史玉才	宋洵成	宿春华	孙成堂
王成文	王京印	王明波	王 鹏	王瑞和	王以法	王 炜	王子振
武加锋	徐依吉	吴志明	许玉强	闫传梁	杨宝德	杨永印	张 锐
张卫东	张 雷	张秀梅	周广陈	周卫东	朱丽红	邹德永	

油气开采工程研究所							
陈德春	陈 铭	董长银	冯国强	郭天魁	蒋海岩	李宾飞	李明忠
李松岩	李兆敏	刘陈伟	刘 静	鹿 腾	罗明良	孟兴邦	蒲春生
齐 宁	曲占庆	尚校森	隋义勇	王海文	王杰祥	王腾飞	王卫阳
温庆志	吴飞鹏	薛建泉	于乐香	张 琪	张 超	张黎明	周 童

油气藏工程研究所							
陈月明	陈付真	崔传智	董明哲	杜殿发	杜庆军	樊冬艳	范海军
冯其红	谷建伟	侯 健	黄朝琴	姜瑞忠	雷光伦	李爱芬	李秉霖
李 蕾	李明川	李亚军	李志涛	刘 威	刘永革	吕爱民	孟红霞
任韶然	桑 茜	沈新普	苏玉亮	孙 海	孙仁远	孙晓飞	孙致学
王子胜	王建忠	王 森	王文东	王夕宾	王月英	韦 贝	吴明录
伍增贵	严 侠	杨 敏	杨永飞	姚传进	姚 军	姚同玉	袁 彬
张纪远	张建光	张建国	张 凯	张 磊	张 亮	张先敏	张艳玉
张志英	钟俊杰	赵心仪					

油气田化学研究所							
白英睿	曹 杰	陈五花	陈贻建	戴彩丽	丁名臣	范海明	樊泽霞
高锦屏	葛际江	宫厚健	黄维安	黄贤斌	贾 寒	江 琳	蒋官澄
蒋 平	金家锋	康万利	黎 剑	李美春	李 琳	刘德新	刘敬平
刘逸飞	吕开河	裴海华	邱广敏	邱正松	任 熵	史胜龙	孙金声
孙明波	孙永鹏	王富华	王金堂	王彦玲	王业飞	吴一宁	徐 龙
杨红斌	杨润梅	张贵才	张丽媛	赵福麟	赵 光	赵明伟	赵 欣
赵修太	钟汉毅	周洪涛	杨震				

海洋油气与水合物研究所							
陈立涛	付光明	付　静	高　慧	高永海	郝永卯	李爱华	李　昊
李淑霞	刘　刚	刘成文	刘玉泉	倪玲英	孙宝江	孙小辉	王　锴
王雪瑞	王　渊	王志远	吴学东	谢翠丽	徐加放	尹邦堂	张德斌
张剑波	赵欣欣	钟　杰	周晓君	曾　骥			

船舶与海洋工程系（所）							
白　莉	包兴先	陈建民	李昌良	李宏伟	娄　敏	时　晨	王　川
王宏涛	王　腾	吴　磊	张　敬	张　伟	张　亚	郑海成	王阳阳

智能油气田研究所							
樊　灵	李航宇	李志刚	刘均荣	刘峻嵘	刘树阳	王晓璞	王宇赫
徐建春	孙文跃	张　伟					

实验教学中心、公共测试中心							
鲍丙生	成向阳	范　鹏	付帅师	耿　杰	郭辛阳	郭支尧	焦　翠
李成华	李树群	刘志慧	吕兰秀	孙铭勤	王桂华	王兰兰	王连英
王增宝	于连香	战永平	张俨彬	张洋洋	张文娥	张丽丽	赵海龙
周龙昌	左红艳						

机关办公室							
安　慧	车明睿	陈银吨	程　然	丁　岗	何玉芹	郭晓静	侯德林
季林海	江卫平	李敬皎	李　静	李昀泽	李兆爱	梁　涛	刘　欢
刘会军	刘金祥	刘晓春	刘召利	刘福云	刘焕冬	刘俊德	刘海涛
刘寿福	刘　震	罗　辉	马晓晨	缪青维	毛　剑	宋　飞	曲晓琳
宋　爽	宋秀萍	谭树成	单　珣	汪龙梅	王方晴	王建升	王　静
王　林	王文辉	王效美	王天霖	魏亚男	许　倩	徐新杰	徐正英
杨琪硕	杨玉步	杨　政	于茂谦	于梦飞	袁永红	张芬娜	张继庆
张家馨	张　浩	张乐勇	张　娜	张卫东	张希秋	张祥吉	张　音
张玉哲	张　展	赵放辉	赵小明	赵晓珂	赵晓燕	周家豪	周晓东
列斯别克·塔拉甫别克　赛福拉·地力木拉提							

三、教职工主要社会兼职情况

附表 3-5　教职工主要社会兼职情况

序　号	姓　名	社　会　兼　职
1	刘希圣	山东省科协第二届委员会委员
		东营市政协副主席
2	沈忠厚	中国劳动保护科学技术学会水射流技术专业委员会副理事长
		中国工业清洗协会高级顾问与学术委员会主任委员
3	赵福麟	东营市第三届人大代表
		《油田化学》第一届编辑委员会特约编辑
		石油工业标准化委员会油田化学专业委员会委员
		石油工业标准化委员会油田化学专业标准化技术委员会委员
		石油工业标准化委员会采油采气专业标准化委员会委员
4	张　琪	国家自然科学名词审定委员会石油科技名词审定委员会委员
		山东省第八届政协常委
		石油工业标准化委员会委员
		第四届国务院学位委员会学科评议组成员
5	韩志勇	山东省石油学会常务理事、石油钻井专业标准委员会委员、定向井分标委委员
		中国石油工程学会钻井工程部委员
6	陈月明	中国石油学会会员
		国际石油工程师学会 SPE 会员
7	徐依吉	中国石油学会会员
		中国岩石力学与工程学会会员
		中国劳保学会水射流专委会会员
8	王瑞和	科技部 863 资源环境领域专家
		国家出版基金评审专家
		教育部教学指导委员会石油天然气工程专业委员会副主任
		教育部本科教学评估专家、工程专业认证专家
		中国职业安全与健康学会水射流专业委员会主任

序 号	姓 名	社 会 兼 职
9	管志川	全国钻井专业标准化委员会委员
		中国石油学会钻井基础理论学组委员
		山东石油学会钻井专业委员会副主任
		山东省东营市政协委员
10	孙宝江	国家科技部"十一五"863海洋技术领域总体专家组专家、"十二五"海洋技术领域主题专家组专家
		石油工程硕士研究生教育认证委员会副主任
		中国石油学会石油工程专业委员会委员
		山东省人民政府学位委员会学科评议组成员
		第七届教育部科学技术委员会学部委员
		教育部海洋科学与工程类专业教学指导委员会委员
11	姚 军	国务院学位委员会第六、七届石油与天然气工程学科评议组成员
		《中国大百科全书》力学学科编委
		第七届教育部科学技术委员会委员
		第九届流体力学专业委员会委员
		第七届教育部科学技术委员会委员
		国际石油工程师协会（Society of Petroleum Engineers，SPE）荣誉会员
		山东省政协委员
		国际多孔介质协会（InterPore）学术委员以及中国分会主席、学术委员会委员
		中国力学学会流体力学专业委员会委员及渗流力学专业组组长
		国际碳酸盐岩研究中心（ICCR）科学顾问委员
12	邱正松	中国石油学会钻井工程部委员、钻井液完井液学组委员

续表

序 号	姓 名	社 会 兼 职
13	孙金声	国家钻井专标委特聘专家
		中国石油学会钻井工程专业委员会钻井液学组委员、副组长
		中国石油天然气集团钻井工程重点实验室学术委员
		山东省油田化学重点实验室学术委员
14	李兆敏	山东石油学会常务理事
		山东省海洋发展研究会副理事长
15	蒋官澄	中国石油学会青年工作委员会常务副主任
		国际石油工程师学会 SPE 会员
		中国石油学会会员
16	陈德春	全国专业标准化技术委员会采油采气专业标准化委员会委员
17	冯其红	教育部矿业类专业教学指导委员会委员
		中国高等教育学会教学研究分会理事
18	戴彩丽	中国致公党青岛市委副主委
		第十四届山东省人大代表
		第十四届全国人大代表
		山东省青年科学家协会副主席
19	葛际江	山东省青年联合会第十一届委员
20	康万利	中国化学会终身会员
21	程远方	中国岩石力学与工程学会深部地层岩石力学委员会委员
		山东省岩石力学与工程学会理事
		中国岩石力学与工程学会高温高压岩石力学委员会委员
		国际岩石力学与工程学会 ISRM 会员
		国际石油工程师学会 SPE 会员
22	张贵才	山东省油田化学工程技术研究中心主任
		山东省提高油气采收率工程技术研究中心副主任
23	侯 健	中国石油学会会员

序 号	姓 名	社 会 兼 职
24	杨永飞	中国力学学会渗流力学专业组青年委员会委员
		中国能源学会专家委员会石油天然气专家组委员
		国际多孔介质协会科学顾问委员会主题会议委员会主席
		国际多孔介质协会中国分会秘书长
25	庞学玉	中国能源学会专家委员会委员
26	郭天魁	中国能源学会专家委员会委员
27	袁 彬	中国石油学会非常规油气专业委员会委员
		SPE/AAPG/SEG 国际非常规资源技术大会国际油气资源主题委员会主席
		SPE/AAPG/SEG 国际非常规资源技术大会技术展示与奖励委员会主席
		首届中国石油大学北美青年学者联谊会秘书长
		国际数字地球学会中国国家委员会数字能源专业委员会委员
		SPE 国际石油工程师协会油藏信息与管理技术委员会委员
		SPE 国际石油工程师协会数据科学与工程计算技术委员会委员
		美国工程管理协会（ASEM）国际委员会委员
		国际标准化组织（ISO）石油钻采装备领域召集人

附录四

学生信息统计

一、1953—2023 年本科生入学、毕业人数统计

附表 4-1　1953—2023 年本科生入学、毕业人数统计

年份	入学人数							毕业人数					
	合计	钻井工程	采油工程	油藏工程	钻井专科	采油专科	工业经济	合计	钻井工程	采油工程	油藏工程	钻井专科	工业经济
1953	238	177	61										
1954	178	120	58					32				32	
1955	155	93	62					87	63	24			
1956	333	181	152					75	34	41			
1957	73	49	24					166	94	72			
1958	234	115	119					221	117	104			
1959	285	126	159										
1960	139	60	79					227	121	106			
1961	152	62	90					263	132	131			
1962	212	59	90				63	137	70	38			29
1963	203	60	86				57	266	106	126			34
1964	219	66	92				61	302	112	157			33
1965	184	62	64				58	217	57	109			51
1966													
1967								213	61	91			61
1968								360	125	117			118
1969													
1970								409	126	158			125
1971	121	61	60										
1972	111	55	56										
1973	120	60	60										
1974	116	58	58					120	60	60			
1975	60	30	30					109	54	55			

年份	入学人数									毕业人数						
	合计	钻井工程	采油工程	油藏工程	钻井专科	采油专科	工业经济	石油工程	无机非金属材料专科	合计	钻井工程	采油工程	油藏工程	钻井专科	采油专科	无机非金属材料专科
1976	88	29	59							118	59	59				
1977	137	68	69							112	56	56				
1978	157	89	68													
1979	139	69	70							87	28	59				
1980	140	70	70													
1981	160	65	65				30									
1982	148	60	60				28			279	148	131				
1983	122	61	61							131	64	67				
1984	185	93	92							136	68	68				
1985	206	104	102							125	62	63				
1986	175	105	70							109	56	53				
1987	214	107	72	35						108	52	56				
1988	232	96	69	67						177	89	88				
1989	254	92	70	64	28					200	101	99				
1990	315	120	90	70	35					166	93	73				
1991	332	95	100	70	37	30				253	114	76	35	28		
1992	388	120	130	70	29	39				296	128	70	66	32		
1993	376	90	123	103	30	30				210	86	65	59			
1994	180							180		291	84	68	70	42	27	
1995	220							180	40	284	61	85	71	28	39	
1996	205							180	25	312	88	94	69	30	31	
1997	225							225		303	59	100	104			40

续表

年份	入学人数					毕业人数				
	合计	石油工程	船舶与海洋工程	海洋油气工程	碳储科学与工程	合计	石油工程	船舶与海洋工程	海洋油气工程	无机非金属材料专科
1998	210	210				166	141			25
1999	210	210				175	175			
2000	247	247				168	168			
2001	333	275	58			185	185			
2002	356	297	59			182	182			
2003	449	390	59			178	178			
2004	498	437	61			238	238			
2005	473	409	64			311	263	48		
2006	451	392	59			364	307	57		
2007	499	408	91			492	440	52		
2008	493	401	92			468	413	55		
2009	136	41	95			561	505	56		
2010	486	399	87			580	518	62		
2011	489	396	93			579	495	84		
2012	410	296	58	56		637	546	91		
2013	418	298	58	62		705	523	91		
2014	423	312	56	55		655	487	84		
2015	392	282	55	55		675	459	80	56	
2016	390	281	54	55		632	455	59	59	
2017	343	229	56	58		548	373	55	65	
2018	352	241	56	55		504	347	49	59	
2019	368	257	56	55		442	278	54	56	
2020	380	267	56	57		427	268	53	53	
2021	393	283	55	55		406	252	49	56	
2022	407	292	60	55		413	247	53	60	
2023	450	300	60	60	30	375	273	59	43	
总计	17 787					17 967				

备注：① 入学人数不包含1953—1962年间从清华大学、大连工学院、西北工学院、华东化工学院转入的学生人数。

② 从1955级始学制由4年改为5年，故1959年无毕业生。

③ 1975年10月新增石油矿场仪表与自动化（即油田生产自动化）专业，1976年招生工农兵大学生29人，1978年5月该专业划归新组建的自动化系。

④ 1989—1993年招收钻井专业专科，1991—1993年招收采油专业专科。1995、1996年招收无机非金属材料工艺及制品专科专业2届共65人。

⑤ 1989、1990级专科学制2年，1991、1992、1993级专科学制3年。

二、1953—2023年硕士研究生招生人数统计

附表4-2　1953—2023年硕士研究生招生人数统计

硕士类型		学术硕士							专业硕士					在职硕士		
年份	招生人数	油气田开发工程	油气井工程	石油与天然气工程	流体力学	船舶与海洋结构物设计制造	力学	海洋油气工程	石油与天然气工程	船舶与海洋工程	资源与环境-石油与天然气工程	机械-船舶与海洋工程	机械-船舶工程	石油与天然气工程	船舶与海洋工程	同等学力
1953	18	10	8													
1954	5	2	3													
1955	5	2	3													
1956																
1957																
1958																
1959	2		2													
1960	10	7	3													
1961	4	2	2													
1962	2	2														
1963	2	2														
1964																
1965	3	1	2													
1978	6	6														
1979																
1980																
1981	7	7														
1982	3	3														
1983	8	8														
1984	8	8														
1985	13	13														
1986	27	27														
1987	17	17														
1988	14	14														
1989	19	19														
1990	2	2														
1991	3	3														
1992	4	4														
1993	10	9	1													
1994	10	9	1													

续表

硕士类型		学术硕士							专业硕士					在职硕士		
年份	招生人数	油气田开发工程	油气井工程	石油与天然气工程	流体力学	船舶与海洋结构物设计制造	力学	海洋油气工程	石油与天然气工程	船舶与海洋工程	资源与环境-石油与天然气工程	机械-船舶与海洋工程	机械-船舶工程	石油与天然气工程	船舶与海洋工程	同等学力
1995	18	14	4													
1996	22	18	4													
1997	10	7	3													
1998	16	10	6													
1999	25	15	10													
2000	15	8	7													
2001	126	25	19											40		42
2002	164	38	17											92		17
2003	264	60	35											144		25
2004	249	64	47		2									128		8
2005	186	84	58		5									29		10
2006	342	111	56		5									164		6
2007	306	109	66		4	8								117		2
2008	307	124	78		2	5								98		
2009	321	123	73		1	9			18					97		
2010	326	110	76			9			52					77	2	
2011	350	110	71		2	7			60	2				96	2	
2012	340	111	67			5	3		66	6				77	5	
2013	521	104	68			9			72	10				229	29	
2014	432	101	64			8			84	11				160	4	
2015	408	111	54			7		12	85	14				120	5	
2016	278	110	51			9		13	86	9				停招		
2017	297	106	46			10		17	109	9						
2018	270	84	38			10		16	114	8						
2019	267	90	37			6		16	108	10						
2020	298	91	42			13		19			119	14				
2021	242	86	23			5		21			99		8			
2022	281	109	38			7		29			90		8			
2023	298			164		9					114		11			
总计	7 181	2 310	1 183	164	21	136	3	143	854	79	422	14	27	1 668	47	110

备注：① 石油钻井专业（钻井）从1965年起记录为钻井工程,1993年起记录为油气钻井工程,1999年起记录为油气井工程；② 石油开采专业（采油）自1978年恢复招生后记录为油气田开发工程。

三、1953—2023 年硕士研究生获得学位人数统计

附表 4-3　1953—2023 年硕士研究生获得学位人数统计

硕士类型		学术硕士						专业硕士		在职工硕		非全日制专业硕士		同等学力		留学硕士	
年份	获学位人数	油气田开发工程（开采）	油气井工程（钻井）	海洋油气工程	流体力学	船舶与海洋结构物设计制造	力学	石油与天然气工程	船舶与海洋工程	石油与天然气工程	船舶与海洋工程	石油与天然气	船舶与海洋工程	油气田开发工程	油气井工程	油气田开发工程	石油与天然气工程
1956	14	10	4														
1957	3		3														
1958	3		3														
1959	3	2	1														
1960																	
1961																	
1962																	
1963																	
1964	8	5	3														
1965	3	1	2														
1966	1	1															
1967	2	2															
1968																	
1981—1983	5	5															
1984	7	7															
1985	3	3															
1986	8	8															
1987	8	8															
1988	12	12															
1989	24	24															
1990	17	17															
1991																	
1992																	
1993	2	2															
1994	2	2															
1995	4	4															
1996	12	9	3														

硕士类型		学术硕士						专业硕士		在职工硕		非全日制专业硕士		同等学力		留学硕士		
年份	获学位人数	油气田开发工程（开采）	油气井工程（钻井）	海洋油气工程	流体力学	船舶与海洋结构物设计制造	力学	石油与天然气工程	船舶与海洋工程	石油与天然气工程	船舶与海洋工程	石油与天然气	船舶与海洋工程	油气田开发工程	油气井工程	油气田开发工程	油气井工程	石油与天然气工程
1997	10	10																
1998	23	17	6															
1999	24	15	4											2	3			
2000	71	10	3							14				37	7			
2001	54	8	6							10				24	6			
2002	102	10	8							21				58	5			
2003	39	6	8							9				13	3			
2004	109	32	17							23				33	4			
2005	124	37	18							50				10	9			
2006	236	51	33							129				20	3			
2007	193	61	42		2					72				11	5			
2008	180	75	49		5					35				14	2			
2009	219	107	49		5					55				1	2			
2010	254	100	56		4	8				85					1			
2011	333	111	74		2	5		18		123								
2012	296	114	59		1	9		50		62					1			
2013	305	103	70			8		31	2	89								2
2014	263	98	64		1	6		27		67								
2015	296	98	59			5	3	62	6	60						2	1	
2016	280	87	61			8		71	10	32						5	4	2
2017	310	95	53			6		80	8	42	3				1	3	1	18
2018	372	104	56	12		7		74	16	80	9							14
2019	351	99	43	11		9		83	8	83	4							11
2020	345	98	38	13		9		109	9	54	2							13
2021	324	82	36	18		10		111	9	43	2	2		1				10
2022	301	89	41	15		4		104	7	24	1	3		2				11
2023	314	100	39	18		9		112	14			3	1	5	2			11
总计	5 869	1 939	1 011	87	20	103	3	932	89	1 262	21	8	1	231	54	10	6	92

备注：1981年1月1日，《中华人民共和国学位条例》正式施行，高校获授权授予学位。

四、1987—2023 年博士招生、获得学位人数统计

附表 4-4　1987—2023 年博士招生、获得学位人数统计

年份	招取人数									获学位人数						
	合计	油气田开发工程	油气井工程	石油与天然气工程	油气工程力学	海洋油气工程	石油工程管理	能源与环保	资源与环境	合计	油气田开发工程	油气井工程	海洋油气工程	油气工程力学	石油工程管理	能源与环保
1987	2	2														
1988	3	3														
1989	3	3														
1990											1					
1991																
1992																
1993																
1994																
1995	5	5														
1996	3	2	1													
1997	5	4	1													
1998	6	6								1	1					
1999	7	5	2							1	1					
2000	9	5	4							3	2	1				
2001	10	5	5							5	5					
2002	22	12	10							3	3					
2003	41	25	16							8	6	2				
2004	38	15	13	5			5			7	5	2				
2005	42	15	13	5			9			8	1	7				
2006	41	20	12	3			6			17	14	3				
2007	36	16	15				5			31	20	8		2	1	
2008	30	15	15							36	14	14		2	6	
2009	32	17	15							40	21	15		3	1	
2010	32	17	15							29	9	12		3	5	
2011	35	22	13							25	13	11			1	
2012	40	24	16							31	17	10		1	3	
2013	42	27	15							38	17	15			6	
2014	41	27	14							21	9	9			3	

续表

年份	招取人数									获学位人数						
	合计	油气田开发工程	油气井工程	石油与天然气工程	油气工程力学	海洋油气工程	石油工程管理	能源与环保	资源与环境	合计	油气田开发工程	油气井工程	海洋油气工程	油气工程力学	石油工程管理	能源与环保
2015	40	25	15							30	13	15			2	
2016	44	30	12			2				37	22	13			2	
2017	49	31	16			2				36	25	11①				
2018	54	28	15			7		4		26	17②	9				
2019	67	29	18			8		12		29	18③	10			1	
2020	66	26	18			8			14	30	19④	10⑤	1			
2021	85	30	12			10			33	45	29⑥	15⑦	1			
2022	51	31	12			8				59	32⑧	22⑨	3			2
2023	95			95						52	30⑩	15⑪	6			1
总计	1 076	522	313	95	13	45	25	16	47	649	364	229	11	11	31	3

备注：① 含留学生1人；② 含留学生2人；③ 含留学生1人；④ 含留学生2人；⑤ 含留学生1人；⑥ 含留学生4人；⑦ 含留学生1人；⑧ 含留学生2人；⑨ 含留学生1人；⑩ 含留学生2人；⑪ 含留学生2人。

附录五
校友代表

石油工程学院建院 70 年来,为国家石油工业和祖国各项建设事业,培养和输送了全日制大学生 17 900 余人,研究生 6 400 余人,留学生 2 000 余人。

广大学子秉承学院优良传统,深钻博采,厚积薄发,在能源事业以及其他各行各业为国家作出重要贡献。其中 5 人成为两院院士,19 人成为省部级以上领导干部,25 人荣获"全国劳动模范""全国五一劳动奖章"等国家荣誉称号,大批毕业生成长为科技专家和管理专家,赢得了人民的称赞、国家的奖励,也成为学院的荣光。

在此仅简要介绍部分代表(按毕业年级排序)。

崔仁义,1957 年毕业于北京石油学院钻井专业。高级工程师。曾任辽河石油勘探局副局长。

孙振纯,1957 年毕业于北京石油学院钻井专业。教授级高级工程师,国内外知名的油井灭火专家和钻井技术专家。曾任中国石油天然气总公司勘探局总工程师,石油工业标准化技术委员会第三届常务委员,钻井专业标准化委员会主任委员。曾获"石油工业部劳动模范""全国五一劳动奖章"。

肖希书,1957 年毕业于北京石油学院钻井专业。教授级高级工程师,国务院政府特殊津贴专家。曾任渤海石油局副总工程师,中国海洋石油总公司开发生产部副经理、总工程师,东海平湖油气田工程开发办公室主任。曾获国家科学技术进步奖一等奖、三等奖。

严世才,1957 年毕业于北京石油学院钻井专业。教授级高级工程师,国务院政府特殊津贴专家。曾任大庆油田"王铁人二队"技术员、钻井指挥部总工程师、副指挥、大庆石油管理局副总工程师。

王彦,1958 年毕业于北京石油学院钻井工程专业。曾任 3203 钻井队队长,1963年在南海任中国海洋石油第一口海上井的钻井工程师,1979 年担任我国第一艘钻井船"南海二号"首任船长,1980年任南海西部石油公司对外合作委员会第一任中方首席代表,1983年任南海西部石油公司总经理,1992年任中国海洋石油总公司总经理。中共十五届中央委员。

王德民,1960年毕业于北京石油学院采油工程专业,同年赴大庆油田从事科技研究工作。教授、博士生导师、国务院政府特殊津贴专家。曾任国际石油工程师学会（SPE）杰出服务奖委员会委员、长远规划委员会委员、中国石油学会常务理事、黑龙江省科协副主席等职。曾获国家科学技术进步奖特等奖1项,一等奖2项。1994年6月,当选为中国工程院院士。2016年经国际小行星中心命名委员会批准,获得国际编号为210231号小行星命名为"王德民星"的崇高荣誉。

杜成武,1960年毕业于北京石油学院钻井工程专业。曾任中原油田副局长兼中原钻井公司经理。

朱家甄,1963年毕业于北京石油学院工业经济专业。历任抚顺石油一厂副厂长,抚顺石油工业公司副总经理,抚顺市副市长,辽宁省计委、计经委主任,中共辽宁省委常委,辽宁省副省长。1991年10月至1997年12月任劳动部副部长,后任中国新星石油公司总经理等职。

陆人杰,1964年毕业于北京石油学院钻井工程专业,教授级高级经济师。曾任胜利石油管理局局长、党委书记,东营市委书记,山东省政协常委。任职期间连续14年实现胜利油田年勘探增储超亿吨,连续9年达到年产原油3 000万吨以上的历史最高水平。曾获"全国五一劳动奖章""全国劳动模范"。

尹克升,1964年毕业于北京石油学院采油工程专业,工程师。曾任中共青海省委常委、青海省副省长,中共青海省委书记。中共中央直属机关工委副书记（正部长级）,全国人大民族委员会副主任委员。中共十二届（1985年9月增选）、十三届、十四届中央委员。第八届、第九届全国人大代表,第九届全国人大常委会委员。

李秀生,1965年毕业于北京石油学院采油工程专业。毕业后留校任教,教授,博士生导师。曾任华东石油学院开发系党总支书记,石油大学（华东）党委书记、校长,石油大学（北京）党委书记、校长、学术委员会主任,海口经济学院校长。

曾兴球,1965年毕业于北京石油学院采油工程专业。先后参与了中国海洋石油对外合作,中国南方十一省区对外合作和中国陆上油气田勘探开发全面对外合作工作。曾任中国石油天然气集团公司国际合作局局长、中国石油天然气股份有限公司对外合作部总经理、中国中化集团总地质师。

蒋金楚,1965年毕业于北京石油学院工业经济专业。曾任中国石油天然气集团公司副总经理、国家经贸委局长。

吴耀文,1967 年毕业于北京石油学院钻井工程专业,教授级高级工程师。曾任中国石油天然气总公司国际合作局局长,中国石油天然气总公司总经理助理、副经理,中国中煤能源集团有限公司董事长,宝钢集团有限公司外部董事。曾当选第十届全国政协委员。

孙晓群,1967 年毕业于北京石油学院钻井工程专业。在石油工业部玉门石油管理局、长庆油田、辽河油田工作过。曾任中国石油天然气总公司企业管理部副主任、新华社香港分社社长、中央组织部副部长、中央直属机关工委常务副书记(正部级)。曾当选中共第十七届中央委员、第十届全国人大常委会委员会委员、全国人大监察和司法委员会委员。

牟书令,1968 年毕业于北京石油学院采油工程专业,教授级高级工程师。曾任江苏石油管理局副总工程师,胜利石油管理局局长、党委副书记,中国石化集团总公司副总经理。曾当选俄罗斯自然科学院、工程院外籍院士,被国家统计局、中国技术进步评价中心授予中国经营管理大师称号。

蒋龙生,1970 年毕业于北京石油学院钻井工程专业。教授级高级工程师。曾任中国海洋石油总公司南海西部石油公司承包作业部副经理、中海石油南方钻井公司总经理兼党委书记,中国海洋石油总公司副总经理、党组成员。

姚和清,1970 年毕业于北京石油学院采油工程专业,国务院政府特殊津贴专家。曾任中国石油大港油田分公司董事长、总经理、党委书记。曾当选第九届、第十届全国人大代表。

蔡志刚,1970 年毕业于北京石油学院钻井工程专业。曾任吐哈油田分公司总经理、党委书记,曾获"全国五一劳动奖章"。

杨呈德,1970 年毕业于北京石油学院钻井工程专业,教授级高级工程师,国务院政府特殊津贴专家,知名泥浆专家。长期在长庆油田工作。曾任长庆石油勘探局钻采工艺研究院的副总工程师兼钻井液室主任。曾获"全国劳动模范"荣誉称号。

刘宝和,1970 年毕业于北京石油学院采油工程专业。曾任中国石油天然气股份有限公司副总裁,勘探与生产分公司总经理。

何生厚,1970 年毕业于北京石油学院采油工程专业,教授级高级工程师。长期从事油田工程技术开发研究工作,主持完成胜利乐安砂砾岩特稠油油藏开发、渤海湾埕岛油田开发项目。曾任中石化工股份有限公司油田事业部主任、国家 863 计划海洋资源开发技术主题专家组组长、中国石化集团副总工程师。

马富才，1970 年毕业于北京石油学院采油工程专业，教授级高级工程师。长期在胜利油田工作。曾任胜利石油管理局局长、党委副书记，中国石油天然气集团公司总经理、党组书记，国家能源领导小组办公室副主任（副部长级），中央纪委、中央组织部第二企业巡视组副组长。曾当选十六大中共中央候补委员。

戴靖，1982 年毕业于华东石油学院钻井工程专业，获学士学位。曾任中国石化集团江苏石油勘探局副局长。

蒋发太，1982 年毕业于华东石油学院钻井工程专业，获学士学位。教授。曾任江汉石油学院副院长、党委书记，长江大学党委副书记、纪委书记（正厅级）。

高德利，1982 年毕业于华东石油学院钻井工程专业，获学士学位。1984 年获西南石油学院工学硕士学位，1990 年获中国石油大学工学博士学位。教授、国务院政府特殊津贴专家。曾获国家科学科技进步一等奖 2 项、首届孙越崎能源大奖。2013 年 12 月，当选中国科学院院士。

杨庆理，1982 年毕业于华东石油学院钻井工程专业，获学士学位。教授级高级工程师，曾任长庆石油勘探局党委书记、副局长，中国石油集团公司市场管理部主任、工程技术与市场部主任，中国石油工程技术分公司总经理。

连建家，1982 年毕业于华东石油学院采油工程专业，获学士学位。教授级高级工程师，曾任中国石油集团经济技术研究院党委书记、副院长，中国石油天然气股份有限公司副总经理，中国石油集团咨询中心资深专家。

王志刚，1982 年毕业于华东石油学院采油工程专业，获学士学位。教授级高级工程师，曾任中国石化胜利油田有限公司董事、总经理，宁夏回族自治区经贸委副主任、党组副书记（挂职），中国石油化工股份有限公司副总裁。现任中国石油化工集团公司党组成员、中国石油化工股份有限公司高级副总裁。

袁士义，1982 年毕业于华东石油学院采油工程专业，获学士学位。1983 年毕业于法国巴黎高等矿业学院地质统计学专业，1986 年毕业于法国巴黎居里大学 / 法国石油研究院，获博士学位。教授级高级工程师，博士生导师。曾任中国石油勘探开发研究院总工程师、副院长，中国石油天然气股份有限公司科技发展部总经理。2005 年 12 月，当选为中国工程院院士。

陈网根，1982 年毕业于华东石油学院钻井工程专业，获学士学位。曾任中国石化江苏油田分公司勘探局党委常委、副局长，华东石油工程公司党委书记、副总经理。

李玉平，1982 年毕业于华东石油学院钻井工程专业，获学士学位。曾任华东石油学院开发系党总支副书记、书记，石油大学（华东）党委副书记，重庆石油高等专科学校党委书记,北京石油管理干部学院党委书记、院长,中国石油寰球工程公司党委书记、副总经理。

路保平,1982年毕业于华东石油学院钻井工程专业,获学士学位。教授级高级工程师,博士生导师,油气井工程领域的知名专家。现任中国石油化工股份有限公司石油工程技术研究院院长、学术委员会主任。曾获国家科学技术进步奖一等奖、孙越崎能源大奖。

秦文贵,1982年毕业于华东石油学院钻井工程专业,获学士学位。2000年赴美国得州农业和机械大学商学院攻读MBA学位。高级工程师。曾任中石油集团公司渤海钻探工程公司党委书记,中国石油工程技术分公司副总经理,全国青联副主席,中国石油天然气集团有限公司华油集团党委书记、副总经理。曾获"中国青年五四奖章""全国劳动模范""当代青年的榜样""100位新中国成立以来感动中国人物"等荣誉称号,受到江泽民、胡锦涛等党中央领导的亲切接见。

石林,1982年毕业于华东石油学院钻井工程专业,获学士学位。教授级高级工程师,教授。曾任中国石油集团海洋工程有限公司总经理、中石油钻井工程技术研究院院长。

宋立崧,1982年毕业于华东石油学院钻井工程专业,获学士学位,1991年获天津大学管理学院技术经济及管理专业硕士学位。教授级高级工程师,曾任中国海洋石油有限公司安全总监兼质量健康安全环保部总经理、国家安全生产监督管理总局专家组专家。

汪东进,1982年毕业于华东石油学院钻井工程专业,获学士学位,2012年获中国石油大学(北京)石油工程管理专业博士学位。教授级高级工程师,曾任中国石油天然气集团公司党组成员、副总经理兼股份公司副董事长、总裁,现任中国海洋石油集团有限公司董事长、党组书记。当选中共二十大代表、十四届全国政协委员。

王程忠,1982年毕业于华东石油学院钻井工程专业,获学士学位。现任中石化华北石油局有限公司总经理、党委副书记,华北油气分公司总经理。

王家祥,1982年毕业于华东石油学院钻井工程专业,获学士学位。博士,教授级高级工程师。曾任渤海公司总经理、中国海洋石油总公司副总经理、党组成员。

袁光宇,1982年毕业于华东石油学院钻井工程专业,获学士学位,2001年首都经济贸易大学研究生毕业,2004年中欧国际工商学院CEO班毕业,2007年中欧国际工商学院EMBA毕业。教授级高级工程师,曾任中国海洋石油有限公司执行董事以及首席执行官。曾获"中国证券金紫荆奖—最佳上市公司CEO"。

杨华，1982年毕业于华东石油学院采油工程专业，获学士学位，后毕业于麻省理工学院斯隆管理学院工商管理专业，获硕士学位。教授级高级经济师，曾任中国海洋石油总公司总经理，中国中化集团有限公司董事、总经理、党组副书记。曾当选第十三届全国人大代表。

陈伟，1982年毕业于华东石油学院采油工程专业，获学士学位，2002年毕业于清华大学工商管理专业，获硕士学位。曾任中国海洋石油有限公司高级副总裁，中海油研究总院院长、党委书记，中国海洋石油总公司职工董事。

黄立功，1982年毕业于华东石油学院采油工程专业，获学士学位。曾任青海石油管理局局长、党委副书记，青海油田分公司总经理兼党委副书记。现任中国石油集团海洋工程有限公司党委书记兼副总经理。曾获"全国五一劳动奖章""全国劳动模范"等荣誉称号。曾当选第十届全国人大代表。

吴明林，1982年毕业于华东石油学院采油工程专业，获学士学位。现任中石化国际石油勘探开发公司副总经理。

董星亮，1983年毕业于华东石油学院钻井工程专业，获学士学位。曾任中国海洋石油有限公司钻完井办公室总经理、国家重点研发计划项目长，中国海洋石油集团有限公司咨询中心顾问。

韩来聚，1983年毕业于华东石油学院钻井工程专业，获学士学位，2004年毕业于油气井工程专业，获博士学位，教授级高级工程师。中石化集团公司胜利石油管理局首席高级专家、钻井工艺研究院院长，曾获山东省新长征突击手、中石化集团"科技创新功勋奖"。

李根生，1983年毕业于华东石油学院钻井工程专业，获学士学位，1986年获油气田开发工程专业硕士学位，1998年获石油大学（北京）油气钻井工程专业博士学位。1986年至2003年在石油大学（华东）历任讲师、副教授和教授，曾任中国石油大学（北京）副校长，油气资源与探测国家重点实验室主任。2015年12月，当选为中国工程院院士。第十四届全国政协委员。

李国顺，1983年毕业于华东石油学院钻井工程专业，获学士学位。现任中国石油集团油田技术服务有限公司副总经理。

李天太，1983年毕业于华东石油学院钻井工程专业，获学士学位，1986年获油气井工程专业硕士学位，2005年获油气井工程专业博士学位。二级教授，博士生导师。曾任西南石油大学石油工程系副主任、石油工程学院党总支副书记、继续教育学院院长，科技处处长。现任西安石油大学校长、党委副书记。

谢文虎,1983年毕业于华东石油学院钻井工程专业,获学士学位。教授级高级工程师,曾任北京石油管理干部学院院长,中国石油天然气集团公司党校副校长,中国石油西部钻探公司党委书记、副总经理。

雍自强,1983年毕业于华东石油学院钻井工程专业,获学士学位。教授级高级工程师,曾任中国石化集团江苏石油勘探局局长、党委副书记,中国石化集团公司油田企业经营管理部副主任,石油工程公司测录井事业部主任。现任中石化石油工程技术服务有限公司副总经理。

张柏松,1983年毕业于华东石油学院钻井工程专业,获学士学位。现任中国石油长城钻探工程公司副总经理。

张锦宏,1983年毕业于华东石油学院钻井工程专业,获学士学位。教授级高级经济师,曾任中国石化集团华东石油局副局长,中石化华东石油工程公司党委书记、总经理。现任中国石化集团公司首席专家、中石化石油工程技术服务股份有限公司副总经理、党委委员。

张召平,1983年毕业于华东石油学院油气井工程专业,获学士学位,研究生学历,博士学位。教授级高级政工师,曾任江汉石油管理局党委书记,新星公司执行董事、总经理、党委副书记。现任中国石化集团河南石油勘探局局长、党委副书记、河南南阳市油田机械制造有限公司董事长。

陈惟国,1983年毕业于华东石油学院采油工程专业,获学士学位。教授级高级工程师,曾任中国石化中原油田分公司副总经理、普光分公司党委书记,现任中石化中原石油工程有限公司执行董事、党委书记。

苟三权,1983年毕业于华东石油学院采油工程专业,获学士学位,2006年获中国矿业大学博士学位。教授级高级工程师,曾任长庆石油勘探局局长、党委书记,冀东油田分公司总经理、党委副书记、中国石油天然气集团公司离退休职工管理局(老干部局)局长。

李方明,1983年毕业于华东石油学院采油工程专业,获学士学位。教授级高级工程师,曾任中国石油集团公司海外勘探开发分公司油气开发部副总工程师,现任中国石油对外合作部副总经理。

沈琛,1983年毕业于华东石油学院采油工程专业,获学士学位,2001年获同济大学管理科学与工程专业博士学位。曾任中国石化股份有限公司油田事业部总工程师。现任中国石油和石油化工设备工业协会高级副会长、国家石油天然气管网集团有限公司总经理助理兼工程部(供应链部)总经理。

孙波，1983 年毕业于华东石油学院采油工程专业，获学士学位。教授级高级工程师，曾任中国石油天然气股份有限公司副总裁兼中国石油驻中亚地区企业协调组组长，中国石油哈萨克斯坦公司总经理、党委书记。2012 年逝世，中央组织部追授其"全国优秀共产党员"称号，中华全国总工会追授其"全国五一劳动奖章"。

张卫国，1983 年毕业于华东石油学院采油工程专业，获学士学位。现任中国石油工业出版社有限公司执行董事、总经理、党委书记。

程存志，1984 年毕业于华东石油学院钻井工程专业，获学士学位。现任中油国际尼日尔公司总经理。

冯艳成，1984 年毕业于华东石油学院钻井工程专业，获学士学位。曾任中石油长城钻探公司副总经理。现任中国石油集团工程技术研究院党委书记、执行董事、休斯敦研究中心主任。

吴玉禄，1984 年毕业于华东石油学院钻井工程专业，获学士学位。博士，教授级高级工程师。曾任中石油吐哈石油勘探开发指挥部钻井公司总经理，中国中化集团石油勘探开发公司总工程师，现任华油能源集团有限公司副总经理。

许岱文，1984 年毕业于华东石油学院钻井工程专业，获学士学位。曾任中国石油伊拉克哈法亚项目公司副总经理、中国石油中东公司副总经理。现任中国石油（伊拉克）西古尔纳公司总经理。曾获国家科学技术进步奖一等奖。

沈双平，1984 年毕业于华东石油学院钻井工程专业，获学士学位。现任中国石油天然气集团公司川庆钻探工程有限公司总经理助理。2006 年获陕西省优秀青年企业家荣誉称号，2007 年获"全国五一劳动奖章"。

黄虎龙，1985 年毕业于华东石油学院钻井工程专业，获学士学位，2001 年获北京交通大学工商管理专业硕士学位。教授级高级经济师，曾任鄂尔多斯煤制气项目筹备组总经理、中海油鄂尔多斯能源化工有限责任公司总经理。现任中海石油气电集团党委副书记、副总经理、安全总监，中海石油化学股份有限公司非执行董事。

娄铁强，1985 年毕业于华东石油学院钻井工程专业，获学士学位。教授级高级工程师，钻井工程技术专家。曾任吐哈石油勘探开发指挥部党委常委、副指挥、安全总监，吐哈油田公司总经理、党委书记。现任中国石油报社党委书记。

秦永和，1985 年毕业于华东石油学院钻井工程专业，获学士学位。教授级高级工程师，国务院政府特殊津贴专家。曾任中石油渤海钻探工程有限公司总经理、党委副书记。现任中国石油集团公司石油工程首席专家。曾获"全国劳动模范"荣誉称号。

屈建省，1985 年毕业于华东石油学院钻井工程专业，获学士学位。现任中国石油海洋工程公司纪委书记、中国石油集团工程技术研究院院长。

周建良，1985年毕业于华东石油学院钻井工程专业，获学士学位。教授级高级工程师，博士生导师。现任中海油研究总院钻井完井总工程师。曾获国家科学技术进步奖。

郭洪金，1985年毕业于华东石油学院采油工程专业，获学士学位，1998年获油气田开发工程专业硕士学位。教授级高级工程师，曾任江汉石油管理局有限公司执行董事、总经理。现任中石化油田勘探开发事业部总经理。油气和新能源板块（子集团）党工委委员。曾获"全国（十大）杰出青年岗位能手"。

刘会友，1985年毕业于华东石油学院采油工程专业，获学士学位。现任中国石化集团公司首席专家、发展计划部副总经理兼新能源办公室主任，中央企业乡村产业投资基金副董事长。

刘英才，1985年毕业于华东石油学院采油工程专业，获学士学位。曾任海外勘探开发公司总工程师、副总经理。现任中油国际尼罗河公司总经理、党工委书记、工会主席兼苏丹地区协调组组长。

孙福街，1985年毕业于华东石油学院采油工程专业，获学士学位。博士，教授级高级工程师。曾任中国海油和中国海洋石油有限公司科技发展部总经理，中国海油咨询中心常务副主任，现任中国海洋石油有限公司副总裁。

张凤久，1985年毕业于华东石油学院采油工程专业，获学士学位。教授级高级工程师。曾任中海油能源发展股份有限公司副总经理。现任中国海洋石油总公司加拿大公司总裁。

赵平起，1985年毕业于华东石油学院采油工程专业，获学士学位。教授级高级工程师，现任中国石油大港油田公司党委副书记、副总经理、工会主席。

李作会，1986年毕业于华东石油学院钻井工程专业，获学士学位，2000年获石油与天然气工程专业硕士学位。教授级高级工程师，现任中国石化胜利石油工程有限公司钻井工艺研究院院长，中国石化集团公司高级专家。

郑新权，1986年毕业于华东石油学院钻井工程专业，获学士学位。教授级高级工程师，曾任中国石油勘探与生产分公司副总工程师、副总经理。现任中国石油油气和新能源分公司副总经理。

冯建华，1986年毕业于华东石油学院采油工程专业，获学士学位。1989年毕业于石油大学，获硕士学位。教授级高级工程师，曾任中油国际阿曼公司总经理、中油国际澳大利亚公司总经理、中国石油国际勘探开发公司生产运行部主任。

蒋奇，1986年毕业于华东石油学院采油工程专业，获学士学位。任职期间，开辟的北极东北航线被称为"冰上丝绸之路"，被中俄两国领导人称赞是中俄经贸合作的典范。现任中国石油亚马尔代表、中油国际俄罗斯公司总经理、中国石油俄罗斯地区党工委书记。

黎洪，1986年毕业于华东石油学院采油工程专业，获学士学位。教授级高级工程师，曾任中国石化西南油气分公司元坝项目部副经理，现任中国石化集团公司高级专家。

李忠兴，1986年毕业于华东石油学院采油工程专业，获学士学位。教授级高级工程师，国务院政府特殊津贴专家。曾任长庆油田分公司勘探开发研究院总地质师，油田公司副总经理、常务副总经理。现任中国石油辽河油田分公司执行董事、党委书记，中共二十大代表。

全昌胜，1986年毕业于华东石油学院采油工程专业，获学士学位。曾任中国—阿拉伯化肥有限公司董事长、中海石油化学股份有限公司副总裁、首席财务官、董事会秘书。现任华友钴业股份有限公司副总裁、首席财务官。

张士诚，1986年毕业于华东石油学院采油工程专业，获学士学位。1989年、2003年先后获石油大学（北京）油气田开发工程专业硕士、博士学位。教授，博士生导师，曾任中国石油大学（北京）石油工程学院副院长、教务处处长、副校长。

曹树杰，1987年毕业于华东石油学院钻井工程专业，获学士学位，天津大学工商管理专业硕士。曾任中海油服首席执行官兼总裁、执行董事、党委副书记。现任中国海油集团质量健康安全环保部总经理。

孙焕泉，1987年毕业于华东石油学院采油工程专业，获学士学位，1990年获油气田开发工程专业硕士学位。教授级高级工程师，石油与天然气开发工程专家。现任中国石化副总工程师、科技委副主任，连续三期（2008—2020年）国家油气科技重大专项项目长。曾获"全国五一劳动奖章""全国杰出工程师奖"，入选国家"百千万人才工程"。2021年11月，当选为中国工程院院士。

王增林，1987年毕业于华东石油学院采油工程专业，获学士学位，2004年获油气田开发工程专业博士学位。教授级高级工程师，国务院政府特殊津贴专家。现任中国石化胜利油田副总工程师、胜利油田采油工程首席专家、中国石化集团公司高级专家。入选国家"百千万人才工程"。

赵全民，1988年毕业于石油大学（华东）钻井工程专业，获学士学位。曾任福建炼油化工有限公司副总经理，现任中石化国际勘探公司副总经理、高级副总裁、叙利亚项目负责人。

陈飞山,1988 年毕业于石油大学(华东)钻井工程专业,获学士学位。曾任福建古雷炼化一体化项目管理部副总经理、福建古雷石化公司党委委员、副总裁。现任福建省炼油化工有限公司副总经理。

罗勇,1988 年毕业于石油大学(华东)钻井工程专业,获学士学位。曾任中国海油中联煤层气有限责任公司党委书记、董事长、总经理。现任中海油上海分公司党委书记、总经理。

黄凯文,1988 年毕业于石油大学(华东)钻井工程专业,获学士学位。教授级高级工程师,现任中海石油(中国)有限公司湛江分公司钻采专家。曾获"全国五一劳动奖章"。

郭士生,1988 年毕业于石油大学(华东)采油工程专业,获学士学位。教授级高级工程师。现任中国海洋石油东海石油管理局工程技术作业中心技术总监、中国海洋石油总公司钻完井专家。曾获"全国劳动模范"荣誉称号。

刘书杰,1989 年毕业于石油大学(华东)钻井工程专业,获学士学位。教授级高级工程师,国务院政府特殊津贴专家。现任中海石油(中国)有限公司海南分公司副总经理兼总工程师(钻完井)。曾获国家科学技术进步奖一等奖、"有突出贡献中青年专家""全国五一劳动奖章""全国最美职工"等荣誉称号,入选国家"百千万人才工程"。

刘岩生,1989 年毕业于石油大学(华东)钻井工程专业,获学士学位。教授级高级工程师,现任中国石油集团工程技术研究院有限公司党委副书记、总经理、院长。

苏勤,1989 年毕业于石油大学(华东)钻井工程专业,获学士学位。教授级高级工程师,国务院政府特殊津贴专家。曾任中国石化集团国勘公司工程技术部经理,国勘加蓬公司总经理等职。现任中国石化集团公司工程管理首席专家兼任加蓬公司董事长。

滕学清,1989 年毕业于石油大学(华东)钻井工程专业,获学士学位。教授级高级工程师,曾任塔里木油田公司西气东输气田建设项目经理部副经理,塔里木油田分公司油气工程研究院院长,塔里木油田分公司首席专家。曾获"全国五一劳动奖章"。

汪海阁,1989 年毕业于石油大学(华东)钻井工程专业,获学士学位。博士,教授级高级工程师、博士生导师。现任中国石油工程技术研究院有限公司党委委员、副总经理、副院长。

杨立平,1989 年毕业于石油大学(华东)钻井工程专业,获学士学位,2006 年获天津大学工商管理专业硕士学位。曾任中海油基地集团监督监理技术分公司总经理，海油发展监督监理技术分公司总经理，中海油能源发展股份有限公司副总经理兼工程技术分公司总经理。现任国海海工资产管理有限公司副总经理。

杨文俊，1989年毕业于石油大学（华东）钻井工程专业，获学士学位。博士，教授级高级工程师，博士生导师。现任水利部长江水利委员会长江科学院副院长，院党委委员。曾获国家科学技术进步奖一等奖，入选国家"百千万人才工程"，国务院政府特殊津贴专家。

张安平，1989年毕业于石油大学（华东）采油工程专业，获学士学位。博士，高级经济师。曾任冀东油田总经理办公室（党委办公室）主任，中国石油集团公司办公厅副总经济师，云南销售公司党委书记、总经理，天津销售公司执行董事、党委书记等职。现任中国石油集团党组巡视组巡视专员、第一巡视组组长。

钟志国，1989年毕业于石油大学（华东）采油工程专业，获学士学位。现任中国石化集团江苏石油勘探局有限公司总经理、党委副书记，中国石油化工股份公司江苏油田分公司总经理、党委副书记。

丁士东，1990年毕业于石油大学（华东）钻井工程专业，获学士学位。教授级高级工程师，现任中国石化石油工程技术研究院有限公司副院长兼总工程师、副总经理。入选国家"百千万人才工程"，国家突出贡献专家，国务院政府特殊津贴专家。

李军，1990年毕业于石油大学（华东）钻井工程专业，获学士学位。长江学者特聘教授，博士生导师，国务院政府特殊津贴专家。现任中国石油大学（北京）克拉玛依校区副校长。

田平，1990年毕业于石油大学（华东）钻井工程专业，获学士学位，1997年获油气田开发工程专业硕士学位。曾任中国石化河南石油勘探局副总经理，现任中石化西南石油工程公司总经理、党委副书记。

赵顺强，1990年毕业于石油大学（华东）钻井工程专业，获学士学位。高级工程师，曾任中国海洋石油乌干达有限公司总裁，中海油田服务股份有限公司总裁。现任中海油田服务股份有限公司党委书记、董事长、首席执行官。曾获"2022卓越影响力企业家奖"。

马代鑫，1990年毕业于石油大学（华东）采油工程专业，获学士学位。曾任中石化胜利油田东辛采油厂厂长，中石化生产经营部副主任，中石化东北石油局和分公司总经理。现任中国石化东北石油局有限公司执行董事、党委书记，东北油气分公司代表。

赵磊，1990年毕业于石油大学（华东）采油工程专业，获学士学位。教授级高级工程师,现任中国石化东北分公司总经理,中国石化东北石油局、东北油气分公司首席专家。

吴永平,1990年毕业于石油大学(华东)石油工程专业(在职),获学士学位。教授级高级工程师,国家级突出贡献专家,博士生导师,国务院政府特殊津贴专家。现任中国石油大港油田公司副总经理。曾获国家科学技术进步奖一等奖。

褚元林,1991年毕业于石油大学(华东)钻井工程专业,获学士学位。曾任中国石油物资采购中心(物资有限公司)常务副主任(常务副总经理),现任中国石油工程和物装管理部副总经理。

何君,1991年毕业于石油大学(华东)钻井工程专业,获学士学位。曾任中石油塔里木油田分公司党工委常委、副总经理,西部钻探公司副总经理。现任中国石油浙江油田分公司总经理、党委副书记。

齐美胜,1991年毕业于石油大学(华东)钻井工程专业,获学士学位。曾任中海油田服务股份有限公司副总裁、钻井事业部总经理,中海油服党委书记、董事长。现任中海油深圳分公司党委书记、总经理。

王飞,1991年毕业于石油大学(华东)钻井工程专业,获学士学位。高级工程师。现任中石化中原油田勘探局有限公司党委常委、中原油田分公司副总经理。

韦谷运,1991年毕业于石油大学(华东)钻井工程专业,获学士学位。现任中国石化石油工程西南公司广西钻井分公司副经理兼副总工程师。曾获"全国五一劳动奖章"。

周爱照,1991年毕业于石油大学(华东)钻井工程专业,获学士学位。教授级高级工程师。现任中国石化石油工程公司首席专家、钻井工程管理部经理。

周延军,1991年毕业于石油大学(华东)钻井工程专业,获学士学位。教授级高级工程师,曾任中石化胜利石油工程公司副总工程师兼钻井院院长、党委副书记,现任中国石化胜利石油工程公司首席专家。

贺刚,1991年毕业于石油大学(华东)采油工程专业,获学士学位。高级工程师,中国邮电器材集团有限公司纪委书记。

蒋廷学,1991年毕业于石油大学(华东)采油工程专业,获学士学位。2001年获石油大学(北京)油气田开发工程专业硕士学位,2007年获中国科学院渗流流体力学研究所流体力学专业博士学位。教授级高级工程师,现任职中石化工程技术研究院有限公司,中国石化集团公司高级专家。

孙虎,1991年毕业于石油大学(华东)采油工程专业,获学士学位。教授级高级工程师。曾任中国石油川庆钻探工程有限公司长庆井下技术作业公司总经理,现任中国石油川庆钻探工程有限公司副总经理。曾获孙越崎青年科技奖、中石油劳动模范。

易俊,1991 年毕业于石油大学(华东)采油工程专业,获学士学位。教授,工学博士。现任重庆工程职业技术学院党委书记。

雷平,1991 年毕业于石油大学(华东)油藏工程专业,获学士学位。高级政工师,曾任中国石油天然气股份有限公司企业文化部副总经理兼集团公司团工委书记、江西省上饶市市政府副市长,中国石油集团公司思想政治工作部副总经理。现任石油工业出版社执行董事、党委书记。

杨延辉,1991 年毕业于石油大学(华东)油藏工程专业,获学士学位。教授级高级工程师,现任中国石油华北油田分公司首席专家。

袁建强,1991 年毕业于石油大学(华东)油气井工程专业,获硕士学位。教授级高级工程师,曾任中石化石油机械股份有限公司董事长、党委书记,现任中国石化石油技术服务股份有限公司执行董事、总经理。

曹军,1992 年毕业于石油大学(华东)钻井工程专业,获学士学位。曾任哈斯基能源中国公司钻井经理,康菲石油墨西哥湾深水项目资深工程师,康菲石油中国有限公司油井作业部经理,现为康菲石油中国有限公司副总裁。

陈建兵,1992 年毕业于石油大学(华东)钻井工程专业,获学士学位。教授级高级工程师,中海油集团级专家。现任中海油能源发展股份有限公司副总工程师,兼任公司科创与数字化部总经理。

冯景战,1992 年毕业于石油大学(华东)钻井工程专业,获学士学位。教授级高级政工师。曾任中国石化胜利油田物探公司党委副书记、工会主席,地球物理公司综合管理支持中心总经理、党委副书记,地球物理公司副总经济师、党委组织部部长、人力资源部经理。现为中国石化勘探分公司党委副书记、纪委书记、工会主席。

胡东晖,1992 年毕业于石油大学(华东)钻井工程专业,获学士学位。1995 年获应用化学专业硕士学位。高级经济师。曾任中国石油天然气集团公司党组驻直属党委纪检组副组长兼集团公司直属纪委、股份公司直属机关纪委办公室主任。现任中国石油股份有限公司储气库分公司党委委员、纪委书记。

刘贵洲,1992 年毕业于石油大学(华东)钻井工程专业,1999 年毕业于石油大学(北京)工业管理工程专业,获硕士学位。教授级高级经济师。曾任中国石油俄罗斯公司副总经济师、新闻发言人。现为中国石油海外专家、国家高端智库专家、国务院发展研究中心欧亚社会发展研究所特聘研究员。

王春生，1992年毕业于石油大学（华东）钻井工程专业，获学士学位。教授级高级工程师。曾任塔里木油田分公司勘探事业部经理、塔里木油田分公司副总工程师，现任塔里木油田分公司企业首席专家。

张海云，1992年毕业于石油大学（华东）钻井工程专业，获学士学位。教授级高级政工师。曾任中国石油报社党委委员、副社长，新疆塔城地委委员、行政公署副专员，中国石油河南销售公司党委书记，河南商丘市委常委、副市长，中国石油青海销售公司党委书记、总经理，中国石油山东销售分公司执行董事、党委书记等职，现任中国石油集团新闻发言人，党组宣传部部长。

刘浩成，1992年毕业于石油大学（华东）采油工程专业，获学士学位。高级工程师。曾任委内瑞拉油田公司生产作业部经理、南方石油勘探开发有限责任公司勘探开发部经理、质量安全环保处处长、公司安全总监，现任南方石油勘探开发有限责任公司副总工程师、公司首席合规官、公司总法律顾问。

慕立俊，1992年毕业于石油大学（华东）采油工程专业，获学士学位。现任中石油长庆油田公司首席技术专家，教授级高工，陕西省科技创新领军人才。曾任长庆油田采油一厂厂长、油气工艺研究院院长，中国石油天然气集团公司高级技术专家。现任长庆油田首席专家。

王国壮，1992年毕业于石油大学（华东）采油工程专业，获学士学位。教授级高级工程师。曾任中石化华北分公司勘探开发研究院院长，现任中石化华北分公司首席专家兼开发处处长。

曹炎，1992年毕业于中国石油大学（华东）油藏工程专业，获学士学位。高级工程师。曾任中国海洋石油国际公司商务助理，中国海洋石油有限公司资产并购办公室并购主管，中国海洋石油有限公司投资者关系部投资者关系处长，中国海洋石油有限公司董事会办公室副主任、投资者关系部副总经理，中国海洋石油有限公司董事会办公室主任、投资者关系部总经理。现任中国海洋石油有限公司董事会办公室主任、投资者关系部总经理、社会责任部总经理。

孟阳，1992年毕业于石油大学（华东）油藏工程专业，获学士学位。教授级高级工程师。曾任胜利油田开发处（油藏经营管理办公室）副处长，油气开发管理中心副主任，胜利油田油藏评价高级专家油气开发管理中心副经理，胜利油田油藏评价高级专家。现任胜利油田新区开发首席专家。

肖香姣，1992年本科毕业于石油大学（华东）油藏工程专业，获学士学位。2012

获石油大学（北京）油气田开发工程博士学位。教授级高级工程师，国务院政府特殊津贴专家。荣获"全国五一巾帼标兵"等国家级荣誉称号 4 项，新疆维吾尔自治区劳动模范等省部级荣誉称号 7 项。曾担任中石油集团公司高级技术专家 6 年，现为塔里木油田公司企业高级专家。

赵继勇，1992 年毕业于石油大学（华东）油藏工程专业，获学士学位。教授级高级工程师，国务院政府特殊津贴专家，陕西省三秦创新团队带头人。曾任长庆油田勘探开发研究院院长，现任长庆油田首席专家。

刘汝山，1993 年毕业于石油大学（华东）钻井工程专业（函授本科），获学士学位。教授级高级工程师，曾任中国石化石油勘探开发研究院总工程师，中国石化石油工程技术研究院党委书记、副院长，石油工程公司副总经理兼特种作业事业部主任。现任中石化石油工程公司党委副书记。曾获"十大杰出青年科技创业奖""中国青年五四奖章""全国劳动模范"等荣誉称号。

孙丙向，1993 年毕业于石油大学（华东）钻井工程专业，获学士学位，2000 年获南京大学工商管理专业硕士学位。高级工程师。曾任中石化石油工程技术服务股份有限公司技术发展部、科技信息部副经理，现任中石化石油工程技术服务股份有限公司副总经理。

董贤勇，1993 年毕业于石油大学（华东）采油工程专业，获学士学位，1996 年获油气田开发工程专业硕士学位，2004 年获油气田开发工程专业博士学位。教授级高级工程师。曾任中石化国际石油勘探开发有限公司高级副总裁兼开发生产部主任、油田提质增效项目经理，中共甘肃临夏回族自治州州委常委、副州长（挂职）。现任中国石化天然气分公司代表，党委书记，天然气有限责任公司执行董事。

张庆生，1993 年毕业于石油大学（华东）采油工程专业，获学士学位，1997 年获油气田开发工程专业硕士学位，2008 年获中国石油大学（北京）油气田开发工程专业博士学位。教授级高级工程师。现任中原石油勘探局有限公司执行董事、党委书记，中原油田分公司代表。曾获国家级科技进步特等奖。第十四届全国人大代表。

冯其红，1993 年毕业于石油大学（华东）油藏工程专业，获学士学位，1997 年获油气田开发工程专业硕士学位，2004 年获中国石油勘探开发研究院油气田开发工程专业博士学位。教授、博士生导师，国务院政府特殊津贴专家。曾任中国石油大学（华东）党委常委、教务处处长，现任山东石油化工学院党委委员、副院长。

杨勇，1993 年毕业于石油大学（华东）油藏工程专业，获学士学位，2010 年获中国科学院地质与地球物理研究所博士学位。正高级工程师，国务院政府特殊津贴专家。曾任胜利油田开发地质首席专家、勘探开发研究院院长,现任胜利石油管理局有限公司党委常委、胜利油田分公司副总经理。

金衍,1994 年毕业于石油大学(华东)石油工程专业,获学士学位,1998 年、2001 年先后获石油大学(北京)油气井工程专业硕士、博士学位。教授,博士生导师,曾任中国石油大学(北京)研究生院常务副院长、校长助理。现任中国石油大学(北京)副校长。

王海生,1994 年毕业于石油大学(华东)石油工程专业,获学士学位。教授级高级工程师。曾任辽河油田分公司党委委员、副总经理。现任中石油煤层气有限责任公司总经理、党委副书记,兼任煤层气国家工程研究中心董事长。

訾士龙,1994 年毕业于石油大学(华东)钻井工程专业,获学士学位,后毕业于意大利 ENI 公司培训学院石油企业管理专业,获硕士学位。曾任中海油服印尼公司总经理,现任中国海洋石油国际有限公司副总裁、副书记。

梁永图,1995 年毕业于石油大学(华东)采油工程专业,获学士学位。曾任中国石油大学(北京)学生工作处处长、教务处处长、副校长(克拉玛依校区党委书记、校长)。现任北京化工大学党委常委、副校长。

聂晓炜,1995 年毕业于石油大学(华东)油藏工程专业,获学士学位。教授级高级工程师,现任胜利石油管理局有限公司总经理、党委副书记,胜利油田分公司总经理。

王树勇,1995 年毕业于石油大学(华东)油藏工程专业,获学士学位。高级政工师。现任中国石油锦西石化公司党委委员,纪委书记。

郭永宾,1996 年毕业于石油大学(华东)钻井工程专业,获学士学位。中海油资深深水钻井专家。现任中海石油(中国)有限公司深圳分公司副总经理、总工程师。

何利成,1996 年毕业于石油大学(华东)钻井工程专业,获学士学位。曾任中国石化胜利石油工程有限公司沙特钻井项目管理部经理,现任中国石化胜利工程有限公司副总经理

熊敏,1996 年毕业于石油大学(华东)钻井工程专业,获学士学位。曾任中海油服马来西亚合营公司总经理、中海油服泛太平洋钻井(马来西亚)公司(CDPPM)总经理,现任中海油田服务股份有限公司党委副书记、工会主席、执行董事。

赵景芳,1996 年毕业于石油大学(华东)钻井工程专业,获学士学位。中国海洋石油集团有限公司钻完井专家,现任中海油田服务股份有限公司技术总监、总工程师。

王龙，1996年毕业于石油大学（华东）油藏工程专业，获学士学位。现任中国石油集团综合管理部（党组办公室）副主任、股份公司综合管理部副主任，贵州省遵义市委常委、市人民政府党组成员、副市长（挂职）。

田平，1996年毕业于石油大学（华东）油气田开发工程专业，获得硕士学位。现任中国石油天然气集团公司伊拉克公司哈法亚项目勘探开发部经理，2015年获"全国三八红旗手"称号。

王希友，1996年毕业于石油大学（华东）采油工程专业。曾任浙江油田公司总经理、副书记。现任中国石油浙江油田公司执行董事、党委书记。

国殿斌，1997年毕业于石油大学（华东）油藏工程专业，获学士学位。现任中国石化新星石油公司副总经理、党委委员。

韩尚峰，1997年毕业于石油大学（华东）采油工程专业，获学士学位。历任中国石油大学（北京）校团委书记、就业指导中心主任、党委宣传部部长。现任中国石油大学（北京）党委副书记、副校长。

张相国，1997年毕业于石油大学（华东）采油工程专业，获学士学位，2000年获油气田开发工程专业硕士学位。曾任教育部人事司办公室副主任、国务院办公厅秘书三局一处处长。现任国务院办公厅督查室副主任，挂职为海南省人民政府副秘书长、机关党组成员。

柴辉，1998年毕业于石油大学（华东）石油工程专业，获学士学位。2008年毕业于俄罗斯国立石油天然气大学石油天然气工程专业，获工学硕士学位。高级工程师。现任中石油阿姆河天然气勘探开发（北京）有限公司党委委员、副总经理、安全总监。

付元强，1998年毕业于石油大学（华东）石油工程专业，获学士学位。教授级高级工程师。现任中国石化国际石油工程公司党委委员、副总经理。

刘怀增，1998年毕业于石油大学（华东）石油工程专业，获学士学位。博士、教授级高级工程师。曾任中海油人力资源公司党委书记、总经理，中海油安全环保公司党委书记、总经理。现任中智科技集团党委书记、总经理。

陆如泉，1998年毕业于石油大学（华东）石油工程专业，获学士学位，并获英语专业双学士学位。教授级高级经济师，教授。曾任中国石油集团国际部（外事部）副总经理，现任中国石油集团经济技术研究院院长、中国石油国家高端智库研究中心副主任。

王小鲁，1998年毕业于石油大学（华东）石油工程专业，获学士学位，并获计算机应用双学士学位。教授级高级工程师，现任青海油田公司开发处处长。曾获"中国五四青年奖章"。

杨振生，1999年7月毕业于石油大学（华东）石油工程专业，2007年获中国石油大学（北京）石油与天然气工程专业工程硕士学位。曾任国家安全生产应急救援中心指挥协调部协调处处长，现任国家安全生产应急救援中心指挥协调部副主任。

郭炳政，1999年7月毕业于石油大学（华东）石油工程专业，获学士学位和英语文学第二学士学位。2012年7月获油气井工程专业硕士学位。教授级高级工程师，现任中国石油煤层气有限责任公司党委委员、副总经理、安全总监。

胡伟杰，1999年毕业于石油大学（华东）石油工程专业，获学士学位，2016年获油气井工程专业硕士学位。高级工程师，曾任钻井经理、深水与海外管理处处长、工程技术中心总经理。现任中海石油乌干达有限公司副总裁。

李春生，1999年7月毕业于石油大学（华东）石油工程专业，获学士学位。高级工程师，曾任中海油天津分公司渤南作业区渤中26-2油气田总监，中海油开发生产部生产与费用高级主管，中海油国际公司伊拉克公司采油厂经理、油田作业区经理。现任中海油尼日利亚勘探开发有限公司总经理。

杜坤，2000年毕业于石油大学（华东）石油工程专业，获学士学位。高级工程师。现任胜利石油工程公司副总经理，党委委员。

雍锐，2000年毕业于石油大学（华东）石油工程专业，获学士学位。高级工程师，现任中国石油西南油气田公司总经理，党委副书记。

杜晓雷，2001年毕业于石油大学（华东）石油工程专业，获学士学位。2015年获油气井工程硕士学位。现任中海石油（中国）有限公司上海分公司副总经理兼安全总监。

李光泉，2001年毕业于石油大学（华东）钻井工程专业，获硕士学位。国务院政府特殊津贴专家。现任中国石化石油工程公司科技部主任、中国石化集团公司高级专家。

李真祥，2001年毕业于石油大学（华东）石油与天然气工程专业，获工程硕士学位，2010年获油气井工程专业博士学位。现任中国石化集团公司首席专家、中国石化勘探分公司总工程师。

何龙，2002年毕业于石油大学（华东）石油工程专业，获学士学位，2009年获油气田开发工程专业博士学位。现为中国石化西北油田分公司高级专家。曾获全国"五一劳动奖章"。

刘小刚，2002年毕业于石油大学（华东）石油工程专业，获学士学位。曾任中国海洋石油有限公司钻完井办公室总工程师（钻完井）、中海油服副总裁，现任中海石油（中国）有限公司海南分公司总经理、党委书记。

滕卫卫，2002年毕业于石油大学（华东）石油工程专业，获学士学位。曾任新疆油田公司采油二厂厂长、党委副书记，新疆油田分公司总经理助理兼基本建设工程处处长、新能源事业部常务副总经理。现任新疆油田公司党委委员、副总经理。

张凯，2002年毕业于石油大学（华东）石油工程专业，获学士学位，2005年、2008年先后获油气田开发工程专业硕士、博士学位。教授，博士生导师。曾任中国石油大学（华东）中石油重大项目办公室主任，现任青岛理工大学副校长。

李勇，2003年毕业于石油大学（华东）石油工程专业，2005年毕业于油气田开发工程专业，获硕士学位。教授级高级工程师，现任中石油勘探开发研究院党委委员、副院长兼海外研究中心主任。曾获国家科学技术进步奖一等奖、中华国际科学交流基金会第五届"杰出工程师奖"。

吴子现，2003年毕业于石油大学（华东）石油工程专业，获学士学位。曾任中海油服钻井事业部副总经理、中海油服印尼公司总经理。现任中国海洋石油国际有限公司英国公司副总裁。

杨德兴，2003年毕业于石油大学（华东）石油工程专业，获学士学位。曾任中海油服钻井事业部作业安全环保部经理、中海油服钻井事业部PT.COSL Drilling Indo总裁。现任中海油服副总裁、安全总监。

马鹏飞，2003年毕业于石油大学（华东）石油工程专业，2005年获油气田开发工程硕士学位。高级工程师，现任中国石油冀东油田党委委员、副总经理、工会主席。

葛磊，2004年毕业于石油大学（华东）石油工程专业，获学士学位。高级工程师，现任胜利石油工程有限公司副总经理，党委委员。

胡广杰，2004年毕业于石油大学（华东）油气田开发专业，获硕士学位。曾任中国石化集团西北石油局局长、党委副书记，中国海洋石油集团有限公司副总经理、党组成员，中国海洋石油有限公司总裁。现任江苏省副省长、省政府党组成员，第十四届全国人大代表。

马清明，2006年毕业于中国石油大学（华东）油气井工程专业，获博士学位。教授级高级工程师，现任中国石化胜利石油工程有限公司测控技术研究院院长、中石化经纬公司高级专家、旋转地质导向钻井项目负责人。

张宝增，2007年毕业于中国石油大学（华东）油气井工程专业，获博士学位。曾任中国石油西部钻探公司执行董事、总经理、党委书记。现任中国石油集团油田技术服务有限公司执行董事、党委书记、工程技术分公司总经理。

张德有，2007年毕业于中国石油大学（华东）油气田开发工程专业（企业管理），获管理学硕士学位。现任中国石油天然气股份有限公司吉林油田分公司党委书记、总经理。曾获"全国五一劳动奖章""全国优秀工会工作者""全国劳动模范"等荣誉称号。

何树山，2008年毕业于中国石油大学（华东）油气井工程专业，获博士学位。教授级高级工程师，曾任吉林油田党委副书记、董事长、总经理，大港油田党委副书记、总经理，天津市人民政府副市长、党组成员，安徽省人民政府副省长、党组成员，现任安徽省人大常委会副主任、党组成员、省总工会主席，第十一届、十三届全国人大代表。曾获"全国劳动模范"等荣誉称号。

王世洁，2008年毕业于中国石油大学（华东）油气田开发工程专业，获硕士学位。教授级高级工程师，现任中石化西北油田分公司（西北石油局）总经理、党委副书记。曾获国家科学技术进步奖一等奖。

彭雷，2009年毕业于中国石油大学（华东）石油与天然气工程专业，获硕士学位。曾任中海油田服务股份有限公司油田化学事业部党委书记、中海油能源发展股份有限公司副总经理。

束滨霞，2010年毕业于中国石油大学（华东）网络教育石油工程专业。现为中国石油辽河油田公司采油高级技师、辽河油田欢喜岭采油厂"束滨霞采油站"站长。曾获"全国青年岗位能手""全国五一劳动奖章""中华技能大奖""全国劳动模范"等荣誉称号。

李中，2011年毕业于中国石油大学（华东）石油与天然气工程专业，获硕士学位。教授级高级工程师、博士生导师。"何梁何利"科学与技术创新奖获得者，国家"万人计划"科技创新领军人才，曾获全国五一劳动奖章，国务院政府特殊津贴专家。现任中海油研究总院有限责任公司副总经理兼总工程师（钻完井）。曾获国家科学技术进步奖一等奖，国家技术发明奖二等奖；带领"南海高温高压钻完井技术研究与应用创新团队"获得国家科技部重点领域创新团队称号。

历次党代会

从中共北京石油学院钻采系第一次党员大会开始,学院共举办十二次党员大会、党员代表大会。历次大会总结办学经验,谋划发展目标,做出发展战略决策,选举新的党委(党总支)委员会,在办学历程中起着继往开来、把握方向、凝聚力量的重要作用。

中共钻采系第一次党员大会

1956 年 2 月 15 日召开,在原钻采系教师党支部、学生党支部基础上成立党总支。漆文远任党总支书记,樊世忠、赵涧峰、徐云英、曹晓声、叶诗美、王亚禧任党总支委员。下设 1 个教师党支部,4 个学生党支部。共有党员 123 人,其中教师党员 24 人,学生党员 99 人。

中共钻采系第二次党员大会

1957 年 2 月 9 日召开,吴林祥任党总支书记,漆文远任党总支副书记。下设 9 个党支部,其中 4 个教师党支部,5 个学生党支部,共有党员 119 名,其中正式党员 64 名,预备党员 55 名。

中共钻采系第三次党员大会

1960 年 6 月 10—13 日召开,樊世忠任党总支书记,石俊池任党总支副书记,韩大匡、王亚禧、余吉光、印德秀、程南熙、赵涧峰、师德禄、洪世铎任党总支委员。下设 8 个党支部,其中 3 个教师党支部,5 个学生党支部,共有党员 87 人,其中教职工党员 32 人,学生党员 55 人。

中共开发系第四次党员大会

1961 年 12 月 15—20 日前后召开,樊世忠任党总支书记,石俊池、韩大匡任党总支副书记,余吉光、印德秀、廖国芳、王亚禧、叶诗美、巫云松、程南熙、崔桂英任党总支委员。下设 8 个党支部,其中 3 个教师党支部,5 个学生党支部,共有党员 94 人,其中教职工党员 49 人,学生党员 45 人。

中共开发系第五次党员大会

1963 年 2 月 6 日召开,石俊池任党总支书记兼监察委员,华泽澎任党总支副书记,廖国芳、樊世忠、韩大匡、崔桂英、张铁林、叶诗美、印德秀、石则励、巫云松任党总支委员。下设 4 个教工党支部,5 个学生党支部,另有系办直属党小组,共有党员 113 名。

中共开发系第六次党员大会

1986 年 9 月 27—28 日前后召开,李秀生任党总支书记,杨秉钧、李玉平任党总支副书记,教职工党员 35 人。大会认真学习了中共华东石油学院第六次党员代表大会华泽澎书记《加强团结,开拓前进,为创办第一流大学而努力奋斗》的工作报告,对学校党代会提出的办学目标、培养目标和校风学风形成高度共识。

中共开发系第七次党员大会

1994 年 1 月 8—9 日前后召开,李玉平任党总支书记,王瑞和、王育瑞任党总支副书记,共有党员 117 人。大会认真学习了中共石油大学(华东)第七次党员代表大会李秀生书记《加强党的建设,深化教育改革,为办好石油大学、培养优秀人才而奋斗》的工作报告,对学校党代会提出的奋斗目标、“211 工程”建设计划形成高度共识。

中共石油工程学院第八次党员大会

2004 年 10 月 24 日召开,选举产生新一届党委委员:孙宝江、李明忠、李爱芬、沈刘侠、黄少云、程远方、管志川。管志川任党委书记,黄少云任党委副书记。出席党员共 235 名,其中教工党员 66 名,学生党员 169 名。管志川作《高举旗帜、开拓进取、抓住机遇、共铸辉煌》的工作报告。

中共石油工程学院第九次党员代表大会

2009 年 9 月 24 日,在青岛校区工科楼 B 座 7 层会议室召开,选举产生新一届党委委员:王林、冯其红、李明忠、张卫东、邱正松、赵修太、程远方。张卫东任党委书记,王林任党委副书记。出席党员代表 120 人,实际参会代表 114 人,代表全院 585 名党员,其中教工党员 100 名,学生党员 485 名。张卫东作《继往开来,团结进取,为建设一流学院而努力奋斗》的工作报告。

中共石油工程学院第十次党员代表大会

2013 年 9 月 13 日,在青岛校区南教楼 110 教室召开,选举产生新一届党委委员:王林、王杰祥、孙宝江、杜殿发、张卫东、林英松、赵修太。张卫东任党委书记,王林任党委副书记。党员代表 168 人,实际参会代表 140 人。张卫东作《再接再厉,团结进取,努力续写学院发展新的篇章》的工作报告。

中共石油工程学院第十一次党员代表大会

2018年6月14日，在青岛校区南教楼100号召开，选举产生新一届党委委员：毛剑、孙宝江、苏玉亮、张卫东、陈德春、赵放辉、赵晓珂、黄维安、廖华林。赵放辉任党委书记，赵晓珂任党委副书记。党员代表212人，实际参会代表185人，代表全院703名党员，其中教工党员162名，学生党员541名。赵放辉作《不忘初心，砥砺前行，奋力推动学院发展再上新征程》的工作报告。

中共石油工程学院第十二次党员代表大会

2021年11月26日，在学校逸夫楼报告厅召开，选举产生新一届党委委员：王建升、齐宁、杨永飞、李兆爱、张展、张卫东、张乐勇、陈银吨、黄维安。张展任党委书记，陈银吨任党委副书记。党员代表105人，实际参会代表101人，代表全院617名党员，其中教工党员174名，学生党员443名。张展作《新起点，新征程，新作为，奋力谱写学院高质量发展新篇章》的工作报告。

附录七
学院大事记

1952 年

● 10 月 29 日,经政务院同意,核燃料工业部石油管理总局成立"北京石油学院筹备工作组"。

● 11 月,政务院文化教育委员会下达通知,批准成立北京石油学院。

1953 年

● 9 月 23—26 日,全院师生员工 984 人由清华大学迁至北郊九间房新校址,清华大学转来的二、三年级本科生、专科生和研究生 476 人,从大连工学院转来的四年级本科生 59 人,成为北京石油学院第一批学生。

● 10 月 1 日,北京石油学院举行开学典礼,10 月 1 日成为学校校庆日。

● 10 月 19 日,新成立的北京石油学院正式上课,共有学生 1 155 人。

● 11 月 9 日,北京石油学院首批新生入学。设有石油钻采系、石油炼制系、石油机械系 3 个系。石油钻采系下设石油钻井专业、石油开采专业、石油钻井专修科,设有石油钻井教研室、石油开采教研室、水力学教研室,初步建设地层物理实验室。

1954 年

● 2 月 17 日,苏联采油专家沙·卡·吉玛都金诺夫副教授到校,主要帮助采油教研室工作,首次开设"油层物理"课程。

● 3 月 19 日,学院成立地质系,同时设立石油地质专业;抽出钻井专业 1-3、1-4 两个班的 58 名学生,转入新组建的地质专业。

● 7 月 17 日,学院举行第一届毕业生毕业典礼,毕业生 131 人。

● 9 月 24 日,钻井专家周世尧任石油钻采系第一任系主任。

● 10 月,地质钻采大楼建设项目启动。

● 11 月 27 日,刘希圣等全校 28 名助教晋升为讲师。

● 12 月 23 日,钻采系召开第三次系代会,听取钻井、采油专业的毕业设计和毕业实习准备工作汇报。

1955 年

● 4 月 2 日,地质钻采大楼投入使用。

● 4 月,院系行政领导班子基本健全。石油钻采系主任周世尧,主任助理樊世忠。石油钻井教研室主任高世钧,石油开采教研室主任秦同洛,水力学教研室主任袁恩熙。

● 6 月 18 日,高等教育部批准学院自 1955—1956 学年度入学新生起改为 5 年学制。

● 9 月初,西北工学院钻采系、炼制系的三四年级学生 150 余名转入北京石油学院学习。

● 9 月 19 日,北京石油学院成立夜校部。钻采、炼制 2 个专业为夜校首批设立的专业,学习期限 6 年。第一批夜大学生钻井专业 26 人。

● 10 月,采油实验室基本完成。

1956 年

● 2 月 15 日,钻采系召开党员大会,成立系党总支委员会。钻采系党总支由漆文远等 6 人组成。

● 6 月 16 日,学院和各系欢送苏联专家工作期满回国,其中吉玛都金诺夫在采油教研室工作了 2 年多时间。

● 8 月,西北工学院采油专业 120 名学生转入学校石油钻采系。

● 9 月 10 日,苏联巴库工学院钻井专家格·米·盖维尼亚,莫斯科石油学院的油田开发专家维·依·舒洛夫到校工作。

● 10 月,采油教研室举行"培养学生独立工作能力"教学研讨会。

● 10 月 6 日,党和国家领导人毛泽东、周恩来、朱德、宋庆龄、贺龙、聂荣臻、彭真等到首都机场欢送贵宾。北京石油学院的许多学生参加欢送。钻采系二年级女大学生韩显卿等代表北京市女青年向贵宾献花。

1957 年

● 3 月 20 日,玉门矿务局地质采油科学研究所与钻采系签订技术互助资料交换协议书。

● 4 月 9 日,石油钻采系召开系代表会,讨论采油专业教学计划修订草案。

● 8 月 27 日,学院举行应届毕业生毕业典礼,毕业生共 558 人,这是北京石油学院成立后自己培养的第一批毕业生。石油工业部副部长康世恩、教育司司长连庆溥出席典礼。

● 10 月,钻采系将教学工作作为整改工作的中心,大力改进教学工作。

● 11 月 18 日,学院决定把大部分公共教研室划归相关系来管理,电工教研室划归钻采系。

● 12 月 11 日,刘永昌任钻采系党总支书记。

● 12 月 17 日,朱德同志给钻采系钻井专业四年级二班学生复信。

1958 年

● 7 月 15 日,钻采系周世尧系主任和党总支书记刘永昌同志从川中包矿现场回到学校。此前,钻采系钻井专业的师生包了川中的文昌寨,采油专业师生包下了龙女寺构造的一部分试油、采油及修井任务。

● 7 月 22 日,学院党委决定成立川中石油矿务局直属文昌寨区队,承担文昌寨钻井工程及龙女寺部分采油工程。周世尧担任区队长,沈忠厚担任副区队长。

● 8 月 1 日,由钻采系师生与延长油矿共同研究的"全民牌一号"顿钻钻机制造完成,于八一建军节早晨 7 点在延长油矿正式开钻。

● 9 月 2 日,学院决定,抽调部分教师支援四川、西安 2 所石油院校建设。

● 9 月 15 日,采油教研室试制成功我国最先进、最大型的模拟仪器(包括电阻纲模型和电容纲模型)。

● 11 月中旬,学院 200 余名师生参加石油工业部川中会战,在四川龙女寺构造上成立"北京石油学院龙女寺科研站",秦同洛任站长,樊世忠任党支部书记兼副站长。

● 12 月 31 日,1958 年学院派出近 2 000 名师生到全国各地进行找矿、勘探、钻井、采油、包矿、设计、建厂、建油库及输油管等任务。钻采系师生承担川中钻探任务。

1959 年

● 3 月 26 日,学院党委会研究松辽包矿问题,作出如下决议:① 命名"北京石油学院松辽生产劳动实习大队"统一领导派驻松辽会战的师生,以华字井构造为主,成立临时党组:书记陈骧,樊世忠、云川、信荃麟、秦同洛、曹晓声为成员。② 华字井构造地质勘探区队,樊世忠任区队长、党总支书记。③ 科研大队党组:信荃麟、秦同洛及 1 名学生党员。

● 5 月 16—17 日,革命老人、著名教育家徐特立接待北京石油学院钻采系学生访问。

● 10 月 30 日,学院举行院务委员会扩大会议,决定成立石油开发、石油机械和液体燃料 3 个研究室。

1960 年

● 2 月 18 日，《北京石油学院报》公布学院出席北京市 1959 年群英会的先进集体和先进工作者名单。电工教研室、油田开发实验室获先进集体称号，数学教研室方淑姝、采油教研室洪世铎、钻井教研室胡湘炯、钻井实验室工人田德连获先进工作者称号。

● 3 月，校党委常委会 73 次会议决定，刘永昌同志不再担任钻采系书记，樊世忠任钻采系党总支书记。

● 5 月 14 日，井 1955 级和钻采系电子计算机制造小组获"北京市高校先进集体"，钻采系 9 名学生获北京市高校"优秀学生"称号。

● 10 月 22 日，中共中央发出《关于增加全国重点高等学校的决定》，北京石油学院等 44 所高校成为重点高校。

1961 年

● 4 月 6 日，北京市批准确定北京石油学院教授 6 人：赵仁寿、蔡伯民、张英、苏盛甫、秦同洛、王曰才。

● 4 月 10 日，根据石油工业部的指示精神，学院派出地质系 1957 级、钻采系 1958 级、机械系 1958 级学生和部分教师 700 多人，分 3 批赴松辽参加大庆油田石油会战。

● 5 月 4 日，徐特立老人应邀来校与学生座谈，钻采系 1956 级学生参加座谈、合影。

● 6 月 14 日，石油工业部批准学校关于系、专业设置的报告，全校设 5 个系，16 个专业。其中石油钻采系改为石油开发系，设钻井、采油 2 个专业。

● 9 月 16 日，石油工业部任命北京石油学院各系领导班子，秦同洛任石油开发系主任，方淑姝、韩大匡为石油开发系副主任。

● 11 月 3 日，学校 3 个专业 700 名学生和 25 名教师先后分 3 批赴松辽参加石油会战，开发系多名师生参加。

1962 年

● 1 月 23 日，石油工业部批准成立油田开发研究室。

● 4 月 20 日，北京市教育局批准一批教师晋升职称，石油开发系袁恩熙、刘希圣、王鸿勋、沈忠厚被提升为副教授。

● 5 月 1 日，石油工业部批准北京石油学院 6 名教师为教授，秦同洛名列其中。

● 7 月 13 日，第二届院务委员会举行第十次会议，调整部分系和专业设置，工业经济专业并入石油开发系。

● 8 月 23 日,石油工业部批准北京石油学院关于缩短战线、合并专业的决定,工业经济专业、特别班并入石油开发系。

● 10 月 18 日,刘永昌同志任宣传部长,免去其开发系党总支书记职务,任命刘怀杰同志为开发系党总支书记。

● 12 月 22 日,学院决定成立石油加工研究室、石油开发研究室。石油开发研究室归开发系领导。

1963 年

● 3 月 27 日,党委会批准有关单位党总支改选名单,石俊池为开发系党总支副书记,樊世忠不再担任副书记。

● 6 月 21 日,党委会决定并报请北京市委大学部批准,免去刘怀杰石油开发系党总支书记职务。

● 6 月 27 日,党委会决定,由石俊池同志代理石油开发系党总支书记的工作。

● 7 月 18 日,党委会任命韩大匡为油田开发研究室主任,免去其开发系副系主任职务,免去洪世铎油田开发研究室副主任职务,陈钟祥任油田开发研究室副主任。

● 12 月 30 日,学院根据教育部要求,制定上报 1962 年、1963 年 10 个专业招收和培养研究生的方案。这 10 个专业是:石油及天然气、地质勘探、石油矿场地球物理、油田开发、油田开采、石油炼制机械、石油天然气运输、化学工业学、石油天然气工学、人造石油。

1964 年

● 2 月 21—24 日,学院召开了科学技术报告会,按照内容分 3 个组,即社会科学组,石油矿厂、地质、钻采、矿厂机械组,石油加工、人造石油组。

● 5 月 16 日,院党委和院行政联合发文,表彰五好师生,印发先进典型材料。石油开发系教师秦同洛、学生孙士孝、李妙兰等多位师生的先进事迹被印发学习。

1965 年

● 4 月 29 日,中共石油工业部政治部批准学校建立政治部,根据学校精神,石油开发系设立政治处。

● 11 月 26 日,石油工业部任命秦同洛为学校科研处处长,免去其石油开发系主任职务。任命黄荣樽、樊世忠为开发系副主任。

● 12 月 17 日,经石油工业部党委决定,任命张炳麟为开发系政治处主任,石俊池为开发系政治处副主任。

1966 年

● 3 月中旬,赴胜利油田建校的第一批师生离校,其中学生 435 人(钻井、采油 2 个专业)。

● 5 月下旬,"文革"运动的浪潮冲击到学校。部分学生开始"造反",要求停课"闹革命"。

1969 年

● 1 月 30 日,北京石油学院革命委员会向石油工业部送交《关于北京石油学院在哪里办学的问题的报告》。

● 10 月 21—23 日,北京石油学院接石油工业部军管会迁校东营命令,随即动员全校师生员工立即投入迁校。

● 10 月 31 日,第一批师生员工和家属到达东营。

● 11 月 21 日,石油工业部军管会向国务院呈报《关于北京石油学院外迁情况的报告》。报告称,北京石油学院已迁往山东省东营,与胜利油田实行"厂校联合办学",由山东省革命委员会领导。

1970 年

● 11 月底,教学单位改建为 11 个专业连队。钻井、采油专业连队在"九二三厂"建立校外三结合基地。

1971 年

● 2 月 5—7 日,首批工农兵大学生正式入学,分别在 4 个系 8 个专业学习。

1972 年

● 11 月 28 日,院"革委会"的核心领导小组决定,在全院成立 24 个教研室,含开发系采油、钻井 2 个教研室。

1974 年

● 1 月 15 日,学院举行首届(1971 级)工农兵大学生(431 人)毕业典礼。

1975 年

● 4 月上旬,学院做出"统统开出去"的决定,全院 13 个专业 2 000 多名师生先后走出校门,开赴厂矿实行"开门办学",教学活动几乎完全停止。

1976 年

● 7 月 15 日,学院党的核心领导小组决定,将采油十三队办成一个包括采油、井下作业和地面自动化的教学、生产、科研三结合的综合采油队,定名"胜利油田华东石油学院综合采油队"。

● 11 月 1—2 日,学院 11 个专业招收的 1976 级工农兵大学生 474 人入学,学员来自 23 个省、市、自治区。这是最后一批工农兵大学生。

● 7 月,全院 11 个专业共编写教材 91 种,铅印 20 种,基本满足教学需要,其中开发系教师编写了《采油化学》。

1977 年

● 5 月初,开发系教师和钻井 1974 级学员组成的泥浆小组到华北某油田进行毕业实践。

1978 年

● 3 月初,"文革"后恢复高考后招生的第一批新生(1977 级)共 783 人入学,其中钻井、采油 2 个专业新生共计 173 人。

● 10 月 23 日,"文革"后录取的第一批本科生和研究生入学。其中钻井、采油 2 个专业 1978 级新生共计 166 名。全校教职工列入油田编制。

● 10 月,开发系蔡镜仑的"6 英寸天然金刚石钻头""6 英寸天然金刚石取芯钻头"获山东省科技奖励。

● 10 月,在全国科学大会上,华东石油学院 9 个项目获奖,其中开发系教师的"硬地层牙轮钻头""聚丙烯酰胺(PAM)泥浆""油井防蜡新工艺"等项目获奖。

1979 年

● 11 月 26 日,学校任命沈忠厚为石油开发系主任。张铁林不再担任开发系主任职务。

1980 年

● 7 月 1 日,学院筹建的 6 个研究室获石油工业部正式批准,含开发系钻井、泥浆 2 个研究室。

● 10 月 13 日,胜利油田党委任命夏月泉同志为石油工业部钻井培训中心主任。

1981 年

● 2 月,石油工业部与联合国开发计划署合作在华东石油学院建立勘探开发培训中心,对外称石油工业部勘探开发技术培训中心。

● 4 月 1 日,刘希圣参加省科学技术协会第二次代表大会,并当选省科协第二届委员会委员。

● 6月22日，教育部、石油工业部联合下文发布《关于成立华东石油学院北京研究生部的通知》，批准学院在北京石油学院原校址内建立北京研究生部，设油田开发工程等9个专业。

● 10月中旬，经国务院学位委员会第三次会议批准，学院有7个硕士学位授予权专业：石油地质、应用地球物理、油气田开发工程、石油机械工程、石油储运工程、石油加工工程、应用化学。

1982年

● 1月11—14日，学校召开恢复招生后的第一批学生（1977级、1978级）毕业典礼。

● 1月，国务院学位委员会和教育部联合发文，公布《首批授予学士学位高等学校名单》，华东石油学院名列其中。

● 2月17日，校学位评定委员会在北京召开第一次会议，会议通过了《华东石油学院硕士和学士学位授予工作细则》，授予1977级754名毕业生学士学位。这是学校第一次授学位。

● 7月1日，胜利油田召开表彰大会，陈庭根被授予"模范共产党员"称号。

1984年

● 4月26日，开发系教师刘希圣当选为东营市政协副主席。

1985年

● 2月23日，钻井1981级学生徐珍鑫代表山东省应届毕业生，参加教育部在北京组织的全国应届毕业生"志在四方，献身四化"座谈会。

● 9月10日，钻井教研室主任陈庭根被评为山东省优秀教师。

1986年

● 7月3日，《华东石油学院报》报道，学校5项科研成果在全国科学技术奖励大会上获奖，其中李健鹰、朱墨、王好平等参加的"深井磺化树脂类泥浆"获得国家科学技术进步二等奖；开发系多位老师参加的"优选参数钻井技术"获国家"六五"科技攻关进步奖。

1987年

● 11月26日，钻井工程教研室蔡镜仑获"国家有突出贡献的中青年科技专家"称号。

● 12月2日，石油工业部成立专科、中专、技校高级教师职务评审委员会，胡湘炯任副主任委员，开发系教师陈定珊为学科组组长，开发系教师姜仁、张丽华、许震芳、李健鹰等为学科组成员。

1988 年

● 1 月 6 日,东营市人大、政协换届选举,刘希圣当选为市政协副主席。

● 2 月 27 日,国家教委印发《关于同意华东石油学院更名为石油大学的通知》(教计字〔1988〕029 号)。

● 3 月 24 日,王鸿勋、张琪编著的教材《采油工艺原理》获石油工业部优秀教材奖。

● 4 月 8 日,石油工业部发文转达国家教委文件精神,批准华东石油学院更名为石油大学,由学院改为大学。

● 4 月 8 日,学校召开 1988 年度科技工作会议,表彰获奖科研成果。开发系朱墨等人的"钾盐防塌钻井液"获国家科学技术进步二等奖、张琪等人的"游梁抽油机井参数优选及诊断技术"获国家科学技术进步三等奖。

● 4 月 21 日,《石油勘探开发字典》评审会在学校召开。该字典由中国石油学会组织编辑,刘希圣任主编。

● 5 月 22 日,沈忠厚课题组研制的加长喷嘴牙轮钻头在胜利油田 32499 钻井队井场的现场试验中创造新的纪录。

● 6 月 1 日,学校举行"石油大学校牌揭牌仪式"。

● 6 月 25 日,中共山东省委授予陈庭根"优秀共产党员"称号。

● 7 月 11 日,胜利油田党代表会议选举学校党委书记华泽澎和陈庭根出席中共山东省第五次代表大会代表。

● 11 月,中国石油天然气总公司公布获 1988 年科技进步奖项目,学校 6 项科研成果获奖,其中尹宏锦等完成的"岩石可钻性测定与应用研究"获一等奖。

1989 年

● 1 月 14 日,中国教育报公布 1988 年国家教委科技进步奖获奖名单。"裂隙油气藏渗流理论及开发分析新方法研究"获一等奖。

● 9 月 6 日,沈忠厚被授予全国能源工业特等劳动模范,射流科研室被评为全国能源工业先进集体。

● 9 月 9 日,陈庭根被授予"全国教育系统劳动模范"称号。

1990 年

● 3 月 1 日,校本部公布石油大学第三届学术委员会和学位委员会名单,陈月明、葛家理、胡湘炯 3 人进入学术委员会。刘希圣为学位委员会委员。

● 6 月,学校建立 7 个专业建设与改革指导委员会,包括石油地质勘查、勘查地球物理、矿场地球物理、钻井工程、采油和油藏工程、矿场工程、石油储运。

● 9月上旬，张琪同志被评为中国石油天然气总公司石油教育先进工作者。

● 10月9日，经校党委研究决定，李玉平同志任开发系党总支副书记（主持工作），王瑞和同志任开发系党总支副书记，鄢捷年任开发系副主任。免去韩志勇同志开发系副主任职务。

● 10月上旬，国务院学位委员会公布第四批硕士点、博士点和博士生导师名单。"油气钻井力学"成为硕士点，"油气钻井工程"从"油气田开发工程"中分出，单设博士点。郎兆新、沈忠厚成为博士生导师。

● 11月16日，在国家专利局举办的"第二届国际专利新技术新产品展览会"上，"加长喷嘴钻头"获银牌奖。

● 12月，石油天然气总公司公布1990年科技进步奖，学校"定向井、丛式井钻井技术研究"（刘希圣等）获特等奖，"提高射流在井底工作效率的研究"（沈忠厚等）获一等奖。

1991年

● 2月5日，尹宏锦被中共山东省委和省政府授予"山东省专业技术拔尖人才"称号。

● 6月10日，钻井教研室研制的"一种带有加长喷嘴钻头的射流装置"获中国科协、中国专利局举办的"全国新产品新技术展示会"金奖。

● 9月2日，国家"七五"科技攻关总结表彰大会在人民大会堂举行。"牛庄油田油藏描述技术""定向井、丛式井钻井技术"2项成果获奖。

● 9月14日，高压水射研究室被评为山东省高校科技工作先进集体。

● 10月22日，学校授予苏联莫斯科石油学院吉玛都金诺夫名誉教授称号。

● 10月27日，采油教研室党支部书记孙士孝被石油天然气总公司评为"七五"石油教育先进个人。

● 11月14日，采油研究所成立。

● 11月30日，沈忠厚等开展的"提高射流在井底工作效率的研究"于1990年获石油天然气总公司科技进步奖一等奖，同时获山东省科技进步一等奖，1991年获国家科学技术进步奖二等奖。

1992年

● 1月18日，刘希圣、沈忠厚成为学校首批享受国务院政府特殊津贴的科技专家。尹宏锦、张琪、李健鹰获石油天然气总公司1991年度首批"石油工业有突出贡献的科技专家"称号。

● 1 月 20 日,学校新成立 9 个研究室:计算机应用开发研究室、应用摩擦学研究室、海洋石油钻采设备研究室、炼油化工设备设计研究室、炼油化工机械与密封研究室、油田流量计研究室、计算机控制与仿真研究室、钻采数据处理研究室、声电磁应用研究室。

● 4 月 29 日,在校团委主办的第一届教工"十大杰出青年"评选中,开发系李根生、吴晓东光荣当选为首届"十大杰出青年"。

● 5 月 22 日,开发系团学联响应团省委"向贫困地区捐书活动"的号召,组织学生捐赠图书 1 000 多册。

● 7 月 6 日,开发系华通科技开发公司成立。

● 7 月 8 日,泥浆添加剂科学实验厂成立。

● 7 月 16 日,开发系青年教师高德利和学生孙琦、吴淑红、姚婷婷获孙越崎科技教育基金奖。

● 10 月 3 日,学校党委研究决定,陈月明任开发系主任,鄢捷年为副主任。免去陈庭根开发系主任职务。

● 10 月 5 日,学校杰特射流技术开发公司成立,经理沈忠厚。

● 10 月 6 日,中外合资企业天陆石油新技术有限公司首届董事会召开,公司由学校、胜利油田与美国斯诺克地质石油技术公司联合创办,董事长李秀生,总经理李炳辉。

● 12 月 5 日,沈忠厚等研制的"加长喷嘴牙轮钻头"获 1992 年国家教委科技进步(推广应用)一等奖。

1993 年

● 1 月 14 日,学校党委研究决定,王玉瑞同志任开发系副主任兼党总支副书记。

● 3 月 9 日,尹宏锦、李健鹰、张琪入选享受国务院政府特殊津贴人员名单。

● 4 月 30 日,中国石油天然气总公司首次重奖有突出贡献的科技人员。水射流研究室主任沈忠厚和油藏地质研究所所长信荃麟受表彰。

● 6 月 4 日,党委研究决定,李玉平同志任开发系党总支书记。

● 9 月 10 日,张琪获"全国优秀教师"称号。

● 9 月 19 日,"单脉冲试井方法""自振空化射流理论分析方法和实验研究"2 项成果获山东省 1993 年科技进步二等奖。

● 10 月 5—6 日,开发系和胜利油田供水公司共同投资的泥浆添加剂实验厂举行揭牌仪式。

● 11 月 7 日，国家教委公布重新修订的《高等学校本科专业目录》。开发系原有的钻井工程专业、采油工程专业、油藏工程专业合并为石油工程专业。

● 11 月 19 日，沈忠厚、徐依吉获中共山东省委、省政府命名的"山东省第三批专业技术拔尖人才"称号。

1994 年

● 1 月 3 日，开发系 4 个科研项目获石油天然气总公司 1993 年度科技奖，其中张琪等与中原油田合作的"采油工程方案研究与编制"获科技进步一等奖。

● 1 月 3—7 日，石油大学"211 工程"论证和学科建设研讨会在北京召开，会议决定重点建设 6 个学科，含油气田开发工程（含石油天然气储运工程），油气田钻井工程。

● 1 月 12 日，国务院学位委员会审定批准学校新增博士点和博士生导师，采油教研室张琪、赵福麟被确定为博士生导师。

● 2 月 16 日，山东省教委批准学校"应用地球物理""应用化学""油气田开发工程"3 个学科为省重点学科；批准"油藏地质实验室""油气钻井工程实验室""石油机械工程实验室"为省高校重点实验室。

● 5 月 15 日，中国石油天然气总公司公布学校第一批 8 个总公司级重点学科，含油气井工程、油气田开发工程。

● 9 月 13—17 日，石油大学"211 工程"部门预审召开，专家组一致同意学校预审通过。

● 10 月 20 日，学校确定 32 名青年教师为 1995 年高层次人才培养人选，其中开发系 6 名。

1995 年

● 2 月 22—23 日，石油大学理事会第一次会议在北京举行，标志着三大石油公司（中石油、中石化、中海油）和地方政府（北京市、山东省）联合办学格局正式形成。

● 3 月 14 日，开发系更名为石油工程系。

● 3 月 17 日，"中国专利十年成就展"在京举行。学校 3 项专利获奖，其中沈忠厚等发明的"加长喷嘴钻头"获金奖。

● 4 月，沈忠厚被评为优秀专利发明者。

● 5 月 15 日，学校在勘探系、石油工程系 1995 级毕业生中举行"双向选择"试点。8 个专业的 480 名毕业生全部与用人单位签订协议。

● 5 月 23 日，学校党委研究决定，黄少云同志任石油工程系党总支副书记。

● 6 月 14 日,石油工程系张琪被评为山东省"十大优秀教师"。

● 9 月 8 日,学校举行教师节庆祝大会。赵福麟因获中国石油天然气总公司劳动模范受学校表彰。

● 9 月 15 日,在中国石油天然气总公司召开的科技大会上,采油研究所被评为"先进科技集体",张琪、周晓君被评为"先进工作者"。在同时举行的"石油科技成果展"上,"油藏描述技术""顺闭卸荷截止阀""国产化石油岩芯分析仪器系列"获科技大会银牌奖。

● 11 月 16 日,张琪被山东省确定为专业技术拔尖人才。

● 12 月 6 日,石油工程系 1993 级学生张相国获"中国大学生跨世纪发展奖学金"优秀奖,是全国石油院校唯一获奖者。

● 12 月 6 日,沈忠厚当选为中国劳动保护科学技术学会水射流技术专业委员会副理事长。

1996 年

● 1 月 18 日,李玉平同志任石油大学(华东)党委常委、副书记,不再担任石油工程系党总支书记。

● 1 月 19 日,党委任命王玉瑞同志为石油工程系党总支书记;王瑞和同志任石油工程系副主任,不再担任石油工程系党总支副书记职务。

● 3 月 17 日,校务委员会举行扩大会议,确定《石油大学"211 工程""九五"建设计划》。"九五"期间学校重点建设油气田钻井工程、油气田开发工程等 6 个重点学科。

● 4 月 21 日,石油工程系与胜利石油管理局等单位联合完成的"改善水驱开发效果新方法研究"获中国石油天然气总公司 1995 年十大科技成果奖。

● 5 月 16 日,学校党委任命王瑞和为石油工程系主任,吴晓东、姜汉桥、葛洪魁为石油工程系副主任。

● 6 月 20 日,国家教委"211 工程"办公室批准学校 6 个重点建设学科:应用地球物理、油气地质勘探、油气田开发工程、油气田钻井工程、石油储运工程、有机化工。

● 9 月 9 日,学校新增 3 名博士生导师,包括石油工程系陈月明(油气田开发工程)、鄢捷年(油气钻井工程)。

1997 年

● 3 月 6 日,石油工程系采油研究所出资 3 万元设立"石油工程系优秀教学奖励基金",并首批奖励 3 名青年教师。

● 3月14日，学校党委任命管志川同志为石油工程系副主任。

● 8月22日，沈忠厚带领的射流研究室，在辽河油田锦州采油厂钻成我国第一口超短半径径向水平井，攻克径向水平井世界高新技术。

● 9月10日，赵福麟获山东省"十大优秀教师"。

● 9月10日，学校8项选题获"九五"国家级重点教材立项选题。其中石油工程系有3项，负责人为陈庭根、张琪、赵福麟。

● 10月9日，研究生冯其红开发的"区块整体调剂优化决策系统"在电子工业部、国家教委等主办的"首届中国大学生电脑大赛"中获优秀软件奖，被石油天然气总公司列为"九五"全国重点推广的软件。

● 10月11日，学校为胜利石油管理局举办的"首届油气钻井工程研究生课程在职进修班"开学。

● 11月，中国石油天然气总公司决定，以学校"采油工程软件开发与信息中心"为基础，组建"中国石油天然气总公司采油工程软件与信息中心"。

● 12月7日，石油工程系青年志愿服务队获全国优秀"三下乡"服务队称号。

● 12月，沈忠厚等完成的"加长喷嘴牙轮钻头"获国家发明奖三等奖，刘希圣等参加的"低熟油形成机理与分布规律"获国家科学技术进步奖三等奖。

1998 年

● 2月13日，石油工程系与胜利油田钻井集团二公司固井公司共同建成厂校合作科技活动基地。

● 6月19日，石油工程系与胜利油田黄河钻井总公司联合举办的产学研合作基地正式挂牌。

● 8月，经国务院学位委员会批准，学校新增地质资源与地质工程、石油与天然气工程、化学工程与技术3个国家一级学科。

● 9月10日，李根生获第六届中国青年科技奖。

● 9月12日，石油工程系庆祝沈忠厚教授70寿辰暨执教47周年。

● 9月15—17日，油气田开发工程学科通过山东省重点学科评估验收。油气井工程实验室通过山东省重点实验室评估验收。

● 9月16日，张琪获孙越崎科技教育基金"能源大奖"。

● 10月，"石油与天然气工程学科"设博士后科研流动站。

1999 年

● 1月21日，沈忠厚著《水射流理论与技术》获山东省"十佳图书"奖。

● 4月29日，校党委决定授予秦文贵"杰出校友"称号。

● 9 月 10 日,王瑞和荣获石油天然气总公司劳动模范称号。

● 10 月,学校 4 个科研项目获得国家自然科学基金资助,含石油工程系吴晓东的"岩石热开裂的实验研究"项目。

● 11 月 8—10 日,全国高压水射流技术研讨会在学校召开,选举产生新一届高压水射流专业委员会,校长全兆岐为主任委员,沈忠厚为副主任委员。

2000 年

● 1 月 6 日,李根生等完成的"高压旋转水射流处理近井地层增产增注的研究"、赵福麟等完成的"区块整体调剖堵水 PI 决策技术"获教育部科技进步奖。

● 2 月 17 日,石油工程专业被列为山东省普通高校教学改革试点专业。

● 3 月 13—21 日,中国石油天然气集团公司对"石油行业类主干专业人才培养方案和教学内容体系改革的研究与实践"项目进行结题验收。6 个项目全部通过验收,石油工程专业人才培养研究与实践课题获得优秀评价。

● 6 月 16 日,"211 工程"高压水射流及破岩实验室等 4 个重点实验室通过学校专家组达标验收。

● 6 月 16 日,徐依吉获"中国专利山东优秀发明奖"一等奖,被山东省人民政府记一等功。

● 9 月 12 日,学校成立"精细化工与油田助剂研究中心",赵福麟任主任,化学化工学院范维玉副、石油工程系邱正松任副主任。

● 12 月 1 日,李根生入围"百千万人才工程"第一、二层次人选。

● 12 月 22 日,中国石油天然气集团公司钻井工程重点实验室揭牌,学校高压水射流研究室为重点实验室的一个独立研究室。

● 12 月 26 日,人工举升实验室等 4 个"211 工程"重点实验室通过学校专家组验收。

2001 年

● 3 月 8 日,韩志勇等完成的"屋脊式断块油藏和特稠油藏侧钻水平井配套技术研究"获中国石化集团公司科技进步奖一等奖;冯其江等完成的"孤东油田特高含水期堵调决策技术"获二等奖。

● 3 月 28 日,石油工程系改建为石油工程学院。

● 4 月 12—15 日,学校"211 工程""九五"建设的油气钻井工程、油气开发工程等 6 个重点学科顺利通过部门验收。

● 6 月 6—7 日,教育部组织专家对学校"211 工程""九五"期间建设项目进行验收。

● 6月11日，《石油大学（华东）本硕连读管理办法（试行）》公布施行。经教育部批准，学校在石油工程等6个专业中实行本硕连读。

● 9月28日，石油工程学院成立大会举行。原中国石油天然气总公司总经理王涛为学院成立题词："发扬开发精神，培养一流人才。"

● 10月25日，孙宝江申报的"气-液两相流在湍流条件下的流型转化机制"项目获得国家自然科学基金资助。

● 11月16日，李根生获国家杰出青年科学基金资助，是学校首次获得该项基金资助。

● 12月12日，沈忠厚当选为中国工程院能源与矿业学部院士。

● 12月18日，学校举行沈忠厚教授当选为中国工程院院士庆祝大会，学校印发《关于进一步为沈忠厚院士创造条件加强学科建设的决定》，聘请沈忠厚院士为校长顾问。

2002年

● 1月7日，学校首批T（特）类教师岗位人员确定，学院李根生获聘。

● 1月18日，教育部下发《关于公布高等学校重点学科点名单的通知》，批准油气井工程、油气田开发工程等5个学科为高等学校重点学科。

● 3月6日，刘慧卿获霍英东教育基金会第八届青年教师奖教学类三等奖。赵洪山获孙越崎科技教育基金"优秀学生奖"。

● 7月8日，学校青岛科教园区举行奠基仪式。

● 8月2日，中国石油化工股份有限公司与学校签署协议，共建"提高油气采收率研究中心"。

● 9月28日，李根生、葛洪魁申请的前沿探索类课题（A类）"高压水射流辅助水平井定向压裂研究"初步确定立项，是学校首次独立负责承担国家863计划前沿探索类课题。

● 11月，赵福麟编著的《油田化学》，张琪编著的《采油工程原理与设计》获国家优秀教材奖。

● 12月6日，"提高油气采收率研究中心"正式揭牌。

2003年

● 3月20日，山东省科技奖励大会举行，赵福麟等完成的成果获科技发明奖，李根生等完成的成果获科技进步奖。

● 6月19日，油田化学系成立。

● 9 月 8 日,"山东省高压水射流新技术研究推广中心"成立。

● 10 月 2 日,教育部与中国石油天然气集团公司、中国石油化工集团公司、中国海洋石油总公司、中国化工进出口总公司 4 大企业集团签署共建石油大学协议书。中共中央政治局委员、国务院副总理吴仪在京出席共建签字仪式。

● 12 月 15 日,孙铭勤、张贵才承担的"国家 863 计划"新材料领域特种功能材料重大专项生态环境材料专题中的"高温酸化压裂添加剂的开发与应用"课题经国家科技部批准立项。

2004 年

● 1 月 13 日,山东省委组织部副部长孙述涛、省人事厅副厅长黄麟英代表山东省委、省政府来校看望沈忠厚院士。

● 8 月 9 日,教育部正式批准学校建设青岛校区。

● 8 月 24 日,首批 4 000 名学生正式入住青岛校区。

● 10 月 26 日,学校与英国赫瑞·瓦特大学联合培养的首期"油藏管理硕士项目班"在青岛校区举行开学典礼。

● 11 月 23 日,山东省高等学校"泰山学者"岗位公布,油气井工程学科榜上有名。

● 12 月 5 日,国家安全生产监督管理局"石油与天然气安全生产工程技术研究中心"落户学校青岛校区,中心依托石油工程学院建设。

● 12 月 27 日,中国工程院院士、中石油勘探开发研究院钻井研究所副所长苏义脑院士受聘油气井工程学科教授、博士生导师。

2005 年

● 1 月 10 日,教育部批准学校更为名中国石油大学。

● 4 月 16 日,学校成立"中国石油大学天然气水合物研究中心",中心下设"天然气水合物开发研究室""天然气水合物井筒工艺研究室"。

● 6 月 9 日,泡沫流体研究中心揭牌。

● 8 月 22 日,学校举行校名挂牌仪式,教育部部长周济、山东省副省长王军民共同为学校挂牌,并代表教育部与山东省签署共建中国石油大学协议。

● 8 月 26 日,钻井工程、工程流体力学被评为山东省省级精品课程。

● 10 月 25 日,任韶然被聘为油气井工程学科"泰山学者"特聘教授。

● 11 月 30 日,SPE 南方分部奖学金颁奖仪式在石油工程学院举行。

● 12 月 1 日,石油工程学院获 2005 年度中国石油和化学工业协会科学进步奖9 项,其中葛际江、王业飞等完成的"关键油田化学品开发与产业化应用"获科技进步奖一等奖；此外还获中国机械工业科学技术奖 2 项、东营市科技进步奖 4 项、山东省计算机应用优秀成果奖 2 项。

● 12 月 14 日，学院 3 个项目获 2005 年度山东省高等学校实验技术研究项目立项：倪玲英负责的"流动状态实验装置的研制"、王桂华高级实验师负责的"固井施工过程物理模型的研制"、步玉环负责的"无损超声强度检测仪的开发"。

● 12 月 23 日，开发系 1977 级校友、中国石油勘探开发研究院副院长袁士义当选为中国工程院院士。

2006 年

● 1 月 7—8 日，学院青年教师公开课暨讲课比赛举行。

● 1 月 10 日，中英油藏管理（石油工程）硕士项目第一期顺利结束，学院在京举办"中英石油工程研讨会"。

● 1 月 11 日，山东省教学改革试点项目石油工程专业成果鉴定会在学院召开。

● 2 月 19 日，经国务院学位委员会第二十二次会议批准，学院"船舶与海洋结构物设计制造"专业成为硕士学位授权学科专业。

● 2 月 22—23 日，"自振空化射流钻头研究"和"油田化学品产业化开发及应用示范"2 项成果获山东省科技进步一等奖。

● 3 月 28 日，张贵才获东营市"十佳科技创新人才奖"。

● 5 月 12 日，学院 6 项科研成果获山东省教育厅高校优秀科研成果奖，其中由姚军等完成的"缝洞型碳酸盐岩油藏试井解释方法及应用"获一等奖。

● 5 月 19 日，哈萨克斯坦共和国农矿部部长阿米洛娃参观学院实验室。

● 5 月 24 日，学校哈萨克斯坦石油工程项目培训开班典礼举行，来自哈萨克斯坦的 8 位专家将在学校接受为期 5 周的培训。

● 6 月 1 日，学院设立大学生科技创新基金，资助大学生进行科技研究与开发。

● 6 月 13 日，"油藏工程"被评为 2006 年山东省省级精品课程。

● 6 月 14 日，教育部专家组对油气田开发与管理工程、油气井工程与工程力学 2 个"211 工程""十五"建设项目进行验收。

● 7 月 19 日，钻井专业 1978 级校友黄立功获"校友之星"荣誉称号。

● 8 月 3—4 日，由中国石油化工集团公司和学校主办的"高含水期油藏提高采收率暨提高原油采收率中心学术年会"在青岛校区召开。

● 9 月 7 日，学院团委被评为"全省增强团员意识主题教育活动先进单位"。

● 9 月 8 日，管志川获"山东十大优秀教师"荣誉称号。

● 9 月 10 日，管志川获"山东省教学名师"荣誉称号。

● 9 月 19 日,学校 211 工程"十一五"建设立项会召开,石油与天然气工程被确定为学校 211 工程拟重点建设项目。

● 10 月 9 日,学校 6 个项目获得 2006 年国家自然科学基金资助立项,其中姚军等申报的"基于数字岩芯的孔隙网络建模方法研究"获得国家自然科学基金重大研究计划资助。

● 10 月 10—12 日,第八届环太平洋国际水射流会议暨第 12 届中国水射流技术研讨会在学校青岛校区召开。

● 10 月 14 日,学院举办第一届本科生"石油钻采模型设计大赛"作品展。

● 10 月 17 日,油气田开发工程专业列入山东省 2006 年度"泰山学者"岗位。

● 10 月 19 日,学院多项国家"973 计划"项目课题获批。姚军获批负责 1 项国家"973 计划"课题"碳酸盐岩缝洞型油藏流动机理研究"。

● 10 月 28 日,国家"863 计划"海洋技术领域重大项目课题"深水钻完井关键技术"和"深水半潜式钻井平台关键技术"获批准立项。

● 11 月 8 日,石油工程学院研究生会成立。

● 11 月 20 日,石油工程专业被确定为山东省高等学校品牌专业建设点。

● 11 月 28 日,哈萨克斯坦阿克套国立大学校长、哈萨克斯坦科学院院士阿布扎巴洛夫一行来院交流。

● 12 月 10 日,姚军获山东省"优秀研究生指导教师"称号。

● 12 月 24 日,采油工程专家张琪教授执教 50 年暨 70 寿辰庆祝大会举行。

2007 年

● 1 月 28 日,山东省副省长王军民代表省委、省政府来校看望沈忠厚院士。

● 3 月 16 日,张琪、曲占庆完成的中石化先导试验科研项目"井下油水分离技术研究"获 2006 年度教育部高等学校科学技术奖科技进步二等奖。

● 3 月 21 日,教育部学位与研究生教育发展中心公布 2006 年一级学科评估结果,学校石油与天然气工程学科排名第一。

● 6 月 7 日,油气井工程和油气田开发工程国家重点学科通过教育部评估。

● 6 月 21 日,石油工程学院工程硕士毕业生李作会、朱宽亮获全国"做出突出贡献的工程硕士学位获得者"荣誉称号。

● 7 月 5 日,2004 级石油工程专业本科生 100 余名师生赴大庆油田生产实习。

● 8 月 1 日,《采油工程》入选省级精品课程。

● 8 月 26 日,高含水期油藏提高采收率方法国际研讨会在青岛校区闭幕。

● 9 月 11 日,学院 3 个项目获批 2007 年度国家自然科学基金项目:侯健等申报的"非牛顿流体在多孔介质中微观渗流的实验和模拟研究"、董长银等申报的"复杂条件下大斜度井砾石充填机理研究"和蒲春生等申报的"油井爆燃压裂中毒性气体生成与传播规律研究"。

● 9 月 29 日，陈月明教授 70 华诞暨科技报告会举行。

● 10 月 15 日，姚军负责的油气田开发工程创新引智基地获高等学校学科创新引智计划 2008 年建设项目立项。

● 10 月 31 日，葛际江入选教育部"新世纪优秀人才支持计划"。

● 11 月 2 日，学院 11 项科研成果获中石化协会 2007 年度科技进步奖，其中蒋官澄等完成的"保护油气层钻井液新体系研究与应用"、姚军等完成的"流线数值试井解释方法与应用"获科技进步一等奖。

● 12 月 11 日，华北油田公司总经理苏俊一行来学院交流。

● 12 月 14 日，董长银开发的油气井防砂综合决策系统 Sandcontrol Office 软件通过国家版权局著作权登记并获版权登记证书。

2008 年

● 1 月 2 日，学院 6 个项目获得山东省自然科学基金资助，是学院历年获批最多的 1 年。

● 1 月 8 日，中国石油大学为第一完成单位，由蒋官澄主持完成的"石油勘探开发过程中油层保护与改造新技术研究与应用"、李根生主持完成的"自振空化射流技术与应用"获国家科学技术进步二等奖。

● 1 月 20 日，教育部学位与研究生教育发展中心公布 2006 年一级学科评估结果，石油与天然气工程学科排名第一。

● 1 月 22 日，"油气成藏研究中心"成立。

● 3 月 16 日，学院 1988 级校友、中国石油报社副社长张海云为毕业生作"提高青年素质"的报告。

● 4 月 5 日，王瑞和、孙宝江分别入选国家"十一五""资源环境"领域和"海洋技术"领域重大项目总体专家组成员。

● 4 月 17—18 日，由中国石油大学（华东）、美国环境保护署（USEPA）、甲烷市场化合作伙伴计划组织、美国 RTI 国际研究中心主办，中国石油大学（华东）石油工程学院承办的油气行业甲烷减排技术国际研讨会在青岛校区召开。

● 5 月 10—11 日，学院召开青岛校区发展研讨会，成立教授委员会并选举产生领导机构。会议通过教授委员会章程，选举沈忠厚院士为名誉主任委员，蒲春生为主任委员，邹德永、蒋官澄为副主任委员。

●5月14日,蒋官澄入选山东省有突出贡献中青年专家。

●6月6日,学校矿产普查与勘探、油气井工程、化学工艺、油气储运工程、油气田开发工程5个重点学科通过教育部考核评估。

●6月30日,张希秋获山东省2008年度优秀辅导员称号。院学生党总支获2006—2007年度山东高校"先进基层党组织"荣誉称号。

●7月2日,葛际江当选青岛开发区"十大杰出青年"。

●8月1日,"采油工程"入选2007年度山东省高等学校省级精品课程。

●8月28—31日,由学校与山东石油学会联合主办,石油工程学院承办的"欠平衡及压力控制钻井技术研讨会"在青岛校区召开。

●9月9日,石油工程实验教学中心获批省级实验教学示范中心。

●10月22日,1962级钻井专业校友孙晓群当选为中央委员。

●10月24日,姚军负责的油气田开发工程学科入选"高等学校学科创新引智计划"(简称"111计划")第三批建设项目。

●11月4日,学院成立石油工程实验教学改革建设指导委员会、实验教学5个专家组和学院实验教学中心,中心主任邱正松。

●11月29日,油气井工程、油气田开发工程、油气储运工程3个二级学科首次在完成二级学科规划的基础上,联合完成一级学科石油与天然气工程的建设与发展规划编写并报教育部。

●12月30日,冯其红获"山东省优秀青年知识分子标兵"称号。

2009年

●1月25日,英国赫瑞·瓦特大学副校长布莱恩·斯马特(Brian G.D.Smart)来院访问。

●1月18日,学院召开学习实践科学发展观活动动员大会,学院学习实践科学发展观活动全面拉开帷幕。

●4月8日,学院学生张彦龙、杨刚、伦恒启在美国大学生数学建模竞赛中获得二等奖,另有2支参赛队获得三等奖,是学院在国家级数学建模竞赛中取得的最好成绩。

●4月22日,学院新一届领导班子正式到任,成员:院长姚军,副院长李明忠、程远方、邱正松、冯其红;党委书记张卫东,副书记王林。

●5月9—10日,学院召开教授委员会第二次会议,研讨学院发展战略和新一届班子工作思路。

●5月17日,俄罗斯自然科学院院士库尔巴诺夫·亚拉克·玛姆码耶维奇来学院考察交流。

● 5 月 24 日，大庆油田公司党委宣传部部长盖立学为学院大学生作题为"学习弘扬大庆精神，兴油报国演绎精彩人生"的专题报告。

● 6 月 5 日，中国石化胜利油田分公司副总经理张煜、副总工程师袁谋一行来学院交流。

● 6 月 19 日，学院召开专题会议研讨船舶与海洋工程学科发展，贯彻落实学院提出的"强化传统特色、发展海洋工程、开拓非常规资源和新能源"的学科发展战略。

● 8 月 21—25 日，第一届第五次全国石油与天然气工程领域工程硕士研究生教育研讨会在学校青岛校区召开，专家组实地评估考察学院石油与天然气工程领域工程硕士培养质量。

● 9 月 11 日，学院获"全国教育系统先进集体"荣誉称号。

● 9 月 24 日，中共中国石油大学（华东）石油工程学院委员会换届选举大会在青岛校区召开，张卫东同志当选党委书记，王林同志当选党委副书记。

● 10 月 9 日，学院研究生获第十一届"挑战杯"山东省大学生课外学术科技作品竞赛特等奖 1 项、二等奖 1 项。

● 10 月 12 日，学院 6 个项目获 2009 年度国家自然科学基金资助，其中蒋官澄申报的"洗井、固井、油层等损害与保护"获国家杰出青年科学基金资助。

● 10 月 17 日，中国石油天然气集团公司副总裁孙龙德来院参观。

● 10 月 21 日，学校与东营市、胜利油田联合组建的"山东省油区环境污染治理工程技术研究中心"被列为第二批"国家技术转移示范机构"。

● 10 月 24 日，中国工程院院士顾心怿为学院师生作题为"为中华之崛起而矢志创新"的学术报告。

● 11 月 2 日，学院 12 项成果获 2009 年度中国石油和化学工业协会科技奖励，其中一等奖 3 项、二等奖 6 项、三等奖 3 项。获得一等奖的项目有：管志川等完成的"钻井平台位置优选与丛式井优化设计技术研究"，戴彩丽等完成的"聚驱后利用地层聚合物絮凝调驱及配套技术研究与应用"，王海文等完成的"稠油大斜度井机械采油技术研究与推广应用"。

● 11 月 22—23 日，由教育部、国家外国专家局高等学校学科创新引智计划（111 计划）支持，学院承办的"多孔介质多尺度流动模拟国际学术研讨会"在青岛校区召开。

● 11 月 28 日，教育部、财政部公布 2009 年度国家级实验教学示范中心建设单位，学院"石油工程实验教学中心"位列其中，成为学校资源勘探类首个国家级示范中心。

● 12 月 8 日,冯其红获"孙越崎青年科技奖"。

● 12 月 16 日,赵福麟入选东营市 30 位"为新中国成立、建设作出突出贡献的英雄模范人物"。

● 12 月 21 日,学院获"2007—2008 年度山东省高校思想政治教育工作先进集体"荣誉称号。

2010 年

● 1 月 7 日,崔传智圆满完成援疆任务,返回学校。

● 1 月 11 日,学校公布首届"青年教师人才建设工程"入选者名单,侯健、葛际江、戴彩丽入选"青年教师拔尖人才建设工程",王子胜、董长银、廖华林入选"青年骨干教师建设工程"。

● 1 月 13 日,戴彩丽获第 11 届中国青年科技奖。

● 1 月 18 日,姚军入选"新世纪百千万人才工程"国家级人选。

● 3 月 4 日,石油工程专业 2007 级学生马一峰获"中国大学生自强之星提名奖"。

● 3 月 10 日,学院艺术团揭牌,是学校首个院级艺术团体。

● 3 月 26 日,孙宝江被教育部聘为 2009 年度"长江学者"特聘教授。

● 5 月 19 日,学院召开创先争优活动动员及部署大会。

● 5 月 25 日,戴彩丽被评为"齐鲁巾帼发明家"。

● 6 月 4 日,姚军主持的"油藏工程"进入国家精品课,李明忠主持的"采油工程"进入国家网络精品课。

● 6 月 7 日,学院聘任美国密苏里科技大学白宝君为特聘教授。

● 8 月 18—20 日,"注二氧化碳提高煤层气采收率实验设计"项目获第三届全国大学生节能减排社会实践与科技竞赛二等奖,指导教师为孙仁远。

● 9 月 4 日,学院 2 项作品分获第七届"挑战杯"山东省大学生创业计划竞赛山东省特等奖和一等奖,其中,马一峰负责的"神农农药科技有限公司"获特等奖,入围第七届"挑战杯"中国大学生创业计划竞赛终审决赛。

● 9 月 10 日,学院 5 个项目获准国家自然科学基金立项资助。其中孙宝江等申请的"超临界二氧化碳在非常规油气藏中应用的基础研究"获重点项目资助,是学校首次获得该类项目资助。

● 10 月 11 日,"十一五"国家规划教材、由赵福麟主编的《油田化学》(第 2 版)出版发行。

● 10 月 18 日,副院长冯其红率队赴美国密苏里科技大学、图尔萨大学等高校交流,并就与学校石油工程专业"2+2"合作培养方案达成一致意见。

● 11 月 14 日,油气田开发工程专业 2008 级硕士研究生张元法、石油工程专业 2008 级本科生周诗雨获 2010 年度"王涛英才奖学金"。

● 11 月 24 日,戴彩丽申报"提高采收率与采油化学"获山东省杰出青年基金立项资助。

● 12 月 6 日,学院 4 支队伍在第七届全国研究生数学建模竞赛获奖,其中一等奖 1 项,二等奖 2 项,三等奖 1 项。

● 12 月 17 日,石油工程学院"唐岛湾能源科技论坛"开讲。

● 12 月 17 日,学院 2010 年进账科研经费超过 1 亿元,成为学校第一个年度科研经费突破亿元的学院。

● 12 月 18 日,赵修太获东营市与中国石油大学产学研结合特别贡献奖,并获 2010 年东营市科学技术合作奖。

2011 年

● 1 月 13 日,经学校第六届学术委员会第三次会议评审,苏玉亮、倪红坚入选青年教师拔尖人才建设工程,张凯、高永海入选青年骨干教师建设工程。

● 1 月 14 日,戴彩丽、冯其红、赵福麟等完成的"高含水油田优势通道定量描述与调控技术及工业化应用",姚军等完成的"特低渗透油藏有效开发非线性渗流理论和开发方法及其工业化应用"获国家科学技术进步二等奖。

● 3 月 9 日,学院"学生党员述责答辩制度"获学校"2010 年创先争优活动优秀创新项目评比"第一名成绩。

● 3 月 22 日,以孙宝江为带头人、以海洋油气井钻完井理论与工程为研究方向的团队进入 2010 年度教育部"长江学者和创新团队发展计划"创新团队候选公示名单。戴彩丽进入教育部"新世纪优秀人才支持计划"入选者公示名单。

● 4 月 5 日,2009 级学生孙臻获第二届全国大学生数学竞赛非数学专业类二等奖。

● 4 月 21—22 日,由中国石油大学(华东)、美国环保署、美国 RTI 国际研究中心主办,石油工程学院承办的油气行业甲烷排放检测与回收技术国际研讨会举行。

● 5 月 6 日,孙宝江、戴彩丽被山东省人民政府确定为"山东省有突出贡献的中青年专家"。

● 5 月 19 日,采油工程 1983 级校友孙焕泉、钻井工程 1984 级校友黄凯文被中华全国总工会授予"全国五一劳动奖章"。

● 5 月 20 日,1992 级校友、北京博德世达石油技术有限公司总经理蔡万伟向母校捐赠资金 40 万元。

● 5 月 28 日,学院 3 支队伍在全国石油工程设计大赛和首届全国石油工程专业知识竞赛中获奖,其中全国石油工程设计大赛一等奖 1 项、二等奖 1 项、全国石油工程专业知识竞赛三等奖 1 项。

● 5 月 31 日,由学院与山东中石大石仪科技有限公司共同研制开发的酸化压裂实验教学平台正式投入使用,成为国内外石油高等院校中首次将"油田酸化压裂现场"搬进实验室的教学平台。

● 6 月 24 日,学院党委被山东省委授予"先进基层党组织"荣誉称号,管志川、张卫东分别获"山东省高等学校优秀共产党员"和"山东省高等学校优秀党务工作者"称号。

● 7 月 30 日,学院召开发展咨询会,邀请学院教授委员会全体成员和全国石油领域的著名院士、资深专家,为学院发展和办学提供咨询与指导。

● 8 月 1—2 日,国家 973 计划"深井复杂地层安全高效钻井基础研究"项目中期总结会召开。

● 8 月 25 日,学院 16 个项目获 2011 年国家自然科学基金资助,其中面上项目 7 项,青年科学基金项目 9 项,创历史新高。

● 8 月 26 日,陈洪兵圆满完成为期 1 年半的援疆支教任务返回学校。

● 8 月 26 日,学院 7 个项目获 2011 年山东省自然科学基金资助。其中侯健的"青微观渗流实验与模拟"获得杰出青年基金资助,倪红坚的"稠油油藏超临界二氧化碳连续管钻井理论与关键技术"列入重点项目。

● 9 月 2 日,张先敏博士学位论文《复杂介质煤层气运移数学模型及其数值模拟研究》被评为山东省优秀博士论文。

● 9 月 6 日,石油工程学院党委与胜利油田胜利采油厂采油 22 队党支部签署了友好共建协议。胜采 22 队作为胜利油田的"金牌队"曾上百次获得中央企业、山东省先进党支部等局级以上荣誉称号。

● 9 月 14 日,姚军等申报的"碳酸盐岩数字岩芯构建理论与方法"获教育部科学技术研究重大项目资助。

● 10 月 27—29 日,胜利石油管理局党委常委、油田分公司副总经理张煜一行来院交流。

● 11 月 1 日,学校授予孙焕泉、黄凯文、沈双平 3 位院友"校友之星"荣誉称号。

● 11 月 2 日,中国五四青年奖章获得者、石油工程专业 1994 级校友王小鲁应邀做客学院"与校友面对面"。

● 11月7日，校友孙焕泉任胜利石油管理局局长、胜利油田分公司总经理、胜利石油管理局党委副书记。

● 11月11日，学院青年教师发展促进会成立大会暨首届青年教师发展论坛举行。

● 11月30日，油气井工程专业2009级博士研究生刘永旺、石油工程专业2009级本科生黄经纬获2011年度"王涛英才奖学金"。

● 12月16日，由石油工程学院、理学院、储建学院、科技处、学科建设处联合主办的"石油工程跨学科学术报告会"举行。

2012年

● 2月14日，学校为第二完成单位、侯健等参与的"胜利油田边际稠油高效开发技术与应用"获得国家科学技术进步二等奖。

● 2月15日，戴彩丽被评为山东省先进工作者。

● 2月18日，中国人民政治协商会议第十届山东省委员会第五次会议在济南隆重开幕，院长姚军作为山东省政协委员参加会议。

● 2月28日，教育部公布2011年度高等学校本科专业设置审批结果，"海洋油气工程"本科专业获批。

● 3月2日，侯健入选教育部"新世纪优秀人才支持计划"。

● 3月7日，学院油气井工程和油气田开发工程2个国家级重点学科的"211工程"三期建设项目"复杂条件下油气钻井与完井"和"复杂油气资源开发理论与关键技术"通过学校验收。

● 3月16日，美国密苏里科技大学研究生院院长Venkat Allada、石油工程系主任Ralph Flori教授、罗拉分校采矿工程系Jerry Tien教授一行来学校访问，就联合培养工作进行商洽。

● 4月9日，孙宝江入选"十二五"国家高技术研究发展计划（863计划）海洋技术领域海洋油气资源开发技术主题专家组专家。

● 4月20日，中国石油渤海钻探工程有限公司副总经理周宝华一行来校交流访问。

● 4月26日，姚军被聘为中国力学学会第九届理事会第九届流体力学专业委员会委员，任期4年。

● 4月26日，董长银获霍英东教育基金会第十三届高等院校青年教师奖三等奖。

● 5月1日，戴彩丽、邱正松被评为青岛市劳动模范。

● 5月3日，采油专业1991级校友孔伟获第11届"新疆青年五四奖章"。

● 5 月 14 日,石油工程专业 1995 级校友袁栋每年向母校捐赠 10 万元人民币,设立"弘毅恩泽助学金"。

● 6 月 7—8 日,由中国石油大学(华东)主办,美国 Xradia CT 公司、中国数岩科技有限公司、长安大学协办的数字岩芯分析技术国际研讨会在学校召开。

● 6 月 8 日,美国科罗拉多矿业大学石油工程系主任 Ramona Graves 教授来学院交流。

● 6 月 15 日,在美国怀俄明大学参加联合培养的 5 位本科生返校参加 2012 年毕业答辩。5 位学生之前已取得美国怀俄明大学学士学位并全部获得奖学金,留美继续攻读硕士学位。

● 6 月 13—17 日,学院党委书记张卫东、副书记王林带队赴复旦大学、浙江大学、上海财经大学、东华大学调研考察。

● 6 月 26 日,学院 1978 级校友、中石油渤海钻探工程有限公司党委书记秦文贵应邀回校出席 2012 届毕业典礼并回学院做客"与校友面对面"活动。

● 6 月 28 日,冯其红被山东省人民政府授予"山东省有突出贡献中青年专家"。

● 7 月 5 日,学院在中石油海工基地建立教学科研实践基地。

● 8 月 23 日,石油工程学院油气田开发团队被授予"山东省优秀创新团队"称号,并被省政府记集体一等功。

● 8 月 24 日,学院 16 个项目获国家自然科学基金立项资助。其中重点项目 1 项、面上项目 9 项、青年科学基金项目 6 项。姚军等申报的重点项目"页岩气藏开采基础研究"获得批准立项,批准金额 280 万。

● 8 月 27 日,由研究生院和石油工程学院承办的全国博士生学术论坛(多孔介质流动机理与模拟)举行。

● 9 月 4 日,2010 级本科生吕健团队参赛作品"顺封石油工程材料科技有限责任公司"获第三届中国大学生创意创业大赛暨知识产权教育活动全国总决赛一等奖,指导教师步玉环获 2012 年度中国杰出创意创业名师奖。

● 9 月 10 日,李爱芬获首届"青岛高校教学名师"称号。

● 9 月 15 日,侯健获孙越崎青年科技奖。

● 9 月 17—18 日,澳大利亚科廷大学石油工程系主任 Brian Evans 教授来学院交流,并代表科廷大学石油工程系与学校签署本科生"2+2"联合培养协议。

● 9 月 25 日,学院获评山东省国际交流与合作先进集体。

● 9 月 30 日,罗明良等完成的"低渗透油田整体压裂增产改造关键技术及应用"、蒲春生等完成的"异常高应力气藏完井及储层改造关键技术研究与应用"获中国石油和化学工业联合会科技进步一等奖,另有 1 项成果获科技进步二等奖,3 项成果获科技进步三等奖。

● 11 月 10 日,石油工程专业 2010 级本科生耿冲、油气田开发专业 2010 级硕士研究生徐建春获 2012 年度"王涛英才奖学金"。

● 11 月 12—14 日,2010 级本科生吕健团队参赛作品"顺封石油工程材料科技有限责任公司"获山东省首届大学生创业大赛暨山东省创业大赛(高校赛区)一等奖。

● 12 月 7—9 日,学院研究生王舒华、姚征、鲁明晶和刘卓、陆雪皎、范坤坤组成的 2 支队伍获第九届全国研究生数学建模竞赛一等奖。

● 12 月 27 日,在"211 工程"三期建设中,由学院承担的"复杂条件下油气钻井与完井"和"复杂油气资源开发理论与关键技术"2 个项目通过学校及国家验收。

2013 年

● 1 月 7 日,侯健入选学校首批"青年教师拔尖人才攀登计划",范海明、王志远入选"青年骨干教师建设工程"。

● 1 月 7 日,"复杂油藏开发和提高采收率的理论与技术"创新团队入选教育部 2012 年"创新团队发展计划"。

● 1 月 18 日,牛继磊作为第三完成人参与的"水力喷砂射孔与分段压裂联作技术及工业化应用"获国家技术发明二等奖;学院与中海油研究总院等单位合作完成的"海上绥中 36-1 油田丛式井网整体加密开发关键技术"获国家科学技术进步二等奖。

● 1 月 31 日,教育部学位与研究生教育发展中心第三轮学科评估(2009—2011 年)结果公布,石油与天然工程学科蝉联全国第一。

● 3 月 8 日,中国石油渤海钻探工程有限公司总经理、学院钻井 1981 级校友秦永和来校交流,并代表渤海钻探捐赠"井场模拟实训平台"1 套。

● 3 月 20 日,油气井工程系获"全国五一巾帼标兵岗",油气井工程系主任步玉环被山东省教育工会授予"三八红旗手"称号。

● 4 月 9 日,邱正松获"青岛拔尖人才"称号。

● 4 月 11 日,在青岛市知识分子联谊会四届五次理事会暨"双建"活动推进上,学校致公党支部副主委、戴彩丽被评为建功立业"十佳"个人,学校党外知识分子联谊会会长、姚军被评为建功立业优秀个人。

● 4 月 23 日,孙宝江任石油工程学院院长,林英松、陈德春、王业飞、张凯任副院长。

● 6 月 21 日,黄朝琴博士论文《基于离散缝洞网络模型的多尺度两相流动模拟理论研究》入选 2013 年山东省优秀博士学位论文。

● 6 月 28 日,赵明伟"耐温抗盐表面活性剂的设计合成及驱油体系性能评价"项目获中国博士后科学基金第六批特别资助。

● 7 月 8 日,经学校学位委员会研究决定,同意学院自主设置"海洋油气工程"二级学位点,该学位点可招收硕士研究生、博士研究生。

● 7 月 11—12 日,超临界二氧化碳钻采非常规油气学术研讨会暨油气井工程学科发展 60 年座谈会举行。

● 7 月 17 日,学院党委部署深入开展党的群众路线教育实践活动。

● 7 月 28 日,学院钻井专业 1978 级校友汪东进任中国石油股份公司总裁。

● 7 月 29 日,孙仁远主持开设的"油层物理"课程被教育部评为 2013 年度来华留学英语授课品牌课程。

● 8 月 2 日,油气渗流中心与 3D 打印机制造商联合攻关,成功打印出世界上第一个 3D 岩芯及孔隙吼道网络模型。

● 8 月 8—9 日,由中国力学学会、中国石油学会主办,学校承办的"第十二届全国渗流力学会议"在青岛召开。

● 10 月 28 日,学院 4 个科研项目获全国石油和化工科技创新大会表彰。

● 11 月 7 日,王海文完成的"螺杆泵高效采油关键技术及应用"获中国机械工业科学技术奖二等奖。

● 11 月 20 日,学校与中国石油渤海钻探工程公司共建的"复杂条件钻井液完井液联合实验室"揭牌,这是该公司首次与高校共建联合实验室。

● 11 月 21 日,ipetro 项目获第二届中国创新创业大赛全国总决赛创业团队组第三名,是全国唯一来自石油天然气开发领域方面的获奖项目。

● 11 月 24—26 日,院长孙宝江、党委书记张卫东带队赴北京大学、中国石油大学(北京)、中国地质大学(北京)调研。

● 12 月 23 日,钻井 1977 级校友高德利当选中国科学院院士,兼职教授李阳当选中国工程院院士。

● 12 月 24 日,管志川负责的"钻井工程"、姚军负责的"油藏工程"获 2013 年"国家级精品资源共享课"立项。

2014 年

● 1 月 25 日,石油与天然气工程学科入选 2013 年泰山学者优势特色学科人才团队支持计划。

● 1 月 26 日,戴彩丽进入中青年科技创新领军人才公示名单。

● 3月18日，范海明获霍英东教育基金会第十四届高等院校青年教师基金基础性研究资助。

● 4月18日，侯健等完成的"高含水油田化学驱渗流理论与开发方法及工业化应用"获山东省科学技术奖励科技进步二等奖。

● 4月19日，戴彩丽入选科技部2013年科技创新推进计划。

● 4月29日，董长银获第18届"山东青年五四奖章"。

● 5月29日，在中国校友会网"2014中国大学学科专业排行榜"中，"石油与天然气工程专业"荣膺2014中国六星级学科专业，入选2014中国顶尖学科专业，位居全国高校第一。

● 6月19日，邱正松入选2013年度山东省有突出贡献的中青年专家名单。

● 7月10日，管志川负责的"能源战略视阈下的石油工程国家特色专业改革与建设"获2014年山东省高等教育教学成果奖一等奖，孙仁远负责的"油藏工程类专业课英语授课品牌课程建设与实践"获三等奖。

● 7月11日，教育部组织专家对学校"海洋油气井钻完井理论与工程"创新团队和2010年"新世纪优秀人才支持计划"入选者进行结题验收。

● 7月18日，中国科学院院士高德利来院交流。

● 8月23日，学院9个项目获2014年度国家自然科学基金资助，其中面上项目4项，青年科学基金项目5项。

● 9月12日，冯其红、戴彩丽当选中国青年科技工作者协会第五届代表大会会员。

● 10月16日，马来西亚石油科技大学副校长阿布德·拉希德·阿齐兹（Dr. Abd Rashid bin Abd Aziz）一行来院交流。

● 10月17日，董长银、廖华林入选学校第四批"青年教师拔尖人才建设工程"，张先敏、赵明伟、吴飞鹏、李松岩入选"青年骨干教师建设工程"。

● 10月20—21日，院长孙宝江、副院长王业飞一行11人赴中海油研究总院、中国石化石油工程技术研究院交流。

● 11月7日，孙宝江作为带头人的"海洋油气井钻完井理论与工程"创新团队获教育部2014年度"创新团队发展计划"滚动支持。

● 11月8—9日，胜利采油院与石油工程学院第二届技术交流会在胜利油田采油工艺研究院举行。

● 11月11日，张凯主持的"油气资源多极化形势下石油与天然气工程专业学位人才需求预测及发展战略研究"入选2014—2015年全国工程专业学位研究生教育自选项目。

● 11 月 21 日,管志川等参与的"超深井钻井技术研究及工业化应用"获 2014 年度石化联合会科技进步特等奖。

● 12 月 24 日,2015 年度国家重点基础研究发展计划(973 计划)项目"海洋深水油气安全高效钻完井基础研究"获科技部立项资助,项目首席科学家孙宝江,概算经费 3 480 万元。

2015 年

● 1 月 13 日,姚军被聘为国务院学位委员会第七届学科评议组成员。

● 2 月 8 日,戴彩丽获批为长江学者特聘教授。

● 3 月 9 日,冯其红入选教育部 2014 年享受国务院政府特殊津贴人员名单。姚军入选山东省第二批"泰山学者攀登计划"专家名单。

● 4 月 13 日,戴彩丽等发明的"一种适于高温高盐油藏堵水调剖用的堵水剂"获第二届"山东省专利奖"专利一等奖。

● 4 月 29 日,孙宝江、姚军被聘为非常规油气协同创新研究中心 PI(责任科学家)。

● 6 月 12 日,学院举办"三严三实"专题党课暨专题教育部署会。

● 6 月 28 日,SPE(Society of Petroleum Engineers,国际石油工程师协会)总部授予中国石油大学(华东)SPE 学生分会 2015 年度"Gold Standard"荣誉称号。

● 7 月 7 日,《中国大百科全书》力学学科编委会第一次会议在中国科学院力学所召开,姚军受邀作为《中国大百科全书》第三版力学学科编委出席会议。

● 7 月 13 日,学院在中海油天津分公司设立教学实习基地。

● 7 月 24 日,戴彩丽负责的"山东省油田化学省级重点实验室"获批。

● 7 月 18—20 日,首届石油汇:中国国际学生石油论坛在中国石油大学(华东)举行。

● 12 月 7 日,李根生当选为中国工程院院士。

● 12 月 10 日,戴彩丽入选 2015 年国家百千万人才工程名单,并被授予"有突出贡献中青年专家"荣誉称号。

2016 年

● 4 月 7 日,蒋平申报的"纳米粒子与化学驱油组分对油水界面性质调控机制研究"获霍英东教育基金会第十五届高等院校青年教师基金立项资助。

● 4 月 26 日,省委组织部公布"关于拟推荐中央表彰的全国优秀共产党员、优秀党务工作者、先进基层党组织"名单,学院党委书记张卫东入选优秀党务工作者名单,是山东省教育系统唯一入选者。

● 5月23日,侯健入选科技部2015年创新人才推进计划"中青年科技创新领军人才"。

● 5月24日,姚军、孙宝江入选教育部第七届教育部科学技术委员会地学与资源学部委员。

● 6月1日,戴彩丽获光华工程科技奖"青年奖"。

● 6月3日,"泡沫流体高效开采油气工程研究中心"获批山东省工程研究中心。

● 6月8日,硕士研究生马搏获第十一届中国大学生年度人物提名奖。

● 7月15—17日,由国际石油工程师协会(SPE)亚太分会、SPE中国区北方分会指导,中国石油大学(华东)SPE学生分会主办的第二届石油汇:中国国际学生石油论坛举行。

● 7月31日,戴彩丽入选国家"万人计划"科技创新领军人才。

● 8月4日,侯健入选2016年度国家杰出青年科学基金建议资助项目申请人名单。

● 8月17日,王志远负责的"油气井多相流动理论及应用"获优秀青年科学基金项目资助。

● 10月28日,戴彩丽入选泰山学者攀登计划专家。

● 11月10日,以姚军为学术带头人的"复杂油藏开发和提高采收率的理论与技术"获教育部"创新团队发展计划"滚动支持。

● 11月23日,孙宝江负责的"海洋油气工程创新引智基地"获教育部和国家外国专家局联合组织的2017年度"高等学校学科创新引智计划"(简称"111计划")立项。

● 12月1日,邱正松作为负责人的"聚胺高性能水基钻井液技术及工业化应用"获教育部2016年高等学校科学研究优秀成果奖(科学技术)科技进步二等奖。

● 12月2日,王志远入选"长江学者奖励计划"青年学者名单。

● 12月7日,学院10个项目获2016年度山东省自然科学基金立项支持。

2017年

● 1月4日,学院团委微博"@荟萃石工"获2016年度"最具影响力山东团委系统政务微博"奖。

● 3月22日,山东省科协向首批183名智库高端人才颁发聘书,学院戴彩丽入选经济建设领域岗位专家。

● 4月6日,时晨入选山东省科技创业类泰山产业领军人才。

● 4 月 8 日,王志远负责的"海洋钻井井筒安全压力设计方法及关键技术"获 2016 年度海洋工程科学技术奖技术开发类二等奖。

● 4 月 27 日,2014 级硕士研究生吕健入选"第十二届中国大学生年度人物提名奖"。

● 5 月 17 日,时晨入选中组部第十三批国家"千人计划"创业人才项目人员名单。

● 6 月 30 日至 7 月 2 日,第三届石油汇:中国国际学生石油论坛举行。

● 8 月 17 日,王志远负责的"油气井多相流动理论及应用"获优秀青年科学基金项目资助。

● 8 月 31 日,由石油工业出版社主办、学校承办的"《石油工程常用公式手册》丛书编写启动与编委交流会"在青岛举行。

● 9 月 2 日,孙宝江任石油工程学院院长,赵放辉任党委书记。

● 9 月 6 日,王志远申报的"油气井多相流动理论及应用"项目获山东省自然科学杰出青年基金立项。

● 9 月 15 日,学院 22 个项目获得 2017 年度山东省自然科学基金资助,获批项目数量和资助经费均创历史新高。

● 9 月 15—17 日,全国大学生石油科技创新创业大赛总决赛在学校举行。

● 9 月 20 日,学院 7 个项目获中国石油和化学工业联合会科技奖励。

● 9 月 20 日,戴彩丽被评为山东省第五届山东优秀发明人。

● 10 月 11 日,博士生吕其超等完成的"非常规油气藏清洁泡沫压力关键技术及工业化应用"获山东省 2017 年研究生优秀科技创新成果一等奖。

● 10 月 12 日,"渗流物理"课程获 2017 年度山东省研究生教育质量提升计划研究生教育优质课程立项,"船舶与海洋工程软件设计与应用"课程教学案例库建设获专业学位研究生教学案例库立项。

● 10 月 14 日,教育部、财政部、国家发展改革委发布《关于公布世界一流大学和一流学科建设高校及建设学科名单的通知》,学校入选一流学科建设高校名单,石油与天然气工程学科进入"双一流"建设学科名单。

● 10 月 16 日,王志远获孙越崎青年科技奖。

● 11 月 12 日,全国工程教育专业认证专家组对石油工程专业进行工程教育认证现场考察。

● 11 月 15 日,"石油与天然气工程专业类实践教学标准体系建设"课题获教育部 2017 年高校实践教学规范课题立项。

● 11 月 16 日,孙宝江"基于钻井环空井筒多相流动计算的控压钻井方法"获第十九届中国专利奖。

● 11 月 17 日，"船舶与海洋工程"一级学科学位授权点接受专家组现场评估。

● 11 月 17 日，姚军撰写的《页岩气藏运移机制及数值模拟》、孙致学撰写的《增强型地热系统热流固耦合模型及数值模拟》入选 2016 年度"领跑者 5000——中国精品科技期刊顶尖论文"（F5000）名单，其中姚军论文进入"石油天然气工程"学科前 1%。

● 11 月 27 日，孙金声当选为中国工程院能源与矿业工程学部院士。

● 11 月 30 日，孙金声负责的"超深井安全高效井筒工作液构建及调控方法基础研究"、孙宝江负责的"超深层天然气藏开发基础理论研究"、冯其红负责的"页岩油流动机理与开发优化的基础理论研究"获 2017 年度国家自然科学基金委员会石油化工联合基金（A 类）重点项目支持。

● 12 月 1 日，姚军团队完成的"非常规油气藏多尺度渗流理论与方法"获教育部 2017 年度高等学校科学研究优秀成果奖（科学技术）自然科学一等奖。

● 12 月 2 日，王志远入选"长江学者奖励计划"青年学者名单。

● 12 月 5 日，学院召开第二届五次教授委员会全体会议，换届选举第三届教授委员会常务委员会及主任、副主任。

● 12 月 6 日，王志远获第十一届山东省青年科技奖。

● 12 月 11 日，学院 7 个项目获 2017 年度中国石油和化学工业联合会科学技术奖，其中科技进步特等奖 1 项、一等奖 2 项、三等奖 2 项，技术发明一等奖 2 项。

● 12 月 14 日，冯其红、陈德春参与的"'三三三'本科教育培养体系的构建与实践"，冯其红、管志川参与的"提升石油类专业学生三种核心能力的路径探索与实践"获 2017 年度中国石油教育学会高等教育教学成果奖特等奖，孙宝江负责的"石油工程专业立德树人协同培养系统研究与实践"获一等奖。

● 12 月 20 日，王志远入选泰山学者特聘专家。

2018 年

● 1 月 8 日，姚军为第四完成人的"海相碳酸盐岩缝洞型油藏精细描述、数值模拟及高效注水开发技术"获 2017 年度国家科学技术奖技术发明二等奖。

● 3 月 9 日，侯健入选中共中央组织部国家"万人计划"科技创新领军人才，管志川入选国家"万人计划"教学名师。

● 3 月 8 日，李爱芬获青岛市三八红旗手荣誉称号。

● 3 月 12 日，经学院党委研究，决定在各教工党支部全面推行"清单工作法"。

● 3 月 29 日，张凯申报的"复杂油藏生产实时优化理论与方法"项目获 2018 年山东省自然科学杰出青年基金立项资助。

● 4 月 13 日，戴彩丽等发明的"一种适于高温高盐油藏堵水调剖用的堵水剂"获第二届"山东省专利奖"专利一等奖。

● 5 月 21 日，学院学生获 2018 年"创青春"山东省大学生创业大赛决赛金奖 1 项、银奖 2 项。

● 5 月 28 日，首届能源科学与工程国际青年论坛石油工程分论坛在学院成功召开。

● 5 月 31 日，黄贤斌、李蕾获中国博士后科学基金面上一等资助。

● 5 月 14 日，中共中国石油大学（华东）石油工程学院委员会换届选举大会召开，赵放辉当选院党委书记，赵晓珂当选院党委副书记。

● 5 月 15 日，校友贾庆升获评全国第三届"做出突出贡献的工程硕士学位获得者"。

● 5 月 21 日，第二届油田化学国际研讨会在学校举行。

● 7 月 9 日，"第二届国际多孔介质协会中国年会暨第四届数字岩芯分析技术国际研讨会"在学校举行。

● 7 月 16 日，英国皇家化学会旗舰期刊 Soft Matter 封面文章刊登康万利团队文章《Rheological behavior and mechanism of pH-responsive wormlike micelle variations induced by isomers of phthalic acid》。

● 7 月 20 日，2018 年度 PetroBowl: SPE 国际石油知识竞赛亚太区总决赛（2018 PetroBowl Asia Pacific Regional Qualifier）在学校举行。

● 7 月 26 日，第二届国际深水油气工程前沿技术研讨会暨国际水合物青年论坛在学校举行。

● 7 月 30 日，吕健等创建的"中非职业教育培训及人文交流服务平台"项目获 2018 年山东省"互联网＋"大学生创新创业大赛金奖，被直推参加全国决赛。

● 7 月 31 日，赵放辉申报的"'清单工作法' 抓基层党建"获批山东省高校基层党建重点建设项目"院（系）级党组织书记抓基层党建突破项目"。

● 8 月 10 日，博士研究生、创造太阳能源服务（青岛）有限公司创始人马搏入围福布斯 2018 年中国 30 位 30 岁以下精英榜教育行业榜单。

● 9 月 7 日，管志川获评山东省教书育人楷模。

● 9 月 21 日，油气田化学研究所党支部书记工作室入选教育部首批全国高校"双带头人"教师党支部书记工作室建设名单，工作室负责人为吕开河。

● 10 月 2 日，学院举办庆祝建院 65 周年校友茶话会、学术报告会、与校友面对面等系列活动。

● 10 月 9 日，学院入选首批"三全育人"综合改革试点院（系），试点名称为"石油与天然气工程'立德树人协同培养'一体化育人体系研究与实践"，试点负责人为赵放辉。

● 10 月 11 日，研究生徐元德、白祥维、马敏、袁州、魏琛团队晋级 PetroBowl 国际石油知识竞赛全球总决赛全球十六强，创中国代表队历史最好成绩。

● 10 月 16 日，姚传进入选首届山东省青年科技人才托举工程托举对象名单。

● 10 月 16 日，石油工程学院公共测试中心正式面向校内外投入开放试运行。

● 10 月 31 日，开发系 1978 级校友汪东进任中国海洋石油集团有限公司总经理。

● 11 月 4 日，"中非职业教育培训及人文交流服务平台"项目获 2018 年"创青春"全国大学生创业大赛终审决赛银奖。

● 11 月 21 日，3 篇学位论文获 2018 年度山东省优秀学位论文，其中博士学位论文、硕士学位论文、学士学位论文各 1 篇。

● 11 月 25 日，首届"能源·智慧·未来"全国大学生创新创业大赛决赛在学校举行，学院 4 个项目获奖，其中康万利指导、侯小雨的作品"基于超分子作用的表活剂 - 苯三甲酸体系增黏机理研究"获全国一等奖。

● 12 月 3 日，学院 8 个项目获 2018 年度中国石油和化学工业联合会科学技术奖，其中技术发明一等奖 1 项，科技进步一等奖 4 项、二等奖 2 项、三等奖 1 项。

● 12 月 14 日，学院党委获批首批"全国党建工作标杆院系"。

● 12 月 18 日，孙宝江负责的"天然气水合物开采井与深海土的相互作用和安全设计"获国家自然科学基金委员会 2018 年重大项目课题资助。

● 12 月 24 日，王志远入选 2017 年度山东省有突出贡献的中青年专家名单。

● 12 月 25 日，吕开河申报的"'双带头人'教师党支部书记工作室建设实践与探索"获 2019—2020 年度在青高校基层党建创新工程立项。

● 12 月 25 日，戴彩丽、赵明伟、赵光、赵福麟等发明的"一种适于高温高盐油藏堵水调剖用的堵水剂"获中国专利优秀奖。

● 12 月 28 日，石油与天然气工程"双一流"拔尖人才全英文国际硕士班专业课正式开讲。

● 12 月 27 日，学院 4 部图书获 2018 年中国石油和化学工业优秀出版物奖，其中，图书奖一等奖 1 项（姚军、吕爱民、王月英）、教材奖一等奖 1 项（管志川）、图书奖二等奖 1 项、教材奖二等奖 1 项。

2019 年

● 1 月 15 日,戴彩丽团队完成的"稠油油藏多场耦合化学强化蒸汽高效开发及应用"获教育部 2018 年度高等学校科学研究优秀成果奖(科学技术)奖励科技进步二等奖。

● 1 月 24 日,张卫东负责的"石油工业概论"获评国家精品在线开放课程。

● 2 月 11 日,孙宝江等完成的"复杂压力体系井筒安全高效构建关键技术及应用"项目、吕开河等完成的"复杂地层油气储层保护技术与应用"项目获 2018 年度山东省科学技术奖科技进步二等奖。

● 2 月 23 日,冯其红负责的"钻井与压裂虚拟仿真综合实训"获批教育部 2018 年度国家虚拟仿真实验教学项目。

● 2 月 23 日,石油与天然气工程"双一流"学科与非常规油气开发教育部重点实验室建设研讨会在学校举行。

● 4 月 15 - 17 日,石油工程硕士专业学位研究生教育认证专家组对石油与天然气工程领域硕士专业学位研究生教育认证工作进行现场考察。

● 4 月 19 日,戴彩丽当选山东省青年科学家协会副主席,王志远、张凯、时晨等当选为协会会员。

● 4 月 23 日,博士研究生王鹏祥获第 17 届"东方胶化"杯全国胶体与界面化学研究生优秀成果奖。

● 4 月 30 日,石油与天然气工程专业 2007 级校友李中获"全国五一劳动奖章"。

● 5 月 6 日,2017 级本研一体班学生刘广瑜的作品《基于前馈神经网络和支持向量机的导流裂缝识别》获第一届中国地球科学大数据挖掘与人工智能挑战赛一等奖。

● 5 月 14 日,杨永飞申报的"数字岩芯实验与模拟"项目获 2019 年山东省自然科学杰出青年基金立项支持。

● 5 月 15 日,学院党委决定全体研究生党支部按照纵向党支部设置,本科生党支部探索开展纵向党支部建设,共成立 21 个纵向党支部。

● 5 月 17 日,博士研究生马搏获第十四届中国大学生年度人物提名奖。

● 5 月 19 日,学院学生获第九届中国石油工程设计大赛一等奖 1 项、二等奖 5 项、三等奖 18 项。

● 5 月 24 日,由中国海洋大学管理学院、中国石油大学(华东)石油工程学院、青岛理工大学土木工程学院共同发起举办的"三全育人"综合改革试点工作研讨会暨联盟成立大会在中国海洋大学召开。

● 6 月 4 日,学院与哈萨克斯坦国家自然科学院院士 Saule Aidarova 共同签署聘用合同,正式引进 Saule Aidarova 为全职特聘教授。

● 6 月 12 日,姚军负责的"山东省提高油气采收率工程技术研究中心"以良好等级通过 2018 年度省级工程技术研究中心绩效评估。

● 6 月 25 日,孙宝江、邱正松、侯健获"山东省优秀研究生指导教师"荣誉称号。

● 7 月 1 日,学院党委获评山东省教育系统先进基层党组织。

● 7 月 4—6 日,第四届石油汇:中国国际学生石油论坛(The 4th Petro-Gathering: China International Student Petroleum Forum)成功举办。

● 7 月 1—6 日,2019 年山东省"多孔介质现代渗流力学理论与应用"暑期学校在学校举办。

● 7 月 9 日,山东陆海钻采科技有限公司、青岛互邦石油科技有限公司与学院共建"大学生创新创业实践基地"仪式举行。

● 7 月 11 日,学院聘请中国石油集团安全环保技术研究院有限公司副总经理邓皓担任油气井学科博士生指导教师。

● 7 月 19—21 日,"2019 年非常规油气储层改造技术研讨会"在学校举行。

● 7 月 27—28 日,石油工程学院与胜利油田勘探开发研究院 2019 年度学术交流会在学校举行。

● 9 月 9 日,学院获"全国教育系统先进集体"荣誉称号。

● 9 月 16 日,学院 27 个项目获 2019 年度国家自然科学基金立项资助,立项数目列居学校首位,创学院新高。

● 9 月 18 日,王志远获评青岛市优秀教师。

● 9 月 18 日,学院召开"不忘初心、牢记使命"主题教育动员部署会。

● 9 月 25 日,孙金声、姚军、戴彩丽、冯其红、孙宝江、蒲春生、徐依吉获"庆祝中华人民共和国成立 70 周年"纪念章。

● 9 月 26 日,中海油田服务股份有限公司与学校签署协议,共建海洋石油工程技术联合研究院及联合实验室,学院参与共建海洋石油工程技术联合研究院。

● 10 月 15 日,教育部直属高校"不忘初心、牢记使命"主题教育第五巡回指导组组长杜向民一行到学院党委调研。

● 10 月 16 日,张凯获"孙越崎青年科技奖"。

● 10 月 17 日,学院研究生、创造太阳能源服务(青岛)有限公司法定代表人吕健入选福布斯中国 2019 年中国"600 位 30 岁以下精英"教育榜榜单。

● 10 月 20 日,研究生赵晗、唐静、赵杨杨、常艺琳组成的团队获首届中国海洋工程设计大赛最高奖项——海洋杯。

● 10 月 24 日,钻井 1978 级校友汪东进任中国海洋石油集团有限公司董事长、党组书记。

● 10 月 28 日,学院举办"能源与石油领域胶体纳米技术国际研讨会"。

● 11 月 10 日,孙宝江牵头完成的 973 项目"海洋深水油气安全高效钻完井基础研究"课题结题验收会在北京召开。

● 11 月 11—12 日,第三届国际深水油气工程前沿技术研讨会暨第二届国际水合物青年论坛在学校举行。

● 11 月 23 日,胜利油田东胜精攻石油开发集团股份有限公司总经理刘小波一行来院交流。

● 11 月 25—26 日,"中哈纳米材料与石油能源国际研讨会"在学校举行。

● 11 月 29 日,学院"山东省外专双百计划"正式获批。

● 11 月 30 日,邱正松团队完成的"海洋安全高效钻井流体技术创新与规模化应用"获 2018 年度海洋工程科学技术奖一等奖。

● 12 月 1 日,研究生袁凯、黄达、郝锋组成的代表队获第十六届中国研究生数学建模竞赛一等奖。

● 12 月 3 日,孙金声负责的"南海天然气水合物钻采机理与调控"项目获 2019 年国家自然科学基金"十三五"第四批重大项目资助,为学校首次牵头承担国家自然科学基金重大项目。

● 12 月 10 日,学院 5 个项目获 2019 年度中国石油和化学工业联合会科学技术奖。其中,中国石油和化学工业联合会创新团队奖 1 项、技术发明二等奖 1 项、科技进步三等奖 3 项。

● 12 月 20 日,孙宝江完成的"深水天然气水合物钻采安全控制关键技术"获教育部 2019 年度高等学校科学研究优秀成果奖(科学技术)技术发明二等奖,李兆敏完成的"难开采稠油油藏注氮气高效开发关键技术与工业化应用"、冯其红完成的"老油田高效水驱优化决策与调控关键技术及工业化应用"获科技进步二等奖。

2020 年

● 1 月 3 日,石油工程专业入选国家级一流本科专业建设点,海洋油气工程专业、船舶与海洋工程专业入选省级一流专业建设点。

● 1 月 4 日,学院 10 篇论文获评山东省优秀学位论文,其中博士学位论文 5 篇、硕士学位论文 5 篇。

● 1 月 9 日,学院 8 项研究生学术成果获山东省研究生优秀成果奖,其中学术学位研究生优秀成果一等奖 2 项、二等奖 4 项,专业学位研究生优秀成果三等奖 2 项。

● 1 月 10 日,学院召开"不忘初心、牢记使命"主题教育总结大会。

● 1 月 23 日,杨永飞申报的"多孔介质多场耦合问题的多尺度模拟与实验方法"获 2019 年度国家自然科学基金委员会与英国文化教育协会双边研讨会项目资助。

● 1 月 26 日,学院成立应对新型冠状病毒感染工作小组。

● 2 月 7 日,赵明伟获霍英东教育基金会第十七届高等院校青年教师奖三等奖。

● 3 月 6 日,《海洋深水钻井平台认知及关键作业程序实训》与《钻井与压裂虚拟仿真综合实训》2 门虚拟仿真实验课程被认定为省级一流本科课程。

● 4 月 7 日,受新型冠状病毒感染的影响,学院对石油与天然气工程"双一流"拔尖人才全英文国际硕士班学生进行线上教学。

● 4 月 27 日,戴彩丽作为负责人申报的"非常规油气钻采化学工程学科创新引智基地"入选"高等学校学科创新引智计划"。

● 4 月 28 日,《石油工程学院"三全育人"综合改革试点研究与实践》获青岛高校思想政治工作集体创新奖。

● 5 月 7 日,"学堂在线"国际版正式发布,孙仁远负责的 2 门课程"油层物理"和"气藏工程"获批首批上线。

● 6 月 29 日,姚军当选为国际石油工程师协会(Society of Petroleum Engineers,SPE)荣誉会员。

● 7 月 8 日,戴彩丽牵头申报的"油/水/固界面浸润调控智能流体提高采收率关键材料与机理研究"项目获国家重点研发计划项目资助,为学校获批的首个该类别牵头项目。

● 7 月 14 日,戴彩丽等发明的"冻胶分散体连续在线生产及注入一体化方法"获山东省专利奖一等奖;管志川等发明的"井下增压提速系统"获山东省专利奖二等奖。

● 8 月 22 日,"第二届全国青年渗流力学学术会议暨首届地下资源开发人工智能与大数据前沿论坛"在学校举办。

● 9 月 1 日,博士研究生刘逸飞负责的项目"'粒'挽狂澜——油田延寿增油特效药"和硕士研究生张凯杰负责的项目"智源压裂——新一代智能压裂设计服务领跑者"获"建行杯"第六届山东省"互联网+"大学生创新创业大赛金奖。

● 9 月 21 日,学院 29 个项目获 2020 年度国家自然科学基金资助,立项数量再创新高。

● 9 月 24 日,学校党委 2020 年第一批第二巡察组巡察石油工程学院党委、经济管理学院党委动员大会召开。

● 10 月 6 日,赵晓珂获评 2020 年度山东高校辅导员年度人物。

● 10 月 11 日,由学校牵头承担的国家重点研发计划"变革性技术关键科学问题"重点专项"油／水／固界面浸润调控智能流体提高采收率关键材料与机理研究"项目启动暨实施方案论证会举行。

● 10 月 30 日,学院 5 门课程入选首批国家级一流本科课程,其中张卫东负责的"中外石油文化"入选线上一流课程,杜殿发负责的"渗流力学"入选线上线下混合式一流课程,管志川负责的"钻井工程"、陈德春负责的"采油工程"入选线下一流课程,孙宝江负责的"海洋深水钻井平台认知及关键作业程序实训"入选虚拟仿真实验教学一流课程。

● 11 月 9 日,娄敏申报的 NSFC- 山东联合基金重点支持项目"深水热塑性复合材料柔性管关键技术研究"获国家自然科学基金委员会联合基金资助。

● 11 月 17 日,"'粒'挽狂澜——油田延寿增油特效药"项目获第六届中国国际"互联网＋"大学生创新创业大赛高教主赛道铜奖。

● 12 月 1 日,由中国矿业大学作为牵头单位,中国石油大学(华东)作为主要参与单位的国家重点研发计划"变革性技术关键科学问题"重点专项"页岩储层甲烷原位燃爆压裂理论与技术"获得立项。曲占庆为课题四"甲烷原位燃爆压裂储层适应性及优化设计和评价方法"负责人。

● 12 月 1 日,受教育部思想政治工作司委托,山东省高校党建工作考核组就入选首批全国党建工作标杆院系培育建设工作验收进行实地考察。

● 12 月 4 日,中国石油大学(华东)与胜利油田分公司注汽技术服务中心举行校企合作教学科研实践基地揭牌仪式。

● 12 月 15 日,学院全国首批"三全育人"综合改革试点院(系)建设成果——编著的图书《三全育人——中国石油大学(华东)石油工程学院研究与实践》由中国石油大学出版社出版发行。

● 12 月 22 日,刘均荣团队 1 项发明专利通过作价入股的方式与朴牛(上海)科技有限公司共同出资成立朴牛(山东)能源发展科技有限责任公司,注册地位于东营市中国石油大学(华东)大学科技园内,吸引社会投资近 1000 万元,是学校成功落地的首例科技成果作价投资项目。

● 12 月 24 日,学院 13 个项目获 2020 年度中国石油和化学工业联合会科学技术奖。其中以第一完成单位获奖 5 项,包括技术发明奖一等奖 1 项,科技进步奖二等奖 4 项。

● 12 月 26 日，学院 16 个项目获 2020 年山东省自然科学基金第一批和第二批项目立项资助，其中郭天魁申报的"储层压裂改造理论与方法"获得优秀青年基金项目资助。

2021 年

● 1 月 8 日，学院 1 篇论文获山东省优秀博士学位论文，7 篇获优秀硕士学位论文；1 项成果获得山东省研究生优秀成果奖二等奖，3 项获三等奖。

● 1 月 11 日，王业飞主编的《应用物理化学》、谷建伟主编的《油气田开发设计与应用》获 2020 年中国石油和化学工业优秀出版物奖（图书奖、教材奖）教材奖一等奖，步玉环主编的《油井水泥石微裂缝自愈合理论研究》获图书奖一等奖，周卫东主编的《高阶煤煤层气勘探开发技术丛书卷三：煤层气钻完井新技术》获图书奖二等奖。

● 1 月 31 日，石油工程学院党委作为首批全国党建工作标杆院系培育创建单位顺利通过验收。

● 2 月 28 日，海洋油气工程专业、船舶与海洋工程专业入选 2020 年度国家级一流本科专业建设点。至此，学院所有专业全部步入国家级一流专业行列。

● 3 月 2 日，杨永飞当选为国际多孔介质协会基金委员会（InterPore Foundation）委员。

● 4 月 9 日，学院 3 个项目获 2020 年度高等学校科学研究优秀成果奖（科学技术），其中戴彩丽完成的"深层 / 低渗油藏多尺度自生长冻胶分散体提高采收率关键技术及应用"获技术发明一等奖；侯健完成的"深层稠油油藏热化学复合驱提高采收率关键技术及工业化应用"获科技进步二等奖；苏玉亮完成的"水平井注驱采一体化体积压裂关键技术及工业化应用"获科技进步二等奖。

● 4 月 17—18 日，石油工程专业 2018 级本研一体化班学生刘帅辰获第十一届全国大学生数学竞赛非数学组一等奖。

● 4 月 20 日，张凯完成的"水驱油藏闭环智能生产优化与调控技术及工业化应用"获山东省科技进步一等奖。

● 5 月 11 日，张卫东负责的"中外石油文化"与"石油工程与创新"2 门课程入选教育部课程思政示范项目，以张卫东为主要教学团队成员的中国石油大学（华东）继续教育课程思政教学研究中心入选课程思政教学研究示范中心。

● 5 月 22—23 日，第十一届中国石油工程设计大赛总决赛在北京举行，"探海先锋"团队获赛事最高奖项特等奖（卓越杯），另获一等奖 3 项、二等奖 6 项、三等奖 24 项。

● 6 月 28 日,全国"两优一先"表彰大会在北京人民大会堂举行。学院党委获"全国先进基层党组织"称号,党委书记赵放辉参加表彰大会,在"七一勋章"颁授仪式前受到党和国家领导人接见。

● 6 月 28 日,钻井工程 1992 级校友王振平获"全国优秀共产党员"称号,在人民大会堂接受表彰。

● 7 月 8 日,戴彩丽任石油工程学院院长,张展任党委书记。

● 7 月 9 日,《油田化学》《油藏工程原理与方法(第 3 版)》《钻井工程理论与技术(第 2 版)》《油层物理学》入选 2020 年山东省普通高等教育一流教材。

● 7 月 14 日,石工(卓越)1807 团支部获 2020—2021 学年"全国高校活力团支部"称号。

● 7 月 15 日,第五届石油汇:中国国际学生石油论坛(The 5th Petro-Gathering: China International Student Petroleum Forum)在学校举办。

● 7 月 27 日,石油工程专业核心课程教师团队入选第二批"山东省高校黄大年式教师团队"公示名单。

● 8 月 3 日,学院 4 个项目获第七届山东省"互联网 +"大学生创新创业大赛高教主赛道金奖,1 项目获高教主赛道银奖。其中,"创造太阳——助推'中非命运共同体'的多元化教育培训服务平台"获高教主赛道成长组排位赛第一名。

● 8 月 3 日,戴彩丽、赵福麟领衔编著的英文版 *Oilfield Chemistry*(《油田化学》)获中国出版政府奖图书奖。

● 8 月 4 日,由学院牵头并联合斯洛文尼亚 Maribor 大学共同申报的国家重点研发计划"政府间国际科技创新合作"重点专项"新型环保表面成膜型缓蚀剂的缓蚀机理及应用"获国家重点研发计划立项资助,负责人为王业飞。

● 8 月 5 日,以学院为申报主体的"高校二级学院全员全过程全方位一体化育人体系的构建研究""一带一路背景下一流学科国际化人才培养模式探索与实践"分获中国高等教育学会 2021 年度专项课题"高校辅导员队伍建设与发展研究"专项课题重点立项及"高质量共建'一带一路'研究"专项课题一般立项。

● 8 月 20 日,学院 25 个项目获 2021 年度国家自然科学基金立项资助。

● 8 月 29 日,船舶与海洋工程专业参赛团队获第十届全国海洋航行器设计与制作大赛特等奖 1 项、一等奖 1 项。

● 9 月 23 日,博士后宋文辉入选第六届中国科协"青年人才托举工程",是中国石油学会首届唯一入选人。

● 9 月 24 日,杨永飞获"强国青年科学家"称号。

● 10 月，王志远、苏玉亮获评"山东省优秀研究生指导教师"，孙宝江牵头的"海洋油气井钻完井理论与工程"团队获评"优秀研究生导学团队"。

● 10 月 15 日，"创造太阳——助推'中非命运共同体'的职业教育与培训服务平台"获第七届中国国际"互联网＋"大学生创新创业大赛金奖，位列高教主赛道三强排位赛第 9 名，获"最佳带动就业奖"，并作为山东省唯一项目参加大赛成果展。

● 10 月 16 日，戴彩丽获孙越崎能源大奖。

● 10 月 20 日，海洋油气工程专业 2019 级本科生刘云霆、石油与天然气工程专业 2019 级硕士研究生康鑫，获 2021 年度"王涛英才奖学金"。

● 10 月 25 日，3 篇论文获山东省优秀博士学位论文、6 篇论文获优秀硕士学位论文，1 项成果获得山东省研究生优秀成果奖一等奖、4 项获三等奖。

● 10 月 26 日，学院举行文化建设专家咨询委员会成立暨重点文化建设项目启动会。

● 10 月 31 日，由学校牵头并联合法国工业方法与过程研究联盟 / 巴黎高等矿业学院、英国帝国理工学院、法国钻星工业公司、挪威科技工业研究所及中国石油化工股份有限公司共同申报的"超高压射流与机械冲击耦合深层地热钻井提速技术"项目获国家重点研发计划立项支持，廖华林为项目负责人。

● 11 月 3 日，孙宝江负责完成的"海洋深水钻探井控关键技术与装备"获 2020 年度国家科学技术奖技术发明二等奖，冯其红参与完成的"高含水油田提高采收率关键工程技术与工业化应用"获得国家科学技术进步二等奖。

● 11 月 12 日，学院获批 2 项国家自然科学基金委员会联合基金企业创新发展联合基金能源领域重点支持项目，负责人分别为孙宝江、侯健。

● 11 月 18 日，采油工程专业 1987 届院友孙焕泉当选为中国工程院院士。

● 11 月 23 日，戴彩丽当选中国致公党青岛市委副主委。

● 11 月 26 日，石油工程学院 2021 年党员代表大会在逸夫礼堂召开，选举产生王建升、齐宁、杨永飞、李兆爱、张展、张卫东、张乐勇、陈银吨、黄维安 9 人组成的新一届学院党委委员会。

● 12 月 3 日，学院学生获第三届中国海洋工程设计大赛一等奖 1 项、二等奖 1 项、三等奖 3 项。

● 12 月 3 日，第三届油田化学国际会议以线上线下结合形式在学校举行。

● 12 月 10 日，"第二届中哈纳米材料与石油能源国际研讨会"在学校举行。

● 12 月 14 日，石油工程学院"十三五"与首轮"双一流"建设成果暨"十四五"规划展开展仪式举行。

● 12 月 20 日,2017 级本科生郭福贵获评"中国大学生自强之星"荣誉称号。

● 12 月 28 日,学院 12 个项目(入选)获 2021 年度中国石油和化学工业联合会科学技术奖。

2022 年

● 1 月 13 日,廖华林负责的 CSC 创新型人才国际合作培养项目获批。

● 3 月 15 日,学院 4 项成果获第九届高等教育教学成果奖,其中特等奖 1 项、一等奖 3 项。其中,冯其红等完成的"面向行业新业态,升级改造传统石油工程专业的路径探索与实践"获特等奖。

● 4 月 3 日,孙宝江被授予"山东海洋强省建设突出贡献奖先进个人"称号。

● 4 月 7 日,学院出台《关于加快构建新时代人才培养体系的意见》。

● 4 月 8 日,学院修订完成《石油工程学院教授委员会章程》,并酝酿产生第四届教授委员会成员名单。

● 4 月 22 日,娄敏牵头完成的"石油特色船舶与海洋工程专业人才培养模式研究与实践"项目获 2021 年度全国船舶与海洋工程学科高等教育教学成果奖二等奖。

● 4 月 28 日,智能油气工程微专业入选本科微专业建设项目。

● 4 月 28 日,钻井工程专业 1985 级校友刘书杰、石油工程专业 1998 级校友何龙荣获全国五一劳动奖章。

● 6 月 1 日,孙宝江获山东优秀发明家奖。

● 6 月 1 日,学院男排获学校教职工排球赛冠军,为学院男排时隔 21 年再度夺冠。

● 6 月 22 日,学院 4 个项目获山东省科学技术奖,其中科技进步一等奖 2 项、二等奖 1 项,技术发明二等奖 1 项。姚军牵头完成的"非常规油气藏数值模拟关键技术及工业应用"、孙金声参与完成的"海洋天然气水合物开采仿真模拟与调控关键技术及应用"获科技进步一等奖。

● 6 月 24 日,SPE(国际石油工程师协会)总部授予中国石油大学(华东)SPE学生分会 2022 年度"Student Chapter Excellence Award"奖,我校 SPE 学生分会成为 2022 年中国地区唯一获得该奖项的学生分会。

● 6 月 23—24 日,中国工程教育专业认证协会专家组对海洋油气工程专业进行工程教育认证线上考查。

● 6 月 27—7 月 2 日,学院首期教师职业能力提升培训班在浙江大学成功举办。

● 7 月 18 日至 20 日,学院成功举办 2023 年研究生招生夏令营活动。

● 8 月 29 日,钻井工程专业 1986 级校友、中海油服党委书记、董事长、首席执行官（CEO）赵顺强荣获"2022卓越影响力企业家奖"。

● 9月9日，中国工程院院地合作重大咨询项目"山东省海上多能互补分布式能源利用"启动会举行，项目负责人为孙金声院士。

● 9月22日，油气井工程专业2017级博士研究生马搏入选第五届"闪亮的日子——青春该有的模样"大学生就业创业人物事迹评选"大学生创业人物"先进典型，石油工程专业2017级本科生郭福贵入选"基层就业大学生"先进典型。

● 9月26日，孙金声牵头的基础科学中心项目"超深特深层油气钻采流动调控"获国家自然科学基金委员会立项资助，直接经费6 000万元，资助期5年。这是学校首个基础科学中心项目，也是我国油气领域首个基础科学中心项目。

● 9月28日，学院3个项目获第八届山东省"互联网+"大学生创新创业大赛金奖，其中，"治漏先锋——深层油气钻井安全卫士"项目推荐参加全国决赛。

● 10月9日，"智能油田教育部工程研究中心"获批2022年度教育部工程研究中心建设项目立项建设，该中心主要依托油气勘探、开发、计算机、软件、数学等相关学科，联合中石油、中石化、中海油3大石油公司和东软集团等优势力量共同建设，主任为姚军。

● 10月13日，学院举行良师益友20周年纪念活动。

● 10月14日，学校授予钻井工程专业1985级校友刘书杰、石油工程专业1998级校友何龙"校友之星"荣誉称号。

● 10月25日，张卫东负责的"中外石油文化"课程获2022年度山东省在线教学优秀案例和优秀共享课程评选活动优秀共享课程一等奖。

● 10月30日，评选结果揭晓，本研一体化班（石油类）2021级硕士研究生邵子桦获2022年度"王涛英才奖学金"。

● 11月15日，姚军入选科睿唯安2022年"高被引科学家"名单。

● 11月7日，学院举行博采书院成立暨2022年导学思政月启动仪式，标志着学院"三全育人"改革走向深入，人才培养工作迈入新阶段。

● 11月17日，学院"向党心·石油魂"全国先进基层党组织党建教育基地正式落成启用。学校党委书记王勇，教育部直属高校党建工作联络员李耀臻共同为党建教育基地揭幕。

● 12月17日，中国-沙特石油能源"一带一路"联合实验室获国家重点研发计划项目资助，项目经费499万元，任务期3年。

● 12月20日，张卫东负责申报的石油工程碳中和协同创新中心入选山东省高等学校服务黄河流域生态保护和高质量发展协同创新中心名单。

● 12 月 21 日,袁彬牵头申报的"CO_2 驱油埋存强化体系与注采优化调控关键技术及应用研究"获国家重点研发计划立项资助,项目隶属于"政府间国际科技创新合作"重点专项,总经费 500 万元,是学院获批的首个中美政府间科技合作项目。

● 12 月 21 日,学院修订完成《奖励性绩效工资发放办法》。本次奖励性绩效工资发放办法改革,是学院为建设"石油与天然气工程学科世界一流的高水平研究型学院"创建良好收入分配环境的系统性、综合性绩效工资改革。

2023 年

● 1 月 4 日,陈德春负责的"采油工程"课程获批 2022 年省级课程思政示范项目。

● 1 月 18 日,副校长、学院院长戴彩丽当选山东省出席第十四届全国人民代表大会代表。

● 2 月 11 日,孙宝江获中华国际科学交流基金会第五届"杰出工程师奖",石油工程专业 1999 级校友李勇荣获"杰出工程师青年奖"。

● 2 月 15 日,国际多孔介质协会(InterPore)2023 年协会获奖名单公布,钟俊杰获"里恩·凡格努钦多孔介质研究青年科学家奖"(Rien van Genuchten Early-Career Award of Porous Media for a Green World)。

● 3 月 6 日,学院出台《石油工程学院关于加快实施人才强院战略推进学院高质量发展三年行动方案(2023—2025)》。

● 3 月 5—13 日,副校长、学院院长戴彩丽参加第十四届全国人民代表大会。

● 3 月 23 日,二氧化碳利用与封存山东省工程研究中心纳入山东省工程研究中心新序列管理。

● 4 月 4 日,教育部公布 2022 年度普通高等学校本科专业备案和审批结果,学院申报的碳储科学与工程专业获批设立,是全国第二批获批开设该专业的 6 所高校之一,也是山东省唯一获批开设该专业的高校。

● 4 月 26 日,戴彩丽教授的"冻胶分散体连续在线生产及注入一体化方法"项目获第 48 届日内瓦国际发明展评审团特别嘉许金奖(最高级别奖项)。

● 5 月 4 日,赵光教授获"齐鲁最美青年"荣誉称号。

● 5 月 20 日至 21 日,学院举办首届全国重点中学班主任论坛。

● 5 月 23 日,学院召开教师干部大会,宣布学校党委任免决定。侯健同志任石油工程学院院长,戴彩丽同志不再担任石油工程学院院长职务。

● 5 月 25 日,孙宝江教授获第十一届"山东省优秀科技工作者"称号。

● 5 月 30 日,戴彩丽教授荣获全国创新争先奖状。

● 6 月 8 日,2 门课程入选教育部第二批国家级一流本科课程名单,"油藏工程"

被认定为线下一流课程，"海洋钻井平台建造与安装关键程序仿真实训"被认定为虚拟仿真实验教学一流课程。

● 6 月 27 日，孙金声院士负责完成的"复杂裂缝性地层钻井液漏失高效控制技术及工业应用"、戴彩丽教授负责完成的"纳米流体协同清洁压裂液与压裂排驱一体化关键技术及应用"，获教育部科技进步一等奖。

● 6 月 28 日，姚军被授予中国石油学会首批会士称号。

● 7 月 3 日，中国石油大学（华东）SPE 学生分会获 2023 年"Student Chapter Excellence Award"奖项。

● 7 月 9 日至 13 日，由廖华林教授、张黎明教授、姚传进教授组成的海外引才团赴英国开展引才活动。

● 7 月 20 日，李兆敏教授被评为援疆工作先进个人。

● 7 月 30 日，赵光等发明的"撬装式冻胶分散体生产装置和冻胶分散体及其制备方法及应用"获得中国专利优秀奖。

● 8 月 22 日，张黎明教师团队获第三届全国高校教师教学创新大赛新工科正高组二等奖。

● 8 月 22 日，学院 20 个项目获 2023 年国家自然科学基金委立项资助，包括杰出青年科学基金项目 1 项，优秀青年科学基金项目 1 项。

● 9 月 27 日，学院隆重召开石油与天然气工程学科未来发展论坛暨庆祝石油工程学院成立 70 周年大会。

后 记

　　为献礼中国石油大学建校70周年暨石油工程学院建院70周年,深入推进学院文化建设,培育和打造学院文化品牌,2021年10月26日,学院举行文化建设专家咨询委员会成立暨重点文化建设项目启动会。作为学院重点建设的文化项目之一,《石油工程学院院史(1953—2023)》的编撰工作由此全面启动。

　　学院成立院史编撰委员会和院史编撰工作专班,成员为张展、张乐勇、张卫东、杜殿发、王卫阳、李兆爱、王静、周家豪。2021年11月,学院发布《关于征集院史资料的公告》。2022年1月、7月,2023年4月,张乐勇、周家豪于北京、东营、青岛三地进行专题访谈、院史资料收集工作。张卫东、王卫阳、杜殿发、林英松、王静参与了部分访谈。2022年5月,学院各系所党支部书记牵头完成各学科专业发展历程的梳理工作。2023年2月至6月,工作组开展多轮意见征集和集中研讨。2023年7月,完成本书统稿、定稿工作。

　　编撰工作中,张展、张乐勇负责院史的方案设计和组织协调。院史正文部分,张卫东执笔本书第一篇、第二篇,王卫阳执笔第三篇,杜殿发执笔第四篇大部,周家豪、王静执笔第八章第七、第八节,第九章第六、第七节。附录部分,张乐勇、周家豪整理学院机构沿革、校友代表内容,周家豪、于梦飞整理历次党代会内容,刘福云整理师资队伍和集体个人获奖内容,汪龙梅、王方晴、张玉哲、魏旭、赵晓燕、宋爽整理教学科研成就概览及学生信息统计,李兆爱整理大事记内容。书中图像及文字说明,由周家豪、张乐勇搜集、编辑。

全书由张乐勇统稿，张展审定，周家豪、马建山参与文字统稿。

刘希圣、华泽澎、漆文远、吴林祥、张铁麟、陈月明、韩志勇、陈定珊、李健鹰、许震芳、李妙兰、陈艳玉、崔桂陵、张丽华、王德新、张建国、陈孝盛、李玉平、王瑞和、王育瑞、葛洪魁、姜汉桥、管志川、周广陈、丁岗、徐正英、邹德永、沈刘峡、程远方、邱正松、王杰祥、李明忠、陈德春、林英松、黄少云、孙宝江、张卫东、赵放辉、步玉环、王业飞、苏玉亮、廖华林、黄维安、侯健、王效美、王林、赵晓珂等学院历任领导和教师回忆述说发展经历和历史细节，惠赠书籍或珍贵照片，提供了大量珍贵史料和重要线索。

本书各位顾问、编委以及陈定珊、李健鹰、张建国、李明忠、程远方、邱正松、王杰祥、陈德春、王业飞、苏玉亮、廖华林等领导和教师不辞烦扰，多次审阅书稿，提供了诸多宝贵意见。

学校各时期校报、《中国石油大学校史》（余世诚主编）、《石油工程学院大事记》（由学院原党委书记张卫东、赵放辉先后主持整理）等为此书的编撰提供了参考。

编写过程中，学校档案馆、党委宣传部、合作发展处、人事处档案室等单位给予了关心和支持。

在此，向所有参与院史编撰工作的人员以及关心、支持此书编撰的众多师友和单位，表示由衷的感谢和深深的敬意！

在本书编撰过程中，工作组小心求证、精益求精，力求真实完整地展现石油工程学院70年来的光辉历史。但由于我们的学识笔力和资料有限，书中可能多有疏漏不当之处，敬请学院师生、校友和广大读者批评指正，以期今后继续完善。

石油工程学院院史编写组

2023 年 9 月 30 日